竞争法学

（第三版）

Competition
Law

刘继峰　著

北京大学出版社
PEKING UNIVERSITY PRESS

图书在版编目(CIP)数据

竞争法学/刘继峰著.—3版.—北京:北京大学出版社,2018.7
(21世纪法学规划教材)
ISBN 978-7-301-29668-4

Ⅰ.①竞… Ⅱ.①刘… Ⅲ.①反不正当竞争—经济法—法学—高等学校—教材 Ⅳ.①D912.290.1

中国版本图书馆CIP数据核字(2018)第138285号

书 名	竞争法学(第三版) JINGZHENGFAXUE (DI-SAN BAN)
著作责任者	刘继峰 著
责任编辑	王 晶
标准书号	ISBN 978-7-301-29668-4
出版发行	北京大学出版社
地 址	北京市海淀区成府路205号 100871
网 址	http://www.pup.cn
电子信箱	law@pup.pku.edu.cn
新浪微博	@北京大学出版社 @北大出版社法律图书
电 话	邮购部62752015 发行部62750672 编辑部62752027
印 刷 者	北京虎彩文化传播有限公司
经 销 者	新华书店
	787毫米×1092毫米 16开本 25.75印张 627千字
	2007年12月第1版 2016年3月第2版
	2018年7月第3版 2022年5月第4次印刷
定 价	59.00元

丛书出版前言

秉承“学术的尊严，精神的魅力”的理念，北京大学出版社多年来在文史、社科、法律、经管等领域出版了不同层次、不同品种的大学教材，获得了广大读者好评。

但一些院校和读者面对多种教材时出现选择上的困惑，因此北京大学出版社对全社教材进行了整合优化。集全社之力，推出一套统一的精品教材。

“21世纪法学规划教材”即是本套精品教材的法律部分。本系列教材在全社法律教材中选取了精品之作，均由我国法学领域颇具影响力和潜力的专家学者编写而成，力求结合教学实践，推动我国法律教育的发展。

“21世纪法学规划教材”面向各高等院校法学专业学生，内容不仅包括了16门核心课教材，还包括多门传统专业课教材，以及新兴课程教材；在注重系统性和全面性的同时，强调与司法实践、研究生教育接轨，培养学生的法律思维和法学素质，帮助学生打下扎实的专业基础和掌握最新的学科前沿知识。

本系列教材在保持相对一致的风格和体例的基础上，以精品课程建设的标准严格要求各教材的编写；汲取同类教材特别是国外优秀教材的经验和精华，同时具有中国当下的问题意识；增加支持先进教学手段和多元化教学方法的内容，努力配备丰富、多元的教辅材料，如电子课件、配套案例等。

为了使本系列教材具有持续的生命力，我们将积极与作者沟通，结合立法和司法实践，对教材不断进行修订。

无论您是教师还是学生，在适用本系列教材的过程中，如果发现任何问题或有任何意见、建议，欢迎及时与我们联系（发送邮件至 bjdxcbs1979@163.com）。我们会将您的意见或建议及时反馈给作者，供作者在修订再版时进行参考，从而进一步完善教材内容。

最后，感谢所有参与编写和为我们出谋划策提供帮助的专家学者，以及广大使用本系列教材的师生，希望本系列教材能够为我国高等院校法学专业教育和我国的法治建设贡献绵薄之力。

北京大学出版社

2012年3月

前　言

本书是在多年的竞争法研究和教学的基础上提炼而成的。很大程度上，它不是按照一般教材的格式和写法表述的，当然，更不是法律条文的简单解释或横向制度的一般比较。笔者力图从制度中抽象出一般原理，并用原理来贯穿制度。

竞争法是一门理论性和实践性都较强的学科。就制度而言，自我国颁布《反不正当竞争法》以来的很长一段时间里，竞争法理论没有得到充分的挖掘和重视，甚至实践中还存在对竞争法认识的偏狭和运用上的边缘化。《反垄断法》的颁布完成了竞争法体系的构造，也开启了中国竞争立法和学术研究的新时代。

总体上，中国的竞争法仍面临着三个主要的任务。一是有关竞争法理论的深入研究。竞争法制度和其他有关部门法之间存在紧密的交叉关系，基于视角转化而形成的竞合关系有各自的规范目标和运行机理，只有充分揭示它们才能正确理解竞争制度的产生、存在，并准确运用。二是竞争法内部制度的梳理和细化。反不正当竞争法的修改将剥离因历史原因而产生的制度重叠，除此之外，还存在制度结构优化的问题，如互联网中的不正当竞争行为应当如何反映。反垄断法则需要进一步细化相关内容，如纵向非价格垄断协议的形式和认定标准、禁止滥用知识产权垄断行为的类型和认定标准等。三是增强认定竞争违法行为的说理。理论关注的不足和制度中存在的罅隙会对司法和执法实践产生一定的不利影响。我们看到，一些案件结论的逻辑推理有所欠缺，也有一些案件因制度对应性不够以变通手法得出的结论尚需进一步检验。

当然，所有这些问题都不是教材所应和所能解决的，因教材是已知知识的体系，强调“三基四性”。但是，竞争法规范的模糊性和其他部门法的交错性、规范的变动性等特点，决定了仅仅通过对法条的简单扩张解释来完成这部法律的基本知识的构建恐怕很难取得相应的效果。在这个意义上，本书意图将基本原理与相关制度结合起来，将相关案例与有关问题结合起来，将国外同类制度与本国的制度结合起来，在兼顾知识体系完整的前提下，按照“原理—制度—问题”的研究思路来展开相关内容。

在这一思路的导引下，本书呈现如下特点：

第一，尽可能充分地揭示相关制度的原理。很大程度上，制度得以稳定和延续是因为原理没有发生改变。把握住了基本原理也就可以把控制度的基本内容和发展方向，也由此可以奠定解决问题的根基和构筑说理的专业性与权威性。用以揭示原理的是基础理论。基础理论完整是一门学科成熟的标志。竞争法基础理论体系应有如下层次：贯通竞争法制度全篇的总理论，可以称为宏观理论；揭示反不正当竞争法和反垄断法的基本理论，可以称为中观理论；阐释具体制度类型的理论，可以称为微观理论。相对而言，本书加重了有关原理部分的论述。

第二,强化了案例在制度文本实施中的作用。抽象的规范需要通过案例或判例来演绎出其基本含义和相关标准。竞争法的实施不能离开案例。在英美国家,遵循先例之所以取得成功主要是因为它糅合了案例的多样性与法律规范的概括性。在大陆法系的代表国家——德国,其反不正当竞争法的完善很大程度上是在判例的指引下完成的。本书引用了一百五十多个典型的案例,很大程度上是为了增强学习竞争法时的判例意识。

第三,注重现行制度的不足及制度的发展趋势。经济发展的变动性决定了竞争法应该具有很强的回应性。有关国家竞争立法的历史也表明,不断修订、完善制度是本法的规律性现象。由此对制度的认识,既需要立足于现实,也需要从未来发展变化着眼。

本书尝试以教材的形式按照专著的标准展开,目的在于提出问题并引发读者的思考。本书结构上增加了一些现行法律中所没有的行为类型,如互联网不正当竞争行为中的大数据问题。在内容上也提出了很多问题及解题思路和个人观点。当然,也有一些问题没有给出相应的结论。

以这样的形式和内容来铺展文字具有一定的挑战性:做到"形散而神不散"是一件不容易的工作;也可能"费力不讨好":引来诸多的批评。本人愿意承担这种安排隐含的风险。

因资料获取的狭隘性、分析方法的不当及由此得出的结论的主观性等问题,请同仁不吝指正。

刘继峰

2018 年 4 月 5 日

目 录

第一编　竞争法总论

第二编 反垄断法

第三编　反不正当竞争法

第一编 竞争法总论

竞争法在立法形式上表现为合并式、分立式、混合式三种。在我国采取的是分立式，即将反不正当竞争法和反垄断法统称为竞争法。为此，竞争法的研究既要将反垄断法和反不正当竞争法的根本制度在一个高层次上归纳抽象出其共同的要素、特征、本质，也需要从具体规范的角度说明各自制度形成的条件、标准。因此，在认知层次上竞争法应该分为总论和分论。

竞争法总论来源于对分论的抽象。总论确立总目标、提供总的指导思想、建立整体性联系。总论不能离开分论的具体性和特殊性，否则总论就会变成空洞无物的抽象。

从总论的角度研究两法，既有必要解释竞争、有效竞争等相关概念，及其在经济学和法学中的差异性，也需要从宗旨与价值等角度阐释两法的公共性问题，及其与相关部门法之间的差异。

对竞争的基本关系的分析，经济学早于法学。但经济学分析和法学分析在基本立场上有很大的差异。“价值无涉”是经济学分析的基本出发点和基本要求。法学建立在一定价值判断的基础上，需要进行价值分析。这种不一致使得同一概念在不同的语境下内涵和外延不完全一致。竞争法借助经济学的概念、分析方法来解决“自己”的问题，进而使竞争法对经济学产生某种依赖关系。同时，竞争法(尤其是反垄断法)中的专业术语也通过公共利益与经营者利益、消费者利益、竞争者利益等概念内涵来确定其正当性的认定标准。

从竞争法调整对象是竞争，而竞争具有很大的模糊性，因而竞争法的模糊性不言而喻。不仅如此，有关保护竞争、竞争秩序、公共利益、消费者利益等这些高度抽象的观念如何在竞争法这个特殊的法律体系中找到自己的位置，即如何从法的角度高屋建瓴地表述其宗旨、价值、体系、特点、地位等。这是一项繁重的工作，也是对具体制度展开论述前不可推卸的“责任”。

竞争法中模糊性和反模糊性的斗争贯穿始终，表现为法律稳定性和外部变动性之间的矛盾。这个矛盾源于其自身不可避免地夹杂着经济学、政治学的思想要素，并牵扯诸多传统私法性质的部门法，还受着本国经济环境变动和外部竞争执法技术更新的双重影响。它无法做到私法那样的精确：它不依靠私法所享有的数十年乃至数百年的分析。① 所以，“在一个全球化和竞争方式迅速变化的世界里，这是一片让人放心不下的领地”②。尽管如此，竞争法理论的发展态势正直白地告诉我们，所谓“放心不下的”，恰是这个法的魅力所在。

---

① Alan Watson, *The Making of the Civil Law*, Cambridge, Mass., 1981, pp. 99—143.

② 〔美〕格伯尔：《二十世纪欧洲的法律与竞争》，冯克利、魏志梅译，中国社会科学出版社2004年版，第17页。

第一章

竞争与竞争立法

自古典经济学产生以来，经济学对竞争的研究始终没有间断。竞争的经济学解释告诉人们什么是好的竞争、什么是坏的竞争、竞争的样态、国家制度对竞争的基本态度等，这为竞争立法提供了充分的理论基础。

第一节　竞争关系与竞争要素

竞争法调整的是竞争关系。竞争关系是特殊的主体关系，其特殊性源于客体关系的限定条件（客观条件）。所以，对竞争的定义，不论是法律（学）上的还是经济学上的，都从主体出发，最终落脚于客观条件上。

一、竞争的概念与特点

竞争是内涵丰富的经济学上的概念，鲜有法律直接对其进行定义。极少数国家在立法上对其进行定义，即使有也基本上是经济学意义上的。① 在经济学上，人们对它的理解并不一致。有人将竞争作为利益实现的方式，认为竞争是经济主体在市场上为实现自身的经济利益和既定目标而不断进行角逐的过程。② 也有人认为竞争是一种追求交易的过程：市场参与者为了达成交易作出了努力，而同一市场的其他参与者也进行着同样的努力。③ 还有人将竞争作为一种信息获取的渠道，认为竞争是市场中买方和卖方相互交往的演化性过程：购买者获取相关知识——去哪里购买、如何购买、什么新产品处于试验中、如何做成一笔有利的生意；销售者则与提供密切替代品的其他供应者争胜，目的是利用新知识使自己在面对潜在购买者时占有优势地位。④ 此外，还有人将竞争作为一种发现的过程。

上述概念视角虽不同，但都指出了作为竞争的市场结构特征和行为特征，即在一个市场上必须存在众多的独立参与者；市场参与者的兴趣在于能否在相互争夺中成交。由此，揭示出理解竞争关系的基本路径：主体关系和客体要件。

---

① 俄罗斯《竞争保护法》第 4 条规定：竞争是经营者之间的对抗。这种对抗能使每个经营者以其独立的行动排除或限制依单一力量决定相关商品市场商品流通的一般条件的可能性。

② 陈秀山：《现代竞争理论与竞争政策》，商务印书馆 1997 年版，第 4 页。

③ 〔德〕迪特尔·格罗塞尔：《德意志联邦共和国经济政策及实践》，晏小宝译，上海翻译出版公司 1992 年版，第 46 页。

④ 〔德〕柯武刚、史漫飞：《制度经济学》，韩朝华译，商务印书馆 2001 年版，第 277 页。

从主体构成上讲,竞争关系至少需有两个以上的生产或销售同一产品或类似产品的经营者或两个以上购买同一产品或类似产品的购买者。首先,竞争关系是处于同一经济环节的经营者之间的制约关系,一方经济利益和既定目标实现程度越大,另一方的实现程度就越小。其次,按照生产、分配、交换、消费的经济过程及生产服从和服务于消费的经济规则,某一环节的主体竞争关系通常由下游主体来确定,生产者之间的竞争由销售者的购买选择体现出来;销售者之间的竞争由消费者的购买选择体现出来。处于这一关系中的经营者或消费者的人数既决定竞争关系的质(效应),又影响竞争关系的量(程度)。下游主体的数量越大,竞争就越激烈。

从客观条件上讲,竞争必须发生在企业生产经营活动中。如果争胜过程发生在体育比赛或智力竞赛中,则完全是另一回事。在中文里,生产经营中与文化体育中的你争我夺可以区分开来,前者称竞争,后者为竞赛。这不同于西方国家,用同一个词来表示竞争和竞赛(competition)。竞争孕育在经济关系之中,而不是政治或宗教关系之中。[①] 孕育在经济关系中的竞争,需要具备两个基础性条件:

(1) 不同企业生产或经营的商品(服务)具有替代性。生产或经营同类商品的企业之间,或提供同类服务的企业之间是最基本的竞争关系类型。如在同一城市里若干百货商场之间就是竞争关系,但百货商场与建筑材料商店一般不是竞争关系。不同商品之间也可能发生竞争关系,如录像机和数码相机之间、网络新闻和报纸之间。通常,在特定的群体或特定的时间内由不同功能的商品形成暂时性的替代性,不是竞争法所涉及的竞争关系,如鲜花和咖啡,作为礼品在节日时在特殊人群(如教师、学生、朋友)中可能具有可替代性,但从长期看,这两种产品相互之间的制约性很小。因此,竞争法所针对的竞争关系是基于一般替代性产生的竞争关系,而不包括特殊替代性形成的竞争关系。

商品的一般替代关系源于产品性能。商品的替代性和竞争性呈正相关关系:替代性越强,竞争性越强。一个富有创新精神的企业可以成功地开发一种暂时无可替代物的产品,随着竞争对手开发出相同或近似的产品,创新企业的优势地位会随之降低。这种现象的原因是产品的替代性增大了。

(2) 竞争必须发生在一个特定的商品市场或地域市场上。竞争范围和强度涉及市场问题。在经济学上,用以反映商品间替代关系的一项基本指标是需求交叉弹性。不同的产品,其需求交叉弹性不同:饮料的需求交叉弹性很大,胰岛素的需求交叉弹性则很小。需求交叉弹性小的商品自身即可视为一个独立的商品市场,需求交叉弹性大的商品可能将目标商品和替代品划归为一个商品市场。另外,商品的销售或服务的供给有地域性,运输成本的大小、保鲜性等决定了产品销售的地域范围。法律要求对竞争的评价需要建立在特定市场的基础上,主要基于法律的实践性,因而具有动态性,这一点不同于经济学对竞争所作的静态分析。

二、竞争要素

在此,将产生竞争力的源泉称为竞争要素。竞争要素在竞争关系中发挥着关键作用。

---

① 〔德〕马克斯·韦伯:《新教伦理和资本主义精神》(北京大学出版社 2012 年版)一书就是从宗教角度来考察资本主义财富的创造,他是将经济关系放置于宗教的背景下,构建宗教对经济直接促进作用的理论学说。

一定意义上，竞争要素运用是否合理恰是竞争法发挥评价作用的衡量标准。

传统观点认为，竞争要素主要来源于生产要素。经济学家萨伊认为，生产要素主要是劳动、资本和土地。农业经济时代财富的创造主要依赖于土地。土地在早期的农耕经济中是重要的竞争手段，但在工业经济和知识经济时代，土地作为竞争力的基础性作用已经被大大地削弱了。

近现代以来，竞争要素被极大地挖掘出来。技术、组织、商业标志等超越了传统生产要素积极地彰显企业的形象和商品的竞争力。另外，区别于传统，现代竞争要素发挥作用的方式是联合式的，而不是单打独斗。这种变化带来的影响是每一种竞争要素的积极作用或消极作用都不可忽视。

概括而言，新的竞争要素有两个方面：市场主体的规模、产品的内在品质。

第一，市场主体的规模。马歇尔在萨伊的生产三要素基础上，提出了第四生产要素——组织。在《经济学原理》中，马歇尔借用生物组织机能之于自然竞争之对比，演绎经济组织在社会竞争中的原理，“在社会组织——特别是工业组织——与高等动物的身体组织之间有许多奇妙的相似点”，大规模组织在竞争中能够取胜。理由包括：(1) 规模竞争力。“大企业大量采购，因而价格低廉；它的运费支出是低的，而运输上有许多方面也是节省的——特别是有铁路侧线直通厂中的情况下；它往往大量销售，同时还可以有很好的售价；大企业的声誉使顾客对它有信心；它能支付巨额广告费用。”[①](2) 成本降低形成的竞争力。有组织的采购和销售是使同一工业或行业中许多企业合并成为一个大的联合组织的主要原因之一，也是包括德国的卡特尔和集中的合作组织在内的各种同业联合的主要原因之一。[②] 组织集中增强竞争力的原因是外部成本内部化。

第二，产品的内在品质。产品价格、技术含量、质量标准、商业标识等对产品竞争力具有重要影响。

首先，就价格而言，在一般市场条件下，会存在不同厂商生产的不同价格的同种产品，价格不同，市场竞争力也不同。亚当·斯密的“看不见的手”的理论就是以价格为中心来展开论述的；马克思所揭示的资本主义经济发展规律，即价格围绕价值波动的规律、供求关系规律等也是建立在价格基础上的。

其次，技术在竞争中的广泛应用发生于20世纪50年代以后。第二次世界大战以后的经济恢复时期，西方主要资本主义国家空前重视技术的开发、引进，和新技术在生产中的应用，并取得了良好的社会经济效果。自此，企业对技术的认识发生了根本性的变化：由重视对新技术产品的模仿转变为注重技术开发利用。产品竞争力与产品科技含量的关系越来越紧密。工业革命以后，财富的创造主要依赖资源和货币；知识经济的发展，对资源的依赖逐渐减弱，知识在产品价值构成中的比例逐渐上升。相应地，产品竞争力的内涵发生了转化，即由产品中物化成本的降低，转为科技含量的提高。

再次，商业标识是工业社会文明的标志之一，也是现代产品竞争力的主要方面。随着商品的极大丰富、流通频率提高、流通范围扩大，经营者要想在同类商品中突出自己的特色，需借助于商品各种的标识来实现，这种标识包括商标和其他商业标志。起初，这些商业标识的

---

① 〔英〕马歇尔：《经济学原理》(上)，朱志泰译，商务印书馆1981年版，第294—295页。

② 同上书，第295页。

功能是“表彰商品来源”,即一般消费者据此可确定商品是否是由同一生产主体所生产制造。随着消费支出比例的增大,消费者不仅仅关心商品的出处,更关注商品的品质。当商业标志的功能由“来源”转向“品质”后,商业标志就成为标表企业竞争力的要素了。

最后,产品标准能够作为竞争力的标志,是由标准的垄断性和达到标准的渐进性决定的。标准分为国家标准、行业标准、地方标准、企业标准等,不论哪种标准,对于未达到该标准的企业来说都是一种合法的壁垒,而对于已经达到该标准的企业来说,就构成了一种技术上的暂时垄断。在非国家垄断的情况下,高标准产品的替代性小,竞争力强。

三、竞争的状态

竞争的状态即竞争与垄断的关系状态。西方国家的市场竞争起源于封建垄断,在发展中又走向资本主义垄断。竞争有理想状态、现实状态之分。理论上,两者截然对立并互相共存。

在经济学上,为了说明竞争和垄断的关系,采取划分模型的方式,列出竞争与垄断组合的三种基本模型,即完全竞争、完全垄断、垄断竞争。

第一,完全竞争,指市场上存在许多生产者,生产相同的产品,每个生产者对市场价格都没有控制力。这种情况下,生产者所面临的需求曲线基本上是一条水平线,他可以卖掉任何数量的商品。[①] 完全竞争模式是依据理想模式并借助于数学公式建立起来的均衡模型,虽然从纯粹经济学角度看并非毫无意义,但该模型得以建立的前提条件却与市场竞争过程的实际情况相去甚远。[②] 以这一理论为基础的竞争政策在现实中根本无法实现,该理论由此失去了它的实践意义。

第二,完全垄断,是指一个部门只有一个生产者,生产独特的没有替代性的商品,生产者对市场价格具有很大的控制力。完全垄断模式通常分布于特许的地方服务性行业中,如煤气、自来水、电力、知识产权等领域。现今这些行业或领域不仅少,也不可能纯正。因为市场上存在其他燃料代替电力或煤气使用,存在自来水的代用品等,存在着其他替代技术可部分代替垄断技术。所以这些特殊的行业或领域不可能处于完全的绝对垄断地位,只是其受到的竞争的冲击较小而已。

第三,垄断竞争,是指在某行业中存在着为数众多的厂商,这些厂商生产相似的但并非完全同质的商品。产品差别赋予厂商一种垄断力量,以至于每个厂商面临一条斜率向下的需求曲线。[③]垄断竞争模式是现实经济领域中的主要竞争类型。E. H. 张伯伦和琼·罗宾逊将具有普遍性的垄断竞争现象上升为经济学理论,创设了“垄断经济学”。[④] 这种经济学理论改变了过去经济理论中将竞争和垄断相互割裂的分析方法,将两者联系起来作为一个整体加以研究。这种经济学指出,现实世界上不存在所谓完全的竞争,资本主义经济活动既存在

---

① 〔美〕萨缪尔森、诺德豪森:《经济学》,高鸿业译,中国发展出版社 1992 年第 12 版,第 831 页。

② 完全竞争模式要求的市场条件一般包括:(1) 生产技术既定不变;(2) 人口数量和生产要素装备既定不变;(3) 需求结构和收入既定不变。这些条件实践中是不可能达到的。

③ 〔英〕戴维·W. 皮尔斯主编:《现代经济学词典》,上海译文出版社 1988 年版,第 409 页。

④ 该理论集中体现在张伯伦的《垄断竞争理论》(Edward Chamberlin, *The Theory of Monopolistic Competition*, Harvard University Press 1933,中文版为生活·读书·新知三联书店出版社 1958 年版,张家麟译)和罗宾逊的《不完全竞争经济学》(Joan Robinson, *The Economics of Imperfect Competition*, Macmillan Publishers Limited 1933,中文版为商务印书馆出版社 1964 年版,陈良璧译)。

垄断的因素，又存在竞争的因素，只有把垄断和竞争结合起来才能解释资本主义的经济现象。不同的是，罗宾逊从消费者偏好和产品之间的可替代性出发，认为所有消费品之间构成了一个替代链条，同类产品之间的替代性大于不同类产品之间的替代性。张伯伦主要从产品差异出发，认为厂商不仅进行价格竞争，而且也进行产品质量、广告、商标和包装技术等非价格竞争。产品的差异性越大厂商的垄断性越强。

经济学家对竞争与垄断的理性划分，为竞争法立法目标的确定奠定了思想基础。竞争法的调整目标没有离开竞争和垄断关系的这三种状态。完全竞争被作为法律调整的理想目标，法律通过排除现实中的限制竞争行为来接近这一目标。在反垄断法中对完全垄断给予特殊的处理，赋予部分行业以合法的垄断地位来调节市场竞争的范围和强度。竞争法以垄断竞争状态为法律存在的社会背景，以完全垄断状态为例外，以完全竞争状态为理想目标来创建竞争秩序。

第二节 竞争的两面性与反竞争行为的类型化

经济学上的竞争和法学上的竞争在内涵和外延上不完全一致。通常，经济学是以一种客观的眼光来看待和诠释社会事件和行为，"价值无涉"是经济学分析的基本出发点和基本要求。这是经济学解释竞争、竞争关系与法学上解析竞争、竞争法律关系不完全一致的主要原因。

一、竞争的两面性

经济学上将竞争划分为有效竞争和无效竞争、正当竞争和不正当竞争。基于法律建立在一定价值判断的基础上，竞争法所关注的只是上述经济学每种分类中的后者，即将其作为调整对象来设置相应的法律规范。表面上看，竞争法调整对象确定的范围比竞争概念本身的外延小，但实际上，竞争法所调整的关系在某些情况下超出了经济学所认定的竞争关系范围。例如，经济学上，上下游经济环节之间一般是合作关系，而非竞争关系，但上（或下）游经营者的行为在危害第三者——竞争者或消费者的情况下，上下游企业之间的联合行为可能成为限制竞争法律关系。比如，纵向垄断协议即如此。因此，虽然都是建立在经济关系的基础上，但经济学和法学因评价标准不同，研究的客体范围也不一样。

在现代社会，一个选择了竞争关系的国家，也就意味着选择了调整竞争关系的法律制度。将竞争关系上升为竞争法律关系的目的是为了排除对竞争的不当限制。承认并尊重竞争关系是制度选择的前提，发现并揭示限制竞争的类型是制度选择的基本条件。竞争和反竞争是事物内在矛盾的两面，在不同的生产关系下，两方面各自所发挥的影响不同。历史表明，最初的竞争表现为一种积极进取的力量，是一座通往财富之路的灯塔。之后，竞争成为积累财富的权柄和引发经济激烈冲突的大棒。在西方，竞争曾一度被神化，竞争机制被认为是可以解决市场中的一切问题的灵丹妙药。其实，竞争既可以创造财富也可以摧毁财富，竞争具有两面性。

竞争的积极一面和消极一面总是相伴相生的，只是历史上其消极性的一面比积极性的一面迟滞地显露出来。于是，除了古典经济学派和新古典经济学派外，凡涉及竞争的经济学派和经济学家都承认并在竞争的分析上自觉地运用如下分类标准——有效竞争和无效竞争

(或有效率竞争和非效率竞争)。有效竞争和无效竞争各自有诸多表现形式,限于篇幅现选取如下两个主要对立方面加以说明。

1. 竞争的创新功能与创新抑制

“竞争的一个特别重要的结果是企业会变得乐于创新。”①企业不断地进行研究与开发,并力图利用新的生产方法、新的原材料、新的组织和方法获得竞争优势。正如艾哈德所言:“凡没有竞争的地方,就没有进步,久而久之就会陷入呆滞状态。”②竞争促进创新的功能可以归结为两个方面,即技术创新和组织创新。

关于技术创新,马克思深刻地指出,技术创新是提升竞争力和促进经济发展的推动力:资本家为了增加利润量,采取开发和大规模地引进节约劳动的技术,开发新产品和开拓新市场。③ 熊彼特继承了马克思的观点,在其《经济发展理论》中提出了两个命题——技术创新是经济发展的核心;创新是企业的恒久主题,而不是偶然现象。④ 在竞争机制下,企业市场地位的评价指标主要是企业的收益水平及其稳定性。企业欲获得长期稳定的收益就必须改进生产技术、降低成本、开发新产品,实现这一目标的主要手段是技术创新。

关于组织创新,新制度经济学的代表人物科斯创立了“市场替代”理论,科学地解释了企业代替手工工厂的制度原因,阐明了企业存在的经济合理性。科斯理论也为组织创新提升企业的竞争力提供了理论支持。竞争促进组织创新体现在组织规模的扩大和内部组织管理的科学化。通过外部交易成本内部化,企业经营优于分散的手工业者。随着企业规模的扩大,与之相适应的企业内部组织机构也会发生革命性的转变。⑤ 钱德勒将这种转变称为“企业家式的管理转变为经理式的管理”⑥,即所谓职业经理人制度,并认为这是现代工商业企业成熟的标志。

竞争在发挥创新功能的同时,也会附带产生反竞争的问题。常见的是:创新者限制他人的权利或剥夺他人的利益,如注册商标或专利许可中的限制产品行销地域或限制产品的价格;因激烈竞争而发生在组织上的消极影响体现为通过“一体化”垄断市场;垄断企业有能力并乐于将市场调节价格变为企业内部价格、将中小型竞争对手排挤出市场;垄断组织滥用支配力掠夺消费者福利并剥夺中小企业生存权和发展权。这些都为竞争法的产生提供了客观条件。

2. 竞争机制的自发均衡与效率损耗

竞争具有调节功能。竞争的调节功能是通过竞争引导资源从生产效率较低的用途流向生产效率较高的用途,进而调整企业的生产结构来实现的。这种调整可能在特定形态下有效,但不会永远有效。早期竞争机制的调节建立在价格机制和供求机制的共同作用的基础

---

① 〔挪威〕A. J. 伊萨克森、〔瑞典〕C. B. 汉密尔顿、〔冰岛〕T. 吉尔法松:《理解市场经济》,张胜纪、肖岩译,商务印书馆1996年版,第39页。

② 〔德〕路德维希·艾哈德:《来自竞争的繁荣》,曾斌译,京华出版社2000年版,第167页。

③ 马克思论述了,在竞争中,资本家为了追逐超额剩余价值和相对剩余价值总要千方百计改进技术、提高劳动生产率。这是“资本的内在冲动和经常的趋势”、(它)“迫使竞争者采用新的方法”。参见《马克思恩格斯全集》第23卷,人民出版社1972年版,第354—355页。

④ 参见〔美〕熊彼特:《经济发展理论》,郭武军、吕阳译,第二章“经济发展的本质现象”,第49—81页。

⑤ 参见〔美〕奥利弗·E. 威廉姆森,西德尼·G. 温特编:《企业的性质——起源、演变和发展》,姚海鑫、刑源源译,商务印书馆2010年版,第43页。

⑥ 〔美〕小艾尔弗雷德·D. 钱德勒:《看得见的手》,重武译,商务印书馆1987年版,第547页。

上，即价格和供求关系的变化会影响市场参加者的相互关系，从而改变生产者和消费者的行为。生产者和消费者行为的改变，又会反过来影响价格和供求之间的关系。在古典经济学家的眼里，这种改变是竞争机制自发调整的过程，无需借助于外力即可实现均衡。

随着竞争加剧，价格作为竞争的调整工具被其他竞争要素及其组合形式——新商品、新技术、新组织、新市场、新供给来源等所淹没。当产品替代性增大和企业规模差距增大时，决定价值规律的供求关系渗入了一些新的“干扰”因素，并改变竞争机制自发调整过程和结果的单一性关系。就“供”的方面而言，产品替代性增大和企业规模差距加大使企业获得完整、真实信息的可能性减小。规模庞大的企业垄断原材料也阻碍了资源的自由流动。这样，竞争机制自发调节下的企业之间出现了两种不确定性，即“横向不确定性”和“未来不确定性”。“横向不确定性”即难以判断竞争者的生产经营行为对自己的影响有多大。“横向不确定性”加大使经营者的经营风险增强，不断出现的经营风险便凝结成市场的盲目性特点。“未来不确定性”是企业为适应市场变化进行产品结构调整所面临的产品能否“适销对路”的新风险的评估困境。就“求”的方面而言，产品的替代性增大意味着消费者的消费选择性增强，并由此可能产生消费者偏好。消费者偏好排斥价值规律的作用，引发竞争力的着力点的扩散：以往的单独价格竞争扩散为性能、商标、装潢、广告等方面的竞争。与此相伴，一些企业行为方式也会发生转变，脱离技术开发、品牌维护等，将心力投放到搭他人便车以规避风险并获取利润的短期行为上。这种以效率损耗为前提的竞争虽然也具有均衡市场关系的功能，但均衡过程是以对利益主体的伤害为代价。

历史表明，在西方文明中，竞争曾扮演过多种角色：在自由资本主义向垄断资本主义的发展中，竞争由拯救封建经济的天使变成扼杀自由经济活力的魔鬼。在这一历史进程中，“它许诺并提供了财富与经济进步；它也改变了财富的分配，动摇共同体的根基，（但同时也）向道德规范发起挑战”。[①] 这个变动的过程是缓慢的，其消极的一面也是渐进地显现出来的，这使得人类在对待反竞争的态度上，曾经犹豫过、徘徊过，并曾经以最大的善意期待竞争能够自我觉醒并回归。在其负面影响充分地展露出来，并不断地对经济发展施加阻碍时，人们对其进行规制的态度便逐渐坚定起来。

二、反竞争行为的类型化

通常，影响市场有效竞争的因素有三方面：一是来自于国家的，如关税等各种税收、知识产权的垄断等，因其涉及的是国家主权，其不合理之处只能通过政治制度的完善来改进。二是来自于市场主体的，是市场主体蓄意改变市场规则并使之有利于自己，它涉及的是个体利益与公共利益的对抗，如企业之间的限制价格协议、规模企业独占经营、垄断销售渠道等。三是来源于政府的，是政府不当介入经济关系并依据行政力量来改变市场规则。往往这种行为有利于从事行为的政府人员的团体利益和个别市场主体的利益，如发布文件给予个别企业享有垄断经营某种产品的特权。在不涉及或不可能涉及国家安全和社会公共利益的前提下，上述第二、三情形便是竞争法所力图消除的“坏的”竞争。

被认为是“坏的”竞争包括两种形态，即不正当竞争行为和限制竞争（垄断）行为。两种行为的区别在于：（1）垄断行为是个中性概念，不会被一概否定，必要的垄断在各国都会存

① 〔美〕格伯尔：《二十世纪欧洲的法律与竞争》，冯克利、魏志梅译，中国社会科学出版社2004年版，第1页。

在。不正当竞争行为是法律所禁止的,无论什么行业或什么时期都不允许不正当竞争的存在。(2) 垄断行为的实施主体是一定经济领域的少数规模企业;不正当竞争行为的实施主体并不限于规模企业,市场中的任何主体都有可能实施不正当竞争行为。(3) 垄断的方式既可以是个别企业利用市场支配地位单独实施,也可以是两个以上企业共同实施;不正当竞争的方式一般由主体单独实施,且不要求实施主体具有优势地位。(4) 追求垄断的目的是以排斥竞争而获得一定时期在某经济领域的垄断利润;从事不正当竞争的目的是为了短期推销商品或兜揽生产经营业务,获得较多盈利或转嫁自己的不利后果,而不是为了独占某种项目的生产经营而攫取垄断利润。(5) 垄断行为侵害的主体往往不特定,不正当竞争行为侵害的主体往往是特定的。

不正当竞争行为可以大致分为两种类型:(1) 搭借他人的竞争优势,获取不当竞争利益。如擅自使用他人商品的知名商标、包装、装潢或有关标记,假冒他人的字号或商品质量标志、侵害他人的商业秘密等。(2) 通过不正当方法为自己谋取竞争优势,如有奖销售、商业贿赂、虚假广告、商业诋毁等。

垄断行为主要有如下三种,也被称为反垄断法的三大支柱:(1) 协议限制竞争行为(垄断协议),包括横向限制协议、纵向限制协议、划分市场协议、限制数量协议、联合抵制协议等。(2) 经营者集中,包括横向集中、纵向集中和混合集中。(3) 滥用市场支配地位,包括不公平价格、价格歧视、限定交易、搭售等。除此之外,转型国家立法还规定了第四种行为:行政垄断。

当然,这些类型化行为是逐步归纳而形成的,它仅仅是历史性的总结,之于现实也具有开放性,如互联网中的新型不正当竞争行为、滥用优势地位等。这些行为的反复出现会强化行为自身的特点,并不断形塑行为独特的外表。所以,反竞争行为既需要在历史中把握,也需要在现实中不断积累经验。

第三节　竞争立法的基础及模式

一、竞争立法的基础

竞争关系上升为竞争法律关系是个历史过程,其时间段仅限于竞争"身份"异化的垄断资本主义时期。其前提是竞争经济基础的重大变化和国家职能的转变。

(一) 社会经济基础

法律的产生和发展是经济关系的反映,竞争关系被确定为竞争法律关系的基本条件是经济基础的改变。尽管中古时期偶有类似竞争关系法律调整的现象,但因条文不系统和缺乏整体竞争理念,还不能将其作为竞争法律的开始。理解竞争法应该从资本主义或前资本主义(封建社会末期)开始,因为竞争机制是市场经济体制的表现形式和实现方式,而市场经济体制的条件之一是承认私有制和契约自由。

西方封建主义末期和资本主义成长初期,土地、金银等产业资本在社会经济成分中占统治地位,相比之下商业资本则处于毫端之末。从 17 世纪中叶开始,商业资本逐步取代产业资本并占据统治地位,随之立法重心也从静态的财产关系向动态的交易关系转移,即从物权保护向债权保护倾斜,并最终确立了"债权在近代法中的优位地位"。这种移转对竞争法具有继往开来的意义，它完成了物权关系中人对物的支配关系调整，开始萌生债权关系中人对人的支配关系，也就是美国经济学家康芒斯所谓的"财产从占有转变到抑制的过程"[①]。因此，竞争法的细胞孕育在封建主义的特权关系之中，诞生在资本主义的交易关系的升级——主体关系不平等的基础上。封建垄断—自由资本主义经济—垄断资本主义经济的转变过程是竞争制度变迁的过程，竞争立法如影随形地"表明和记载了(这种)经济关系"。从竞争立法发展来看这种转变是"一个真正的合题"[②]。

从封建垄断到自由资本主义经济阶段的紧张关系表现为权力对自由的制约。作为产业资本意识形态的重商主义成为新兴的资本主义经济发展的障碍，而商业资本的扩张要求取消由封建特权支撑和维持的各种垄断，要求实行自由竞争和自由贸易政策。处于萌芽状态的竞争法成为这一时期反封建垄断的有力武器。竞争立法的目标在于保障自由，即为摆脱封建垄断束缚的企业获取充分的自由竞争空间。英国早在1599年就有"达文男诉赫迪斯"案，国王特许"成衣同业行会"垄断被判无效。1602年国王特许私人在本国领域内输入、制造和出卖纸牌的独占权力因违反习惯法及议会通过的法案被判无效。

消除了封建垄断的竞争法被高度浓缩为"自由竞争"原则并快速将之神化，这个原则统领和导控着自由资本主义的经济关系，沉淀成为资本主义的基本经济制度。具有历史偶然性的是，亚当·斯密出版《国富论》的那一年，瓦特发明了标志工业革命开始的蒸汽机。前者为游弋于资本主义经济世界的年轻的"经济人"佩上自由行动的护身符，后者为"经济人"升华为"经济组织"提供催化剂。创造财富的规则与创造财富的工具同时出现，表明这个时代关系的核心是自由行动的物质关系，而不是限制自由行为的法律关系。大约100年后，当商人被催化成企业组织后，生产要素(新商品、新技术、新组织、新供给来源等)的组合形式相应地发生了变化，资本增值的方式也相应改变——传统的资本积聚让位于新经济的资本集中后，这个像马拉松一样的市场转变过程使原本处于同一起跑线上的"经济人"的财产差异逐渐显现出来。财产差异发展到一定程度，财产本身就成为抑制他人的力量，这就是市场支配力。市场支配力达到一定程度就产生了垄断经济，垄断会限制竞争。

除了垄断行为之外，另一种经营者排解竞争压力的本能反应是不正当竞争。由于企业数量的增多，产品的数量增大，市场信息的丰富，掌握信息的成本加大，另加上经营者人为进行的信息阻滞，使产品或服务中的技术增量转化为经营者与经营者、经营者与消费者之间的信息偏在。这为虚假广告、诋毁信息等提供了客观条件。另外，克拉克所描述的市场经济的动态过程——先锋行动和追随反应交替中，也会产生"追踪者"在急功近利情况下的盗窃行为(如窃取商业秘密)、商业标识的"搭便车"问题。[③]

总之，建立在大工业基础上的资本主义经济，摧毁了自给自足的自然经济，整个社会建立起联系紧密、结构复杂的社会经济关系。在生产、销售、分配、消费的关系中出现的新的问题，要求立法及时关注和解决。

---

① 〔美〕R. 康芒斯:《资本主义的法律基础》，寿勉成译，商务印书馆2003年版，第73页。

② 马克思认为垄断—竞争—垄断是社会辩证发展的过程，是个"合题"。参见《马克思恩格斯选集》第1卷，人民出版社1972年版，第141页。

③ 1966年奥尔森发表了《集体行动的逻辑》一书首先提出，并奠定了"搭便车"理论的基础。通常"搭便车"依附于公共物品(public goods)。但随着这个概念的广泛使用，含义范围扩大到差别事务中，上文使用的就是这一概念的扩展意义。

（二）国家职能的改变

建立在垄断经济的基础之上，国家职能也发生了相应的变化。国家不再满足于社会经济关系中消极主体的身份，而是积极介入经济活动。国家作为社会职能的承担者、经济活动的参加者和经济调节者，通过立法对危及社会利益的私人垄断、不正当竞争进行治理。垄断经济使得长期以来政治国家与市民社会“井水不犯河水”的关系，渐变为水乳交融的一体。

具体而言，国家职能的变化表现在：

(1) 国家社会职能的增加。

随着经济垄断的加强，要求国家保障“社会公共利益”“社会福利”“社会经济的健康稳定发展”“社会经济秩序”等的呼声日渐高涨。就竞争而言，自由资本主义经济产生以来，一向作为私人利益表现形式并由私人维持的竞争秩序，转变为公共利益，并要求国家以一定的方式维护这种利益。国家职能的变化在权义关系上的体现，就是国家既是权力主体，在一定情况下也是义务主体。为了履行上述保障公共利益的义务，国家将侵害公共利益的行为强制地规范化，并设置了相应的执行机构。这表明，国家不再是社会经济生活之外的异己力量，而是社会生活内部的力量。

(2) 国家活动方式的改变。

在垄断资本主义市场经济阶段，国家在经济领域的活动有两种基本方式：一种是国家通过调节价格和劳动条件等影响社会需求，通过税收和融资活动影响收入分配等，这是国家的经济调节活动；另一种活动，是完全新型的经济活动，即国家以生产资料所有者的身份参加社会经济过程。当然，国家身份的转变不是不正当竞争行为唯一的推动力，竞争法是由包括该种身份转变和反竞争行为及其他如消费者地位的提高等合力形成的。

在垄断经济条件下，国家身份的转变是有针对性地制定新型法律的前提条件。“只要存在着对竞争的不正当限制或者对消费中、购买中合理判断的严重障碍，那么，实际的政府干预就是必要的。这种社会控制与其说是对自由企业体制本身进行限制，不如说是用来扩大企业在市场上的总体自由。”①

总之，国家介入市场后，市场成为国民经济运行调整的一部分。国民经济运行的目标是实现经济增长、最佳资源配置和公平分配，这需要通过国家调整市场秩序才能实现。国民经济运行的系统性要求调整该系统的法具有目标协调性，这使得竞争法在国民经济运行法体系中找到了自己的位置。

另外，现代社会，竞争和竞争法律制度已经不是资本主义国家的“专利”。产生于垄断资本主义时期对竞争行为的法律调控，在现代条件下没有发生根本性的变化，因国家垄断资本主义、国际垄断资本主义没有改变国家与市场的关系的基本性质。无论先立法国家还是后立法国家，之所以都取向竞争法，主要是国民经济良性运行的需要，也是社会经济基础和国家职能有机组合的产物。

二、竞争立法的嬗变

竞争法经历了由一般法到特别法的立法过程，由此使得竞争法逐渐从一国法律体系的

---

① 〔美〕C. 霍华德：《美国反托拉斯法与贸易法规——典型问题与案例分析》，孙南申译，中国社会科学出版社 1991 年版，第 4 页。

边缘步入中心。

（一）一般法的扩大解释

回溯竞争法的历史可以发现，早期的竞争法律制度是以调整个别行为为基础零散出现的，并且是嫁接在其他已有的法律制度的枝干上的。

奥地利早在1803年就有禁止价格卡特尔的规定。目标是阻止商人从拿破仑战争所引起的物资短缺、尤其是食品短缺中牟利。法令规定：在同类商业中，数个或所有商人不经劳动而意图提高一种商品的价格侵害公众，或者为了自己的目的而降低价格，或者为制造短缺而达成的协议，将作为严重的刑事犯罪，按其参与程度给予处罚。[①]

19世纪初期的法国，经受连年战争后的政府对稳定国内物价非常重视：拿破仑政府一方面吸收大革命的社会成果——司法制约权力[②]，另一方面也带有某种专制政府的特性，对价格的调控严厉有加。最早用来规制价格联盟的法律是1810年的《法国刑法典》。其第419条第2款规定："意图获得非自然供给与需求作用之结果的利益，以个人、集团或联盟，对市场为或意图为某种行为。直接或利用他人，使或意图使食品、商品或公司证券价格上涨或下跌者，处两个月至两年监禁，并处以七千二百法郎至三十六万法郎罚金。"由于该条文仅涉及价格，对价格之外的反竞争行为，上述刑法条文本身无法调整。19世纪中期以后，《法国民法典》第1382—1383条之侵权行为曾一度辅助处理价格之外的其他反竞争行为。这种嫁接的调整结构延续了大约一个世纪。也许是《法国民法典》的制度光环过于显耀，以至于掩盖了这种"嫁接法"调整的缺陷。与其他欧洲国家竞争立法相比，法国竞争立法属于明显的反应迟钝。直至1945年颁布有关价格管理的1483号令，上述调整结构才发生微小的变动，明确将其他如拒卖等个别反竞争行为列举出来。法国竞争法真正的变化发生于1953年颁布的704号条例，该条例在形式上是作为1483号价格管理令的附属，实质上增加的内容已经超出了价格管理的范畴，并在整体上趋近于现代竞争法。增加的主要部分是垄断协议和市场支配地位；关于厂商与销售商的关系；有关竞争的消费者保护。[③] 1977年的806号法令规定了经济力量集中的问题。1986年公布了单独调整竞争行为的《价格及自由竞争的命令》。

德国最早用以调整垄断行为的是1869年的《德国商法典》。19世纪后期德国工业化的速度和强度异常迅速，使德国在短期内疾步进入了垄断资本主义行列，并构建了以卡特尔为中心的社会经济结构。卡特尔以形式上的契约自由掩盖了侵害商业自由的本质。卡特尔行为违反了商法中规定的保护工商业自由原则。有关不正当竞争行为的法律调整最初始于商标法。1894年公布的《德国商标法》有两条涉及不正当竞争。第14条规定：在商业和交易中，以欺诈为目的，在相关之交易范围内，未经他人之许可，在商品或商品之包装，或在商用信笺、建议、预告、发票上等使用与他人之同类商品之装帧、装潢或装饰者；或出于同一目的，使上述标记的商品进入交易或加以出售者，须向受害人赔偿损害，并处罚款或监禁。第15条规定：以不正确方式标识商品之来源，以引人对商品性质发生误认为目的，在商品或商品之包装或在商用信笺、建议、预告、发票上等使用某国之国徽，或某地区、某乡镇或其他公共团体之名称或徽记，或出于同一目的，使上述标记的商品进入交易或加以出售的，处以罚金

① 〔美〕格伯尔：《二十世纪欧洲的法律与竞争》，冯克利、魏志梅译，中国社会科学出版社2004年版，第65页。

② 〔法〕乔治·勒费弗尔：《拿破仑时代》（下），河北师范大学外语系译，商务印书馆1978年版，第160—161页。

③ 〔法〕贝尔纳·克莱芒：《自由竞争》，黄传根译，商务印书馆2001年版，第38页。

或监禁。这些规定虽然依附于商标法之中,但是其内容已经超出了商标的范畴,在规范的宗旨上也触及到了竞争秩序。

在英国的历史上,竞争和竞争立法是以保护契约自由及维护自由权为中心展开的。这个自由主义经济观的诞生地和受自由主义思想恩泽并显赫一个多世纪的国家,竞争制度虽不像财产制度那样显化,但却无时无刻不在发挥着保障经济自由的作用。在一个相当长的历史时期,对竞争的调节是一种放任型的隐性制度。英国争取自由的权利在重商主义限制自由的同时就开始了,“法庭对限制贸易的协议的政策,经历了这样一个发展过程:先是在17世纪进行压制,在18世纪给予部分的承认,到19世纪和20世纪,则不予理睬。”[①]从营业自由上升为营业自由权跨越了两个制度障碍:一是将这种无形财产同有形财产一样列入侵权法保护的范围。二是借助衡平法以“不公平竞争”为由进行诉讼。这种跨越既扩大了侵权行为客体的范围使得原来具有使用价值的有形的东西,现在已经成为具有预期价值的无形机会,也扩大了契约的概念,使得消费选择由事实行为变为一种(预期)契约,即与顾客未来买卖上所能获得的预期购买力。[②] 可见,在没有制定单独的竞争法之前,英国以侵权法和契约法来保护竞争。

美国在19世纪60年代末就出现了价格联盟的初级形式——普尔。为了解决联盟的稳定性问题,具有内在监督职能的卡特尔出现了。到了19世纪80年代,洛克菲勒通过对30多家炼油厂的不断收购和兼并,组建了美国历史上第一家更高级的垄断组织形式——托拉斯。当时,对于不同类型的垄断组织进行调整的法律主要是普通法。美国早期的普通法有限制贸易合同的规范,但在运用过程中由于对垄断组织不具有直接的针对性,只能以违反“公共政策”宣布托拉斯停止执行或无效,无法进行制裁。19世纪80年代美国有13个州通过了反托拉斯法,但因州法管辖的范围有限,对于超出州范围的垄断组织的经营活动州法往往无能为力。在美国1889年“*Fowle v. Park* 案”[③]的审理中,法官赋予该案以更浓重的契约色彩,以至于人们认为,这类限制竞争协议与限制交易原则之间的关系,不如与当事人何时有能力签订一个契约这一普遍问题之间的关系密切,进而在法律适用上选择适用普通法而不是反托拉斯法。[④]

不管是法国的刑法典调整、民法典调整,德国的商法典及商标法调整,还是英国的侵权法和契约法调整、美国的普通法和州法调整,法律对某类反竞争行为的单项调整只是法律保护竞争秩序的初始意向,还不能形成竞争保护的独立认识,甚至制定规则的过程是机械反应式的。整体上这些立法不仅没有完整地触及现代竞争法的核心内容,调整的方法也缺少应有的灵活性和专业性。但是,它们为独立的竞争立法的诞生奠定了实践基础和思想基础。

(二)制定专门的竞争法

竞争法为注重市场与政府协调功能的国家提供了充分表达施政态度和发挥其职能的新场所。相继出台的竞争法不仅表达了它们各自的愿望,也反映了对保障竞争秩序的共同追求。

---

① C. Grunfeld & B. C. Yamey, “United Kingdom”, in *Anti-Trust Laws: Acomparatiwe Symposium*, Wolfgang Friedmann ed., Toronto, 1956, p. 346.

② 〔美〕R. 康芒斯:《资本主义的法律基础》,寿勉成译,商务印书馆2003年版,第400页。

③ 该案的性质是专利权人利用专利权限制专利产品的最低价格。见131 U. S. 88 (1889)。

④ 〔美〕基斯·N. 希尔顿:《反垄断法:经济学原理和普通法演进》,赵玲译,北京大学出版社2009年版,第27页。

从世界范围看，竞争制度的供给大致集中于如下几个时间段。第一个阶段是19世纪末，以规范竞争为目标的两部法律出台为标志，即1890美国的《谢尔曼法》、1896年的德国《反不正当竞争法》；第二个阶段是20世纪40、50年代，以德国的《反限制竞争法》、日本的《反不正当竞争法》和《禁止垄断法》为标志；第三个阶段是20世纪70、80年代，以法国、英国、意大利等国制定的系统的竞争制度为中心；第四个阶段是20世纪90年代，以转型国家制定竞争法为标志，包括匈牙利1990年制定的《禁止不正当竞争法》、保加利亚1991年制定的《保护竞争法》、1991年俄罗斯制定的《竞争与限制商品市场垄断行为法》、我国1993年制定的《反不正当竞争法》等；第五个阶段是21世纪以后适应全球竞争的需要制定的竞争法，如马来西亚2010年制定的《竞争法》、香港特别行政区2012年生效的《竞争法》等。当越来越多的国家或地区将竞争法确立为现代市场经济法律体系中的一个独立成分时，竞争法已然进入了制度的成熟期。

不论是为了适应经济全球化而制定竞争法，还是在经济全球化背景下运用竞争法，都会直面两个不可回避的矛盾，即如何解决竞争法的国际化和本土化的矛盾，执法的中立性与差异性的矛盾。

竞争法的国际化包括行为类型的统一化、指导原则的同一性、同类案例的可借鉴性、规制手段和实施机制的趋同性等。在这方面，经济发达的市场和反垄断法执法经验丰富的国家会更多地强调竞争法的一般性和其相关经验的通用性。相对不发达的市场和正在积累执法经验的国家则会更多地强调竞争法的本土性，包括基于本国经济发展的状况和市场结构决定的相关行为规制标准、适用范围、执法手段等的特殊性。

竞争执法的中立性和差异性矛盾表达的是竞争执法是否存在内外有别的政策或对不同性质的企业宽严有别的差异。其内里反映的是竞争政策和产业政策的关系。市场相对成熟的国家会更强调前者的优先性和无差别性；经济转型国家会强调后者或两者协调情况下的产业政策的特殊作用。

三、竞争立法模式

各国和地区在制定本国的竞争法时，基于经济环境的需要、相关法律状况、执法能力等因素的不同，竞争法的表现方式、方法也有一定的差异。归纳起来，有三种不同的类型：分别式立法、统一式立法、混合式立法。

（一）分立式立法

分立式立法即严格区分垄断行为和不正当竞争行为，并在立法上分别制定反限制竞争法（反垄断法）和反不正当竞争法。德国、日本、韩国为分立式立法模式的代表国家。分立式立法模式具有以下优点：

（1）立法目的明确。反垄断法的目的主要是防止市场形成垄断结构并禁止经营者从事限制竞争行为；而反不正当竞争法旨在禁止经营者采取不正当手段从事竞争。

（2）立法内容界限清楚。垄断行为强调主体联合的市场危害或单个主体滥用市场力量破坏竞争；不正当竞争行为更多地注重行为本身，不强调行为人的市场力量，也不涉及市场结构、市场变化等外部因素。

（3）设置不同的法律实施机制。对垄断行为和不正当竞争行为分别立法，在区分行为性质、划分行为特征的基础上，确立不同的纠纷解决机制。德、日反不正当竞争法以司法程序为主,法律依据主要是民事诉讼法律制度;反垄断法的实施则主要由专门的行政主管机关(德国为卡持尔局或卡特尔署,日本为公正交易委员会等)负责,依据的是反垄断法或相关行政法。

（二）合并式立法

合并式立法是将垄断行为和不正当竞争放置于一个法律规范中的立法模式。匈牙利1990年的《禁止不正当竞争法》、保加利亚1991年的《保护竞争法》、俄罗斯1991年的《竞争与限制商品市场垄断行为法》(后改为《竞争保护法》)、我国台湾地区1991年的“公平交易法”等。合并式立法的优势在于:

(1) 突出垄断行为与不正当竞争行为之间的共性,强调两法之间的内在联系。从反垄断法与反不正当竞争法所规范的行为的特点看,针对的都是反竞争行为。在促进竞争方面,二者之间也具有同一性:反垄断法通过消除市场竞争障碍达到有效竞争的目的;反不正当竞争法通过确定行为正当性标准排除侵害,维护竞争者权益或消费者利益。换言之,二者都追求竞争的公平性。

(2) 便于在技术上列举处于垄断行为和不正当竞争行为边缘的行为。有关国家和地区立法列举的不正当竞争行为的规范类型大致相同。但因市场的不确定性、经济主体规模的变动性、主体身份多元性等决定了某些行为难以规划到垄断行为或不正当竞争行为之中。例如,不具有支配地位的主体在交易中基于销售渠道上的“优势地位”与交易相对人签订不公平、不合理的交易;再如,只在小区域范围内实施的短期垄断行为。这类行为既处于传统垄断行为和不正当竞争行为的边缘,又具有两种行为交叉的特性,如果采取合并式立法,就可以有效解决归属问题。

(3) 有利于对不正当竞争进行有力的法律调控。通常情况下,反垄断执法都是由专门的执法机关来完成,而对不正当竞争行为的监督则不设专门的执法机关。专门机构的执法可以统一行使对垄断行为和不正当竞争行为的监督、检查,能及时、广泛和有效地维护竞争秩序及保护经营者、消费者利益。

（三）混合式立法

将垄断行为和不正当竞争行为的相关类型分别纳入若干单行法律、法规和判例之中,然后再综合运用这些法律法规进行调整。在这方面美国和英国是典型代表。混合式立法模式具有以下优点:

(1) 具有较强的针对性。对限制竞争行为和不正当竞争行为在法律上不做明确划分。轻法典而重单行法规和个别案件的单项调整。

(2) 司法判例具有灵活性。英、美本身属普通法系国家,司法判例在确定具体的法律标准方面,始终都充当着特别重要的角色。

当然,根据个别案件很难确认法院的审判结论是否具有超越本案的普遍意义。对某种行为应如何规制,不仅要审视现阶段案件审判结论,还要关注同类案件法院审判态度的转化,这增加了理解和掌握竞争法的难度。另外,法院对各个具体法律问题的处理思路也并非始终如一,需要剥离个别案件因基于案件本身的特点而进行特殊说理的干扰。

第二章

竞争法的法益、宗旨与价值

法益、宗旨和价值是探讨法律内涵的认识工具，三者之间近似，但视角不同。法益是法律所保护的利益形式，宗旨是立法的目的，价值是法律自身所具有的效用。

第一节　竞争法的法益

竞争法的法益，需要从历史和现实的角度进行分析。历史上的竞争法（第二次世界大战之前）强调保护经营者利益。现代各国的竞争法基本上都不再认同竞争法初期所强调的这种法益，而是强调保护社会公共利益。

一、竞争法的客体与法益

理论界对于竞争法保护的客体几乎没有什么异议，而对调整对象——竞争关系[①]——的构成，在理解上则有所不同。一种意见认为，竞争法调整企业和企业联合组织之间的特定竞争关系[②]；另一种意见认为，除了上述关系外，还调整与竞争有关的涉及反竞争行为的其他社会关系，包括：消费者权益保护关系，顾主与顾客之间的特殊交易关系。[③] 事实上，既不能将竞争法所调整的竞争关系狭义地理解为竞争者之间形成的经济关系，因垄断行为除了发生在横向经济关系——经营者与竞争者之间的关系中，也可能出现在纵向经济关系——经营者与购买者之间的关系中；也不能将竞争关系狭义地描述为现实经济关系，因为垄断既可以产生现实的危害，也存在产生危害的可能性，即垄断行为可能对既有市场竞争者产生排除、限制竞争的效果，同时也可能使潜在竞争对手进入市场的障碍明显提高，从远期来看可能侵害潜在竞争者或消费者的合法权益。这样，构成竞争法调整对象的竞争关系就比其他法调整的社会关系复杂得多，往往是经营者、竞争者（既有竞争者、潜在竞争者）、购买者（既有购买者、潜在购买者）、消费者（既有消费者、潜在消费者）这些主体按一定条件排列组合形成的关系状态。

在调整方法上，竞争法以否定式为主的调整方式带来了一个特殊的立法难题，即否定什么和如何否定。立法和司（执）法都需要清晰的制度化的标准，以使价值、原则有的放矢，使

---

① 对反垄断法调整“国家经济管理机关在依照职权监督、管理垄断与限制竞争行为过程中所形成的竞争管理关系”，认识基本一致。但这里的探讨不包括这种特殊关系。

② 种明钊：《竞争法学》，高等教育出版社 2002 年版，第 197—198 页。

③ 吕明瑜：《竞争法教程》，中国人民大学出版社 2008 年版，第 85 页。

制度内在统一。理论上,“否定什么”的标准应当来源于制度但又高于具体制度,意图在价值、原则和制度之间架设一道“桥梁”。发端于 19 世纪末期 20 世纪初期的国家身份的转化①,使承担评价社会主体行为适度与否的标准相应地分化为国家利益和社会公共利益。这两个原则在价值原则化、原则制度化的变革中逐渐充当起竞争法价值、原则与制度间“沟通的桥梁”。

竞争法保护的客体、调整对象的特殊性以及调整方法的特殊性,决定了其所表彰和维护的法益只能是国家利益和社会公共利益。

引人深思的是,几乎没有一个国家将“国家利益”明确表述在竞争法立法目的条文中。大凡法律条文上确立立法宗旨并在立法宗旨上表述法益的,几乎都落实在社会公共利益这个概念或这个概念的外延形式上。②

不将国家利益直接表述于条文中这种普遍性做法不能简单地定性为“问题”或“立法漏洞”。其实,竞争法的着力点在否定(禁止)性调整,其内容不涉及肯定(授权)性调整的内容。否定式调整内容的展开铸就了竞争法的主体架构,即具体的行为类型侵害的利益基本上是社会公共利益,而维护国家利益,要么是在特殊的情况下体现(如外资并购),要么是以肯定的方式体现(如国家援助)。这样,立法上有意隐去“国家利益”并突出社会公共利益在本法中的特别价值和特殊指导地位则顺理成章。由此出发,可以将竞争法保护的法益狭义地概括为社会公共利益。

社会公共利益具有整体性和普遍性两大特点。申言之,社会公共利益在主体上体现的是整体的而不是局部的利益,在内容上体现的是普遍的而不是特殊的利益。③ 这一点区别于个体利益和集体利益。

竞争法保护的法益之所以不是个体利益,是由于个体利益只反映利益中的特殊的、不稳定的东西。社会公共利益寓于个体利益之中但又高于个体利益,反映个体利益中普遍的和共性的特点。同时,竞争关系中的社会公共利益还应该是每个参与者都寓于其中并受惠于此的某种积极的东西,要求个体利益符合社会公共利益,并受公共利益的制约。

竞争法保护的利益也不是集体利益。建立在特种含义基础上的集体利益④不具有社会公共利益的整体性和普遍性特点,本质上属局部利益、特殊利益。卡特尔、辛迪加、托拉斯、康采恩等垄断组织的创立及其从事的垄断行为都是建立在维护集体(团体)利益的基础上的。历史上,在生产社会化向国民经济体系化转型的过程中,这些垄断组织曾一度作为“组织化的资本主义”的特有形式而被积极地推广。⑤ 但随着国民经济体系化的加强,垄断组织

---

① 即所谓国家社会化、社会国家化过程。在这个过程中及其后,国家不仅仅是政治主体、阶级主体,更是经济主体、社会主体。原来作为经济生活外部力量的国家现在融入到经济生活内部,作为一种重要的调节力量。

② 虽然我国《反垄断法》第 1 条使用“社会公共利益”概念,但一般认为,社会公共利益和公共利益意涵相同,本书在此也作同义语使用。

③ 孙笑侠:《论法律与社会利益》,载《中国法学》1995 年第 4 期。

④ 在我国,毛泽东在《论十大关系》中首次提出集体利益的观念:“要处理好国家和工厂、合作社的关系,工厂、合作社和生产者个人的关系”,并提出处理好关系的原则,“必须兼顾国家、集体和个人三方面”,显然,这里的集体是指工厂、合作社等组织形式。参见《毛泽东选集》(第五卷),人民出版社 1977 年版,第 272 页。

⑤ 德国反限制竞争法律制度的历史定位最为典型。20 世纪之交的德国,社会民主党认为,卡特尔有利于稳定工人就业,法律应当鼓励卡特尔的存在和发展,应该维持卡特尔;而代表消费者和中小企业利益的中央党认为,法律应当禁止卡特尔。希特勒时期德国的工业化和民主主义纠结在一起,也可以说国家主义成了当期主要的竞争法律原则,其具体制度是《强制卡特尔法》,卡特尔成为国家稳定的微观组织基础。

的组织化与国民经济的组织化产生了不可调和的矛盾，国民经济的组织化要求限制垄断组织的局部利益。反垄断法的诞生标志着“组织化的资本主义的终结”[①]，也意味着在西方一度推崇的在竞争关系中的集体利益观走向了衰落。

现代社会，在国家利益、社会利益和个人利益三者的关系上，应反对两种观点：一是亚当·斯密式的三者自发协调论[②]；二是旧制度经济学的简单加总论[③]。个人利益和国家利益有相互协调的一面，但也有相互冲突的一面。如果像亚当·斯密所言的两者高度统一，则无需反垄断法、反不正当竞争法对“经济人”的活动进行调整了，因为该法律的调整方法就是通过限制私人利益、部分集体利益而维护社会利益。如果认为社会利益是个人利益的简单相加，社会利益就失去了共同性和稳定性，也就不存在社会利益和个人利益之分了，那样的状态也许只在理想社会才可能存在。

二、竞争法法益的分类及其内涵

社会公共利益[④]是竞争法所保护的法益，但不是唯一由竞争法保护的利益。作为法益的公共利益内涵十分丰富。目前发达国家对“公共利益”的法律界定，有以法国《民法典》为代表的间接式规定[⑤]和以德国《基本法》为代表的直接确立其原则的规定[⑥]。我国颁布的法律大都采取如德国《基本法》一样的原则性规定，如《合同法》中规定：“违反公共利益的合同无效”。由于公共利益具有的高度抽象性和内涵的广泛性，为了避免它在法律条文中流于形式或在法律运用中变成空洞的说教，必须借相关法制度使之内涵明确化，即使具体法律规范没有明确指出“本法”所保护的公共利益是什么，也需要在理论上解读出“本法”中公共利益的含义，以揭示同为保护公共利益的法律部门间的内在差别。公共利益的内涵基本上可以从法所追求的目标上概括得出，如消费者权益保护法表达的公共利益是消费者的整体福利；环境法所表达的公共利益是良好的环境状态。那么，竞争法保护的公共利益的内涵是什么呢？

对于具有丰富内涵的概念的理解，往往采取对外延进行分类处理的方法，以便更准确地把握概念内涵与外延的关系。德国学者纽曼（Neumann）曾将公共利益分为客观公益和主观公益，这种分类对我们进一步梳理竞争法法益及其冲突类型，构建法益分析方法具有一定借

---

① 英国学者拉什和厄里从工业化和劳动者的组织性变化的角度探讨资本主义微观制度的变异，提出了“组织化资本主义的终结”的结论，参见〔英〕斯科特·拉什、约翰·厄里：《组织化资本主义的终结》，征庚圣、袁志田等译，江苏人民出版社2001年版。事实上，反垄断法的出台，使得资本主义生产（销售）的组织性得以终结。

② “当个人都以最理性的方式将资本用于国内产业，努力管理好国内产业，以使国内产业的生产价值实现最大化时，他们的行为必然使社会收入最大化。通常，这些人既不打算促进公益，也不知道自己能在多大程度上促进公益的作用，他们选择支持国内产业而非外国产业，考虑的只是自身的安全。他们以产值最大化的方式管理自己投资的产业时，考虑的只是自身利益。在这些活动中，个人就像其他一些活动中一样，受着一只无形的手的支配，尽力去达到一个他本人并无愿望达到的目的。但是，不是出自本意，并无害于社会。在追求自身利益的过程中促进社会利益，往往比有意促进社会利益来得有效。我还从未见过为了公众利益的目的从事贸易而给社会带来不少益处的人。”参见〔英〕亚当·斯密：《国民财富的性质和原因分析》，郭大力、王亚男译，商务印书馆2002年版，第24—44页。

③ “社会利益是一种抽象，它不过是个人利益的总和”。参见〔美〕康芒斯：《制度经济学》（上册），于树生译，商务印书馆1962年版，第170—171页。

④ 为了表述简洁，下文直接用“公共利益”。

⑤ 法国《民法典》第6条规定了“公共秩序”和“善良风俗”原则。

⑥ 按照德国《基本法》第14条第2款规定，所有权附有义务，行使所有权应同时服务于公共利益。第3款的规定，占取财产的补偿应通过建立公共利益和那些受到影响的利益之间的公正平衡来确定。参见张千帆：《西方宪政体系》（下册）（第二版），中国政法大学出版社2005年版，第750页。

鉴价值。

按照纽曼的思想,客观公益是基于国家、社会需要而产生的重要目的及目标;主观公益是基于某种文化关系之下,“一个不确定之多数(成员)”所涉及的利益。[①] 可见,纽曼的客观公益是站在传统公法领域以涉及整体或全局性的利益角度来理解“公益”的,主观公益是从社会经济领域内以不特定的多数人的权利角度来理解“公益”的。这从另一个角度揭示了竞争法中公共利益不同内涵的各自属性。

按照纽曼的公益的分类形式,竞争法中的“客观公益”来自于竞争对整个社会产生的积极效用:如改进技术、开发新产品、节约能源、缓解经济危机等;“主观公益”来自于竞争关系中的两类不特定主体的共同利益——消费者利益和竞争者利益,且是在与经营者利益的比较中得出的。涉及法益冲突问题详见本章第三节“竞争秩序的评价标准”。

理论上,有论者将竞争法保护的主观公益单一性地理解为消费者利益,排除竞争者利益。这种认识或许受亚当·斯密的“一切生产都是服务于消费”的观点的影响。马克思也曾在《〈政治经济学批判〉导言》中指出“消费创造出新的生产需要”,其意为消费是社会再生产的出发点,也是社会再生产的最终归宿,即消费是使生产能持续的前提和结果。但在竞争关系中,竞争者有自己的独立利益,并经常处于利益受害者的地位。事实上,消费者不是唯一使企业感兴趣的,企业竞争往往是为了获得客户的青睐。企业从事的反竞争行为可能对消费者产生不利影响或者对竞争者产生不利影响。如果仅从消费者的角度去评判竞争法,说竞争法是为了保障消费者利益,显然有失偏颇。竞争者如同消费者一样在竞争关系中具有两重性:受害主体和评价标准。商业贿赂、不正当有奖销售等侵害的都是竞争者的利益。因此,消费者利益仅是竞争法中社会公共利益的部分内容,另一部分内容是竞争者利益。

第二节　竞争法的宗旨

竞争法的宗旨是随着竞争法的独立才渐渐明朗起来的。竞争法的独立过程,是保护目标从主体到客体的转移过程。

上文已述,西方主要国家初期的竞争法,大多针对限制竞争的某一方面、某一手段,对于规制这些行为的法律性质,要么认定为侵权行为、要么是侵害消费者权利。历史上,法国、德国都曾经将反竞争行为作为民事侵权行为进行规制,都是以维护主体利益为中心来认识竞争法律规范,这种观点直到专门的竞争法出现。在德国,直到 20 世纪 30 年代初期,德国最高法院——帝国法院根据《反不正当竞争法》第 1 条之一般条款,审理了一系列如广告等不直接涉及某主体权利的案件后,上述观念才开始转变。不正当竞争行为不但损害了竞争对手的利益,也涉及危害其他市场主体特别是消费者的合法权益和社会公共秩序。由此,竞争法保护的客体——竞争——渐渐地浮出水面。

美国《谢尔曼法》制定时,其立法目标曾一度为美国理论界广泛争论。汉斯·B.索利(Hans B. Thorelli)认为《谢尔曼法》最初没有一个统一的目的。如同沃尔顿·汉密尔顿(Walton Hamilton)所言,“最大的烦恼在于激烈争论的事项从来没有被通过,通过的法令都是没有真正讨论过的”。Robert Bork 通过对《谢尔曼法》的研究,得出了《谢尔曼法》的目标

① 陈新民:《德国公法学基础理论》(增订新版·上卷),法律出版社 2010 年版,第 232—235 页。

是促进效率的结论。且反垄断政策关注的目标只有这一个，没有其他的。[①] 这些争论本身就表明了最初法律制度设定目标的不确定性。事实上，1890 年的立法者也不可能会有一个统一的看法或者是有任何对现代法规特别有用或者特别一致的个人观点。[②]

认识立法的目的很重要，“目的是全部法律的创造者，每条法律规则的产生也都源于一种目的，即事实上的动机”[③]。虽然现代竞争观念已经广泛传播，但在竞争法的宗旨上仍未实现认识上的统一。原因是一些国家的立法中不规定立法目的，或规定的立法宗旨更多地集中在法益上。还有一些国家在立法目的的规定中将法益、宗旨和价值等内容和盘托出，模糊了立法宗旨这一问题。代表性的立法例是日本《禁止垄断法》第 1 条。

从日本《禁止垄断法》第 1 条的规定[④]中，可以分解出以下目的：(1) 促进公平且自由的竞争；(2) 使事业者发挥其创造性；(3) 繁荣经济，提高工资及国民实际收入水平；(4) 确保消费者的利益；(5) 促进国民经济民主、健康地发展。

日本国内著名的经济法学者、竞争法学者对这一问题的认识，同样分歧大于共识。金泽良雄认为，《禁止垄断法》“具有这样一种结构，即《禁止垄断法》虽以确保消费者的利益为最终目的，但是它是通过维护自由竞争经济，从中实现事业者之间的经济民主(这是《禁止垄断法》的直接目的)，也就是作为其结果，可以自然达到确保消费者利益(商品和服务选择自由)的地步”[⑤]；松下满雄认为：“促进国民经济民主、健康地发展”是终极目的，其他均是该目的的详细表现；今村成和认为：“促进公平且自由的竞争”是目的；丹宗昭信认为：“促进公平且自由的竞争”“确保消费者的利益”“促进国民经济民主、健康地发展”是竞争法的全体目的。[⑥]

认识的不统一要么是因为事物本身的性质没有充分暴露或被揭示，要么是因为在揭示事物性质的方法论上犯了错误。

可以运用系统论的方法来解读日本法的上述规定。竞争法处于市场规制法体系中的一个部分。市场规制法是经济法体系的重要构成部分和实现手段，其服从于国民经济良性运行的总目标。经济法作为国民经济运行法体系中的一级系统，包括市场规制法；市场规制法本身也是一个法律系统，处于二级系统之中，其运行的目标是维护市场秩序的良好运行；而竞争法作为市场规制法的组成部分，构成三级系统，其运行目标是促进竞争。显然，松下满雄是以一级系统为立足点，来理解竞争法的立法目的的。而今村成和、金泽良雄则以竞争法本身为立足点，确立本法的目标是促进公平且自由的竞争。而丹宗昭信的观点则过于重视系统的综合目标进而模糊了竞争法的目的，混淆了三级系统中的手段、标准和目的之间的关系。因此，日本《禁止垄断法》第 1 条规定的“通过禁止私人垄断、不当地限制交易和不公正的交易方法，防止事业支配力的过度集中，排除用结合、协定等方法，对生产、销售、价格和技

---

① Kenneth G. Elzinga, “The Goals of Antitrust: Other than Competition and Efficiency, What Else Counts”. 125 *U. Pa. L. Rev.* 1191, note 2 (1976).

② Thomas B. Leary, “Freedom as the Core Value of Antitrust in the New Millennium”, 68 *Antitrust L. J.* 5476 (2000).

③ 〔美〕E. 博登海默：《法理学—法哲学及其方法》，邓正来、姬敬武译，华夏出版社 1987 年版，第 104 页。

④ “本法的目的是通过禁止私人垄断、不正当的交易限制以及不公的交易方法，防止事业支配力的过度集中，排除因结合、协议等方法形成的生产、销售、价格、技术等的不正当限制及其他对事业活动的不正当约束，促进公平的、自由的竞争，发挥事业者的创造性，繁荣事业活动，提高雇员及国民实际收入水平，确保一般消费者的利益并促进国民经济民主、健康地发展。”

⑤ 〔日〕金泽良雄：《经济法概论》，满达人译，甘肃人民出版社 1985 年版，第 182 页。

⑥ 赖源河：《公平交易法论》，中国政法大学出版社 2002 年版，第 20—21 页。

术等的不当限制以及其他一切对事业活动的不当约束”是手段,“使事业者发挥其创造性”和“确保消费者的利益”则是行使“禁止”和“排除”手段的标准,而目的应该是“促进公平且自由的竞争”。

日本《禁止垄断法》将维护竞争、确保一般消费者利益与促进国民经济民主健全发展紧密联系在一起。从逻辑上分析,维护竞争是确保消费者利益的前提条件,也是国民经济健康发展的重要前提。如果竞争法存在终极目的,则该目的应该是实现国民经济的良性运行。当然,这个终极目的仅仅对一个主权国家有效,对于有关国际组织或地区组织而言,这个目的可能不会被称为终极目的。欧盟竞争法的目标就是多层次的,具体包括经济一体化、提高效率以及保护消费者利益,其中最重要的目标是经济一体化[①],实际是通过促进有效竞争实现经济一体化。

总而言之,保护消费者利益不是竞争法保护的终极目的,国民经济运行也不是竞争法的立法目的,竞争法立法目的的准确概括应该是促进和维护自由竞争。

第三节　竞争法的价值

法的价值不是讲法的有用性,而是指法的客观效用,尽管这种客观效用会受主观评价的影响。竞争法的价值涉及两方面:秩序和效率。

一、维护竞争秩序

维护社会秩序和经济秩序是公共政策的中心功能。秩序之所以需要维护,理由有三:(1)人们的认识能力是有限的。一种具有公共理性的秩序会协调具有相同意图的人们的行为,增进劳动分工并因此提高生活水平。(2)个人的行动自由与保障他人行动自由是构建秩序的前提条件。(3)人们拥有的信息不对称,并禁不住利益诱惑而时常机会主义地行事,这使得建立约束性承诺或强制执行的规则非常必要。[②] 有序竞争是高度抽象的概念,追求的是秩序价值。工业化社会孕育了一种考虑到当事人之间实际存在的不平等的契约关系。立法者倾向于保护弱者,打击强者;或者保护诚信者,打击搭便车式的盗窃者。为此,当事人必须服从于一个被现代法学家称为经济秩序的东西。[③] 这是秩序政策的核心内容,也是竞争法产生和发展的基本前提。

(一)竞争秩序构建的理论基础

对于秩序构建的基础,有个人理性和社会理性之说,哈耶克的自生自发秩序理论是当代依个人理性构建社会理性的主要代表。在他看来,制度不是“设计”的结果,而是动态的“过程”,是不同人群互动和博弈的过程。这种“自由秩序”的形成,需要作为个体的人的自主选择和自主行动,即需要赋予个人以自由的权利。因此,自由之于哈耶克,不是一种绝对抽象价值的理想追求,而是人类生存的选择战略。这种有着亚当·斯密时代的经济基础的当代

① 王传辉:《反垄断的经济学分析》,中国人民大学出版社2004年版,第166页。

② 〔德〕柯武刚、史漫飞:《制度经济学——社会秩序与公共政策》,韩朝华译,商务印书馆2000年版,第380—381页。

③ 〔法〕热拉尔·卡:《消费者权益保护》,姜依群译,商务印书馆1997年版,第5页。

思潮是难以建立起现实的竞争秩序的。另一个在欧洲一直影响广泛的秩序理论是德国弗莱堡学派的社会市场竞争秩序理论。该学派的竞争秩序分为两层含义,一是作为理念的应然竞争秩序,即"完全竞争秩序",指合乎人的理性或事物的自然本性的秩序,也称为"奥尔多秩序"。[①] 二是实然的竞争秩序,即现实经济领域竞争的条理性。尽管弗莱堡学派的理论目标因建立在完全竞争理论上而成为一些经济学家进行学术批评的靶子,但该目标的手段在德国乃至欧共体竞争法制定中所发挥的作用却不容忽视。同时该种经济理论的"虚—实"结构对理解竞争法的价值不无借鉴意义。

因此,哈耶克之于弗莱堡学派代表欧肯而言,都承认秩序之于自然界和人类的重要性,需要一种维持秩序的机制。但在维持秩序的方法上,两人(派)分道扬镳了。哈耶克走上了"自然之路",欧肯则转向"社会之路"。

哈耶克的自然之路建立在心灵自由的基础上。哈耶克并未界定过什么是他所理解的竞争,他的有关竞争的作用和功能的理解和讨论是建立在初始市场经济的子嗣——自由的基础上,即"一个人不受别人意志的任意强制的状态"[②]。竞争是他所认为的自由的人的行为结果,自由竞争则是一个包括工具在内的结果状态。这和他研究问题采取的个人主义的方法论是分不开的。哈耶克对差别待遇和卡特尔的态度都建立在自治这个工具之上。"毋庸置疑,人们在社会生活中会就应予适用的标准和类似问题达成各种谅解或协议,只要人们没有就特定情势中的其他条件达成明确的协议,那么他们就标准问题达成的协议或谅解就应当得到适用。此外,只要人们是在完全自愿的基础上遵守这类协议,而且任何其他人都不得对那些认为推出这类协议对自己有益的人施加压力,那么这一协议或谅解就是有百利而无一害的。或者说,任何对这类协议或谅解予以彻底禁止的做法都是极具危害的"。[③]

哈耶克认为垄断有两种类型并应对其采取不同的态度。一种类型的垄断是市场合理结构的表现,这种合理结构是主体关系走向平衡的一个驿站。由于他将竞争视作一种发现的过程,高额垄断利润很容易被竞争者发现,并使得进入市场富有吸引力。在他看来,潜在的竞争者发现并迅速进入市场本身就排除了垄断定价,由此,真正地、长久地保持垄断地位的情况是不存在的。而短期的垄断不应该受限制,如同创新性企业将其任何一个新产品销售到市场,其本身就是一定时间内的垄断者一样。这种意义上的市场结构代表了市场绩效。真正需要加以限制的垄断,是在原来优越地位消失之后保护和维持其地位的垄断,即自然垄断。它使得潜在的竞争者无法进入市场。需要打破的,就是这种垄断。

弗莱堡学派构建的秩序自由主义有着与新自由主义相同的思想渊源,即接受古典经济学的两个基本出发点:竞争是良好经济所必需的;必须由私人而不是政府决策引导资源流动。但在目标和方法上都发生了革命性的改变。他们不但要求分散政治权力,也要求分散经济权力。后一个目标是个人无能为力的,需要依靠政府的力量。政府的经济政策分为秩序政策和过程政策。所谓秩序政策,指国家确定经济主体都必须遵守的法律和社会总体条件,以便使一个有运作能力和符合人类尊严的经济体制得到发展。所谓过程政策,是指在既

---

① 〔德〕何梦笔:《秩序自由主义》,冯兴元译,中国社会科学出版社 2002 年版,第 3—4 页。

② 〔德〕格尔哈德·帕普克主编:《知识、自由与秩序:哈耶克思想论集》,黄冰源等译,中国社会科学出版社 2001 年版,第 129 页。

③ 〔英〕弗里德利希·冯·哈耶克:《法律、立法与自由》,邓正来等译,中国大百科全书出版社 2000 年版,第 397 页。

定的或者很少变化的秩序框架和国民经济结构下,所有那些针对经济运行过程本身所采取的,并能影响价格—数量关系变化的各种国家干预调节措施的总和,包括货币政策、财政政策、收入政策等。秩序政策的地位要高于过程政策,过程政策是为秩序政策服务的。

秩序自由主义在欧洲的影响十分广大,不仅仅对经济理论,更重要的是通过经济政策对经济产生了积极的影响。它确定了竞争法在经济法中的中心地位,并确立了竞争秩序是一种国家构建秩序的理念。

毫无疑问,制定竞争法就是在实现国家和地区构建秩序,它强制地限制某些自由来实现更广泛的自由。国家和地区必须为竞争秩序确定一个框架,并不断保护这个框架。在保证自由进入市场和防止垄断行为的条件下,市场的参与者可以自主作出决策。同时,市场把各个市场参与者的计划协调成一个国民经济的整体过程。① 这种秩序政策也被国内学者概括为社会市场经济政策,即所有那些为经济运行过程创造和保持长期有效的秩序框架、行为规则和权限的有关经济法律和措施手段的总和。②

维护竞争秩序是竞争法公开宣示的目标,也是竞争法特有的价值。美国《克莱顿法》第2条、第3条规定:任何实质上损害竞争或者可能妨碍、破坏、阻止竞争的行为均为非法。德国《反限制竞争法》第1条规定:企业或企业协会为共同的目的所签订的合同以及企业协会的决议,其目的如果是限制竞争……则无效。日本《反垄断法》第1条规定:本法的目的是……促进公正而自由的竞争。我国台湾"公平交易法"第1条规定:为维护交易秩序与消费者利益,确保公平竞争……特制定本法。

竞争法之所以将秩序作为价值目标,是因为竞争是一种理想的资源配置方式。竞争所产生的效果有两个方面:(1) 效益好的企业将获得利润,效益差的企业将面临亏损与破产;(2) 竞争将产生商品或服务的最低价,消费者对商品或服务有选择的机会。一定范围和程度的企业破产或亏损是市场规律发生作用的正常表象,维持这种程度的竞争就是经济学上所称的有效竞争。如果企业亏损或破产大面积爆发,则可能是过度竞争造成的。竞争无序不利于社会经济的发展,甚至会带来社会政治、经济动荡。

(二) 竞争秩序的评价标准

对于具有丰富内涵的概念的理解,往往采取对外延进行分类处理的方法,以便更准确地把握概念内涵与外延的关系。德国学者纽曼(Neumann)曾将公共利益分为客观公益和主观公益,这种分类对我们进一步梳理竞争法法益及其冲突类型,构建法益分析方法具有一定借鉴价值。按照纽曼的思想,客观公益是基于国家、社会需要而产生的重要目的及目标;主观公益是基于某种文化关系之下,"一个不确定之多数(成员)"所涉及的利益。③ 可见,纽曼的客观公益是站在传统公法领域以涉及整体或全局性的利益角度来理解"公益"的,主观公益是从经济法领域内以不特定的多数人的权利角度来理解"公益"的。这从另一个角度揭示了反垄断法中的公共利益不同内涵的各自属性。按照纽曼的公益的分类形式及其内涵,"竞争效率"应该是反垄断法所表彰的公共利益之"客观公益",它来自于竞争对整个社会产生的积极效用:如改进技术、开发新产品、节约能源、缓解经济危机等。相应地,"竞争秩序"是反垄

---

① 〔德〕何梦笔:《秩序自由主义》,冯兴元译,中国社会科学出版社2002年版,第3—4页。

② 陈秀山:《现代竞争理论与竞争政策》,商务印书馆1997年版,第131页。

③ 陈新民:《德国公法学基础理论》(增订新版·上卷),法律出版社2010年版,第232—235页。

断法保护的公共利益之"主观公益",它来自于竞争关系中的两类不特定主体的共同利益——消费者利益和竞争者利益,且是在与经营者利益的比较中得出的。

由于经营者的私益、客观公益、主观公益的内涵及价值不同,竞争秩序的评价标准应该是法益的"质"与"量"。最优位的价值,应该具有"质高"的品格。"质高"即客观公益应该处于最高的位置。次优位的标准应该是"量广",即尽可能地使最大多数人能均沾福利的利益形式。[①]

1. "质高"因其公益内容的全社会性质(绝对性)而在适用中具有优先性和主导性[②]

"质高"的优先性表现在:客观公益优于主观公益。这一规则既体现在法条上,也应直接应用到案件的分析中。前者如瑞典《竞争法》(2000 年第 88 号法律)第 34 条 a(二)规定:"集中产生或者加强了市场支配地位,严重阻碍或者可能严重阻碍在国家整体或重要地区的有效竞争的存在和发展,则予以禁止。对该集中的禁止不会给国家安全或基本供给利益造成危害。"[③]美国"*Berkey Photo, Inc. v. Eastman Kodak Co.* 案"[④]则体现了后者。柯达公司研发了一种新型相机及配套的新型胶卷,只有两者同时使用才能取得良好的技术效果。作为购买者的 Berkey 公司发现自己处于不利地位,因为它不想接受新胶卷。Berkey 公司在诉讼中主张:Kodak 公司在相机生产市场上滥用了支配力量获得胶卷市场上的竞争优势,实施了搭售。美国第二巡回法院认为,Kodak 公司没有违反《谢尔曼法》第 2 条,因为技术进步的社会利益大于消费者(作为购买者的消费者)的利益。

"质高"的主导性表现在:依据是否侵害客观公益即可直接确定行为是否合法。如德国《反限制竞争法》对经营者集中规定的一般条件和特别条件,是以客观法益为中心展开的。第 36 条(一)〔一般条件〕规定:"如可预见,集中将产生或加强市场支配地位,联邦卡特尔局应禁止集中,除非企业证明集中也能改善竞争条件,且改善竞争环境所带来的好处超过形成市场支配地位所具有的弊端。"第 42 条(一)〔特殊条件〕规定:"在个别情况下,集中对整体经济产生的利益可弥补对竞争的限制,或集中符合重大的公共利益的,应申请联邦经济和劳动部长批准。"

2. "量广"因满足社会部分主体的共同利益(相对性)使得主观公益在运用中具有补充性和抗辩性

有别于"质高"所包含的目的性,"量广"具有工具性。"量广"首先体现为不危害客观公益的前提下经营者利益与消费者利益或者竞争者利益相一致,即经营者利益+消费者利益>竞争者利益;或者经营者利益+竞争者利益>消费者利益。这需要经营者在抗辩时证明自己的行为至少和某一种主观公益相协调一致。其次,消费者或竞争者的长期利益>短期利益。少数拥有支配地位的企业为了获得更大的利益,可能采取"欲取之,先与之"的手段,如低于成本销售、不当有奖销售等。这些行为看似有利于消费者,不利于竞争者,但实质

---

① 邢益精:《宪法征收条款中公共利益要件之界定》,浙江大学出版社 2008 年版,第 101 页。

② 德国宪法法院在 1958 年"药房案"中,将客观公益和主观公益分别转化为绝对公益和相对公益两个标准,前者指为一个广泛主体所承认的独立于社会、国家当时政策之外的社会价值;后者是经由立法者考量的被提升为具有重要性的社会利益。该案除了表明两种法益的不同品格外,更重要的是其揭示了"客观公益"的目的性价值,"主观公益"的工具性价值。这为我们依此为据解决反垄断法上的法益冲突提供了方法论依据。见陈新民:《德国公法学基础理论》(增订新版·上卷),法律出版社 2010 年版,第 256—257 页。

③ 时建中:《三十一国竞争法法典》,中国政法大学出版社 2009 年版,第 235 页。

④ 603 F.2d 263 (1979).

是以短期施惠手段掩盖长期剥夺消费者福利的目的——经营者排挤掉竞争对手后,抬高价格以弥补其先前的"贴现"损失。如果经营者以消费者利益为中心证明自己行为的正当性时,消费者利益是指消费者的长期利益或者预期消费者利益,而不是现实消费者利益。换言之,对某行为"禁止的理由应确立为对消费者利益的中长期保护,确保从长远来看消费者能够获得选择商品和获得价廉物美商品的能力"①。

"量广"补充性体现在:行为不危害客观公益,且有利于一种主观公益但可能危害另一种主观公益。事实上,任何一个案件的审查都不可能只靠客观法益的单一力量,主观法益也会起到辅助性作用。往往是一个标准发挥主要作用,另一个发挥辅助作用,且证明经营者的行为至少符合一种主观法益,即具有"量广"的特性,才能得到法律保护。

"量广"抗辩性体现在:由"量"的证明来决定行为的"质"。例如,反垄断法要求纵向垄断协议主体必须提供证明,而对经营者集中和滥用支配地位的控制,都给予一个当事人效率抗辩的机会。消费者抗辩可以分别为价格福利、信息成本福利②、选择福利③抗辩等。价格福利是消费者福利的一部分,支付的价格越高,消费者福利就越小。价格垄断导致价格提高、产出减少,使得消费者剩余向垄断者转移。消费者成本福利是消费者福利的一项新内容④,于美国1992年"柯达案"中被首次提出。它包括搜寻信息的成本和向其他替代品转换的成本。一些案件不能用价格理论分析和解决,消费者选择福利是一种补充性的分析方法,并可以适用于各种垄断类型。⑤ 竞争者抗辩包括在位竞争者的生存抗辩和潜在竞争者的准入抗辩,例如涉嫌拒绝交易或价格歧视,就需要从此种角度进行正当性抗辩。

综上,竞争法所保护的公共利益体现为秩序,对秩序的评价是通过消费者利益、竞争者利益和经营者利益协调表达出来的。在竞争法中,秩序之于公共利益是同一位阶的、意涵相同的概念,而消费者利益和竞争者利益则是公共利益和秩序的下位概念,这构成了反垄断法的独特的运行机制。

二、实现社会整体效率

"效率是资源配置使社会所有成员得到的总剩余最大化的性质。"⑥一般情况下,促进有效的竞争和维护竞争秩序通常与经济效率最大化相一致。对竞争是"目的"还是"手段"的不同认识,使得经济学家对竞争与效率冲突是否应进行规制的主张常有很大的分歧。波斯纳(Posner)认为:"效率是反托拉斯的终极目标,竞争只是一个中间目标,只不过这个目标常常离终极目标足够的近,使得法院不必看得更远。"⑦而博克(Bork)认为,任何纵向限制都应当是完全合法的,唯一的理由就是其创造效率。他指出,只有在通过增加销售额而获取较高利

---

① 〔德〕乌尔夫·伯格:《德国法中的滥用市场支配地位行为》,董文勇译,载《环球法律评论》2003年春季号。

② 1992年"柯达案"法官提出了消费者成本福利的新内容。参见 *Eastman Kodak Co. v. Image Technical Services* 504 U.S. 451 (1992)。

③ 消费者选择权是另一项消费者福利的内容和反竞争行为违法性的判断标准。对于非价格限制的案件,不能用价格理论分析和解决,消费者选择理论则补充性地提供了一种有效的分析方法。

④ *Eastman Kodak Co. v. Image Technical Services* 504 U.S. 451 (1992).

⑤ Lande教授举出大量案例证明保护消费者选择权深植于反垄断法的分析之中。See Robert H. Lande, "Consumer Choice as the Ultimate Goal of Antitrust", 62 *U. Pitt. L. Rev.* 508—511(2000)5.

⑥ 〔美〕格列高里·曼昆:《经济学原理》,梁小民译,生活·读书·新知三联书店、北京大学出版社1999年版,第152页。

⑦ 〔美〕理查德·A.波斯纳:《反托拉斯法》,孙秋宁译,中国政法大学出版社2003年版,第32页。

益的情况下，生产者才会施加限制，而消费者只有在任何额外服务的价值超过销售商增加的收费的情况下，才会增加购买。由此，消费者得到净收益时，纵向限制会产生较高利润。[①]

（一）经济效率分类与竞争法价值

国内也有学者认为：经济效率是反垄断法所追求的基本目标，即通过对竞争自由的维护，使得资源得到优化配置，从而实现经济的高效率。但经济效率的概念太模糊，难以准确说明其和竞争法的关系，需要对经济效率进行分类。

经济学上，效率包括生产效率、配置效率和创新效率。生产效率是指企业产出与投入的比值，其要求在现有技术条件下组合资源，以最低的成本得到产品。企业获得生产效率的方式一般有：购置基本的生产设备、改进节约成本的程序、有效地运用人力资源等。配置效率，或称"帕累托最优"[②]，是指通过投入要素的最有效的组合生产出最优的或最适度的产品组合。[③] 创新效率是指组织、技术管理创新产生的效率。

竞争法对于生产效率的态度是消极的支持（affirmative but passive）。[④] 一方面竞争政策允许增进企业生产效率，除非这一行为同时也增强了企业的市场势力；另一方面企业并不会因为没有效率而违反竞争法。对于没有效率的企业，市场本身有优胜劣汰的功能。生产效率问题就是做大蛋糕的问题。但生产效率最大化并不等于消费者福利最大化。在限制竞争的情况下，生产效率只体现个别企业的正效率，其他企业则可能是负效率。当然，这种推论也没有考虑因限制竞争而产生的失业等社会消极后果。

配置效率又称帕雷托（Pareto）效率、帕雷托最优，是指资源分配的一种理想状态，即消费者剩余和生产者剩余的最大化。也由此配置效率的衡量标准是全社会福利最大化。但实际上，全社会福利最大化的目标很难实现。在存在冲突的情况下，经济学家会更偏向生产者福利：即使消费者受到损害，只要企业获得了超过消费者损失的利益，合并就是有效的。[⑤] 法学家会更重视消费者福利标准。[⑥] 一个次优的标准是生产者效率优化，同时不损害消费者剩余。

这些效率形式在竞争法的价值中应该如何摆布，确实是个难题。但是，基于以下两个原则可以大致把握这些效率与竞争法价值之间的关联关系。

首先，实践性原则。法学上所追求的效率应该是可实现的效率、动态的效率。[⑦] 与生产效率和配置效率属于静态效率不同，创新效率属于动态效率。动态效率接近于实践，这也是

---

① Bork, R, *The Antitrust Paradox: A Policy at War with Itself*, Maxwell Macmillan, 1993, Chapters 14 and 15. 转引自吕明瑜：《竞争法制度研究》，郑州大学出版社 2004 年版，第 76 页。

② 由于测定帕累托最优的变量太多，在反垄断经济学分析中所提到的帕累托最优，往往指的是潜在的帕累托最优，指获得的总价值比失去的总价值要多。它提出了一个补偿机制，即获得的一方需要对失去的一方提供补偿，如果差额大于零，那么从总的福利水平上看就是优的。

③ 最适度的产品组合可以通过各种不同的方式来确定。在福利经济学中，最适度的产品组合一般认为是这样的组合：它是由消费者根据完全竞争市场中价格的变化选择决定的，而这种价格又真正反映了产品的生产成本。最有效率的投入组合是这样的组合：以最低的机会成本把产品生产出来，投入要素被这样使用时被视为在技术上是有效率的。参见〔英〕戴维·W. 皮尔斯：《现代经济学词典》，宋承先等译，上海译文出版社 1988 年版，第 18—19 页。

④ See Herbert Hovenkamp, *Economics and Federal Antitrust Law*, 《Hornbook》 1985, p. 46.

⑤ 〔美〕奥利弗·E. 威廉姆森：《反托拉斯经济学——兼并、协议和策略行为》，张群群、黄涛译，经济科学出版社 1999 年版，第 26 页。

⑥ 我国《反不正当竞争法》和《反垄断法》第 1 条都规定了保护消费者利益。

⑦ 孔祥俊：《反垄断法原理》，中国法制出版社 2001 年版，第 212 页。

创新效率在一定程度上优于前两种效率的原因。

其次,鼓励创新原则。创新效率是社会进步的源泉,也是实现消费者福利最大化和全社会福利最大化的基本动力。竞争法所奉行的创新效率的政策是对创新成果运用的特殊对待,表现为对一定程度的限制竞争的宽容。例如,在美国基于技术创新而产生的搭售限制竞争行为在一定时间和条件下可以豁免适用反托拉斯法。这个原则在 20 世纪 50 年代初通过的"美国诉 20 世纪福克斯公司案"①中确定下来,当时强调的是产业特征,即新兴工业中技术不稳定的特性。在知识经济中创新效率可以得到更大程度的体现。在"奇虎诉腾讯滥用市场支配地位案"②二审判决的理由之一便是"即时通信领域的创新活跃,对技术和成本的要求则相对较低,技术和财力条件对市场力量的影响并不显著"。同样,在 1999 年"美国诉 VISA 案"中,集中分析了消费者利益为内容的创新③,"微软案"也反映了对创新为中心的长期竞争的关注。④

对创新效率的关注不仅体现在司法案例中,立法也给予创新效率积极的支持。2000 年美国《关于竞争者之间合谋的反托拉斯指南》对研发合谋进行规范,考虑到研发合谋促进创新的作用,一般都认定其是属于竞争性的,可根据合理原则进行分析。同时,基于消费者利益可能会受到来自创新导致的市场支配力的侵害,《指南》提出:如果该研发合谋产生或增加了市场支配力,那么就要分析其总竞争效果。总之,对于研发合谋的分析首先是肯定其因创新给消费者带来的利益。同样的关注也出现在欧盟的竞争法规范中。在合并案件分析中,欧盟认为新的或改良的产品、服务业会有益于消费者,为了开发新产品而建立的合资企业可能会增加消费者利益,那么委员会将该效果予以考虑。⑤

(二) 竞争法中的社会整体效率

如果遵循上述效率目标分类,竞争法所奉行的效率准则,应当是坚持创新效率下的配置效率。概括而言,就是实现社会整体效率。

社会整体效率和私人个体效率(生产效率)是一对矛盾统一体。社会整体效率的实现需要承认和尊重私人个体效率,没有个体效率,就不可能存在社会整体效率。但不能过分推崇个体效率,尤其不能以牺牲社会整体效率为代价实现个体效率。

以价格卡特尔为例进一步说明社会整体效率与经营者的个体经济效率之间的关系。被价格卡特尔所固定的价格为垄断价格,成员企业因垄断价格获取垄断利润,对所有成员企业来说是有(生产)效率的,成员企业的有限性决定了这种效率是个体效率。价格卡特尔使大量的非成员企业难以通过正常的价格竞争充分行使自主定价权,不可避免地会降低配置效

---

① 〔美〕马歇尔·C.霍华德:《美国反托拉斯法与贸易法规——典型问题与案例分析》,孙南申译,中国社会科学出版社 1991 年版,第 215—216 页。

② 参见(2011)粤高法民三初字第 2 号,最高人民法院(2013)民三终字第 4 号。后文所谓"3Q 大战"亦指奇虎 360 与腾讯间的纠葛。对此案本书多次涉及,有全称、有简称,不再一一注释。奇虎和 360,作为公司名称在同一意义上使用。

③ DOJ(司法局)的陈词中就分析了 VISA 和 Mastercard 妨碍了创新,以致损害了消费者利益。See David S. Evans, "Dodging the Consumer Harm Inquiry: A Brief Survey of Recent Government Antitrust Cases", 75 *St. John's L. Rev.* 557(2001).

④ 〔美〕罗伯特·利坦、卡尔·夏皮罗:《90 年代美国政府的反托拉斯政策》,载吴敬琏主编:《比较》,2003 年第 8 期。

⑤ 《关于评价横向合并的指南》(2004/C 31/03 王晨译),载许光耀:《欧共体竞争立法》,武汉大学出版社 2006 年版,第 471 页。

率;另外,某种商品的价格被确定为垄断价格时,消费者无法在价格上作出选择,只能被迫接受高价商品。更为重要的是价格卡特尔扭曲价格信号,垄断价格不能客观真实地反映商品或资源的稀缺程度,它会给经营者提供虚假信息,对生产和消费行为进行误导,造成社会资源的浪费(抑制创新效率)。国家无法据此实施有效的宏观调控措施。价格卡特尔是以损害社会整体效率为代价追求个体经济效率的典型形式,因此,各国反垄断法无一例外地禁止价格卡特尔。

第三章

竞争法的特点、体系与地位

作为后发形成的一项法律制度，竞争法的特点是什么，其在法律体系中的地位如何，这些问题涉及该法律制度是否独立，也关系到特色性制度能否被正确理解和准确运用。

第一节　竞争法及竞争法律关系的特点

一般认为，法是国家制定或认可的社会规范，法律关系是特定主体之间的权利义务关系。对部门法特点的研究往往是在与相关法的比较中得出结论的，对法律关系的研究是从权利义务结构上来揭示部门法特点的。

一、竞争法的特点

竞争法调整对象的模糊性及调整内容上与有关部门法之间存在着大量的交叉，使得竞争法在形式上和性质上呈现出自身的一些特点。

（一）成文法与判例法相融合

一个判决中所含有的法律原则或规则，对其他法院或者本法院以后的审判具有约束力(binding effect)或者说服力(persuasive effect)[①]，便是判例法。普通法之遵照先例原则能持久地取得成功，主要在于它糅合了法律规则的确定性与原则的灵活性。规则的确定性保证在合理的限度内法院依据普通法传统体系中的法律原则及规则以类比方式推理断诉。原则的灵活性适应复杂多变的经济环境，使法律规范的范围不被僵死地固定，当一些新的案件无法适用原有的规则时，司法机关可以在此基础上开发新的控制工具——法律规则。不断开发出来的确定的法律规则部分地解决了法律的不安定问题。正基于此，英美法系国家占支配地位的观点认为，明确或含蓄地提出法律见解的法院判决——特别是终审法院判决，构成了法律的一般渊源和正式渊源。

在竞争法上，判例法和成文法的界限时常变得模糊不清，英美法系国家和大陆法系国家的竞争法都是如此。美国的《谢尔曼法》是成文法，后来的《克莱顿法》《联邦贸易委员会法》也都是成文法形式。这些法律规范没有达到德国法那样的细致、严谨，但是《谢尔曼法》的起草者借用了普通法的术语，原本也并未打算把有关竞争和垄断以普通法法典化，所以每当看到律师或法官援引一些他认为是被《谢尔曼法》吸收进来的普通法原则来支持他的反托拉斯

---

① 沈宗灵：《比较法研究》，北京大学出版社 1998 年版，第 284—285 页。

理论时，记住规范贸易的普通法跟《谢尔曼法》之间的不连续性是非常重要的。[①] 由于《谢尔曼法》的高度抽象性，将抽象的规范转化为具体规则只能依赖个别案件。1911 年“美孚石油公司案”[②]是根据《谢尔曼法》第 1 条和第 2 条认定的，该案件判决以后，引申出一个分析框架，即仅仅取得独占并不必然违反法律，只有通过“非正常的产业发展方式”所导致的独占，才是法律所禁止的。大量的案件和有关法案融合生长共同构筑起美国的反托拉斯法体系。

同为判例法国家的英国，其竞争立法虽取道相反——判例先于成文立法，但殊途同归。早在 16 世纪就依普通法发展出了“限制贸易契约”的判例，工业革命以后，世易时移，早期的判例影响式微。第二次世界大战以后，竞争法内容细化的要求日益强烈。工党在 1948 年完成了这一任务：英国历史上第一部反垄断法《1948 年垄断和限制行为（调查与管制）法令》〔Monopolies and Restrictive (Inquiry and Control) Act 1948〕，从此开启了构建竞争法——成文法的系统工程。几部成文法从形式上确立了英国竞争立法的风格，但在内容上没有扯断与普通法的瓜葛。英国竞争法的语言倾向于具体化，并注重事实，而不是抽象和统一。其使用的概念，并未如德国法那样通过构建井然有序的概念体系来确定，而是参照具体案件的事实。[③] 在一些典型的反竞争行为的管制中，以往判例的价值以及司法程序仍发挥着积极的作用。

一般而言，大陆法系与英美法系的主要区别就是它以成文法为主要法律渊源，判例法不被认为是正式的法律渊源。历史上，随着法典编纂越来越完备，法典一度成为大陆法的理想形式。尽管如此，判例法的优越性无时无刻不在吸引大陆法立法者和司法者的目光，而且这种持久的引力所发生的潜移默化的影响不仅在观念上，也在司法和立法实践上逐渐显现出来。

在观念上，“制定法的优先地位和把判决看作技术性的自动制作（结果）的谬见正在衰退，人们确信制定法不过是一种可以广泛解释的概括性基本观点的表现，并且确信法院实务以持续的判例形态将成为一种独立的法源”。[④] 在司法实践中，大陆法践行判例法发生在两个法域内：民法和竞争法。具有扩张性的民法的原则及其学理解释使其成为向判例法张开的双臂。

有别于民法，竞争法判例的生长点不是法律原则，而是一般条款。德国 1909 年修订的《反不正当竞争法》最先设立了一般条款。该法第 1 条规定：“在商业交易中以竞争为目的而违背善良风俗者，可向其请求停止侵害和损害赔偿。”随后，此立法例广泛地传播到后立法国家或地区，进而成为竞争法独特的立法模式——概括加列举式。瑞士（《反不正当竞争法》第 2 条）、希腊（《反不正当竞争法》第 1 条）、瑞典（《市场行为法》第 2 条）、匈牙利（《竞争法》第 2 条）、我国台湾地区（“公平交易法”第 24 条）等都吸收了这一立法模式。由一般性条款引申出来的法律规则使竞争法的调控范围具有开放性，调控方式具有灵活性。

德国在《反不正当竞争法》近百年的司法实践中，司法机关根据一般条款，适应不断变化的经济竞争关系，开发出了一套内容包罗万象，但结构堪称严谨且灵活实用的判例规范体

---

① 〔美〕波斯纳：《反托拉斯法》（第 2 版），孙秋宁译，中国政法大学出版社 2003 年版，第 39 页。

② *Standard Oil Co. of New Jersey v. U.S.* 221 U.S. 1(1911).

③ 〔美〕格伯尔：《二十世纪欧洲的法律与竞争》，冯克利、魏志梅译，中国社会科学出版社 2004 年版，第 279 页。

④ 〔德〕K. 茨威格特、H. 克茨：《比较法总论》，潘汉典等译，贵州人民出版社 1992 年版，第 134 页。

系，形成了众多典型的案例类型。以至于法官可以直接到这个规范体系中去找出某类规范，然后将待决案件同先前作出的主导性裁判所涉及的案情做比较，以决定是否将此类的规范适用于待决案件。这套规范体系是一种典型的法官法。许多新规则由一般条款引出，例如，未经许可上门推销产品或服务，属于强迫。在德国司法实践中，约1/3的不正当竞争纠纷是以行为人违反一般条款为由，要求行为人承担民事责任。可以毫不夸张地说，德国的《反不正当竞争法》，其主要渊源已不是成文法，而是判例，特别是法院对第1条一般条款所作出的各类判例。①

有学者认为，当代西方两大法系的判例法有相似之处也有不同之点。单从效果上看，都是法官创造了法律，而且这种"法官法"都具有一定的拘束力，但从创制法律的根据来看，两者有很大的差异。普通法系法官创制法律通常是以先例为基础，通过推导、区别事实的技术创制出新的法律规则，在无先例可循的情况下，则可通过审判活动创制新的先例。大陆法系通过法官解释成文法而形成的"判例法"仍然是植根于法典之中的，它不过是法典主体上的一个派生物而已。② 这种认识符合异中求同、同中求异的辩证思维过程。但不能将"派生物"作为从属物看待并否认其独立性。从事实到规范再到新规则适用于后续同类事实这一过程，属于典型的判例法。至于"派生物"根基不同及引出的属性上的差异在这里似乎没有那么重要，因为"法律的生命不在于逻辑，而在于经验"。

（二）公法与私法的融合

法律之公、私之分渊源于罗马法。罗马人在构建其法律体系时，以不可思议的洞察力，把法律划分为政治国家的法和市民社会的法。前者称为"公法"，其主角是权力，其运作依赖于权威，依赖于命令与服从，其内容体现为政治、公共秩序以及国家利益。后者则是"私法"，它以权利为核心，以私人平等和自治为基本理念，其内容则体现为私人利益。③

私法与公法的划分打破了诸法合体的、陈旧的法律体制，开辟了法律部门划分的新局面。在20世纪初期，经济自然增长和自发平衡的幻想被经济结构不均衡、经济危机和社会分配不公等事实所打破。新矛盾的性质不是中古时期的人与人之间的身份关系矛盾，而是私人利益与社会利益之间的矛盾。这些矛盾依靠"条块分割""分立分治"的法的部门化调整无法解决，需要新的制度形式。正如恩格斯所说："'法的发展'的进程大部分只在于首先设法消除那些由于将经济关系直接翻译成法律原则而产生的矛盾，建立和谐的法的体系，然后是经济进一步发展的影响和强制力又一再突破这个体系，并使它陷入新的矛盾。"④解决上述部门化调整矛盾的主要方法是限制私人权利的扩张，打破部门法之间的"井水不犯河水"的局面，使公法意志介入私法领域，即实现私法公法化。20世纪中后期，转型国家出现了"公法私法化"运动。在"私法公法化"和"公法私法化"的双向运动中，私法与公法机械划分的标准开始动摇，两类法律逐渐相互渗透。

私法公法化，就是指公法通过对私人活动的渗透，限制私权行使的范围。公法私法化，是计划经济时期的政府及其执行政府职能的公法组织将原有的一些权力交给市场，交由当

① 转引自邵建东：《德国反不正当竞争法研究》，中国人民大学出版社2001年版，第42页。
② 潘华仿：《英美法论》，中国政法大学出版社1997年版，第43页。
③ 张俊浩：《民法学原理》，中国政法大学出版社1991年版，第2页。
④ 《马克思恩格斯选集》(第4卷)，人民出版社1995年版，第702页。

事人意思自治。不论是公法私法化还是私法公法化，其共同的结果就是形成了新的法域。竞争法是公法私法相融合的产物。

竞争法制度的公法、私法融合性主要体现在如下方面：

(1) 对权利进行权力限制。一定意义上讲，竞争法就是对经营权进行限制的法律规范。经营权可以表现为交易自由、协议自由、财产处分自由、合并自由、价格自主等。例如，经营者拥有交易自由的权利，为了取得交易机会而向对方赠与数额较大的财物，则超出了交易自由、财产自由处分的范畴，属于商业贿赂，这种交易将被限制。再如，企业间的合并属于合并企业的自由，但若合并后的企业可能阻碍、限制竞争的，这种合并自由将被限制或禁止。

(2) 私人利益和社会利益的协调。竞争法所维护的私人利益主要体现为经营者的利益。任何采取合法竞争手段所获得的利益都受法律保护。但经营者不可能单独存在，竞争关系的总体是经营者、竞争者、消费者关系的组合。经营者获取利益的手段对外不能具有不利涉他性，换言之，经营者获得利益不得以他人利益减损为条件。因此，竞争法是通过维护公共利益为基础而保护私人利益的。

(3) 司法程序和行政程序的统一。司法程序代表客观、公正。任何实体制度都需要程序法保障，否则将无法体现客观、公正的价值。产生于近代的行政法具有突出的专业、效率的特点，它适应了反竞争行为认定的技术性、专业性要求。但两种程序各自所体现的意志不同，司法程序往往代表私人意志，行政程序代表公共意志。程序启动过程也能表现出私人性和公共性的区别，司法程序通常实行“不告不理”，即依申请处理；行政程序应该积极主动，是依职权处理。在竞争法中，两种控制模式既独立又统一。

二、竞争法律关系的特殊性

法律关系的构成要件包括主体、客体和内容。竞争法律关系也是在这一内容组合模式下存在的。但竞争法律关系在主体、客体和内容上都有别于传统法的特殊性。

(一) 主体的特殊性

各国竞争法表述竞争法律关系主体所用的称谓不尽一致。所使用的不同称谓多具有指代意义，并不严格地拘泥于概念的外延。这形成了竞争法独特的概念不周延使用的现象。

美国 1914 年《克莱顿法》第 7 条将该法的适用范围规定为“公司”(corporations)。1980 年的《反托拉斯程序改进法》中将公司改为“人”(person)。这个“人”包括公司、非公司法人的合伙、未注册的合营企业、个人等。根据美国 1984 年通过的《地方政府反垄断法》及联邦最高法院的有关判例，这个“人”还可以指诉讼中作为被告的市政机关。美国《统一商业秘密法》(1985 年修订)第 1 条规定，“人”意为自然人、公司、商业信托、不动产、信托基金、合伙、联合、合资、政府、政府分支机构或代理机构，或其他商务实体。1983 年美国联邦最高法院扩展了《罗宾逊—帕特曼法案》的适用范围，把并非出于传统目的而购买商品的政府机构也包括进来。

欧共体竞争法用“undertaking”即“企业”(有的翻译成“事业”)来指称其规制对象，在“Poiypropylene 案”中，欧共体委员会认为，企业不限于有法律人格的实体，而是包括参与商业活动的一切实体[①]；在“*Mannesman v. High Authority* 案”中，欧洲法院认为“企业”包括

---

① 包括股份公司、合伙、个人、联合经济组织、国有公司、合作企业等，但国有公司行使公法权力时除外。

从事商业活动的国家机关。[①] 日本《禁止垄断法》第 2 条规定:本法所说的“事业者”,是指经营商业、工业、金融业等的事业者。为事业者的利益而进行活动的干部、从业人员、代理人及其他人,适用下款或第三章规定的,也看作是事业者。

我国台湾地区的“公平交易法”第 2 条规定的主体是“事业”,具体包括“公司,独资或合伙之工商行业,同业公会,其他提供商品或服务交易之人或团体”,而依“公平交易委员会”的解释,“本案拟接受‘政府补助’初期开发经费之行为主体虽可能为‘政府机关’、自来水事业单位、民间企业或其他财团法人,惟其设置目的在于制造、销售饮水,不论其将来组织形态为何,皆属于‘公平法’第 2 条所称之事业”。[②]

虽然我国《反不正当竞争法》第 2 条规定的主体称谓是经营者,“本法所称的经营者,是指从事商品经营或者营利性服务(以下所称商品包括服务)的法人、其他经济组织和个人”。《反垄断法》第 12 条解释了经营者,但实际上无论不正当竞争行为还是垄断行为,主体在外延上都可能超过“经营者”的范围。

可以看出,竞争法律关系的主体除了享有执行权的主体之外[③],违法行为主体具有多样性、扩展性等特殊性。

(1) 竞争法主体的多样性打破了某些传统法主体与法律的对应关系。传统的法律主体要么高度抽象,要么十分具体。组织体经过抽象抛去了各组织的具体特点而被抽象为法人、非法人组织;抛去职业特点和社会地位的人被抽象为自然人。法人、非法人组织和自然人属于民法的特有主体。而公司、国有企业、国家机关、合伙等分别是公司法、国有企业法、行政法、合伙法的主体;人民、消费者、劳动者、公务员分别是宪法、消费者权益保护法、劳动法和公务员法的主体。竞争法没有特定的主体,所谓的经营者、竞争者都是既有法律主体的综合,如公司、企业、个人等。而且竞争法主体不限于经营者和竞争者。行政机关和行业协会不属于经营者和竞争者,但可能成为竞争法的违法主体。竞争法也没有对应主体,与其说经营者和竞争者是竞争法的主体,不如说经营者和竞争者是竞争法主体无法周延情况下的代表主体。因此,不能仅从经营者或竞争者概念的内涵出发,圈定其外延,并确定竞争法调整的内容。在我国,公立医院属于事业单位,不以营利为目的,不属于经营者和竞争者,但如果其在购买药品或者其他医疗用品中收受回扣的,或医疗卫生机构有关人员在基建工程、物资采购、医院转制、招标等活动中,收受有关人员以各种名义给予的财物,便成为商业贿赂不正当竞争行为主体。

(2) 竞争法的主体囊括了以往几乎所有的法律主体的分类。就法人而言,按成立基础不同划分为社团法人、财团法人;按目的不同划分为营利法人、公益法人、中间法人、机关法人。就非法人组织而言,包括合伙企业、个人独资企业、不具备法人资格的外商投资企业等。就个人而言,包括个体工商户、单位内部普通人员、单位的管理人员等。甚至单位内部的人员也包括在竞争法内,如日本《禁止垄断法》所说的“干部”,是指理事、董事、执行业务的无限责任社员、监事或监察人或准此职务者、经理或总店或支店的营业主任。自然人也可以成为

---

① 许光耀:《欧洲共同体竞争法研究》,载《经济法论丛》(第 2 卷),中国方正出版社 1999 年版,第 342 页。

② 我国台湾地区“公平会会报”,第 1 卷第 6 期。转引自赖源河:《公平交易法新论》,中国政法大学出版社、元照出版公司 2002 年版,第 88 页。

③ 以下所言的竞争法主体都是指违法主体,不包括执法主体。在此意义上,竞争法律关系的主体和竞争法主体本文做同义语使用。

商业秘密的侵权主体,如此等等。这些法律主体在竞争法中都能找到关系适用的情况。

(3) 竞争法律关系构建中的“行为”与“主体”的双向模式。竞争法囊括了所有法律主体的这一特性,揭示了一个不同于传统法主体划分的新思路。别于传统法确定主体的标准是从主体到行为,即“主体—行为”模式,如公司法是调整公司的组织及行为的法律规范的总称,竞争法是从正反两方面来确定法律关系的主体的,即“主体—行为”模式和“行为—主体”模式。竞争法发挥作用的场合首先是在经营中,它确立了“主体—行为”模式。从事经营的主体包括公司、合伙、经营关系中的个人等,或者说以营利为目的的法人、非法人组织或个人——经营者。竞争法发挥作用的另一个场合是在交易中,它确认了“行为—主体”模式。这大大扩展了适用主体的范围。因为几乎所有的主体都要交易,如国家机关从事的基建工程招标活动,医院、行业组织、单位内部人员等购买相关物品的行为等。

为了简化问题以便于理解具体的法律制度,在上述分析的基础上,可将竞争法律关系的主体分为如下三种类型:资格主体、参与主体和参照主体。

(1) 资格主体,是指被竞争法所规范的具有竞争法律关系主体的资格,并通过自己参加竞争关系,实际取得权利、承担义务的主体。资格主体是竞争法律关系的典型主体形式。凡享有从事生产、经营活动,获取利润资格的主体都属于此类。概括地讲,即具有“经营者”或“事业者”资格的主体形式,具体包括公司、合伙企业、个人独资企业、从事经营活动的个人等。

(2) 参与主体,是指依法律规定不具有从事生产、经营活动,获取利润资格的主体,但因参与交易而成为受竞争法约束的主体。包括依法规定不具有从事生产、经营活动,获取利润资格的国家机关、事业单位、慈善机构、行会等。

当然,“参与经济活动”有两种情况,因职权参与和滥用职权参与。国家机关、事业单位、慈善机构、行会等可以以经济主体的身份参与某些经济活动,如自身需要的建设工程的招标、发包、物品采购等。上述主体参与的诸如此类的经济活动属于职权范围内的活动,参与经济活动不必然成为竞争法律关系的主体,若要成为竞争法律关系的主体,还需满足行为“危害竞争秩序”这一要求。所谓滥用职权参与,指超过法律赋予的职权行使权力,并产生了限制竞争的后果。行政垄断是典型的滥用职权参与竞争。

(3) 参照主体。表面上看,竞争关系是经营者和竞争者之间的“事情”,但由于竞争最终要在消费者身上反映出来,所以,竞争法律关系应当是经营者、竞争者和消费者(包括购买者)共同的“事情”。消费者在竞争法律关系中是以受害者和第三者的身份出现的,即作为经营者行为正当性和合法性的判定标准。所以,消费者在竞争法律关系中属于经营者和竞争者关系正当性的参照,为参照主体。①

(二) 客体的特殊性

通常认为,法律关系的客体包括物、行为和智力成果。这种概括,并不完全适合于当代经济关系的事实。当代经济关系使客体的范围和种类不断扩大和增多,超出了传统法对客体的概括。竞争法律关系的客体能够体现这种特性。具体而言:

(1) 竞争法律关系客体超越了传统民事法律关系客体的内涵和外延。传统民事法律关系客体的内涵,是私人对物(有体物和无体物)无限制地占有、使用、收益和处分的自由。竞

① 因为竞争法保障的是消费者的整体利益,所以本质上,消费者在竞争法律关系中是标准、是客体。

争法律关系的客体是国民经济运行中形成的客体。这种客体，是在生产社会化、国民经济体系化和经济全球化背景下形成的客体。与自由放任经济阶段及以前诸经济阶段不同，从国民经济运行的需要出发法律对竞争过程采取限制、禁止等措施。另外，这种客体具有私人性与公共性的双重属性。企业的合作属于合作者私人的事情，但这种合作不得危害公共利益。企业制定统一价格标准避免价格战，可能涉嫌反垄断中的价格卡特尔；企业意图通过合并提高竞争能力，但可能构成经济力集中。国民经济运行中的企业的行为，都涉及私人评价和社会评价。

传统民事法律关系的客体的外延是物、行为和智力成果。竞争法律关系的客体建立在对物的使用限制的基础上。包括有形物和智力成果两种传统客体形态。知识产权对所有权人而言是一种无形财产，但在竞争法律关系上，其关注的是知识产权的滥用；商业秘密也是一种重要的财产权，但竞争法不关注商业秘密所有人对其享有何种权利，而是关注怎样禁止他人使用不当获取商业秘密。因此，在传统法中作为客体的物，在竞争法律关系中成为另外一种客体，即行为。

(2) 竞争法律关系客体是行为和状态。竞争法律关系的一般客体是行为。这可以从许多国家的竞争法条文上得出。我国《反不正当竞争法》所称的不正当竞争，是指经营者违反该法规定，损害其他经营者的合法权益，扰乱社会经济秩序的行为。俄罗斯反垄断法规定了所调整的“垄断活动”，即经济实体或联邦行政权力机构、俄联邦各部门的行政权力机构和各市政当局所从事的与反垄断法规相抵触的行动，以及趋向阻止、限制和排除竞争的行动。作为竞争法律关系客体的行为可以分为垄断行为和不正当竞争行为。每一种行为分类中又包括诸多具体行为类型。

竞争法律关系的特殊客体是状态，又叫垄断状态，指少数企业占有某行业或产业绝对份额的市场结构形式。对状态的调整源于这样一种因果推理，一定的市场结构会有与之相适应的企业行为方式，进而导致特定的市场绩效。高集中度会导致进入障碍、产量减少和利润率提高。美国 1968 年公布的企业《合并指南》明确将垄断状态作为调控的目标，即市场份额、集中度成为决定合并能否得到批准的决定性因素：在一个高度集中的市场上(CR4＞75％)，如果合并企业与被合并企业的市场份额分别达到 4％，则可以推定合并为非法。美国反托拉斯法曾一度严厉执行结构主义，实行结构主义就是调整垄断状态。

日本《禁止垄断法》也将“状态”作为该法律关系的客体，在法条中明确界定了垄断状态的含义及其构成条件。第 2 条之(7)规定，“垄断状态”是指在国内(出口除外)提供的同种商品以及其性能和效用显著类似的其他商品的价额或在国内提供的同种劳务的价额，按政令规定，在最近一年内超过 500 亿日元的场合，该一定的商品或劳务在与其相关的一定事业领域内，出现下述各项给市场结构和市场造成弊害者：(1) 在一年的期间内，一个事业者的市场占有率或在国内供给的该劳务的数量中，该事业者供给的该一定商品以及其机能和效用明显类似的其他商品或劳务的数量所占的比例超过 1/2 或两个事业者的市场占有率合计超过 3/4……

(三) 内容的特殊性

法律关系的内容就是权利、义务关系。传统法律关系的内容是相对的，主体处在双向权利、义务关系中，即一方的权利是对方的义务、一方的义务是对方的权利。平等主体间的法律关系的客体是两个权利、两个义务共同指向的对象。现代社会经济关系复杂化，使得对应的权利、义务关系异化、组合多样化。一方面，权力加入到权利、义务关系之中，丰富了权利、义务的对应内容；另一方面权利或义务集中化，使主体间形成单向的权利、义务关系和复合型权利、义务关系。在消费者保护关系中，消费者是权利（力）主体[①]、经营者是义务主体，属于前者。竞争法律关系中，经营者是权利主体，同时也是受权力约束的义务主体，即形成"权利＋权力＋义务"的结构。甚至在特殊情况下，还可能形成更为复杂的结构，如规制行政垄断，其法律关系的内容应该是"权力＋权利＋义务"的形式。所以，竞争法律关系的内容特殊性体现为权力、权利关系的复合性。

第二节　竞争法体系

部门法体系是指构成一个法部门的相互联系、相互作用，具有内在协调性的规范和制度的统一体。竞争法体系分为规范体系和制度体系。前者指同类性质的法律规范构成的系统，后者指法律条文构成的制度系统。前者具有跨部门法的属性，后者是在一个部门法之内。

一、竞争法的规范体系

传统上，法律部门划分的标准是法律调整的对象。法律调整的对象是某种社会关系，不同的社会关系决定了由不同的法律规范来调整，某些社会关系在性质上属于同一类，调整这些社会关系的法律规范就可以构成一个法律部门或法律制度。在现代社会，社会关系的复杂性决定了某种社会关系需要由多种法律规范来调整。因此，单纯以调整对象来划分法律部门已经不适合现代经济所决定的法律状况，法律部门划分还应该辅以另外的标准，这些标准包括法律调整的方式、方法，具体而言，就是确定权利、义务的方式、方法。

在竞争法律制度体系构成上，竞争法在实践中突破了传统意义上部门法的局限性，在理论上跨越了公法、私法两大法域之间的楚河汉界，并在一定程度上使之融合。尽管公法和私法的简单分类在部门法意义上已表现出明显的不适应[②]，但在法律规范意义上仍具有一定的意义。德国法学家乌茨・施利斯基将竞争法分为竞争公法和竞争私法也只有在规范意义上才能理解。[③]

竞争法的规范可以划分为不同的类型。

(1) 依据规范是否被纳入到其他法制度中为依据，可将竞争法规范分为创新性规范和矫正性规范两种。所谓创新性规范是指竞争法调整其他法律所不调整的内容而形成的规范，如对商品名称的调整；所谓矫正性规范是指对危害竞争秩序的权利（权力）行使进行矫正而形成的规范。矫正性规范分为对权力的矫正和对权利的矫正。行政垄断是行政权力滥用产生的限制竞争行为，对行政垄断的规制属于前者；对权利的矫正表现在对传统私权的限制，它涉及合同法、公司法、财产法等，如纵向垄断协议属于合同关系的矫正；知识产权许可

---

① 消费者权利是否为私权尚有争议，从法律规定的"权"的内容上，起码有些"权"不能归于私权或权利，如监督权、批评权。所以，消费者权利的完整说法应该是权利（力）。

② 传统上的公法、私法指的是法律部门，由于私法公法化、公法私法化，现代任何一个传统的私法部门都很难纯正，自然，就不能用公法和私法来揭示某部门法的属性了。但是，用公法和私法来分析法仍具有意义。

③ 〔德〕乌茨・施利斯基：《经济公法》，喻文光译，法律出版社 2006 年版，第 8—9 页。

既涉及合同,也涉及财产。这些行为即使符合合同的基本原则,但若限制竞争则变成竞争违法行为。在这个意义上也可以说,竞争法在一定程度上是对传统私法的矫正。

(2) 依据规范的调整方式不同,可将规范分为否定性规范和肯定性规范。否定性规范分为:

第一,禁止性规范。一般这类规范使用"禁止""不准""不得""制止""不允许"等字样。因违禁行为能够直接定性并产生相应的法律后果,所以禁止条款必须十分明确。竞争法以禁止性规范为主,并适用于两种情况:一是确定禁止活动的范围;二是规定禁止的具体行为的条件。禁止与不作为不同,不作为是指行为人有实施某种行为的特定义务并且能够实施,但消极地不实施这种行为。禁止的法律要求是"不应当为""不作为",若作为则行为无效。不作为的法律要求是"应当为",若不为则违法,例如,德国、日本反垄断法中都规定,一定规模的企业合并应事先向有关主管机关申报。应当申报而未申报的企业合并属于不作为。

第二,限定性规范。限制性调整是法律、法规直接规定了主体、行为、份额、时间、地域等界限范围的调整方式。限定性规范是处于任意性规范和禁止性规范之间的一种规范,表明一种附条件的许可关系。法理学上,限制性调整主要基于两个理由,即自然的要求和社会利益的需要。自然资源的有限性和自然环境的共有性要求经济主体必须合理开发、利用自然资源和环境。社会利益指公共秩序、社会整体效率、消费者利益等。基于社会利益,经营者的自利行为需受一定的限制,如我国反垄断法规定可以正当理由对滥用市场支配地位行为进行抗辩。

(3) 依据规范构成要素的不同,可将规范分为列举规范和一般规范。

第一,列举规范又叫具体条款,是明确规定某种行为可以为或不可以为的法律条款。具体条款以具体行为为基础建立起来,具体条款规范的行为具有类型化的特征。具体条款构成竞争法律体系的基础结构。竞争法是否独立在很大程度上取决于基础结构是否牢靠。早期竞争法通过依附其他成文法以调整单项行为,这与其"基础"薄弱有关。竞争法律制度的基础是随着典型行为的法律化而逐渐夯实的,表现为法律上认定的反竞争行为达到了一定的"量",并产生脱离形式的"质变"。一国竞争法中具体条款类型越丰富,越能够向社会提供明确的行为指向和行为预期。另外,具体条款在一定程度上抑制了内涵的模糊性,能够给执法机关以稳定、切实的判断标准,减少自由裁量产生的不确定性。

第二,一般规范,又称补充条款、一般条款,是以概括方式设置的限制竞争违法行为的法律规范。一般规范和列举规范的共同之处在于性质上都属于法规范,区别在于各自法规范构成要素中的"假定"部分的技术处理不同,一般条款的"假定"是模糊的,而列举条款的"假定"是清楚的。下文将详述。

(4) 根据相关条文存在于何处,可将竞争法规范分为本法内的规范和其他部门法上的规范。例如,《招标投标法》中规定了横向串标、纵向串标,其本质是反竞争的。再如,《劳动合同法》中的竞业限制的规定。限于立法目的、调整手段等不同,它们分处不同的部门法之中。本法内的规范即指竞争法内的所有法律条文构成的制度体系。

二、竞争法制度体系

反不正当竞争法和反垄断法共有的制度结构包括立法目的、立法原则、具体行为、法律实施。[1] 此外，反垄断法还包括适用除外、域外效力等问题。

反不正当竞争法旨在防止企业采取不正当手段从事竞争，反垄断法的目的主要是防止市场形成垄断结构并防止企业从事限制竞争行为。

竞争法的原则分为一般原则和特殊原则。一般原则是特殊原则的思想来源，一般原则具有宏观指导性，特殊原则是在一般原则指导下在某方面发挥指导作用的原则。一般原则是宪政制度或宪法原则的引申。从宪政制度或宪法中引申出的原则可能体现和适用在多部同类型的法律中，这些原则往往和国家的经济体制、政治体制以及国家的活动方式有关。西方国家来源于宪政制度和宪法原则的竞争法的一般原则大致包括：经济自由原则、促进竞争原则、维护公共利益的原则、国家调控原则、法治原则。特殊原则可以截取竞争法的某一方面抽象得出，如自然垄断和国家特许垄断特别调整的原则、诚实信用原则、社会整体经济效率原则、善良风俗原则等。

具体制度体系的构成，包括三个方面：第一是竞争法独有的制度。例如，对商品名称、包装、装潢的调整、对搭售的调整。第二是竞合情况下其他涉及竞争手段的法制度中的相关制度，如商标法中的商标侵权行为。这其中又包括直接竞合和间接竞合（后文将述）。第三是涉及竞争的分立的法律规范。例如，日本以《禁止垄断法》为中心，包括《分包法》和《附赠表示法》；俄罗斯形成了以《竞争保护法》为基础和核心，以《金融市场竞争保护法》《广告法》《关于在对外经贸活动中保护消费者利益的法律》《国家保护中小企业免受垄断和不正当竞争的法律》和《反自然垄断法案》等法律相配套的反垄断法律体系。

第三节 竞争法的地位

竞争法的地位包括其学科属性和在其所属学科中的地位。学科属性是在法体系基础上，找出制度的学科归属。学科中的地位是在学科同类性基础上通过与其他同类法律的比较，揭示法律的作用方式及效果，来反映其地位。

一、学科属性

尽管经济法的范畴尚有部分存在争议，竞争法属于经济法当无异议。竞争法属于经济法体系中的市场规制法范畴。经济法是在国民经济运行过程中，为了保障经济的协调、有序发展而进行市场规制和宏观调控所形成的经济关系的法律规范的总称。市场规制法由包括竞争法在内的诸多法律规范组成。

竞争法之所以属于经济法，是因为两者具有内在价值的同一性。

首先，国民经济良性运行需要良好的竞争秩序。竞争是一种理想的资源配置方式，维护有效竞争是竞争法的立法目标。效益好的企业将获得利润，效益差的企业将面临亏损与破产；竞争将产生质优价廉的商品和服务，消费者对商品或服务有更广泛的选择机会。有效竞争即建立在此基础上。如果过度竞争则可能导致企业亏损或破产大面积爆发。过度竞争不利于社会经济的发展，甚至会带来社会政治、经济动荡。

竞争法所维护的竞争秩序是国民经济运行秩序的重要方面。国民经济运行秩序表现为

---

[1] 在此，法律责任不作为单独组成部分，它包含在法律规范中。

经济的协调、有序发展。所谓协调，是指供给与需求的大致均衡、社会经济内部各种结构和比例关系大致均衡；所谓有序，是经济发展平稳增长，无经济停滞、过速增长或大起大落。竞争协调、有序的标准有三个：(1) 结构标准。不存在进入和流动的人为限制；对上市产品质量差异的价格敏感性；交易者的数量符合规模经济的要求。(2) 行为标准。厂商间不互相勾结；厂商不使用排外的、掠夺性的或高压性的手段；在推销时不搞欺诈；不存在"有害的"价格歧视；对抗者对其他人是否会追随他们的价格变动没有完备的信息。(3) 绩效标准。利润水平刚好足以酬报创新、效率和投资；质量和产量随消费者需要而变化；厂商尽其努力引进技术上更优的新产品和新的生产流程；没有"过度"的销售开支；每个厂商的生产过程是有效率的；最好地满足消费者需求的卖者得到最多的报酬；价格变化不会加剧周期的不稳定。[①]虽然这些经济学指标有些抽象，并采用静态分析而不能全部贯通于法学领域，但它为竞争法调整提供了基本目标。有效竞争是国民经济良性运行的主要方面和重要保证。

其次，维护实质正义。正义与公平、公正所表达的意思基本相同，都是人类所追求的一种理想[②]，也是社会制度的首要价值。法律必须体现正义，一项法律制度如果不能体现正义，就必须加以改造和废除。[③] 法律制度体现的正义包括实质正义与形式正义。形式正义所遵行的是公开原则、合法原则、民主集中原则等；实质正义，主要指社会资源和要素分配的结果须符合正义原则。实质正义遵行公平分配、机会均等、缩小差距、公共福利高于一切等原则。一般而言，自由主义者强调形式正义而搁置实质正义。哈耶克、弗里德曼、诺齐克等经济学家是形式正义的坚定发言人和守护者，他们的理由是，实质正义在实际操作中几乎不存在现实可能，而且往往因为结果正义的各种标准的复杂性和不可操作性而导致对人的权利的无端干涉。其实，不该忘掉美国是最早采取干预主义并因此而挽救资本主义的。经济法关注的是社会群体利益，具体制度以社会整体利益为出发点。竞争法在竞争领域实现社会整体利益，实现实质正义。竞争法包含的实质正义，是通过禁止不正当竞争行为和垄断行为为经营者创造相对均等的竞争机会、通过排除价格控制和市场壁垒来扩大消费者的选择范围和自由体现出来的。

二、学科中的地位

由上述竞争法的调整对象和跨部门法属性的特点可以看出，竞争法在经济法学科中处于核心地位。

日本经济法学科创立伊始，就赋予反垄断法以核心地位。认为反垄断法在经济法体系中占有基本的或核心的地位，这是日本经济法学说较为一致的看法。但是，各种学说由于方法论上的差异，确定核心地位的论理路径不完全一样。[④]

金泽良雄认为，在经济法体系中，限制、扶持、允许等多种政策并存。第二次世界大战以后，为谋求自由而均衡地发展经济，日本确立了以维持和促进自由竞争经济秩序的禁止垄断

---

① 美国经济学家克拉克 1939 年提出了有效竞争理论。提议应建立一个竞争经济可行性的最低限度标准。如果一种竞争在经济上是有益的，而且根据市场的现实条件又是可以实现的，那这种竞争就是有效竞争。克拉克之后，史蒂芬·索斯尼克(Stephen Sosnick)提出了更为详细的标准，概括为三个方面：结构标准、行为标准和绩效标准。

② 孙国华：《法理学教程》，中国人民大学出版社 1994 年版，第 106 页。

③ 〔美〕罗尔斯：《正义论》，何怀宏、何包钢、廖申白译，中国社会科学出版社 1988 年版，第 2 页。

④ 〔日〕丹宗昭信、厚谷襄儿：《现代经济法入门》，谢次昌译，群众出版社 1985 年版，第 75—77 页。

法为基本政策的观念。在经济法中,竞争政策法是基本法,反映限制政策和允许政策,而禁止垄断法是“竞争政策法”基本立场的集中反映。今村成和认为,在经济实体法中,已经形成了禁止垄断政策——禁止垄断法——一般法和集中政策——个别立法——特别法这样的模式,禁止垄断法在经济法体系中处于一般法的地位。丹宗昭信认为,在现代资本主义国家中,基本经济政策的基础是维持竞争的政策,与此相适应的经济政策立法就是禁止垄断法。经济法的基本原则,是把维持公正而自由的竞争、保护消费者促进国民经济民主和健康地发展这样的价值观念作为构成理论的前提,这正是禁止垄断立法的规制原理。正田彬认为,禁止垄断法是通过排除形成的从属关系并利用这种从属关系对竞争秩序造成的侵害,来确保交易主体间在交易地位上的实质平等,它是经济法秩序的核心。

美国虽然没有经济法的学科概念,但反托拉斯法被称为“经济宪法”。美国联邦最高法院在 1972 年的一项判决中指出:反托拉斯法……是自由企业的大宪章(the Magna Carta of free enterprise)。它们对维护经济自由和企业制度的重要性,就像权利法案对于保护我们的基本权利的重要性那样。此后,美国最高法院常在判决中将谢尔曼反托拉斯法称为“经济自由的宪法”(charter of economic liberty)。

这种指称的理由是,美国反托拉斯法与宪法有许多相同、相似之处,表现为:

(1) 在追求自由的目标上两者具有内在的统一性。宪法是确定政治自由和经济自由的最高准则。经济政策在促进社会进步方面起着重要的作用。在广泛的意义上,经济安排中的自由本身可以被理解为政治自由的一个组成部分。另外,经济自由也是达到政治自由的一个不可缺少的手段。给予经济组织以经济自由,能够促进政治自由。经济自由是目的,竞争是手段。

(2) 反托拉斯法和宪法一样对公民的基本权利有广泛的影响。反托拉斯法在美国适用于大量的经济活动,包括绝大部分交易。几乎所有公民每天所从事的交易都可能受反托拉斯法的影响。因此,像宪法一样,反托拉斯法对美国公民的日常生活时时刻刻都在发生着重要影响。

(3) 模糊规范清晰化的范式相似。反托拉斯法是一般性的联邦法律,包含着诸多原则性和模糊性条文。最高法院将《谢尔曼法》称为“经济自由的宪法”,意图将该法像宪法规范那样对待。要了解反托拉斯法的内容,正如宪法一样必须寻找解释宪法中的关键术语的判决。法院判决对《谢尔曼法》第 1 条“限制贸易”的解释,就像解释《美国宪法》第 5 条和第 14 条修正案中“法律的正当程序”含义的判决那样重要。[①]

宪法是维护民主和自由的基本法,而反托拉斯法是维护经济民主和经济自由的基本法,尚没有任何例证表明:“人类社会中曾经存在着大量政治自由而又没有使用类似自由市场的东西来组织它的大部分的经济活动。”[②]因而与政治宪法相对应,反托拉斯法被称为经济宪法也是顺理成章的事。

“经济宪法”是借喻表达,美国的其他成文法律都没有享用这一殊荣,至少在形式上这种称谓是独一无二的。在形式服务于内容的规则下,反托拉斯法的作用及地位自然有其特别之处。

---

① 孔祥俊:《反垄断法原理》,中国法制出版社 2001 年版,第 19 页。

② 〔美〕米尔顿·弗里德曼:《资本主义与自由》,张瑞玉译,商务印书馆 1986 年版,第 11 页。

“经济宪法”的称谓和地位在其他市场经济国家法律制度中也被认可。第二次世界大战以后,制定“反限制竞争法”被视为推行社会市场经济的主要动力,大多数欧洲国家为适应战后的形势,制定了在经济政策中起重要作用的竞争法。从根本上改变了欧洲竞争立法的道路。正如学者评价的,秩序自由主义者重新定义了经济自由主义传统,从而为欧洲的复兴作出了贡献。他们阐述了一种新型的自由主义,其中法律是市场的必要助手,它把市场从导致社会分裂的根源转变为社会整合的手段。在这种自由主义中,市场是必要的,但是光有市场是不够的。需要把经济纳入一个宪法性法律架构,它既保护经济,也有助于以市场为中心的社会整合。竞争法处在这个方案的中心位置。[①] “1957 年德意志联邦共和国创设了限制竞争法律制度,该制度将具有新的地位和在不同的原则基础上运行。其地位是‘宪法性的’——张扬基本价值和保护基本权利,以及至少是通过司法和行政执法平分秋色的方式实施。”[②]

还有一些国家在宪法上直接规定了反垄断的原则条款。例如,1987 年《菲律宾宪法》规定,在公共利益需要时,国家应当管制或者禁止垄断。禁止任何限制贸易的联合或者不公平竞争。《俄罗斯联邦宪法》第 8 条规定了国家保障和促进竞争。

要进一步明确竞争法在经济法体系中的核心地位,还涉及这种定位是否存在时效性和是否有限定范围的问题。

(1)“核心地位”的确定是否具有时效性。上述“核心地位”的认定发生在第二次世界大战以后的经济恢复时期。战时经济管制是必需的,战后需要对管制的经济放松管制,重新营造市场环境。在此情形下,竞争法便有了用武之地。那么,竞争法是否对这种特定的环境有“生存依赖”,或者其核心地位是否仅仅存在于这种背景下。回答是否定的。竞争法的核心地位从那个时代到现今不但没有因经济环境的变化而降低,反而更加稳固。其主要原因是经济环境的基础没有改变,而出现的新的经济特征更需要竞争法发挥特殊作用。

第二次世界大战以来,市场经济制度的适用范围越来越大,市场的基础调节作用及国家经济调控这一经济运行方式没有改变。有所变化的是竞争地域范围扩大了,经济发展的动力集中了,即出现了经济全球化和形成了知识经济、互联网经济。

经济全球化对竞争的影响表现在以下方面:第一,市场拓宽,竞争关系复杂。经济全球化打破了国家间的地域,使得竞争关系比以往任何时候都复杂。因影响的效果不同,国家对国内竞争关系和国际竞争关系持不同的态度。国内竞争产生的效果直接反映在国内市场上,也可能延伸到国际市场。所以,发达国家多采取严厉的手段维护国家竞争秩序,同时,国家通过扶助企业参与国际竞争化解国内矛盾。第二,竞争主体身份的双重性。一方面国内经济组织面临来自国内竞争者和外国竞争者的双重竞争压力;另一方面国内经济组织在占有国内市场的同时,也努力扩大国外市场范围和份额。相应地,政府一方面防止跨国公司垄断本国市场,另一方面积极鼓励、扶持本国企业“走出去”。在经济全球化下,竞争力被划分为紧密结合的两个概念:企业竞争力和国家竞争力。竞争法和竞争政策服从和服务于企业

---

① 〔美〕格伯尔:《二十世纪欧洲的法律与竞争》,冯克利、魏志梅译,中国社会科学出版社 2004 年版,第 327—328 页。

② David J. Gerber, *Freedom, Law, and Competition*, Oxford University Press(1998), p. 267. 转引自孔祥俊:《反垄断法原理》,中国法制出版社 2001 年版,第 21 页。

竞争力和国家竞争力的需要。

这些新特点需要国家对经济关系有更深层次的介入及采取更灵活的介入方式。这为各国竞争法提出了新的适应性问题，修改竞争法和灵活适用竞争法是对新问题的回应。竞争法的政策性更强了。竞争法的“宪章”地位没有因时代特点的变化而减弱。

（2）竞争法的地位是否有范围上的限定，即是否适用于反不正当竞争法。受美国《反托拉斯法》被称为“经济宪法”的影响，有人片面地将反垄断法与经济宪法做一一对应，而将反不正当竞争法排除在关系之外。其理由往往是，反垄断法的公法色彩更为浓厚，其规制垄断行为、维护经济自由的社会意义更大。反不正当竞争行为直接侵害的受害者的利益，常常表现为私人利益，反不正当竞争法的私法色彩更浓厚。

在这个问题上，要区分发展中的反不正当竞争法和成熟的反不正当竞争法、单个不正当竞争行为和反不正当竞争法的调整对象。

历史上，反不正当竞争法确有与私法藕断丝连的过程，但恰恰由于私法保护的不足才使反不正当竞争法脱胎而出，成为独立的法律制度。认识反不正当竞争法的地位不能离开其独立性和跨部门法属性。它并非单纯地只是“托拉斯的破裂”，而是涉及整套法律和制度结构——有关知识产权的法律、有关限制贸易的法律、有关有限债务及公司的法律亦即许多其他方面的法律——的系统的修订，其目的是要创造条件去维持有效竞争。它还涉及对财政管理新方法的探讨，不仅仅保障稳定总需求，并且在未来发现相对价格的刺激因素不能起良好作用时，对这种刺激因素的作用加以改正和补充。[①] 反不正当竞争法横跨有关部门法，规制相关私法活动，完善和矫正私法规范的技术特性。在法的适用中，规制性和竞合性即表明了反不正当竞争法的核心地位。不论是何种关系，在法益上，反不正当竞争法保护的是社会公共利益。这决定了其在法体系中的地位。所以，反不正当竞争法的名称在范围上应该没有限定。

---

① 〔英〕罗宾斯：《和平与战争时期的经济问题》，汪友泉译，商务印书馆 1962 年版，第 58—59 页。

第四章

竞争法与其他法律部门的关系

孟德斯鸠曾说过,“从最广泛的意义上来说,法是由事物的性质产生出来的必然关系”。[①]为什么竞争法和有关部门法有诸多的联结点,在这些联结点上反映出的特性是什么？要回答这些问题,需要探讨竞争法与有关部门法关系的总特点并分析其具体关系。

第一节　关系的总特点

竞争法与有关部门法发生紧密联系的总前提,是有关部门法的调整对象在竞争法中被作为反竞争行为的工具。这里的部门法是以竞争关系来确定其范围的,像行政法或刑法与竞争法的关系体现在责任的援用上,不涉及援用责任的前提——定性关系,故在此不展开探讨。另外,其和宪法的关系上文已述。这样,与竞争法有关的部门法就有两类:经济法和民商法。

一、竞争法和经济法的有关部门法关系的总特点

从学科上讲,竞争法从属于经济法,竞争法和同为市场规制法的价格法、广告法、消费者权益保护法、产品质量法的关系可以直接从法条中体现出来。竞争法中的反竞争行为是以运用价格、广告、质量标志等手段为载体表现出来的。反竞争行为的结果会直接或间接殃及消费者。由此,建立了竞争法和上述部门法之间的紧密关系。

这种关系的总特点可以从它们的共同法系统——市场规制法的角度进行总结,也可进行单独制度之间的比较,并确定制度之间的具体联系。对于后者,主要通过分析立法目的、调整对象、基本原则等方面的区别得出。但仅仅比较两者的这些区别,并不能完全理解竞争法和相关法各自的视角及内在的机理。

1. 跨部门法特性

竞争法和上述法律之间在制度构成上的总特点,是跨部门法的特性。同类性的法律规范中融入了异质性的法律规范,打破了部门法构成的法律基础,产生了部门法形式化和部门法的跨部门化。

法的跨部门法化的原因在于社会关系的变化。在市场垄断、国家垄断条件下,社会经济关系产生了所有权的“私人性质”与“社会性质”的矛盾。这种矛盾的普遍性及由此引发的社

---

① 〔法〕孟德斯鸠:《论法的精神》(上册),张雁深译,商务印书馆1982年版,第1页。

会危机，必然产生“私人的所有权”与“社会的所有权”的分离、物权与债权的分离。在这种情况下，“商品交易关系的法”在社会经济关系中将不再居于调整的主体地位，它必然为“全社会规模的法”所规定、所制约。这样，传统法部门之间的界限便自然而然地消失了。[①]

2. 统合性

在跨部门法的前提下，上述经济法诸部门法所涉及的客体对于竞争而言是主要的工具要素，离开了商业标识、企业合并、广告等谈竞争是难以想象的。所以，第二个关系特点便是统合性，即竞争法基于维护市场秩序将诸多部门法统合在一起，形成一种调整的合力。

现代经济关系的一个重大特点就是系统性，国民经济是由微观经济、中观经济和宏观经济环境构成，作为中观的市场又由多种要素构成。从国民经济运行来讲，国民经济运行需尊重市场规律，并符合国民经济总体运行的要求。这样，在市场运行规律这一点上，微观经济、中观经济和宏观经济便有了一致性。有关微观、中观和宏观经济的立法在制度上也有了某种统一性。竞争法属于中观经济层面的立法，价格法、广告法、消费者权益保护法、产品质量法是市场要素法。前者是后者的统领法，后者要体现市场竞争的法治要求；后者是前者的基础法，前者要尊重后者的独立性。这样，竞争法制度便不能仅仅理解为竞争法法条所规范的内容及由此形成的制度，如价格法等也不能仅仅理解为价格法律关系的全部内容。

充分认识竞争法的跨部门法特性及其统合性特点，对于该法的实施具有重要的指导意义，因为和相关法的竞合或规制相关权利滥用的基础均来自此。后文将详述。

二、竞争法和民商法关系的总特点

主体自主实现自身法益，是权利的首要含义，也是权利的核心概念。“自主实现”的含义是：意思的自主性；行为方式的选择自由；享受应当取得的利益。民事义务的来源有法律规定或当事人约定。竞争法建立在当事人权利的基础上设定义务，属于法定义务。经营者只有履行了法律规定的义务，才能实现某种权利。

某种与民商法有关的特定关系经竞争法调整后，会形成权利、权力、义务关系的复合性。复合性是两法关系的总特点。

在市场运行过程中形成的经济关系是经济活动关系和经济活动制约关系相统一的经济关系，体现在法律关系的内容上就是权力与权利、义务。这些复合性内容不可分割地联系在一起，相互制约、相辅相成。这是由国民经济的统一性决定的。

复合性调整特性表明，在特定经济关系中，权力的实现离不开权利基础，而权利的实施在特殊情况下也需要权力为其划定外部边界。复合调整表明当事人行为具有两重性。当事人以一般经济主体身份参加经济关系时，双方的法律关系是权利、义务关系；同时，当事人可能（而非必然都是）具有国民经济主体的身份，其通过参与国民经济关系形成权力、义务关系。复合调整就是公法、私法的有机调整，是私法公法化的结果。现代，“公法对私法的渗透已很深入；在债法中，强行性的或单方面强行性的公法数量越来越大（如在消费信贷、房屋租赁领域）……一些交易条件的使用人在偏离任意性法律规定时，必须受到许多方面的限制”[②]。竞争法和合同法、物权法、价格法、公司法、知识产权法等都存在复合性调整的特性。

---

① 刘瑞复：《经济法学原理》，北京大学出版社 2000 年版，第 79 页。

② 〔德〕迪特尔·梅迪库斯：《德国民法总论》，邵建东译，法律出版社 2000 年版，第 145 页。

以合同为例,合同成立的基础条件是当事人意思表示一致;合同生效的基本条件是所订立的合同不得违反国家法律、法规和社会公共利益。当事人签订的价格联盟协议,能够体现签约人的意志即自由行使权利,并自愿接受约定的义务。从竞争法上看,禁止签订内容限制竞争的协议,签订并实施协议,具有外部性——剥夺消费者的福利。故价格垄断协议具有权利、权力的复合性。

再以企业合并为例,广义上,企业合并属于合同行为;狭义上,属于企业组织变更。一个完整的企业合并在企业法上的程序包括签订合并协议、公示、变更登记。但是,如果达到了反垄断法规定的相关标准,还需依反垄断法进行经营者集中的审查。公示和登记虽属于强制性程序,但性质上属于保障权利行使产生效果的程序条件。反垄断法上的审查则属于权力对权利的制约,是基于权力对当事人权利行使的社会性评价。

复合调整有两种形式,即直接复合调整和间接复合调整。

通常,直接复合调整发生在竞争法和民商法对同一关系都有明确规定的场合。如上述企业合并和假冒他人注册商标等事项。也可能发生在竞争法有明确规定,而民商法没有明确规定的场合,如限制分销协议,合同法中无这类有名合同,按照合同法的基本原则,只要建立在平等、自愿基础上,合同就成立,但竞争法中分销协议常常可以获得"垂直一体化"的效果,实现对上游或下游企业的控制。对于竞争法规定的限制地域分销,或限制最低转售价格,进而形成了对合同自由的限制,这就形成了直接复合调整。

间接复合调整,是竞争法没有直接规定的限制经营者某种行为的内容和方式,但依据竞争法一般条款或原则应当认为某种行为违反竞争法而对其进行的调整。例如,将他人的注册商标用作自己网站的关键词,并产生混淆的。

值得关注的是,何时符合,即竞争法对私权限制的界限问题。如果限制过大则会抑制市场的活力,也会侵害主体的财产权利。反之,则会危害竞争秩序。界限应如何划定?一般如果私权能够平衡其中的利益关系的,且不涉及外部不特定主体利益的,则不需要权力干涉。例如,腾讯诉网络直播主播张宏发案,张是企鹅直播的主播,在合同未到期时跳槽到斗鱼直播。一审认定张宏发违约并承担违约金、赔偿金,及停止除企鹅直播平台之外的其他任何平台的直播业务。理论上,这属于第三人侵害债权或诱致违约,但中国没有此类规定,实践中强调债的相对性。违约金、赔偿金是基于合同的约定,但停止直播并非合同的约定,赔偿金已经对违约行为作出了风险补偿。在此基础上,进一步要求"停业"便限制了劳动力流动或有干涉劳动就业权之嫌。

现代各国的实践证明,单靠行政权力或民事权利来解决国民经济良性运行问题都有缺陷。权力与权利的复合性,是当代经济关系发展的客观要求。当然,两者复合的程度、方式和适用领域等问题,还需要深入研究。

第二节 竞争法和有关部门法的关系

和竞争法有关的部门法很多,在总结了两个法域的关系的总特点的前提下,一一列举其和具体部门法的关系已无必要。现选取从属于上述两个法域中的各一个部门法来体会竞争法和相关法关系的微妙。

一、竞争法和知识产权法的关系

随着近年来横跨竞争法和知识产权法的案件逐年增多,且在案件性质的认定上有一些差异,厘清两法适用上的关系越来越重要。现有的关系认识,有将两法关系归结为“特别法和一般法”范畴并按“特别法优于一般法原则”来适用法律的;也有认为竞争法转致适用知识产权法的。2018年修订的《反不正当竞争法》明显地将注册商标进行了剥离。其实,两法有单独适用的状况,也存在并行适用的可能。具体而言,可以将两法的关系特点归结为:补充性、竞合性和规制性。

(一) 补充性

这里的补充性,指反不正当竞争法对知识产权法在调整范围上的补充性。现代法律对社会关系的调整越来越周密,以至于时常打破传统单一门户式立法的形式,形成补充立法、交叉立法等新型法律制度关系。竞争法对知识产权法的补充性就是这样产生并体现这种关系的。

知识产权法不能保护所有形态的智力成果。未保护的智力成果要么源于“制度内剩余”,要么是“制度外剩余”。所谓“制度内剩余”,是知识产权调控制度在客体范围上为同类智力成果留有余地。例如,在商标法和专利法上,法律设定的自愿申请及核准制度先在地将商标分为注册商标和未注册商标,将技术成果分为专利技术和非专利技术。未注册商标和非专利技术的存在,可能是其本身没有达到相应的制度标准而无法获得保护,也可能是当事人有意追求。不管怎样,在制度安排的范围内,这些“法外”智力成果仍作为某种权益存在着并在经济领域作为竞争手段发挥着各自的作用。所谓“制度外剩余”,是指智力成果的外延除知识产权法保护的类型外还存在其他智力成果的类型,如商誉、包装、装潢等。传统知识产权法和现代知识产权法调整的范围几乎没有大的改变,经营主体的信誉和声誉、产品的特殊包装和装潢等始终没有被接纳为知识产权家族的正式成员。但这些制度外的智力成果在现代经济条件下越来越重要,需要对其施以特别保护。

反不正当竞争法可以补充调整知识产权法调整范围之外的未注册商标、非专利技术、作品名称、商誉、包装、装潢等特殊形式的智力成果。

1. 对商标法的补充调整

就商标而言,反不正当竞争法对商标法的补充性调整主要体现在“知名商标”[①]上,知名商标不同于驰名商标,前者是依据消费者的知悉程度这一客观事实来确认的,后者是依据法律规定的条件和程序认定的;前者具有不稳定性,后者相对稳定。知名商标来源于竞争法,核心意义是因知名而付出的劳动,他人应当给予充分的尊重。知名商标有注册商标和未注册商标两种表现形式。

竞争法对知名商标的调整具体表现为两方面:

(1) 知名注册商标跨类别混淆的排他性调整。商标标识和其附着的类别商品是注册商标保护的组合要素。当某使用行为涉及的商标标识与商品类别发生跨类混淆时,除了驰名商标外,一般注册商标权无力扭转混淆的局面。溢出商标法的此种行为在竞争法地域构成

① 2018年修订后的反不正当竞争法将“知名”改为“一定影响”,本质上,两者在判断的要素上没有区别。这里为便于表述,仍使用“知名”。

一种不正当竞争行为。日本发生的"雅玛商标案"颇具典型性。一个名为"雅玛"(yammer)的拉面馆在知名的"雅玛"牌柴油机商店旁开业,由于这两个经营单位的名称相同,有时寄给柴油机商店的书信被误送到拉面馆。消费者也以为两者有某种内在关联。经不正当竞争诉讼后,"雅玛"拉面馆被禁止使用"雅玛"字样。[①] 日本《防止不正当竞争法》第1条规定了"众所周知的商标"、我国台湾地区"公平交易法"第20条规定了"普遍认知之商标"都属于知名商标。

(2) 知名未注册商标在类内的特殊保护。为了鼓励使用人积极申请商标注册,有关国家或地区的商标法都不保护未注册商标(在先使用的除外)。但未注册商标若"为相关事业或消费者所普遍认知",可以成为反不正当竞争法保护的客体。这里的未注册商标包括外国的未注册商标和本国的未注册商标。我国商标法从权属上禁止恶意抢注未注册商标,而竞争法则从权益[②]上保护使用中的未注册商标。其理由是,未注册商标使用中凝结的良好信誉以商标表达,成为一种重要的竞争手段,该权益常有被"搭便车"的危险,法律应该排除这种危险。迄今,日本、韩国以及我国台湾地区的竞争法方面的制度都有禁止使用他人未注册的知名商标的类似规定。禁止性规定的目的不是保护商标权,也不是对未注册商标进行管理,而是保护竞争秩序,保护消费者和经营者的利益。综上,竞争法与商标法在调整范围上和功能上具有补充性。

2. 对专利法的补充性调整

就专利而言,在近代法律中,相对于专利技术的另一种技术形式——非专利技术及其扩展——商业秘密是作为反不正当竞争问题提出来的。商业秘密的法律保护在两方面补充了专利法调整范围之不足:

(1) 反不正当竞争法保护作为非专利技术的商业秘密。专利以公开技术成果作为"交换条件"获得附期限的法律保护。未申请专利的技术信息可以得到竞争法保护。商业秘密的生成以自我保密为前提,反不正当竞争法通过排除他人盗窃、披露、擅自使用技术信息等行为维持信息的秘密状态。商业秘密的样态无法一一列举,大多数国家的商业秘密法律只能采取概括规定的方法来确定商业秘密的构成要件。各国采取的要件标准大致相同,具备秘密性、价值性和保密性即构成商业秘密。和专利技术的"三性"相比,商业秘密的"三性"更强调技术所有人的自我认同,因此,非专利技术的保护门槛较专利的门槛要低。反不正当竞争法可以保护比专利类型更宽泛的、技术含量非整齐划一的信息资源。

(2) 未申请专利、未申请商标注册的知名商品或服务的特有商业外观设计的保护。商业外观设计生长在著作权、商标权和专利权共有的边缘地带。传统上认为其可以被知识产权法吸收,现代的商业外观设计以适应市场变化为中心往往不将其申请为专利,这便出现了对知识产权法之外的商业外观设计是否保护及如何保护的问题。在美国,商业外观依《兰哈姆法》第43条第(a)项的保护:任何人在任何商品或者服务上,或者任何商品的容器上,在商业中使用任何文字、术语、姓名、符号或图案,或者以上各项的组合,或者任何虚假的来源标

---

① 〔日〕富田彻男:《市场竞争中的知识产权》,廖正衡等译,商务印书馆2000年版,第35页。

② 整体上,这里不能说保护"权利",一方面所谓的名称等权利具有不稳定性,如果当事人不加以维护则可能被泛化为通用的商业标识。另一方面商业标识混淆是以"混淆"为基础来认定的,即以相关公众的误认或误购为分析的视角,相关公众是不特定的人。第三,反不正当竞争法是义务法,而不是权利法。所以,在权利和权益的复合性关系中,后者应该是更显化的法益形式。当然,并不否定在"知名"存续期间,商业标识是一种权利。

识，虚假的或误导性的事实描述，而引起混淆的，应承担民事责任。当然，日本 1994 年修订《反不正当竞争法》时增加了原样模仿产品外观的规定，并限于自首次销售以后的三年内禁止使用，且对产品外观的保护并不延及其功能特征。有所不同的是，日本法上外观设计不要求“商品知名”，只要“设计独特”就可以成为竞争法保护的客体。

3. 对著作权的补充调整

著作权法仅保护作品的内容和表达形式，不保护作品的名称。作为商品的作品，它的名称是识别同类商品的标志，对于作者和作品的经营者，作品的市场关系是以名称特定并以特定名称为标签展现出来的。因此，名称是一种重要的权益，竞争法保护该商品名称的显著性和可识别性。如果使用近似的名称造成消费者误认，则构成版权商品名称混同的不正当竞争行为。我国发生的“黑猫警长案”和“剑桥少儿英语案”都属此类。[①] 除了知名作品的名称外，人的姓名也可能成为一种特殊的商业符号。在“马爱农诉新世界出版社有限责任公司等不正当竞争纠纷案”[②]中，马爱农是我国知名翻译家，先后翻译有《绿山墙的安妮》《哈利·波特》系列等大量脍炙人口的儿童文学作品。2013 年他发现当当网公司、世纪卓越公司等均在销售由新世界出版社出版的署名“马爱侬编译”的十三本外国儿童文学名著，其中包括自己翻译的作品。诉讼中被告新世界出版社提出：(1) 马爱农是著作权人，不是《反不正当竞争法》规范的经营者；(2) 马爱农的姓名也不是商品标识；(3) 马爱农不属于《反不正当竞争法》调整的主体，与我公司不存在竞争关系；(4) 马爱侬是编译部负责人孙××的笔名。该笔名自 2012 年开始就已经使用，并有自己的含义：“马”是其父的属相，“侬”是上海话“你”，“马爱侬”这个笔名，意即“爸爸爱我”。上述答辩意见基本上是站在著作权法的立场上提出的，在反不正当竞争法上这些意见基本不具有抗辩效力。建立在人格平等基础上的民法及创作自由基础上的著作权法无法保障超出抽象人格并“物化”在经营领域的作品名称或姓名权，但竞争法可以补充调整。

一般情况下，他人无权限制某人使用自己的姓名或笔名、艺名等，但如果他人的姓名进入公共领域并与商品或服务结合起来——“商品化”了，则该姓名就产生了脱离人格权的具有财产性的商品化权。恶意利用他人的姓名或名称以达到扩大竞争力的目的是法律禁止的。美国法律协会《反不正当竞争法重述》(第 3 版)规定了商品化权的商业性要素，其中，第四章以“盗取他人商业价值”为题对形象权做了规定，第 46 条规定，“盗取他人身份中的商业价值、形象权”，“如果表示特征或象征物非常紧密和独特地与某一特定的人相联系、以至于对它们的使用会使被告盗用该人的人格的商业价值时，对这些特征或象征物的使用也可以构成权利的侵害”。

基于上述，知识产权法与反不正当竞争法之间生动而又著名的比喻，即传统知识产权的三个主要法律——专利法、商标法和著作权法好比是浮在海面上的三座冰山，反不正当竞争法则是托着冰山的海水，就可以被正确地理解了。

---

① 《黑猫警长大战外星人》是黑猫警长系列图书之一，系诸志祥创作，后大众文艺出版社出版绘画《黑猫警长大战外星人》，但故事内容与诸志祥的作品内容完全不同。参见(2000)朝知初字第 146 号。“剑桥少儿英语案”见(2002)海民初字第 18668 号。

② 参见北京市朝阳区人民法院民事判决书，(2013)朝民初字第 28008 号。

(二)竞合性

所谓竞合,竞者,争也;合者,符合,应当也。竞合就是反映争相符合,或同时应当之意。[①]竞合既包括权利、义务的竞合,也包括法律责任的竞合,如合同法中的违约责任与侵权责任的竞合,还包括法律适用方面的竞合,如广告违法行为既适用反不正当竞争法又适用广告法。竞合主要发生在反不正当竞争法和有关部门法之间。

"市场经济是法治经济"法谚的背后蕴含着法律对现代经济细致入微的关怀。被单独作为调整对象的商标、专利、广告、价格等在竞争法中成为正当竞争和不正当竞争的工具,竞争法打破了按调整对象划分部门法的立法技术,将一些部门法的调整对象整合起来,并以竞争秩序相统领,以否定的方式构建起法秩序。

知识财产被知识产权法赋予垄断权利的形式加以保护;在竞争法中,知识财产被设定为义务的内容,即利用知识财产需承担某些"不得为"的法定义务。知识产权法和竞争法对一个行为分别从权利和义务的视角进行规范,就会发生竞合适用。

日本学者对知识产权法和反不正当竞争法对这种竞合关系做"动""静"之界分,认为"知识产权法主要是从'静'的方面对无形财产进行规定,即权利的产生和维持必须通过注册这一行政手续;与此不同的是,反不正当竞争法从'动'的方面对无形财产进行规定,即以在营业活动中取得无形财产优势方面的事实上的利益为直接对象"。[②] 这一划分标准虽不能用来解决上述问题,但可以给我们提供找出解决问题标准的启示。"动"强调财产利用的价值,"静"强调财产的可利用价值。"静"是"动"的前提条件,没有知识产权保护就不会有搭便车性质的知识产权不正当竞争行为。"静"的保护建立在对知识产权作为创作成果施以必需的尊重的基础上;"动"的保护建立在知识产权载体商品化后凝结的诚信劳动基础上。所以,后者保护的目标和位阶更高。

由于立法的立足点不同,竞合只能是有限的竞合。

以商标为例,商标法规定的侵权行为分为两种:(1) 综合侵权,即依注册商标和核定使用的商品两方面标准综合认定构成的侵权;(2) 单项侵权,即制造、销售商标标识的行为。单项侵权之于经营行为而言属于产品销售活动的准备,而不是经营活动或竞争活动。换言之,这种行为对消费者和具有竞争关系的经营者的危害尚未出现。因此,如果某主体从事了且仅从事了制造或销售他人注册商标标识行为,只能认定为商标侵权行为,而不能认定为商标不正当竞争行为。但如果其又从事了使用假冒商标行为的,因其目的是为了出售(假冒)商品,具有经营性,则应同时构成商标不正当竞争行为。这里,商标标识的商品化成了区分商标侵权和商标不正当竞争的标准。另外,修订后的《反不正当竞争法》将混淆的内容扩展为"引人误认为是他人商品或者与他人存在特定联系",意味着,竞争关系不是认定的前提条件。但在不相同、不类似的商品上使用一般不构成商标侵权。

同理,在专利侵权中,伪造或者变造他人的专利证书、专利文件或者专利申请文件的行为不构成不正当竞争行为。在著作权法中,出版者的版式设计权,如果被仿冒或假冒并引起混淆的,构成著作权侵权行为和不正当竞争行为。脱离作品的内容但同时保有著作权内容和具有商品化标志才能构成著作权法和反不正当竞争法的竞合,这个条件远比工业产权进

---

① 陈兴良:《法条竞合论》,复旦大学出版社 1993 年版,第 22 页。

② 〔日〕纹谷畅男:《商标法 50 讲》,魏启学译,法律出版社 1987 年版,第 3 页。

入竞争领域并被反不正当竞争法调整所需的条件苛刻，故著作权法与反不正当竞争法的交叉域较反不正当竞争法与工业产权法要小。

综上，在反不正当竞争法和知识产权法的关系上，将反不正当竞争法中的知识产权问题完全做知识产权法看待，或者相反，并由此推导出基本法、特别法关系，进而采用特别法优先原则来处理两法的适用关系，以及认为反不正当竞争法是转致适用知识产权法规范等(虽合理地认识到了两法之间的紧密联系和适用上的特殊性)，都不同程度地包含着截取理论环节做简化分析的片面性。两法存在“交集”，也存在各自独立的部分。补充性反映两者调整范围上的差异和接续关系。在补充性关系中，法的适用是排他的。竞合性揭示了两法在立法目标上的不同本质。在竞合性关系中，法的调整是复合性调整，不因适用一个而排除另一个。将反不正当竞争法孤立于知识产权法看待，或将两者做同一性看待都是不正确的。

（三）规制性

这里的规制性，指反垄断法对行使知识产权权利滥用的规制。知识产权是一种为保护知识产权人而设立的法定的垄断权，这种权利的行使具有专有性和排他性，一旦被滥用必然造成垄断，从而侵犯他人参与自由竞争的权利。知识产权被赋予一种合法垄断权，是风险与收益平衡的结果；而禁止知识产权滥用是另一种风险和收益的平衡。

从农业经济到工业经济再到知识经济的演变过程中，智力成果在科技进步、经济繁荣和社会发展中所起的作用越来越大。这种巨大社会作用的背后，是知识产权开发的巨大智力和物力投入，当然也伴随着巨大的投入风险。风险不仅仅体现在开发失败上，更大的风险在于开发成果的任意社会化。在“大贡献”——“高风险”的矛盾中，知识产权开发就具有二重性，即私人性和社会性。开发的动力是私人利益和社会发展的需要，其利用的结果满足了私人利益和社会利益。为了减少开发和利用风险，各国都给予知识产权垄断地位。然而，因知识产权的私权性使这种平衡可能被权利人更高的利益追求所打破，进而产生利益与风险的新的矛盾。追求利益最大化始终是理性“经济人”的理想目标，服务于这个目标的私权便有了扩张利用的动机。知识产权的扩张使用可能冲出法律规定合法使用的边界，走向滥用，或者说，权利人有意识地谋求合法垄断利益之外的垄断利益。由此产生了新的社会风险，体现在社会整体效率降低，包括消费者利益减损、资源配置失效、产业结构失衡等。

利益和风险的新矛盾实质上反映了个体权利与社会整体利益之间的冲突。尽管市场经济要求给予民事权利以充分和统一保护，但在社会个体行使民事权利与社会整体利益发生现实的冲突时，要求适当限制个体权利。一般说来，当知识产权人行使知识产权超出法定范围，并与反垄断法通过保护竞争所要实现的社会整体目标(实质公平和社会整体效率)相冲突时，反垄断法会对知识产权的滥用加以必要的限制。

知识产权滥用行为的表现形式多种多样，被滥用的知识产权的侧重点也不同。在各类的知识产权滥用行为中，专利权的滥用尤为突出。因科技在促进国家经济增长的过程中，专利的作用越来越明显，在各种智力成果中专利和生产力以及经济利益、经济价值关系最为紧密。随着经济全球化加深，跨国公司利用专利控制一国市场的现象愈发常见，所以对专利权滥用的规制是反垄断法对知识产权滥用行为规制的重点。

世界贸易组织《与知识产权有关的协议》(TRIPS 协议)第一章(一般性规定和基本原则)第 7 条、第 8 条、第 40 条等对知识产权滥用行为作了原则性和规范性的指导。一些国家和地区也颁布了此类指南。[①] 为此,2015 年我国原国家工商行政管理总局颁布了《关于禁止滥用知识产权排除、限制竞争行为的规定》,现在仍然有效。

二、竞争法和消费者权益保护法的关系

竞争法中的消费者往往被消费者利益、消费者福利等概念代替,是个争议颇多的概念。它既发挥着行为正当性评价标准的作用,也常被人认为是法律分析中被滥用最多的术语。[②]

各国竞争法无一例外地将消费者纳入了法律规范之中。[③] 理论上也有"竞争法保护消费者"的说法。但竞争法如何保护消费者,竞争法对消费者的保护和消费者权益保护法提供的保护是否不同,及不同在什么地方,这些问题并没有被深入地探讨,这些问题也绝非可简单地以"竞争法保护消费者"一言以蔽之。在竞争法中消费者的地位具有特殊性,消费者的特殊地位决定了其特殊的功能。

(一) 消费者在竞争关系及竞争法律关系中的身份

如同社会学理论所言,任何一个人都不可能仅仅承担某一种社会角色。消费者在社会中具有多重角色。

在竞争性经济关系中,消费者首先是受益者。竞争包括生产过程本身和生产过程的实现,离开消费者的竞争是不可想象的,消费者是生产过程最终环节的实践者。消费者受益源于竞争发挥的积极作用——产品或服务质量的提高、价格降低、产品替代加强等。受益一般表现为,充分地实现了消费者的选择权或增加了消费者的福利。

其次,消费者又是受害者。工业化以来的经济主体的组织结构及行为方式产生了导致市场力量不均衡的巨大变化,市场结构的自由放任所引发的社会关系的紧张最终在消费者身上以利益流失的方式化解,即具有支配地位的企业强迫消费者接受不公平的条件,如实行搭售、不公平高价等。另外,第二次世界大战以后被战争压抑了的生产迅速释放改变了企业的营销策略,等客上门式的促销被积极进攻型的促销方式取代。在产品的复杂化、企业经销方式多样化的合力作用下,一方面显著地增加了新的竞争要素,商业广告、产品的包装、装潢、商品外观等纷纷加入到竞争关系中;另一方面竞争要素对销售的影响越来越大,两面性越来越突出,当这些竞争要素被恶意利用为销售工具时,给消费者施加的负面影响就显示出来。"销售上或销售方式过于灵活,对消费者施加的过度压力,都可能导致消费者作出考虑不周、不符合他需要和在不利条件下的购买。"[④]自 19 世纪末期以来,消费者案件此起彼伏,到了 20 世纪 60 年代,自美国和日本开始并不断扩散的带有世界性的消费者运动是消费者作为受害者汇集力量的又一次爆发。

---

① 如 1995 年 4 月 6 日美国司法部和联邦贸易委员会联合发布了一份《知识产权许可的反托拉斯指南》,1996 年 1 月 31 日欧盟委员会也就《罗马条约》第 85 条第(3)项对若干类型技术转让协议的适用问题制定了 240 号规章(EC No240/96,一般简称《技术转让规章》),1999 年 7 月 30 日,日本公正交易委员会重新颁布了《专利和技术秘密许可证合同中的反垄断法指导方针》,我国台湾"行政院""公平交易委员会"也于 2001 年 1 月 18 日发布了《审理技术授权协议案件处理原则》。

② See Joseph F. Brodley, "The Economic Goals of Antitrust: Efficiency, Consumer Welfare, and Technological Progress", 62 *N.Y.U. L. Rev.* 1032 (1987).

③ 前者如日本《关于禁止私人垄断和确保公正交易的法律》第 1 条,后者如联邦德国《反对限制竞争法》第 3 条第(3)款之 2。

④ 〔法〕热拉尔·卡:《消费者权益保护》,姜依群译,商务印书馆 1997 年版,第 25 页。

最后，消费者是当事人关系之外的第三者。依据企业的业务范围对经营者进行划分，营业者要么被看成同盟者，要么被看成竞争者，要么被看成合作者。在同盟者和合作者的情况下，企业联合行为的后果总会影射到消费者身上，可能将消费者的利益上解，例如价格联盟形式增加消费成本；也可能缩减经营者的利益实惠于消费者，例如标准化卡特尔。在类似这些涉及消费者的行为中，同盟者或合作者是合同关系的直接当事人，消费者处于同盟关系或合作关系的利害关系人的地位。在消费者行使选择权之前，消费者是间接性利害关系人（无直接利害关系人），在作出选择之后是直接利害关系人。消费者有两种权利——行使选择权或放弃选择权。放弃行使权利的情况下，消费者始终是第三者。间接利害关系人与受益者及受害者仅一步之遥，行使或放弃行使权利（当然有主动的和被动之分）成为两种身份相互转换的标志。因此，基于三种身份产生的消费者关系，“受益人”和“受害人”是关系的实然状态；间接利害关系人是预期受益人和危险接受人，是关系的未然状态。

竞争法非完全地、同等地对待和吸纳竞争关系中消费者的三种身份，竞争法的否定性调整方式决定了在竞争法律关系上通过排除对消费者的危害——现实的危害或危险来保护消费者受益是立法者的思路和执法者的行动进路。因此，竞争法立足于“消费者—受害者”和“消费者—第三者”的特殊身份，放弃了受益者身份的直接规定，既没有像《合同法》那样享受交易后的财产价值，也没有像《消费者权益保护法》（以下简称“消法”）那样以一个对立于经营者的受害者的形象出现，竞争法中的消费者展现了受害者和第三者的双重身份。作为实际受害者的消费者同于消法中的消费者（发生竞合）；作为第三者的消费者则有别于消法中的消费者。由此一角，可以撩开笼罩在竞争法中所保护的消费者利益和消法中消费者利益之上的朦胧纱幕。

（二）消费者在竞争法和消法中身份的差异

在反不正当竞争法中消费者受害体现在认知混淆上。具体而言，体现在商业标志的混淆、虚假广告、虚假表示等不正当竞争行为上。反垄断法中，搭售、价格卡特尔等行为加大消费成本。作为实际受害者的消费者发生在购买了相应产品或接受了相应服务的情况下。换言之，在消费者实际陷入混淆、虚假广告、虚假表示、搭售产品或价格卡特尔时，其实际受损才体现出来。此时，竞争法和消法发生竞合。

在竞合情况下，竞争法和消法的区别为：

(1) 主体的含义不完全相同。竞争法中消费者是经济学上讨论“消费者剩余”时使用的含义，即不一定是为生活消费而购买、使用产品，接受服务的人，而是包括此类人同时也包括为生产目的的购买者。

立法技术上，一些立法例将购买者与消费者并列列出，如爱沙尼亚《竞争法》（2001 年）第 22 条第 1 款规定，评估实际竞争和潜在竞争时，需考虑“购买者、销售者和最终消费者的利益”；也有立法例细致地划分了消费者的外延，如欧共体《关于控制企业合并条例》（第 139/2004 号）第 2 条使用了“中间消费者和最终消费者的利益”，此处的“中间消费者”即购买者。还有的立法例进行了概念整合，化繁为简，将购买者直接归入消费者，如匈牙利《竞争法》第 2 条明确解释了“消费者，是指订购者、顾客和用户”。例如，生产者对批发商实施限制转售低价侵害的就是作为批发商的交易人（购买者）的利益。

事实上，“购买者”（包括潜在购买者）不是我国《反垄断法》或《反不正当竞争法》中的专有概念，在我国其他部门法中也未使用这个概念。在这两部法的第 1 条用的都是“消费者”。

对于包括我国在内的立法上没有明确界分消费者与购买者、潜在消费者之间的概念关系的立法例，如果不将消费者的内涵扩大到包括购买者、潜在购买者，就无法合理地解释上游环节发生的限定交易、拒绝交易等行为被禁止的理由。在微观经济学上，相关原理得以建立的基本预设条件是“生产与消费”，“消费”被解释为购买和使用产品的人，相应地，消费者被解释为消费的人。即竞争法中的消费者包括购买者、潜在购买者、消费者、潜在消费者。由此可以看出，竞争法上的“消费者”和消费者权益保护法中的“为生活消费需要而购买、使用产品或接受服务的人”不是同一概念，后者只是前者内涵的一小部分。

(2) 消费者与经营者的关系状态上，消法强调实然进入状态；竞争法强调进入状态和拟制状态。消法强调的实然进入状态可以从法律对“消费者”的界定中得出，“为生活需要购买商品或接受服务的人”，没有购买商品或没有接受服务的人不是消费者，可能是交易前的准交易人，其权益由他法保护，如缔约过失责任。如果经营者的行为侵害了消费者的利益，消费者能以积极的行动对抗经营者维护自己的权益。竞争法律关系上拟制状态中的消费者(实际是消费者利益)具有高度的抽象性。其不具体指明甲、乙、丙、丁，购买(什么)商品或接受(什么)服务，往往充当场外主体的角色，例如发生在上下游企业之间的拒绝交易，或者生产企业之间的价格联盟，不直接关系某个(为生活目的)消费者的利益；再如，面对虚假广告消费者没有误认误购时也不损及其利益。所以，拟制状态的消费者似乎比实然状态的消费者更超然——无须行使消费选择就达到了对抗经营者的效果，但若放任上述行为，将会有越来越多的消费者进入到受害者的行列，这是社会不可承受之重。

(3) 调整方法上，竞争法主要以否定方法进行调整，消法则以肯定的调整方式确立消费者的权利。否定性调整包括限制性调整、禁止性调整，“不得”“禁止”是其标志性的表述语言。而消法以“消费者享有……权”“可以”等语言模式表达。法律调整之否定方法多适用于具体行为偏离了某种价值观的情形，通过调整以期回复或接近价值观所预设的状态。竞争法保护消费者利益在制度上可以明证，例如消费者如购买了虚假宣传的商品，可以通过《反不正当竞争法》维护自己的权益。但不是所有的行为都可以体现为消费者受害，如侵犯商业秘密行为。对作为间接利害关系的消费者而言，竞争法仅仅是政策宣誓，而非承载创设权利义务的任务。至于消费者权益保护法，肯定式的调整方式则努力全面地创设权利。

(三) 消费者在竞争法中的特殊作用

消费者的第三者地位是法律的拟制，作为第三者的消费者是企业行为正当性的判断标准。

成文立法的规范模式大致相同，即以法律价值相统领，确立与其相适应的原则及相应的法律规范。如果将法律视为一种结构性规范的话，法的价值、法律原则和法律制度就形成了法内在的有机联系结构。但是，其否定性的调整方式产生了一种特殊的立法难题——应当否定什么？这个难题长期困扰立法者，并曾经使其在一些行为上犹豫不决[①]，而各种价值学说或原则主张在没有立足点的情况下空泛的宣誓并不足以给立法者以坚定的决心。历史上，劳动者(利益)、消费者(利益)、中小企业(利益)(或称竞争者利益)、国家(利益)都曾充当过原则制度化的评判标准。现代竞争法的建立和完善开始于判断标准的纯净运动。随着劳

---

① 如德国反垄断法制定之前，认为卡特尔是有组织的资本主义，有利于解决失业；美国《谢尔曼法》不反对企业合并。

动法和社会保障制度的建立，劳动者的权利由契约到强制，“劳动者”标准最先退出了竞争法。[①] 正如法国学者热拉尔·卡所言：“契约自由的减少曾在雇佣者和雇工之间表现得最为突出，如今又在经营者或产品或服务的经销商与个体使用者之间形成的消费关系中表现更为明显。”[②]之后，伴随19世纪末期20世纪初期的国家身份的转化[③]，“国家”标准也部分融合到社会利益之中。由此，“消费者”标准和“中小企业”标准（又泛称为竞争者标准）沉淀为竞争法基本标准。[④] 进而完成了竞争法“否定什么”这一问题的工具的构建任务。

消费者标准可以从以下方面理解：

（1）“消费者”作为行为正当性标准的基础是竞争法调整功能的预防性或事前救济。[⑤] 与事后救济相比，事前救济不要求认定垄断或不正当竞争行为有事实损害的消极结果，只要求有消极后果的危险。在美国，《克莱顿法》确立了事前预防原则：执法机构和法院都不必证明存在现实损害，也不必依靠过去的数据资料来证明对竞争的有害影响，只要“可能”危害竞争，就可以据此宣布某行为违法。有人将《谢尔曼法》和《克莱顿法》以枪支法作比喻：根据《谢尔曼法》型枪支管理，一个人可以携带枪支而不必担心因此被逮捕，只要他不对某人或物射击；根据《克莱顿法》型枪支管理，只要认为这个人是危险的——如果认为他很可能对某人或某物射击，那么，就可以没收这个人的枪支。[⑥] 这里的“某人或某物”就是竞争法所指的危害的某种利益，其中包括消费者利益。美国法中，本身违法原则所规范的行为不强调给消费者造成了损害，而是强调“可能”造成损害。进言之，本身违法原则的适用标准是消费者利益的假想损害。苏特（Souter）法官在“加利福尼亚牙医协会诉联邦贸易委员会案”中发表的意见明确体现了这一点：“加州牙医协会的规则明显地反映出这样的预期，即与减少‘所有成员折扣’广告有关的竞争的成本将超过因准确、精确和容易证明（至少管理者易于证明）的折扣广告产生的消费者信息（和因此带来的竞争）的收益。根据经济学的观点，上述预期可能正确，也可能错误，但是它不是完全不可能的。法院和委员会都不能因为上述假设的错误就在一开始就驳回它。”[⑦]

美国反垄断法的一些变动时常能发挥竞争政策转向的风向标作用，每次变动或多或少地、或早或迟地影响有关国家或地区组织促使其相应地改变竞争政策，或促使其为改变立法而作出某种积极的努力。现在，预防原则已经成为竞争法带有普遍性的法治原则，有关国家或地区的竞争立法大都吸收和借鉴了美国竞争法的预防原则。如日本《禁止垄断法》第24条之二关于“限制转售价格协议”和第24条之三关于“克服萧条行为协议的排除适用条件”的认定标准都统一规定为：没有不当地损害消费者利益的危险。德国1980年的《反限制竞

① 劳动法和社会保障制度的建立，劳动者的利益由企业保障到国家保障，尤其是劳动失业制度的建立，国家对企业的干预由内部转向外部——由劳动者到消费者。从这个意义上，劳动法和社会保障制度为竞争法的建立奠定了环境基础。

② 〔法〕热拉尔·卡：《消费者权益保护》，姜依群译，商务印书馆1997年版，第5页。

③ 即所谓国家社会化、社会国家化过程，国家不仅仅是政治主体、阶级主体，更是经济主体、社会主体。原来作为经济生活外部力量的国家现在融入到经济生活内部，并作为一种重要的调节力量。

④ 限于论文主题和篇幅，“中小企业”标准无法展开。

⑤ 竞争法调整功能从权力介入的时间和效果上，分事前救济和事后救济。前者即为预防功能。

⑥ 〔美〕马歇尔·C.霍华德：《美国反托拉斯法与贸易法规——典型问题与案例分析》，孙南申译，中国社会科学出版社1991年版，第39页。

⑦ 争议的焦点是牙医协会制定“规范”的第10条，牙医不得对其受训的背景和能力进行不当陈述。见黄勇、董灵：《反垄断法经典判例解析》，人民法院出版社2002年版，第298、309—310页。

争法》第1条采取的是事后救济原则[1],1998年第六次修订案则改为预防原则结合事后救济原则。[2]《罗马条约》第85、86条适用的条件"可能影响成员国之间的贸易……应被禁止"的规定也体现为预防原则。2004年的欧共体《关于控制企业合并条例》(第139/2004号)通篇建立在"可能"的"危险""影响""损害"等基础上。

预防原则的普遍化过程也是不断重申消费者标准的过程。法律规范所表彰的"可能""危险"等要素,实则是消费者利益危害的"可能"或"危险"。本质上,法律规范的预防功能是立法者将企业(行为)与消费者(利益)距离人为拉近,以"他人是一面镜子"的手法来反照经营者。上述规范或类似规范中竞争者或合作者的经营行为正当性的判断表面上总是和消费者利益联系在一起,但实质上,消费者并"不在场"。故此,与其说此种法律规范保护了消费者的利益,毋宁说法律在列举经营者如何损害或可能如何损害消费者利益。如果非要套用有些论者的"保护消费者"的话,那么,必须将竞合和非竞合两种情况分别看待。在非竞合的情况下,竞争法所提供的仅仅是对消费者的间接保护。

(2) 竞争法中消费者标准的内涵是一般消费者。消法中保护的消费者具有同一性,不分国籍、居住地或认知状况。竞争法中的消费者则有类别划分,消费者至少被分为一般消费者和特殊消费者两大类别。[3] 这种分类不同于营销管理上对消费者的分类。它不是根据产品的特性或购买动机进行划分的,而是根据主体的认知能力划分的。作为标准的消费者是一般消费者,与之对应的特殊消费者被排除在标准之外(但特殊消费者可以作为消法的消费者)。特殊消费者指游离于一般消费者之外的两极主体:一类是专业人士——行家;另一类是没有认知能力或认知能力很差的人。一个虚假医疗广告,医生对它的认识和患者本人对它的认识会截然不同,医生很容易揭穿广告的虚假本质;患者受急于治愈的心理作用,对夸张的广告内容往往信以为真。医生和患者就属于两极主体。一般消费者是"在通常时常状况下购买商品时,施以其通常购买此种商品之注意程度"[4]的人。

立法上,已经有国家直接将"一般消费者"作为法律概念固定下来。日本《禁止垄断法》第1条规定:"本法的目的是通过禁止私人垄断、不当地限制交易和不公正的交易方法,防止事业支配力的过度集中……以确保一般消费者的利益和促进国民经济民主、健康地发展。"再如该法第24条之二规定:"生产容易识别的同样质量的商品或从事该商品的销售的事业者,在与该商品的销售对方事业者商定该商品的转卖价格,以维持该价格时所进行的正当行为,该行为不当地损害一般消费者的利益时,以及销售该商品的事业者的行为违反该商品生产事业者的意愿时,则构成违法。"此外,另一些国家或地区法律条文表述为"消费者利益"或

---

① 限制竞争的协议无效:"企业或企业协会为共同的目的所订的合同以及企业协会的决议,其目的如果是限制竞争,且影响了商品或劳务的生产或市场情况,则无效。本法另有规定者不适用上述原则。"2005年第七次修改基本维持了这一标准。

② 该条规定:"处于竞争关系之中的企业之间达成的协议、企业联合组织作出的决议以及联合一致的行为,如果以阻碍、限制或扭曲竞争为目的或使竞争受到阻碍、限制或扭曲,则禁止。"

③ 国际竞争中,一些国家采取的贸易壁垒措施实则是将消费者分为本国消费者和外国消费者。

④ 朱钰祥:《虚伪不实广告与公平交易法》,台湾三民书局1993年版,第63页。

“消费者”。[①] “消费者利益”应属于公共利益的范畴，尽管何为“公共”至今仍存争议[②]，但不是消费者个体利益这一点几乎没有什么异议。它强调许多单个消费者利益的集合。故消费者利益的含义应做“一般消费者利益”理解。此外，也有一些法律将“一般消费者”简化为“人”，例如我国、德国以及我国台湾地区的反不正当竞争法都规定了“引人误解”的虚假宣传行为，关于引人误解的认定，不是根据每个人的理解进行判断，而是根据一般人的理解进行判断，即根据“一般消费者”来判断。正如有学者指出的，商业广告常常都是向一般消费大众作出的，而一般消费大众在购买商品或接受服务时，欠缺仔细分析广告内容的注意力，只是以普通注意所得到的印象作为选购的基础，故应当以一般购买人的注意力作为认定标准。所谓一般购买人，是指按照一般交易观念，通常可能消费该商品的人。[③]

司法机关和行政机关也是根据“一般消费者”来判断和认定竞争违法行为的。竞争案件的定性需要以调查为基础，调查所选取的对象就是一般消费者。司法机关或执法机关需要以一般消费者受到了不利影响作为认定案件的依据。我国台湾地区“公平交易委员会”在“西安秦始皇兵马俑世界巡回展案”的处理理由书中明确指出：“本件被处分人主办之‘西安秦始皇兵马俑世界巡回展’……其文字表现之意义易使一般消费者认为系‘西安秦始皇兵马俑’之‘世界巡回展’而实际上其所展兵马俑为微缩小仿制品……其大量表现于外的宣传资料，却未如实表现……真实内容，亦即一般消费者未能从其广告名称及内容中获得真实认识。”[④]因此，行为人的行为违反了“公平交易法”第 21 条。

发生纠纷的企业也以消费者为参照来表述自己的观点。那些声称受到反竞争行为侵害的企业提出的理由一般都是以一般消费者的利益为中心，其试图表明，消费者由于反竞争行为受到了损害。故冲突应该按照有利于他们的方式解决才符合消费者利益。被追究责任的企业也把消费者的利益作为自己行为合法性抗辩的理由，并以此确立自己的论据。如垄断企业或者卡特尔的成员会声称，其行为不仅没有损害受保护的利益，反而有利于消费者。于是，一般消费者成了“参考法庭”。[⑤]

（3）消法中消费者主体性、个体性转化为竞争法中的客观性、整体性。作为“参考法庭”的消费者是一种论据，权力机构以及企业通过参考消费者的地位来说明自己的立场。这种情况表明，消费者的主体性让位于“论据”（标准）的客观性。

消费者标准的客观性是由上述“消费者不在场”的特殊身份决定的。竞争法中的经营发生在竞争环境——生产、销售、分配和消费的整个过程，而消法中的消费者仅仅参与消费环节。上下游企业之间的合作者关系，同一环节企业之间的竞争者、同盟者关系和消费者都不存在直接的经济关系。但消费者将介入其关系之中，评定一些如拒绝交易、价格卡特尔等经

---

① 我国台湾地区“公平交易法”第 1 条规定：“为维护交易秩序与消费者利益，确保公平竞争，促进经济之安定与繁荣，特制定本法。”韩国《限制垄断和公平交易法》第 1 条规定：“本法的目的是，防止厂商滥用其市场支配地位，防止救济力量的过度集中，管制不正当的共同行动和不公平的交易行为，促进公正自由的竞争，由此扶持创造性的企业活动，保护消费者，实现国民经济的均衡发展。”1984 年联合国《消除或控制限制性商业惯例法律范本》第 5 条之规定等。

② 因为公共是许多私人的集合体，公共需要由多少私人组成，是一个值得深入考虑的问题。但一个社会阶层或群体被赋予公共的概念一般没有争议。

③ R. Callmann, *The Law of Unfail Competition Trademark and Monopolies*, Vol. 1(4th ed. 1987), 5.14. 转引自孔祥俊：《反不正当竞争法的适用与完善》，法律出版社 1998 年版，第 239—240 页。

④ 朱钰祥：《虚伪不实广告与公平交易法》，台湾三民书局 1993 年版，第 63 页。

⑤ 〔比利时〕保罗·纽尔：《竞争与法律》，刘利译，法律出版社 2004 年版，第 57 页。

营行为的正当性。因此,这里的消费者不是某个直接利益主体,而是消费者整体利益,具有客观性和整体性。由此,竞争法中的消费者也不是私法主体,不涉及是否享有权利能力、行为能力等内容。日本《反不正当竞争法》尚未将起诉适格者扩展至消费者,该法已经逐渐脱离营业者保护的市民法色彩,逐渐加入消费者保护作为衡量违法性之参考。[①] 这从一个侧面说明了消费者标准的客观性、整体性。

消费者标准的客观性和整体性是由经济关系的需求和权力介入经济关系的不同路径造成的。传统法保护的消费者主要通过调整经营者和消费者的矛盾。工业革命以后,产品或服务中的技术增量转化为经营者和消费者之间的信息偏在。另外,对比明显的经济强力打破了简单商品经济时期的合同关系的平等性,对弱势群体施以特殊保护是消费者权益保护法的基本理念。这种保护的思路是从产品或服务出发,解决经营者掠夺消费者的矛盾,提升消费者的地位——赋予消费者以特殊的权利。而竞争关系的基本矛盾是经营者的竞争冲突,这种冲突靠经营者自身无法解决,需要政府介入。政府制定了诸多评价企业行为的标准,其中之一是消费者标准。归纳消费者在消法和竞争法中的地位,可以得出两者具有如下方面的对应关系及其差别:

经营者与消费者的矛盾→政府解决方式→赋予消费者权利→消费者主体性
企业竞争关系中的矛盾→政府解决方式→制定规范化标准→消费者客观性

在竞争法系统中,禁止或排除何种行为,消费者标准(和竞争者利益标准一道)发挥着确认机制的作用。消费者标准服从于竞争目的,是竞争法立法目的的实现手段。竞争法所保护的客体——竞争,或作为价值的竞争秩序。从社会经济关系上看,竞争秩序由竞争者的竞争机会和消费者的消费福利构成。法律保护竞争秩序的方法是排除对竞争环境的不利影响。不利影响可能直接在作为竞争者的经营者身上体现出来,但最终都会影射到消费者身上,并影响消费决策和消费选择权的行使。市场主体的支配力量不同决定了排除风险不能依靠自力风险规避机制,而应当依靠公力平衡机制,即政府介入机制。正如美国学者霍华德所言:"只要存在对竞争的不正当限制又对消费中、购买中合理判断的严重障碍,那么,政府干预就是必要的,这种社会的控制与其说是对自由企业体制本身进行限制,还不如说用来扩大企业在市场上的总体自由作为基本的指南。反托拉斯与贸易法规则为企业的(市场)进入、扩展和存在提供了有效的便利,并为消费者的有效决策提供了充分的帮助。"[②]由于消费者是经营活动结果的最终承担者,政府在介入经营者活动时,权力机构将消费者的以下两个基本关注上升为法律控制手段:(1) 消费者的喜好用以确定受冲突的市场范围。直接关联市场的划分是参考了消费者对商品或服务是否满足其某种需要(可替代性)的意见。(2) 消费者的选择权用以确定垄断、不正当竞争是否成立。市场上有一个或数个拥有权威的企业时,需要评价消费者在何种程度上还拥有选择的自由才能认定其存在的合法性:消费者能够对商品或服务进行选择还是他必须接受一个或数个特定企业所强加的条件。[③]

---

① 〔日〕松下满雄:《经济法概说》,东京大学出版会 1986 年版,第 58 页。转引自赖源河:《公平交易法新论》,中国政法大学出版社 2002 年版,第 27 页。

② 〔美〕马歇尔·C.霍华德:《美国反托拉斯与贸易法规——典型问题与案例分析》,孙南申译,中国社会科学出版社 1991 年版,第 4 页。

③ 〔比利时〕保罗·纽尔:《竞争与法律》,刘利译,法律出版社 2004 年版,第 56 页。

由消法保护的消费者主体到竞争法保护的消费者客体——消费者身份的转换，说明了竞争法保护竞争而不是竞争者[①]、保护消费而不是消费者。习惯上所言的“竞争法保护消费者”的说法，在法竞合适用的情况下是成立的；在非竞合情况下（或想象竞合性的情况下），竞争法中的消费者其实“只是一个传说”，竞争法保护的消费者利益是实现竞争法目的的反射利益。

三、竞争法和其他有关部门法的关系

和竞争法有紧密关系的部门法有很多，一一列举并逐个比较不但篇幅不许，也无必要。除了上述两个关系最复杂的部门法外，和公司法、合同法的关系也非常紧密。此外，为了进一步体现竞争法的大幅度的跨部门法的特性，选取了处在竞争法关系外围的劳动法为例加以说明。至于其他的部门法如价格法、广告法、招标投标法等则不再赘述。

（一）竞争法与公司法的关系

公司法调整公司的组织和行为。公司组织的变动会影响市场结构，公司的某些行为也涉及竞争秩序，这是两法存在联系的基础。随着公司法对设立效率的追求置于安全之上，不正当竞争行为的实施者（经营者），更多的以公司为主要主体形态。从与公司法的技术性联系的角度而言，反垄断法比不正当竞争法多了一个技术层面，即公司组织的变更。所以，竞争法与公司法的关系主要体现为组织上的关系。

公司法强调组织变更是公司的一种自治选择，反垄断法强调组织变动是一种涉及市场结构的改变，不能由当事人自主决定。上文中提到的复合性调整关系告诉我们，公司合并既是自治选择也是社会选择。

在此基础上，反垄断法和公司法之间关于“合并”的区别大致有：

（1）反垄断法中的合并概念和公司法中的同一概念内涵不同。反垄断法对企业合并的理解比公司法宽泛，具体包括：取得财产、取得股份、订立合同、管理兼任等形式。可见，反垄断法意义上的企业合并在外延上要大于公司法中的吸收和新设合并，它包括企业直接或间接地对其他企业发生支配性影响的所有联合方式。详见经营者集中一章。

（2）对合并调整的目的不同。公司法中的公司合并反映公司市场发展的过程。生产工艺的改变、产品的创新、市场的开拓等都可能引发组织结构的变革。一个企业的生存取决于资金、产品和服务优势。大企业相对于小企业更有竞争优势，竞争过程中小企业被合并属于市场自发调节过程。所以，在公司法的视野里，公司合并对市场的影响就是对债权人和股东的影响。公司法所规定的合并的实质要件和程序要件也是以此为中心展开的。具体而言，合并事项属于股东会的特别决议事项，需全体表决权股东或出席会议表决权股东的绝大多数同意（一般为 2/3 表决权通过）；公司合并事项需公告（或通知债权人），且公告有期间、次数等方面的要求，其目的是保障债权人的利益。

自发的市场调整过程在何种程度上被上升为反垄断法规制过程，取决于市场结构。市场结构由企业规模和规模企业的策略行为决定，而企业规模大小和产品的替代性及产品的

---

① 霍华德认为保护个别竞争者的主张混淆了竞争者与竞争的区别。如果保护竞争者而反对发展竞争，则竞争本身就不能存在下去了。见〔美〕马歇尔·C.霍华德：《美国反托拉斯与贸易法规——典型问题与案例分析》，孙南申译，中国社会科学出版社 1991 年版，第 42 页。

行销范围直接相关。因此,反垄断法规制公司合并的中心是市场支配力和市场支配力的滥用。实质性标准是相关市场和企业集中度的测定。如果合并形成了高集中度市场,有排挤中小企业出市场之虞或市场壁垒之虞,则被认为超出了市场自发调整的限度,将由反垄断法进行强制性的结构调整。

从行为的角度而言,竞争法与公司经营管理行为之间的联系除了不正当竞争行为、卡特尔、滥用市场支配地位之外,还有些其他行为,如何规划这些行为需要进一步挖掘,包括理论上的联系、事实上的联系、制度上的联系三个方面。现试各举一例。

就理论上的联系而言,公司控制权是公司管理中的一个重要的问题,控制权转移涉及公司法,也涉及反垄断法。在理论上,该如何认识控制权的性质和基础?它是一种内部财产关系的反映,还是社会资源的占有?控制权是权利还是权力?

就事实上的联系而言,近代以来发生在美国产业界的"经理革命"对现代企业管理产生了划时代的影响:现代公司法落实了这一革命成果——规定了经理的特殊职权。这种落实必然会对营销方式产生外在的影响。西方的经济发展史表明,企业规模的壮大是发生经理革命的前提,经理革命进一步促发了企业规模的膨胀和企业间的联合。这提示我们,在经理革命和垄断行为之间可能存在某种微妙的联系。

就制度上的联系而言,证券法中为了保护中小股东和债权人的利益而规定的强制性调整措施,如我国《证券法》第88条规定的强制要约收购就属于这类。[①] 这种规定可能与反垄断法发生冲突,一方面强制要约收购力促合并成行,另一方面合并形成的公司可能触及反垄断法,进而反垄断法禁止合并。事实上这形成了保护中小股东、债权人利益和维护合理的市场结构的对立。如果发生了此类冲突,该如何协调?

(二)竞争法与合同法的关系

传统合同法上,当事人的地位是平等的,但垄断经济出现后,经济上的从属关系决定了当事人之间不可能享有对等的权利、义务。这主要表现在:(1)缔约能力的不对等。大企业与中小企业、垄断组织和非垄断组织之间,由于经济能力的强弱不同,在谈判签约中讨价还价能力显然不可能一样。(2)双方权利、义务不对等。在合同内容上,往往规定价格歧视、排他性条件及只适用于一方的约束性条款等。(3)合同履行中的不对等。这主要表现在当事人利用合同谋取更大利益和追求合同外利益。[②] 诸多不对等关系改变了传统合同法的原则和制度的适用环境,并要求对其做适应性调整。这样,契约自由附加了相应的限制,即契约不得违反法律和损害第三人的权利。在合同无效的原因上,除了意思表示上有瑕疵外,增加了违反公共利益无效。

合同无效的原因有多种,但不是所有的原因都和竞争法中调整的合同的效力有关。其中,违反法律、行政法规和违反社会公共利益两个原因可以在竞争法中找到对应点。

竞争法涉及的违反法律、行政法规而无效的合同主要包括,卡特尔协议、限制转售价格协议、应当申报的合并、滥用支配地位签订的合同和涉及商业贿赂的合同。在合同法中,违反法律、行政法规和违反社会公共利益作为两个有适用顺序的条件,后者往往作为前者的补

---

① 该条规定:通过证券交易所的证券交易,投资者持有或者通过协议、其他安排与他人共同持有一个上市公司已发行的股份达到30%时,继续进行收购的,应当依法向该上市公司所有股东发出收购上市公司全部或者部分股份的要约。

② 刘瑞复:《合同法通论》,群众出版社1999年版,第19页。

充。合同无效所涉及的“违反法律、行政法规”就包括竞争法中有关合同的限制性规定。而在竞争法中，上述合同违法的基础原因，是违反社会公共利益。基于上述交叉，可以看出，合同的“自治”需要接受竞争法的度量。

（三）竞争法与劳动法的关系

劳动者是企业竞争的重要生产要素，劳动力成本和劳动力素质是劳动法律关系和竞争法律关系共同涉及的内容。这确立了竞争法和劳动法关系的基础。

（1）劳动力成本的固化是企业公平竞争的前提。蒲鲁东曾说：“劳动和工资可能而且应该得到保障……如果不正确地认识其价值，工资的保障就不可能实现，而这种价值又只有借助于竞争才能发现。”[①]在劳动法产生之前及最低工资保障制度实施之前，劳动力的价格由雇主决定并可由其任意调整。资本主义发展史上，绝对剩余价值生产、相对剩余价值生产等生产方式，其手段的共同点，就是通过调整可变资本的价格提高产品的竞争力。当作为强行法的劳动法和社会保障法产生以后，企业主被剥夺了两种调节劳动力成本的权利：任意调低工资和任意解除劳动合同。最低工资保障制度的建立和劳动关系的稳定大致均衡和固化了企业劳动力的最低成本，使企业获得利润不得不从之前的内部挤压劳动力价值转向外部产品质量等方面的竞争，这为企业公平竞争创造了基本制度条件。20 世纪 20 年代，德国社会党和社会民主党经常呼吁用竞争法为有组织的劳动者争取公平的社会条件。在第二次世界大战后竞争法的重要扩展过程中，也时常可以听到这种对社会正义的关切，有时它们甚至发挥着重要作用。[②] 如果没有劳动工资和劳动关系的强制性调整，企业间就不可能存在公平竞争环境，制定竞争法也是令人难以置信的。

换一个角度讲，劳动关系从合同法中脱离出来，进行独立的强制性调整使企业关系的矛盾由内部转向外部，从而形成企业与企业的市场公平竞争关系。企业内部矛盾是资本主义社会的基本矛盾，工资决定于资本家和工人之间的敌对斗争，胜利必定属于资本家。资本家没有工人能比工人没有资本家活得更长久。[③] 在资本家与工人的矛盾、资本家之间的矛盾中，前者是两个阶级之间的矛盾，后者是阶级内矛盾。前者是主要矛盾，这一主要矛盾曾在双方之间的不断斗争中得到部分解决，但由于没有改变劳动力依附于资本的最终根源，矛盾不可能彻底解决。当内部矛盾以国家劳动立法解决后，企业的主要矛盾便转为企业争夺高于平均剩余价值的利润的矛盾，这种矛盾涉及企业的生存权，也涉及劳动者的福利。这样，外部矛盾便集中突现出来了。可以说，从劳动法和社会保障立法到竞争立法是资本矛盾由内到外爆发并转化解决矛盾方法的过程。

在资本主义发展的历史上，依靠压榨劳动力或掠夺中小企业及劳动者利益的方式发展生产导致了社会关系的失衡，这种失衡在劳动法和竞争法颁布后得以相对平衡。知识经济下，技术人才在生产中的地位越来越重要，围绕技术的开发和人才流动又产生了新矛盾，即商业秘密权和劳动就业权的矛盾。

对企业而言，商业秘密是重要的市场竞争工具；对于开发商业秘密的劳动者而言，商业秘密是其劳动力价值的表现和智力劳动的成果。在没有特别约定的情况下，企业对商业秘

---

① 〔法〕蒲鲁东：《贫困的哲学》（第 1 卷），余叔通、王雪华译，商务印书馆 1988 年版，第 192 页。

② 〔美〕格伯尔：《二十世纪欧洲的法律与竞争》，冯克利、魏志梅译，中国社会科学出版社 2004 年版，第 518 页。

③ 《马克思 1844 年经济学哲学手稿》，人民出版社 1985 年版，第 9 页。

密享有的占有权、使用权、收益权、处分权当无异议。当劳动者享有自由择业权，在劳动者实现自由择业权时，是否可以使用其掌握的商业秘密，尤其是技术性的商业秘密？如果不允许使用，必然会限制劳动者的就业权。这便产生了商业秘密权和就业权的冲突。

(2) 保守商业秘密的约定性。所谓约定性，即义务的非普遍性，这和基于职务或业务而产生的保守商业秘密的法定义务不同。基于职务产生的保守商业秘密义务，如我国《税收征收管理法》中规定的，征纳过程中税务机关对知悉纳税人的商业秘密负有保密义务。因业务产生的保守商业秘密义务，如我国《合同法》规定的商业秘密后契约义务。在职务或业务中产生的保守商业秘密关系中，具有利益的单向性，即知悉商业秘密的一方对商业秘密不享有任何合法利益。因此，相关主体负有的义务是法定义务，具有普遍性。涉及限制劳动权的保守商业秘密义务的关系结构远比职务义务或业务义务复杂。一是劳动者和企业关系的非平等性；二是利益关系的双向性。这种复杂的关系决定了衡平劳动者和企业的权义不能按照职务义务或业务义务的方式，只能另寻他途。劳动者和企业关系的非平等性，要求给予劳动权以优先性及给予劳动权以特别保护；利益关系的双向性使得协调方式具有准契约性。这奠定了解决劳动权和商业秘密权的矛盾的制度基础，即在自由择业权具有优先性的基础上，确立一种特殊的权义结构：法定权利加约定义务。即劳动权(体现自主择业权)的法定性、劳动者履行义务获偿权的法定性和义务期限的约定性。

(3) 竞业限制纠纷的关系交叉。竞业限制涉及劳动合同法和反不正当竞争法。首先从条文的载体上，其处在劳动合同法之中；从关系的内容上，源于“竞业”而形成的不正当竞争行为。由于两个竞争者都是单位，员工是个人。作为劳动者的个人是弱者，故竞业禁止问题放之于劳动合同法上，而不是反不正当竞争法上。但在三个人形成的三个法律关系上单位之间是竞争关系。个人和两个单位之间是劳动关系。由于是两种不同性质的法律关系，案件的性质也不同。在我国，按照《民事案件案由规定》(法发〔2008〕11 号)“侵犯商业秘密竞业限制纠纷”属于不正当竞争纠纷；按照《民事案件案由规定》(法〔2011〕42 号)，竞业限制纠纷则属于劳动合同纠纷。后者在程序上要仲裁前置。

第二编 | 反垄断法

反垄断法的调整对象——垄断状态和垄断行为的特殊性，使得反垄断法的抽象性与其他部门法相比，有过之而无不及。另外，如果站在现实的角度回望反垄断法的发展历程，就会发现，其不但没有如《法国民法典》或《德国民法典》般一劳永逸，甚或像《法国刑法典》或《法国商法典》般的"大局不变，小有改动"的程度也达不到。

法律规范的模糊性和变动性不仅增加了理解该法的难度，也直接影响着法律的准确适用。先立法国家（姑且将19世纪末期至20世纪前期完成反垄断立法的国家作此称谓，而将转型期立法的国家称为后立法国家）至少用了半个世纪的时间才理顺反垄断法从抽象的规范到具体运作的过程。这看似为我们提供了反垄断法有效运行的基本路径，但事实远非"经验—借鉴"表述起来这样简单。同样属于现代立法的俄罗斯反垄断法，大约用了10年的时间为反垄断法的有效运行做准备（2002年之前，俄罗斯反垄断执法机构和法院的判决非常之少，相关部门尽可能在短时间内深化理解该法的本质和谨慎地运用该法提供的工具），在反垄断法运行进入"正轨"时，也不止一次地出现错案或争议案。这一点和先立法国家走的路大致相同。在这个意义上，准确理解反垄断法和准确运用反垄断法就成了一枚硬币的两面。

在制度的理解中，需要跨越一个重大的障碍——准确界分反垄断法与有关部门法之间的微妙关系。这仅依据法条的有限文字恐难以做到，需要把握反垄断法的基本原理，包括相关概念的含义、规范的目标、制度的内在机理。在法律实施上，既需要借助另一个学科的工具——经济学相关原理或方法，也需要追踪市场发达国家立法和相关案例。

经济发展的变动性决定了反垄断法应该具有很强的回应性。应对经济环境中不断"更新"的反垄断行为，常规的手段是不断修改立法，完善相关内容，但修改立法的前提应该是出现可以形成相关立法内容的影响广泛的案件（或事件），并对案件进行了广泛而深入的讨论。同时，立足本国立法关注的社会实践。无论是原理的表述，还是典型案例的分析，都是为了正确理解本国法律和准确运用本国法律。反垄断法的国际性和本土性的矛盾始终存在，但坚持本土性是制度实施的根本。

总之，反垄断制度本身的特质要求我们认识和把握它要有发散性的思维和多元的视角。但同时，也不能脱离该法本身固有的内在逻辑。康德的逻辑学告诉我们：当我们感受到的事物的逻辑更多地要求"质"的彻底性时，我们只能诉诸叙述的方式来实现这一逻辑的彻底性。只有当我们感受到的事物更多地带有"量"的规定性时，我们才能以模型来刻画事物的逻辑。反垄断法的理解和运用就是探求用事物的"量"来说明规范的"质"的过程。

第五章

反垄断法的基本问题

反垄断法的基本问题是涉及反垄断法律制度的总括性方面,狭义上,指制度的时间效力、空间效力、对事效力、价值、原则、体系等。广义上,还包括法律的实施。这里取狭义的概念。限于"总论"中就有关问题已经做了探讨,故这里只涉及未曾探讨的制度趋同化、域外效力、适用除外等方面。

第一节 竞争与垄断及反垄断法

竞争被认为是一种理想的资源分配方式,是自由经济的核心。垄断相对于竞争而存在。反垄断法针对的不是所有的垄断,只有那些危害竞争且缺乏社会公共利益平衡的垄断才是为反垄断法所禁止的。

一、竞争与垄断的关系

垄断从词源上考察,来源于希腊语中的"Mono"(即单个)。《布莱克法律词典》[①]中,垄断包括两层含义:第一个含义是赋予某人或公司以特权或特别优势,使之获得从事某种特定商业或贸易、生产某种特定的物品或控制某种特定商品的全部供应的排他性权利;第二个含义是指一种市场结构,在该种市场结构形式中只有一家或几家企业控制着某项产品或服务的全部销售。第一个含义的垄断是依法产生的,例如知识产权的垄断权、公用事业的特许经营权等;第二个含义的垄断是由于市场力量增强形成的阻碍竞争的状态。

资本主义发展的历史证明,竞争是由封建垄断产生的,是对封建垄断的否定,现代垄断又是竞争发展的必然结果。现代垄断是竞争的对立面,但并不是对竞争的彻底否定。某种程度上,竞争的消极方面正是垄断发挥积极作用的领域。例如,竞争具有无序性和盲目性,而垄断组织内部的生产通常能够保持计划性和有序性,并能体现规模效益。因此,在某些经济领域一定程度的垄断会产生积极的效果,可以避免资源浪费,实现规模效益。正如马克思阐述垄断与竞争的关系时所说,"现代垄断并不是一个单纯的反题,相反地,它是一个真正的合题"[②]。因此,竞争和垄断的关系表现为以下方面。

首先,垄断来源于竞争。自由竞争意味着生产者和消费者在平等条件下享有自由。生

---

① Bryan A. Garner, *Blak's Law Dictionary*(Ninth Edition), West Publishing Co. 2009, p. 1098.

② 《马克思恩格斯选集》(第 1 卷),人民出版社 1995 年版,第 175 页。

产者可以自主确定生产对象、生产范围、生产规模以及销售领域等;消费者享有选择消费对象、消费方式、消费时间等权利。将两种权利联系起来的中介是产品之间的差别。由于生产者的自然条件及其选择的不同,生产出来的产品必然存在差别,正是产品的差别为消费者行使选择权提供了客观基础。产品的差别也成为促使生产者竞争的内在动因和吸引消费者行使选择权的直接动力。这样,产品的差别与竞争、垄断的关系就产生了:产品的差别越小竞争性越大,垄断性越小;产品的差别越大,竞争性就越小,垄断性越大。

为了在竞争中获得更优的效果,经营者会本能地追求垄断。使竞争转向垄断的可人为控制的手段有很多,如技术更新、组织改变、规模扩大等。马克思对资本主义所作的历史分析,证明了自由竞争会促进生产集中,而生产集中发展到一定阶段必然导致垄断。

自由资本主义时期的企业为工厂手工业形式,企业的实力大致相当。在19世纪末期由于信用制度的发达和企业组织制度的创新使得新成立的企业多采取在资金和抗击风险上优于传统工厂手工业的股份公司形式,这使兼并或控制中小企业成为可能。为逃避竞争,大企业本能地进行生产要素的组合运动,形成垄断组织或垄断联合体。垄断最初出现在那些建厂所需资本量大的行业①,后来逐渐扩大到其他主要经济领域。因此,从一定意义上讲,垄断是竞争的产物,是特定市场内经营者为减轻竞争力与其他经营者共谋或者滥用市场支配地位的各种行为的总和。

其次,垄断会限制竞争。经济垄断使经营者之间将生产要素的先天差别减弱,并转化为人为形成的后天差别。为了维持垄断地位,经营者及其联合体所从事的卡特尔、价格歧视、联合抵制等从根本上破坏了竞争所要求的机会平等,成为限制市场竞争的力量。

从发展过程上看,资本主义的垄断首先开始于工业,初期的工业资本依附于商业资本。②随着工业资本的增加和工业生产的集中,商业优势地位逐渐丧失。垄断组织意欲通过调节生产、价格等来获得垄断利润,必须要利用各种优势来加强对市场的控制。为快速控制市场,经营者可采取的办法有两种:一是"纵向一体化",即将原材料或销售企业兼并为己有;二是"横向一体化",即组建卡特尔或横向合并,利用产品生产或销售的垄断性剥夺交易人的选择权和价格自主权。垄断组织可以将自己扩展到上游或下游,规定交易商出售商品的价格或佣金,由此打破了传统商业资本和产业资本的固定依赖关系。

对于垄断限制竞争的客观现象,自垄断产生时起一直到现在,始终存在着是以克服其存在的缺陷来维持竞争还是迁就垄断本身包含着某种合理性的不同认识。

历史上,无政府主义者的代表蒲鲁东曾认为,垄断实质上只不过是人类对自己实施的强制,是自然赋予每个生产者的一种独断权,使他能够随心所欲地运用自己的能力,按照自己所喜爱的方向发展自己的思想,用自己的一切有效手段来实施自己所任意选择的专业活动,以及自主地使用自己所创造的工具和自己储蓄所得的资金来经营自己认为值得冒险的事业。而且这一切都附有明确的条件,就是他可以单独地享有自己发明的成果和经历风险所

① 例如,1888年合并了65家企业成立的英国盐业联合公司,控制了英国91%的食盐生产。1890年成立的碱业联合公司,是由49家企业合并而成的,它控制了英国全部漂白粉的生产。德国1893年成立的莱茵—威斯特伐利亚煤业辛迪加控制煤总产量的86.7%等。

② "英国商人住在农村,他们从庄园收购羊毛,然后出售给佛兰德商人;佛兰德商人则把羊毛分配给住在佛兰德农村的纺纱工和织布工,由他们在家里加工;最后佛兰德商人又转而在英国的国际商品交易会上出售佛兰德生产的布匹。"参见〔美〕伯尔曼:《法律与革命》,贺卫方等译,中国大百科出版社1993年版,第407页。

获得的利润。这种权利在本质上是自由的，如果否定它，人们的身心将遭到损害，他们的能力的运用将受到妨碍，而只靠个人的自由发展才能进步的社会也将失去自己的探险者，从而停止了前进。[①] 因此，按照他对垄断的认识，垄断是一种不能随意打破的堡垒。“人类像服从一道最高命令似的遵循着集资的原则永不后退；它就如一位通过蜿蜒陡峭的山道从深谷攀登顶峰的旅行家一样，勇敢不屈地沿着迂回曲折的道路，以坚定的步伐向自己的目标进发，既不犹豫后悔，也不中途而废。社会天才在达到名为垄断的拐角时，以忧郁的目光回头眺望，并在沉思中自言自语地说：垄断剥夺了穷苦佣工的一切，包括面包、衣着、家室、教育、自由和安全等。这些我一定要让垄断来偿还，为此我不妨保留它的特权。”[②]在蒲鲁东看来，对垄断的改进只能靠捐税来完成，即通过捐税来接济穷人。

垄断是社会经济发展过程中的一种阶段性现象，这种限制力量一旦形成，单纯依靠市场自发调节可能短期无法恢复平衡或恢复平衡的成本太大，而借助外部力量的强制调整可以克服市场力量自我调整的缺陷。当然，这个外部力量不是蒲鲁东式的调解垄断后果的“捐税”方法，而是直接控制垄断行为或状态的方法，即直接在法律上确定对某些行为或状态予以禁止或限制的方法。

二、反垄断法的趋同化

反垄断立法的历史过程，可以从时间上、内容上并以国别、地区或国际立法为基础分别进行叙述。限于这些史实的资料的易得性及篇幅的有限性，故略去此内容。在此，本书从发展趋势的角度关注一个正在形成的特点：反垄断法的趋同化。

在生物学领域内，科学家研究事物发生变异的原因时，往往不问生物往哪里变化，因为目的或目标的概念在生物学领域没有地位。但在社会或文化领域内，情形则不大一样。社会科学家，需要知道经济和政治制度为什么发生变化和将要怎样变化，需要知道对经济和政治发展进程发生作用的个人和集团的目的或目标是什么。[③]

抛开 20 世纪前后美国、德国具有开创性的反垄断立法，当我们将视线集中到 20 世纪中期，发现反垄断法虽然没有像历史上法国《民法典》从欧洲传递到亚洲（大陆法）、判例法从英国传递到美国（英美法）那样具有一脉相承的渊源特色，但反垄断法得以产生的经济基础条件、政治条件，即以工业化为基础的生产社会化和经济民主化、承认竞争的价值和排除限制经济自由的现实需要，在一些国家都相继得到满足。因此，反垄断法不但跨越了时间，也跨越了空间，搭建起受当代各国瞩目的、东西方法律文化互有通融的制度平台。在不否认各国法律传统和经济制度背景差异而导致的反垄断法的“路径依赖”特性的前提下，反垄断法制度在实施中呈现趋同化的发展方向，包括制度的相互借鉴和法律实施中的判例参考。

尽管没有形成世界范围内的大统一趋势，但是个别国家的跨地域影响，或地区反垄断法所呈现的某种一致性的格局已经越来越明显。具体而言，在制度或判例相互渗透的基础上，形成了三大中心性的制度格局：美国的反托拉斯法的广泛影响、欧盟竞争法的中心地位、转型国家反垄断法的趋同。

---

① 〔法〕蒲鲁东：《贫困的哲学》（第 1 卷），余叔通、王雪华译，商务印书馆 1998 年版，第 232—233 页。

② 同上书，第 269 页。

③ 〔美〕阿兰 · G. 格鲁奇：《比较经济制度》，徐节文等译，中国社会科学出版社 1995 年版，第 6—7 页。

(一)美国反托拉斯法的广泛影响

作为世界上最早的反垄断立法——美国《谢尔曼法》,理应为后面的立法国家树立"权威性样板"。但事实上,美国法在立法技术上对他国或地区的影响并没有那么广泛。以欧洲国家的竞争立法为例,欧洲的竞争文化不同于美国,德、法等国在经济转型中强调经济联合,英国长期坚持自由放任。对反竞争行为进行控制的法律意识产生在第二次世界大战以后。战后德国的反垄断法和以美国为首的盟军强制推行的非军事化、民主化政策有一定的关系,但德国颁布的第一个版本的反垄断法无论在时间上还是在内容上,基本上没有美国的因素。[①]德国有自己独立的反垄断的思想基础——秩序自由主义,这一思想也成为第二次世界大战以后大约十年内抵抗美国强迫其立法的有效力量。美国反垄断法在亚洲的影响也非常有限。就日本而言,禁止垄断法出台源于美国的外部强力。1947 年日本出台的《禁止垄断法》体现了以美国为代表的盟军的意志,但 1953 年(盟军撤走之前)之后,修改后的法律体现的是自己的思想。

其实,美国反托拉斯法不像欧盟法那样成为欧盟成员国竞争制度的协调中心,也不像转型国家法那样具有相同的经济背景和相对同质的行政垄断现象,美国法之所以成为竞争法体系中的三大支柱之一,主要是因为其充分运用了经济学作为分析工具,使得竞争政策建立在经济学的理性分析基础上。这为各国竞争执法机构所瞩目,并成为竞争司法过程的共同取向。所以,美国法的广泛影响发生在法的实施方式和方法上。具体表现在两个方面:案件处理中的相关经济学理论的支持和经济学方法的运用。

20 世纪 50 年代,公平观进入美国反托拉斯法领域并成为反托拉斯政策的主导观念。支撑其的经济思想是以贝恩提出的产业组织理论为基础。该理论明确了产业组织研究的目的和方法,提出了产业组织理论的三个基本范畴:市场结构、市场行为和市场绩效[②],从而建立了哈佛学派的 SCP 范式。20 世纪 70 年代以后,SCP 范式中的单向因果关系,因前提受到质疑而影响到三段论结论的真实性。在对哈佛学派的批评中,芝加哥学派理论逐渐建立起来。芝加哥学派的竞争理论坚信,从长期看,在没有人为的市场壁垒的情况下,市场竞争过程是有效的;它会在很大程度上带来能够保证消费者福利最大化的生产效率和资源配置效率。在大约二十年的时间里芝加哥学派的竞争思想主导了美国反托拉斯法的适用。20 世纪 90 年代以后,经济学家运用博弈论和信息经济学来分析企业行为和市场效率的关系,进一步细化了反托拉斯政策的目标(强调动态目标,而不是芝加哥学派的静态目标),使经济学分析更接近现实的经济过程,进而形成了挑战芝加哥学派的新产业组织理论。影响广泛的"微软案"正是借鉴了这一经济学理论。

除了竞争政策有明确的经济学理论支持外,垄断行为的认定也离不开经济学相关方法。关于市场集中度的垄断性判断最具技术性,需要经济学和统计学的支持。上文提及的有关市场集中度(CR4)的测量方法,HHI、SSNIP 等,被各国反垄断法所吸纳。

在案件分析中,美国执法(司法)机构经常采取的成本分析、福利分析、杠杆原理等也广

---

① 《德国反限制竞争法》第一个版本是在美国的催促下于 1947 年完成的,第二个版本是在盟军的主导下完成的。《德国反限制竞争法》先后有 13 个版本。1957 年正式出台的法律版本中已难觅美国反托拉斯法思想的踪影。

② Shepherd Willian G., Bain's Influence on Research into Industrial Organization, in Robert T. Masson And P. David Qualls(eds.), *Essays on Industrial Organization in Honor of Joe S. Bain*, Ballinger, 1976, p. 117.

泛被各国反垄断机构所关注和适用。可以说，有关国家（地区）执法中对美国判例的依赖，成了各国处理本国案件的自觉或不自觉的习惯。在理论研究上，学者对美国法及其适用的关注远远高于其他国家，这一事实更自不待言。

（二）欧盟竞争法的中心地位

欧盟竞争法是以欧盟法为基础建立起来的协调成员国竞争法的地区性法律体系。欧盟竞争法制度建立的基础是欧洲经济一体化。

欧盟竞争法的中心地位表现在两个方面：

（1）欧盟竞争法几乎成为全欧洲经济决策的主要因素。作为欧盟前身的欧洲煤钢共同体的目标是尽可能减少或排除欧洲国家间的冲突和战争，并以此目标将成员国在相关政策上连接在一起。如果说欧洲煤钢共同体的目标还是以政治因素为中心的话，欧共体的目标则主要转向经济方面：通过减少成员国之间的贸易壁垒来增进欧洲各国和欧洲整体的繁荣。欧盟建立以后，上述经济目标进一步强化和清晰化，即促进经济一体化内的自由竞争。在从欧洲煤钢共同体到欧共体再到欧盟的转化过程中，竞争法扮演的角色非常特殊、非常重要。它既作为实现经济目标的手段，也是各国进行广泛政治对话并进行意见协调的平台，在欧盟《宪法》生效之前也一直充当着统辖欧盟的经济“宪章”，生效之后其和欧盟《宪法》一起作为欧盟经济决策的关键因素。欧共体根据《罗马条约》建立了一个竞争法体系，而这一体系的发展反过来又促进着一体化的进程。欧盟的不断扩大和欧盟竞争法的作用密不可分。

竞争法的特有属性使其能够承担起实现欧盟的政治、经济目标的任务。和平时期，地区性主权国家的联盟都是以经济为中心，以一定的政治保障为后盾。欧盟竞争法在消除成员国地域限制、促进欧洲经济一体化、实现欧盟整体竞争力等方面显示了比欧盟其他法律更为明显的“协调”和“组织”能力。

欧洲煤钢共同体时期，共同体条约是阻止德国控制煤钢的主要力量。《欧洲煤钢共同体条约》第 60 条是禁止歧视的规定，第 65 条是禁止卡特尔的规定，第 66 条是控制企业合并的规定。在欧洲煤钢共同体扩大为欧洲经济共同体以后，统一市场的目标主导着建立竞争法体系的过程，它是“新欧洲”的唯一中心动力。[①] 欧洲单一市场初步实现以后，开始实施共同体产业政策目标，旨在改善共同体产业竞争力。尤其是 20 世纪 80 年代至 90 年代初，企业合并、购并、合资浪潮使产业集中度大大增加。无论是在所有者还是管理机构上，公司的“国家”色彩减少了，更加“欧洲化”了。这反过来又导致了“欧洲”法律的发展和金融、保险和其他服务业的欧洲化。[②] 欧盟其他法律的制定都参照了欧盟竞争法的目标，强调了具体制度与欧洲统一市场的协调性及为协调而消除或部分消除本国相关的法律障碍。

（2）欧洲主要国家在欧盟竞争法的感召下创建和型塑了自己的竞争法制度。随着欧盟的扩大和共同体目标的逐步实现，欧盟竞争法成了加入欧盟前必须面对并作出正面回答的“格式契约”和有关成员国协调本国竞争法的蓝本，包括制定竞争法但与欧盟竞争法不协调的成员国家和未制定竞争法而欲加入欧盟的国家。法国、德国、意大利、瑞典、芬兰等国竞争法的制定和其加入欧盟的政治意愿关系重大，这些国家对竞争法所作的一些修订主要是为

① 〔美〕戴维·J. 格伯尔：《二十世纪欧洲的法律与竞争》，冯克利、魏志梅译，中国社会科学出版社 2004 年版，第 433 页。

② 同上书，第 460 页。

适应欧盟竞争法。

德国竞争法在欧洲堪称前辈。其显著特征是用语规范、内容细致、机构稳定，有丰厚的理论基础，并和欧盟竞争法相互促进。早期的德国法对欧盟法有直接的影响。20 世纪 90 年代以后国内产生了要求修订《反限制竞争法》的呼声，以更紧凑地反映欧盟竞争法。第六次、第七次修改都是为了和欧盟竞争法相协调。

法国的竞争法和其长期坚持的经济计划主义思想不相匹配，长期以来竞争法律制度散漫地分布于相关规章中。受欧盟的影响，法国 1986 年颁布了一部全新的竞争法。欧盟法对其影响最大之处是《罗马条约》第 85、86 条的基本结构和范围。法国《竞争法》第 7 条规定：以阻碍、限制或扭曲市场上的竞争为目的，产生下列后果的，应予以禁止。包括：限制他人市场进入或自由从事竞争活动；阻挠市场价格形成；限制或控制生产、行销、投资或技术进步；限制分配市场或供给来源。这基本上同《罗马条约》第 85 条的内容相同。其第 8 条规定的是禁止"滥用"经济力，其内容与《罗马条约》第 86 条的规定有交叉部分，如都包含搭售、差别待遇、拒绝交易等。除了内容上与欧盟法协调外，法国法在控制机制上也有了重大的变化，改变了原来的行政管制价格的做法。正如一位评论家所言："1986 年的改革是自由主义思想的产物，并受欧洲模式的鼓舞。旨在消除对经济活动的行政管制，建立一个能够检测和调节市场运行的独立机构。"①

意大利的竞争法长期依附在意大利《民法典》中，且内容简陋，没有禁止垄断的具体规定。欧盟一体化的进程促使意大利在 1990 年颁布了新的竞争法。同法国相比，意大利较全面地遵循了《罗马条约》的规定。该法第 2、3 条完全移用了《罗马条约》第 85 条第 1 款和第 86 条的规定。另外，由于意大利法律起草的时间跨越了欧盟《合并控制条例》(1989 年 12 月 21 日)的起草至生效的全过程，起草者在合并控制条款上也吸收了共同体合并条例的基本结构。

在竞争法协调性上更为积极和激进的国家是瑞典。瑞典大踏步地走进欧盟竞争法的庭院，承诺接受欧盟竞争法的绝大多数条款。这些条款包括两部分：一是欧盟竞争法的实体部分。1993 年瑞典《竞争法》基本上把欧盟竞争法的实体部分纳入了本国法律，不但瑞典法律中关键性的两条与《罗马条约》第 85、86 条相同，而且这部新法律还包含着欧盟法中大多数的豁免，仅仅根据瑞典的市场规模作了些无关紧要的调整，此外，欧盟法院的解释对于解释瑞典的法律具有权威性。② 二是新成立的竞争局，它实际有着与欧洲委员会的竞争事务总司性质相同的权力和工作原则。

尚未加入欧元区的英国与其他欧盟主要国家相比，其竞争法是个例外。英国的自由主义观念根深蒂固，在企业管理和企业自律的选择上更倾向于后者。具有现代意义的英国竞争法虽然在 1948 年就制定了，但其发挥的调整作用远远逊色于德国，加之 20 世纪 80 年代以后的自由主义"昔日重来"，虽然在形式上制定了新竞争法(1980 年)，但实质上"应景"的意味十分明显。英国政府不愿意更多地将其主权出让给"大陆人"。尽管适应欧盟竞争法的

---

① Christian Bolze, Note on Judgement of January 28, 1988, Cour d'appel de Paris, 1989 Dalloz-Srey Jurisprudence [DSL] 505, 507.

② 〔美〕戴维·J. 格伯尔:《二十世纪欧洲的法律与竞争》,冯克利、魏志梅译,中国社会科学出版社 2004 年版,第 511 页。

需要也是新法出台的重要原因之一，甚至可以说其思想意识已经统一到欧盟竞争法的轨道上来了，但其内容仍保有鲜明的本土特色。

欧盟竞争法对上述国家之外的欧盟成员国的竞争法的影响无须一一列举，仅从地域面积和人口数量分析，已经有理由认为，上述国家竞争立法与欧盟竞争法协调机制使欧盟竞争法几近成为"全欧洲的"法律。

（三）转型国家反垄断法的趋同化

经济转型是转型国家竞争法产生的社会经济条件。经济转型既属于社会转型的一种，也是社会转型的基础。伯尔曼的《法律与革命》对中古以来西方的法律变革历史做了权威、全面的阐释，但遗憾的是其描述没能延续到具有法律革命性转折的19世纪末期。晚近以来，经济法律制度的诞生以及其所关注的经济转型的独特视角从一个侧面接续了法律变革的历史，而内构其中的反垄断法则是经济转型的主要推动力和法律变革的表征。反垄断法以其特有的职能反作用于转型经济并推动经济转型的方向。因此，认识经济转型不能抛开对反垄断法职能的研究。

经济转型如此重要，以至于成为20世纪最重大的经济事件之一。[①] 20世纪90年代，转型经济国家几乎同时开始竞争立法。转型经济国家竞争法虽然较为普遍地采取合并立法的模式，但其风格和志向并不相同：匈牙利因其竞争法经过两次修改实现了进入欧盟的目标[②]；俄罗斯反垄断法致力于私有化改革和消除行政垄断；中国的竞争法服务于构建和维护社会主义市场经济体制和秩序。尽管如此，转型国家竞争法的特色仍十分鲜明，就是对行政垄断的规制。

转型国家立法对行政垄断的规制和转型经济环境的变化有紧密的联系。转型国家的经济体制是"自上而下"产生的，长期实行计划经济，政府习惯于全面控制经济，排斥市场的作用。由计划经济向市场经济转轨的过程，离转轨完成后要实现的"政治国家和市民社会相互依存，良性互动"，"国家权力的有形之手对市场经济的干预不再是随心所欲"[③]的社会构架还有一段距离。此时，政府之手还十分强大：在法律的边缘或法律的空白处仍极尽所能发挥调整经济的作用。这是导致产生行政垄断的现实基础。另外，过渡经济具有制度混合性、市场结构的差别性和市场行为的不稳定性。需要转轨的国有企业不会一下子蜕变为一般市场主体，国有企业和政府部门之间的关系很难一下子复归到设计中的市场与政府的一般关系结构状态。加上转轨中出现的经济利益多元化趋势使得政府及其所属部门也试图在多元的利益结构中占据一席之地，尽可能多地获得经济利益。

在俄罗斯，行政垄断是除了滥用优势地位之外的数量上位居第二的垄断形式。[④] 在我国，行政垄断的法律规制刚刚开始，还存在着和立法法如何协调、规制方法的有效性、诉讼机制的保障等诸多需要探讨的问题。可以肯定的是，在一段时间内，转型国家中规制行政垄断仍将是反垄断制度运行中的一个重点问题。

---

① 它涉及世界上很重要的29个国家近16.5亿人口。此外，转型经济对经济学、法学、社会学提出了重大的挑战。见〔比利时〕热若尔·罗兰：《转型与经济学》，张帆译，北京大学出版社2002年版，载《比较》2004年第3期。

② 1984年颁布了带有旧体制色彩的《禁止不正当经济活动法》，1990年适应改革的需要颁布了《禁止不正当竞争法》，为适应欧盟竞争法，1996年通过《关于禁止不公平市场行为和限制竞争的法律》。

③ 孔祥俊：《中国现行反垄断法理解与适用》，人民法院出版社2001年版，第165页。

④ 〔俄〕图季耶夫：《竞争法》（俄文版），РДЛ出版社2003年版，第288页。

第二节　反垄断法的域外效力

反垄断法的效力在空间上涉及的范围包括本国和有特定关系的外国。适用于外国地域的人和事的,又称之为域外效力。比较而言,域内适用是包括反垄断法在内的所有法律应有的题中之义,域外适用才是反垄断法的特殊性。

域外效力,也称域外适用,是指国外企业发生在本国的经营行为或国外企业发生在国外的行为的结果对本国市场竞争有不利影响,导致本国反垄断法的适用效力。域外效力不是反垄断法制定之初就存在的一种制度,它的产生有特定的国际经济背景并与本国的经济状况相联系。

一、域外效力引发的问题

域外效力是一国主权权力的域外延伸,最初在相关国家没有对等贸易能力的情况下,也是贸易保护主义的变种。其运用中必然产生管辖权的冲突。

(一)域外效力问题的产生与发展

反垄断法的域外效力开始于1945年的美国"铝公司案"[①]。美国联邦第二巡回法院在该案的判决中称:"美国的反托拉斯法适用于外国人在外国之行为,若此行为意图且实际影响到了美国的商业。"1982年美国颁布了《对外贸易反托拉斯改进法》明确了反托拉斯法的域外效力问题,即当事人的行为对美国国内贸易,或者美国进口贸易,或美国出口企业的贸易机会有直接的、重大的和可以合理预见的效果。1995年美国司法部和联邦贸易委员会将域外适用的效果原则实体法化,颁布了《反托拉斯法国际适用指南》。该指南第3.1条规定,美国反托拉斯法的管辖权不限于发生在美国境内的行为和交易。对美国国内或涉外商业产生影响的反竞争行为都可能违反美国反托拉斯法,不论该行为发生地在哪里,也不论该行为当事人的国籍。具体而言,它包括源于美国的商业和非源于美国的商业。对于后者要求对美国商业产生"直接、重大、合理可预见的影响"。例如,外国企业间的卡特尔或外国垄断者通过非直接销售、使用非关联中间商等进入美国市场,或外国纵向限制或知识产权许可安排对美国商业具有反竞争性影响等。由此美国确立了相对明确反托拉斯法的域外效力制度。反托拉斯法的域外适用除了不考虑当事人的国籍外,也无需考虑行为人的主观状态。由美国反托拉斯法建立的域外适用制度的核心标准——"行为有对美国商业产生直接、重大、合理可预见的影响"——引申出域外适用上的"效果原则"。

在20世纪中后期的一段时间里,美国之外的国家很少主张所谓的域外效力,他们坚持的主要是传统法律适用上的属地原则。但在美国反托拉斯法域外适用的范围不断扩大的背景下,出现了扩张解释属地原则来回应美国的技术性做法。于是,在理论上和法律实施上出现了效果原则和属地原则的截然对立。

日本反垄断法律接受域外效力是从对地域原则作扩大解释开始的,"客观属地主义""行

---

① *United States v. Aluminum Co. of America* et al. 148F 2d 416(1945).在该案中,一家加拿大制铝公司建立世界性的铝产品卡特尔,企图分割市场和实行铝产品份额出卖,被美国指控违反了《谢尔曼法》。

为归属理论”“实质的效果理论”等[①]使行为属地原则和效果原则之间的界限越来越难以区分，并在1998年修改法律时将适用范围扩大。[②] 欧盟虽非主权国家，但碍于美、日等非欧盟国家的跨国公司对欧盟市场的影响，欧盟法院不排斥域外适用。在“国际染料卡特尔案件”的判决中，欧盟法院提出了“行为归属理论”，即当位于欧盟领域外的企业，以在域内设立子公司的方式从事活动，并通过该子公司实施影响共同体市场的限制竞争行为时，该子公司的行为可以归属于其在域外的母公司所为。尽管欧盟法没有明确规定域外适用，但在欧盟竞争法域外适用这一问题上，无论是欧盟委员会还是欧盟法院均基本上采用了“效果原则”或近似于“效果原则”的原则。[③]

从20世纪末期开始，随着跨国公司(尤其是母子公司)影响的增大及美国在效果原则适用上的“神出鬼没”，一些国家逐渐改变其中规中矩的地域原则，接受或倾向于接受本国反垄断法的域外适用。新制定反垄断法的国家也会在自己法律中宣称本法具有域外效力。一是从实际效果上，对涉及本国商业的限制竞争行为进行控制；二是即便因贸易地位等原因无法对涉及本国商业的个别域外限制竞争行为实施有效的实际控制，也能体现回应他国同类制度的主权宣誓立场。这种情况下，域外效力在反垄断法中的位置将越来越正统，其制度化的趋势也会在国际经济交往中进一步强化。

我国《反垄断法》第2条对我国反垄断法的域外效力作了规定：“中华人民共和国境外的垄断行为，对境内市场竞争产生排除、限制影响的，适用本法。”从这个规定来看，我国反垄断法域外适用采取的也是效果原则。效果原则比属地原则和行为归属原则的包容性更强。因为属地原则在管辖权的来源上需要扩张解释——一国的反垄断法适用于发生在本国领域内的垄断行为，本国不仅包括行为发生地，还包括结果发生地。行为归属原则在适用时，需要在国内外公司之间确定关联关系及对国内的不利影响，从而实现对该国外公司行使域外管辖权。效果原则强调了两方面的关联：当事人在境外的行为和该行为对国内市场竞争产生了不利效果。这就抛开了扩张解释和关系推定等繁琐的程序。

（二）域外效力引发的问题

严格说来，域外效力违反国家主权原则，是一国治外法权的问题，必然引起管辖权冲突。国际常设法院1927年在“荷花号案”中指出：“一个国家……不得以任何方式在另一个国家的领土上行使它的权力。”管辖权“不能由一个国家在它的领土外行使，除非依据来自国际习惯或一项公约的允许性规则”。[④] 美国所谓的“不利影响”或“效果”在评估上具有单向性和拟制性。这种“先发制人”手段难免有霸权主义的嫌疑。

如同政治上的单边主义一样，这种法律上的单边主义越来越受到他国的抵制。在迄今仍没有良好的替代机制的情况下，根据对等原则，其他国家对域外管辖权也采取针锋相对的措施，其方法之一就是规定本国法律具有域外效力。包括一些国家的外交反对，和另一些国家依法设定“阻却条款”来阻止其适用。[⑤] 一度对美国反垄断法的“效果原则”持坚决抵制态度的国家，如日本、加拿大、澳大利亚、英国，在修订本国反垄断法时相继增加了域外适用的

---

① 王为农：《企业集中规制的基本法理》，法律出版社2001年版，第249页。

② 删除原法律第15条合并规制对象——国内公司。

③ 王为农：《企业集中规制的基本法理》，法律出版社2001年版，第254页。

④ 参见黄惠康、黄进编著：《国际公法、国际私法成案选》，武汉大学出版社1987年版，第182页。

⑤ 如英国1964年《海运合同与商业文件法》，禁止向外国反托拉斯管理机构或外国法院提供文件或资料。

规定。

当代资本主义进入到以资金和技术为核心的国际垄断资本主义时代,垄断资本高度全球化。它们需要世界经济和市场的高度开放和自由,也需要与其利益相关的政府保障其在开放和自由的世界经济中获得垄断利润。为更有效的规制国际垄断行为,尤其是跨国公司谋求垄断地位的行为,维护本国公平竞争秩序,各国力图增强反垄断执法,其中也包括寻求本国法管辖权的扩大化。由此引发的问题便是管辖权的争夺。例如,一个美国公司和一个日本公司在亚洲市场上实施了某种原材料产品的价格卡特尔,欧盟可否对此进行管辖?如果这种原材料销往欧洲,在存在依赖性的情况下,会增加使用这种原材料的欧洲生产商生产产品的成本。应该说,这种情况可以启动欧盟竞争法。如果这种原材料只是卖给欧洲的分销商,且还存在和该种原材料的替代产品的经销商,此种情况下,启动欧盟竞争法则有些牵强。但一些国家或地区在解释效果原则的时候,往往做扩大解释,将直接效果和间接效果都列入其中。这进一步强化了反垄断案件管辖权的冲突。

二、域外效力冲突的表现

域外效力的适用场合包括卡特尔、滥用支配地位和经营者集中,也适用于反垄断私人诉讼。每种行为上引发的管辖权的冲突内容有所不同。

1. 卡特尔管辖中的冲突

卡特尔是各国均施以严厉处罚的最主要的垄断行为类型。在立法上,很多国家对此采取了多重处罚(刑事、行政责任)措施,目的是减少卡特尔案件的出现。在管辖上,有关国家也会积极地利用自己的域外效力原则而力争适用本国法律。

(1)不同责任类型产生的冲突。对卡特尔苛责的差异在于是否承担刑事责任。一种是以美国、日本为代表,在立法上规定卡特尔行为需承担刑事责任;另一种是以欧盟及其大部分成员国为代表,卡特尔行为只承担民事责任和行政责任。由此可能产生的一个矛盾是适用不同国家的法律最终处罚的内容可能不同。例如,欧盟成员国公司从事的卡特尔在欧盟法上个人不承担法律责任,但按照美国的法律则要承担刑事责任。由此美国所要求的引渡因罪行不相称而不被引渡。另一个矛盾是,如上述行为发生在日本,且对美国市场有实质性不利影响,可能产生双重追诉问题。

(2)宽免政策实施中产生的冲突。宽免政策是解决卡特尔案件的普遍性制度,但各国宽免的内容和给予宽免的条件却不一样。由此也会产生管辖权方面的冲突。公司在德国申请宽免后,没有在美国申请宽免,因为身份的暴露在美国将会面临重大的风险。实质上,不可能达成向一个国家申请宽免,在其他管辖权国家就自动生效的合作协议。在国与国之间存在证据交换合作的前提下,向一个国家申请宽免,再请求向另一个国家宽免时,其难度就增大了,因为难以提供反垄断机构不掌握的信息。

2. 滥用市场支配地位行为管辖中的冲突

这种冲突主要来自于法律认定标准的分歧。包括法律规定的基础标准,如市场支配地位的份额标准不同、抗辩理由的分析框架不同等。这会导致在一个管辖区域内可能被认为具有市场支配地位,而在另一个管辖区域内则属于合法行为。或者都具有市场支配地位的情况下,正当理由抗辩在不同市场的不适应性。微软案件在美国和欧盟的不同对待便是例证。

3. 经营者集中管辖中的冲突

由于法律标准不同，可能出现两个不同的管辖区对同一个经营者集中作出完全不同的结论。例如"通用电气并购霍尼韦尔案"[①]，在美国已经批准，但遭到欧盟委员会的禁止。

经营者集中的管辖冲突来自于申报标准的不同、当事人的报告负担不同、对内国人和外国人采取的方法不同等。

4. 私人诉讼中的管辖冲突

不仅在行政执法中存在管辖权冲突，司法程序中同样会存在管辖权冲突。当然，这方面的问题主要与美国的反垄断私人诉讼制度有关。一方面美国的反垄断私人诉讼最发达；另一方面美国的法律适用范围很广。具体而言，美国的如下制度会激发当事人积极主张适用美国法：(1) 败诉的被告要承担三倍的赔偿金；(2) 原告仅需证明被告行为与损害结果之间存在松散的因果关系即可；(3) 案件大都通过集团诉讼形式提起，原告的诉讼成本较小；(4) 四年的损害赔偿法定追偿期；(5) 可以利用政府的执法结论作为表面证据。

法律域外效力因涉及国家主权，实则属于政府间冲突。在不能得到他国在信息和证据方面协助的情况下，只能走向法律霸权主义。在域外适用被不断强化的同时也反映了一种不言自明的期待，即创建一种机制代替此种"单方法律行为"。其中，一种缓解矛盾的主要方法就是国际礼让。美国经历了半个世纪的域外适用的"法律实验"后，最终在 1995 年发布的《反托拉斯法国际适用指南》中明确了国际礼让的指导思想（虽然在 1976 年的"*Timberlane Lumber* 案"[②]中就提出过该思想）。

三、域外效力冲突的解决

解决反垄断法域外效力的冲突问题，主要是不同国家、国际组织之间开展竞争法方面的合作。目前，开展竞争法国际合作较早、较成熟的是欧盟与美国之间的竞争法合作。我国正在进行积极的探索。现以欧美之间的竞争法合作实践为例说明合作的方式与机制。

（一）交换信息

交换信息包括通报情况和信息交流。竞争执法机构之间就特定案件情况的相互通报信息和交流执法信息，是竞争法国际合作最简单又常见的一种方式。

1. 通报情况

根据欧盟与美国《关于双方竞争法实施问题的协定》，当一方的执法活动可能影响另一方的重要利益时，应向另一方进行通报。主要包括：(1) 一方的执法活动牵涉另一方的执法活动；(2) 一方的执法活动针对在另一方领土上进行的限制竞争行为；(3) 一方审查的企业合并交易中有一个以上的交易当事人或控制交易当事人的企业是根据另一方法律设立；(4) 一方的执法活动涉及被另一方所要求、鼓励、赞成的行为；(5) 一方所采取的执法措施将涉及对在另一方领土上进行的行为的强制要求或禁止。[③]

欧盟与美国在运用通报程序进行竞争法合作方面也取得了很大的成功，自 1991 年双边

---

① 参见 http://europa.ev/rapid/potss-re/ease_Ip-01-139_en.htm，访问日期：2015-12-10。

② Timberlane Lumber Co. v. Bank of America, N. T. and S. A. 549 F. 2d 597(1978).

③ "Approaches to Promote Cooperation and Communication among WTO Members, including in the Field of Technical Cooperation", wt/wgtcp/129, in www.wto.org.

合作协定签署以后,双方通报的案件愈来愈多,并且就同一案件可以连续通报。例如,在合并案件中,可以一开始就通报,在决定启动诉讼时再行通报,然后在作出最后决定之前再次通报,而且通报时间充分提前,以便能够考虑到另一方的意见。

2. 信息交流

交流的信息主要涉及非机密信息。在美国与欧盟现有的合作机制中,双方就非机密信息可在下列情况下进行交流:(1) 双方官员每年至少会晤两次,以便就各自竞争执法的状况与重点、双方有共同利益的经济部门、可能的政策变化以及其他涉及竞争执法的事项进行交流;(2) 每一方应向另一方提供已经为其所注意到的有关限制竞争行为的重要信息,这些信息将牵涉或者引发另一方竞争主管机关的执法活动;(3) 根据另一方的要求,每一方应该向另一方提供其所掌握的、关系另一方正在考虑或开展的执法活动的信息。

对于机密信息,每一方都没有义务通告那些为本国所禁止泄漏的信息,以及将损害己方重大利益的信息;而且,每一方对于另一方提供的机密信息有保密义务,并且尽可能不向未经授权的第三方公开该类信息。目前只有极少数国家之间签订的合作协定对交换机密信息作了规定,如丹麦、冰岛和挪威签订的一项三方协定规定了交换机密信息的可能性。

(二) 协调执法活动

如果欧盟和美国主管机关就同一项交易提出诉讼,就要协调执法活动,这种协调可以包括就以下方面交流资料和进行讨论:各自程序的时间选择;有关市场的划分;交易产生的反竞争作用;可以设想的补救措施和如何避免这些措施之间的冲突;对方的法律和可公开了解的情况。

双边协作为增强各国反垄断执法机构的合作,对减少反垄断管辖的冲突,起到了一定作用。但由于它是建立在双方自愿的基础上,协议的适用范围有限,谈判成本大,且仅仅涉及程序性的协商机制,没有具体的执行机构来解决适用时的具体冲突,因此反垄断的双边协议在处理涉及面广、深层次的国际反垄断问题上的作用是有限的,不可能覆盖所有的有贸易关系的国家。另外,虽然能否建立双边合作关系名义上取决于谈判各方自愿,但基于经济发展的不平衡和公共利益的关注点不一样,不是任意两个贸易国家都可以成功地确定合作关系。从上述协定签订国的类型看,双边合作协定大多是在经济发展程度相当的国家之间签订的。

(三) 国际礼让

由于在法律、经济理论、对各市场的影响或各管辖区掌握的证据方面存在差别,国际合作并不总是可以避免意见冲突或达成共同接受的解决办法,这时国际礼让原则可以发挥一定作用。

国际礼让原则可以分为"消极礼让原则"(negative comity)和"积极礼让原则"(positive comity)两方面。

消极礼让原则是指每一方在反垄断执法的任何阶段都应该保证考虑另一方的重要利益。在"波音和麦道公司合并案"中,双方即运用了消极礼让原则。1998 年 6 月 26 日欧盟就此案要求美国政府考虑欧盟的重要利益,例如维持民用客机市场的竞争性。与此同时,美国政府要求欧盟注意美方在国防方面的利益。考虑到美国政府就重要的国防利益表示的关注并考虑到不宜强制出售股权,欧盟将其行动的范围限于这两家公司的民航业务,批准了合并,但附加一些条件,不过其中不包括强制出售股权。

积极礼让原则，是指如果一国的反垄断主管机关请求另一国反垄断主管机关就其境内损害前者重要利益的限制性商业惯例提起诉讼或扩大诉讼范围，则后一主管机关应对此请求加以认真考虑。第一项订有积极礼让条款的双边竞争协定是1991年美国与欧洲共同体委员会协定。该协定后来又有1998年协定作为补充（不适用于经营者集中），其中提出了"增强的积极礼让"（Enhanced Positive Comity），即设定受影响方的反垄断主管机关在己方消费者未受直接损害时，或在反竞争活动主要发生在另一方境内时，推迟或暂停己方的执法行动（美国只有反托拉斯执法机构受此协定约束，法院不受此协定约束）。各方保证投入适足的资源并尽最大努力调查请求的事项，并按请求或在合理的时间内向对方的反垄断主管机关通报案件处理情况。

至今为止，积极礼让程序仅被正式动用过一次。美国司法部要求欧盟调查有关指控：四家欧洲航空公司设立了一个计算机订票系统，向这几家航空公司提供优于向设在美国的计算机订票系统提供的待遇，以此阻止后者在欧洲市场上竞争。最后，有关航空公司与美国计算机订票系统达成协议：它向美国计算机订票系统以及其他计算机订票系统提供与向欧洲计算机订票系统提供等同的条件。之后案件撤销。

第三节　反垄断法的适用除外

理论界基本上都承认，反垄断法上的豁免不同于适用除外。但同时也出现了一种认识倾向：在越来越多的场合两个概念被混用。事实上这两个概念并非可以任意互换，从两个概念的角度分别把握其制度对于了解反垄断法的调整方法及认识两种行为的性质仍具有理论意义和实践意义。

一、适用除外与豁免

尽管各个国家反垄断法的具体内容不同，但反垄断法适用除外制度却是各国反垄断法所共有的一项制度。

什么是适用除外，学者所作的表述不完全一致。有的重视概念的形式，认为反垄断法上的豁免制度是指对于在形式上符合反垄断法禁止规定的行为，因其符合免除责任的规定而从反垄断法规定的适用中排除出去。[①] 有的注重内容，认为反垄断法适用除外制度是以反垄断法对于特定行业、特定企业或其特定行为触犯反垄断法基本原则、基本制度的宽容为基本内容。[②] 有的注重程序和条件，认为所谓适用除外是指反垄断法本应予以限制和禁止，但根据法律认可或依据法定程序认可而合法进行的行为。

概念应该揭示事物的特有属性，反垄断法适用除外制度揭示的特有属性应该是一种依法享有的特殊权利，行为仅是权利派生出来的表象。因此，笔者认为，反垄断法适用除外应理解为：反垄断法中明确规定允许具有垄断性的特定行业或特定企业的经营行为不受反垄断法调整的情形。与之相近的概念是豁免。通常，豁免指垄断行为免于处罚。

适用除外与豁免是两个不同的概念。

---

① 孔祥俊：《反垄断法原理》，中国法制出版社2001年版，第658页。

② 曹士兵：《反垄断法研究》，法律出版社1996年版，第76页。

在调整对象上,“适用除外”就是在适用范围之外,不属于反垄断法管辖的范围;“豁免”则意味着适用反垄断法,属于反垄断法管辖的范围。那么,不属于反垄断法管辖的范围为何还在反垄断法中规定呢?原因是其本身属于垄断事务,反垄断法的调整方法主要是否定式的(禁止或限制),对于应当维持其垄断地位的这部分,不适用否定式的调整方法。所以准确地讲,“适用除外”是指否定性调整方法的初始不适用。这样,反垄断法本身划定了两个区域,一个是允许垄断的区域;另一个是禁止垄断的区域。广义上,“适用除外”的部分也适用反垄断法,因为是由法律划定了其合法的身份。另外,“适用除外”主要指垄断状态的适用除外,仅有少数垄断行为属适用除外;“豁免”主要针对的是垄断行为的豁免。

在调整方法上,“适用除外”采取的是肯定的调整方法;“豁免”采取的是否定的方法。也可以说,适用除外是从“正面”而来,豁免是从“反面”而来。由于适用除外和豁免制度的存在,垄断的法律性质的类型变得更加复杂多变:合法(适用除外)、违法但不予处罚(豁免)、违法并应当处罚。

在管制手段上,划定“适用除外”的范围是基于那些相对明显的垄断经营优于竞争性资源配置的行业和组织,而“豁免”的情况则是对一些仍具有两面性但积极的一面较强的行为进行加重认识。从这一意义上讲,“适用除外”是基础,“豁免”是对“适用除外”的扩展。基于这些情况,两者的管制手段也不同,“适用除外”的事项会有明确的法律规定;“豁免”的情况则需要以相关的数据、事实等进行合理分析(效率证明)。“豁免”中的合理分析,可以事先授权、事中认可和事后救济进行。事先认定的方法主要有登记或备案;事中的方法主要是行政权力介入适时认定;事后的方法主要是诉讼。

适用除外是对垄断行为的社会认可,也是对反垄断法基本制度的修正。修正的理由是维护经济安全和社会整体效率的需要。以自然垄断行业为例,自然垄断企业具有巨大的资本优势或技术优势,能够承担一般规模较小的企业无法承担的任务。这些优势使其有能力按照较低的价格出卖产品或提供服务,这意味着垄断将导致福利的增加而不是损失。福利的增加就是社会整体效益的提高。这种社会整体效益的提高可以理解为抛却了一般企业的经营性风险而产生的效率增进,或者说,自然垄断比自由竞争更好地满足帕累托效率——垄断者的处境没有变坏而消费者处境比以前更好。

当然,不同国家的经济基础和国民经济发展的制约因素有所不同,或同一国家不同时期因影响经济安全的因素不同会影响法律调整的适用除外范围的大小。同样一个行业在一国属于适用除外的,在另一国不一定如此。在划定的范围上,适用除外具有一般性和特殊性。下文所言的适用除外的范围指一般适用除外。

二、反垄断法适用除外的范围

从各国反垄断立法适用除外的规定看,主要涉及的是行业(垄断状态)的适用除外,只有少部分特定行为属于适用除外,归纳如下:

1. 自然垄断行业的垄断状态

竞争给市场带来好处的同时,也导致了公共产品投资的社会性匮乏。于是,人们渐渐地认识到,竞争并不是万能的。从行业和产业特性和社会的总体经济效益出发,市场经济中的某些领域不实行竞争,而由垄断经营会更合理。自然垄断行业的特殊管制就此产生。

自然垄断行业的特点要求垄断状态纳入反垄断法的适用除外。

(1) 从行业特点上看,自然垄断行业的投资大,回收投资的时间长。自然垄断行业向社会提供的产品或者服务都是通过固定的管道或者线路进行的。因铺设管道或者线路的成本很高,从经济的合理性角度出发,从供应场所到用户的管道或者线路应当只有一条。如果要在这些部门引进竞争机制,势必就会重复铺设管道或线路,增加投资。如果自然垄断行业允许充分竞争,可能会提高该行业产品的社会平均成本,从社会整体经济效益衡量,必然造成资源的浪费,不利于社会福利最大化。

(2) 从行业的生产和消费的关系上看,自然垄断行业的生产和销售需同时进行且不宜中断。"以销定产"是这些行业区别于竞争性产品产业的最大特点。不存在消费需求,不宜进行生产,否则就会造成社会财富的浪费。其市场需求在一定时间里相对稳定,一般不存在明显的产品销售"淡季"或"旺季",也就是产品需求增长的空间相对平稳,在现有生产设备的连续运行能够保障需求的情况下,若再重复建设同类行业必然使整个行业承受开工不足的困扰,造成投入财产大量沉积,抑制整个行业的经营效率。因此,如果现有特定企业提供的产品能够满足社会需求,就应该阻止其他企业进入,保护现有特定企业的垄断经营。

(3) 从经营特点上看,自然垄断行业需要保持长期稳定的经营业绩。自然垄断行业面向全社会,服务于各行各业和千家万户,并要求提供稳定的首尾相接的服务。它们的经营状况如何,能否提供安全和价格合理的产品或服务,直接关系到人民生活的稳定和国民经济的发展。该行业需要保持长期稳定的经营。

许多国家的反垄断法都对自然垄断行业网开一面,将其放置于反垄断法适用范围之外。只是由于各国市场本身以及本国社会政治的原因,豁免的自然垄断行业的范围有所不同。

在理解自然垄断行业反垄断法适用除外时,应该注意两个问题。一是自然垄断适用除外是个历史性问题。传统上,美国规定了对各种公用事业和电讯、航空、铁路、广播电视、州际输油管道等自然垄断行业给予适用除外。日本《禁止垄断法》第六章第 21 条(自然垄断所固有的行为)也明确规定,本法规定不适用于铁路事业、电力事业、煤气事业及其他性质上为当然垄断事业的经营人所实施的其事业所固有的生产、销售或者供应的行为。由于这些国家在经济发展中存在产业政策的优先适用时期,所以在反垄断法上存在上述规定。但是,随着竞争政策的普及,上述行业逐渐纳入反垄断法适用范围。二是在我国,自然垄断行业不属于反垄断法的适用除外。在普遍适用的前提下,存在如何适用的问题。对于自然垄断行业的经营者,其行为均适用,这属于实质性适用;对于自然垄断行业的经营者集中,尤其是自然垄断行业中国有企业间的经营者集中,形式上仍然适用反垄断法的规定,达到条件的需要申报、审查等。但实际上,发挥作用的主要仍是产业政策,不是竞争政策。国务院将"南车"和"北车"合并为"中车",同样要走经营者集中的审查程序,但很难想象,审查会不通过。所以,对于国有企业间的集中,带有明显的形式审查的色彩。

2. 知识产权的垄断状态

知识产权是一种无形财产权,也是一种合法的垄断权。知识产权之所以被专门法律直接确认为垄断权利,是由知识产权的非物质性决定的。智力成果不像有形财产那样便于实际占有。智力成果的完成人要推广应用其成果就必须公开其成果的内容,而一旦公开了又容易被他人擅自使用。因此,就必须用专门的法律给予智力成果完成人以特别的保护,独占性或垄断性是知识产权共有的特性。

以专利法为例,1624 年英国颁布了世界上公认的第一部正式而完整的专利法——《垄断法》。该法明确规定了发明是发明者的一种财产，发明者可以在一定时间内享有使用该发明的垄断权。现代国家禁止私人垄断，但专利法却积极地允许垄断，从而在反垄断法上开了一个大洞。① 专利制度是科技进步和商品经济发达的产物，它是依照专利法规定，通过授予发明创造专利权来保护专利权人的独占使用权，并以此换取专利权人将发明创造的内容公之于众，以促进发明创造的推广应用，推动科技进步和经济发展的一种法律制度。

除了对垄断状态反垄断法予以尊重外，一些知识产权行使的行为，也属于适用除外。例如，知识产权排他许可或独占许可。形式上看，排他许可类似限定交易，独占许可类似独家交易，但这些行为属于知识产权法中的权利人的权利范畴，而不是反垄断法中的权利(权力)滥用。当然，如果许可的知识产权属于核心设施的话，则排他许可或独占许可可能涉嫌违反反垄断法。

3. 农业和农业合作团体的某些行为

农业受自然条件的影响大，依赖自然条件会导致农业生产不稳定。另外，农业对工业的基础性作用和对国民经济的稳定发展的基础地位要求立法者考虑农业的特殊性。

一些国家从卡特尔角度规定农业团体的例外。德国《反限制竞争法》第 28 条第 1 款规定，本法第 1 条不适用于农业生产者企业，也不适用于农业生产者企业的联合组织以及这些联合组织联盟作出的有关以下内容的协议或决议：农产品的生产、销售；储藏、加工或处理农产品的共同设施的协议，但以不包含价格约束并不排除竞争为限。

也有的从国家援助和补贴的角度对农业给予特殊待遇。欧共体将农业列为国家援助的范围，1985 年“*Caisse nationale de credit agricole* 案”，欧共体法院将国有银行对农业的援助视为国家援助，这除了“国有银行”这个因素外，还因为这项援助得到了邻国的批准，被列入国家对农业一揽子援助的内容。②

还有的从法与法的关系的角度排除与农业有关的事业团体适用反垄断法。日本 1996 年颁布的《关于〈禁止私人垄断及确保公正交易法〉的适用除外等的法律》规定了 35 种豁免的团体，涉及农业的有农业合作社，农业灾害合作组织、烟草耕种组织等。

三、适用除外的发展趋势

20 世纪 70 年代末期，西方传统上属于反垄断法适用除外的自然垄断行业和特许垄断行业，走出了垄断的范围，开始引入竞争机制，它使得反垄断法适用除外的范围缩小。英、美、日等国的适用除外的变动最明显。

1981 年英国政府颁布了一部《电信法》，该法使英国电信公司从邮政局中分离出来，成为一个独立的法人，并取消了英国电信公司原来在通信网络操作、日光网络服务、供应大部分通信设备等方面的法定垄断地位。更具实质意义的是，英国政府授予莫克瑞电信公司经营全国性通信网络的特许权，树立了英国电信公司的第一家竞争企业，从此开始了“双寡头”竞争。1984 年为了对英国电信公司进行股份制改造，又颁布了新的《电信法》。该法的目标确定为：(1) 促进在英国的消费者、购买者和其他使用者的利益；(2) 促进高效率的竞争；(3) 促进效率与经济性；(4) 促进研究与开发；(5) 促进海外电信企业在英国开展通信业务；

---

① 〔日〕吉藤幸朔：《专利法概论》，宋永林、魏启学译，专利文献出版社 1990 年版，第 12 页。

② 王晓晔：《欧共体竞争法》，中国法制出版社 2001 年版，第 343 页。

(6) 促进提供国内通信服务;(7) 通过提供通信服务和设备,促进英国企业的国际竞争力。

英国的电信改革产生了良好的效果,1992 年电信管制办公室的年度报告称,国内电话一次性通话失败率从 1987 年的 4.3%下降到 1992 年的 0.3%;在两个工作日内通信故障的排除率由 74%上升到 98%。[①]

在英国,除了电信外,煤气、自来水、电力等都是在 20 世纪 80 年代开始社会化改革,并因此制定了相应的立法[②],此不赘述。

美国由于其电信市场不存在国家垄断,因而选择了通过创造公平竞争环境的方式来培育新的竞争主体。通过肢解电信巨头——美国电报电话公司(AT&T)的办法,促使了长途通信领域的竞争。1983 年以前,AT&T 控制了 95%以上的各类长途电话业务。1984 年开始,被分割为 7 个地区性的电话公司并各自独立运行。在萨缪尔森看来,大公司被肢解并不一定是坏事,正是对美国电话电报公司的分割,才促进了美国电信技术的发展和电信市场的繁荣。[③]

经过深入调查,美国联邦通讯委员会(FCC)又将通信与计算机混合业务分为混合通信业务和混合处理业务,将混合处理业务划入信息处理领域作为非管制业务,而对混合通信类业务采取市场管制,规定进入该市场的经营者必须得到管制部门的许可。FCC 又将通信市场分为基本业务市场和高级业务市场(也称增值业务市场),采取不同的管制政策。开放高级业务市场,并采取鼓励竞争的"不对称管制",对具有市场支配力的 AT&T 和由 AT&T 分出的本地贝尔公司采取了有条件的市场进入管制,从而保护了竞争者的迅速成长。1996 年 2 月美国推出新的《电信法》,正式确认了放松管制的电信改革成果。其主要内容包括:在本地电信市场引入竞争;允许本地电信公司进入本地以外的市场;撤销对有线电视行业的资费管制,引入竞争;放松对广播公司的市场管制等。

日本 20 世纪 70 年代末期开始探索国有企业改革,着手改革是在 80 年代中期,主要针对三家非公司制国有企业,即日本电信电话会社、日本烟草专卖会社、日本国有铁路会社进行民营化。1985 年日本颁布了新的电信三法,即《电信法》《电信电话株式会社法》(简称《NTT 法》)以及《电信电话株式会社法、日本电信法相关的实施整备等法律》(也称"整备法")。日本电信电话会社通过民营化改制成为 NTT 株式会社。对于放开电信市场,政府有意识地维持一个少数经营者经营的电信市场结构(主要是在长途、国际、卫星通信领域),使日本电信市场的竞争保持一个相对稳定的格局。在市场进入管制上采取分类管制政策,避免无效率的市场进入。1985 年废除了烟草专卖制度,又出售了政府改制后的日本烟草产业株式会社1/2 的股权。1987 年,日本国有铁路正式实行民营化和股份化,把全国国有铁路分割为 6 个区段,并分别设立 6 家民营客运铁路公司和一家货运公司。在美国的影响下,日本于 1997 年修改了《NTT 法》和《电信法》,进一步开放市场,并对 NTT 再次进行改组,目的是使日本能够跟上全球电信市场的步伐,推动 NTT 进入国际电信市场。

转型国家中,俄罗斯反垄断法适用除外的范围也在短期内明显缩小。1992 年实施的反垄断法只规范生产流通及劳动力市场的垄断行为,没有涉及保险、金融和社会保障等领域。

---

① 王俊豪:《政府管制经济学导论》,商务印书馆 2001 年版,第 210 页。

② 1986 年制定《煤气法》;1989 年制定《自来水法》《电力法》。2001 年废止电力联合体制,实行新电力交易制。

③ 〔美〕萨缪尔森:《大公司被肢解,焉知非福》,载《光明日报》2000 年 6 月 14 日。

1995 年颁布实施了《国家保护中小企业免受垄断和不正当竞争的法律》和《反自然垄断法》。《反自然垄断法》的政策目标是在垄断化了的部门中鼓励和发展竞争,刺激在这些部门建立新企业,鼓励其他部门的企业生产垄断性产品,放宽外资进入垄断市场的限制等。另外,1999 年颁布的《保护在金融市场竞争的法律》对涉及保险、金融和社会保障等领域的垄断行为进行规范,确定了这些特许垄断行业不完全适用反垄断豁免。2001 年颁布的《关于在对外经贸活动中保护消费者利益的法律》,规定了外经贸领域的合理竞争,竞争范围进一步扩大。

国有企业从垄断行业中部分退出,是由一系列经济、技术因素造成的。其基本原因是:

第一,产业结构的变化使国有企业的地位和作用发生了变化。战后西方发达国家的国有企业的形成和发展都是建立在必要的经济技术基础上的。在一个相当长的时间内,世界上许多国家都将重要的原材料、能源等基础工业实行国有化。这和战后经济恢复的特定任务密不可分。但是,随着科技进步,产业重点发生了变化,一些传统产业失去了昔日的作用,变成了夕阳产业。新型能源的开发,使能源结构发生了迅速的变化;新材料的出现,使传统的钢铁工业的重要地位降低;现代交通工具的增加,使传统的交通结构发生根本变革。原有的国有企业的单品种、大批量生产为主的生产体制不适应现代经济发展的需要。

第二,减轻政府财政负担沉重的需要。由于国有企业体制僵化、规模庞大、机构臃肿、经济激励不足,导致效率普遍低下,但国有企业不存在破产的压力和改善经营、扭亏为盈的动力。在低效率运转中,所依靠的主要是国家的财政补贴。而随着国有企业亏损额的进一步扩大,财政的压力越来越大。

第三,解决经营效益长期低下的问题。东西方国有企业普遍存在效益和效率低下的问题。国有企业效率低下的原因大致是:(1) 缺乏明确的利润目标,而这一目标正是私营企业全力追求的。利润最大化意味着成本最小化。如果没有这一目标,对企业的刺激就会大大减弱。(2) 国有企业生产经营的目标往往不止一个,这些目标有时相互冲突。政府出于政治原因,要求企业付出经济代价、经营利润来承担一定的社会责任。(3) 对国有企业管理人员的激励与企业的经济效益相互分离,即管理人员的收入和企业的利润没有直接关系,这使管理者没有动力去提高经济效率。

第四,提升国家竞争力要求企业转变经营理念。全球化经济背景下,一国在国际市场上的地位取决于国家竞争力,国家竞争力来自于企业的综合竞争力。对于垄断行业或特许经营企业而言,不再单纯强调其安全保障职能,而是在强调安全保障职能的基础上,增加了资产增值保值的能力和市场竞争力的要求。其中,后两者是相辅相成的。

在上述趋势的引导下,我国传统的垄断行业亦需顺势而行。纵观我国电信、能源等行业所遭受的诟病,主要问题在于理念的偏狭,即以垄断状态为支撑的优势地位企业因能获得稳定的利润而没有将市场和消费者放之于应有的位置。在产业结构相对合理、技术能力越来越高的前提下,对社会的自我组织能力和法律的治理能力给予更多的信任,或许是传统垄断行业实现来自竞争的繁荣的必然选择。

第六章

垄断协议

20 世纪以来，曾被奉为“神圣”的契约自由原则受到了社会利益的挑战。在侵害社会利益的现象日益增多的情况下，法律不得不承认这样一个事实——不是所有的契约都能受到法律保护，契约有“好”“坏”之分。反垄断法禁止的垄断协议就是“坏”的协议。

第一节　垄断协议概述

垄断协议作为垄断行为的一种主要形式，在概念上，有其特殊的内涵和外延；在学理上，分为不同的类型。

一、协议与合同(契约)

对于协议限制竞争行为，有关国家或地区的反垄断法上的称谓不尽一致。德国《反限制竞争法》将其称为“限制竞争协议”；日本《禁止垄断法》称之为“不正当交易限制”；我国台湾地区的“公平交易法”称之为“联合行为”；韩国《规制垄断与公平交易法》使用的是“不正当协同行为”。我国《反垄断法》则称其为“垄断协议”。

（一）垄断协议的概念

一般认为，垄断协议是两个或两个以上的企业以协议方式实施的控制价格、地域、数量等具有限制竞争的共同意思表示。

大多数国家都直接以法律规范表达垄断协议的基本内容，而不是用概念的形式表述。也有一些国家的反垄断法只定义垄断协议的上位概念而不定义本概念。① 这和我国《反垄断法》形成了鲜明的对比。

我国《反垄断法》第 13 条第 2 款解释了垄断协议：“本法所称垄断协议，是指排除、限制竞争的协议、决定或者其他协同行为。”从结构上分析，这个定义似乎是将垄断协议这个概念切割成了“垄断”和“协议”两部分各自进行解释——垄断，即排除、限制竞争；协议，即协议、决定或其他协同行为，然后拼凑在一起而形成。这种“组合”定义法不仅不符合形式逻辑的要求，反而会产生一些形式逻辑问题。

---

① 俄罗斯《竞争保护法》第 4 条界定了“垄断行为”，日本《禁止垄断法》第 2 条界定了“不正当交易限制”。

1. 定义缺少“邻近的属概念”

形式逻辑上,“属加种差”方法是基本的定义方法①,用这种方法给概念下定义时,要首先找出被定义项的“邻近的属概念”,然后找出被定义项与其他同级种概念之间的差别——“种差”,最后再把“邻近的属概念”与“种差”加在一起组成定义。现有的垄断协议定义中,“排除、限制竞争的协议、决定或者其他协同行为”是“种差”,而“邻近的属概念”付诸阙如(实际上第3条已经指出了垄断协议的属概念——垄断行为)。由此,我国《反垄断法》对垄断协议的界定采取的不是常规概念定义方法,而是解释性说明的方法,即外延式说明的方法。

2. “协同行为”之前加“其他”导致“协同行为”上升为属概念(母项)进而出现概念逻辑混乱的问题

通常,“定义性说明”以展开外延的形式完成。我国《反垄断法》对“垄断协议”概念列举了三种外延形式:“协议”“决定”“其他协同行为”。但是,由于协同行为是属于与协议、决定同位的种概念(子项),“协同行为”附加了“其他”之后,便产生了母概念划分标准不统一的问题。从立法技术上讲,对于不能完全列举的项目或较为次要的项目,可以用“其他”一言以蔽之,只是要遵守的规则是,“其他”所附加的概念一定要回归到母概念才能使列举内容整体上周延。总结归纳目前各国反垄断法的实施结果,补充“协议”和“决定”的其他垄断行为,只有“协同行为”。在“协同行为”前加上“其他”后,“协同行为”则变成了属概念,这便违反了概念划分应当遵循的“每次划分必须按同一标准进行”的规则。

换个角度说,我们试按照上述方法对概念进行定义:交通工具,是指能够携带人员或物质进行物理位移的水上交通工具、空中交通工具和其他陆地交通工具。这里,如果列举的子项穷尽了母项,“其他”应该去掉;如果不能穷尽,则应该回归统一的母项再用“其他”来兜底,形如“其他交通工具”的模式。按照这两种不同的方法,上述“交通工具”定义应该变为:交通工具,是指……水上交通工具、空中交通工具和陆地交通工具(穷尽的情况下,假设不存在上述三种列举之外的交通工具);或者交通工具,是指……水上交通工具、空中交通工具和其他交通工具(未穷尽的情况下)。

比较各主要国家的反垄断法,对垄断协议(或类似垄断协议的概念)的表述大致有三种方法:第一种是不使用属概念,直接列举种概念,即穷尽垄断协议包含的全部类型。例如,德国《反限制竞争法》(2005年修改)第1条规定:“企业间的协议、企业协会的决议或一致行为,其以阻止、限制或扭曲竞争为目的或产生此效果的,应禁止。”法国《商法典》第四篇“关于价格和竞争自由”(1987年)第L420-1条规定:“共同行为、协议、明示或默许的协议或合并都是被禁止的,如果他们的目的或效果在于限制或扭曲市场竞争……”英国《竞争法》(1998年)第2条第1项规定:“……适用于下列企业间的协议、企业联合组织的决定或者协同行为……”第二种是不使用属概念,且不完全列举种概念,使用“其他”进行兜底。如韩国《规制垄断与公平交易法》第19条规定:“经营者不得以合同、协议、决定以及其他任何方法,与其他经营者共同实施或使得其他经营者以同样的方法实施不正当的限制竞争的……”由于只有一个属概念——“任何方法”,内容表达在整体上是周延的。第三种是使用一般概念,以类推适用的方法确立两个范畴,无种、属概念之分。例如,瑞典《竞争法》(1998年)第3条规定:

① 此外还有发生定义的方法、关系定义的方法。参见中国人民大学哲学院逻辑学教研室编:《逻辑学》,中国人民大学出版社2008年版,第27—29页。

"本法中与协议有关的条款也适用于企业协会的决定和企业间协调一致的行为。""协议"和"决定"及"协调一致的行为"不是种属关系，形同于我国《消费者权益保护法》第 2 条和第 54 条确定"消费者"所使用的方法，将消费者类推扩大适用到不属于消费者的(特定情况下的)农民。[①] 这在逻辑上也没有问题。

从上述适用第一种和第三种方法的法律规定上看，协同行为是和协议、决定并列的行为，并在总体上构成了垄断协议的三种表现形式。一些国家立法对"协同行为"在概念并列时的位序上作了微调——如爱沙尼亚《竞争法》(2001 年)第 4 条规定：禁止企业联合实施的限制竞争协议、协同行为和决定——进一步表明了"协同行为"是并列于协议和决定的一种独立垄断协议类型。至于韩国法律中的"其他任何方法"包括哪些具有本国特色的协议(或行为)类型，不得而知，但其中主要包括"协同行为"应无异议。可见，我国法上述垄断协议概念中，由"其他"加"协同行为"导致了母项争位、子项混乱。

对于这种"定义性说明"，我们无法精确揣摩立法者是要表达协同行为是一种区别于"协议""决定"的另一种垄断协议的类型，还是除了"协议""决定"之外还有其他类型？如果表达的仅仅是第一个意思，那么"其他"两个字应该去掉；如果表达的是第二个意思，则上述法律条文应该改为：本法所称垄断协议，是指以协议、决定或者其他形式排除、限制竞争的垄断行为。其实，"协同行为"这个概念的外延很大，信息交换、价格领导等限制竞争的行为都在其中。从大多数国家的司法实践看，被规制的垄断协议的类型就是协议、决定、协同行为这三种形式，依循惯例，这里去掉"其他"应该不会发生任何脱法性的遗漏。

3. 概念外延的列举未穷尽所有事项

外延式解释需遵循的基本规则是外延的列举要全同——定义项的外延和被定义项的外延应是全同的。其理由是，概念的外延是客观事物的类的直接反映，概念的外延也是思想的确定范围，思想的确定范围在认识所能的情况下应和客观事物的类相一致。上述规则要求定义项的外延既不能大于被定义项的外延，也不能小于被定义项的外延，二者必须相等。大了要犯"定义过宽"的逻辑错误，小了要犯"定义过窄"的逻辑错误。[②]

垄断协议包括横向垄断协议、纵向垄断协议，横向垄断协议和纵向垄断协议的外延不同。横向垄断协议的外延包括协议、决定和协同行为；纵向垄断协议以当事人的交易为基础，其外延具有协议和合同的双重属性。我国法上的垄断协议概念缺少纵向垄断协议的外延形式，"协议"不能概括纵向垄断协议的外延。换言之，合同不包含在"协议"中。匈牙利《禁止不正当竞争法》第 14 条第 1 款规定了协调性行为或协议(统称为协议)，在第 3 款又规定："禁止在合同中规定导致限制或者排除经济竞争的转售价格。"显然，这里强调的纵向垄断协议的外延形式(或实施方法)是合同。我国台湾地区"公平交易法"第 7 条规定："本法所称联合行为，谓事业以契约、协议或其他方式之合意……"这里将契约和协议并列使用[③]，韩国《规制垄断与公平交易法》第 19 条也将合同与协议并列使用。另外，相关词典解释"贸易

---

① 我国《消费者权益保护法》第 2 条规定，消费者为生活消费需要购买、使用商品或者接受服务，其权益受本法保护。第 62 条规定，农民购买、使用直接用于农业生产的生产资料，参照本法执行。

② 包愚勤、于维同主编：《形式逻辑》，东北大学出版社 1995 年版，第 38 页。

③ 笔者认为，合同和契约无区别，在这一前提下，下文只比较合同和协议的差别，而不再提及契约及其与合同的关系。

限制”(restraint of trade)时,也将合同和协议分开处理。① 这些都表明,协议不能涵盖合同。那么,协议和合同的关系是什么呢?

(二) 协议与合同(契约)的关系

承上言,有必要甄别合同与协议的区别,以示法律中使用协议的特殊意义。

相关国家反垄断法对这类垄断行为的描述几乎都使用“协议”的做法似乎告诉我们,“协议”的使用是“别有用心”的,协议与合同不能轻易地等量替换。反垄断法上使用“协议”而放弃使用“合同”,主要是基于协议在以下方面与合同存在差异:

(1) 合同的核心因素是“对价”加“合意”,而协议仅仅要求“合意”。传统合同中,“对价”是作为合意的基础存在的,或者说是从约因的角度来发挥作用的。一个合同必须存在约因且要求约因具有充分性,否则将不会建立一个有效的合同。美国《合同法第二次重述》第 79 条对约因作出了如下要求:一个有效的约因,必须要再考虑如下三点:第一,约因是否为允诺人带来收益、权利和利益,约因是否对受允诺人产生损失、不利益或损害。第二,交换价值的相当性。第三,义务的相互性。约因和约因充分性的判断,本身都以经济交换为基础。也就是说,古典合同理论以及新古典合同理论均是以允诺模型以及作为允诺模型的经济交换为基础的,这是古典合同理论最重要的特征。②

卡特尔的成员达成协议不是为了从对方获取对价,相互间也没有对价。如果非要从对价上来分析,对价发生在卡特尔协议订立之后,发生在作为整体的卡特尔成员与其交易人之间。由此也可以说,卡特尔协议是为了获取另一个有对价的交易(成员与其客户之间发生的交易)而签订的。

(2) 在“合意”这一共同条件下,两者在意思表示的方向性和涉他性上存在差异。单纯从合意的角度并不容易看出协议与合同之间的差别,因为都需要合意。在意思表示的方向上,协议的意思表示是同向的,合同的意思表示是相向的。垄断协议和公司设立中的发起人协议具有同类属性。美国《合同法重述》(第 2 次)也由此将契约和协议分开定义,即第 1 条(合同的定义)规定:“合同是一个或一系列允诺,违反允诺法律赋予救济,或以某种方式承认其履行法律义务。”第 3 条(协议的定义)规定:“协议是由两个或两个以上人的一致意思表示。包括允诺与允诺之间的交换,允诺与义务履行的交换,义务履行之间交换而达成的协议。”另外,在内容上,一般,合同的后果仅发生在合同当事人身上,但协议的后果涉及第三人,如发起人协议涉及债权人的利益,垄断协议涉及协议产品购买者的利益。

(3) 合同主体的利益是对立性和一次性的,而协议关系的基础则是协调性和共同利益的长期性。古典契约的缔约人是原子式的人,缔约主体在利益上是对立关系,交易在对立利益关系能够协调的前提下才产生。当然,现代营销中使用的长期合作合同似乎体现了和谐的利益关系。但实际上,交易人之间的利益对立关系没有发生根本变化,只是改变了古典契约“一事一议”的特点。换言之,在合同关系中,交易主体都是利益对立关系,而在协议关系中,协议表达的是缔约主体的合作关系,合作的基础是长期共同利益。

(4) 协议对传统合同概念的另一项“突破”在于:无权利、义务的联合行为也构成垄断协

---

① 贸易限制被解释为:合同、联合或协议的结果,妨害了自由竞争。参见〔美〕杰里·M.罗森堡:《工商与管理词典》,罗元峥等译,经济科学出版社 1989 年版,第 389 页。

② 孙良国:《关系契约理论》,科学出版社 2008 年版,第 70 页。

议。一些卡特尔行为很难找到合意的证据，但各独立主体的行为之间存在规律性的外在有机联系，如个别企业提高价格后，另一些企业实施价格跟随，并使相关市场处于无竞争状态或显现抑制竞争的危险。在有证据证实相关企业存在沟通（如会面）的情况下，可以推定这些企业的行为属于卡特尔。我国台湾地区“公平交易法”第7条规定，“契约、协议以外之意思联络，不问有无法律拘束力，事实上可导致共同行为者”，即属于联合行为。

(5) 签订合同的目的是为了取得“司法”效应，即确立合同缔约双方的权利和义务，而订立卡特尔协议则是为了规避“司法”效应。一般来说，垄断协议要么违法要么合法，不存在部分无效的情形。但合同签订和履行中存在部分无效、部分有效的特殊情形。

二、垄断协议的特征

根据其定义和有关垄断协议的规范，垄断协议的特征可概括如下：

1. 实施主体是两个或两个以上的独立经营者

垄断协议的主体必须是独立的经营者，包括一切从事商品经营或者营利性服务的法人、其他经济组织和个人。非独立经营者，如法人的分支机构和职能部门，由于没有独立的财产，也不能独立承担民事责任，自然不能成为垄断协议的主体。所谓“独立”，不仅仅指上述财产和责任，更重要的是指事实上决策能力的独立。那些在民事法律上虽然属于独立的法律主体，但是事实上不具有独立决策能力的主体，不属于独立经营者。例如，母公司与子公司之间就商品价格、销售地域等经“协商”确定的协议或决定，不属于反垄断法上的垄断协议。美国联邦最高法院在1984年的“*Copperweld Corp. v. Independence Tube Corp.*案”中明确地表达了这一点：母公司与其100%子公司之间不可能发生《谢尔曼法》第1条所称的共谋，母公司与子公司之间的协议是单方面行为。[①] 当然，不仅仅是母公司与其100%子公司才不属于垄断协议，只要属于母公司与子公司的关系，其间的协议、决定等都不是垄断协议。再如，企业集团与其成员企业之间的关系并不是独立的，在核心企业的集中领导下，所有成员组成一个单一经济实体参与商业活动。此时，某个成员企业在对外活动中产生的债务，不应被看作只是该企业的债务，而应被看作是整个经济实体的债务。由此形成了康采恩。[②] 康采恩应被视为一个主体，而不是独立成员企业的关系（包括责任关系）。虽然我国现行法律没有关于康采恩的规定，但在我国“华为公司诉IDC公司标准必要专利使用费纠纷上诉案”中，确认了这一思想。[③]

此外，实施垄断协议行为的主体必须是两个或两个以上的独立行为人，且行为人共同采取措施，而不是单个的经营者自己的行为。这一点区别于单独主体滥用市场支配地位行为。

---

① *Copperweld Corp. v. Independence Tube Corp.* 467 U. S. 752(1984). 转引自戴奎生：《竞争法研究》，中国大百科全书出版社1993年版，第52页。

② 根据德国《股份公司法》第18条第(1)款，对“企业集团”和康采恩的关系应作如下处理：如果一个支配企业和一个或几个从属企业共同处于支配企业的统一领导下，就形成一个康采恩（德语 Konzern，意为企业联合体）。各单个企业皆为康采恩企业。

③ 交互数字通信有限公司与交互数字技术公司、交互数字专利控股公司、IPR许可公司均是InterDigital，Inc（交互数字公司）的全资子公司，且互为关联公司，对外统称为“InterDigital Group”（交互数字集团）。其次，交互数字通信有限公司与交互数字技术公司、交互数字专利控股公司、IPR许可公司在专利登记、许可等事宜上分工合作，由交互数字技术公司、交互数字专利控股公司、IPR许可公司以知识产权所有权人名义登记持有在中国的专利及专利申请，交互数字通信有限公司负责对外统一进行专利许可谈判事宜。具体可参见(2013)粤高法民三终字第305号。

换言之,任何单个的经营者所实施的市场行为均不可能构成垄断协议行为。这是由垄断协议的协议属性所决定的。从数量上讲,垄断协议参与者虽然要求是两个以上,但由于市场集中度不同,往往只有两个主体签订并实施垄断协议的情况并不常见(双寡头垄断市场的情况下可以);而签订合同,当事人为两个的情况最为常见。

2. 行为的结果是限制竞争

对于竞争者之间签订的垄断协议,如限制价格、产品数量、分割市场这类协议实际是协议各方之间的不竞争协议。联合抵制是部分竞争者联合起来对抗个别未参加协议的竞争者。联合起来的竞争者之间不但不展开竞争,还胁迫未参与联合体的竞争者就范。“不管卡特尔有许许多多种形式、任务和目标,也不管在实施中有无数微差,卡特尔的实施掩盖不了所有的市场协议,特别是价格方面的协议,其最终目的还是要限制竞争。”[①]对于经营者和交易相对人签订的纵向垄断协议,虽然各方并不具有直接的竞争关系,但是通过垄断协议,限制了交易相对人的价格自主权,影响了不同品牌产品之间的竞争,也直接限制不同交易相对人之间的竞争。所以,垄断协议会损害竞争机制,使市场配置资源的基本功能难以发挥作用。

3. 存在四种渊源形式

这里,有必要分开讨论垄断协议的形式和实质。在我国《反垄断法》第 13 条中,垄断协议之“协议”是实质,定义项中的“协议、决定、协同行为”是形式。但是,这只是横向垄断协议的表现形式,而纵向垄断协议的表现形式是合同。所以,垄断协议的表现形式应该为合同(契约)、协议、决定和协同行为[②],如同我国台湾“公平交易法”第 7 条那样将契约和协议并列。其中契约、协议和决定不一定以书面形式呈现,可以是双方或多方的口头承诺。其实,垄断协议的诸多表现形式,并不是同时展现出来的,它们具有一定的接续关系,并反映了特殊的变异过程。早期垄断协议大都采取书面形式,以便于协议各方明确各自的职责并相互监督使协议顺利执行。后来,由于反垄断法的出现及反垄断执法的加强,为规避法律制裁,口头协议的使用越来越多。尽管无法考据协议和决定哪个最先出现,但可以肯定的是它们都早于协同行为。协同行为是在反垄断严厉执法的背景下,执意从事垄断的大型企业采取的去书面化、去口头化的一种方式。由于很难找到用于案件查处的直接证据。也可以说,它是一种隐身的垄断协议。

三、垄断协议的分类

根据不同的标准,垄断协议可以分成不同的类型。

(一) 横向垄断协议和纵向垄断协议

横向垄断协议与纵向垄断协议的划分是基于协议的签订者是否处于同一经济环节所进行的划分,属于同一经济环节的,是横向垄断协议;不属于同一经济环节的,是纵向垄断协议。这也是反垄断法立法上及理论研究中最常用的分类。[③]

---

① 〔德〕路德维希·艾哈德:《来自竞争的繁荣》,祝世康、穆家骥译,商务印书馆 1983 年版,第 116—117 页。

② 我国《反垄断法》第 13 条界定的垄断协议会造成认识上的模糊。垄断协议是大概念,协议、决定、协同行为是小概念。特殊情况下的合同可以转化为垄断协议。

③ 爱沙尼亚《竞争法》(2001 年)第 6 条直接使用了横向协议和纵向协议概念;俄罗斯《竞争保护法》(2011 年修改)第 4 条使用了“垂直协议”,并作了定义。可见,这种类型的划分不仅仅用于理论研究。

横向垄断协议，又称水平垄断协议或卡特尔，是指在生产或销售中，处于同一经济环节的、具有相互竞争关系的经营者之间签订的共同控制价格、产量、技术、产品、设备、交易对象、交易地区等内容的协议，或虽没有协议但采取协同一致的行为。根据协议限制内容的不同，可以分为限制价格协议、限制产量协议、技术标准协议、限定或划分市场协议、共同购买协议、联合抵制协议等。

纵向垄断协议，又称为垂直垄断协议，是指处于不同的经济环节、相互不具有直接竞争关系的经营者之间为了限制竞争而订立的协议。根据是否以价格为中心，纵向限制竞争协议又分为纵向价格限制协议和纵向非价格限制协议。

横向垄断协议与纵向垄断协议不仅仅反映向性关系的不同，它们之间的主要区别还在于：(1) 签订协议的主体不同。前者是处于同一经济环节的竞争者之间的协议，后者是处于不同经济环节层次的上下游企业之间的协议。(2) 对竞争所产生的影响不同。一般来说，横向垄断协议对市场的影响比较严重，尤其是价格协议、限产协议和地域限制协议，其可能产生某一行业的不竞争状况，即市场失灵的情况；而纵向垄断协议对竞争的影响一般限于某品牌的下游主体，直至形成对该品牌的消费者利益的侵害，但该品牌外在的竞争仍然存在。换言之，横向垄断协议涉及的往往是某个产业(多个替代品)的整体控制，而纵向垄断协议涉及的往往只是某个产品的上下游控制。(3) 法律对它们的规制态度不同。横向垄断协议多适用本身违法原则；而纵向垄断协议一般采用合理原则，要考察行为的目的和行为的后果，只有行为的目的是反竞争的，并且对竞争产生恶劣的影响时，纵向垄断协议才被反垄断法规制。

(二) 协议型垄断协议、决定型垄断协议和协同行为型垄断协议

根据我国《反垄断法》第 13 条的规定，垄断协议可以分为协议型垄断协议、决定型垄断协议和协同行为型垄断协议。由于每种行为外露的证据形态不同，对其规制的难易程度也不同。

最初的卡特尔如同其他商品交易契约一样以正式的“公开契约”的方式形成，由此建立的卡特尔被称为正式卡特尔。“公开契约”既是卡特尔成员的公开允诺、行动指南，也是集体惩罚违法者的标准。当然，它也是反垄断执法机关可以轻易得到并施以制裁的把柄。

决定是一个指代性表述，其载体形式多种多样，如行业协会制定的章程、规则、决定、通知、标准、决议、纪要、备忘录等。同时，决定也不要求成员企业全部协商一致。

协同行为是一种特殊的垄断协议形式。比较美国、欧盟、德国等国家或地区反垄断的历史，早期的垄断协议大都以书面形式的协议或决定表达，由于这类行为被严厉打击，垄断者才开始转入地下采取以“协同行为”方式表达他们的意思。美国联邦最高法院在 1948 年的“*US v. Paramount Pictures* 案”中，以判决的形式明确指出，企业之间无须具备一个明显的协议，意图从事联合一致的行为，只要实施这种行为就够了。法院考察的重点是企业做了什么，而不是看它们说了什么。[①] 欧洲共同体在 1957 年签订《罗马条约》时，没有任何一个成员国的国内法中有与“协同行为”(concerted action)相对应的术语。引进该术语无疑是受美国反托拉斯法的影响。[②] 德国 1973 年修订法律时增加了第 25 条第 1 款：“企业或企业联合组

① 参见吕明瑜：《竞争法制度研究》，郑州大学出版社 2004 年版，第 57 页。

② 孔祥俊：《反垄断法原理》，中国法制出版社 2001 年版，第 372 页。

织协调一致的行为,若依本法不得作为有约束力的合同内容,得予以禁止。"只有后立法国家,如俄罗斯、我国等在立法之时径直规定了三种渊源形式。从这个意义上讲,协同行为是因为法律调整协议、决定型卡特尔的范围有限而产生的,是对传统卡特尔类型的扩展。

(三)被禁止的垄断协议与可豁免的垄断协议

这是根据法律对垄断协议所持的不同态度所作的分类。反垄断法并非把所有的垄断协议都视为违法行为而一律禁止,一般会采取列举加例外的模式表达对垄断协议的态度。被禁止的垄断协议包括横向垄断协议中的限制价格、限制数量、限制地域等。但有些垄断协议并不损害竞争,或者对竞争的危害较小。对于此类协议,反垄断法会予以特殊处理——豁免。例如,同一类型产品的生产厂商之间订立的关于产品标准的协议,这种协议在产品的规格、型号、对潜在的竞争对手进入市场的障碍等方面有着一定的限制竞争的消极影响,但另一方面又可以推动有关企业加入这个标准,让参加的企业在产品的质量、服务、价格等方面展开竞争,也会提升产品质量和提高消费者福利。各国反垄断法中都有垄断协议豁免的规定,有的法律甚至还列举了哪些垄断协议可以被豁免。即便没有明确列举,也会规定一个概括性标准确定符合哪些条件的垄断协议可以被豁免。

除了上述分类外,还可以根据内容不同进行分类。例如,可以分为限制价格协议、限制数量协议、限制地域协议等;或者从协议是由经营者自主协商签订还是行业协会主导下签订的角度进行划分;等等。

四、垄断协议产生的条件和维持方法

横向垄断协议的形成不仅仅来源于经营者之间的主观意愿,更重要的是客观物质条件是否具备。甚至客观物质条件比主观意愿对能否形成垄断协议的影响更大。

(一)产生的条件

经营者联合控制市场必须具备一定的客观条件,包括主体自身的条件和外部条件两个方面。具体而言,主要有以下方面:

(1)产品的需求弹性小。

卡特尔垄断协议是多方主体协调的结果。产品需求弹性的大小与厂商可协调性密切相关。以价格卡特尔为例,产品需求弹性越大,协议提高价格后消费者"逃跑"的可能性就越大,反之亦然。这样,需求弹性和达成协议的可能性呈反相关关系,即价格卡特尔在需求弹性越小的情况下更容易达成。理论上,如果价格卡特尔所面临的需求曲线是没有弹性的,达成价格协议的成本达到最小化。另外,对于已经达成的价格卡特尔协议,如果控价产品面对的是弹性较大的需求曲线,则维持高价格将加大收入下降的风险,即同盟者背叛的可能性增加。

一般来说,需求弹性会从产品性质和功能上或其组合上反映出来。产品差异表现在成本、性能、功能、原料、售后服务等方面,这些要素组合差别越大,产品差异就越大。不同成本差异所代表的产品竞争力也不同,成本越小、性能越优良、功能越独特,产品竞争力越突出。差异很大且有竞争力的产品的生产商缺少达成卡特尔的动力,其自身就具有垄断性。与卡特尔不同的是,此种环境下,达成纵向垄断协议的可能性增加。

(2)市场结构相对集中。

有两种类型的市场结构易于生成垄断协议:一是整个产业经营者的数量很少,市场结构集中；二是虽有数量较多的经营者，但其中一两家经营者在规模上占支配地位，或有行业协会参与协调经营者。通常情况下，经营者的数量越少，越容易达成垄断协议。美国司法部1910～1972年间关于操纵价格的606个案例中，每件案例所涉及的厂商最常见的是4个，半数案例涉及8个或更少。较少的经营者不仅节约达成协议的成本，也能提高监督协议执行的效率。如果一个行业只有少数经营者，达成垄断协议后，个别经营者背离协议提高市场份额的行为将直接在其他成员身上显现出来，背叛者很容易暴露身份。奥尔森在《集体行动的逻辑》一书中揭示：集团的规模越大，集团维持的成本越高，行动得到的报酬就越少。[①] 这种另类在卡特尔上可以得到验证。

(3) 行业协会参与组织和协调。

在经营者数量较多但有行业协会参与协调时也容易达成垄断协议（主要是卡特尔）。行业协会作为企业和企业家的组织，是这个利益群体合法的代表者和维护者，其活动容易得到成员的响应。在一些时候，行业协会有可能采取牺牲他人利益而增加自己行业（成员）利益的做法，导致行业协会组织成立的卡特尔现象很普遍。英国政治与经济规划部于1953～1956年对行业贸易协会进行了一个调查，结果发现1300个协会中的243个（占19%）有协助操纵价格的行为。除了统一定价外，其他限制竞争行为，如数量限制、联合抵制和拒绝非成员同行进入已有市场等非价格卡特尔也容易在行业协会的协调下付诸实施。

(4) 垄断协议的形成和经济发展阶段的关联性。

经济发展的周期一般分为繁荣、危机、萧条、复苏四个阶段。垄断协议易于在哪个阶段形成？就卡特尔而言，一种意见认为，卡特尔主要发生在经济萧条时期，即组织卡特尔是“迫不得已”的事情。例如奥地利经济学家克莱恩韦希特（Kleinwächter）认为，在需求波动时期，要想对生产进行有序的调整，非建立卡特尔不可；另一种意见则截然相反，认为，卡特尔并不像人们常说的那样是“迫不得已”的事情，某一行业的企业愿意就价格或其他商业条件达成一致，恰恰不是在萧条时期（这个时期每个人都会另辟蹊径），而是在繁荣时期，因为只有此时才最有可能取得高于成本的销售价格。

事实上，包括价格卡特尔在内，垄断协议在萧条时期更容易解体。在经济萧条期向经济繁荣期过渡的过程中，需求呈上升趋势，这为抬高价格、限制转售低价等提供了客观条件。美国学者哈伯勒在《繁荣与萧条》一书中，提出了制成品与劳务在需求方面与生产方面的变动规律——“加速原理”，可以以此来解释卡特尔形成和经济繁荣之间的关系。该原理的基本含义，是某种产品在需求的带动下加速生产，会引起生产该种产品的那些上游生产品（或原料）更大的变动。“加速原理”不仅适用于和前一生产阶段对照处于任何“制成”阶段的产品的生产，也适用于作为经济环节最末端的消费品的销售。消费品需求的细微变动，都可以转化为更高阶段的那些商品需求的猛烈变动；这种变动越猛烈、程度越强，贯穿到最初始的与该消费品相关的产品的生产阶段的力量也就越强。因此，距离消费领域最遥远的那些生产环节波动最猛烈。这样，在经济繁荣阶段，因消费需求增加而促动的产量上涨，相对于下游企业，上游企业的地位更有优势，这为上游经营者进行价格合作提供了客观基础。

当然，作为一种人为控制并缩小生产波动进而规避风险的方法，垄断协议不会在短暂的市场需求上浮出现时就立刻达成，如同一个大型交易往往需经过多次要约最终走向承诺一

---

① 参见〔美〕曼瑟・奥尔森：《集体行动的逻辑》，陈郁、郭宇峰、李崇新译，格致出版社、上海人民出版社2018年版。

样,一个垄断协议的形成也往往经合作—背叛多次博弈,最终走向合作。经济周期的发展从萧条经过复苏到繁荣的过程,是需求状态稳定的时期,它给经营者提供了长期博弈的时间和空间,即经历"背叛无利可图"的短期博弈后,最终会走向共同实现均衡的长期合作战略。而在经济衰退时期,价格会降到平均成本以下,竞争性均衡不复存在。此外,需求的上下变动也会使这种勉强达成的垄断协议走向破裂。一些国家的历史证实了经济上升时期和卡特尔的繁荣具有平行、同步发展的对应性特点。1888~1890年,1895~1900年,1904~1907年以及1910~1913年都是经济周期中的上升和繁荣时期,也是卡特尔的发展壮大时期。美国20世纪60~70年代的经济快速发展时期和卡特尔之间的关系也呈现出上述关系特点。

(5) 经营者内部成本结构也影响垄断协议的生成。

企业总成本占企业资本的比例越大,企业间达成垄断协议的可能性就越大。资本密集型企业和劳动密集型企业承担风险能力不同,对结成垄断协议的意愿也不一样。对于劳动密集型企业,用以应对外部竞争而采取应对措施——降价的空间相对狭小,当外部市场价格降到不变成本加上必要的可变成本的水平时,企业处于维持现状的经营状态,而进一步降价就意味着迈向亏损、停产、破产的边缘。因此,劳动密集型的企业更恐惧削价,对垄断价格协议抱有更大的意愿。早期的卡特尔大都集中在劳动密集型产业中。对于资本密集型企业而言,其自身即可成就市场力量,不必与竞争者联合。正因如此,资本密集型企业纵向控制的意愿很强,达成纵向垄断协议的可能性更大。

(二) 维持的方法

从管理的角度来看,规范并不是特别有用的处理相互依赖的机制。让一个规范的环境来适应组织的需要并不是一件简单的事情。管理的任务是要弄清楚规范的限制对组织关系的影响,认识到什么时候规范较为有益,如果毫无益处的话,就要积极地采取措施努力改变它们,代之以经由协商而制定的新的社会认同。

"倘若共谋协议的强制实施手段非常软弱,即对削价行为的探查又慢又不完全,该共谋集团就必须承认其弱点。"[①]完全可能存在参与者表面上同意而暗地里自作主张的情形,因此垄断协议的维持比建立更为重要。垄断协议得以维持是其"成功"与否的主要标志,维持的时间越长,获得的利润越丰厚。垄断协议的维持,一方面要求参加人忠实守信;另一方面,需要一种内部承认的强制手段,以防止背叛或瓦解。当然,从监管的角度讲,通过掌握经营者违反反垄断法的常规做法,或者通过特殊交易的典型特征,可以获取合作行为的蛛丝马迹,为进一步查处案件提供证据。

当共同的意思表示仍使竞争处于不稳定的情况且存在问题时,组织会努力寻求环境中的其他因素来建立联系,并用这些联系来获取资源和稳定成果。尽管维持卡特尔使用的具体方法不同,但每一种方法都有特定的效果。常见的方法包括内部监管、信息分享等。

1. 内部监管

卡特尔垄断协议得以维持既需要特定的外部客观环境,也取决于内部组织的监管措施是否得当。内部经常性地、便捷地查处协议的执行状况,违反协议的可能性就会减少。相反,在查处违反协议比较散漫的地方,违反协议的行为激励就会加强,协议也就难以取得

---

① 〔美〕库尔特·勒布、盖尔-穆尔:《斯蒂格勒论文精粹》,吴珠华译,商务印书馆1999年版,第201页。

成功。

在方法上，通过安排有关人员从内部监督检查各成员的账册，来保障协议内容的执行。这种方法经常适用于价格卡特尔、数量卡特尔、纵向价格垄断协议。

较为高级的内部监管形式是组建常设的内部监督机构。企业发展的历史证明，组织机构是企业发展壮大的原因和结果。卡特尔这种松散的组织，若缺少组织系统，其生命也将大大缩短。资料显示，美国《谢尔曼法》出台之前，美国最典型的卡特尔是铁路价格卡特尔。不断的指责和突然爆发的降价风，使人们感到必须进行正式的合作才能解决问题。合作开始于各铁路协会，后逐渐上升为各协会间成立的联合执委会等高级管理机构。1878 年夏天，中西部铁路公司成立了西部执委会，制订东行的运费并分配货运量。同年 12 月，参加协会的各铁路公司成立了一个联合执委会，对东部和西部区域委员会或协会所制订的运费具有最后批准权。当全体成员不能一致通过有关运费的协议时，交执委会主席处理。不久以后执委会的权力再度扩大，成立了一个仲裁局，受理对执委会主席行为的控诉，审查及裁决所有被控告的破坏协议的行为。其意义正如联合执委会主席在首届年会上所作的报告中指出的："这是第一次，你们实行了一套切实可行的办法，依靠这套办法，能够将各公司间激烈的客货运量置于适当的管理和控制之下。……你们已经在立法部门——你们的会议——之外又增设了一个永久性的执行部门，其任务是查看所通过的决议和协议是否已被忠实地执行。此外，你们还设立了一个裁决部门，其任务是以和平的方式解决任何争端，避免诉诸毁灭性的竞争。"

2. 担保金

担保金也称保证金，是进行财产罚的最典型、最有效的形式。垄断协议中通常会约定，成员企业各自交一定数额的款项，由行业协会或成立的委员会来管理。如果有成员企业不遵守协议，交纳的保证金将被没收。保证金所具有的内部惩罚性体现在两方面：一是背叛垄断协议的成员将失去保证金的所有权，以此来约束和警示每个成员；二是被"没收"的保证金由其他守约成员利益均沾，这为每个成员提供了集体和个体监督的激励。当然，"保证金"也可能存在变相的方式，如"湖南娄底保险行业价格垄断案"①中，"按实收保费的 2 倍处以违约金，同时扣减当年市场份额 1 个百分点"。此处的"违约金"并不是合同法上的违约金。保证金不仅用于横向垄断协议中，在纵向垄断协议中也总能见到，如"茅台案"②、"强生公司案"③等。

3. 统一信息

信息的价值是多元的，信息公开具有监督的功能。现代政府管理或公众公司的管理都

---

① 2007 年 6 月，由娄底市保险行业协会牵头，共同组建娄底市新车保险服务中心，中心由娄底市保险协会领导，11 家财险公司先后与该中心签订"合作协议"，规定所有新车保险业务必须集中在娄底新车保险服务中心办理，2010 年 6 月，11 家财险公司与湖南瑞特续签合作协议，协议规定，各公司不得在新车保险服务中心场外出单，特殊情况确需场外出单的，须报新车保险服务中心同意。

② 2012 年以来，茅台酒销售有限公司通过合同约定，对经销商向第三人销售茅台酒的最低价格进行限定。贵州省物价局在其 2013(1)号公告中指出："贵州省茅台酒销售有限公司通过合同约定，对经销商向第三人销售茅台酒的最低价格进行限定，对低价销售茅台酒的行为给予处罚，达成并实施了茅台酒销售价格的纵向垄断协议，违反了《反垄断法》第 14 条规定，排除和限制了市场竞争，损害了消费者利益……对该公司依法处以 2.47 亿元的罚款。"参见贵州省物价局：http://www.gz12358.gov.cn/article.aspx? menuid=2030&tab=tab-News&tabid=48718 访问时间 2013 年 12 月 10 日。

③ 上海市高级人民法院(2012)沪高民三(知)终字第 63 号民事判决。

需要信息公开,联合组织的价格等信息公开能够达到维持卡特尔的特殊效果——使得垄断协议的维持更为容易。对参与者们来说,如果能定期获得有关垄断协议产品交易的价格信息,或者是产量方面的重要信息,那么,参与者就难以秘密地违反协议。

公开哪些信息、向谁公开信息、在什么载体上公开信息,既涉及垄断协议的维持效果,也关涉其暴露的风险。在公共媒体或内部交流信息平台事先公开宣布价格上升或下降,是使所有感兴趣的各方获得价格信息的一种最直接的方法,但如果信息显示的价格一致,也是最危险的方法。所以,需要组织者在两者之间进行平衡。自20世纪70年代以来,既满足实现维持垄断协议,又能有效规避法律监管的信息分享措施主要有两种。

(1) 设立共同的代理商。将所有卡特尔成员的信息集中在代理人处,通过代理人的反馈来间接监督垄断协议的统一价格。弗拉斯与格里尔认为,有3%的案例是这种情况;而波斯纳认为,比例大致为6%。在我国,"云南省西双版纳州旅游协会、西双版纳州旅行社协会组织本行业经营者从事垄断协议案"[①]中,行业协会利用的正是结算信息集中的优势维持了卡特尔的存续。共同委托代理从委托人的角度而言,是横向关系,从共同委托人与代理人的角度而言,属于纵向关系,但由于纵向垄断协议不适用于代理关系,所以通常是利用代理实施横向垄断协议。

一般情况下,独家代理协议是一对一实行的,不排斥其他竞争者在同一市场销售竞争产品,故不会导致卡特尔化。如果竞争者被联合起来,将较大市场份额的竞争性产品的销售权授权于一个经销者,相当于价格的统一、市场份额的固定,这可能形成"中心辐射型卡特尔"。更为重要的是,这种销售切断了个别竞争者与顾客之间的直接关系,由此导致这些企业的商业独立性的部分丧失。在"美国全国大学生体育协会(NCAA)诉理事会案"[②]中,各大学达成协议,把他们的行业协会指定为各大学出售足球赛电视转播权的独家代理,保障了该卡特尔的存续。

(2) 利用政府公开的信息。在涉及政府采购的案例中,政府的信息公开能为维护价格卡特尔的稳定提供了某些意外的帮助。在台湾"桃园县蛋类商业同业公会案"[③]中,同业公会通过联席会议及临时理监事联席会议决议以报载鸡蛋行情为结价依据确定产地价格或批发价格,被认定为违反"公平交易法"第14条第1项本文规定。政府经常将关于政府合同投标的结果公布,从中可以看到各成员企业的报价信息,如果个别成员存在违背垄断协议的报价,会立即被其他成员发现。

4. 使用"最惠国待遇条款"

最惠国待遇是国际经济政策的工具,它为竞争性国际贸易提供了协商签约的基础。最惠国待遇,一般指在主权国家之间,依据平等互惠的原则,互相给对方国家,享受本国给予第三国在一定的经济往来中的优惠待遇(主要是在关税方面)。最惠国待遇的机理是通过对第三方信息的监督来达到待遇标准的统一。这里的第三国是参照国(参照标准),对方国家是待遇享受国。在国际交往中,因信息的透明,对方国家通过监督或证明可享受到第三国的优

---

① 参见云南省西双版纳州旅游协会、西双版纳州旅行社协会组织本行业经营者从事垄断协议案云工商竞争处字(2013)第01号。

② *National Collegiate Athletic Ass'n v. Board of Regents of University of Oklahoma*. 468U. S. 85 (1984).

③ 参见台湾地区"公平交易委员会":公处字第094057号。

惠待遇从而具有可实施性。

最惠国待遇条款常用在价格卡特尔上，其方法一般是卡特尔成员向买方保证：不会以更低的价格销售给第三个购买者。一个市场中的小买主由于害怕他们强大的竞争者能够通过从一个卡特尔成员那里提取秘密折扣而对他们占有优势，要求在他们同卖方的合同中加入最惠国待遇条款，卖方会乐于接受，因为其效果将是避免该卡特尔被这种折扣腐蚀掉。一般的做法是，卡特尔成员在各自的销售合同加上这么一条（或口头表达）：如果发现市场上有比我给你的价格更低的价格，我负责返还差价。这种“最惠国待遇条款”具有双重效力：首先它类似于厂商的一种保证条款——我不会打折，因为一旦打折，我必须将这部分折扣返还给原来的购买者，这种部分退款机制相当于设定了违反卡特尔协议的罚金；同时它增加了来自于社会——购买者——监督的激励，因为消费者一旦发现厂商向别的消费者提供折扣，就有追索的“权利”。这样，就降低了厂商降价的可能性。这种监督属于外部监督、民间监督、异体监督。

5. 断货（包括服务）、缩减供货数量或减少让利

纵向关系中，交易人因在营销渠道上的依赖性而对交易相对人具有优势。这种优势地位可能产生限制交易相对人的交易对象、交易内容、交易条件等行为，从而滥用市场优势地位，妨碍公平竞争，损害交易相对人的合法权益。维持这种依赖关系的方法主要是断货或缩减供货数量等。例如，克莱斯勒公司与经销商签订协议，对经销商的最低零售价格予以限制，违反规定者将被扣减返利、暂缓供应某些热销车型、暂缓向经销商配置试驾车等。

除了上述方法外，还包括价格触发警戒线、基点定价等，限于篇幅不再赘述。

第二节　横向垄断协议

一、适用原则

横向垄断协议的适用原则主要有两项：本身违法原则和合理原则。这两项原则源起于美国《谢尔曼法》的解释。迄今，它扩展于各国法律的适用过程中，成为带有普遍性的垄断行为的规制原则。

有所争议的地方在于，两个原则在反垄断法中的地位如何。一种观点认为，合理原则是基本原则，本身违法原则是合理原则派生的例外规则。也有观点认为，两原则并非贯穿所属法律的一切活动之中，它们都只适用于部分案例。因此，它们不能成为反垄断法的基本原则。还有观点认为，两项原则已经成为重要的或者基本性的竞争政策分析工具。其实，在理解两原则的关系时，不应将两者割裂，即便两者产生的时间不同，两者仍紧密联系在一起作为一个体系发挥着功能。另外，对反垄断法所规制的主要行为——限制协议、企业合并、滥用优势地位等，两项原则贯穿始终，它们构成了反垄断法最基本的调整机制，同具有基础地位。

（一）本身违法原则

在美国，本身违法原则和《谢尔曼法》规范的模糊性紧密相关。任何一个法律如果模糊性占据了首要的位置，那么，它所能提供的预期就越差；相应地，政策性就越强。模糊性的法律首要任务是减少模糊性的问题。起初，它的适用范围主要是限制贸易协议（卡特尔）、联合

或共谋,后来部分扩展到搭售、联合抵制等行为上。这些条款原则化及原则规则化的逻辑假设前提是——共谋定价都是无效率的。

最早固定该规则的案件是1897年"跨密苏里运输协会案"[①]。《谢尔曼法》中规定的"每一个(every)合同"字眼起到了关键作用,成为法院拒绝被告"合理性"抗辩的权威依据。而这个规则的早期适用中屡次强调并树立了这样的观念——被指控行为对市场价格有不利影响。表面上看,这种影响建立在"可能"这一经济学的假设基础上。其实,"假设"并非空洞无物,而是建立在先前经济时期大企业价格协议百害而无一利的可确证的历史事实基础上。这个基础可以使"假设""历史再现实"地保障原则适用的科学性、合理性。

本身违法原则实现了价格合同自治向法治机制的转换。《谢尔曼法》制定时期,价格卡特尔是美国经济的主要现象。价格卡特尔属于企业和企业间自律性约束的合同,其前提为违约行为带来了信誉减损进而造成交易量的减少,但通常不会殃及他人利益。合同自治管理总是以当事人自我利益为中心构建起来并以此来维持的,这与来自合同外部强制的公共利益本位有着本质上的不同。《谢尔曼法》基本结束了价格联盟合同自治管理,代之以合同强制管理。自1890年后,公司逐步放弃通过卡特尔或同业公会达成的违反竞争的协议或联盟。

在早期判决中,本身违法原则虽多次使用,但具有里程碑意义的判决是发生在1927年的"川通陶瓷案"(Trenton Potteries)[②]。该案判决第一次以经济假设为分析方法正面回击了被告的抗辩[③],树立了权威。斯通(Stone)法官指出,任何固定价格协议的目的和后果,如果协议是有效的,都是为了消除某种形式的竞争。无论是否合理地实施固定价格,都包括控制市场的能力和任意、不合理地独定价格的能力。考虑到经济和商业的变化,今天合理固定的价格,很可能明天就是不合理的。一旦建立固定价格,它很可能由于缺乏竞争而保持不变。创造出这样的协议极可能本身就是不合理或不合法的限制竞争。不管经济学家们对一个毫无限制的竞争体制存在着如何不同的见解,《谢尔曼法》及其司法解释无疑是基于这样的认识,即只有通过维持竞争才能使公共利益免受垄断与价格控制的危害。任何一项定价协议的目的和结果都是一种竞争方式的毁灭。创设这种潜在力量的协议,完全可以被认为其自身即是不合理的或违法,而不必再详细地考察每一特定的价格合理与否。[④]

这一案件的结论强化了本身违法原则的刚性。在进入诉讼程序的特定时期,由于很难证明固定价格和反竞争间的直接因果关系。按照传统的案件审理方式,法院或许只能在两条道路中选择其一,要么借用经济学理论建立固定价格与反竞争的理论因果关系,要么等待固定价格的危害出现。但是,法院没有因循老路,放弃了依经济学推理,甚至在审判的过程和结果上完全"掏空"了经济学内容,也没有消极等待危害结果的出现,而是采取了主动出击的策略。这种做法在树立法院权威的同时,也开创性地建立了强硬的本身违法原则。

1940年的"美孚石油公司案"[⑤](又称"麦迪逊石油案")再一次强调了《谢尔曼法》第1条

---

① *U. S. v. Trans-Missouri Freight Ass'n*, 166 U. S. 290(1897).

② *United States v. Trenton Potteries*, 237 U. S. 392 (1972),该案涉及美国82%的陶瓷的生产和销售,一些公司被指控存在价格联盟和限制产量的共谋行为。

③ 被告辩称:他们所固定的价格是合理的价格,并且固定价格是为了防止"毁灭性"的竞争。如果能够获得正常的利润,就应该认定该价格是合理的。显然,辩称是将行为和结果联系起来说明的。

④ *United States v. Trenton Potteries Co.* 273 U. S. 392(1927).转引自张瑞萍:《反垄断法理论与实践探索》,吉林大学出版社1998年版,第117—118页。

⑤ *United States v. Socony-Vacuum Oil Co.*, 310 U. S. 150(1940).

的规则性，并进一步过滤掉了固定价格行为的动机、方式、结果等一般判断应该考虑的要素，将本身违法原则固化了。正如在1956年美国联邦最高法院的判决中首席法官沃伦所总结的：违反《谢尔曼法》的固定价格是与竞争政策背道而驰的，说它违法的根据并非是它的不合理性，因为在结论上它早已被推定为不合理的。至于参与者的动机是善意还是恶意，固定价格是通过公开的契约还是较为隐讳的方式达成，参与者是否具有市场控制力，州际商业所受影响的大小，或者协议的结果是提高还是降低了价格，都是无关紧要的。① 至此，法律对固定价格的定性稳固下来，即它是"危险犯"，而不是"实害犯"——不强调"既遂"。

美国学者波斯纳从另一个角度谈到了形成这一特殊结论的以下三个原因：第一个原因是经济学家反应迟钝以及律师们一贯偏爱考虑规则和类推；第二个原因是在厂商固定价格的图谋不太可能得逞的情况下，他们不会进行这样的图谋，因此，通过禁止这样的图谋，可以防止没有任何社会效用的固定价格行为；第三个原因是强调"效果"的案件常常涉及复杂的经济问题，这些问题不适合用诉讼手段解决。② 此外，还有人认为，固定价格必然会导致消费者福利的损害。

在宏观上，价格联盟等行为会破坏定价机制。价格是"市场经济的中枢神经系统"，价格凝固意味着竞争消失，这是价格卡特尔与本身违法原则关系被绝对化的最根本的经济学理由；而损害消费者福利或损害经营者及潜在经营者利益的说法则是在价格机制之上的引申原因。另外，法律上的原因也不能忽视。对这个近乎于没有告诉人们可以做什么和不可以做什么的《谢尔曼法》的早期执法来说，一个稳定的规则的出现丝毫不逊色于这部法律的出台。

一个案件如果适用本身违法原则，可以大大节约执法(司法)成本。原因在于本身违法是一个不需要价值判断的"事实问题"，强调对应性。它已经脱离了原则指代的"判断"标准的意义，与其说是一个原则，毋宁说是一个规则。因此，一般意义上，这个原则被解释为：只要存在某些卡特尔行为，不论其有无合理性，都属非法。具体而言，对于执法机关或司法机关处理案件，不必调查卡特尔的目的及分析行为的后果即可直接认定行为违法。对于案件的原告，只需要提供属于卡特尔的初步事实证明即可，无需进行效率证明。

美国本身违法原则的最初适用范围是价格固定、地域划分、限制数量、联合抵制、转售价格维持、搭售等类案件。随着20世纪70年代后期美国新自由主义抬头，及在垄断政策的指导思想上哈佛学派的衰落和芝加哥学派的兴起，法律规则的适用也开始回应这一变化。表现在本身违法原则的固有营垒不时地被一些特定的案件所突破，被突破案件在审理程序上注重分析行为的目的、结果等要素，从而使规则在适用中背离了本身违法原则。总结美国和欧盟等反垄断执法的经验，相对比较稳定的适用本身违法原则的行为类型主要是：价格卡特尔、数量卡特尔和地域卡特尔。这三种行为无论在什么情况下都会阻碍市场竞争，损害消费者利益。通常，也将其称为"核心卡特尔"。

在有关国家，包括我国的立法上，并没有明确说明哪些行为适用本身违法原则。在适用上，也出现了本身违法原则合理化的倾向。其范围扩展到何处，值得关注。

(二) 合理原则

在适用关系上，本身违法原则与合理原则相对立而存在，相协调而发展。因规则和原则

---

① "美国诉麦克卡森与鲁宾斯优先公司等案"，《美国最高法院判例汇编》第351卷，第305、309—310页。转引自霍华德：《美国反托拉斯法与贸易法规——典型问题与案例分析》，孙南申译，中国社会科学出版社1991年版，第79—80页。

② 〔美〕理查德·A.波斯纳：《反托拉斯法》(第2版)，孙秋宁译，中国政法大学出版社2003年版，第62—63页。

的本质不同,在适用上,本身违法原则优于合理原则。一个具有垄断嫌疑的行为在被确定不适用本身违法原则后,就进入合理原则的检审视野。合理原则和本身违法原则的最大不同是控制手段的性质不同,即原则与规则之间的区别。规则通过跳出一个或几个事实发挥调整作用;原则通过进行更为开放的调查、举证、分析等来发挥调整作用。规则实施起来比较简单,成本比较低,能够为服从该规则的人和运用该规则的法院提供更明确的指导,但它们常常要么涵盖不全,要么涵盖过宽,有时候则两者兼具。合理原则的根基已经脱离了传统的古典竞争的理想化的土壤,生根于现实的客观经济世界,对限制创新、限制转售区域等行为进行行为目的、市场力量和经济效果等综合判断,审慎得出结论。因此,本身违法原则在适用中始终和事实直接对话,而合理原则则通过先例和事实对话。

本身违法原则对于价格联盟不可能长期一以贯之,尤其对于市场支配力作用下产生的价格联盟的变种——搭售、限制转售价格等,需要具体问题具体分析,甚至需要采取一定的调查手段判断行为对结果的影响。垄断利润诱使企业(间)不会轻易放弃垄断价格,当明示的共谋定价被明确禁止后,企业开始追求默示的联合定价和企业合并后的单一定价。1911年的“新泽西标准石油公司案”因涉及包括掠夺定价在内的多种违法行为①,成了本身违法原则回归合理分析原则的转折点。法院认为,与明示协议的方式不同,通过联合的方式消除竞争企业之间的竞争要适用“合理原则”来认定。新泽西标准石油公司的前身是1882年1月成立的标准石油托拉斯,该托拉斯控制着当时全世界40%的煤油供应。② 1893年该公司被俄亥俄法院判为违法垄断并予以解散。1899年新泽西标准石油公司成立。标准石油公司通过控制他的附属公司进而控制全国的石油市场。1909年地区法院判定标准石油公司从事非法限制贸易行为,并在州际和国际石油交易中取得了非法的垄断地位。在审理该案件时,法官重新审视了限制贸易的行为,将本身违法原则的适用状况复归原始,并将垄断行为作了类型化处理,划分为两类:一类是非常明显的限制竞争行为,一类是不明显的限制竞争行为。后者虽有限制贸易的特点,但并不能直接判断其合理还是不合理,要依多种因素综合分析得出结论。这就出现了两个问题,“明显”“不明显”的标准是什么,或“合理”“不合理”限制竞争的标准是什么。

这些问题的答案需在问题之外寻找。这些标准的标准化需要借用另外一些竞争要素,包括行为目的、市场力量、经济效果等。

行为目的判定标准主要考察行为是否限制了竞争,而不是是否获得了利润。当然,限制竞争往往会以获取利润为动机,但也不尽然。例如,限制团体成员作特殊技能或受训背景的广告,其目的就不是为获得利润,而是在成员内平均利润。市场力量是一个重要判断指标,足够的市场力量才能对市场造成重大影响。市场力量足够大以后有可能对其他同类企业构成市场进入障碍或挤垮竞争者。美国标准石油公司在受到指控时,所控制的公司总数达到114家,控制了全国原油、炼油和炼油产品交易中的80%以上的份额。③ 最高法院通过合理原则判定其试图并已经取得了垄断地位,形成了市场进入障碍。

---

① *Standard Oil Co. of New Jersey v. U.S.* 221 U.S. 1(1911).主要违法行为包括:进行地方性低价倾销以排挤竞争对手;谎称自己的附属企业为独立的公司,以制造竞争的假象;窃取商业秘密;给予他人回扣和接受回扣等。

② 〔美〕D.钱德勒:《看得见的手——美国企业的管理革命》,重武译,商务印书馆1987年版,第491页。

③ 〔美〕C.霍华德:《美国反托拉斯法与贸易法规——典型问题与案例分析》,孙南申译,中国社会科学出版社1991年版,第189—190页。

一般来说，市场力量主要来自于市场份额。市场份额在合理原则判断要素中占核心地位。拥有大市场份额的企业有能力从事反竞争行为，不具有大市场份额的企业涉嫌的反竞争行为基本可以排除垄断嫌疑。以市场份额为基础确定是否适用本身违法原则的做法，是本身违法原则部分融合了合理原则，也被称为“软核”(soft core)的本身违法原则。[①] 在美国1972年“Topco案”中[②]，超市协会成员在各自的区域里，最低的市场份额占1.5%，最高的份额只有16%。虽然有地域划分嫌疑，但如此小的比例不足以形成竞争限制。

有关经济效果的分析，旨在通过经济学方法，评判促进竞争的效果是否能够抵销其限制竞争的效果。这是一个结果性的指标，需要相关数据辅助说明。在很多情况下也是法官表达个人意见并由此决定案件走向的关键要素。在“加利福尼亚牙医协会案”中，上诉法院在支持联邦贸易委员会的意见时所提出的理由之一，是牙医协会的价格广告反映了这样的预期，即任何与消除全部成员折扣广告相关联的竞争成本将不超过因准确、精确和容易证明(至少管理者容易证明)的折扣广告所产生的消费者信息(和因此带来的竞争)方面的收益。[③]

除了上述因素外，其他要素或有关事实也间或在一些案件中发挥不可忽略的作用，例如主观状态是在追究刑事责任时需要具备的要素之一。再如产业特性在“CBS案”中成为合理原则适用的支柱。另外，限制的时间、存在的危害、采纳特定补救的理由，以及寻求获得目的或目标，都属于相关事实。这并非因为良好意愿可能挽救一项原本违法的控制，而是因为知道了他们的意图将帮助法院去解释事实并预见结果。[④]

这些要素为合理原则的产生奠定了基础。正如布兰代斯(J. Brandeis)法官在判决“芝加哥贸易局案”时指出的，“要决定协议或控制是否合法，并不能根据它是否限制竞争的简单标准。每一项有关贸易的协议或控制都具有限制效应；它们的本性正是结合与限制。合法性的真实检验是：所施加的限制是否仅调控并因而促进竞争、或它是否可能抑制甚至摧毁竞争。为了决定这个问题，法院通常必须考虑有关企业的特殊事实、在施加限制前后的情况、限制的性质及其实际或可能的效果”。[⑤]

（三）本身违法原则与合理原则适用中的细化

对任何事物的完整认识都不是单向度的。只承认一面或绝对地强调一面而放弃另一面都违背辩证法。这种片面性若发生在政治上，可能导致丧失民主或失去权威；发生在法律上，可能出现法律实施中的“沙文主义”。为了减少片面性同时增加法律结论的合理性和制度实施的有效性，本身违法原则与合理原则适用中发生了微妙的相向运动。这种运动虽然在总体上没有改变两个原则各自适用的领域，但产生这种运动的特殊条件值得关注。

1. 本身违法的小部分分裂

1979年，美国最高法院在“广播音乐有限公司案”[⑥]中适用了类似于“合理原则”的分析

---

① 王传辉：《反垄断的经济学分析》，中国人民大学出版社2004年版，第144页。

② *United States v. Topco Association, Inc.*, 405 U.S. 596, 610(1972). 分布在美国33个州的23家中小型地方性连锁超市组成协会，目的是为了和大型连锁超市竞争，该协会使用共同的Topco标志，且约定各个成员只能在指定区域内经营，法院认为该协议是在竞争者之间分割市场，是明显的限制贸易协议，适用本身违法原则。

③ 参见黄勇、董灵：《反垄断法经典判例解析》，人民法院出版社2002年版，第297页。

④ 参见章谦凡：《市场经济的法律调控》，中国法制出版社1998年版，第134—135页。

⑤ 同上。

⑥ 美国作曲家、作家和出版者协会(ASCAP)和广播音乐有限公司(BMI)以确定的费用通过一揽子固定价格许可协议允许哥伦比亚广播网有限公司(CBS)使用其成员享有版权的音乐作品。见 *Broadcast Music, Inc. v. CBS*, 441 U.S. 1 (1979)。

方法,对横向固定价格协议进行了考察,并最终认定:该产业若依个体交易会成本很高,且不利于对使用者监督,该一揽子协议许可对音乐作品的市场是必要的,符合市场交易安全和效率目标。1983 年美国法院在"NCAA 案"①审理中,下级法院认定 NCAA 涉嫌固定价格而构成"本身违法"。但最高法院充分考虑了行业特点后认为,如钢铁企业间就不需要限制产量和价格,但体育比赛需要对价格和产量进行限制。在这种情况下,横向限制不是有害的。由于体育的独特性,即使被告从事了横向价格串谋活动,也应适用合理原则。② 1984 年的"*Monsanto Company v. Apray-Rite* 案"中,涉及限制转售价格,有证据证明 Monsanto Company 和部分分销商合谋固定转售价格,但最高法院强调,仅仅证明存在固定转售价格协议是不够的,要判决固定转售价格非法,还"必须有证据能够排除制造商和分销商独立行事的可能性。也就是说,必须有直接证据或间接证据能够合理地证明,制造商和其他人有意共谋企图达到非法目的"。③ 诸如此类原属"本身违法"的案件没有直接认定行为违法,而是充分考虑产业的特殊性、行为目的、主体市场力量等因素,这到底是由案件自身的特殊性决定的,还是适用范围"铁板一块"存在更加苛刻的条件,还有待讨论。

2. 合理原则适用中的再分化

合理原则在适用中被分为"简略的"或"快速审查"式的合理分析与全面合理分析两种。前者的适用条件是行为具有明显的反竞争影响,即以一个具有经济学初步常识的观察者的眼光就可能得出行为对消费者和市场具有反竞争影响的结论。而对不具备"简略的"或"快速审查"式的合理分析条件的案件则采用全面合理分析方法。当一个案件运用"简略的""快速审查"式的合理分析时,证明反竞争的影响变得不那么重要,甚至可以忽略而认定该案件"本身违法"。因此,一些适用合理原则审判的上诉案件,是否适用"简略的"或"快速审查"式的合理分析总是上诉人论辩的焦点之一。1999 年美国最高法院审理的"加利福尼亚牙科医生协会诉联邦贸易委员会案"中,联邦贸易委员会适用了"简略的"方法,认定加利福尼亚牙科医生协会限制折扣广告的行为为本身违法行为。第九巡回上诉法院支持了委员会采用的方法和结论。上诉法院认为:"对非本身违法但表面上足以具有反竞争效果的限制措施正确地适用了'简略的'或'快速审查'式的合理分析方法,这里不需要适用合理性原则进行全面分析。"④但最高法院认为,上诉法院的法律分析是不充分的,将案件发回重审,要求更彻底地进行合理性原则的分析。

当然,"简略的"或"快速审查"式的合理分析与本身违法原则还存在很多不同,其中主要的不同,是前者适用于后者范围之外的行为。不论是作为一种方法,还是作为一个原则的子原则,"简略的"或"快速审查"式的合理分析不是为了缓和"本身违法原则"与"合理原则"的

---

① 国家大学体育协会(NCAA)是一个自治性管理组织,1981 年其与 ABC、CBS 两家电视机构签订了限制转播比赛总数及每支队伍的转播次数的合同,也限制了每支队伍每场比赛的收入总数。有比赛队跨越了协会直接和 NBC 签订合同,协会给予处分。球队对 NCAA 提起了反托拉斯诉讼。

② *NCAA v. University of Oklahoma* et al. 468 U. S. 85 (1984). 转引自郑鹏程:《论"本身违法"与"合理法则"——缘起、适用范围、发展趋势与性质探究》,载王艳林主编:《竞争法评论》(第 1 卷),中国政法大学出版社 2005 年版,第 73—74 页。

③ *Monsanto Company v. Apray-Rite Serice Corporation*. 465 U. S. 752 (1984). 转引自同上书,第 74 页。当然,1997 年的丽晶案已经推翻了纵向价格垄断协议适用本身违法原则。此案是否有先导作用抑或仅仅是特殊条件的个案?也值得研究。

④ 黄勇、董灵:《反垄断法经典判例解析》,人民法院出版社 2002 年版,第 301 页。

紧张关系，当然也不代表“本身违法原则”被“合理原则”吸收。它只是一种适用合理原则的内在机制，是合理原则的原则属性向规范属性的部分转化，其产生和存在使合理原则更加实用和有效率。

由于这种内部结构要素的性质发生了部分改变，引致反垄断法的控制机制也发生相应的改变。原来截然二分的适用规则变得更加复杂了。在“本身违法原则”的“合理原则化”和“合理原则”的“本身违法化”的双向作用下，规则的作用比原则的作用更加突出。在更加凸显其功能的规则适用中，“简略的”或“快速审查”式的合理分析规则比本身违法原则（规则）更具有程序公正意义。因为，前者得出的结论是经过辩论形成的，后者得出的结论是基于法律和事实的简单对应关系；前者的事实需经过简单的判断和识别，后者无需判断和识别。如果将这两个规则纳入到垄断案件的适用原则中，原来法律的单项调整就变为双项衡平调整，即本身违法原则的基本调整和合理原则的衡平；“简略的”或“快速审查”式的合理分析为基础与全面合理分析的衡平。这是否可以表明反垄断法适用中形成了一种更具有适应性的双项衡平调整机制？

二、一般行为类型及其复合

依据卡特尔得以建立的基础内容之不同，可将其分为不同的类型。价格、数量、地域、技术是卡特尔所关注的主要内容。由此，产生了卡特尔的主要行为类型。

（一）一般行为类型

这里以我国反垄断法为基础，展开卡特尔的行为类型。

1. 固定或者变更商品的价格协议

固定或者变更商品价格的协议，又称为价格卡特尔，指少数厂商之间达成的实行统一价格或实施价格统一变动的协议。

卡特尔的表现形式多种多样，最简单的形式是，卡特尔成员向客户出售统一价格的产品。从技术性上来讲，垄断协议一般会把价格确定在市场上效率最低的生产者的价格之上。如果客户对被固定价格的商品别无选择，以及不能轻易地减少消费，价格提高的目的就可以实现。除了采取上述简单措施外，价格卡特尔还可以采取一些比较隐蔽的形式，如确立计算价格的标准公式；在具有竞争关系但又非相同商品之间维持固定比率；消除价格折扣或者确定统一折扣；取消市场上低价供应的商品以限制供应和保持高价；签订协议或决定未经其他成员同意不得减价；使用统一的价格作为谈判的出发点的协议；等等。

相比之下，协同型价格卡特尔采取的手段比协议型和决议型的手段更加隐蔽。其中，以信息交换、价格一览表或遵守公布价格的规则等形式最为普遍。这些行为通常也被称为默示共谋。德国《反限制竞争法》实施后出现了许多“价格通报”。德国柏林高等法院曾支持了联邦卡特尔局的一项决定，即不允许占据市场份额70%的17家铝锭生产企业彼此交流信息。[①] 同样，英国的《商业行为限制法》生效后，正式的卡特尔被明确禁止，但出现了大约150个信息交流体系。其中，一个关于农业拖拉机销售数据的信息交流体系被欧共体委员会认

---

① 〔德〕曼弗里德·诺伊曼：《竞争政策——历史、理论及实践》，谷爱俊译，北京大学出版社2003年版，第131—132页。

定为非法。[①] 美国还有另一种信息交换形式,就是美国钢铁工业中著名的"加里聚餐会"(遵守某种价格一览表的非正式协定)。[②]

在相关国家对信息交流形式的价格卡特尔的打击下,20 世纪 60、70 年代,又出现了价格卡特尔的新变种,就是价格跟随(也叫价格领导)卡特尔。它实现了卡特尔组织的无纸化协同,也标志着价格卡特尔进入了一个新阶段。"当一个工业中大多数单位在决定售价时都采用它们中间一个单位所宣布的价格时,就是价格领导。"[③]一家瑞士燃料厂商的代表宣布,该公司将于 1967 年 10 月 16 日开始提价 8%。另外三家德国企业也于 1967 年 10 月 16 日提价 8%。德国联邦卡特尔局认定,四家企业共同占有德国 80%的市场份额,其行为构成了价格卡特尔行为。上诉后,联邦法院推翻了联邦卡特尔局的决定。但欧盟法院仍认定该联合行为违法:每个厂商都可自由地根据其竞争对手现在和未来的行为决定其价格。但如果厂商间彼此就提价而采取同样的行为方式,并且为保证提价成功还事先消除了彼此间关于价格变动所涉及的程度、对象、日期及地点的不确定性,那么,不管他们采取什么方式,都有悖于《欧共体条约》中所规定的竞争原则。[④]《纽约时报》(1963 年 12 月 7 日)报道了这样一类在当时十分普遍的现象:该年 10 月 2 日美国第二大生产商雷诺兹公司将每磅铝价提高半美分,绝大部分企业迅速跟进。两个月后,美国铝公司声明它不打算提高它的铝锭价格,12 月 6 日有两个公司也撤销了先前铝锭每磅增价 1 美分的决定。这个事件属于明显的价格跟随。当时的美国,烟草工业各大公司轮流变动价格;石油工业中不同的公司在不同的区域市场及不同的时间"轮流坐庄"等现象十分普遍。

价格领导的实质,是一种价格跟随的战略联盟。它们的战术多种多样,包括同时(相对同时)涨价、同时(相对同时)降价、轮流部分涨价、轮流部分降价等。这些都增加了认定协同型卡特尔的难度。

在认定价格卡特尔行为违法的时候,有两个因素经常被当事人拿来作为抗辩的理由:

(1) 协议并没有使当事人取得市场支配地位,因而是合理的。这种抗辩是很难成立的。尽管固定价格协议的当事人通常会因为联合而取得市场支配地位,但是认定其违法的时候并不需要考虑其是否达到了市场支配地位,如果因为该协议本身具有地域性从而具有反竞争性,该协议就是违法的。

(2) 固定的价格本身符合普通法上的合理性。普通法上的合理性即关于合同有效性的抗辩。这方面经典的案例是"美国诉川通陶瓷公司案"(*U. S. v. Trenton Portteries Co.*)。在该案中,卫生陶瓷制造者协会对多种卫生间所用的陶瓷的价格作了规定,而该协会成员厂家的产品产量占全国同类产品产量的 80%以上。被告在法庭上答辩道:它们所规定的价格是合理的,并没有损害公共利益。普通法中所谓合理性往往是意思表示是否真实,"*Mitchel v. Reynolds* 案"[⑤]的认定就是这样:原告提供了"良好的和充分的考虑"。该案还形成了一个

---

① 〔德〕曼弗里德·诺伊曼:《竞争政策——历史、理论及实践》,谷爱俊译,北京大学出版社 2003 年版,第 133 页。

② 全美最大的钢铁企业——美国钢铁公司总裁曾经主持由该行业巨子参加的周日晚宴,与他们确定共同的价格。

③ 〔美〕保罗·巴兰、保罗·斯威齐:《垄断资本》,南开大学政治经济系译,商务印书馆 1977 年版,第 63 页。

④ 〔德〕曼弗里德·诺伊曼:《竞争政策——历史、理论及实践》,谷爱俊译,北京大学出版社 2003 年版,第 131 页。

⑤ 雷诺兹有一家面包店。米切尔从他那里租了面包店,签订了 7 年的租约,条件是雷诺兹在这一时期不得重新进入本地的面包店市场。后雷诺兹却重新进入了这一市场,与米切尔相竞争。米切尔向法院提起诉讼,请求损害赔偿,雷诺兹则声称,该合同是不可执行的,因为它限制了交易。法院支持了该合同,因为合同当事人双方都是有能力的,进行了充分的考虑,而且限制是合理的。参见〔美〕基斯·N. 希尔顿:《反垄断法:经济学原理和普通法演进》,赵玲译,北京大学出版社 2009 年版,第 34—35 页。

至今在限制交易领域仍然有效的规则:如果对于一些主要的交易而言是合理的和辅助性的,或者在时间和空间上是有限度的,不竞争的约定有可能被认为是合法的。现代反垄断法的实施中,价格卡特尔上容纳合同法的观念越来越少,可融性的领域主要在纵向垄断协议上。上述"合理的和辅助性的"内容上的划分,及"时间和空间"维度上的视角可否作为研究的进路,值得探讨。

2. 限制商品生产数量或者销售数量协议

限制商品生产数量或者销售数量的协议,又称为数量卡特尔。数量卡特尔同样是严重损害竞争的行为。

古语中"物以少者为贵,多者为贱"表述的是物以稀为贵的道理。现代商品经济理论也认为,如果市场上某种商品比较稀缺,供不应求,商品的价格自然就高;相反,如果该商品在市场上供应充足,以致造成供过于求的状况,价格就会跌落。限制数量协议便是通过在生产企业之间达成限产或停产的协议来限制商品的供应数量或者削减企业生产能力,人为地压缩供应,导致市场上该商品一直处于"未饱和"状态,使价格长期居于高位。

从经济学理论来看,在有效竞争的市场上,市场的供给量影响着商品的销售价格,而价格的变动又影响着市场需求,市场需求和市场供给的良性互动共同决定着市场价格,亦即均衡价格。价格这只无形之手的调节,可以使供给者之间相互竞争,并通过供给者和消费者之间的博弈,优化资源配置。当商品的生产或者销售数量不是通过市场竞争,而是竞争者之间的协议确定时,价格配置资源的机制将无法发挥作用。

数量卡特尔与价格卡特尔有着密切的联系。单纯限制数量并不构成一个独立的目的,其如果不与利润联系起来则会变得毫无意义,而价格又正是利润的直接影响因素。另外,价格卡特尔的最大不稳定因素来自于内部成员的不忠,在不限制生产数量或者销售数量的情况下,价格上涨所带来的高额利润就会诱使经营者为了追求利润的最大化而扩大生产或销售规模从而获取比遵守协议更多的利润。随着供给的增加,产品的垄断高价将难以维持下去。为了防止成员背叛,维持价格卡特尔的高利润,企业联合限制价格的同时也往往限制它的产量或销售数量。限制生产数量或销售数量可能会外在地呈现产品价格不同的一面,在数量限制之下的产品价格总体上会高于市场自由定价,这与固定或变更价格协议实施的效果是一样的。

数量卡特尔的行为方式主要有三种形式:(1) 限制产量。即参加者通过协议明确自己的生产配额,各成员只能严格按照限额进行生产,不得超限额生产。这种形式是通过直接限制成员的生产量从而限制流通量,人为抑制供求变化,实现对价格的控制。(2) 限制销售量。即直接控制投入市场的商品量而最终控制价格。(3) 限制库存量。即通过限制成员的商品库存量,实现对市场投入量的限制,最终控制价格。这其中,限制产量是基础。一旦产量被限制,库存量和销售量都受到制约,也直接影响到同类产品的总体价格。

3. 分割销售市场或者原材料采购市场协议

分割销售市场或者原材料采购市场的协议,又称地域卡特尔,指若干同行业经营者之间共同划定或者分割地域市场、顾客市场或产品市场的行为。

市场的划分避免了企业间的价格竞争,所形成的产品价格就不再反映市场竞争和价格规律,因而等于间接地固定了价格。价格卡特尔能直接为成员带来垄断利润,但是它并不打破既有市场总利润的分配比例,但划分市场协议,是以地域为基础确定市场总利润的分配,通常会打破原有的分配比例,甚至可能通过利润补偿使成员单位利润平均化。划分市场协议也可能是一种变相的价格卡特尔。为了处于竞争关系的各方得到总营业额的适当份额,扩大各自品牌的影响,可能采取轮流最低报价的方式。地域卡特尔得以建立的前提条件是,不顾及地区间购买力、交通状况、消费偏好等差异,以各自的产能、价格等自控因素为依据相互协调从而削弱各自的不利影响。

只实行市场划分而仍进行价格竞争对协议主体来说意义不大,除非能够阻止成员从一个高价格区域转向低价格区域。一般来说,在划分市场的同时只有再规定一个大致相近的价格幅度才可能实现划分市场的目的并维持划分市场协议。"大致的价格幅度"约束的市场价格属于策略性价格。①

划分市场协议既可以来自相关市场竞争者之间的协商,也可能基于一方主导力量来组织和协调各成员利益的分配,这种力量来源,常见的是工业产权。工业产权许可中的排他许可或一般许可都可能被用来作为划分市场的工具。

分割市场会产生以下两个后果:一方面,效益差的企业因为市场划分得到了保护而不被淘汰,效益好的企业因为市场受到限制而不能扩大生产和经营规模,从而对效益较好的企业来说是一种不合理的限制;另一方面,在这些人为割裂开来的市场中,各垄断企业联合实施的非市场价格,会削弱消费者成本福利。

在具体案件的认定中,由于地域卡特尔常和价格卡特尔复合,会产生认定价格卡特尔的这个中心被强化,"谴责被告划分市场的重要性被削弱"②。当然,如果在认定属于价格卡特尔问题上还存在不确定性,如中小企业价格卡特尔,那么市场划分也会加入"考虑价格固定和市场划分的效率之和"来综合考虑。③

划分市场的具体形式包括划分地域、划分顾客和划分产品三种。

(1) 划分地域。划分地域即竞争者之间根据地理区域所进行的市场划分。例如,甲方将其销售活动限定在中国的西部地区,而乙方将其销售活动限定在中国的东部地区;或者甲方在城市的 A 区,乙方在城市的 B 区销售,丙方在城市的 C 区销售……一个行业中的几家最大的企业可以通过这种方法来避免相互之间的直接竞争。湖北省最大的两家啤酒生产企业——东西湖和金龙泉——就曾有这样的市场划分协议。双方约定在各自已经形成的市场范围从事销售活动,不到对方的主要市场范围内做广告、开拓市场。其结果是在协议执行期内,武汉地区的消费者买不到金龙泉牌啤酒,荆门市周边的原荆州地区的消费者喝不到东西湖牌啤酒。④

(2) 划分顾客。划分顾客是指通过协议将特定的客户分给指定的企业。例如,甲方可以选择某些大型客户作为它的特殊顾客,而其他的客户则留给乙方;或者一方仅将其产品出

---

① HBJ 是美国最大的律考辅导课程提供商,在 1977—1979 年,HBJ 和 BRG 公司展开了激烈的竞争。在 1980 年初,双方达成协议,授予 BRG 在佐治亚销售 HBJ 教材和使用 Bar/Bri 商号的排他性权利。双方同意 HBJ 不会在佐治亚与 BRG 竞争,BRG 也不在佐治亚以外与 HBJ 竞争。根据该协议,HBJ 获得每一个 BRG 注册学生 100 元并且可以获得超过 350 元后所有利润的 40%。在 1980 年的协议签订之后,BRG 的学费立刻从 150 元涨到 400 元。最后法院认定 BRG 与 HBJ 之间订立的协议构成垄断。See *Palmer v. BRG of Georgia, Inc.*, 498 U. S. 46(1990).

② 〔美〕盖尔霍恩、科瓦契奇、卡尔金斯:《反垄断法与经济学》(第 5 版),任勇、邓志松、尹建平译,法律出版社 2009 年版,第 193 页。

③ 同上书,第 194 页。

④ 邓保同:《限制竞争行为与我国反垄断立法》,载《华中师范大学学报(人文社会科学版)》1999 年第 1 期。

售给团体机构,而另一方仅将其产品出售给零售商;或者把顾客按照男、女、老、幼进行分类,由不同厂家负责专门面向不同的顾客生产、销售。在这种情况下,不同的厂商仅向分配给自己的顾客群销售自己的商品,实际上也能够形成垄断价格,避免生产或销售同类产品的厂商之间发生竞争。

例如,乙公司是甲公司在某国销售酒精的分公司。但在该国市场上最大的酒精供应商是丙公司,其市场份额超过了50%。由于其他原因,丙公司决定停止自产酒精,专从乙公司处购买酒精。双方达成协议,乙公司仍将供应原来的大部分客户。而丙公司则除供应其原客户外,还供应原乙公司的小部分客户。乙公司同意其直销量只能占双方销量的25%,如果超过了这个限额,则向丙公司支付赔偿金。双方约定维持统一的销售价格,并且相互交流顾客情报和销量情报。该协议由于双方通过划定各自的顾客范围而划分了酒精市场。[①]

一定意义上讲,串通投标协议属于反向的划分客户。在公开招标时,投标人通过协议只安排一家企业作中标的准备,其他的协议企业实质上只作虚假的投标,从而使所安排的企业很轻松地中标。当出现其他的招标时,便可以用同样的手段安排另外的协议企业中标。

(3) 划分产品。划分产品,即各方商定生产同种类但替代性较小的产品来进行市场划分。在这种情况下,甲方销售一种特定类型的产品,乙方则销售另一种类型的产品。这些产品往往是互补商品,其虽可以在同一地理区域内销售,但因其之间相互不可替代而具有划分市场的作用。例如,在20世纪60年代初期,95%以上的双面刀片都是吉利公司生产和销售的,而希克保安刀片公司和美国保安刀片公司则是单面刀片的主要制造商。法院注意到:"以吉利公司为一方,以希克保安刀片公司和美国保安刀片公司为另一方,双方都不想通过生产另一种类型的刀片来占据对方的销售市场。因此法院认为,它们之间不存在有效的竞争。"[②]当然,如果没有证据证明存在协议,则属于企业的市场定位和生产战略问题,而不是卡特尔。

在我国《反垄断法》中,对地域卡特尔进行的是另类划分,即按照销售环节进行的划分,分为原材料市场和销售市场。其实,分割原材料采购市场,旨在打压原材料的采购价格,可以包括两种情况:① 约定从不同的地理区域采购原材料;② 约定分别从不同的供应商采购原材料。分割销售市场,也可分为两种情况:① 经营者通过垄断协议划定销售某种产品的地域市场;② 经营者约定分别将产品销售给不同的对象,例如,约定部分经营者只能将产品销售给固定的经销商,而其他经营者则只能将产品销售给其他经销商。

4. 限制购买新技术、新设备或者限制开发新技术、新产品协议

该协议也称限制创新协议,指竞争者间签订的限制购买新技术、新设备或者限制开发新技术、新产品的协议。技术创新和产品创新都会在竞争力上得到体现,创新技术的应用、创新产品的出现会改变竞争结构,使创新者具有更强的竞争力。

按照我国《反垄断法》的规定,限制创新卡特尔所限制的客体包括三类:创新产品、创新设备、创新技术。按照美国学者克拉克的有效竞争理论,企业运用新技术、推出新产品、开发新市场、实行新的生产组织形式,可以获得"优先利润",并在竞争中占据市场优势地位,这类

---

① 本案由丹麦"BP Kemi/DDSF 案"改编,具体参见阮方民:《欧盟竞争法》,中国政法大学出版社1998年版,第372页。

② 梁上上:《论行业协会的反竞争行为》,载《法学研究》1998年第4期。

企业被其称为“先锋企业”。抑制创新能够阻止“先锋企业”的出现,进而均摊利润。事实上,限制创新不仅仅是限制创新产品、创新设备、创新技术,限制开拓新市场等同样可以使经营者获利。

需要注意的是,我国《反垄断法》第 13 条规定的限制创新协议属于但不同于第 55 条规定的知识产权滥用行为。[①] 限制技术购买或技术开发,既可以是作为竞争者的生产经营型企业间达成的协议,也可以是作为竞争者的技术开发型企业之间达成的协议,属于横向关系。知识产权滥用包括横向垄断协议,也包括纵向滥用关系。后者可以是单个主体实施,如在技术转让或许可合同中,让与人(许可人)通常会要求受让人(被许可人)接受一定的限制性商业条款,以保障让与人(许可人)在技术上的优势地位,减少技术转让所带来的潜在竞争;也可以是竞争者联合实施,如专利池的滥用。联合实施情况下其和限制创新协议的主要区别在于:(1)“滥用”是市场支配力施加于下游主体身上,而“协议”是同一环节主体间的合意;(2)“滥用”是交易中(作为)的滥用,“协议”是限制购买(不作为)。

5. 联合抵制

联合抵制,又称为集体抵制、共同拒绝交易,或集体拒绝交易等,是经营者联合起来以损害特定竞争者利益为目的,对该竞争者拒绝供给、拒绝购买或促使经营者的交易人拒绝供给或拒绝购买以使竞争者陷入不利经营地位的行为。

联合抵制可以有三种类型:(1)联合拒绝向特定经营者供货或者销售商品;(2)联合拒绝采购或者销售特定经营者的商品;(3)联合限定特定经营者不得与其具有竞争关系的经营者进行交易。

联合抵制可以是三方主体,也可以是两方主体。在三方主体的情况下,经营者联合起来对竞争者的上下游主体施加不正当影响,要求上下游主体拒绝与竞争者交易(不供给或拒绝购买),这种抵制是间接联合抵制。在两方主体的情况下,经营者(联合)与合作者进行直接的利益对抗,其目标是实现(经营者或合作者的)群体利益,这种抵制是直接联合抵制。

直接实施的联合抵制主要有以下几种方式:

(1)利用行业协会制订规则排挤竞争对手。行业协会是同业经营者之间为了增进共同利益而成立的组织。一般来说,加入行业协会具有开放性和自愿性,即具备组织章程规定的条件的经营者都可以加入组织,并享有相应的权利。但在某些特殊的行业,行业协会成员的身份对于经营者从事经营具有特别重要的意义。如果行业协会成员联合拒绝接纳新的竞争者或者设置歧视性条件,将会有效阻止竞争对手参与竞争。早期,此类案例十分常见。如在比利时,没有获得相关证书的洗衣机是不能被安装的,而证书是由洗衣机的制造者和专门进口国外生产洗衣机的进口商才能加入的协会颁发的。尽管该协会打出的口号是维护公共健康,但是,这些规则却给予平行进口商以沉重的打击,因为除非他们能够获得有关证书,否则找不到能和他们做生意的分销商。这样,平行进口商在洗衣机销售中就陷入了十分被动的地位。欧洲法院认为,本案中所涉及的行为违反了《欧共体条约》第 81 条。[②]

(2)给竞争对手设置技术壁垒,阻碍竞争。由于某些技术设备的研发和普及需要耗费

---

① 我国《反垄断法》第 55 条规定,经营者依照有关知识产权的法律、行政法规规定行使知识产权的行为,不适用本法;但是,经营者滥用知识产权,排除、限制竞争的行为,适用本法。

② *Eastern States Retail Lumber Dealers' Ass'n v. United States*, 234 U. S. 600 (1914).

大量的人力、物力，单个企业常常难以独自完成。于是，同业经营者经常创立一些合作组织，并通过该组织联合研发新技术、新设备，共同开拓市场。但是，新技术、新设备（如某些重要的专利技术、设备等）一旦被这样的组织所控制，他们往往会不允许非成员使用，或者对非成员的使用设置歧视性条件，这将在有效维护成员利益的同时排挤竞争对手。尽管专利技术具有天然的垄断性和独占性，专利所有人有权利决定专利技术是否授予他人使用，但在特定情况下，这种共同拒绝行为可能严重限制竞争，并由此受到反垄断法的规制。1945 年的“美联社案”就是涉及这一问题的典型案件。美联社是一个拥有 1200 个报社成员的合作性的、非营利的联合组织。该组织规章明确规定，不得将其成员内的新闻报道与组织外新闻报社共享，并且其新采集的报道材料只能上交美联社。美国政府认为，该规则阻碍了其他报社与美联社的公平竞争，给非美联社成员的新闻报社的竞争带来了严重困难，因此，这些规章制度是违法的。美国最高法院在审理后最终认定美联社有关规章制度违反了《谢尔曼法》。①

间接联合抵制需要借用上游或下游的力量来实现。此类联合抵制在我国的药品、商业零售、航空业领域中较为常见。东星航空公司是刚刚获准从事航空运输的企业，实施薄利多销的经营战略。在正式开业前，其对外宣传的机票价格比市场同类价格低 30%左右。但是，就在其开业后不久，诸多城市的机票代理点都拒绝销售东星公司的机票。经查实：南方、东方、海南等 6 家航空公司和 40 余家机票代理商、6 家旅行社曾联合召开会议。会上他们宣布了四条对东星公司的禁令：(1) 各机票代理点不准销售东星的机票，否则 8 家航空公司将终止代理商的销售；(2) 不允许东星公司机票签转联程；(3) 各旅行社不允许帮东星公司订票；(4) 6 家航空公司实施同一航线统一价格。前三项措施具有联合抵制的性质。

反竞争的联合抵制通常发生在以下的情况，即联合相关企业通过直接拒绝与竞争对手进行交易，或者迫使供应商或者客户中断与这些竞争对手进行交易，从而将竞争对手置于不利的地位。这种联合抵制的行为对反竞争的影响相对明显，而促进竞争的效果相对较弱。

（二）行为复合

行为复合，是在一个案件中存在两种以上的垄断行为类型。包括具有同一属性的行为复合和不同行为属性的复合。前种如我国《反垄断法》第 13 条中的各行为的复合；后种如我国《反垄断法》第 13 条与第 14 条、第 17 条或第 36 条规定的复合。

例如，在“娄底市保险行业价格垄断案”②中，由保险行业协会组织娄底市 11 家财险公司和湖南瑞特保险经纪公司，共同组建娄底市新车保险服务中心。该中心由娄底市保险协会领导，11 家财险公司先后与该中心签订“合作协议”，规定所有新车保险业务必须集中在娄底新车保险服务中心办理，并划分了各公司在娄底市新车保险业务中的市场份额。执法机构认定上述行为构成对娄底市新车保险市场的垄断，包括价格（折扣）卡特尔、联合抵制、数量卡特尔。

在美国“Toys ‘R’ Us 案”③中，Toys “R” Us（以下简称 TRU）是美国一家规模很大的玩

---

① *Associated Press v. United States*, 326 U. S. 1 (1945).

② 参见《娄底保险行业价格垄断案》，湖南省物价局 http://www.priceonline.gov.cn/jianduju/Shownews.asp? ID=149735，访问日期：2012-12-28。

③ 即“说是反斗城案”。反斗城是“Toys‘R’ Us”的简称，是 20 世纪 90 年代早期美国最大的玩具零售商。其涉案经过联邦贸易委员会裁判（12FTC415 1998）和对联邦贸易委员会裁决的上诉案（*Toys ‘R’ Us, inc. v. Federal Trade Commission*）参见 221F. 3d 928(2000)。〔美〕J. E. 克伍卡、L. J. 怀特编著：《反托拉斯革命——经济学、竞争与政策》，林平、臧旭恒等译，经济科学出版社 2007 年版，第 373—386 页。

具连锁经销商,20 世纪 90 年代以来遭到了来自诸如仓储超市(warehouse clubs)等一些新的零售模式的竞争。其采取了两种方法应对竞争:一是降低零售利润率,低于当时传统玩具店标准的 40%—50%。二是分别与十来家主要的玩具生产商达成限定产品分销的协议:禁止生产商向仓储超市提供 TRU 正在销售的同类热门玩具产品。1998 年,美国联邦贸易委员会(FTC)要求 TRU 停止上述行为。法院支持了美国联邦贸易委员会的决定,认为:(1) TRU 与每一个玩具生产商订立的纵向协议是违法的,因为其市场势力强大(在距店铺 30 分钟车程的区域里,其总的玩具市场份额的平均值是 32%),纵向分销限制产生了明显的反竞争效果;(2) TRU 与生产商达成的限制交易协议将产生联合抵制仓储超市的效果。同时,其反竞争效果明显超过了任何商业抗辩理由。由此,该案通过横向、纵向两个层面分别对行为复合进行了考察。

行为复合不仅发生在不同的协议类型之间,也可能跨出协议,和某种(些)滥用支配地位行为复合。例如,发生在中国的"高通案",涉及横向垄断协议中的交叉许可,也涉及不公平高价。

面对行为复合的情况,反垄断执法(司法)机构就行为的总体认定需要分别表述。同理,行为人需就行为的总体认定进行不同的抗辩。因为不同行为的认定标准不完全一致,甚至证据负担也存在较大的差异。

但是,一般而言,发生复合的诸行为会存在主导性和辅助性的区别。主导行为是作为工具出现的,辅助行为是作为结果而存在的。例如上述"娄底市保险行业价格垄断案"中,价格卡特尔和数量卡特尔是主导行为,联合抵制是辅助行为。在上述"Toys'R'Us 案"中,纵向分销限制是主导行为,联合抵制是辅助行为,这决定了当事人的抗辩重点和主要理由是"搭便车"问题。在处罚上,往往同属性的不同行为处罚一致,复合行为可以作为处罚中的加重情节予以考虑;不同属性的行为处罚的标准不一样,应当分别处罚。

三、三种特殊的横向垄断协议

一般情况下,卡特尔都是以协议的方式表现出来。但在特殊情况下,行业协会会参与其中,并以决定的方式形成。另外,卡特尔也可能不以书面或口头方式订立,而以协同行为的方式表达其意思。所以,这里所谓的"特殊",主要指行业协会参与形成的决定性质的卡特尔和"协同行为"性质的卡特尔。

(一) 行业协会组织的协议

不同国家或地区对行业协会的称谓不完全相同。日本《禁止垄断法》称之为"事业者团体",德国《反限制竞争法》称之为"产业团体",美国判例曾使用"行业协会"和"职业协会"两个概念。[①] 在我国,商会与行业协会有广义和狭义之分。广义上的行业协会包括商会,此外还包括职业者的联合(或称之为职业协会),如医师协会、律师协会、会计师协会等;而狭义上的商会属于行业协会。原初这种划分的意义在于确立组织的性质,但现今,由于这些职业协会都存在营利的情形,在这个意义上,单独使用商会和行业协会已无特别意义。我国有些地方有关行业协会的立法中,也统一了这两个概念。如《温州市行业协会管理办法》第 2 条规定:"本办法适用于本市行政区域内依法设立的各类行业协会、商会、同业公会(以下统称行

① 梁上上:《论行业协会的反竞争行为》,载《法学研究》1998 年第 4 期。

业协会)。"本书在此不作严格意义上的区分。

行业协会的功能是多重的，基本功能是：代表行业的所有厂商与政府沟通、游说，公布产品的标准，发布行业数据，设立产品标准，出版行业期刊、报纸，组织业务交流等。这使得它与垄断具有某种天然的联系。

传统上，行业协会因其自我管理的特性从而和早期卡特尔在创建目的及活动内容上非常相似，甚至一些行业协会并不掩饰其联合组织的特性。比如在章程中明确规定一致销售价格或市场协同价格，并明确违反规定的处罚措施。在民国时期，为达到抵制日货的目的，天津的《木商同业公会简章》规定："各号售货每星期日报告，以便注册，将存货物卖结为止；必须团体坚固，始终如一，以昭大信；各号所存仇货(日货)业经报过商会，从此不得再买，如私行批买，一经查出任凭各界联合会处置；如有用户破坏本会章程，自行购买仇货者，一经同业查出即行报告各界联合会扣留罚办，以儆效尤，藉资巩固；倘有私买仇货知情报告者，以该货多寡估价，抽罚五成以一成赠报名人，以四成充办地方公益，以示大公。"[①]

美国19世纪末期成立的铁路干线价格卡特尔是一种典型的自我管理组织，内部不仅有专业的管理机构和协调机构，也有相关制度性规则。在《州际商业法案》和《谢尔曼法》出台之前，该组织曾像现代行业协会一样，向政府或国会反映成员诉求，只是由于无法证明其活动符合大众利益而使期待卡特尔合法化的目标最终落空。[②] 可见，行业协会和卡特尔之间在历史上如此"志同道合"，这或许是现代各国反垄断法都不敢轻视行业协会并将其作为一种重要的主体在规范中予以明确警示的根本理由。

进入现代社会，行业协会本身的卡特尔特性已经退化了，型塑为介于政府和企业之间的组织，并发挥克服"政府失灵"和"市场失灵"的特殊功效。法律上给予它合法的地位和身份——一经登记注册，它就成为来源于成员，又独立于成员的实体。它的公开、独立、合法的身份与卡特尔的隐蔽、连带、违法的特性形成鲜明的对比。但法律的规划并不能保证行业协会被牢固地束缚在限定的范围内，行业协会时常扶助成员企业走回到历史的老路上。

反垄断法中的行业协会的身份具有双重特性。一方面行业协会为了维护成员的整体利益可以以原告主体的身份到法院起诉，即以受害者代表的面目出现；另一方面行业协会在业务协调和管理中可能促成卡特尔，即成为致害者。根据波斯纳的早期研究，所有反托拉斯案例有43.6%涉及行业协会。[③] 前者是积极身份，后者是消极身份。我国《反垄断法》上只规定了行业协会的消极身份。[④]

1. 组织卡特尔的理由和基础

行业协会基于利益需求，包括自身的和成员企业的利益需求，具有进行反竞争行为的天然倾向。行业协会自身的优势使其与限制竞争行为之间如此靠近，以至于其时常充当卡特尔的幕后黑手。

---

① 天津历史博物馆、南开大学历史系《五四运动在天津》编辑组编：《五四运动在天津——历史资料选辑》，天津人民出版社1979年版，第246页。

② 关于此活动的历史记载，请参阅〔美〕小艾尔弗雷德·D. 钱德勒：《看得见的手——美国企业的管理革命》，重武译，商务印书馆1987年版，第157—158页。

③ 〔美〕丹尼斯·卡尔顿、杰弗里·佩罗夫：《现代产业组织》(上)，黄亚均等译，上海三联书店、上海人民出版社1998年版，第270页。

④ 参见我国《反垄断法》第13条和第16条的规定。在此仅探讨其消极身份，积极身份在"反垄断法实施"一章展开。

行业协会的性质和工作方式为创建价格卡特尔提供某种组织条件。

自治性是行业协会最本质的特征。行业协会由法人或非法人组织自愿组成,并按照章程开展活动来实现会员的共同意愿。其组织机构的管理人员通过民主选举产生,且大多由有资历、有威望、有实力和能力强的企业主担任。行业协会在法定范围内,独立自主地管理自己的事务,具体表现为自愿入会、自选领导、自聘人员、自筹经费、自理事务。

在法律上,行业协会不具有政府享有的管理权力。在活动方式上,坚持自我管理、自我服务、自我协调、自我约束、自我教育的方针。但是,行业协会内部容易产生类似于政府权力性质的管理与服从关系。一方面行业协会整合本阶层利益,形成企业家的利益代表和利益表达的机制,即通过一定的渠道向政府反映这个组织群体阶层的经济和政治诉求,沟通和协调企业与政府、企业与社会的关系,排解不正当的行政干预,维护会员企业的合法权益,从制度环境中体现成员的心声和反映成员的呼声;另一方面,从抗击风险这一点,由于成员整体利益受侵害时以集体的力量对抗总比个体分散力量对抗具有更强的优越性,因此行业协会和初期的卡特尔具有设立缘由上的一致性。

作为代言人的行业协会处于政府之下、企业之上的特殊位置,在政令的传达和内部管理过程中原本来自于成员集体的意志会转化为行业协会的权威。这样,作为利益维护者的行业协会,在维护企业会员的整体利益,降低行业风险求得公平竞争环境的活动中很容易赢得威信。此外,其在会员资格、质量标准、产品代码、资质认证、行业道德标准的制定等活动中都以似同管理者的身份从事管理活动。也有人认为,行业协会本质上是其成员建构的一种具有网络性和组织性的关系实体,行业协会是一种关系网络。[①] 该关系网络通过内部的规章制度,确保其存续上的永久性,并通过为成员谋利益来获得成员的心理认同。

根据美国学者黑尔和凯勒对美国司法部价格操纵案件的研究,在超过 15 家厂商共谋的 8 个案例中,有 7 个是涉及行业协会的,而在所有这 7 个案例中牵涉的厂商超过 25 家。弗拉斯与格里尔发现,总计有 29% 的案例涉及行业协会,所有价格操纵建立中 36% 涉及行业协会。[②]

行业协会管理上的优势有利于促成卡特尔。这些优势体现在以下方面:

(1) 信息优势。行业协会提供了一个信息交换的平台,行业协会的管理建立在广泛占有信息的基础上。这里的信息包括行业协会各成员产品的主要信息,非行业协会成员企业的相关主要信息,甚至整个产品市场的信息、国际市场的相关信息等。较单个企业或者部分企业的自我联合来说,行业协会对信息的掌握具有全面性、实效性和宏观性。建立卡特尔需要的客观条件和主观条件,行业协会依据掌握的客观和主观信息较单个企业或者部分企业私下联合达成限制竞争协议具有节约成本的优势。

(2) 协调优势。行业协会的主要职能之一就是协调成员企业之间的行为。与私人协调相比较,行业协会协调的专业性和权威性更强。与政府协调相比较,行业协会因站在"行业"的立场上具有较强的亲和力,所作出的决策更容易被成员接受和执行。成员企业都享有独立的经营自主权,但作为竞争主体,难免在市场竞争中发生冲突。为了整个行业的整体利

① 鲁篱:《行业协会自治权研究》,法律出版社 2003 年版,第 258 页。

② 〔美〕丹尼斯·卡尔顿、杰弗里·佩罗夫:《现代产业组织》(上),黄亚均等译,上海三联书店、上海人民出版社 1998 年版,第 270 页。

益,行业协会也愿意并积极地对众多企业的行为进行协调。

(3) 组织优势。行业协会的内部组织比政府和单一企业更便于反映和表达同类社会成员的共同问题。而且行业协会本身具有规模效应、外部经济和一致性集体行动优势,以这种组织效率为基础,成员企业可以获得整体认同感。

(4) 监督优势。达成的卡特尔在执行中,若有背叛行为,行业协会可以采取某些处罚措施来惩罚背叛者。尽管有些处罚不能与法律的强制力相互衔接,但内部的组织性惩罚常常成为推行其决议或命令的后盾。[①] 更何况在大多数情况下,这些决议或命令是符合协会大多成员利益的,为大多数成员所支持。

除了这些优势吸引企业加入行业协会并希望接受其提供的服务外,有时还存在被动加入或被裹挟执行决策的情形,即不加入行业协会或加入后不执行集体决策的企业将被集体抵制,甚至因集体抵制而被挤出市场。这种涉及生存的威胁往往比内部处罚更令企业恐惧,依此建立起来的卡特尔会更稳固、更持久。美国 20 世纪 40 年代和 50 年代,全国房地产协会和地方房地产协会达成了协议,要求所有成员按统一佣金率提供服务。而且,还通过了专业房地产商加入协会的进入壁垒——公司有足够大的客户基础。而没有加入地方协会的地产商,不能获取协会所控制的任何一个地方的待售房屋。这个决议使地方协会可以有效地阻止非成员的业务。同样,如果破坏协会的统一决定,惩罚的威慑力也相当大。由于卡特尔力量的不断壮大,(美国房地产市场)的佣金率从 20 年代的 2%—3%上涨到 50 年代的 5%,到了 60 年代,佣金率已经达到 6%—7%。[②]

相比主体间私下结盟,行业协会的存在简化了谈判的过程,并限于"内部"协调而不容易在创建时暴露行踪,因而具有结盟隐形化的特点。

行业协会介入其中从事的限制竞争行为的种类很多:划分市场、限制产量、固定价格、集体抵制等。其中,最常见的就是固定价格(价格卡特尔)行为。在固定价格行为中,西方早期的公开卡特尔形式由于太露骨在现代已大为减少,更为隐蔽的"信息交换"形式渐渐占据上风。对行业协会的这种"印象派创作",先前反垄断立法中已经有了大致明确的说法,而后反垄断立法中对此尚付阙如,这种反差本身就是关注此行为的最好提示。

企业的成功营销策略建立在市场充分调查并获取翔实市场资料的基础上,这些数据包括有关价格、销售、库存、原材料、需求等方面的信息。但是,上述很多信息往往被信息所有者作为商业秘密封闭起来,获取这些信息并不是一件轻而易举的事情。信息的阻滞制约了企业制定适应市场的最佳经济策略,造成生产与销售的盲目性。对于某一行业来说,行业内信息的充分公开,对本行业经济效率的提高和本行业的长远健康发展都是有利的。因此,行业协会主导的信息交换便具有了诸多有利的影响。但是,信息交换也可能演化为限制竞争的一种特殊形式,即在行业协会的主导和协调下经营者彼此之间掌握了对方的信息及整个行业的情况,形成价格同盟或价格趋同。

行业协会促成信息交换的形式主要有:

(1) 由行业协会直接组织的信息交流。在这类信息交流中仍能体现行业协会的主导作

---

① 1998 年,中国农机工业协会曾对山东时风集团等企业以不执行行业自律价为由,进行了罚款处罚。

② 〔美〕丹尼斯·卡尔顿、杰弗里·佩罗夫:《现代产业组织》(上),黄亚均等译,上海三联书店、上海人民出版社 1998 年版,第 271—272 页。

用。具体表现为积极召集、主持会议和进行价格引导。行业协会通过召集成员企业召开联席会议的方式,互通有关价格、库存、商业计划等方面的信息。所谓主持会议,往往是行业协会站在成员团体立场上综合分析市场价格趋势,发现自身的优缺点,扬长避短。可能行业协会不会强制性地要求成员企业必须执行某种固定价格,但经常的做法是作引导性分析、聚合性价格提示。当然,行业协会所作的分析或提示不等于形成了价格卡特尔,如在此情况下市场产品价格仍属于多元化或者具有价格波动的常态。

(2) 行业协会在成员内部发布信息指南。发布信息指南似乎只是一个数据汇编,缺少综合性分析和倾向性引导。一般情况下,仅仅发布信息指南和价格卡特尔之间似乎没有直接的关联,但行业协会所收集和整理的信息为价格卡特尔的形成提供基本的技术数据。一般情况下,行业协会发布信息指南都抱有提携涨价的目的,只是有时将这种目的直白表达,有时则比较隐讳。在信息指南的基础上,成员企业可以利用有关方面的信息将固定价格的意向交由行业协会,行业协会再向其他企业发布。虽然行业协会发布信息指南,和成员企业形成固定价格之间可能缺少联结点,但也可能很容易地连接起来。

(3) 行业协会为成员提供信息交换平台。行业协会会以一种更为隐蔽的方式来影响竞争,其中最常见的是,为成员企业提供信息交换的平台。如行业协会在其官方网站或者电子刊物的特定区域开辟一个专栏,用于各成员企业发布各自的信息。这一方面能比发布信息指南更及时地跟踪市场信息,增加信息的准确性;另一方面也减少了交易相对方的搜索成本。当然,也可能由此使各成员企业的价格趋于一致,形成事实上的价格同盟。

2. 行业协会违法行为的规制

正常的信息沟通和信息交流式的价格卡特尔之间的差别在于:前者吸纳信息后,价格的输出是各自进行的,且价格离散化;后者在定价行为上表露出高度一致性或交错行动的规律性。因此,认定这种类型的价格卡特尔就需要具备两个条件:信息沟通、价格一致或趋同。

卡特尔从公开明示协议到信息交流的"进化"过程和法律对卡特尔所营造的严肃环境有关,与行业协会在其中发挥的作用更是紧密相连。甚至可以毫不夸张地说,行业协会的不适当举动扩大了卡特尔的内涵和外延,尤其是协同行为的广泛出现。

对此,一些国家或地区的法律采取了模糊化的应对措施以防万一。《欧盟条约》第 85 条规定:"如果企业间的协议、企业协会的决定或者联合行为可能影响成员国之间贸易,并且在目标或效果上阻止、限制或者扭曲共同体市场内的竞争,尤其是在以下情况下,则应当被禁止,并被自动认定无效:(1) 直接或间接地固定商品买卖的价格或任何其他贸易条件;(2) 限制或控制产量、市场、技术发展或投资……"这里的"联合行为可能影响成员国之间贸易,并且在目标或效果上阻止、限制或者扭曲共同体市场内的竞争"包括了决定方式但不限于决定方式。我国《反垄断法》第 16 条规定:"行业协会不得组织本行业的经营者从事法律禁止的垄断行为。"但是,何谓"组织"?是否包括上文提到的"组织信息交流""制作发布信息指南""提供信息交流平台"?恐怕还需要对此作进一步的解释。

总体上,这些行为和卡特尔之间的关系应该是必要非充分的关系。从上述欧盟的规定看,对于信息交换的认定,更多的分析集中到行为的结果上,而不是行为本身。

我国台湾地区"公平交易委员会"处理过一个参考"信息平台"进行价格协同的案例(公处字第 094057 号)。在我国台湾地区,鸡蛋销售主要采取包销制,即不分鸡蛋之品质和大小,全数由蛋商参考"中国时报"或"联合报刊"刊载的台北大运输价减 2 元向蛋农收购,而

“中国时报”或“联合报刊”所刊载的鸡蛋“台北批发”及“台北大运输”行情，系前一日的交易行情并受市场供需影响，为全国蛋商及蛋农自行引为鸡蛋交易的重要参考依据。桃园县蛋类商业同业公会于1993年6月30日召开协调会，嗣于同年8月14日及8月20日第七届理监事会联席会议上通过决议，内容大致为大运输业者每周提供一次以每斤产地价减2元为计价基准的货源销售价，大运输业者的折损部分，由其向蛋场索取。审理认为：大运输业者既然以买断方式向蛋场购入货源，理应自负风险，在未经蛋场同意的情况下强行以低于产地行情的价格要求蛋场供货的行为，违反了“公平交易法”。

美国最高法院在1921年“硬木（Hardwood）案”中对行业协会的信息交流计划作的认定也体现了这一点：“这个机制（指定期信息交换）要成为一个常见类型的抑制竞争的组织，（认定为与公开价格卡特尔相比较）所欠缺的唯一因素是一个关于生产和价格的明确协议。但是，这一点得到了暗示：通过人们‘跟随他们最聪明的竞争者’这种倾向；通过尽可能赚到所有的钱这种固有的禀性；通过能够万无一失地、迅速地发现降价的报告制度……所有的人都是在被指责为背信弃义和受到强大竞争对手的惩罚这些约束下从事经营的。”[①]行业协会为此辩解的理由是，该计划的目的不过是为该行业中地域分散的从业者提供信息，而这些信息等价于在行业工会或股票交易所出售的报纸和政府出版物中所包含的信息。但反托拉斯官方认为，一个显著而充分的区别是，那些公开的报告卖方和买方都能看到，而这些报告只有卖方看得到；另一个区别是，那些公开的报告不像在本案中这样有专业的分析师，这些分析师不断地提出建议，协调那些越是联合进行越是有利可图的行动。

对于行业协会组织的卡特尔应承担的责任，日本在2000年5月再次修改《禁止垄断法》，在原有的基础上扩大了损害赔偿诉讼的范围，即将事业者团体的行为追加为反垄断法损害赔偿的适用范围。我国《反垄断法》第46条规定：“行业协会违反本法规定，组织本行业的经营者达成垄断协议的，反垄断执法机构可以处50万元以下的罚款；情节严重的，社会团体登记管理机关可以依法撤销登记。”可见，对行业协会的违法行为，违法者只承担行政责任，不承担民事责任，受损的他人只能要求行业协会的成员承担民事责任。

另外，还涉及一个问题，就是行业协会作出具有卡特尔性质的决定时，投反对票的成员是否可以免责。换言之，公司法上的免责是否能平移到反垄断法上。[②] 行业协会的决议不以全体成员合意为必要，只要普通多数通过即可，且对未参与表决或反对者亦有拘束力，理论上称之为“合成行为”。[③] 是否有必要像我国《公司法》那样区分出决议中的反对派？有学者

① 一个硬木制造商行业协会有365个会员，这些会员的产量占全部硬木生产的1/3。该协会为会员提供市场信息，包括每个会员的销售价格、月产量、存货状况。所有信息按照木材级别、大小和质量进行分类。该协会要求会员向协会提交未来生产计划。参见〔美〕理查德·A.波斯纳：《反托拉斯法》（第2版），孙秋宁译，中国政法大学出版社2003年版，第189—190页。

② 我国《公司法》（2014年修改）第112条规定：“董事应当对董事会的决议承担责任。董事会的决议违反法律、行政法规或者公司章程、股东大会决议，致使公司遭受严重损失的，参与决议的董事对公司负赔偿责任。但经证明在表决时曾表明异议并记载于会议记录的，该董事可以免除责任。”当然，这个问题只有我国《反垄断法》规定公司的高管对垄断违法行为承担责任这个前提下才有实践意义。

③ 与合同行为酷似而实有不同者，为决议及选举。在决议表决或选举投票之意思表示，向同一方面之点，以及意思表示须达多数一致之点，酷似合同行为。然在前者数当事人之意思表示必须总结合为一致，而各意思表示不失其独立性，其行为仍止于为意思表示人之行为，在后者依多数决之原则。对于未参加决议或投票，甚至为反对之意思表示者，亦有效力，而依多数决所集合多数之各个意思表示，失其独立性，而成为别个独立之单一全体意思，二者大有不同。故有以前者为结合的合同行为，而以为集合的合同行为，然不如以此为合成行为，而有别于合同行为。参见史尚宽：《民法总论》，中国政法大学出版社2000年版，第311页。

认为,“不论是通过补充《公司法》‘法人人格否认制度’的适用情形,还是通过增加反垄断法损害赔偿责任主体,都应当追究垄断企业内部直接责任人的损害赔偿连带责任,当然同时也应注意适用除外的情形,即能够证明其已尽到适当的注意义务并努力阻止公司实施垄断行为的除外”。[①] 事实上,对卡特尔行为的认定,不需要特别强调主观要件,甚至完全不关注主观要件。在此基础上,对反对派的归责应该分三种情况处理:(1) 如果行为已经实施,且反对派也随同实施,则反对派与其他成员承担同样的法律责任,包括受到强制不得不随同实施的也应承担责任,因为此种情况下,反对派可以检举揭发垄断行为获得宽免。(2) 如果其他成员执行了决议而反对派没有执行决议,则不应该处罚反对派。(3) 如果总体上决议均未执行,在适用《反垄断法》“尚未实施所达成的垄断协议的,可以处 50 万元以下的罚款”时,反对派的意见可以作特殊考虑——减免处罚。

(二)“协同行为”

竞争者之间的垄断协议可通过正式(书面)或非正式(口头)的交流形式进行。传统商业交往中的合谋大都可以以证据说明:参与人之间有实现一个共同目标的“一致的意见”,但在反垄断法的严厉规制下,通过非正规手段达成垄断协议的趋势越来越明显,由此出现了非书面、非口头的卡特尔形式——协同行为(或称默示共谋)。

1. 认定的难点

协同行为主体往往隐藏用以证明其行为存在的直接证据,执法者或原告也难以掌握直白表述这种“一致的意见”的证据。由此似乎形成了一个二律背反:“(默示)共谋要求意味着,必须存在协议的证据。但是,从界定上来讲,有意识的协调行为意味着并不存在此类证据。”[②]对于这个悖论,一条可行的解决路径是放松对协议证据的要求,依靠间接证据、以合理的方法来推定行为的性质。

协同行为遗留的证据可能非常零散,也可能非常单一。零星的证据片段在不能排除“只是公司的一般市场行为”的情况下,如果能够按照一定的标准和方法将证据片段串联起来,形成一种关联性证明:两个以上主体的行为只能是服务于一个违法的目的,那么,这些证据片段就具有了不同寻常的价值。

对反垄断执法机构而言,协同行为证据的“关联性证明”需要哪些间接证据,这些间接证据需要证明到何种程度,以及是否能够形成一个公共性规则供广泛适用等诸多问题,都非常重要,因为间接证明或多或少都含有推断的成分,夸大间接证据的证明力将可能伤及企业的经营自主权,乃至抑制市场机制的功能。但忽略经营者活动所遗留的支离破碎证据的整合,在一些情况下(甚至在很多情况下)将助长默示共谋。

总体上看,以间接证据证明协同行为的清晰标准和明确路径尚未描绘出来,先立法国家有关判案显示,在核心规则的外围规则上已经取得了初步的成果——排除了一些不构成违法性的证明事项,正如对艾滋病的认识过程——先用排除法(握手、共餐不会传染)——一样,如当沟通并没有导致“有意识地致力于一项共同计划”就不构成违法、缺乏某种沟通证明则不能表明协议存在、单纯依相互依赖性不能说明形成协同行为等。但是,排除事项只能说

---

① 时建中:《我国反垄断法的特色制度、亮点制度及重大不足》,载《法学家》2008 年第 1 期。

② 〔美〕基斯 · N. 希尔顿:《反垄断法——经济学原理和普通法演进》,赵玲译,北京大学出版社 2009 年版,第 61—62 页。

明“不是什么”的道理，其项目再多也无法达到只剩下一项并确定“就是这样”的程度。因此，在反面排除了诸多情况的基础上尝试正面回答“这个规则应该是什么”是必要的，也是可行的。

2. 证据类型

从证据的特性上看，协同行为依赖的是间接证据。例如，以往提高价格的声明、交流的信息、共谋者的内部文件、来往文件和会见大事记、和原来同伙的谈话、和客户的谈话、和竞争者的谈话、行业协会的备忘录、开支记录等。

间接证据的证明是从事实与事实的互相联系中发挥作用的。不同性质的事实，具有不同的证明作用。或者说，间接证据联系哪一方面的事实，它就倾向于证明哪一方面的事实。事实与事实的关联关系只是说明间接证据的条件，而具有关联关系的间接证据，只有通过进一步加工和细化才可能作为定案的依据。加工和细化的最基本方法就是对证据进行分类。

协同行为的卡特尔属性决定了除了考察争议的客观行为外，还需把握主观方面，甚至还要揭示行为实施时的相关经济背景。由此，用以证明该种行为的间接证据的分类也不同于传统证据法对间接证据的分类。

这里将证明协同行为的间接证据分为如下方面：

（1）沟通证据。即卡特尔成员进行会见或者任何形式交流的证据，但这些证据不包含他们交流的内容。具体而言，此类文件包括：竞争者之间的电话交谈或去同一个地方的事实，或者卡特尔成员的会面，如参加会议；各方交流的某一特定主题，如讨论需求或者产能的备忘录或会面记录；竞争者定价策略或解释性的内部文件，如相信竞争者会提高价格的信息等。

（2）行为证据。即表明秘密操纵价格的间接内容和具体做法。如各企业间的平行价格、企业的一致涨价或降价行为等。

（3）经济证据。即外部市场状况的证据，可分为市场变化证据、市场结构证据、竞争状况证据、行业情况证据等。市场变化证据是市场供需情况、成本变化等情况的事实和依据；市场结构证据是用来说明行为主体所居的行业成员总量及其个体规模的大小，通常以 CRX 或 HHI 来计算得出；竞争状况证据是在相关市场上参与竞争主体关系状况；行业情况证据是行业的资本、技术状况，产品的同质性，进入、退出等壁垒状况。尽管市场结构因素并不能直接证明存在着协同行为，但它在一定条件下可以协助分析行为的合理性或不合理性。

（4）促进协作的证据。促进协作的证据是有利于实施协同行为的客观情况。如维持卡特尔的各种手段、异常高的回报、稳定的市场份额、产品标准的限制等。一般来说，卡特尔的认定既需要客观行为表现，也需要主观上有统一的认识，所以促进协作的证据不能单独发挥认定作用。但是，一些促进协作的证据能揭示企业行为的异常性并由此深化可能存在卡特尔的认识。

间接证据认定案件是通过推断进行的。任何一个单独的间接证据，都不能正面肯定或明确否定被告人是否违法。只有把有关本案的主要间接证据串联起来，形成一种逻辑推论，才可以此定案。

在意大利的“婴儿奶粉案”[①]中，竞争管理局结合了上述几种不同类型的证据，并通过一

① 《在缺少直接证据情况下法院对卡特尔性质的协同行为的认定》（俄文版）。http://pandia.ru/text/78/193/47397.php，访问日期 2018 年 5 月 22 日。

定的推理证明了经营者间存在勾结。竞争管理当局查明:2000 到 2004 年,意大利 7 家(其中 3 家为法人组织)儿童奶粉销售商非常明显地平行变更产品的价格,幅度在 150%和 300%之间——高于欧洲大部分国家。还发现公司之间的一份备忘录,其主要内容有:在制造商协会的一个房间参加特别会议,讨论卫生部长要求的降低价格的问题;为响应部长的要求,在参与人间展开了激烈的讨论,同意降价最多不超过 10%。另外,被告为该产品零售的主要渠道——药店——设置了建议零售价格。竞争管理当局查到的证据包括:(1) 沟通证据:在行业协会会议上经营者会面并讨论价格:原则同意降低价格(不是最大幅度的价格下调),但没有直接证据证明,他们达成了一项协议。(2) 行为证据:存在调查开始前平行价格上涨、调查开始后价格大幅度下降的客观行为。(3) 市场结构证据:该行业只有三个相对独立的供应商在销售产品、产品同质、市场高度集中、海外市场的价格明显低于意大利。(4) 促进协作的证据:销售渠道是药店而不是如商店这类经常打折的渠道,对药店实行建议零售价。

基于上述间接证据,竞争管理机构采取了反推的方法:经营者进行过沟通降价 10%这一事实表明,调查之前的价格(高价),不是竞争行为的结果,而是沟通的内容和结果。于是,意大利竞争管理局宣布,这些公司的活动违反了《欧共体条约》第 81 条的规定,属于价格协同行为。

可见,在杂乱无章的间接证据中找出有价值的线索是准确认定案件的前提,而证据的类型化是能够找出有价值线索的一种有效方法。当然,它也仅仅是服务于认定前提的一种方法。对案件认定而言,更为重要的是间接证据的证据力问题和证明结构的形成。

3. 间接证据证明结构中的证据力要求

"一项完全建立在旁证基础上的实施策略,本身严重依赖于结构。"[①]因处罚严厉,能否将某种行为推定为垄断行为对经营者的影响非常之大,所以利用间接证据来认定行为违法则需慎之又慎。长期以来,在反垄断法的司法和执法中,间接证据的运用一直受单项效力观和整体效力观分歧的困扰,即在一个被审案件中是将所有的证据作为一个整体使它们发挥累积效应,还是每一项证据本身都应该具有支持存在违法性的效力。选取不同效力观直接影响到案件的结论,也制约间接证据的证明结构的形成。

"玉米糖浆案"[②]便是整体效力观和单项效力观冲突的典型案例。在本案中,市场结构证据和促成达成秘密价格协议的证据都存在。这些经济证据符合秘密协议的特点,即供应商高度集中、产品高度标准化、缺乏替代品、大量的过剩产能、提供给被告的产品在整个市场上存在价格歧视、合同期内的价格变化并非基于成本价格的变化。此外,被告行为的可疑之处还在于,被告相互充当购买者和销售者。这使原本应该动荡不定的市场变得异乎寻常的稳定。

原讼法庭拒绝认定交流证据的效力。主要理由是,一些单一证据不能说明行为违法。对此,本案的初审法院掉进了一个"陷阱",即如果不是每部分证据都证明原告有阴谋,就不能证明存在密谋。单项效力观的推理过于信奉自然科学上的零加零仍为零的严密性,行动

---

① 〔美〕基斯·N.希尔顿:《反垄断法——经济学原理和普通法演进》,赵玲译,北京大学出版社 2009 年版,第 62 页。

② 美国四家用玉米生产甜味剂的企业,被指控在 1988 年至 1995 年期间犯有勾结进行固定价格的犯罪。原告作出指控的经济证据指向一个事实,即不存在竞争。法庭认为,没有间接的证据表明,他们没有竞争,因合同没有明确价格协调。原讼法庭驳回了索赔,上诉庭将案件发回再审。

逻辑会偏离这种命题逻辑。证据作为一个整体是否充分，是以证据合力反映出来的。当证据被视为一个整体，就有可能揭示被告行为的本质。

重审法院采纳了波斯纳的上述意见，并坚持了在案件中有交流证据，包括相关文件和其他债务人的指责等。这间接地指出：行为人对价格相互理解和认识一致，并表明这样一个事实：有关各方拥有竞争对手一直没有公开的定价信息，并导致了实际执行的价格比涉嫌行为之前和之后的价格都高。最终法院确定，证据足够支持认定行为属于价格协同行为。

整体效力分析方法，只要求"基本结论建立在有效证据的基础上"，不要求任何一个沟通证据都需充分证明行为本身构成固定价格。如果真的像单项效力观所言的那样，这些证据就不是间接证据而是直接证据了。

不仅在美国司法实践中有这种不同观点的冲突，在欧盟，以间接证据证明价格协同行为，也存在单项效力观被强调并成为典型错案的事例。欧洲法院曾使用严格的方法来评估涉嫌卡特尔案件的每一个单独证据，并由此与反垄断执法机构截然对立。

欧盟委员会调查表明：1975 年到 1981 年间，43 家纸浆制造商和行业协会签订了一项协议，用于表达他们的价格变动。这些主体的买卖依长期合同进行，合同中有约定"买方有权获得不高于公开价的、最低限度的纸浆价格"(即最惠国待遇条款)。为证明纸浆制造商和行业协会签订的价格协议的垄断性质，委员会收集了大量的间接证据：众多供应商按季度公布相关的市场价格、价格公布在专门的出版物上、价格提前公布、所有的价格以美元计算、主体不同的国籍(他们分别来自芬兰、瑞典、西班牙、葡萄牙、美国和加拿大)、不同的成本结构、不同的运费导致的在欧盟范围内不同国家的市场价格不同、在上述协议执行期间在遵守价格的规则上发生两次明显的失败。委员会还发现支持起诉的沟通证据，即制造商和行业协会之间的往来文件和电传——表明他们曾开会讨论过价格。

欧盟委员会认为，依证据的整体性能够推导出该行为属于卡特尔。但欧洲法院不同意这种认识方法及结论。欧洲法院要求欧盟委员会将每个文件与特定的供应商及具体行为联系起来。并坚持，只有各方面的证据在分开时也具证明效力时，才能确立"这种行为是卡特尔的唯一的解释"。欧洲法院聘请的两位经济学专家也不认为该情形属于价格卡特尔，而将公示的平行价格视为"市场的高度开放"的表现。最终，法院判定，有现实的原因使该行业形成这样一个长期的业务关系和实施特定的价格活动。

本案中，欧洲法院评价经济证据坚持严格的标准——这种行为属于卡特尔是唯一可能的解释——成为拒绝接受欧盟委员会决定的一个原则性理由。因对每一项证据效力的"精心过滤"，使该案成了反映间接证据效力问题的反面教材。这之后，委员会和欧洲法院审议协同行为类型的卡特尔案件时，基本上放弃了这种苛刻的要求和方法。

如美国、欧盟这样规制卡特尔经验丰富的国家或组织之所以在案件中偶有单项效力被强调，根本原因在于起初切分集体定价和自主定价的关系时技术的不成熟，弄不好会伤害企业的价格自主权。而它们之间的距离有时如此之近，难以用诸多的间接证据连接成一条清晰的分界线。

毫无疑问，对每一个间接证据都细致入微地进行单独分析，每一个间接证据可能都是值得怀疑的。证据越碎片化，证据的可疑性也就越高。只有直接证据才能依赖单项证据清晰地映射出卡特尔的面目，而间接证据的价值只能体现在依赖总体证据形成的影像来对行为的性质进行推定。

4. 依间接证据推定协同行为的证明结构

协同行为的隐蔽性和多样性为反垄断机构查处这种类型的卡特尔带来了前所未有的困难。现代经济理论和规制的实践也已确定:寡头市场不必然导致提高价格的合作或价格集体行动;表面上价格同一的现象也不必然就存在价格卡特尔。很多企业在面临指控时,常常将共同的价格行为解释为出于经济理性之价格追随,期望摆脱法律责任。在成文法对间接证据的证明要求缺乏明确规定的情况下,确立合理的解释方法和构建稳定的解释标准成了这些国家反垄断执法机构和管辖反垄断案件的司法机构的主要任务。

我国台湾地区学者认为,间接证据的推断方法需满足以下要求:(1) 需要证明的不是案件中主要的待证事实,而是其他与待证事实密切关联的,有助于了解待证事实的“周边情况”。(2) 必须根据这些情况,推导主要待证事实的存在。(3) 推理必须有确实的证据,且这些“周边情况”必须是能够重要、明显、一致地指向特定事实,甚至能够“唯一合理”地解释卡特尔合意的存在。(4) 采用间接证据的一方,仍须证明间接事实的存在,并有义务说明该事实的含义,以说明这些“周边情况”能唯一合理地解释卡特尔合意之存在。[①] 事实上,这似乎走向证据整体合力的另一个极端。如果将上述“合意”理解为意思表示一致,间接证据能够达到“唯一合理地解释卡特尔”的证明力,则无需其他如行为证据等辅助证明,那这样的证据也就不可能是间接证据了。只有狭义地将沟通理解为别于合意的一种主观形态并以“沟通”替代“合意”,上述论断才符合题中之意。即便如此,将间接证据的证明力都集中在“能够‘唯一合理’地解释卡特尔合意的存在”上,也会有违协同行为的属性[②],不恰当地将对协议型卡特尔的证明标准平移到协同行为上,进而会限制协同行为的规制视角和规制手段的运用。因此,由合意推断的协同行为要么不存在,要么就不是协同行为,而是协议型卡特尔,故“合意→协同行为”这种证据证明结构不在本题讨论范围内。

利用间接证据推定协同行为不仅要考察行为主体的主观状态和客观行为的特殊性,而且要重点描述主观状态和客观行为的关系。在推断的过程中可能因某些证据类型信息量的薄弱可能还需要进行辅助论证(如促进证据的加入)。由证明力强弱关系不同的诸间接证据的有机组合形成了不同的证明结构。

在我国,为细化《反垄断法》第 13 条规定的协同行为,执法机构发布了两个文件。[③] 确认了两种认定模式:“行为一致性”+“意思联络”;“行为一致性”+“意思联络”+“合理理由”。国家市场监督管理总局发布的《禁止垄断协议暂行规定》整合了上述两个文件,采纳了上述第二种模式。但不管如何,现有法律文件都忽略了一个重要的事实证据——促进证据——所应发挥的作用,这使得证明的结构过于单一。因此需要发挥促进证据的独特功能,并由此建立更加细致的分析模型。[④]

---

① 吴秀明:《竞争法制之发轫与展开》,台湾元照出版公司 2004 年版,第 54—55 页。

② 为了避免受合意传统含义(即上述狭义)的干扰,下文的探讨不包括“合意→卡特尔”的推定结构。本书认为,在间接证据的情况下,主观状态只能证明到沟通的程度,而无法证明到合意的程度。否则就不是间接证据了。

③ 一是国家发改委颁布的《反价格垄断规定》,其第 6 条规定,认定其他协同行为,应当依据下列因素:(1) 经营者的价格行为具有一致性;(2) 经营者进行过意思联络;认定协同行为还应考虑市场结构和市场变化等情况。另一个是国家工商局颁布的《工商行政管理机关禁止垄断协议行为的规定》,其第 3 条规定,认定其他协同行为,应当考虑下列因素:(1) 经营者的市场行为是否具有一致性;(2) 经营者之间是否进行过意思联络或者信息交流;(3) 经营者能否对一致行为作出合理的解释。认定其他协同行为,还应当考虑相关市场的结构情况、竞争状况、市场变化情况、行业情况等。

④ 具体请参见刘继峰:《依间接证据认定协同行为的证明结构》,载《证据科学》2010 年第 1 期。

促进证据可以帮助推定行为一致，其基本理由在于，维持卡特尔的“行为语言表露了其心思”。斯蒂格勒认为，每一个卡特尔需要应对的问题有三个：首先，必须在讨论协议条件的过程中达成共识。因为如果没有沟通——像博弈论表述的那样，是非常难以促成卡特尔的，市场参与者有太多可能的行为选择。其次，卡特尔需要一个机制，以追踪成员的行动，确保每一个成员按规则行事。最后，需要一个对作弊行为处以罚款的机制，以阻止卡特尔成员背叛。从一个侧面讲，这三个“问题”及其解决方法就是存在卡特尔的证明。所以，维持卡特尔的方法和处罚机制得以运用的前提是卡特尔的存在。没有卡特尔不可能有维持方法和处罚机制。

据波斯纳(1970年)对反托拉斯案例的研究，至少6.2%的案例涉及信息交流，而4.3%的卡特尔有监督、罚金与审计措施。[①] 维持机制和处罚机制因组织体规模的不同有多种方法可选择。就维持机制而言，有建立卡特尔内部审查机构、使用最惠国待遇条款、设立触发价格警戒线、基点定价、共享信息等。在这些方法中，有的可以直接促成固定价格，如设立内部审查机构、基点定价、信息共享；有的可以促进维持有浮动的低价，如使用最惠国待遇条款、设立触发价格警戒线。前者具有直接固定的功能，如果存在这种证据，就可以推定企业间存在沟通交流。

除此之外，我国上述法律中还存在如下需要进一步探讨的问题：一致性是绝对一致性还是相对一致性？合理理由是必备条件还是选择条件？

（三）“中心辐射型”卡特尔

“中心辐射型”卡特尔，也叫“轮轴式(hub-and-spoke)”卡特尔、“枢纽”卡特尔。迄今尚未有明确的定义。它是横向垄断协议和纵向垄断协议中间的一种特殊形态，也是当事人规避法律而产生的一种更加隐蔽的垄断协议形式。

在美国的司法实践中，“中心辐射型”卡特尔在美国1939年“洲际电影公司诉美国案”(*Interstate Circuit v. United States*)[②]中初现端倪，之后美国“玩具反斗城案”将这种行为类型固定化。近期，“苹果电子书案”[③]再一次将这类行为的复杂性展现出来。在我国的反垄断执法中，类似中心辐射型卡特尔的案件有两个，一个是“湖南娄底保险行业价格垄断案”，另一个是“湖北联兴民爆器材股份公司限定数量垄断案”(以下简称湖北联兴公司案)[④]。两个案件都涉及上下游两类主体。案件的难点在于，依行为的本质两个案件均涉嫌违反《反垄断法》第13条的规定，但从主体的关系上看，保险经纪公司和湖北联兴公司都不属于法律规定的“具有竞争关系的经营者”，很难认定其为违法者。

1. 中心辐射型卡特尔的特殊性

中心辐射型卡特尔由于形成的基础条件不同于一般卡特尔，致使其不论在形式上，还是在内容上都存在自身的特性。

---

① 〔美〕丹尼斯·卡尔顿杰弗里·佩罗夫：《现代产业组织》(上册)，黄亚钧等译，上海三联书店、上海人民出版社1998年版，第274页。

② 306 U.S. 208 (1939).

③ *United States v. Apple Inc.*, 952 F. Supp. 2d 638(S.D.N.Y. 2013).

④ 2006年湖北省四家民爆器材生产公司和72家民爆器材销售公司共同出资组建湖北联兴民爆器材股份公司。在章程中规定，上游四家公司生产的产品只能委托联兴公司代为销售，下游72家公司的产品只能在联兴公司处购买。联兴公司以上一年的总销量为基础并结合上游四家公司上年的生产量来确定上游四家企业的当年的生产配额，此行为被认为涉嫌数量限制。

首先,关系的双重性。一般来说,将同一经济环节的经营者之间建立的联系称之为横向经济关系;不同经济环节的经营者之间建立的联系,称之为纵向经济关系。卡特尔是横向经济关系的典型形式。纵向垄断协议是纵向经济关系的典型形式。

中心辐射型卡特尔既包含横向经济关系,也包含纵向经济关系,具有双重性。并且,它首先体现的是纵向经济关系:中心辐射型卡特尔建立在上游主体和下游主体之间的交易关系的基础上。但不同于纵向垄断协议,它的危害不是经营同一品牌产品的经营者之间在价格、地域等项目上的竞争秩序,而是不同品牌产品之间的竞争关系。另外,它也不同于滥用市场支配地位或滥用相对优势地位[①],拥有支配地位或优势地位的经营者不对与其交易的经营者施以统一的价格、其他同一的交易条件,不会形成以统一条件为基础的群体一致行为。同样,中心辐射型卡特尔偏离于一般卡特尔之处,在于横向主体之间不存在共益性的协议。而之所以将其认定为卡特尔,是因为以"中心"为基础"辐射"一定的主体范围,形成了被辐射主体间不竞争的"扇面"。

其次,交易形式的多样性。中心辐射型卡特尔所依据的交易具有真实性,即以实际产品的流转为基础,这一点不同于多层次的传销(以概念为基础);这种交易也具有现实性,即以当期的交易为基础,这不同于期货。

中心辐射型卡特尔所依凭的交易形式具有多样性。一种形式是以买卖合同为载体。美国"玩具反斗城案"就是这种类型。TRU 和上游玩具制造商(至少有十个主导制造商)约定:不出售给竞争者——仓库俱乐部——任何新型的或广告宣传的产品;出售给仓库俱乐部的特殊产品、清仓产品需经 TRU 的许可;若玩具制造商违反上述规定,TRU 将不再从该玩具制造商处购买违例的产品。另一种交易形式是代理模式。2012 年美国司法部指控苹果公司和 5 家出版商合谋非法抬高电子书价格,违反了《谢尔曼法》的规定。苹果公司对有关电子书的销售采取的是"代理模式"加"最惠国待遇条款"(Most Favored Nation Clause)的方案。即电子书的零售价由出版商设定,苹果公司收取零售价的 30%,出版商获取 70%。"最惠国待遇条款"是保证出版商和苹果公司上述的价格能够得以执行的手段。在我国,发展改革委处罚的"湖南娄底保险行业价格垄断案"中当事人采取的也是代理模式。第三种交易形式是许可模式。美国"洲际电影公司案"(又称"美国洲际巡回公司诉美国政府案")[②]就是如此。8 家电影发行人占据了电影市场 75%的份额。之前他们与享有首轮放映权的两家影院——Interstate Circuit 和 Texas Consolidated——的所有人签订的合同中有规定:Interstate 独享在得克萨斯等六个城市首映权,Texas Consolidated 独享他所在城市的电影首映权。在上述基础上,Interstate 和 Consolidated 向 8 家发行人寄发内容相同的信函:在首映电影后的电影放映定价为 40 美分或者更高;再后的电影放映单片不得低于 25 美分且禁止双片联映。8 家发行人和两家电影放映人分别签订了上述内容的协议。

再次,以买方为"中心"主体。形式上,中心辐射型卡特尔是一种营销行为,但双方的关系并不平等。于生产者而言,生产出来的产品,只有通过流通领域才能够进入消费领域最终实现其使用价值。在工业技术快速发展的背景下,一般产品的批量生产变得轻而易举。但

---

① 在我国,主要体现在《零售商供应商公平交易管理办法》中规定的行为,目前也体现在《反不正当竞争法修订草案》(送审稿)第 6 条上。

② *Interstate Circuit, Inc. v. United States*, 306 U.S. 208 (1939).

是，生产出来的产品能否完成进入市场的“惊险的一跳”，则存在越来越大的不确定性。在后福特主义——个性化需求、大规模定制、企业内部的职能外包等——生产模式下，分工和专业协作的程度越来越高，一个企业无论有多雄厚的实力都离不开与其他企业的有效合作，这使得卖方和买方的市场交易关系大多数情况下显现为不平等的关系。正如学者所言：“生产力的分工作用引致信息技术的提升和市场规模的拓展，生产方式目前发展为后福特制生产方式，生产关系的资本属性引致企业垂直分离，通过价值链的整体控制及企业关系重构，实现了买方市场势力的增强。”①

中心辐射型卡特尔的辐射中心（市场力量）是买方，这不同于纵向垄断协议——通常卖方拥有市场力量并以此对买方的营销施加的限制。不但市场力量的来源不同，产生市场力量的基础也不同。中心辐射型卡特尔的“中心”主体的市场力量来自于销售方式的创新性、渠道的灵活性、信息技术的高度发达、资金的控制（包括沉淀成本、资金转移等）能力等因素——这使得买方对市场变化的敏感度更强；而纵向垄断协议市场力量来自于品牌力量，即驰名商标建立的稳定的商业信誉。

基于此，中心辐射型卡特尔大致可以界定为：以下游主体为中心与上游多个主体达成的限制上游产品的价格、数量、销售地域等条件的一种横向垄断协议形式。

2. 认定中的问题

上述中心辐射型卡特尔的特殊性给行为的认定带来了一些新的难题。

第一，适用本身违法原则还是合理原则。

复合性经济关系的行为在法律上的指向也将是多元的。由于中心辐射型卡特尔涉及上下两个经济环节，且往往以下游主体为中心，若仅从上游主体间的关系上分析，他们似乎成立一个卡特尔，但有所欠缺的是他们相互间没有签订协议；若从上下游关系及限定交易相对人的特性而言，又具有纵向垄断协议的特性。在“苹果电子书案”的一审中，法院认为，苹果公司的行为构成了横向价格固定，但苹果公司认为，自己作为零售商与出版商之间签订协议属于明显的上下游关系，即使构成价格固定也是纵向定价。在“玩具反斗城案”中，同样存在构成横向垄断协议还是纵向垄断协议的争议。

在内容上，中心辐射型卡特尔在横向经济关系中除了涉及价格、数量等阻碍竞争的因素外，有时候还可能涉及联合抵制。在纵向经济关系中的限制大多是下游主体限定上游主体交易条件或拒绝交易。如“玩具反斗城案”中，协议要求玩具制造商拒绝给仓库俱乐部提供热销的和登广告的产品。在“湖北联兴公司案”中，联兴公司和上游生产商约定民爆器材产品只能由联兴公司代为销售，不得委托其他主体进行销售。

行为指向的分散为识别行为的性质带来了一定的困难。这种困难不可等闲视之，因为不同的协议形式的法律风险（市场绩效）不同，适用的法律原则也不同。美国司法实践通常认为，纵向限制（包括纵向价格限制）对竞争的损害并不大，适用合理分析原则确定是否违法。而横向垄断协议属于核心卡特尔行为，其对竞争的损害极为明显，从而无需进行过于细致琐碎的竞争分析即可认定垄断行为成立。

第二，是否需要考察市场力量。

对于纵向垄断行为，不论是滥用市场支配地位、滥用相对优势地位，还是纵向垄断协议，

---

① 宋宪萍：《后福特制生产方式下的流通组织理论研究》，经济管理出版社2013年版，第129页。

都需要考察市场力量。但对于横向垄断协议而言,通常不需要考察市场力量。

从美国在处理中心辐射型卡特尔中的认定思路和过程看,难以得出一致的结论。在"玩具反斗城案"中,市场力量作为重要的考察因素被提出来:"尽管在美国有数以百计的玩具制造商和成千上万的玩具零售商,但两个市场还是体现出中等的市场集中程度。"[①]两个市场的中等集中度这一市场结构要件对案件的认定起了非常重要的作用。在"苹果电子书案"中,市场力量并没有发挥作用,司法部门是依据代理模式和最惠国待遇条款推断得出违反《谢尔曼法》规定的结论的。在我国,"湖南娄底保险行业价格垄断案"和"湖北联兴公司案"中都没有提到市场力量。

第三,谁承担反垄断法律责任。

由于此类卡特尔涉及横向和纵向经济关系,虽然在名称上体现的定位是"卡特尔",但如果没有纵向的这个"中心"是不可能存在此种卡特尔的。因此,如果完全按照卡特尔,即"具有竞争关系的经营者"来确认违法者并施以处罚,显然忽略了"中心"主体的核心作用。如果强化"中心"主体的违法决定性,只处罚该主体而放任"被辐射"的诸多竞争者,则有违规制反竞争行为的本意,因为真正危害竞争秩序的是这些主体在价格、数量、地域等方面不竞争。

上文所引的美国案件中,上下游主体全部都被认定为违法者。但在我国,由于没有引入"中心辐射型卡特尔"的概念和处理思路,在"湖南娄底保险行业价格垄断案"中,行业协会和11家财险公司被处罚,处于保险公司上游的湖南瑞特保险经纪有限公司,和处于下游的娄底市新车保险服务中心均未按反垄断法处罚。在"湖北联兴公司案"中,反垄断执法机构只对湖北联兴民爆器材股份公司作出行政听证告知书,而其上游主体和下游主体是否涉嫌违反反垄断法,不得而知。

除了确认谁是违法者之外,与之相关的另一个问题是,承担反垄断法责任的主体是否可以申请适用宽大制度,尤其是作为辐射中心的一方主体是否可以被宽大。按照"中心"主体在整个关系中的作用,其应该属于组织者。按照以往的宽大制度的适用范围,一般对组织者不适用宽大。另外,适用宽大的,是横向垄断协议的主体。

总之,有必要关注在传统的横向垄断协议和纵向垄断协议之间,还存在一种变异了的协议形式。相关问题有待于学界进一步探讨。笔者认为,规制这种行为,可以按照协同行为的判断标准来认定。在法律责任上,由于下游主体的中心地位,责任主体既包括"中心",也包括被"辐射"了的上游主体。[②]

第三节　纵向垄断协议

除了滥用市场支配地位从事纵向限制外,非依赖市场支配地位的纵向关系一般依据合同建立起双方的关系。它既有合同的形式,也有滥用支配地位的表象。但本质上,却属于垄断协议。所以,纵向垄断协议处于合同、卡特尔、滥用支配地位所构造的复杂环境中。这种"三面环山"的处境也影响其自身标准的构建。

---

① 〔美〕克伍卡,〔美〕怀特编著:《反托拉斯革命——经济学、竞争与政策》(第4版),林平、臧旭恒等译,经济科学出版社2007年版,第381页。

② 参见刘继峰:《"中心辐射型"卡特尔认定中的问题》,载《价格理论与实践》2016年第6期。

一、纵向垄断协议的分类

根据限制内容的不同，一般将纵向垄断协议分为纵向限制价格协议和纵向非价格限制协议。

（一）纵向限制价格协议

纵向限制价格协议，又称限制转售价格协议，是指经营者固定或限定交易人向第三人转售商品价格的协议。纵向限制价格协议又可进一步分为固定价格协议、限制低价协议和限制高价协议。在市场供应过剩的情况下，生产商可能迫使销售商降低价格促销产品，以减轻库存压力，进而产生纵向限制高价协议；生产商为阻止零售阶段的价格竞争，维持高质量的产品形象，可能签订纵向限制低价协议。

限制转售价格的成立，首先要求协议的内容涉及两个交易关系，即生产商或供应商与销售商之间的交易关系、销售商与第三人（零售商）之间的交易关系，且后一个交易关系的价格已被前一个交易关系事先确定。那么，如果限制价格涉及的只是一个交易关系，则不构成限制竞争行为，如生产商与经销商之间是代理关系或寄售关系，代理行为和寄售行为不独立，其后果由本人和委托人承担，故代理人或寄售人的销售行为属于本人和委托人的销售行为，而不是转售行为。在欧盟法中，代理协议、分包和中小企业间的协议一般不适用反垄断法违法性审查。① 另外，母子公司之间的关系为非独立主体之间的关系，涉及的固定价格销售通常被认为是内部关系，而不是限制转售价格关系。

其次，被限制转售的价格形式有固定价格和限定价格两种。实践中，一种较为常见的类似限制转售价格的情形是"建议零售价"。通常，建议零售价是生产商单方建议零售商在产品上标注的单位价格。建议零售价制度的优点在于为消费者选购商品提供了直接的价格参考；对于生产商而言，建议零售价可以帮助生产商确定产品市场定位；对零售商而言，进行商品定价时会适当参考建议零售价，避免盲目定价。从法律角度看，这种建议零售价是没有法律约束力的，转售商可以遵守也可以不遵守，生产商也不会因为某一零售商没有遵守该建议零售价格而对其采取制裁措施。但如果生产商或批发商采取强制措施，迫使转售商不得不遵守此"建议"，如采取拒绝供货、限量供货、只供应不畅销货物等手段进行制约的，则该种建议零售价格可能属于限制转售价格。

依据不同的分类标准，纵向限制转售价格还可进一步细分为不同的种类：

（1）按照对价格的限制幅度的不同，可分为固定转售价格和浮动转售价格。固定转售价格，是交易双方所限定的价格为固定不变的单一价格，下游企业只能按照这个单一价格出售商品，不得改变，否则视为违反约定。浮动转售价格，是指交易双方约定一个价格范围，下游厂商可以在这个价格范围内任意定价，如规定售价的上限和下限，或者规定以进价的一定百分比作为上下限，在此范围内的定价都符合约定。浮动转售价格又分为最低转售价格和最高转售价格两种。

---

① 当然，不是所有的代理协议都合法。在欧盟法中，下列情况的代理协议可能违法：（1）代理协议可能包含禁止本人就特定类型的交易、客户或地域委托其他代理人的条款（排他代理条款），和/或禁止代理人担任与本人有竞争关系的经营者的代理人或分销商的条款（单一品牌条款）；（2）多个本人使用同一代理人，并共同阻止他人使用该代理人，或通过该代理人共谋营销策略或在本人之间交换敏感市场信息；（3）名为代理实为独立经销。

(2) 按照约定的方式不同,可分为明示转售价格、默示转售价格与承认转售价格三种。明示转售价格,即经营者以口头或书面方式明确的价格,并要求下(上)游厂商遵守转售价格的约定。默示转售价格,即经营者未对交易人明示限制交易人的定价自由,但交易人如果定价低(高)于一定标准,则对之施以“经济制裁”。承认转售价格,即经营者未明确规定交易人的转售价格,但规定交易人在确立某一销售价格前,必须经过经营者的同意。

(3) 依转售层次的限制不同,可分为一级转售价格限制和二级转售价格限制。一级转售价格限制,是指交易双方就下游企业将商品转售于第三人时的销售价格加以限制。二级转售价格限制,是指交易双方不仅就下游企业将商品转售于第三人时的销售价格加以限制,还要求下游企业对第三人再转售时的销售价格(再转售价格)加以限制的行为。[①]

以上各种分类当中,限制最低转售价格、限制最高转售价格与建议零售价的分类已被一些国家的立法所采用。如欧盟执行委员会于 1999 年通过的《垂直协议群体除外规则》第 4 条(a)规定:“卖方不得要求最低售价,得作建议售价或限制最高转售价格,但不管任何方式,都不得直接或间接造成固定转售价格或限制最低转售价格。”美国的司法实践也对限制最低转售价格与限制最高转售价格区别对待。

(二) 纵向非价格限制协议

纵向非价格限制协议,顾名思义,就是上下游企业就价格以外的事项达成的限制竞争的协议。包括地域限制、分销商限制、搭售、限定交易等。不过由于这类协议的签订包含着交易一方的强制,其协商的色彩被淡化,一些国家立法将某些类型归入到滥用市场支配地位之中,如上述后两种行为。[②]

关于纵向非价格限制协议的类型划分,不论是美国,还是欧盟,都是根据限制内容的不同展开的。按照欧盟 2010 版《纵向限制指南》[③],纵向非价格限制协议按照不同内容,划分出如下类型:

1. 以产品为中心划分的类型

(1) “单一品牌”协议。该协议是指购买商被要求或被诱导主要从一个供应商处购买某特定类型的产品。竞争危险在于购买商承担的不竞争(non-compete)义务或者数量强制(quantity-forcing)义务上。一般评估其限制竞争,要求在特定市场上购买商从一个供应商处购买其所需的 80%以上的商品或服务的义务或激励方案为基础。

(2) 品类管理协议。该协议是指在分销协议中,分销商委托某一供应商为某类产品营销的“领导品牌(category captain)”,该类产品不仅包含该供应商的产品,也包括其竞争者的产品。因此,对产品的店内陈列、促销、以及店内产品的选择,领导品牌具有影响力。由于领导品牌对分销商营销决定的影响力,当其能够限制或阻碍竞争产品的分销时,品类管理就有可能扭曲供应商之间的竞争,并最终导致反竞争地排斥其他供应商。

(3) 搭售协议。该协议是指当客户购买某种产品时,同时须要向同一供应商或其指定

---

① 赖源河:《公平交易法新论》,台湾元照出版有限公司 2005 年版,第 272 页。

② 对搭售的认识不同,其被放置于法律中的位置也不同,一般都视搭售为滥用支配地位的行为。本书也将其放在滥用支配地位之中。

③ 欧盟 2010 年《纵向限制指南》,苏华翻译,韩伟校,参见百度文库 http://wenku.baidu.com/link?url=QIdrlDx-wOVsdX6lzdE4acEeYj-4LRCuAzL6iwYR_IzKEebU-fzCesTd5_wHlUg6gUx8UKj3XhCk3dMOFXaAqDvGVemODF HEohsYk9Lch-Dg3&pn=51,访问日期 2014 年 6 月 8 日。

的人购买另一不同产品的情形。搭售行为一般构成滥用市场支配地位行为。但是,如果搭售导致了关于搭卖品的单一品牌义务并具有共益性,可能构成纵向非价格限制协议。

2. 以地域限制为中心形成排他性分销协议

排他性分销(又称"独家销售协议"),是指供应商同意为转售的目的在特定地域内仅对某一分销商供货。同时,该分销商不得向其他排他分销地域进行主动销售。排他性分销的竞争风险主要是减少品牌内部竞争和市场划分,还会助长价格歧视。如果多数或所有供应商都采用排他分销,则可能削弱供应商和分销商两个环节的竞争,并引发这两个环节上的共谋。此外,排他分销可能导致排斥其他分销商,并因此而减少该环节的竞争。

3. 以销售渠道的限制,划分的不同类型

(1) 排他性客户划分。该协议是指为向特定类型的客户转售,供应商同意仅向一个分销商销售其产品。同时,该分销商通常被禁止对其他排他划分的客户群进行主动销售。欧盟《集体豁免条例》并不限制排他客户群的界定。比如,排他客户群可以是根据职业而界定一组客户,也可以是根据一个或多个客观标准而选择一组特定的客户。排他客户划分可能的竞争风险主要是减少品牌内竞争和市场划分,这尤其会助长价格歧视。如果多数或所有供应商都采用排他客户划分,还可能削弱供应商和分销商环节的竞争,并促进这两个环节上的共谋。

(2) 选择性分销。该协议类似于排他性分销协议,一方面限制授权分销商的数量,另一方面限制转售的可能性。选择性分销与排他性分销的区别是,其对经销商数量的限制并不取决于排他地域的数量,而是首先取决于与产品性质相关的选择标准。选择性分销与排他性分销的另一个区别是,选择性分销对转售的限制不是禁止对其他排他区域的主动销售,而是禁止向非授权分销商销售,即选择性分销体系的购买者仅限于授权经销商或者最终消费者。选择性分销几乎总是用于最终品牌产品的分销。选择性分销可能的竞争风险是品牌内竞争的减少,尤其是在累积效果的情形下,排斥某些类型的分销商,会削弱竞争并促进供应商或购买商之间的共谋。为了评估选择性分销可能产生的反竞争效果,需要对纯粹的质量型选择分销和数量型选择分销加以区分。在经销商的选择上,纯粹的质量型选择分销仅依据产品性质所要求的客观标准,如销售人员的培训、销售点提供的服务以及销售的特定产品范围等。纯粹的质量型选择分销通常被视为不会产生反竞争效果。数量型选择分销,通过要求最小或最大销售量、或固定经销商数量等方式增加了选择标准,直接地限制供应商的潜在数量,其存在反竞争危险。这种协议通常适用于某些高档、精密、复杂的产品,如汽车、电子设备、高档首饰、高档手表、高档化妆品等。

(3) 排他供应。排他供应是指供应商被要求或被诱导仅仅或主要向一个购买商为普通或特别用途而销售合同商品。这种限制可能表现为要求供应商为转售的目的或特定用途而仅向一个购买商销售产品的排他供应义务。但是,当供应商和购买商之间达成激励措施,使得前者将其销售主要集中于一个购买商,也可能在形式上表现为对供应商的数量强制。独家购买协议有助于推动供货商的生产活动,同时对销售商也可能有利。销售商可以获得稳定的货源,甚至可以获得供货商资金和其他经济方面的资助,改善销售条件,提高其市场竞争力。此外,独家购买协议也可能利于消费者。消费者可以更方便地获得自己需要的商品,在同类产品不同品牌之间的竞争中获得好处。

同独家销售协议一样,独家购买协议所影响的市场范围不能过大。衡量受影响的市场范围一般要考虑协议当事人的市场份额、交易量以及这个交易量在相关市场所占的份额等因素。

(4) 进场费。进场费是在纵向关系的框架下,供应商为进入分销商的分销网络并使用零售商提供的有偿服务,在合同期开始时付给分销商的固定费用。进场费这一类别包含各种不同的费用,如上架费、停留费(pay-to-stay fees)、促销费、广告费等。在欧盟,如果供应商和购买商的市场份额均不超过30%的市场份额上限,进场费可依据《集体豁免条例》适用豁免。进场费有时可能导致反竞争地排斥其他分销商,如果其诱导供应商将其产品渠道仅限于一个或少数几个分销商。付给一个分销商的高额费用有可能使供应商为了收回该费用成本,而企图更多地通过该分销商销售产品。在这种情形下,进场费可以产生与排他供应义务类似的下游市场排斥效果。在我国,"进场费"问题多属于滥用相对优势地位的问题,而不是垄断协议问题。

4. 以知识产权许可为中心的特许专营协议

特许专营协议是独立企业之间,一方许可另一方使用自己所拥有的商号、企业形象、厂商标记、专有技术和其他知识产权等,提供技术上以及经营上的帮助,并就其特许经营的产品或服务收取特许权使用费的协议。特许销售方式是非常常见的一种方式,如麦当劳、肯德基等。

特许专营协议在经济上具有一定的合理性。这种协议可以使特许权人利用有限的资金建立一个统一的特许专营网络,由此便利新的供货商特别是便利中小企业进入市场,从而强化生产商之间的竞争,改善商品的销售。此外,这种协议也为独立的销售商开展新的经营活动创造了条件。通过这种协议,特许权人可以向专营人提供其经验和资助,为这些销售商与大商业企业开展竞争创造有利条件。再有,在特许专营条件下,特许权人对被特许人的产品或服务都有统一、严格的质量标准,也有利于增进消费者的质量福利。

在特许专营协议里往往也会含有很多限制性的规定,如限定被特许人购买商品或原材料、限制被特许人的销售区域等。这些限制性规定如果是维护特许经营所必需的,则可以得到豁免;如果超过了必要和合理的限度,则可能被认为违法。如特许人向被特许人提供专有产品以外的产品,即有关被许可使用知识产权范围之外的产品,则限制了经营者的销售自主权,具有搭售的性质。① 欧盟《纵向限制指南》中强调就被特许人所购买商品或服务而设置的不竞争义务,如果对于保持特许网络的统一特征和信誉是必不可少的,则不适用《欧共体运行条约》第101条(1)款②。在这种情形下,不竞争义务的期限只要不超过特许协议本身的期限,同样不适用第101条(1)款。

二、目的及行为效果的两面性

一般而言,纵向垄断协议可以满足达成协议的交易双方的意愿,这点区别于滥用市场支配地位的行为,后者往往是基于支配地位主体的单方强制。当然,即使能够满足交易双方的

---

① 原国家经贸委于2002年发布的《关于规范加油站特许经营的若干意见》也明确了合同限定的合理性范围,该《意见》第8条规定:"受许人必须履行以下基本义务:遵守特许人的经营方针和政策,自觉维护特许经营体系的名誉及加油站的统一形象,不得有以下行为:销售第三方油品;自行开展促销活动;从事合同约定之外的其他经营活动。"

② 自2009年12月1日起,《欧共体条约》第81条和82条分别成为《欧共体运行条约》第101条和102条。

意愿,交易双方签订协议的目的也会有所不同。

(一) 目的

就供应商来说,意图限制转售的主要目的有以下方面:

(1) 减少来自销售商的压力。供应商与销售商有各自独立的利益目标。在利润分配中,价格是平衡各主体利益的一个重要的因素。谁控制了价格谁就占据利益分配关系的主动。若供应商控制了产品的价格,就可以实现保持利润前提下的产量控制;若销售商控制了价格,就可以使销售风险最小化。销售商为了获得更大的利润,通常要扩大销售量,而扩大销售的基本方法是降低价格。所以,供应商会经常受到销售商投奔其他生产商(生产商的竞争者)即"逃跑"的威胁。供应商采取限制转售低价可以控制并避免销售商"逃跑"。在产品属于知名品牌、驰名商标或生产商价格卡特尔时,这种价格控制的目的可以实现。

(2) 防止下游销售商之间相互搭便车。对于消费者而言,有时售前或售中服务很有必要,尤其是在购买一些高档商品或特殊耐用商品时。假设某种产品需要一种对消费者很有价值的售前服务,一个销售商为了吸引顾客而采用了宽敞的展厅、雇佣有专业知识的人员为其提供购买咨询、现场演示等服务,这些服务成本最终要加算到商品的价格中并使商品的价格提高。另一个不提供售前服务的销售商可能会诱导消费者到提供这种售前服务的销售商处进行咨询、试用,最后再到不提供售前服务的销售商处以较低的价格购买该商品,消费者也会选择同质量而价格低的产品。这样,不提供售前服务的销售商就以低廉的价格抢得了生意。长此以往,下游经营者相互搭便车会降低产品的总体形象,使商品总的销量下降,对供应商造成不利影响。另外,存在搭便车现象时,也会使提供售前服务的销售商要么降低售前服务的内容和质量,要么决定取消售前服务。为防止出现不利影响,供应商可以规定一个最低销售价。

(3) 供应商在特殊情况下可以以此排解内在积压成本的压力。在市场供应过剩的情况下,供应商更愿意独立的销售商压低价格、加大销售产品的速度(限制转售高价),以减轻存货过多的压力。

(4) 供应商为了保持其产品高档次、高品位的形象,可能把产品的转售价格限制在较高的水平上。为了实施有针对性的营销,提高产品属于高档品的形象,并保证零售商能够获得足够的利润,供应商可以采取限定产品最低转售价格的方法。例如,化妆品、药品(未实行国家限制价格的药品)。

对销售商来说,采取限制转售价格的意图是维持销售中的价格联盟。实践中,许多限制转售价格行为是由销售商发起的。销售商之所以会发起或支持供应商的维持零售价格方案,是因为这个方案为它们提供了一种反削价竞争的工具。如果没有限制转售价格,在竞争日益激烈的零售业中,一些实力雄厚的零售商可能会采取削价竞争的办法,从而增加交易机会,而小的零售商由于实力不足,很可能陷入经营困境。因此,这些小的销售商更愿意采取零售价格限制。

当然,限制转售价格不仅发生在上下游企业之间,或一个上游企业和若干下游企业之间,也可能在上游企业或下游企业中都存在卡特尔,基于卡特尔的联合力量实施限制转售价格。

(二) 纵向垄断协议的两面性

任何事物都具有两面性,纵向垄断协议有积极的一面和消极的一面,且两面性关系并不稳定。这种关系特点决定了纵向垄断协议的认定需要进行细致的效率证明。

1. 积极效果

(1) 提升非价格竞争和提高服务质量,增加不同品牌产品间竞争和同一品牌的服务竞争。纵向垄断协议对竞争的影响包括对内和对外两个方面,一般被限制的是经营某一品牌产品主体范围内的竞争。在对外部品牌的竞争关系上,美国芝加哥经济学派的经济学家认为,纵向限制竞争行为虽然限制了同一品牌内部的竞争,但是促进了不同品牌产品之间的竞争。另外,对内限制的往往也只是某一个方面,例如限制最低转售价格只是价格上失去了自主权,因价格的非自主性往往会使同一产品的销售商之间的竞争转为了服务竞争:每个销售商会在售前、售中、售后服务上投资,努力改善销售场所的环境、从事商品展示、功能解说、使用方法说明、广告宣传、促销活动、售后服务等,以从其竞争对手处将顾客吸引过来。

(2) 解决"搭便车"问题。一个分销商可以搭上另一个分销商在推广方面的便车。这种问题在批发和零售环节最为普遍。如当一个供应商在分销商的经营场所(零售环节)投资进行推广时,该推广活动也会为其竞争者吸引客户。这种搭便车现象的存在,使提供售前服务的零售商要么降低售前服务的内容和质量,要么决定取消售前服务。长此以往,会降低产品的形象,使商品的总销量下降,对生产商造成不利影响。为防止出现不利影响,生产商可以规定一个最低销售价并对提供售前服务的销售商特殊给予补贴。另外,搭便车行为多发生在售前服务中,在售后服务中一般不会发生,因为分销商能够对其客户分别收费。排他性分销有助于避免这种搭便车情形。欧盟《纵向限制指南》(2010 年)还进一步细化了"搭便车问题"的类型,包括解决"搭乘他人资质的便车"(certification free-rider issue)的问题和解决套牢问题。[①]

(3) 有利于打开新市场。如果生产商想要进入一个新的地域市场,例如首次向一个国家出口,需要分销商为在该市场树立品牌而进行专门的"初始投资"。为了说服当地分销商进行这种投资,可能有必要为其提供地域保护,以使其能够通过暂时收取高价而收回投资。在有限期间内,其他市场的分销商将会被禁止在该新市场上进行销售。

(4) 节约交易成本。为了实现规模经济而降低产品的零售价格,生产商可能希望将产品的转售集中于有限数量的经销商。在销售商可以自由定价的交易中,销售商报出的价格往往有一定的伸缩性,为了达成交易,销售商与购买者通常要花费大量的时间来讨价还价,这就造成交易成本的增加。如果生产商限制了转售商的转售价格或者限制销售数量,会省去讨价还价这一交易环节,节约交易成本。

(5) 推动新企业进入市场。企业要进入一个新的市场,必然面临一定的风险和市场进入障碍,如现行厂商成本优势(如经济规模)、品牌忠诚度、客户转移成本、政府管制政策等。如果新企业采取独家销售方式,则有利于销售商迅速获得规模经济,缩短成本回收期限,从而鼓励有能力和有进取心的销售商为推销新产品而投入资金和劳动力。

---

① 在某些领域,一些零售商因仅仅销售"优质"产品而享有很高信誉。通过这些零售商销售新产品,对引入新产品可能至关重要。如果生产商最初不能将其产品仅限于高档商店之中,就有可能承担产品下架的风险,产品的市场开拓可能失败。这意味着可能有必要在有限期间内允许排他分销或者选择性分销等限制。这段有限时间必须能够保证新产品的引入,但是不能过长而阻碍产品的大规模推广。此种利益在代表最终消费者大宗购买的"经验"产品(experience goods)或复杂产品中更为明显。关于解决套牢问题,指南表明了三个条件:第一,投资必须具有关系特定性;第二,该投资必须是短期内无法收回的长期投资;第三,该投资必须是不对称的,即合同一方的投资大于另一方的投资。

2. 消极效果

和横向垄断协议一样，纵向垄断协议也是通过限制产品或服务的价格、限制生产销售数量、地域、限制交易对手等方式进行限制竞争的，所以纵向垄断协议对竞争的一些不良影响也可能出现。具体来说，消极影响主要有如下方面：

(1) 形成对其他供应商或购买商反竞争性排斥(foreclosure)。这种消极效果一般是通过限制产品品牌或销售渠道以提高竞争对手的准入障碍或扩张障碍形成的。"单一品牌"协议、独家销售协议等都可能产生这种效果。

(2) 减少同一品牌间竞争。品牌间竞争就是品牌生产经营者间的竞争。因签订纵向垄断协议的市场力量不同，主体间的竞争弱化可分为减少供应商和其竞争者之间的竞争和减少购买商和其竞争者之间的竞争。例如上游8家同类但不同品牌产品的供应商均和下游各自销售商签订了独家销售协议，则各品牌相互间便处于不竞争的状态。减少竞争和促进共谋是"一体两面"关系。在上例中，如果没有独家限制，上游供应商很容易倒戈投奔到其他生产商的竞争者的麾下。但在存在纵向条件约束的情况下，不同品牌的供应商在价格、地域、渠道等方面更容易进行主动协调或被协调。所以，特殊情况下，纵向垄断协议可以促进卡特尔的形成或事实上已构成了卡特尔。如果供应商具有市场力量，其可以"起到卡特尔协调者和实施者的作用"①。美国1939年"洲际电影公司案"和2000年"玩具反斗城(TRU)案"均使用了"中心辐射型"卡特尔概念。这种卡特尔不是由成员企业主动沟通直接达成的，而是由具有主导力量的上游或下游企业协调产生，这一点区别于竞争者之间达成的卡特尔。此时，该种纵向垄断协议或许也可以称为"纵向卡特尔"。②

(3) 侵害消费者的利益。以生产商为中心的排斥、削弱竞争和共谋可能损害消费者，尤其是通过提高产品批发价，限制产品的选择，降低质量，减少产品的创新度等。以销售商(分销商)为中心的排斥、削弱竞争和共谋也可能损害消费者利益，特别是通过提高产品零售价，限制价格/服务组合和分销模式的选择，减少零售服务或降低零售服务的质量，减少分销的创新度等。

相比较而言，固定或限制最低转售价格对消费者的侵害更加明显。这种价格是"以一种隐晦的方式对公众掠夺的行为，固定价格中更高的价格最终将成为消费大众的费用"。③ 甚至有人认为"强化售前服务、提供消费资讯等，基本上乃系强加在蒙受高价不利益之消费者身上，消费者之福祉并未增加。何况，即使高价格伴随着较好的服务，但消费者对于低价格商品之选择权益不应被剥夺"。④ 此外，独家销售协议对竞争的危害也比较大。其导致一方仅从另一方购买其全部或事实上全部的需求，消费者选择的品种、地域或价格可能都会受到明显不利的影响。

(4) 限制交易相对人的营业自由。营业自由包括营业地点的选择、经营产品的选择、产

---

① 〔美〕基斯·N. 希尔顿：《反垄断法：经济学原理和普通法演进》，赵玲译，北京大学出版社2009年版，第205页。

② 尽管"纵向卡特尔"的概念并不通用，但在评价纵向限制协议的违法性时，重点考察对市场的影响，主要来自于纵向限制协议是否促成了单一价格的形成，即是否形成了卡特尔。第一个将限制转售价格划归《谢尔曼法》调整的案件——1911年"Dr. Miles案"的违法性证明就是：限制转售价格计划本质上是一种卡特尔，为此，"纵向卡特尔"这个概念的使用有其实践价值。

③ 〔美〕马歇尔·C. 霍华德：《美国反托拉斯法与贸易法规——典型问题与案例分析》，孙南申译，中国社会科学出版社1991年版，第81页。

④ 赖源河：《公平交易法新论》，台湾元照出版有限公司2005年版，第275页。

品的自由定价等方面。限制转售价格主要侵害了交易相对人的自由定价权,选择性分销限制了销售对象(渠道)等。经营权属于经营者的私权,对其限制依来源不同一般可分为源于权力的限制和源于权利的限制。前者通常为法定的限制,后者一般为约定的限制。约定的权利限制只有在不违反公共利益的情况下才有效。长期限制交易相对人的营业自由会使交易主体之间产生依附性,违背平等、自由的交易规则,破坏市场秩序得以建立的基础。

三、纵向垄断协议的适用原则和分析框架

承认纵向限制可通过促进非价格竞争和提高服务质量而产生积极效果非常重要。它决定了纵向垄断协议的适用原则。同时,也要求对纵向垄断协议的分析需要遵循相关的步骤并确定相应的方法。

(一) 纵向垄断协议的适用原则

反托拉斯法试图通过保持企业的独立性和创新性来加强竞争。但是,独立性和创新性受到多大程度的危害才构成垄断违法则是个难以度量的问题。就纵向垄断协议而言,协议双方有协商——自主和独立和企业管理创新——的一面,同时供应商的支配性——非自主性——的一面也存在。这影响到此类协议适用原则的稳定性。

1. 美国法中的纵向垄断协议适用原则

在美国,对于一种垄断行为何时是合法的、何时是违法的,几乎没有哪一个像转售价格协议那样经历了如此漫长和反复变动的过程。

美国法规制价格垄断协议的原则初现于 1889 年"*Fowle v. Park* 案"[①],该案确立:制造商可以在许可合同中设置专利产品销售的最低价格条款。作为初期的纵向限制竞争案例,法官赋予该案以更浓重的契约色彩,以至于认为,这类限制竞争协议与限制交易原则之间的关系,不如与当事人何时有能力签订一个契约这一普遍问题之间的关系更为密切。对普通法的路径依赖的惯性一直延续到《谢尔曼法》生效二十年之后。[②]

美国反托拉斯法对纵向垄断协议的规制从本身违法原则开始,但随着时间的推移,都走向合理原则。

(1) 关于限制转售低价的适用原则。1911 年"*Dr. Miles Medical Co. v. John D. Park & Sons Co.* 案"[③](以下简称"*Miles* 案")具有划时代的意义,它借用卡特尔理论替代了普通法的契约理论,第一次将纵向限制低价的关系纳入到《谢尔曼法》所谴责的范畴——应被禁止的协议。主要理由是,限制转售价格协议的计划被设计为有利于一组交易者,而供应商作为一个协调者和实施者发挥作用,本质上它是一个卡特尔(因供应商的协调作用也被称为"间接卡特尔"),因而是违法的。

"Miles 案"以后,法官们逐渐发现,国会议员们希望的"在每一个隐蔽的经济角落或者裂缝中都促进竞争"的理想很难实现。"Miles 案"引出的"间接卡特尔"的结论渐变为阻碍自由交易的危险来源,因为毕竟纵向垄断协议和纯粹的竞争者之间协议在主体和目标同一性上

---

① 该案的性质是专利权人利用专利权限制专利产品的最低价格。见 131 U.S. 88 (1889)。

② 即 1911 年"迈尔斯案",这期间发生的 1902 年 Bement 案仍然强调,一个专利权所有人可以在他的许可协议中实施最低价格条款。参见 *Bement v. National Harrow Co.*, 186 U.S. 70 (1902).

③ 迈尔斯博士制造药品,使用一个秘密配方,他与诸多批发商和零售商签订了合同,他们都被要求遵守最低价格。后某批发商引诱其他人违反价格协议而以"减价"销售药品,迈尔斯博士起诉了该批发商。220 U.S. 373 (1911).

还存在一定的差异，完全漠视交易关系的自主性而以放大了的协同性为出发点来管窥蠡测很容易伤害合同自由。在批评和指责中作为本身违法原则的替代物——合理分析原则适用场合逐渐扩大并奠定了此类案件主调。1919年的"Colgate案"[①]推翻了"Miles案"的阐释依据，确立了"Colgate原则"——允许一个不拥有或者企图拥有垄断力量的制造商与其所希望的任何人做交易或不做交易。2007年"丽晶案"(Leegin Case)中，美国最高法院推翻了适用近一个世纪的禁止生产商限制转售低价的判决先例，确立了该行为适用"合理分析原则"[②]，这一修正对美国，甚至对其他各主要市场国家的反垄断立法与司法实践都产生了重要影响。

(2) 关于限制转售高价的适用原则。1968年的"*Albrecht v. The Herald Co.*案"[③]进一步将本身违法原则的适用范围拓展到限制转售高价[④]，理由是"固定高价的协议同样扭曲了交易者的自由并因此限制了他们依据自己的判断来进行销售的能力"[⑤]。"Colgate案"视角的转换确立了以市场力量为基础的衡量指标，并为1997年"*State Oil Company v. Khan*案"[⑥]对限制转售高价态度的根本转变奠定了分析基础。"Khan案"否决了Albrecht规则，转而主张：限制转售高价应适用经济合理性分析，因为制造商和消费者在低转售价格中都享有利益，"人们应当期望在交易者拥有市场力量的行业中观察到最高转售价格协议"[⑦]，完全禁止此类协议可能违背消费者的利益。经济学家布莱尔进一步阐述了限制转售高价内含的合理性及适用合理分析原则的理由："当销售量上升时，消费者的福利也要上升。用合理分析原则考察限制转售高价实际上暗示了一个'产出测试'(的方法)——如果最高零售价格导致了销售量的增加，那么这种行为就是促进竞争的；但是如果销售量下降，限制转售高价在合理推定原则下就应当受到处罚。"[⑧]

(3) 关于排他性分销协议的适用原则。1967年"Schwinn案"[⑨]裁决：对直接卖给销售商

---

① *United States v. Colgate & Co.* 250 U. S. 300 (1919).

② *Leegin Creative Leather Products, Inc. v. PSKS, Inc.* 551 U. S. 877 (2007). 2007年6月28日，在"丽晶(Leegin Case)时尚皮具公司(以下简称为丽晶公司)诉凯克劳赛德公司案"中，美国最高法院9名大法官最后以5∶4通过决定，对纵向垄断协议行为适用合理分析原则。法官肯尼迪撰写的判决书中表述判决理由时特别提及："根据反垄断法，本身违法原则应当仅限于审查明显严重降低了产量的限制价格行为，但维持转售价格协议对市场竞争的影响是双重性的。"在"丽晶案"之前，加州等十余个州都通过法律禁止最低限价或固定价格的RPM。在"丽晶案"审理期间，美国37个州曾向最高法院递交陈词要求维持对最低限价或固定价格的RPM协议适用本身违法原则。在"丽晶案"后，只有少数如马里兰州还以立法的方式明确禁止了最低限价的RPM。

③ 销售商和Albrecht签订了报纸分销协议，销售商获得了一个排他性的销售区域，销售商利用在该区域的特许权实施相对较高的销售价格，这使得报纸的销售量减少，并由此减少了广告收入。Albrecht取消了销售商特许权，由此引发纠纷。390 U. S. 145 (1968).

④ 当Albrecht裁决被传下来的时候，它是存在问题的，因为事实表明，制造商(出版商)正在试图通过收取垄断价格，防止一个地区发行商利用一个排他协议。

⑤ 〔美〕欧内斯特·盖尔霍恩、威廉姆·科瓦契奇、斯蒂芬·卡尔金斯：《反垄断法与经济学》，任勇、邓志松、尹建平译，法律出版社2009年版，第286页。

⑥ 522 U. S. 3 (1997).

⑦ 在Khan裁决之前，至少有一个警告，即Albrecht将会被放弃。在*Atlantic Richfield Co. v. USA Petroleum Co.*(ARCO)案中，495 U. S. 328 (1990)，法院限缩了针对垂直最高限价的规则的范围。美国石油主张，ARCO与他的交易商之间的固定最高价格的协议，导致他失去了大量业务。而法院主张，一个竞争交易者，抱怨制造商与他自己的交易商之间的垂直最高价格协议，不能满足反垄断损害要求，除非他能够证明最高价格协议导致了掠夺性的价格水平。

⑧ 〔美〕J. E. 克伍卡、L. J. 怀特：《反托拉斯革命》，林平、臧旭恒等译，经济科学出版社2007年版，第348页。

⑨ *United States v. Arnold, Schwinn & Co.* 388 U. S. 365 (1967). Schwinn公司是一家自行车制造商，其销售实行"Schwinn计划"：经销商只能将自行车销售给在独占区域内的零售商，零售商则只能销售给最终用户并不能销售给其他未经特许的零售商。

产品的转售区域施加排它性的限制本身亦为非法。确立以市场力量为基础的衡量指标,也预示着"Schwinn案"的规制原则立场行将改变。在1977年的"Sylvania案"中——被告由于实施排他性地域限制扩大了市场份额[①],美国联邦最高法院裁定:该种限制既可以促进同一品牌产品的服务上的竞争,也可能促进该种产品与其他产品之间的品牌竞争,只要市场份额没有达到市场支配地位的程度。其后,在有限的非价格限制违法性案件中,判断标准主要集中在是否具有市场力量上,例如1982年"Distribs案"中,原告证实,占有了70%—75%的市场份额的被告实施了排他性地域限制缺乏正当理由。[②]

2. 欧盟法中纵向垄断协议的适用原则

与美国通过法院判例确立分析原则的做法不同,欧盟对限制转售价格的成文规定相当细致。[③] 细致的规则本身就意味着案件的处理不是"一刀切",由此可以得出欧盟采取的不是本身违法原则。根据欧盟《纵向协议成批豁免条例》和《纵向限制指南》的相关规定,纵向垄断协议分为核心限制和非核心限制;豁免事项分为集体豁免和个别豁免。按照《纵向协议成批豁免条例》第4条,核心限制包括价格限制、地域限制、对象限制、交叉供应、搭售。核心限制不适用集体豁免。因此,欧盟对纵向限制协议采取的基本态度是原则上禁止,在当事人提出相关抗辩理由(后文将述)且成立时,予以个案的豁免,可以称之为违法推定原则(学界习惯上称之为禁止加例外原则)。

3. 俄罗斯法中纵向垄断协议的适用原则

作为转型国家立法,俄罗斯反垄断法采取的是另一种原则。其可以称为单一制豁免原则,即以市场份额作为豁免的基本条件,无需进行复杂的效率分析。2006年以前,俄罗斯反垄断法律规定,凡市场份额不超过35%的经营者间签订纵向协议,都不属于限制竞争的垄断协议。2006年《竞争保护法》第12条规定了纵向垄断协议新的豁免条件:"……(2) 允许经营者之间的纵向协议(金融机构的纵向协议除外),若在任何商品市场每个经营者的份额不超过20%"(可称为一般条件)。2009年俄联邦根据《竞争保护法》第13条的规定制定了新规则——《企业间协议豁免条件》,补充规定了纵向垄断协议的豁免条件(可以称为特殊条件):"企业间纵向购买协议需同时符合下列条件:(1) 卖方向两个及两个以上买方出售商品,且卖方占商品市场份额不超过35%;或向一个买方出售商品,该买方的商品市场份额不超过35%;(2) 卖方和买方不互相竞争或在相关市场上买方购买的目的是为了进一步销售;(3) 买方不生产协议商品的替代品。"这意味着,经营者市场份额均不超过20%的情况下,一律豁免;如果超过20%但不超过35%时,需符合上述三个条件,才可以豁免。俄罗斯法的这

---

① *Continental T.V. Inc. v. GTE Sylvania, Inc.* 433 U.S. 36 (1977). Sylvania是一家处于挣扎中的电视机生产商,占全国市场的1%—2%。1962年它开始挑选零售商来进行地域排他性销售,从而改变其市场绩效,这一策略实施到1965年,其市场份额上升到5%。本案的原告Continental T.V.是旧金山的一家零售商,他对Sylvania公司在该市又许可设立了一家新的销售商而表示不满,于是它开始更多地销售其他品牌的电视机,并在旧金山自行开设了一家未经授权的销售商店。Sylvania公司开始减少其销售数量,最后终止其销售资格。

② 〔美〕欧内斯特·盖尔霍恩、威廉姆·科瓦契奇、斯蒂芬·卡尔金斯:《反垄断法与经济学》,任勇、邓志松、尹建平译,法律出版社2009年版,第303页。

③ 如2010年4月20日欧盟委员会公布的第330/2010号《关于对几类纵向协议和协同行为适用〈里斯本条约〉第101(3)条的条例》,取代了1999年12月22日公布的委员会第2790/1999号条例《关于欧共体条约第81条第3款在纵向协议类别和共谋类别中的适用》。同年5月,还颁布了《纵向协议集体豁免条例适用指南》(简称"指南"),取代了2000年5月通过的旧指南。此外,欧盟还有专门针对汽车行业、某些类型的研发协议、某些类型的专业分工等方面适用《里斯本条约》101条第3款的规定。

种规定，既包含欧盟法在认定前提上所强调的市场力量——一方主体的市场份额超过一定幅度，也顾及美国法所强调的是否会促成卡特尔的情形——双方的市场份额都超过较高幅度。换言之，上述规定将纵向垄断协议形成时的单边力量和双边协同特色都揭示出来。

可以说，违法推定原则是本身违法原则和合理分析原则的折中，而单一制豁免原则则是违法推定原则的简化。

事实上，在背弃了本身违法原则之后，美国、欧盟、俄罗斯建立的三种原则，存在共同的思想基础，即纵向垄断协议同时具有促进竞争的正效益和限制或阻碍竞争的负效益。由此，协议违法性判断问题，就变成在市场环境下对其进行正效果和负效果如何进行评估的问题。理论上，"如果一个转售价格维持（RPM）带来的正效果大于负效果，即存在正向净效果，法律就应当作出此 RPM 协议合法的判定；反之，如果一个 RPM 带来的负效果高于正效果，即存在负向净效果，法律就应当作出此 RPM 违法的判定"①。

当然，对一个纵向垄断协议作出精确的正负效果评估并非易事，不管是美国还是欧盟目前都无法做到数据的准确。但在方法上，美国和欧盟的执法机构转向"尽可能低消耗社会资源的分析方法"，即尽量避免错估 RPM 带来社会福利的减损。正像"丽晶案"中法官所指出的，"需要对案件的全部情节进行考察，包括相关市场的具体情况，该限制的历史及其性质，是否存在限制竞争的效果等"。② 作为转型代表的俄罗斯由于缺少执法的历史、对企业和市场关系特性的细致规划（颁布指南），只能在现有执法经验的基础上以"大切块"的方式来保障和提高执法效率。从标准的内容上看，俄罗斯的单一豁免原则相当于是本身违法原则的改良。

可见，由于经济环境和执法经验的差异，相同案件的处理结论在不同国家（地区）可能会有所不同。"采用哪一种方法来对待 RPM，是与社会经济发展状况、反垄断经济学和反垄断法律发展状况以及执法机构和执法人员的较高业务水平密切相关的问题。"③

4. 我国反垄断法中纵向垄断协议的适用原则

我国《反垄断法》第 15 条最后一款规定了举证责任倒置制度——"属于前款第一项至第五项情形，不适用本法第 13 条、第 14 条规定的，经营者还应当证明所达成的协议不会严重限制相关市场的竞争，并且能够使消费者分享由此产生的利益"。在解释上，一种解释是，第 15 条是目的性条款，所有的垄断协议都要受第 15 条的约束，如此，一律适用合理分析原则。这意味着，对垄断协议的规制重心不是协议类型，而是效果的评估。这将大大增加规制的难度。另一种解释是第 15 条是别于第 13、14 条规定的其他行为类型，而不是目的。如此，第 13、14、15 条便成为三种不同的行为类型。如果涉案的垄断协议属于第 15 条的，才需要进行"消费者分享由此产生的利益"的证明。之于执法（司法）者而言，两种解释的差异在于：第一种解释下既需要进行事实证明，又需要进行效率证明；第二种解释下只需要进行事实证明。换言之，前者意味着第 13、14 条适用合理原则，后者意味着第 13、14 适用本身违法原则，只有第 15 条是合理原则指导下的对象。

---

① 黄勇：《价格转售维持协议的执法分析路径探讨》，载《价格理论与实践》2012 年第 12 期。

② *Leegincreative Leather Products, Inc. v. Psks, Inc.*，美国最高法院网站：http://www.oyez.org/cases/2000-2009/2006/2006_06_480，访问日期：2006-3-26。

③ 黄勇：《价格转售维持协议的执法分析路径探讨》，载《价格理论与实践》2012 年第 12 期。

在“海南省物价局与海南裕泰科技饲料有限公司行政处罚案”①中，一审法院认为：需要综合考虑裕泰公司的经营规模、裕泰公司与经销商签订合同项下的鱼饲料在相关市场所占份额、鱼饲料在市场上的竞争水平、该约定对产品供给数量和价格的影响程度、该约定对市场行情的影响等因素。现有证据表明，裕泰公司的经营规模、市场所占份额等上述因素不具有排除、限制竞争效果，不构成垄断协议。一审判决：撤销海南省物价局作出的行政处理决定。二审法院认为：“排除、限制竞争的协议”是指根据长期反垄断实践证明，本身就必然排除、限制竞争的协议，无需具体效果分析，即可判定其违法性。二审法院认定，裕泰公司的行为构成纵向垄断协议。②

未来构建中国纵向垄断协议的认定模式，争议点将集中于是否需要考察市场力量、价格和非价格是否一致等问题上，而合理分析原则在适用上，先在地把“协议”分割为合法的和违法的两种类型，自然存在透彻说理的困境。为了减轻限制转售价格协议分析时二元路径选择的困境，可否借鉴俄罗斯法律规定的“安全港”制度，将对市场影响有限的限制转售价格协议确认为可豁免的协议。甚至可以在类型上进一步分为一般“安全港”和特殊“安全港”。本质上，“安全港”制度是本身合理原则指导下的制度运用。从效果上分析，如果说本身违法原则的适用是以形式化的方法减轻了证明工作的实质性负担的话，那么本身合理原则的适用则是以约简的方法通过缩小适用对象的范围来提升制度的运行效率。

在这个意义上，我国反垄断法规制限制转售价格协议应坚持一定市场力量基础上的本身违法原则。如果一家公司不拥有市场力量，它通过优化生产或分销过程增加利润。此时的纵向限制有助于这种优化，因为供应商和购买商之间的协定影响的是尚不能达到最优的投资与销售的特定交易的价格和数量。

（二）纵向垄断协议的分析框架

结合上述原则，构建纵向垄断协议的判定标准，可以从以下方面展开。

1. 确立市场优势地位制度（或市场力量标准），并将其作为规制纵向垄断协议的前提条件

纵向垄断协议危害性能够显现，其根源在于存在市场力量。市场力量既可以来自于供应商，也可以来自于销售商。一般而言，如果购买商只经营单一品牌，则品牌供应商具有市场力量；如果购买商经营多种品牌，购买商成为品牌销售的“瓶颈”，则购买商具有市场力量。即便未达到市场支配地位，也会拥有市场力量。所以这里的市场力量是上下游企业交易条件比较中形成的市场优势地位，而不是市场支配地位。

具有市场支配地位一定具有市场优势地位，纵向垄断协议的认定需要建立低于市场支配地位的市场优势地位标准。在限价产品的市场份额较高时，被侵害的消费者利益才具有“量广”的特性，竞争者进入市场的阻碍才显现得更为充分，所以市场份额反映市场危害程度并与其呈正相关关系。换言之，只有在供应商环节或购买商环节，或这两个环节都出现一定

---

① 裕泰公司2014年及2015年与其经销商签订统一格式文本的《饲料产品销售合同》，该合同的第7条规定”乙方（经销商）应为甲方（裕泰公司）保密让利标准，且销售价服从甲方的指导价，否则，甲方有权减少其让利”。海南省物价局认为，上述约定排除限制经销商销售同一品牌”裕泰”鱼饲料之间的价格竞争，违反了《中华人民共和国反垄断法》第14条第（1）项的规定。

② 海南省高级人民法院（2017）琼行终1180号。

程度的市场力量时，才会产生品牌间竞争不足，进而才需要引发反垄断法的关注。美国曾在“玩具反斗城案”中确立32%的市场优势地位标准。按照《欧共体关于纵向限制指南》的规定，如果被考察主体的相关市场份额超过30%，则具有市场优势地位。事实上，在我国不论“五粮液案”[①]处理决定中使用的“重要地位”，“茅台案”使用的“市场强势地位”，还是“强生公司案”所使用的“很强的市场地位”都已经捕捉到了市场力量的影子，只是由于法律上没有规定具体的标准和适用要求，而无法统一表达该基础条件。

一个国家（地区）的市场发育程度越高，市场的需求越稳定，纵向垄断协议就越有可能产生消极效果。[②] 这是欧共体对包含核心限制的纵向垄断协议不适用集体豁免的基本理由。对于转型国家市场而言，一方面经营者所应用的技术更新迅速，需求也相对活跃，产品品牌更迭相对较快，这使得市场本身消解纵向垄断协议危害性的能力较强；另一方面转型市场又具有脆弱性，放任对限制价格协议危害性的监管，将大大伤害市场的信心进而破坏正常市场秩序。所以作为转型国家的俄罗斯立法采取了折中的手法，既关注了市场的危害，也顾及了经营者的竞争能力，在限制转售价格协议的制度标准上采取了别于发达市场的方式和标准：设置一个概括性的、相对较低的豁免水平，并建立一个高于欧盟标准的特殊豁免标准。我国和俄罗斯一样属于市场发育程度待提高的国家。如果像欧共体那样将市场份额作为对限制转售价格协议进行个案审查的要素，而不是作为豁免标准的话，对于案件事实的把握可能未充分考虑市场的变动性，进而可能伤害市场的自我组织能力。另外，进行细致分析时所需的相关统计数据的支撑和相关经济学方法的支持，我国现阶段恐怕也难以提供。所以，在完善我国限制转售价格协议制度时，立足于现实，建议吸收俄罗斯反垄断法的立法经验，设置一个概括性豁免标准，同时确立一个特殊豁免条件，并确立在双边关系条件下较低的市场份额、单边关系条件下较高（但没有达到市场支配地位）的市场份额。至于豁免标准的量化指标，可以展开对不同行业摸底调查，摸清我国市场中不同行业的营销方式和脉络并在掌握宏观数据和整体分析的基础上确定。[③]

2. 确立限制转售价格协议的“安全港”（豁免）

一个模糊性制度如果不能从正面“什么是”的角度界定清楚，那么从反面“什么不是”的角度剥离出相关情形对准确把握该制度也是有意义的。对于限制转售价格协议何种情况下合法或违法，我国《反垄断法》第15条作了原则性的豁免规定。如果能够从该原则规定中划分出一个确定的合法性区域，将有利于提升该种行为的司法（执法）效率。结合欧共体、美国、俄罗斯等国家和组织的立法和司法实践，我国可以构建豁免的安全港制度。具体而言，包括以下方面：

（1）限制转售高价。我国《反垄断法》第14条仅仅规定了固定转售价格和限定转售低价，而没有规定限制转售高价。相比固定转售价格和限制转售低价，最高转售价格与建议性

---

① 从2009年起，五粮液酒类销售有限公司通过书面或网络的形式，与全国3200多家具有独立法人资格的经销商达成协议，限定向第三人转售五粮液白酒的最低价格，并通过扣减合同计划、扣除保证金、业务限制和罚款等方式对不执行最低限价的经销商予以惩罚。四川省发展改革委认为，五粮液在浓香型白酒中具有重要地位，产品可替代性低，严重制约了消费者的选择，对五粮液公司处以了2.02亿元的罚款。参见四川省发展改革委：http://www.scdrc.gov.cn/dir25/159074.htm，访问日期：2013-12-10。

② 《欧共体关于纵向限制指南》第(130)段表述了成熟市场的特点及其与纵向垄断协议危害性的关系。

③ 黄勇：《价格转售维持协议的执法分析路径探讨》，载《价格理论与实践》2012年第12期。

转售价格产生限制竞争的危害性要小得多。而“危害性小得多”的理由，主要是纵向限制转售高价的效果往往会加大下游企业的销量，进而照顾到下游企业的生存、发展，并有利于消费者的福利的提升。由此，大致可以确定，纵向限制转售高价基本上是合法的。当然，特殊情况下，也可以用美国 1997 年“Khan 案”[①]确立的“产出测试”方法来判断纵向限制转售高价是否缩减了销售量来判断是否危害企业的生存、发展和消费者的福利。

(2) 保留所有权的限制转售价格和无强制性的建议零售价格。保留所有权的销售因销售商对产品不享有所有权进而无所谓侵害价格自主权。建议零售价格的情况下，如果销售商的价格自主权没有被剥夺，该建议也只是一个建议而已，其包括价格在内的销售自主权未被限定。

(3) 不具有市场优势地位企业签订的纵向垄断协议。参与协议的企业通常会力图防止另一方操纵市场。但是，如果企业不具有市场力量，各方只能通过充分优化销售环节来增加利润，这无害于市场竞争。在欧共体竞争法上，如果相关市场份额不超过 30%门槛，且纵向协议不含有核心限制并满足 2790 号条例规定的条件，就可予以豁免。欧盟《纵向限制指南》设置的“安全港”内容包括：影响较小的协议和中小企业间的协议、代理协议和分包。转型国家市场的单一性，要求与其相适应的制度也应该别于欧共体。因此，在构建我国纵向垄断协议“安全港”制度时，建议参照俄罗斯《竞争保护法》第 12 条的规定，设置概括性的“安全港”制度，即不具有优势地位的企业实施的纵向价格垄断协议，可以被集体豁免。

第四节　垄断协议的豁免

豁免是指对应当适用反垄断法的垄断行为，基于其在维护国家(地区)利益、社会利益上积极性的一面，而免予追究法律责任的制度。为了维护社会整体和长远的利益，各国的反垄断法中都设有豁免制度。

一、豁免制度的合理性

豁免制度是利益衡量的结果。具体而言，首先是竞争政策与其他经济政策关系的平衡，例如对于中小企业的发展各国都非常关注并在产业政策上给予特别对待。其次，豁免制度也是反垄断法适用原则的刚性和灵活性之间的平衡。在理念上，“适用除外”针对的是某些合理的垄断现象；本身违法原则适用于最恶劣的卡特尔(核心卡特尔)。这构成了反垄断法规制范围上的两极。在这两极中间，豁免是相对较好的垄断行为(在规制理念和方法上更偏向于“适用除外”)。[②]

从方法上，豁免制度是对具有限制竞争性质的行为的影响进行利弊分析，在利大于弊时豁免适用反垄断法的禁止性规定。这里的“利”即是豁免制度存在的合理性。豁免制度涉及的“利”包括国家利益和社会公共利益。

---

① *State Oil Co. v. Khan.*, 522 U. S. 3(1997).

② 从豁免的对象的特殊性即可看：豁免的对象主要是那些对维护国家利益有积极意义的行为以及那些对市场竞争关系影响不大，但对社会公共利益有益的限制竞争行为。

1. 维护国家利益

体现为国家利益的内容包括：为缓解经济不景气组建卡特尔；对外贸易和对外经济合作中的国家利益。

为加快企业适应市场变化和减轻结构性波动而成立的卡特尔服务于国民经济稳定发展，如结构危机卡特尔可以加快企业的结构转换，避免转换过程中的过度振荡；特许卡特尔，即由政府特殊批准成立的卡特尔往往出于国民经济发展的总体需要和社会公共福利的需要；出口卡特尔多为扩大出口、增强本国企业在国际市场上的竞争能力而成立的垄断组织；等等。

2. 维护社会公共利益

反垄断法中的社会公共利益分可为客观公益和主观公益。前者是全社会每个成员都可受惠的共同利益；后者是某类主体（群体）基于特殊社会关系需要给予特殊保护而形成的利益总体。客观公益的内容包括：改进技术、研究开发新产品；提高产品质量、降低成本、增进效率，统一产品规格、标准或者实行专业化分工；实现节约能源、保护环境、救灾救助等。主观公益包括消费者利益和竞争者利益。由于消费者利益和竞争者利益是在和经营者或经营者的联合中比较而得出的利益形式，在"量"上多于经营者（或其联合）利益，所以称其为主观公益。

二、豁免的标准

根据法律对豁免的处理方法不同，形成了不同的立法例：

(1) 没有明确规定相关标准但灵活适用豁免条件。美国法律没有明确规定哪些垄断协议可以豁免，基于其法律传统，美国法院可以根据不同时期的经济发展状况灵活地决定豁免的范围。法院在判断一个行为是否能够得到豁免时，主要根据合理原则来分析该行为是否具有反竞争的效果。对于那些可能产生的积极效果大于消极影响的协议，给予豁免。

(2) 概括加列举式。德国《反限制竞争法》对于豁免的卡特尔曾经规定得非常具体，但随着欧共体规则统一化进程，德国对卡特尔豁免做了多次修改。2005 年修改后的《反限制竞争法》删除（实际是改变）了标准化卡特尔、条件卡特尔、合理化卡特尔、结构危机卡特尔、专门化卡特尔的豁免规定，形成了关于豁免协议的一般条款和中小企业卡特尔的豁免条款（第 3 条）。一般条款即第 2 条第 1 款："企业间达成的协议、企业联合组织作出的决议以及协同行为，如其能够使消费者分享由此产生的收益、有利于产品的生产或销售或者有利于促进技术和经济的进步，可以豁免适用第 1 条的禁令。"

欧共体竞争法上的豁免制度源于《欧共体条约》第 81 条第 3 款。根据该款规定，垄断协议要取得豁免必须具备以下条件：第一，有助于改进商品的生产或者流通，或者促进技术或者经济进步；第二，消费者可以公平分享由此产生的收益；第三，对有关企业的限制，是实现前两者所必不可少的；第四，不存在使有关企业可以在相关市场内排除竞争的可能。

(3) 列举式。我国台湾地区"公平交易法"第 14 条规定了 7 种豁免情形：为降低成本、改良品质或增进效率，而统一商品规格或型式者；为提高技术、改良品质、降低成本或增进效率，而共同研究开发商品或市场者；为促进事业合理经营，而分别作专业发展者；为确保或促进输出，而专就域外市场之竞争予以约定者；为加强贸易效能，而就域外商品之输入采取共同行为者；经济不景气期间，商品市场价格低于平均生产成本，致该行业之事业，难以继续维持或生产过剩，为有计划适应需求而限制产销数量、设备或价格之共同行为者；为增进中小企业之经营效率，或加强其竞争能力所为之共同行为者。

我国《反垄断法》第15条规定了七种豁免情形。经营者能够证明所达成的协议属于下列情形之一的，可以获得豁免：

(1) 为改进技术、研究开发新产品的。改进技术、研究开发新产品，可以提高生产率，有利于经济发展和消费者利益，此类协议可以得到豁免。

(2) 为提高产品质量、降低成本、增进效率，统一产品规格、标准或者实行专业化分工的。就横向关系来说，这里包含诸多卡特尔类型。具体而言，①标准化卡特尔，为统一产品的规格、标准，使得各种原材料、半成品或者成品在性能、规格、质量、等级等方面按照统一要求，达到商品之间具有可替代性和兼容性；② 专业化卡特尔，指经营者发挥各自专长，分工协作，使他们从生产多种商品的全能型企业转变为专门化企业。就纵向关系而言，经营者可以通过参加企业间的合理化分工协作、相互协调提高生产技术和管理水平，进而改善市场供应，更好地满足市场需求。这些横向垄断协议或纵向垄断协议并不必然能够获得豁免，只有当它能够提高产品质量、降低成本、增进效率时，才可以获得豁免。

(3) 为提高中小经营者经营效率，增强中小经营者竞争力的。中小企业在任何一个国家的经济发展过程中都发挥着不可替代的作用。具体而言，可概括为三个方面：一是促进经济增长。包括在产值、销售额、产业转移等方面都发挥着独特的作用。二是扩大就业。与大企业相比，中小企业虽然规模小、组织结构简单，但工资成本低、资本有机构成低、管理成本低，所以相同的资金投入，中小企业能够比大企业提供更多的工作岗位。另外，中小企业具有高度适应力与应变能力。尤其在经济不景气的状况下，中小企业以其特有的适应性吸纳大量大企业分流的劳动力，对扩大劳动力就业更具现实和长远意义。三是推动技术创新。中小企业在技术创新方面具有组织机构安排灵活且富有弹性的独特优势。在创新效率上中小企业有明显的优势。在技术创新的周期方面，中小企业明显短于大企业。

(4) 为实现节约能源、保护环境、救灾救助等社会公共利益的。我国《反垄断法》的立法目的之一就是维护社会公共利益，促进社会主义市场经济健康发展。因此，诸如有利于实现节约能源、保护环境、救灾救助等社会公共利益的垄断协议，应得到豁免。

(5) 因经济不景气，为缓解销售量严重下降或者生产明显过剩的。这是有关不景气卡特尔的规定。在经济不景气的情况下，市场会出现严重供大于求、销售量大幅度下降的现象。在这种特定情况下，对经营者达成的限制产量或者销量等垄断协议予以豁免，有利于避免社会资源的更大浪费，有利于避免造成大量失业，更有利于经济的恢复。因此，不景气卡特尔应得到豁免。

(6) 为保障对外贸易和对外经济合作中的正当利益的。对外贸易垄断协议包括两种：进口商之间的垄断协议和出口商之间的垄断协议。其中最常见的是出口商之间的垄断协议，即出口卡特尔。垄断协议可以避免出口商之间的恶性价格竞争，提高对外谈判能力，但在实践中容易引起国际间的贸易摩擦，对未参加的其他厂商也可能构成进入障碍，还可能影响国内市场。然而，基于国家整体经济利益的考虑，我国对其中保障对外贸易和对外经济合作中正当利益的协议依法予以豁免，从而保障和促进我国经济的对外发展，提高国际竞争力。

(7) 法律和国务院规定的其他情形。这是一个兜底条款，以顺应国内和国际经济形势的变化。值得注意的是,对该项的解释应当以法律和国务院的规定为准,而不是由反垄断执法机构来确定。

上述列举的豁免情形,在适用中还应进行合理性分析,以确定其对市场竞争的影响是利大于弊,还是相反。利弊衡平应由经营者负举证责任。因为在垄断协议的认定过程中,市场信息处于不对称状态,经营者更有条件证明符合法定情形的事实存在。并且,如果垄断协议排除适用反垄断法的禁止性规定,最大的受益者是协议当事经营者,经营者显然更有动力来证明行为符合法定条件。

对于属于前述第1—5项豁免情形的,经营者除了证明协议本身的目的正当之外,还应当证明协议的实施具有两个效果:(1) 所达成的协议不会严重限制相关市场的竞争。这是对协议实施的消极效果的限制,要求不会对相关市场的竞争构成“严重”限制。(2) 能够使消费者分享由此产生的利益。这是对协议实施的积极效果的要求,消费者应能从协议的实施中获得好处。如果协议的实施损害了消费者的利益,消费者除了得到损失补偿外,还应“分享”收益。这里将第6项排除在外,主要是因为进出口卡特尔需要国家间的双边协调,确定和执行豁免,不能仅仅根据本国的法律给予豁免。

三、豁免的方法

根据管制的方法不同,可以分为行政监管和诉讼两种方式。因诉讼而豁免是按照诉讼程序认定垄断协议不予处罚的情形。因判断标准与行政监管相同,且程序上无特殊之处,故在此不作赘述。

从理论上说,行政监管可以及早预防和及时纠正卡特尔危害,但将所有的卡特尔行为都纳入行政管制程序不仅增加了当事人的负担,同时也不能阻止包括价格卡特尔这类诱惑力巨大的垄断行为。迄今,保留了行政管理体制的国家仍然不少。行政监管根据监管的环节不同,又分为事前监管(授权)、事中监管和事后监管。

1. 事前监管(授权)

历史上,英国曾以行政管制对待卡特尔。其管制过程和方法是将签订包括该种行为在内的限制性协议向有关主管机关申报,如同企业设立审批一样,未经审批的协议一律无效。1930年英国颁布了一项决议,承认卡特尔是经济生活的一种现实存在,但要求遵从公开性原则,即强制性通知、注册与卡特尔协议的公开。1948年英国制定的《独占及限制行为调查管制法》,从名称上即可看出,该法的主要任务是通过调查进行管制。经历1956年修订立法,直到1998年英国《竞争法》都实行事前申报制度。现行英国《竞争法》第1章第4节专门规定“豁免”,其内容包括“个别豁免”“类型豁免”“平行豁免”等。[①]

很多转型国家立法对豁免事项也实行事前申报制度。俄罗斯反垄断法因未设私人反垄断诉讼,反垄断执法依赖于单一的行政管理措施。正如俄罗斯法学家所言:“在商品市场实行这样的程序在国内法上还是第一次。”[②]从1991年到2002年的《商品市场竞争和限制垄断行为法》一直要求意图缔结协议或采取协同行为的经济实体向反垄断机构提出申请,由反垄断机构就协议或协同行为是否违反反垄断法进行审查。2006年修改后的法律将事前审查

① 时建中主编:《三十一国竞争法典》,中国政法大学出版社2009年版,第243—246页。

② 〔俄〕K. Ю. 图季耶夫:《竞争法》(俄文版),РДЛ出版公司2000年版,第252页。

改为事后监管。但受俄罗斯法影响较大的白俄罗斯、爱沙尼亚等国依然保持了事前管理这种传统模式。2006 年白俄罗斯根据 1992 年的《关于反垄断活动和促进竞争的法律》制定了《有关反垄断法协议的审查程序》,授权经济部对协议进行事前管理。爱沙尼亚《竞争法》(2001 年)第三章规定了“准予豁免的程序”,其中第 9 条规定:“为了获得本法第 6 条规定的豁免,必须在订立该相关协议前、协同行为开始前或形成相关决议前,向竞争委员会提交豁免申请。订立相关协议或采用决定需要得到授权豁免的,可以在订立或采用后 6 个月内提交豁免申请,在获得授权豁免之前,该协议或决定中限制竞争的内容无效。”

欧共体的豁免通过两种方式赋予有关企业:第一种形式是集体豁免,即通过立法的形式,给予符合特定条件的垄断协议豁免,且不需申报。本质上集体豁免就是适用除外。集体豁免的条件会根据行业发展、科技进步等情况通过发布新的指令而不断变动。另一种形式是个别豁免,即对于不符合集体豁免条件的协议,由当事人单独申报并经欧共体委员会审查后认为符合法定条件而赋予的豁免。

2. 事中监管

实施事中监管的相对较少,因为事前和事后基本上可以控制反竞争行为的危害,无需再增加一道程序。但有些国家仍然细致地规定了事中监管。例如爱沙尼亚《竞争法》(2001 年)第 9 条规定:“不违反本法规定的协议、协同行为、决议或加入协议、开始协同行为和形成决议的其他行为,如果其后出现了违反本法规定的情形,应当在该情形出现之日起,或者在该情形变得显著之日起 3 个月内提交豁免申请。在得到重新豁免授权之前,出现违反本法规定的情形之后,该协议、协同行为、决议的全部或部分无效。”

事前豁免和事中豁免的程序,需要当事人申请,反垄断执法机构审查,并作出决定。由于竞争环境的变化,被豁免的事项可能已经不符合豁免的要求,如何进一步防止借豁免之名从事垄断行为,大致有两种做法:一种是规定修改权或撤销权。例如英国《竞争法》第 16 条第 4 款的规定、爱沙尼亚《竞争法》第 12 条的规定。修改或撤销的条件一般是:(1) 作为获得豁免基础的信息或条件发生了实质性改变;(2) 未遵守授予豁免裁决中要求的条件或义务;(3) 授予的豁免是基于不完整或不正确的信息,以及授予豁免的协议、协同行为或决议不符合法律规定的条件。另一种方法是规定豁免权的期限,即确定企业所享有的免于处罚待遇的有效期限。如爱沙尼亚《竞争法》第 12 条规定的最长豁免期不得超过 5 年。

3. 事后监管

立法一般赋予专门反垄断监管机构以行政决定权和处罚权,且在行政机构行使职权时,从内部机构的构成、人员的任期、权力行使的程序、裁决的效力等方面综合表明了其准司法机构的性质。已有大量的资料表明,作为先立法的美国联邦贸易委员会、德国联邦卡特尔局、日本“公平交易委员会”等机构具有这一特性。或许正是因对垄断行为的行政处理本身包含了司法公正的成分而使单一的行政处理程序能够独立存在。

可见,对豁免事项的事后监管是基于行使决定权的权威性和行使处罚权的威慑来阻止反竞争行为不利影响的扩大而产生的。

第七章

滥用市场支配地位

滥用市场支配地位是一种特殊的垄断行为。从行为对象而言，滥用的是“支配地位”而不是权利(力)，这本身就不是一种常规的表述。从立法态度上看，反垄断法并不必然“反”市场支配地位，在有正当性理由的情况下利用自己的市场支配地位，通常是允许的。因此，需要首先解决什么是“市场”、什么是“市场支配地位”的问题，之后再分析滥用支配地位的行为有哪些，不属于“滥用”的抗辩理由有哪些。

第一节　相关市场的界定

反垄断法中“市场”的完整称谓是“相关市场”。任何竞争行为(包括具有或可能具有排除、限制竞争效果的行为)均发生在一定的市场范围内。在禁止经营者达成垄断协议，禁止经营者滥用市场支配地位，控制具有或者可能具有排除、限制竞争效果的经营者集中等反垄断执法工作中，均可能涉及相关市场的界定问题。

一、界定相关市场的意义

相关市场，是指经营者在一定时期内就特定商品或者服务(以下统称“商品”)进行竞争的商品范围和地域范围。

科学合理地界定相关市场，对识别竞争者和潜在竞争者、判定经营者市场份额和市场集中度、认定经营者的市场地位、分析经营者的行为对市场竞争的影响、判断经营者行为是否违法以及在违法情况下需承担的法律责任等关键问题，具有重要的作用。因此，相关市场的界定通常是对竞争行为进行分析的起点，是反垄断执法的基础性工作。

(1) 几乎所有的垄断案件都会涉及相关市场。从我国现有的法律文本上看，似乎只有滥用市场支配地位和经营者集中提到了相关市场的问题，但实际上，包括垄断协议和行政垄断也会涉及相关市场的辅助判定问题。

美国学者波斯纳研究了从1890年通过《谢尔曼法》到1969年间美国司法部的价格操纵案例，发现这种共谋几乎有一半(47.4%)发生在地方性或区域性市场。市场的地理范围越小，就越有可能由少数几家厂商控制很大的份额。在我国，曾发生这样的事件：2004年11月重庆三大电信运营商——巴南电信、网通和铁通就“协调”价格问题召开了一次联席会议，会上签订了“诚信经营自律协议”：避免恶性价格战，固话及宽带业务资费形成一致意见；加强通信设施保护和互联互通工作，出现问题主动沟通、及时处理；规范广告经营行为。会上三家企业还决定,每家各抽调两人组建执行委员会,以监督协议落实情况,并订立规则,即联席会将每月召开一次。[1] 如果从全国范围进行考察,这个行为对全国市场的影响并不大,但如果从地域市场角度考察,这个行为的消极影响却非常明显。显然,这里需要借助于相关地域市场的概念和分析方法。

当然,相关市场的认定在卡特尔和行政垄断案件中往往被忽略了,其主要原因是卡特尔案件尤其是核心卡特尔案件大都适用本身违法原则,只要确认行为的概念属性即可认定行为违法。同样,行政垄断案件由于涉及行政权力的滥用,从宪法和行政法的要求来讲,滥用权力本身就是违法的。另外,行政权力的效力范围本身就基本上划定了相关市场。由此在这两类案件中相关市场的地位远不及在滥用市场支配地位和经营者集中方面那样显化。

(2) 相关市场界定对案件的权威性具有直接的影响。美国历史上,因相关市场界定不合理而产生的经典案件不止一个。在 1945 年美国"铝公司案"中,被告被指控垄断了州际和外国市场,并同时存在和相关企业达成垄断协议的行为。如果以纯铝锭为基础确定相关产品市场,美国铝公司占据的市场份额高达 90%;如果将进口原铝包括在内,则该公司的市场份额为 64%;如果把回收利用的铝废品包括在内,该公司的市场份额则为 33%。最后法院以纯铝锭为依据判决该公司构成垄断。

如果说"铝公司案"的错误之处在于法官忽视了产品的替代性的话,那么,1956 年美国"杜邦公司案"[2]的错误则走向了另一个极端——夸大了产品的替代性。

杜邦公司以生产玻璃纸为主业。在美国市场上,杜邦公司生产和销售的玻璃纸占市场份额的 75%。司法部指控杜邦公司依靠这个力量垄断了州际贸易,违反了《谢尔曼法》第 2 条。美国联邦最高法院从产品的质地、用途和价格三个因素来分析玻璃纸和其他包装材料的合理替代性,并在实地调查之后,确认了四类包装材料存在可替代性关系:第一,不透明、不防潮的纸包装材料;第二,不透明、防潮的包装材料;第三,透明、不防潮包装材料;第四,防潮非薄膜材料。可替代性的事实是:第二次世界大战前 5%—10%的熏肉和培根的包装材料都选用杜邦公司的材料。第二次世界大战以后,防油纸、透明纸、氯化橡胶纸和玻璃纸都在同一时期使用。因此,它们之间具有替代性。最终法院认定,杜邦公司在相关包装材料的市场份额只占 17.9%,不构成市场支配地位,进而不可能滥用市场支配地位。

可见,相关市场的界定很大程度上是判断当事人行为合法与否的决定性因素。上述错案的出现,既反映了界定相关市场的重要性,也表明了界定相关市场的复杂性。发生在我国的"奇虎诉腾讯滥用市场支配地位案",一审和二审的焦点都集中在相关市场如何界定上。事实上,除了适用本身违法原则的垄断行为外,对任何行为从竞争角度进行判断和评估,都会涉及分析相关市场的大小和结构。如果相关市场被界定得过于狭窄,有意义的竞争将会被视为垄断;如果相关市场界定得过于宽泛,竞争的程度可能被夸张,从而放纵某些垄断。

二、相关市场的界定

按照上述相关市场的概念,相关市场可分为相关商品市场、相关地域市场、相关时间市场、技术市场和创新市场。在反垄断执法实践中,比较常用的是前两者。

---

① 《重庆三大运营商缔结不降价联盟涉嫌垄断市场》,载《重庆晚报》2004 年 11 月 24 日。

② *U. S. v. E. I. du Pont de Nemours & Co.* 351 U. S. 377(1956).

（一）相关商品市场

相关商品市场，是根据商品的特性、用途及价格等因素，由需求者认为具有较为紧密替代关系的一组或一类商品所构成的市场。这些商品表现出较强的竞争关系，在反垄断执法中可以作为经营者进行竞争的商品范围。

界定相关商品市场其实就是要判定哪些产品具有竞争关系。一般来说，相关商品市场的界定需要考虑两种情况：一是有竞争关系的同质产品；二是有竞争关系的紧密替代品。当某个企业向市场推出一种自己生产的产品时，它不仅要与市场上生产同质产品的企业进行竞争，而且还要与市场上生产可替代性产品的其他企业进行竞争。所以在界定相关商品市场时，应从产品的“同质性”和“替代性”两方面来进行考察。在反垄断执法实践中，同质产品比较容易认定，一般是根据产品的工艺流程和产品成分构成等特点来判断的。在这个意义上，矿泉水就不同于矿物质水，也不同于纯净水。在美国反托拉斯历史上，1945 年美国“铝公司案”认定相关市场时采取的就是同质产品标准。比较难认定的是替代品。一般而言，每一个产品都会有外在的替代品，不同产品的外部替代品多少也不一样。在各种替代品中，替代程度也不一样，如矿泉水同矿物质水具有很强的可替代性，但同果汁的可替代性较小。替代品越多、替代程度越高，意味着产品之间的竞争程度也越强。

在市场竞争中，对经营者行为构成直接和有效约束的，是市场里存在需求者认为具有较强替代关系的商品或能够购买到这些商品的地域，因此，界定相关市场主要从需求者角度进行需求替代分析。换言之，需求替代可以对一定产品的卖方构成最直接和最有效的约束力，特别是对他们的定价行为能够产生重大影响。如果一个企业的客户能够轻易转向其他生产商或者转向其他地域取得替代品，这个企业就不可能对市场现有的销售条件特别是价格产生决定作用。

需求替代是根据商品功能用途、质量、价格以及获取的难易程度等因素，从需求者的角度确定不同商品之间的替代关系。原则上，需求者认为商品之间的替代程度越高，不同质商品就越可能属于同一相关商品市场。

1. 需求替代分析

从需求替代角度界定相关商品市场，可以考虑的因素包括但不限于以下几个方面：

(1) 产品的功能。认定两个或者两个以上的产品是否属于同一产品市场，可以从产品的性能、用途方面来评价。一般来说，如果两种产品具有相同或近似的功能，那么就可以认为它们之间具有紧密替代性，属于同一相关商品市场；反之，如果两种产品的功能相差很远，它们必然无法满足需求者的同一需要，自然也就不会属于同一相关商品市场。在经济学上，产品的替代性有“总体替代性”与“近似替代性”[①]之分。两者的不同在于，在总体替代性中，需求者以牺牲其他需要为代价满足自身的某种需要，如买了汽车就没钱再去购房了，因此它并不是一种合理的可替代性。在近似替代性中，由于产品性质、功能的近似性，需求者可以选择任何一种产品来满足自身的需要，这反映了相关市场的产品用途的“相关性”，因而是一种合理的可替代性。

产品的替代性虽是以产品的功能为基础产生的，但也附加了需求者的主观评价因素。

---

① 总体替代性，指在一个最广泛的市场上，任何一种产品都有替代其他产品的可能性。当消费者认为两种产品或服务在性能、价格等方面具有互换性时，就可以认为这两种产品具有近似替代性。

于是,商品的功能是否相同或近似就有两种评价:客观评价和主观评价。客观评价是指产品设计者、生产者制造和提供产品的动机和目的[①];主观评价是指需求者认为产品所具有的功能以及是否能够满足自己特殊的需要。用于满足使用者的需求首先是商品具有某种功能,因此客观评价是否相同或近似,是确定商品之间具有替代性的基础性因素。但大多数情况下,主观评价发挥着主要作用,因为商品能否完成进入市场的"惊险一跳"取决于需求者对它的定位。例如,欧洲法院1978年关于"联合商标(United Brands)案"[②]的判决中写道:从香蕉的特性出发,如一年内在一定季节成熟,能够长期满足某些人的需求(例如香蕉的柔软、无核,能满足幼儿、老人和病人的特殊需要),且在上市高峰时期也仅在有限程度上受其他新鲜水果的影响等,说明香蕉和其他水果不具有相互可替代性,从而香蕉市场就是一个单独的商品市场。欧共体委员会在1991年的"雷诺并购沃尔沃案"中,将卡车分为运载量5—16吨和运载量16吨以上的两个产品市场。其理由是这两种卡车的技术性能差别很大,具有不同的用途。欧洲法院在1979年关于"霍夫曼—拉罗赫(Hoffmann-La Roche)案"[③]的判决中,从不同维生素的不同性能和用途出发,认定7种维生素属于7个不同的商品市场。

(2) 产品的价格因素。这里的价格因素包括产品自身的价格状况和产品间的价格差异。前者的影响是需求者因商品价格的变化,转向或考虑转向购买其他商品的可能性。后者(价格差异)将形成需求者不同需求形式,如果简单地划分,可以将受价格因素影响的产品分为高档产品和低档产品,进而形成高档需求和低档需求。当然,价格差异到什么程度才算区分出了高档和低档,其本身也包含着需求者的认识。在1962年美国"布朗鞋业公司案"[④]中,美国联邦最高法院对原告提出的自己生产中档鞋子和销售部分低档鞋子的说法没有采信。只有在价格差异较大的情况下,高档、低档两个市场才可能成立。例如,白酒市场上,茅台酒的价格是1000元左右,普通二锅头的价格10元左右。故前者属于高档产品市场,后者属于低档产品市场。

在界定相关产品市场的时候,决定性因素不是价格的绝对差异,而是一种产品的价格变化是否对另一种产品产生竞争性的影响,即价格与产品需求的关联关系问题。经济学上,这个关联关系用"需求交叉弹性"来表达。需求交叉弹性是需求交叉价格弹性(Cross-price Elasticity of Demand)的简称,它表示一种商品的需求量变动对另一种商品价格变动的反应程度。

美国和欧盟的反垄断法借用经济学上的需求交叉弹性来界定相关产品市场。其机理是,如果一种产品的价格发生变化,这个变化就会引起需求者对其他产品的需求。需求交叉弹性反映了消费者在选择商品或者服务时一种变化的可能性,这种可能性的大小和价格变化的幅度呈正相关关系。这样,相关产品市场的界定就转化为以何种价格变化幅度来测试需求者反应的问题了。

有关"弹性"或替代性的理论表达似乎比较容易理解,而将这种理论运用于反垄断实践,则是一个相对复杂的问题。

---

① 阮方民:《欧盟竞争法》,中国政法大学出版社1998年版,第115页。

② *United Brands Continental Bu v. Comnrissin* [1978] Ecr 207;[1978] CMLR429m Para 38.

③ Case 85/76, *Hoffmann-La Roche & Co. AG v. Commission* [1979] ECR 461, para. 39.

④ *Brown Shoe Co. v. U.S.* 370 U.S. 294(1962).

将“弹性”这个概念引入到反垄断法中具有重要意义，它为解决相关市场界定时美国“铝公司案”的“忽左”和“杜邦公司案”的“忽右”找到了一个平衡工具。从需求交叉弹性的角度分析，美国“铝公司案”中法官认为铝锭的弹性为零；“杜邦公司案”中玻璃纸的弹性（几乎）为百分之百。由此，这两个案件的启示在于，分析相关商品市场需要确定合理的需求交叉弹性。何谓“合理”，1978 年美国著名经济学家阿里达和特纳提出“足够小的范围”，即“小到排除所有那些在价格合理的波动范围内只有有限的买方会转而去购买的产品”。这个表达的核心价值在于：既否定了零替代，也否定了无限制的弹性，确立了弹性应该是一个相对折中的范围的观念。[①]

在此基础上，美国 1982 年的横向合并指南吸收了阿里达和特纳提出的“足够小的范围”观念，并把“足够小的范围”确定为 5%，从而解决了合理替代性的问题。1984 年的合并指南进一步指出，根据不同情况，弹性范围可以放大到 10%。这构成了确定相关商品市场的“SSNIP 方法”（Small But Significant and Non-transitory Increase in Price），在我国也叫假定垄断者测试。

假定垄断者测试，是界定相关市场的一种分析思路，可以帮助解决相关商品市场界定中可能出现的不确定性。目前主要国家（和地区）制定反垄断指南时均采用了此方法。依据这种思路，人们可以借助经济学工具分析所获取的相关数据，确定假定垄断者将商品价格提高并维持在高于竞争价格水平时的最小商品集合和地域范围内，从而界定相关商品（地域）市场。

根据《欧洲共同体竞争法界定相关市场的委员会通告》（以下简称《界定相关市场通告》）第 17 节的规定，在界定一个相关市场时，“需回答的问题是，作为对一定产品或者一定地域内假设的一个数目不大（幅度 5%—10%）但长期性的相对价格上涨的反应，当事人的客户是否愿意转向购买可以得到的替代品，或者转向其他地区的供货商。因为涨价会减少销售数量，在替代程度足以大到使涨价行为无利可图的情况下，这些替代产品或者扩大了的地域就应当包括到相关市场之中。扩大相关产品市场或者相关地域市场的这个过程直至这个数额不大的和长期性的涨价可以使当事人无利可图为止”。

在我国，根据国务院反垄断委员会《关于相关市场界定的指南》第 10 条的规定，使用这个标准界定一个相关市场的时候，总体上需要三个步骤：

第一步是假设某经营者是以利润最大化为经营目标的垄断者（假定垄断者），并确定该经营者销售的产品（目标商品，地域市场也是如此，这里以产品为例）。这个产品可以假定为 A。

第二步是初步划定其他近似产品，并将目标商品 A 进行数额不大（一般为 5%—10%）但长期性的涨价（一般为 1 年），调查确定目标商品涨价导致需求者转向购买那些其他近似商品。

第三步是根据不同情况得出相关结论：① 如果目标商品涨价后，即使假定垄断者销售量下降，但其仍然有利可图，则该目标商品本身就构成相关商品市场。② 如果涨价引起需求者转向具有紧密替代关系的其他商品，使假定垄断者的涨价行为无利可图，则需要把该替代商品增加到相关商品市场中，该替代商品与目标商品形成商品集合。上例中，A 产品涨价后，其用户将会转向 B 产品、C 产品等，那么，A 产品、B 产品、C 产品就构成商品集合。接下

---

① Phillip Areeda & Donald F. Turner, 1978, *Antitrust Law*, Boston: Little Brown, p. 347.

来再分析如果该商品集合涨价,假定垄断者是否仍有利可图。如果答案是肯定的,那么该商品集合就构成相关商品市场;否则还需要继续进行上述分析过程,直到涨价不再使其用户改变需求为止。随着商品集合越来越大,集合内商品与集合外商品的替代性越来越小,最终会出现某一商品集合,假定垄断者仍可以通过涨价实现盈利,由此便界定出相关商品市场。

(3) 获取商品的便捷性。产品获取是否便捷和产品的销售渠道紧密相关。销售渠道不同的商品面对的需求者可能不同,相互之间难以构成竞争关系,则成为相关商品的可能性较小。获取渠道的便捷性与否和获取替代品方法的便捷性、路程的远近、交通的便捷程度、获取产品的周期、获取产品的成本等紧密联系。

(4) 消费者的偏好。这是分析阻碍大量需求者转向某些紧密替代商品的障碍、风险和成本。需求替代建立在产品功能的基础上,但在一些产品功能差距不大的情况下,如果对某一产品存在特殊的偏好因素,那么产品之间的替代性也会减弱。当消费者特别偏爱某种产品时,那么即使有与其功能、用途相似的其他产品,它们之间也不具有替代性。所以产品间的竞争强度还需要分析是否存在偏好、偏好的普遍性及偏好的忠诚度。

例如,奶茶和茶(也包括奶茶和鲜奶或奶粉)都属于饮品,可以相互替代。但对于那些对奶茶有特殊偏好的消费者而言,他们一般不会用茶来代替奶茶,也不会用奶来代替奶茶。在这部分消费者看来,奶茶与茶、奶茶与奶就分别属于不同的市场。除了偏好存在的客观性外,还需考察偏好存在的普遍性,只有这两个条件同时齐备时才可以认定偏好产品的市场是另一个市场。欧盟委员会在《界定相关市场通告》中指出:"委员会要与主要的客户接触,收集他们关于界定产品市场的观点以及划分市场范围所必要的信息。"[①]这里"必要信息"可以理解为消费偏好是否存在及其普遍性的信息。

在美国1956年"杜邦公司案"中,法院认为玻璃纸所具有的透明性、低度透性等特性在其他包装材料上均可以找到,因此玻璃纸与其他弹性包装材料具有相似的物理性能。同时法院发现"消费者在玻璃纸与其他弹性包装材料之间会发生购买转移",进而认为,它们之间在用途上具有可替代性。这种分析没有考察消费者转移是否具有普遍性,将在香肠等个别产品上的使用作为普遍性来看待,由此,认为将玻璃纸与其他弹性包装材料归于同一相关产品市场是不合理的。

(5) 其他因素。我国《关于相关市场界定的指南》还规定了"需求者对商品的依赖程度、可能阻碍大量需求者转向某些紧密替代商品的障碍、风险和成本;是否存在区别定价等",总体上,这些因素是辅助性因素。

2. 供给替代分析

供给替代是根据其他经营者生产设施改造的投入、承担的风险、进入目标市场的时间等因素,从经营者的角度确定不同商品之间的替代程度。之所以还涉及供给替代,是因为反垄断法对竞争的保护,不但包括现实的竞争还包括潜在竞争。需求替代性实际上只关注了市场实际存在的商品和商品生产者之间的关系。某种商品市场虽然存在垄断,若潜在竞争者能通过合理成本很容易地进入上述商品市场,在位垄断者就难以长期谋取垄断利益。潜在竞争者会使垄断商品市场竞争条件发生变化,如价格卡特尔会使潜在竞争者的预期利润增高,一旦其进入这个市场,涨价就不能持续。这种情况就可以认为存在供给替代性。

---

① 王晓晔:《欧共体竞争法》,中国法制出版社2001年版,第79页。

在相关商品市场分析中考虑供给替代性，其意义在于通过考虑潜在的竞争者扩大相关商品市场，将一定条件下潜在生产者的生产能力也纳入相关商品市场中。原则上，潜在经营者市场准入的投入越少，承担的额外风险越小，提供紧密替代商品越迅速，则供给替代程度就越高，界定相关市场尤其在识别相关市场参与者时就应考虑供给替代。不过，由于供给替代性考虑的竞争仅仅是一种可能，因此一些国家和地区虽然使用“供给替代性”方法分析相关商品市场，但也只是作为辅助手段。① 在我国，很多案件涉及供给替代分析，但单纯为了确定相关商品市场进行的供给替代分析似乎只有一个②，即“马士基、地中海航运、达飞设立网络中心经营者集中案”③。本案确立的相关商品市场为国际集装箱班轮运输服务市场。并从供给替代的角度分析了集装箱班轮服务市场的特性及替代关系。针对另外一些案件的供给替代分析，主要是为了说明附加限制性条件的理由。例如“希捷科技公司收购三星硬盘驱动器案”，分析了硬盘市场准入的障碍④，据此，商务部认为硬盘市场进入难度很大，进而作出了附加限制性条件的决定。

相比较而言，供给替代分析在相关商品市场上不及在相关地域市场上的运用广泛。因为产品供给的地域跨度受保鲜性、运输成本、法律限制等因素的影响非常大。

（二）相关地域市场

相关市场的另一个重要内容是相关地域市场。欧盟《界定相关市场通告》第 8 条将相关地域市场界定为：相关企业供给或者购买产品或者服务的地域，且它们在这个地域内的竞争条件基本是一致的。我国《关于相关市场界定的指南》将相关地域市场界定为：需求者获取具有较为紧密替代关系的商品的地理区域。相关地域市场是判断产品（某种产品与它的替代产品）形成竞争性关系的地理区域。这些地域表现出较强的竞争关系，在反垄断执法中可以作为经营者进行竞争的地域范围。

相关地域市场，首先表明竞争有地域限制的，不是所有的同类产品和替代产品都会由观念上的竞争关系形成事实上的竞争关系。应该说，相关地域市场是对相关市场的进一步细化。地域市场的形成，往往和产品的运输成本、保鲜性、法律限制有紧密的关系。

1. 需求替代分析

从需求替代的角度界定相关地域市场，考虑的因素包括以下各方面：

（1）产品特性。一些产品的体积、重量和保鲜性决定了产品的运输销售空间狭窄。例如，用于建筑的水泥砂浆。还有一些产品由于自身的特点决定了不可能在不同地域市场之间进行流动，比如住宅等不动产。基于短期保鲜性要求的产品，本身也不可能在全国地域范围内销售，例如保质期为 3 天的鲜奶。同时，也要考察既定的相关产品在不同地理区域中的

---

① 阮方民：《欧盟竞争法》，中国政法大学出版社 1998 年版，第 120 页。

② 分析的基本工具是需求替代，供给替代只有辅助性的。上述“只有一个”是截止到 2015 年 11 月。

③ 国际海运市场主要包括集装箱班轮和非班轮运输服务、干散货运输服务和油轮运输服务市场。国际集装箱班轮海运服务是指集装箱班轮企业按事先制订的船期表，在国际固定航线的固定挂靠港口之间，按规定的操作规则为非固定货主提供规范和反复的集装箱货物运输服务，并按单位标准箱（TEU）运价来计收运费的一种运输服务方式。非班轮运输与班轮运输没有替代性。干散货运输、散杂货运输、油轮运输与集装箱运输也没有替代性。参见商务部公告 2014 年第 46 号《商务部关于禁止马士基、地中海航运、达飞设立网络中心经营者集中反垄断审查决定的公告》。

④ 包括：(1) 知识产权及其他专有知识，特别是非知识产权的核心技术、工艺流程和技术队伍构成进入该市场的实质性障碍。(2) 规模经济的障碍：新进入者如无法达到一定的生产和销售量则无法生存，而要达到相应规模则需要高额的生产、研发和市场开拓投资，潜在风险巨大。参见商务部公告 2011 年第 90 号《关于附条件批准希捷科技公司收购三星电子有限公司硬盘驱动器业务反垄断审查决定的公告》。

市场价格。

(2) 运输成本和运输特征。相对于商品价格来说,运输成本越高,相关地域市场的范围越小,如水泥等商品;商品的运输特征也决定了商品的销售地域,如需要管道运输的工业气体等商品。

运输费用增加了产品的成本并且直接影响了产品的"旅行"能力,它是产品走出"家门"进入市场过程中无可避免的费用。运输成本与产品竞争的地域范围成反比。运输成本越高,其"旅行"能力越弱;运输成本越低,产品的"旅行"能力越强。旅行能力弱的产品的市场地域范围小。反之亦反。

(3) 地域间的贸易壁垒。包括关税、地方性法规、环保因素、技术因素等。如当关税相对于商品的价格来说比较高时,则相关地域市场很可能是一个区域性市场。关税对相关地域市场的影响主要体现在国际市场范围的界定上。不同国家或同一国家不同地区之间的关税税率不同会影响市场的范围。例如,我国内地和香港特别行政区就是两个不同的地域市场。环保因素和技术因素等是形成地区市场的重要因素。例如,达不到欧V标准的汽车难以进入欧盟市场;存在漫游费的电信市场只能以漫游地区为界划分地域市场等。

(4) 消费者偏好因素。由于特定区域需求者偏好的存在,尽管不同地区的产品在功能作用上有替代性,即使产品价格上涨,消费者也不会转向购买另一个地区的产品。

(5) 其他重要因素。如需求者因商品价格或其他竞争因素变化,转向或考虑转向其他地域购买商品的证据,多数需求者选择商品的实际区域和主要经营者商品的销售分布情况等。

2. 供给替代分析

从供给角度界定相关地域市场时,一般考虑的因素包括:其他地域的经营者对商品价格等竞争因素的变化作出反应的证据;其他地域的经营者供应或销售相关商品的即时性和可行性,如将订单转向其他地域经营者的转换成本等。

(三) 相关时间市场

相关时间市场,是指相关市场存在的时间期限。相对于商品市场和地域市场而言,时间因素在界定相关市场中的意义有限。美国司法判例对时间市场没有明确的界定。欧共体委员会和欧洲法院、德国法院判例表明其将时间市场(temporal market)作为与商品市场、地域市场并列的因素。[①] 我国《关于相关市场界定的指南》也将其作为一个辅助性的认定标准:"当生产周期、使用期限、季节性、流行时尚性或知识产权保护期限等已构成商品不可忽视的特征时,界定相关市场还应考虑时间性。"需要强调的是,该市场只在特定时间出现,且商品和服务的数量有限。概括而言,时间市场主要影响因素如下:

1. 稳定的经营高峰期或低谷期

一些服务行业常存在高峰期或低谷期。高峰期时产品往往供不应求,供给方具有优势地位。此时供给方可能附加不合理的条件提供产品。低谷时这些现象消失。这种情况下,计算是否滥用支配地位时,需要考虑时间性。例如我国的"春运"。

2. 季节性

季节性产品只在特定的时间内存在。例如冬季滑雪,我国中秋期间月饼等。以后者为

---

① 阮方民:《欧盟竞争法》,中国政法大学出版社 1998 年版,第 114 页。

例，月饼只在中秋节前生产者才推向市场。如果认为某月饼企业生产的月饼存在搭售（如包装中有红酒，且不是附赠），在考察该生产者是否具有市场支配地位时，将遇到一个特殊情况，即稻香村全年都在生产包括月饼在内的糕点。故此时只能截取中秋节前一定时间（如两个月）所有企业生产的月饼作为市场份额的计算依据，而不能将稻香村全年的产量都包括在内。

3. 产品更新

技术的进步会不断带来产品更新，产品更新会呈现时间性。例如根据摩尔定律，当价格不变时，集成电路上可容纳的晶体管数目，约每隔 18 个月便会增加一倍，性能也将提升一倍。如果技术的进步带来产品的更新，相关市场界定时就需要考虑时间性。例如"奇虎诉腾讯滥用市场支配地位案"，即时通讯产品和微信有一定的替代关系，但"3Q 大战"之时，微信尚未普及。故案件的处理要考虑替代技术产品化的时间性。

相关时间市场运用的核心就是时间截取的合理性。而这一问题的解决和本国的经济发展及产业状态关系紧密。西方国家大都以产品周期理论来评价产品替代关系的时间性。即将产品的生命周期分为引入期、成长期、成熟期、衰退期。这一理论对于涉及不断升级换代产品相关市场而言，时间性考虑具有非常重要的借鉴意义。①

（四）相关技术市场和创新市场

随着科学技术的进步，技术因素特别是知识产权对市场竞争的影响越来越明显。美国《竞争者协同行为反托拉斯指南》指出，当知识产权与使用它的产品被分别划分在不同市场时，执法部门在评估包括知识产权许可的竞争者协同行为后将界定技术市场。技术市场包含被许可的知识产权和它的近似替代品。近似替代品，是指与被许可使用的知识产权相比，在限制市场力量方面足够相似的技术或商品。在具体执法中，执法机关还会根据《知识产权许可的反托拉斯指南》相关规定来确定技术市场的范围和市场份额。

创新市场，是针对特定新的产品和方法或者其改进的研究和开发，或者与该研发相似替代性工作形成的市场。在竞争者的协同行为在创新方面产生的竞争效果在产品市场和技术市场中没有得到充分考虑的情况下，且当相关的研发与特定企业的特有财产或者特征有关时，才需要界定创新市场。

应该看到，相关技术市场和创新市场的界定与特定技术相关，尤其是与技术开发和使用相关。相关技术市场和创新市场对于技术型企业或企业联合垄断技术的判定具有重要意义。

我国《关于相关市场界定的指南》也考虑到了相关技术市场和创新市场的问题："在技术贸易、许可协议等涉及知识产权的反垄断执法工作中，可能还需要界定相关技术市场，考虑知识产权、创新等因素的影响。"

三、相关市场界定面临的挑战

互联网产业是一个新兴的产业，其创新性和毁灭性同在。这一产业的相关特点对传统相关市场的界定提出了诸多挑战。

---

① 参见丁茂中：《反垄断法实施中的相关市场界定研究》，复旦大学出版社 2011 年版，第 113—114 页。

(一) 相关产品市场的分析难度增大

互联网服务企业有一个公知的营销策略:“同类产品差异化、异类产品一体化。”这样的营销策略将带来两个结果。一是相关产品的替代性不断降低,加大了互联网服务企业界定相关产品市场的难度。二是市场的双边性或多边性被强化,互联网的兼容性使许多原本不同类的产品之间在功能作用上出现了交叉和重叠,很难仅仅从需求者替代、产品的性能、价格等来确定相关产品市场。

另外,“假定垄断者测试”(SSNIP)方法适用基础的改变,将使这种最常用的解决相关商品市场基本方法的可适用性受到质疑。假定垄断者测试方法诞生于界定传统市场时,相关产品及其替代性是具有制约关系的,在测试中这种制约关系通过价格的变化显现出来。但是,在互联网服务业中,由于经销模式的趋同——构建免费平台,使得价格在测试中的作用基础发生了变化。即使进行的是有偿情况下的消费者反应,因基础价格太低提升后价格对于消费者而言,也难以真实地反映其消费观念和取向。当然,这里还存在网络效应、用户锁定效应等特殊因素的影响。比如,即使输入法“拼音加加”的价格提升5%—10%,而“搜狗手写”输入法是完全免费的,也未必有很多用户放弃拼音加加而选择搜狗手写。在互联网服务中,该方法“基本假设”发生的可能性很低,因为边际成本相对于固定成本趋于零。低边际成本会导致相关市场的界定过宽。另外,不考虑商业基本运营模式的测试方式得出的测试结果也是不切实际的,此时使用SSNIP方法,这已不是“小幅非暂时”的提价测试,而是本质性的改变。

(二) 相关地域市场遇到的挑战

互联网的扩展性使得相关地域市场的重要性大大降低,而且边界更加模糊。一般而言,界定相关地域市场需要考虑到运输成本和商品特性、实际销售分布、地域贸易壁垒、需求者偏好等因素。在互联网市场中,市场具有开放性和互通性的特点,互联网产品在互联网中的传播不需要考虑运输成本和运输特征。开放性的网络传播使市场准入非常便捷,互联网产品的虚拟性以及互联网的无限扩展性,一些产品如电子书籍等进行在线交易十分便捷。国际间互联网产品的提供与获得无需额外运输成本、价格成本或者其他成本,经营者和用户均无国界。因此,运用需求替代和供给替代分析相关地域市场时,一些原本可以参照的标准不再适用。在“Bertelsmann/Havas/BOL案”[①]中,当事人主张,应该将互联网服务企业销售的相关地域市场定为全球性的地域市场。

当然,如果说一些产品既可以进行传统的交易又可以进行互联网交易,如B2B电子商务交易平台的出现就给传统的地域市场划分标准带来了更大的挑战。在线交易市场的交易受制于传统交易的地域范围(如事先划定送货范围),相关地域市场的界定尚有一定的可参照标准。纯粹的互联网服务市场的地域边界则变得十分模糊,市场上的企业数量以及市场范围也在不断地变化之中。但似乎也不能由此认定,所有互联网服务业的相关地域市场都是全球范围。实际上,一方面各国政府都会基于产业政策而对本国互联网服务企业活动作出各种限制性规定,经过划分后的区域就形成了一个相对独立的市场,另一方面互联网服务企

① Christopher Vajada Q. C. and Anders Gahnstrom, “E. C. competition law and the Internet”, *E. C. L. R.*, No. 2, 2000, p. 97.

业的地域市场还与店铺的营业时间长短、语言文化、使用习惯有关。[①]

（三）相关时间市场遇到的挑战

摩尔定律揭示了技术进步的快速。在“奇虎诉腾讯滥用市场支配地位案”一审中，原告的专家辅助人认为，本案仅需界定在“3Q大战”发生的2010年年末包括即时通讯产品在内的合适的相关市场，而当时的中国即时通讯产品和社交网络、微博之间有很大区别，不属于一个相同的反垄断意义上的相关市场。法院则认为，竞争是一个动态的过程，在一个滥用市场支配地位的反垄断诉讼中对相关市场进行界定时，必须考虑本案商品或者服务所在产业的发展现状及未来一段时间的趋势。互联网行业具有网络技术创新能力强、经营模式变化日新月异的显著特点，总体上应当对那些有可能延续一段时间的滥用市场支配地位的行为予以制止，以有效维护市场竞争机制。因此，法院得出，在认定本案相关市场时，仅仅考虑2010年双方发生纠纷时一个较小周期内的情况来分析相关市场状况，并不能起到科学合理的、有效制止滥用市场支配地位的效果。换言之，相关时间市场不是一个主要的考虑因素。案例中的这一观点是否具有普遍适用价值，值得进一步观察。

第二节　市场支配地位的确定

滥用市场支配地位的前提是具有市场支配地位，没有市场支配地位就不可能滥用市场支配地位。当然，拥有市场支配地位的主体如果存在正当理由，从事某些行为也不构成滥用市场支配地位。因此，这里需要重点理解两个问题：“市场支配地位”的实质，如何确定“市场支配地位”。

一、“市场支配地位”的本质

通常，在法律上，提到“滥用”往往指行政权力的滥用或民事权利的滥用，而不存在所谓的“滥用地位”之说。既然这里使用的是“滥用地位”（且各国都使用该概念），首先表明这是反垄断法中的专有用法；其次，也应该表明，这个被滥用的“地位”就其本质，应该不是行政权力，也不是民事权利，那么，滥用的是什么？

关于这一点，很少有法律予以明确，法学界也鲜有讨论，似乎这是一个不存在争议的问题。但事实上并非如此。在英美学者的反垄断法思维中，这一基础性问题被跨越了。因为他们认为，支配地位就是经济学上的提价而不失去顾客的能力（或提价仍能获利的能力），所以在他们的观念中，市场支配地位的本质就是市场力量。中国《反垄断法》第17条界定的市场支配地位也反映了这一认识：“能够控制商品价格、数量或者其他交易条件，或者能够阻碍、影响其他经营者进入相关市场（的）能力。”但是，这种结论并不是法律思维的产物，“市场力量”也不是法律用语。俄罗斯法上，由于关于禁止滥用市场支配地位的规定具有跨法域的特性——不仅体现在《竞争保护法》上，也规定在俄罗斯《民法典》中。具体而言，俄罗斯《民法典》第10条第1款规定，“禁止以限制竞争为目的行使民事权利，同时禁止滥用市场支配地位”，这一规定引发了关于滥用民事权利和滥用支配地位之间关系的广泛的讨论。有必要

---

① 事实上，中国法院在相关互联网案件中的地域认定也不完全一致：“奇虎诉腾讯案”中的相关地域市场被认定是“全球市场”，而在“唐山人人诉百度案”中认定的相关地域市场是中国。

以此为例分析这个理论问题,以加深对滥用市场支配地位各行为的理解。

俄罗斯《民法典》第 1 条(立法目的)强调,民事立法建立在契约自由的基础上。第 2 条规定,民事立法调整从事经营活动的主体之间的关系或者他们参与的关系。同时,俄罗斯《竞争保护法》第 3 条规定,本法适用于调整经营者参与并形成的竞争关系。这样,《竞争保护法》禁止占有市场支配地位的经营者从事的相关活动,其基础关系中自然包括民事合同关系。

一般来说,滥用市场支配地位体现为对交易人的强迫。既然强迫是滥用市场支配地位的一个内在因素,那么立法就需要确立强迫的具体情况和正确适用这个规范的应用程序从而使反垄断执法机构准确把握法律规定的禁止条件。俄罗斯的反垄断机构的执法实践表明,在具体案件中涉嫌强迫交易的方法多种多样。例如,占有市场支配地位的经营者对合同交易人施加不利的条件。这种行为不是对合同交易人实行胁迫或身体强制,而是改变合同签订的正常条款,剥夺其作为一个法律关系主体本应享有的平等协商的权利。恰是如此,占有市场支配地位的经营者才会坚持其提出的不利于交易对方的合同条款且对方无法拒绝。此外,关于强迫还可以占有市场支配地位的经营者在合同中增加对方的负担等不符合正常商业惯例和交易人意愿的方式表现出来。由此,滥用市场支配地位是否属于滥用民事权利的问题就产生了。

俄罗斯竞争法的理论界,对此问题曾进行了广泛的探讨。主要观点如下:

一种观点认为,滥用市场支配地位不是滥用民事权利,而是一种民事违法行为。M. M. 阿卡尔科夫(Агарков)认为,滥用市场支配地位建立在违法行使权利的基础上,所以像滥用支配地位那样的行为事实上不属于民事权利。因为人们的行为超出了法律赋予其行为的权利时,其行为就不是滥用自己的权利,而是违法行为。[①] B. П. 格里巴诺夫(Грибанов)认为,"滥用民事权利"这个概念只存在于主体拥有确定的权利的情况下。在主体从事了无权利基础的行为时,是不能称之为滥用民事权利的。俄罗斯《民法典》上,滥用民事权利概念本身表明了与行为相关联的不是行为的内容,而是行为的实现过程。行使民事权利的界限由以下方面构成:民事立法规定的主体界限(确定权利能力)、时间界限(确定实现权利的期间)、与此概念相关的实现民事权利的原则、实现权利的方法(如销售财产的方法:出卖、赠与等)、私人允许的和保护其主体权利实现的方法。滥用民事权利讲的只可能是,权利能力主体超出主体权利范围、权利构成的因素,且行使权利的方式超出法律允许的实现方式。如果权利能力主体在法律规定的权利界限之外从事活动,应该被认定为违法。[②]

另一种观点认为,滥用市场支配地位是一种违反民事原则的行为。E. A. 苏哈诺夫(Суханов)认为,滥用权利是一种独立的、专有的、具有一般性称谓的违反民事权利行使原则的形式。承认滥用民事权利作为民事违法的形式,其基础在于合法(违法)行为的判定标准,在缺乏具体规范的情况下只能依赖一般原则。俄罗斯《民法典》第 6 条第 2 款规定的就是这

---

① 〔俄〕阿卡尔科夫:《苏联民法中的滥用权利问题》,载《苏联科学信息》1946 年第 6 期。

② 参见〔俄〕E. Ю. 巴尔基洛:《滥用支配地位:俄罗斯和外国的解决方法》(俄文版),俄罗斯法律出版公司 2008 年版,第 103 页。

种情况的总原则[①],而立法者确定的用来认定合法(违法)的"一般原则和立法精神"不是别的,正是民法的原则。O. H. 萨际科夫(Садиков)认为,滥用权利的违法行为可以滥用民事权利的形式表现出来,也可不以滥用民事权利为必要条件。这样,应进一步将权利的使用区分为实质性限于权利范围的使用和降低对民事流转的实际影响的权利使用两种。[②]

第三种意见认为,这是一种超出民事权利界限的行为。按照 H. И. 科列因(Клейн)的观点,《民法典》第 10 条通过禁止有关行为划定了一条实现民事权利的界限。规定了一般约束民事主体适用和实现权利的限度:如果危害他人的权利和利益,则禁止行使自己的权利。包括以下情况:直接故意滥用民事权利侵害他人利益;(即使没有侵害他人的目的)滥用民事权利客观上给他人带来了危害;滥用市场支配地位限制竞争;不公平竞争和广告等。[③]

可以看出,俄罗斯立法对滥用市场支配地位的特殊处理和法律界对滥用市场支配地位本质的认识,都是将滥用市场支配地位问题放到民法的传统视域中加以讨论的。这种认识视角的局限性必然导致相关关系的混乱和解释的不充分。自俄罗斯私有化改革以来,法律学科的变革同样翻天覆地。其中在 20 世纪 80 年代产生的具有重要影响力的法学学科——经济法的地位发生了历史性的倒转——由原来民法典从属于经济法,变为经济法是企业法的同义语并从属于民法典。[④] 在这种观念支配下,作为企业行为法的《竞争保护法》,其法律渊源除了宪法外,在部门法层面上自然被限定在《民法典》上。由此就出现了《民法典》将滥用民事权利和滥用市场支配地位并列放到《民法典》第 10 条的立法方式。

上述诸多的探讨中,将总体思路限于民事关系之中,力图找到一种解释市场支配地位的民法因素来对号入座,但探讨并没有作出令人信服的解释。当然,仅从逻辑上分析,俄罗斯《民法典》的上述并列表述本身,意味着滥用市场支配地位滥用的不是民事权利,但滥用的是什么,不得而知。具有市场支配地位并不表达存在某种特殊的民事权利。那么,滥用市场支配地位自然也就不是滥用民事权利。

从行为侵害客体的特性上看,滥用市场支配地位存在两类规范:第一类规范侵害交易关系另一方的交易自由,如强制交易、搭售、拒绝交易等。这种情况下滥用支配地位行为的"技术手段"是剥夺交易方的选择权利。第二类规范是保护公平竞争环境的规范,如掠夺性定价。这类行为涉及的被侵害的主体不特定。由于被侵害主体不特定,在性质上这类行为不应属于民事行为。这样,即使认定第一类规范具有滥用经营自主权——滥用民事权利——的特性;第二类规范因其被侵害主体的不特定性而无法归入到滥用民事权利的范畴,也由此从属性上,滥用市场支配地位不能笼而统之地归入到滥用民事权利之中。

限于学科观念的缺失,仅从民法的视角寻求"滥用"对象的体系性解释自然无法得出令人满意的答案。事实上,谈到滥用民事权利和滥用市场支配地位的关系,必须清楚的是民法和竞争法是不同类型的法律,后者的产生是基于民法调整的不足——民法赋予民事关系主

① "如果不能使用法律类推,则当事人的权利和义务根据民事立法的一般原则和精神及善意、合理、公正的要求予以确定。"转引自〔俄〕E. Ю. 巴尔基洛:《滥用支配地位:俄罗斯和外国的解决方法》(俄文版),俄罗斯法律出版公司 2008 年版,第 103 页。

② 参见同上书,第 105 页。

③ 〔俄〕H. N. 科列因:《俄罗斯民法典述评(一)》(俄文版),莫斯科出版社 1999 年版,第 31 页。

④ 在 20 世纪 80 年代以苏联法学家拉普杰夫为代表的观点认为,《苏俄民法典》是公法,从属于经济法,被称为"大经济法"观念。20 世纪 90 年代以来,经济法被理解为企业法,从属于民商法。

体平等地位,而法律上的平等不意味着经济上的平等。这种经济上的不平等引发的冲突无法通过自治的方式解决。正如德国著名的哲学家哈贝马斯所言:"当市场主体的利益冲突无法继续在私人领域内部得以解决时,冲突便会向政治层面转移,从而干预主义得以产生;而随着资本集中和国家干预的加强,在国家社会化和社会国家化的过程中,便产生了不能完全归于传统私法领域或公法领域的一个新领域,这是对古典私法制度的突破。"[①]即使如强制交易、拒绝交易等具有滥用民事权利性质的行为,在关注的视角上,已经将这种行为的基础关系——私人关系上叠加了一层社会关系——竞争秩序。在调整的目标和手段上也发生了变化,"以国家之手代替无形之手来满足各种经济性的,即社会协调性要求……为了弥补民法调整所不及的法律空白状况,即其中包含的与市民社会私人方面相对的公共方面"[②]。由此,对此问题的关注需要站在经济法的立场上,以公共利益的观念来解释。

俄罗斯学者已经发现,类似俄罗斯《民法典》第10条的规定对司法实践不仅没有实际意义,且开创了无用的、重复性规定的先例。应将俄罗斯《民法典》第10条进行剥离,部分内容与俄罗斯《宪法》第34条第2款(禁止垄断性和不正当竞争性的经济活动)合并一起作为一个独立条款。[③] 这种观点得到了越来越多的人的支持。

第二类规范涉及的具有市场支配地位的主体拥有的不是民事权利,而是需要国家监督的特殊的经济力量(支配力、垄断力)。[④] 可以认为,这种经济力量是一种新型的权力——经济权力。首先,这种权力不同于行政权力,它不是来自于国家立法的授权,也不是基于行政机关的委托;实施主体不是行政主体。其次,这种权力来自于资源控制能力,依赖资本额、原材料或销售渠道的控制能力、核心知识产权的掌握等形成。其内容是对他人产生预期效果的能力。最后,它和行政权力的相同之处在于都具有强制性,不同之处在于权力来源:经常性的报酬使接受者对提供者形成依赖性,中断报酬将产生一种惩罚的预期。所以,市场支配地位的实质是主体拥有控制市场的经济权力。滥用市场支配地位的实质是滥用经济权力。

二、市场支配地位的确定

市场支配地位,是指经营者在相关市场内具有能够控制商品价格、数量或者其他交易条件,或者能够阻碍、影响其他经营者进入相关市场能力的市场地位。

市场支配地位来源于市场力量。经济学上,市场力量是经营者实施高于竞争价格(边际成本)而仍不丧失客户的能力。市场力量可以由一个主体单独显示出来,也可以在几个主体联合之后显示出来,它是垄断组织或组织成员制定垄断价格的基本经济条件。欧共体委员会对于市场支配地位的经典表述是:一个企业如果有能力独立地进行经济决策,即决策时不必考虑竞争者、买方或供货方的情况,它就是一个处于市场支配地位的企业。如果企业凭借其市场份额,或者凭借其与市场份额相关的技术秘密、取得原材料和资金的渠道以及其他重大优势如商标权,能够决定相关市场大部分的价格,或者能够控制其生产或者销售,这个企

---

① 〔德〕哈贝马斯:《公共领域的结构转型》,曹卫东等译,学林出版社1999年,第171页。

② 〔日〕金泽良雄:《经济法概论》,满达人译,甘肃人民出版社1985年版,第24页。

③ 〔俄〕E. Ю. 巴尔基洛:《滥用支配地位:俄罗斯和外国的解决方法》(俄文版),俄罗斯出版公司2008年版,第104—107页。

④ 〔俄〕C. A. 巴拉舒克:《竞争法》(俄文版),俄罗斯城市出版公司2004年版,第158页。

业就处于市场支配地位。[1]

市场支配地位可能来源于市场份额、供求关系的失衡,也可能来源于资本量的悬殊差距,还可能来自于知名品牌或法律授予的特权。在方法上,市场支配地位的确定有推定和认定两种方法。

（一）推定市场支配地位

所谓推定,是指依照法律规定,从已知的基础事实推断主体法律状态的过程。为了降低反垄断执法机关和司法机关的评估难度,减少工作量,提高执法和司法效率,各国法律都规定了可以推定经营者具有市场支配地位的情形。

德国《反限制竞争法》第 19 条规定,一个企业占有相关市场至少 1/3 的市场份额;三个或三个以下企业共同占有其 50%或 50%以上的市场份额;五个或五个以下企业共同占有其 2/3 或 2/3 以上的市场份额,就具有市场支配地位。日本《禁止垄断法》第 2 条规定,一个企业每年在相关市场的销售额超过 1/2,或者两个企业的销售额之和超过 3/4,就具有市场支配地位。俄罗斯《竞争保护法》则规定,市场份额超过 65%的企业具有市场支配地位,市场份额不超过 35%的一般不具有市场支配地位。同时,为了避免出现错误的推定,在俄罗斯被推定具有市场支配地位的经营者可以举出反证推翻反垄断执法机关和司法机关的推定,以维护目标经营者的合法权益。

我国《反垄断法》第 19 条规定,有下列情形之一的,可以推定经营者具有市场支配地位:(1) 一个经营者在相关市场的市场份额达到 1/2 的;(2) 两个经营者在相关市场的市场份额合计达到 2/3 的;(3) 三个经营者在相关市场的市场份额合计达到 3/4 的。有前款第 2、3 项规定的情形,其中有的经营者市场份额不足 1/10 的,不应当推定该经营者具有市场支配地位。被推定具有市场支配地位的经营者,有证据证明不具有市场支配地位的,不应当认定其具有市场支配地位。

各国法律所规定的推定市场支配地位的指标不完全相同[2],是由本国的市场结构和竞争状况决定的。市场结构越松散,市场竞争越激烈,市场份额越高。

除了上述市场份额指标外,在产品弱替代性的情况下,独家代理人往往也具有市场支配地位。例如,第 20 届世界杯足球赛门票,国际足联选定瑞士 MATCH HOSPITALITY AG(以下简称 MATCH 公司)为有关套餐的独家代理机构,负责在全球的销售业务。MATCH 公司选定注册于香港的中国盛开体育国际有限公司(以下简称中国盛开)代理在大中华区(中国大陆、香港、澳门、台湾地区)的销售业务。盛开公司应具有市场支配地位。

关于自然垄断行业的垄断主体是否具有支配地位,认识有所不同。在俄罗斯,不论此类主体是否达到 35%的市场份额,均推定具有市场支配地位。这种推定市场支配地位的情形,符合自然垄断实体经济的性质。按照俄罗斯《自然垄断法》(2001 年修订),“自然垄断”是指商品市场的一种特殊状态,在这种状态下的商品市场,由于工业技术特性,生产中不存在竞争(原因在于每件产品生产成本实质性的减少导致产量的增加),需求能够被有效满足,且由

---

① *Europeamballage Corporation and Contimental Can Co. Inc. v. Commission*, case 6/72. [1973]E. C. R. 215; [1973]C. M. I. R. 199.

② 除了上述列举的推定市场支配地位的标准外,一些国家规定的推定市场支配地位的市场份额标准具有本国特色。欧盟成员国总体的平均份额是 40%。芬兰、英国、西班牙是 25%;捷克、葡萄牙、匈牙利是 30%;波兰、立陶宛是 40%;瑞士是 40%—50%;蒙古、韩国是 50%;俄罗斯是 65%。

自然垄断实体生产的商品不能被市场上的其他商品替代，导致在商品供给市场上其需求受价格影响的幅度小于其他类型的商品。我国最高人民法院发布的《关于审理垄断民事纠纷案件适用法律若干问题的规定(征求意见稿)》中确定，受害人提供的证据能够证明被诉垄断行为人属于下列情形之一的，人民法院即可初步认定被诉垄断行为人具有市场支配地位，但被诉垄断行为人有相反证据足以推翻的除外：供水、供电、供热、供气等公用企业；公用企业以外的由法律、法规和规章或者其他规范性文件赋予其从事特定商品或者服务的独占经营资格的经营者。受害人提供了证明被诉垄断行为人具有市场支配地位的初步证据，被诉垄断行为人未予否认，或者虽予以否认但未提交足以支持其否定主张的证据的，人民法院可以认定其具有市场支配地位。在最高人民法院发布的正式文件《关于审理因垄断行为引发的民事纠纷案件应用法律若干问题的规定》中，上述规定被删除。实践中，如在"惠州大亚湾溢源公司捆绑户表工程案"[①]中，对自然垄断行业采取也不是采用推定的方法，而是认定的方法。

(二) 认定市场支配地位

经营者是否具有市场支配地位，在不具备上述条件的情况下，也可能认定经营者具有市场支配地位，此时需要考虑各种因素进行综合分析。

依有关国家的立法例，综合分析一般以市场份额作为主要参考因素，同时结合原材料的控制能力、企业的财力、技术优势，其他企业的依赖性等。我国《反垄断法》第 18 条规定的认定经营者的市场支配地位的参考因素有如下方面：

1. 经营者在相关市场的市场份额以及相关市场的竞争状况

这是评价经营者是否具有市场支配地位的结构性方法。市场份额是指特定经营者的总产量、销售量或者生产能力在特定的相关市场中所占的比例，又被称为市场占有率。经济合作与发展组织(OCED)认为：所谓市场份额，是"根据企业总产量、销售量或者能力的比例，对企业在一个行业或者市场中的相对规模的测定方式"。[②]

市场份额是企业规模的外在反映，也是企业利润的内在基础。对于上游企业而言，市场份额大的企业采购能力也强，同时，市场份额大的企业往往拥有庞大的销售网络，任何一个下游企业的"逃跑"都不会对其形成制约，进而不会威胁到其正常的生产经营。市场份额较小的竞争者则不具有上述能力。

在市场份额不高的情况下，判定一个经营者是否具有市场支配地位，需要考察相关市场的竞争状况。这个"竞争状况"指相关市场的其他经营者的市场份额状况，即分析其他企业和目标企业的市场份额状况。如果差距较大，则可能认定目标企业具有市场支配地位。欧共体委员会在"Virgin 大西洋航空公司诉英国航空公司案"[③]中，认定市场份额只占 39.7%的英国航空公司在英国民航旅行服务市场上占市场支配地位，这是因为该公司的最大竞争者 Virgin 公司在该市场上的占有率仅为 5.5%。在"联合商标案"中，欧共体和欧洲法院发现，"联合商标"在相关市场上占 45%的份额，而这个份额是其最大竞争者市场份额的两倍，

---

① 当事人在提供建设施工项目临时供水服务时附加交易条件——将户表工程建设进行捆绑交易。参见广东省工商行政管理局行政处罚决定书〔粤工商经处字(2013)第 2 号〕。

② OCED, *Glossary of Industrial Organization Economics and Competition Law*, p. 57.

③ 2000/74/EC: Commission Decision of 14 July 1999 relating to a proceeding under Article 82 of the EC Treaty(IV/D-2/34.780-virgin/British Airways), C(1999)1973.

因此两者一致认为，这个企业是一个占市场支配地位的企业。

2007年1月17日，俄罗斯联邦反垄断机构发布了《关于改变依职权确立经营者支配地位行政规则令》，明确了不足35%市场份额的经营者也可能具有市场支配地位。该规则令指出，符合下列条件时，反垄断机构可以认定在商品市场上份额低于35%的经营者具有支配地位：该经营者比其他经济实体在相关产品市场所占比例高，并且可能对商品流转的一般条件产生决定性影响。具体而言，决定性影响包括如下条件：(1) 经营者有能力单方面确定商品的价格水平，并将对商品销售的相关产品市场的一般条件起决定性的影响；(2) 由于经济、技术、行政或其他限制，阻碍新的竞争者进入相关产品市场；(3) 经营者在消费时无法取得其他替代品(包括生产用的消费替代品)；(4) 商品价格的改变并不导致需求降低。

可见，经营者市场份额的大小和经营者是否具有市场支配力量之间具有紧密的联系，但并不是市场份额未达到推定标准的经营者一定不具有市场支配地位。反垄断法关注的是经营者是否有足够力量来排除或限制竞争，而不是禁止经营者达到某种规模。

2. 经营者控制销售市场或者原材料采购市场的能力

一切生产只有通过销售才能实现其最终目的。销售市场是链接生产和消费的关键环节。控制销售市场也就有能力将控制力向上传导(生产市场)或向下传导(消费市场)，进而可能形成对上下游的控制。这种控制力可以依一个经营者的力量形成，也可以由几个经营者联合形成。辛迪加就是以签订共同销售产品和采购原材料的协议而建立起来的垄断组织。这种垄断形式的主要特点，是成员企业在法律上和生产上仍保持独立，但产品销售和原材料采购上由辛迪加统一处理。所以，它比卡特尔有更大的稳定性。

一般来说，一个经营者能够控制产品销售渠道或原材料采购来源，就能对上下游经营者形成间接控制(和依据占有股权形成的直接控制相比较)。一个经营者与其上下游经营者订立排他性交易的情况下，市场被控制的程度达到了最大化，独家代理就属于这种情况。独家代理是在约定的地区范围内，代理人拥有某类商品或业务专营权的代理。由于合同中约定，委托方不得在本地区委托第三方代销该项商品；未经独家代理同意，委托方也不得指定任何分代理，因而独家代理人就形成了垄断某种产品销售渠道的能力。

3. 经营者的财力和技术条件

资本量差距悬殊也能产生支配力。竞争的激烈程度同相互竞争的个体数量多少成正比，同相互竞争的资本差距大小成反比。资本代表着承担风险的能力，常规的竞争大都以价格为中心，价格优势的实质是财力优势。

技术尤其是专利技术或知名品牌，本身就是一种竞争优势。高技术产品和知名品牌将加大竞争产品间差别的显著性，进而其产品的市场替代性变小，垄断性加强。从工业产权上来讲，工业产权是一种公认的垄断权，拥有这种特权的主体就拥有特殊的竞争力量。如果这种垄断技术没有可替代性或具有弱替代性，技术本身就是一种市场力量。另外，当某一专利技术成为必要专利被选入标准后，必要标准专利拥有者具有市场支配地位。因为参与该行业竞争的产品制造商/服务提供商若提供符合标准的商品/服务，就不得不实施相关必要专利技术且无法做规避性设计以绕过该必要专利。这种标准带来的封锁效应与专利权自身具有的法定垄断属性相结合，使必要专利成为产业参与者唯一且必须使用的技术，产业参与者不得不寻求必要专利权人的许可，否则将丧失参与竞争的前提和条件。因此，必要专利与一般专利不同,其并不存在充足的、实际的或潜在的近似替代品。在“华为诉交互数字垄断案”[①]中,一审、二审法院均认定,因交互数字掌握3G标准必要专利,在专利许可谈判时,其具备控制华为公司使用其3G标准必要专利的价格、数量及其他交易条件的能力,因此,交互数字在中国和美国相关地域市场上具有市场支配地位。

4. 其他经营者对该经营者在交易上的依赖程度

上述市场份额、控制销售市场和原材料、财力和技术条件等产生的市场支配地位,主要是从整个行业甚至整个产业角度来描述判断主体是否具有市场支配地位,它涉及这个行业(产业)的主要或所有竞争者。相比之下,本条件描述的是交易人之间的微观关系,这个视角的描述可以理解为是上述条件的补充。这意味着,在上述市场份额等方面并不处于支配地位,但在与交易对方进行交易时却表现出一定的市场优势,也可以此认定为具有市场支配地位。由于它是在与交易对方的交易中比较得出的,因此准确地讲,它是一种“相对市场优势地位”。

滥用相对市场优势地位一般可以分为两大类:一是基于需方对供方的依赖而形成的优势地位;二是基于供方对需方的依赖而形成优势地位。具体而言,在供大于求的情况下,生产者会在产品流通中形成对销售者的一定依赖关系,销售者的地位优于上游的生产者,甚至下游的销售者的地位也优于上游的销售者。在我国市场上,作为生产者的中小企业依赖大型零售商拥有的强大的销售渠道,需要交纳所谓的进店费、上架费等就是这种依赖关系的典型表现。相反,在供不应求的情况下,生产者的优势地位则高于销售者。

因长期合同关系可以产生相对市场支配地位。供需双方之间建立的商业往来关系,一个经营者与另一经营者缔结了涉及经营基本事项的长期契约关系,则会有针对性地在资本投资、技术发展、人员培训、商业信誉以及客户网络等方面投入主要资源,在已适应供货渠道与模式的情况下,就形成一种需方对于供方的依赖状态。同样,长期销售合同也是如此,上游经营者会形成对下游经营者的依赖。

产品的可替代性弱或销售(购买)渠道的限制也能产生市场支配地位,即使达不到上述推定市场支配地位的相关份额。例如,在“宁波科元塑胶有限公司诉宁波联能热力有限公司滥用市场支配地位纠纷案”[②]中,在某工业园区内,存在甲、乙两家经营供热的企业,在地域市场上,甲的市场份额为60%,乙的市场份额为40%。A企业距离甲有4公里之远,而与乙的距离在数百米之内。A与乙有管道相联通。此时,关于乙市场支配地位的认定不能采取市场份额的方法,而应该依据销售渠道的依赖性和产品的可替代性。相对于A,应认定乙企业具有市场支配地位。

5. 其他经营者进入相关市场的难易程度

这是从是否存在进入壁垒的角度进行的分析。进入壁垒是影响新企业进入市场的重要因素。进入壁垒的高低决定进入后的利润水平,进而直接影响新企业的进入概率。经济学上,即使在位企业与潜在进入企业具有相同的边际生产成本,但由于进入壁垒的存在,潜在进入企业进入市场后,它所面临的边际生产成本也要高于在位企业。

---

① 参见(2013)粤高法民三终字第306号。

② 浙江省宁波市中级人民法院民事判决书(2013)浙甬知初字第86号。

尽管对进入壁垒认识不同[①],但进入壁垒是客观存在的。一般而言,形成进入壁垒的因素有三个:技术、设施和法律。相应地,壁垒的类型分别为:技术壁垒、设施壁垒和法律壁垒。

技术壁垒,是商品的生产在一个大的产出水平范围内呈现边际(与平均)成本递减而产生的壁垒。生产技术使得规模相对大的厂商成为低成本的生产者(经济学上也将这种优势称之为自然垄断)。在这种情况下,既有厂商可能发现通过削减价格将其他厂商挤出该产业是有利可图的。同样,一旦建立起垄断,进入就很困难,因为新厂商生产规模相对较小,从而生产的平均成本相对较高。[②] 对于这种壁垒如果既有厂商没有采取挤出战略(例如掠夺性定价),一般不认为是违法的。

设施壁垒,主要指关键设施(essential facility)壁垒,也称瓶颈壁垒,指进入市场所必不可少的设施的占有者拒绝提供该设施形成的壁垒。设施占有者掌握着其他竞争者进入市场的瓶颈,潜在竞争者在关键设施的限制下束手无策。换言之,市场的潜在竞争者依赖于关键设施,依赖于关键设施的拥有者。美国和欧洲反垄断法判例发展出了"关键设施原则"。关键设施原则的适用要求原告证明:"① 垄断者控制着关键设施;② 从现实性或合理性的角度来看,潜在竞争者没有能力复制该关键设施;③ 拒绝竞争者使用该关键设施;④ 垄断者提供该关键设施的可行性。"[③]在实践中,关键设施涉及的范围很广,包括铁路、港口以及电信等运输网络设施、金融部门中的支付系统等。知识经济的背景下,关键设施还扩展到知识产权领域。

法律壁垒,即由法律而不是由经济条件所带来的进入壁垒。被法律限定的进入壁垒一般是合法的,例如由政府授予专利垄断权,这种壁垒的合理性在于鼓励创新。此外,由法律授予一家厂商在一个市场提供某种服务的特许权如公用事业(煤气与电力)、邮电业、电视台与电台等形成自然垄断行业,其合理性在于:这一产业的平均成本在一个大的产出范围内是递减的,从而,可以通过将产业变为一个垄断产业来达到最小的平均成本。当然,也存在以法律形成的非法的进入壁垒,如抽象行政垄断。

6. 与认定该经营者市场支配地位有关的其他因素

除了上述通常的因素外,认定经营者是否具有市场支配地位有时还要考虑一些其他因素。例如,联合体与成员之间的关系、地域影响等。例如,德国《反限制竞争法》第 36 条第 2 款规定,参与集中的一个企业是《股份公司法》第 17 条意义上的从属企业或支配企业,或是《股份公司法》第 18 条意义上的康采恩,则以此类方式联合在一起的诸企业视为单一企业。若干个企业开展合作经营,以致它们能够对另一个企业施加支配性影响的,它们之中的任何一个企业都视为支配企业。

(三) 互联网服务中市场支配地位认定标准的挑战

我国《反垄断法》第 18 条确立了诸多认定经营者具有市场支配地位的因素,市场份额是最主要的一个因素。但是,在互联网服务中市场份额的确定基本上被相关市场的界定"挡在

---

① 哈佛学派认为,进入壁垒是由于行业的技术特性和需求的特点所产生的对既有厂商有利而不利于潜在进入者的客观因素。因此评价进入壁垒应更多地关注市场力量和市场集中度。芝加哥学派认为,进入壁垒是寻求进入的厂商必须承受的而既有厂商却不必承担的成本。因此,除了政府的法律限制外不存在真正的进入壁垒。

② 〔美〕沃尔特·尼科尔森:《微观经济理论基本原理与扩展》,朱幼为等译,北京大学出版社 2008 年版,第 355 页。

③ 〔美〕盖尔霍恩、科瓦契奇、卡尔金斯:《反垄断法与经济学》,任勇、邓志松、尹建平译,法律出版社 2009 年版,第 147 页。

门外”,而无法进入自己的“内堂”了。不仅如此,其他认定条件也难以成就。

1. 控制商品价格、数量或其他交易条件的能力

首先,基于平台模式,免费向用户提供的产品,用户不愿意为平台服务支付任何费用,即使平台的用户数额巨大,也难以使其拥有超越其他竞争者的产品定价权。其次,互联网上的同类软件种类众多,即使创新产品进入市场之初替代品较少,但技术的跟进会很快打破创新产品短暂的垄断,因此,互联网市场同类产品的用户选择余地较大。

2. 经营者的财力和技术条件

任何一个经营者的财力和技术条件都不具有实质性地排除新的竞争者进入市场或者扩大产能的能力。例如虽然腾讯最早进入即时通讯领域,中国移动、中国联通、中国电信、阿里巴巴、百度等都后于腾讯,但是这些竞争者财力和技术能力都很雄厚,而且都有足够实力对腾讯公司在该领域的领先地位造成冲击。此外,在互联网领域存在大量的风险投资基金,只要有好的产品和用户,风险投资机构就会积极进入市场,为经营者提供强有力的资金支持。目前大多数互联网公司均依靠风险投资基金迅速扩大经营规模。

3. 其他经营者对经营者在交易上的依赖程度

由于用户具有较为充分的选择,意味着,交易相对方可以轻易地选择与其他竞争者进行交易,对特定经营者的依赖程度较弱。互联网服务具有明显的网络效应,某种产品对用户的价值取决于使用该产品的其他用户的数量,即使用某种产品的用户越多,使用时间越长,越能吸引其他用户使用,换用其他同类产品的信息转换成本越高。在“奇虎诉腾讯滥用市场支配地位案”中,一审法院认可了 CNNIC 报告指出的“未来同时使用多款即时通信工具的用户会进一步提升”,网络效应和用户锁定效应并非不可逾越的壁垒。

4. 阻碍、影响其他经营者进入相关市场的能力

互联网市场不但进入门槛低,经营者进入市场的途径也具有多样化的特点。每年都有大量经营者进入该领域。以即时通讯产品为例,2011 年中国大陆共计有盛大“Youni”、苹果“iMessage”、中国联通“沃友”、奇虎 360 推出的口信、中国移动“飞聊”、中国电信“翼聊”、尚易“imo”、图度“Talk2.0Beta”和“网易即时通”等即时通讯产品推出市场。此外,在位企业(包括刚进入市场的主体)的市场扩张阻力不大。如 2006 年中国移动推出的“飞信”、2007 年阿里巴巴公司推出“阿里旺旺”、2008 年百度公司推出的“百度 Hi”和 2008 年多玩游戏网推出的“YY 语音”等即时通讯软件。以进入壁垒作为参考因素,则很难认定在位企业具有市场支配地位。

基于上述特点,互联网服务中的反竞争问题,应该更多地通过反不正当竞争法,而不是反垄断法来解决。

第三节 滥用市场支配地位的行为类型

滥用市场支配地位是以行为的方式表现出来的,因行为类型有多种,可以(也需要)对各种行为进行归纳,分析不同行为类型的共性和个性。

一、学理分类

学理上的分类往往是多视角的分类,形成的分类结果也具有多元性。根据滥用市场支

配地位的目的不同，分为剥削型滥用和妨碍型滥用；根据行为主体数量不同，分为单独滥用市场支配地位和平行滥用市场支配地位；根据行为的载体不同，可以分为价格上滥用市场支配地位和非价格上滥用市场支配地位；等等。

（一）剥削型滥用和妨碍型滥用

德国理论界将滥用优势地位划分为妨碍型和剥削型两种。[①] 妨碍型滥用，是指具有市场支配地位的经营者为了维护自己的市场支配地位，排挤竞争对手或阻碍潜在竞争者进入市场。剥削型滥用，是指具有市场支配地位的经营者通过剥夺交易对方的利益来获得垄断利润的行为，这类滥用行为主要有：垄断高价或低价、价格歧视、搭售或者强加不合理条件等行为。

剥削型滥用侵害的是购买者利益（潜在消费者）；妨碍型滥用侵害的是竞争者利益。另外，前者是在不剥夺交易人主体资格的前提下谋取垄断利益，具体而言，侵害的是消费者成本福利、选择权和公平交易权等；后者是经营者为剥夺竞争者（潜在竞争者）的生存权而采取的限制或阻碍行为，侵害竞争者的生存权和发展权。

这种划分的意义在于，理解不同类型行为的本质及侵害的利益关系，在认定类型行为时能够准确把握判定标准。

（二）单独滥用市场支配地位和平行滥用市场支配地位

单独滥用市场支配地位，是一个具有市场支配地位的经营者依靠其自身力量即可实施的滥用行为。一般情况下，滥用市场支配地位行为大都是单独滥用，因为多个主体滥用受害面太大、行为违法性表露得太露骨，易受到反垄断执法机构的处罚。

平行滥用市场支配地位行为是多个主体独立实施且行为具有一致性的滥用支配地位的行动。例如，两个竞争者合计占有市场份额达到2/3以上，且每一个的市场份额都超过1/10，它们在相同的时间内就竞争商品都实施了涨价。

人们习惯上将平行滥用市场支配地位叫作联合滥用市场支配地位，其实，“联合滥用”的叫法并不准确，因为“联合”表达的是思想联络基础上的行为一致，而意思联络为基础的一致行为属于协同行为（卡特尔）。所以用“联合滥用市场支配地位”这个概念将无法在语义和行为性质上与“协同行为”相区分。况且，联合滥用市场支配地位的存在就是为了补充协同行为在认定上的不足。

这种分类的意义在于，突出联合滥用市场支配地位行为的特殊性，并合理处理其与协同行为制度的补充性关系。

（三）价格上滥用市场支配地位和非价格上滥用市场支配地位

价格上滥用市场支配地位是以价格为工具实施的滥用市场支配地位行为，表现为不公平价格、掠夺性定价、价格歧视；非价格上滥用市场支配地位是以非价格工具实施的滥用市场支配地位行为，表现为拒绝交易、限定交易、搭售等。

由于价格在市场中的特殊性，认定中要合理区分价格上的垄断行为和企业价格自主权。因此，认定价格垄断行为需要更充分的理由。

---

① 〔美〕戴维·J.格伯尔：《二十世纪欧洲的法律与竞争》，冯克利、魏志梅译，中国社会科学出版社2004年版，第385页。

二、基本行为类型

在我国,滥用市场支配地位的案件以价格为中心,可以分成价格上的滥用市场支配地位行为(以下简称价格滥用行为)和非价格滥用市场支配地位行为(以下简称非价格滥用行为)。

(一) 价格滥用行为

该种行为包括不公平价格、掠夺性定价和价格差别待遇。

1. 不公平价格

不公平价格,是指没有合理的理由,以不公平高价出售或低价购买行为。我国《反垄断法》中规定的不公平价格近似于《欧共体条约》第 82 条(1)规定的不公平定价(unfair pricing)。

(1) 反不公平定价行为的理论基础

不公平高价和低价行为对经济的影响不同,规制的理论基础也不一样。

首先,不公平高价行为易加剧宏观经济秩序的不稳定。不公平高价通常发生在经济发展的上升时期,而经济上升时期多伴有通货膨胀的危险。不公平高价加剧宏观经济秩序的不稳定是通过激发通货膨胀表现出来的。

凯恩斯认为,当一国处于有效需求不足、工厂和劳动力闲置时,采取扩张性的财政货币政策,能促使经济增长。第二次世界大战后许多发展中国家都采取这一政策,也几乎都发生了不同程度的通货膨胀。

某些占有市场支配地位的经营者利用其优势地位,将产品囤积居奇,并高价放出,加剧经济波动,影响国民经济良性运行。1995 年初国家计划委员会制定了《制止牟取暴利的暂行规定》,其目的就是为了制止自 1994 年开始并延续着的通货膨胀。从一定意义上讲,反垄断法调整不公平高价是实施宏观经济政策的一种辅助方式,即预防性地将产生通货膨胀的危险控制在萌芽中。

其次,不公平高价侵害消费者利益。在竞争市场上,一方面,价格向消费者传递稀缺性的信息,而消费者会通过调整他们的消费作出反应,并将该反应传递给生产者以调节供给;另一方面,价格是消费者福利的一部分,支付的价格越高,消费者福利就越小。垄断导致价格提高、产出减少,使得消费者福利减少以及生产剩余向垄断者不公正地转移。控制价格的企业有能力控制市场,这对竞争体系是一种威胁。自 19 世纪末以来,美国《谢尔曼法》就确定:任何以提高(raising)、降低(depressing)、固定(fixing)、限制(pegging)或者稳定(stabilizing)价格为目的或者有此效果的联合都是本身违法的。即使在 20 世纪后半叶美国法院对于本身违法原则的刚性问题提出了质疑,但是对消费者价格利益的关注却没有改变过。

在欧洲,对于消费者价格福利的关注也同样重要。如对于占市场支配地位企业的行为是否属于滥用市场支配地位的行为的判定,其中一个标准就是看企业的定价行为是否属于正常的高定价,另一个标准是这个价格是否损害了消费者的利益。对消费者和用户索取不合理的垄断高价是滥用行为的一种典型表现。在 1975 年的"联合商标案"中,欧共体法院指出,只要企业利用市场支配地位索取垄断高价损害消费者利益,就是滥用市场支配地位。

与不公平高价不同,不公平低价侵害的是上游经营者的利益。购买者利用其市场支配力在购买商品时不合理地压低商品价格,可能形成剥夺生产者剩余的后果。

(2) 不公平价格的认定

不公平价格是非价值规律下的定价。一般来说,高价和低价的合理基础是市场供求关系的变化,不公平价格不是以供求关系为基础的价格,而是人为控制价格或强迫价格条件下厂商间的行为。不公平价格的认定标准有两个:

第一,市场支配地位。实行不公平高价或低价的经营者具有市场支配地位。不公平价格的内在表现是经营者之间的不平等经济关系,弱势一方的经济利益受到强势主体一方的挤压,不得不接受强势一方提出的价格条件。通常强势一方都具有市场支配力,弱势一方名义上是独立的主体,实际上其经营中已形成对强势一方的依附。市场支配地位是不公平价格的前提,没有这个前提,在交易人之间的协调中很难形成"不公平"的价格。

第二,实施不公平高价或低价。我国《反垄断法》规定,具有市场支配地位的经营者不得以不公平的高价销售商品,以不公平的低价购买商品。虽然法律中规定了两种不公平价格行为,但理解和执行中的最大问题是对"不公平"的认定。欧共体法院在 1976 年的"*General Motors* 案"中,将不公平价格认定为"超过所提供的有关服务的经济价格的定价"[①],这里的经济价格应该主要指合理价格。这个案例中的"超高定价"和上述我国《制止牟取暴利的暂行规定》中的暴利价格在内涵上应无本质差异。当然,何谓"暴利",法律中并无相关认定标准。

认定价格是否"公平",通常是通过相关比较后得出的。

西方国家认定不公平高价时,通常采取以下方法:

首先,成本加合理利润比较。商品价格由成本加合理的利润构成。在竞争性的市场中,一个商品的合理价格应该高于成本外加一定幅度的利润。但问题是,什么是合理的利润率以及如何计算?这需要进行同类商品的横向比较才能得出。在 1978 年审理的"联合商标案"中,欧共体委员会和欧共体法院就使用同类商品价格比较的方式,即将联合商标公司销售的香蕉与同一市场上的其他香蕉进行比较,认定联合商标公司在德国、丹麦等国销售的香蕉中存在价格滥用行为。同类商品利润比较的方法是将争议商品或服务与其他具有可比性的商品或服务进行价格比较,如果它们的价格差异很大,说明该价格不合理。当然,采用商品比较的方法时,还存在和谁比较的问题。对此,俄罗斯《竞争保护法》第 6 条规定:经营者确定的价格超过竞争市场条件下的商品价格,竞争市场依据在确定的时间内销售商品的数量、购买者或者销售者的构成(由购买或销售商品的目的确定)和进入条件(以下简称可比商品市场[②])对比分析。在"可比商品市场"上的经营者不包括购买者或销售者作为一个主体集团和不占支配地位的主体,也不包括自然垄断主体。

其次,空间比较。这种方式是将一个占市场支配地位经营者的商品或者服务的价格与非相关地域市场(主要是指外国)上的同类商品或服务的价格进行比较。采用这种方法时,应注意不同地域市场条件的相似性,只有在地域市场条件相同或相似的情况下,市场价格才具有可比性。

某一商品或者服务的价格水平、差价率、利润率不超过同一地区、同一期间、同一档次、同种商品或者服务的市场平均价格的合理幅度。但是,生产经营者通过改善经营管理,运用

---

① 孔祥俊:《反垄断法原理》,中国法制出版社 2001 年版,第 563 页。

② 俄罗斯《竞争保护法》上规定了"可比商品市场"(сопоставимый товарный рынок)概念,用来判定垄断高价和垄断低价。可比市场不同于相关市场,其更强调产品的同质性,而不是替代性。

新技术,降低成本,提高效益而实现的利润率除外。欧共体法院曾在一个判决中指出:“一个拥有市场支配地位的企业,如果其服务的价格明显高于这种服务在其他成员国的价格,并且这种价格水平的比较结果不是偶然的,这种价格差异应被视为是滥用市场支配地位的表现。”[①]这里,确认了两个标准,一是可比对象的确定要准确;二是比较的价格不是偶然的价格。

最后,时间上比较。对于那些商品上或者空间上不存在可比性的商品或者服务,一般考虑把这个占市场支配地位的经营者的商品或服务价格与其过去某一个时期的价格做一个比较,从而评价其涨价或杀价行为是否存在滥用。

在上述方法使用中,还可以建立一种假言推理,以辅助判断,即如果存在充分的有效竞争,经营者将得不到高价收益。另外,一些行业组织所统计的商品或者服务的市场平均价格、平均差价率、平均利润率以及社会平均成本等信息也是分析是否属于不公平价格的参考因素。同时,分析中还需要结合该价格与国民经济和社会发展的关系或者与居民生活的密切程度,市场供求状况和不同行业、不同环节、不同商品或者服务的特点综合把握。

我国相关法律规定了三种比较的类型[②]:自身成本—价格比较、纵向成本—价格比较、横向价格比较。

首先,自身成本—价格比较。这是静态成本—价格比较,即在一个要素(成本)不变的情况下,考察另一要素(价格)变动的合理性。具体而言,在成本基本稳定的情况下,考察价格变动是否超过正常幅度提高销售价格或者降低购买价格。

商品价格由成本加合理的利润构成。在竞争性的市场中,一个商品的合理价格应该在成本基础上加一定幅度的利润。但问题是,什么是合理的利润率以及如何计算?成本是计算的基础,利润率是评判的主要依据。在成本基本稳定的情况下,超过正常幅度提高销售价格或者降低购买价格,构成不公平价格。“正常幅度”是通过一定时间内的价格变动幅度比较得出的。例如,几年前制造的“蒜你狠”“豆你玩儿”事件[③]的企业,在其成本没有提高的情况下,大幅度涨价行为就难免有滥用市场支配地位之嫌。

其次,纵向“成本—价格”比较。这是动态的“成本—价格”比较。即在两项要素均变动的情况下,考察变动得是否均衡。如果销售商品的提价幅度显高于成本增长幅度,或者购买商品的降价幅度明显高于交易相对人成本降低幅度,构成不公平价格。国家发展和改革委员会在 2011 年“康师傅涨价案”中,比较全面地适用了此种比较的方法。[④]

---

① *Lucazeau v. sacem*(110/88),13 July 1989,(1989) E. C. R. 2521.

② 按照我国《反价格垄断规定》第 11 条的规定,认定“不公平的高价”和“不公平的低价”,应当考虑下列因素:(1) 销售价格或者购买价格是否明显高于或者低于其他经营者销售或者购买同种商品的价格;(2) 在成本基本稳定的情况下,是否超过正常幅度提高销售价格或者降低购买价格;(3) 销售商品的提价幅度是否明显高于成本增长幅度,或者购买商品的降价幅度是否明显高于交易相对人成本降低幅度;(4) 需要考虑的其他相关因素。

③ 是 2010 年后出现的流行用语,用来描述大蒜、绿豆、生姜等农产品价格大幅上涨。价格上涨的原因除了供需矛盾外,更主要的是从农产品的收购商到批发商,甚至零售商都不同程度地囤积产品。

④ 2011 年 3 月 30 日,国家发展和改革委员会对康师傅公司涨价行为展开调查。发现:康师傅公司在方便面市场具有较大的市场份额:2010 年容器面销售额全国占比达到 69%,“开心桶”销售额全国占比达到 73.6%;自 2010 年下半年以来,受原材料价格上涨等因素影响,方便面生产成本有所上涨,盈利有所下降,但 2010 年平均净利率为 13.2%,2011 年 1 月份净利率仍有 10.1%,在业内属于较高水平。2011 年 3 月中旬,康师傅公司调整部分容器面价格,同时增加部分原料(肉粒加倍或面饼克重稍许增加),“开心桶”出厂价调价幅度为 12.6%。据此测算,“开心桶”单桶生产成本环比将上涨 8.4%,净利率将达到 14.3%,比调价前净利率高出 4.2%,比 2010 年平均净利率高出 1.1%。调查数据结果表明,康师傅公司作为具有市场优势地位、在行业内影响较大的企业,其调价幅度相对过高。国家发展改革委员会认为,康师傅涨价不合理,并对康师傅公司予以提醒告诫。

再次,横向价格比较。某一商品或者服务的价格水平、差价率、利润率应不超过同一地区、同一期间、同一档次、同种商品或者服务的市场平均价格的合理幅度。但是,生产经营者通过改善经营管理,运用新技术,降低成本,提高效益而实现的利润率除外。

可见,横向价格比较即上述欧盟法中的空间比较。在"我国华为公司诉美国 IDC 公司滥用市场地位垄断纠纷案"中,法院支持了华为公司对不公平定价的指控采取的就是横向比较方法:IDC 公司对华为公司的 4 次报价均明显高于竞争对手,如苹果、三星等公司的价格,针对全球手机销量远不如苹果、三星等公司的华为公司索要高价明显缺乏正当性、合理性。[①]

最后,其他相关因素。还有哪些因素属于要考虑的因素,我国法律没有明确的规定。俄罗斯法规定了时间、数量、购买者或者销售者的构成、进入条件等。实践中,一些行业团体所统计的商品或者服务的市场平均价格、平均差价率、平均利润率以及社会平均成本等信息可以作为分析是否属于不公平价格的参考因素。同时,分析中还可能结合该价格与国民经济和社会发展的关系或者与居民生活的密切程度,市场供求状况和不同行业、不同环节、不同商品或者服务的特点综合把握。相比之下,时间要素至为重要。上述各方法在运用时可能均需要考虑各要素的"历史"情况。

2. 掠夺性定价[②]

掠夺性定价是指具有市场支配地位的经营者为了排挤竞争对手,在一定范围的市场上和一定时期内,以低于成本的价格销售某种商品来获取竞争优势的行为。

掠夺性定价不同于不公平低价。实施不公平低价可以使支配地位主体获得高额利润,实施掠夺性定价的直接后果是将竞争对手排挤出市场。可能会出现因不公平低价而致经营者破产的情况,但这是一种想象竞合。另外,手段上,不公平低价一般不低于成本定价,掠夺性定价的主要认定标准是低于成本价格。所以,掠夺性定价是扼杀性的,而不公平低价是剥削性的。

在市场竞争激烈的情况下,某些经济实力雄厚的经营者为了垄断市场,会有意暂时将某种(某些)商品的价格压低到平均成本以下销售,吸引消费者,排挤市场上其他竞争者。一旦竞争对手离开市场,掠夺性定价的实施者就会提高价格以补偿掠夺期内的损失。

(1) 掠夺性定价的目标与手段

本质上,掠夺性定价是通过牺牲短期小利益换取长期大利益的一种"经营战略",实现这个战略目标的条件是将竞争对手排挤出市场并在一定的期间内阻止潜在的竞争者进入。

要弄清掠夺性定价行为,必须明确低于成本销售与将竞争对手排挤出市场之间的关系。从纯粹逻辑和静态经济关系而言,低于成本销售既不是将竞争对手排挤出市场的充分条件,也不是必要条件。通常,实力相当的竞争者之间采取掠夺性定价往往两败俱伤,掠夺性定价的目标难以实现。掠夺性定价其实是资本实力的较量,以大欺小、以强凌弱。当然,大小实力的较量,也不意味着"小"竞争者注定被挤出市场,因为"小"竞争者可以通过融资增强抵御风险的能力。将竞争对手排挤出市场只是低于成本销售的后果之一。除此之外,低于成本

---

① 一审:(2011)深中法知民初字第 858 号;二审:(2013)粤高法民三终字第 306 号。

② 在我国理论界和实务界,有人称之为低价倾销,这来自于 1999 年 8 月 3 日原国家发展计划委员会发布的《关于制止低价倾销行为的规定》。其实这种称谓并不合适,因为倾销是国际贸易(法)中的概念。这里也用低价倾销容易产生学科的错位对应。

销售有多种市场结果:① 对手破产;② 对手被兼并,即厂商的低价行为迫使竞争对手合并;③ 对手坚持;④ 对手死而复生。厂商低于成本销售可能暂时成功地赶走了竞争对手(一般性转产),可是一旦实施提价,竞争对手又死而复生。另外,将对手排挤出市场的手段多种多样。新产业组织理论通过对退市的研究发现了一种特殊的将对手排挤出市场的手段,即通过选择一个自身的产量水平使潜在进入者及新进入者面临无利可图的剩余需求曲线,这个产出水平相对的价格是限制进入价格,它是既有厂商阻止潜在者进入的最高价格,同时在这个价格下,既有厂商也能获得利润。

法律上限制掠夺性定价的主要原因有两方面。一是在对抗条件差距较大的情况下,将竞争对手挤出市场是掠夺性定价的直接后果;二是这种定价能够阻止潜在竞争者进入。一般来说,低价会产生阻止市场准入的效果,其理由是,刚刚进入市场的厂商沉淀成本大,和既有厂商相比,新厂商成本函数较高,在竞争中处于劣势。低于成本定价不是被动的市场适应,而是一种理性策略,是一种以资本为武器的战略。

(2) 规制掠夺性定价的经济学理论支持

一般来说,在微观上否定一种垄断行为往往从危害竞争者利益和消费者利益两个角度来进行分析。掠夺性定价对竞争者以及对消费者有何种影响,存在很大的争议。对掠夺性定价的判断,难点在于成本的确定及其与进入壁垒的关系。

首先,低于成本定价中"成本"的含义。低于成本定价中"成本"的含义是什么,这个问题直接影响案件的认定。它是指单个企业的个别成本、企业平均成本、边际成本,还是其他成本形式?

阿里达与特纳在1975年提出了一条标准[①]:如果一个厂商定价低于其短期边际成本,就是掠夺性的。该标准的依据是,除非基于特殊策略的考虑,否则厂商在短期内以低于边际成本销售,如果不是意欲赶走对手最终实现利润最大化,是难以理解的。短期边际成本是能形成合理的资源配置的最好标准,企业按照短期边际成本销售商品能比按平均成本更充分地利用其生产能力。相比之下,短期边际成本是一种比平均总成本更优的能准确反映出市场供需状况的标准。平均总成本更适合考察定价水平,因它是以考察市场总体为目标;而边际成本在经营决策分析中是用来判断产量的增减在经济上是否合算的工具。[②] 当然,短期边际成本不具备可操作性,因为它无法核算出来。为此,阿里达和特纳提出了一种替代性的可计算的成本类型——平均可变成本。平均可变成本能够反映厂商经营的基本状态,并且它不受不变成本的影响。采取平均可变成本比采取平均总成本更能反映厂商的经营策略。这样,低于平均可变成本的价格即为掠夺性定价。此即所谓的AT检验(Areeda-Turner Test)。

无论在何种条件下,企业的产品价格必须要补偿该产品的可变成本。如果一个竞争性

---

① 1975年阿里达和特纳在《哈佛法律评论》上发表了探讨掠夺性定价的文章,提出将企业的平均可变成本(代替短期边际成本)作为衡量掠夺性定价的标准,理论上,将其称为"AT检验"。低于成本销售将分为以下三种情况:① 低于平均可变成本的价格被假定为非法,需要被告证明这种价格是正当的,否则属于掠夺性定价;② 大于平均可变成本而小于平均成本的价格被假定为合法,但有可能会受到反托拉斯机构的质询,如能证明市场结构和厂商的意图具有掠夺性,也是掠夺性定价;③ 大于平均成本的价格是合法的。见 Areeda and Turner, 1975, "Predatory Pricing and Related Practices Under Section 2 of the Sherman Act", *Harvard Law Review*, Vol. 88, pp. 697—733。

② 当市场的生产能力有剩余时,只要增加产量的销售单价高于单位边际成本,就会使得企业的利润增加或亏损减少。

企业的产品价格不能收回其在经营中的可变成本，它就面临倒闭；如果它销售的商品价格低于平均总成本却高于平均可变成本，那么它还能通过持续经营将损害减少到最低限度，不至于倒闭；如果它在不能收回可变成本的情况下持续经营，它所蒙受的损失就比将要倒闭和不再经营下去的损失更大。因此，低于平均可变成本的定价本身就说明了这样做的意图是为了挤垮竞争对手而进行的掠夺性的定价。在美国，1975 年的“国际航空工业公司和维布科公司诉美国精业公司案”、1977 年的“詹里奇兄弟公司诉美国酿酒公司案”都是用平均可变成本方法被审结的。[①]

其次，进入壁垒的考察。掠夺性定价目标的实现过程，可以分为两个阶段：第一个阶段是掠夺期；第二个阶段是垄断期。第一阶段的目的是将竞争对手排挤出市场；第二阶段的目的是防止潜在的竞争对手进入并冲击垄断价格。进入壁垒是垄断期的主要手段。由于新厂商的进入会冲击垄断价格，从而降低既有厂商的盈利水平。既有厂商为了维护垄断利润会采取策略性措施[②]，限制新厂商进入，此种进入壁垒又可以称为进入阻挠。

单就进入阻挠而言，其策略手段主要有提高对手成本、填补未来的需求结构两种。

提高竞争对手的成本是阻止对手进入的策略性方法。常见的措施包括：① 垂直一体化，即通过向后一体化控制原材料生产或通过向前一体化控制销售渠道从而提高竞争对手的进入或生产成本；② 利用产品的互补性或配件生产控制竞争，即采取拒绝与竞争对手产品相兼容的方法，提高对手的成本；③ 利用政府管制，即利用政府管制手段增加进入厂商的生产成本或进入成本。

最后，掠夺性定价实施者将既有中小企业排挤出市场的同时，还需要填补由此产生的市场剩余空间，否则，其提高价格必然会引起出局企业的回潮或潜在竞争者的涌入。在排挤出市场和提高价格之间存在一个达到掠夺性定价目的的必经环节——扩大市场。扩大市场的通常方法是进行过剩产能投资。在高于平均既有厂商成本而低于进入者平均成本之间定价的情况下，既有厂商增加投资即可扩大利润。

(3) 有关国家(地区)法律的认定标准

早期判定掠夺性定价需低于成本销售和进入壁垒两个条件同时齐备。在反垄断执法整体上由事后救济向事前救济转变的大背景下，进入壁垒的认定渐渐地转化为存在进入壁垒的目的和手段，而不是结果。这减少了执法的难度。另外，由于市场状况的差异，赋予作为标准的“成本”的内涵也不完全相同，进而产生地域上的立法和执法的差别。

在美国，掠夺性定价涉及《谢尔曼法》第 2 条(支配企业的垄断化)和《罗宾逊—帕特曼法》第 2 条(地理上的价格歧视)的规定。美国反托拉斯的结构主义时代，对掠夺性定价的判断标准相对简单，原告只要能证明被告是大企业，且在相关市场上实施了低于成本价格的销售行为即可赢得诉讼。实际上，这个标准因“实施低价”事实的绝对化而便于司法裁判，但它有可能以牺牲消费者的利益为代价。1975 年阿里达和特纳文章的发表对上述标准的变革产生了革命性的影响。在坚持低于平均可变成本价格这个基本衡量标准之下，同时强调抬高价格和维持抬高价格这两个条件，形成了“掠夺性低价＋抬高价格＋维持高价”三个环节

---

① 曹士兵：《反垄断法研究：从制度到一般理论》，法律出版社 1996 年版，第 237 页。

② 进入壁垒可以分为结构性进入壁垒和策略性进入壁垒，前者强调外在的客观条件造成的进入壁垒的效果；后者通过人为制造条件意图达到限制对手进入的目的。

的判定标准。1986年的“松下电器案”中,美国最高法院提出:“任何掠夺计划的成功都取决于市场力量的维持达到足够长的时间,以使掠夺者能够弥补损失以及获得额外收益。”另美国联邦最高法院在1993年“*Brooke Group Ltd. v. Brown & Williamson Tobacco Co.* 案”的判决中确立的掠夺性定价标准中同样包含了上述内容,即掠夺者必须是拥有足够的市场力量把价格抬高到垄断价格并能保持该价格水平足够长的时间的优势企业。[①]

日本《禁止垄断法》对掠夺性定价没有明确的规定,一般适用《禁止垄断法》第2条第6款,司法实践强调三方面标准:“低价+连续维持低价+带来困难”。“低价”即低于成本价格。“连续维持低价”需排除偶然降价的情况,像季节性产品、保鲜产品或库存商品等降价销售。“连续”被理解为在一定期间不间断地或有反复地进行低价销售。“带来困难”,是指给其他经营者带来经营上的困境,这需要综合地考虑低价商品的数量、期间、广告宣传状况、商品的特性等因素。[②]

在欧盟竞争法中,掠夺性定价早期是作为滥用行为的一种纳入到《欧共体条约》第82条之中的。之后也颁布过关于掠夺性定价的法律文件以细化其内容[③],但直到1985年的“AKZO案”才第一次实际认定这种滥用优势地位的行为。[④]

在认定上,欧共体更加突出地强调了占市场优势地位的企业排挤竞争对手的意图,只要是出于限制竞争的目的而降价,就是一种滥用优势地位的行为,其降价是否已低于成本价仅是一个辅助标准。在“AKZO案”的调查中,欧共体委员会从原告ESC公司获取了被告AKZO公司带有威胁性内容的信函证据,找到了证明该公司排挤竞争对手的主观意图的证据。AKZO公司辩称,它们的产品价格超过了平均可变成本,根据阿里达—特纳规则,其行为是合法的。但欧共体委员会认为AT检验完全没有考虑占市场优势地位的企业在价格竞争中的长期策略,而欧共体的竞争政策恰恰是要在共同体大市场建立有效竞争的市场结构,故AT检验不适用于该案。欧共体委员会据此认定被告AKZO公司的行为构成掠夺性定价。

在欧共体法院在该案的判决中,认可了欧共体委员会的决定,并明确了掠夺性定价的两个标准,即平均可变成本的标准和平均总成本的标准。进一步而言,一个占有市场优势地位的企业在主观上具有排除竞争者的目的,在客观上在平均可变成本以下销售其产品,就应该理所当然地认定属于掠夺性定价。另外,市场优势地位企业以高于平均可变成本但是低于平均总成本的价格销售,如果是出于排挤竞争对手的目的,同样也可以构成掠夺性定价行为。[⑤]

在我国,法律对掠夺性定价标准的设定,最初体现在反不正当竞争法和有关价格法律、法规中。这些法律、法规对掠夺性定价的认定标准不尽一致。从1993年版《反不正当竞争

---

① 辜海笑:《美国反托拉斯理论与政策》,中国经济出版社2005年版,第167—168页。

② 维持一定的时间很难形成固定的标准,1981年9月中旬至11月上旬两家牛奶经营店以低于进货价50—60日元的价格销售,其销售行为给其他牛奶专卖店带来不利的影响,被判为不当贱卖。参见〔日〕铃木满:《日本反垄断法解说》,武晋伟、王玉辉译,河南大学出版社2004年版,第73—74页。

③ 1966年欧共体委员会发布了《关于聚合行为的备忘录》将掠夺性定价确定为滥用优势地位的形式之一。

④ 阮方民:《欧盟竞争法》,中国政法大学出版社1998年版,第381页。

⑤ 关于“ESC公司诉AKZO公司案”事实和欧洲法上掠夺性定价的界定标准的相关论述可参见王晓晔:《欧共体竞争法》,中国法制出版社2001年版,第249—252页;阮方民:《欧盟竞争法》,中国政法大学出版社1998年版,第381—383页。

法》第 11 条(2017 年修订此条删除)的规定上看,对掠夺性定价采取的是主观加客观标准,即排挤竞争对手的目的和低于成本的价格销售商品的事实两个标准。至于应当以何种成本作为“低于成本销售”的标准,语焉不详。这不仅缺乏操作性,也很容易在实务操作中造成混乱。尽管《价格法》增加了“扰乱正常的生产经营秩序,损害国家利益或者其他经营者的合法权益”要件,但上述问题同样存在。1999 年 8 月 3 日,原国家发展计划委员会发布的《关于制止低价倾销行为的规定》第 5 条规定,低于成本“是指经营者低于其所经营商品的合理的个别成本”。另该规范第 10 条规定:“在个别成本无法确认时,行业组织应当协助政府价格主管部门测定行业平均成本及合理的下浮幅度,制止低价倾销行为。”可见,该规范将“低于成本”界定为低于经营者的个别生产经营成本。对于行业平均成本,只能作为参考而不能作为界定的依据,以免在实际执行中将原本属于市场调节价格的商品变相地转变为实行政府指导价的商品,违背《价格法》的有关规定。①

总结上述有关国家立法和我国的价格法律规范,对掠夺性定价的认定要件可归纳如下:① 行为人实施了低于其成本的价格销售商品的行为;② 以排挤竞争者为目的;③ 在客观上导致经济实力薄弱的其他经营者的利益受损或行为人取得了独占地位;④ 没有合理理由(后文详述)。

3. 价格差别待遇

差别待遇,又称歧视,是指占市场支配地位的经营者没有正当理由对条件相同的交易相对人实行不同的价格或者不同交易条件,使某些交易相对人处于不利的竞争地位。

反垄断法中的差别待遇一般包括价格差别待遇(又叫差别定价、价格歧视)、非价格差别待遇。价格歧视属于差别待遇的一种主要形式。在经济学上,价格歧视是一个内涵丰富的概念,但法律上的价格歧视有“自己”的内涵。理解经济学上的价格歧视的含义有利于准确理解和把握法律上价格歧视的标准。

(1) 经济学上价格歧视的含义

价格歧视,是指卖方对购买相同等级,相同质量、相同数量货物的买方要求支付不同的价格,或者买方对于提供相同等级,相同质量、相同数量货物的卖方要求支付不同价格,从而使相同产品的买方因不同进货价格或卖方因不同销售价格而获得不同的交易机会的行为。

经济学上价格歧视分为三种类型:一级价格歧视、二级价格歧视、三级价格歧视。现以卖方向买方施加价格歧视为例加以说明。

一级价格歧视,又称为完全价格歧视,是指垄断性的卖方按照其认为买方可以接受的价格水平给每种商品规定不同的价格来销售同种商品。在这一条件下,销售者可以从每一单位销售中获得最大化的利润。换言之,销售商从每个购买者手中攫取了全部消费者剩余。一级价格歧视情况下,产品的定价高于边际成本,故销售者可以获得理想条件下的最大垄断利润。二级价格歧视,指销售者将同一市场的购买者分成几个与一定价格水平相对应的购买团体,然后以不同的价格向各团体销售。与一级价格歧视相比较,销售者所获得的生产者

① 参见赵小平主编、国家计委价格监督检查司编著:《〈价格违法行为行政处罚规定〉释义》,中国物价出版社 1999 年版,第 17 页。另外,2003 年 6 月 18 日国家发展和改革委员会根据《中华人民共和国价格法》制定的《制止价格垄断行为暂行规定》(已废止)第 7 条规定,经营者不得凭借市场支配地位,以排挤、损害竞争对手为目的,以低于成本的价格倾销;或者采取回扣、补贴、赠送等手段变相降价,使商品实际售价低于商品自身成本。这里的“自身成本”和上述个别成本应是一个概念。

剩余相对较少。三级价格歧视,是指对具有不同需求价格弹性的两个以上的市场,以不同的价格进行销售。

一级价格歧视是一种理想状态,销售者必须充分了解每一个购买者所愿意支付的最高价格,不管购买者购买的是单一产品还是批量产品,而市场的信息不可能朦胧到销售者一无所知的程度,甘愿去接受各种不同的价格。所以,这一歧视类型在法律上基本没有借鉴意义。

经济学上的价格歧视和反垄断法制度上的价格歧视不是一个概念。经济学上的价格歧视相当于价格差别,即凡是以不同价格向相同顾客出售同一种物品的做法都属于价格歧视。正如经济学家斯蒂格勒所说,价格歧视就是按与边际成本不同比例的价格出售两个或多个类似的商品。① 按照经济学的分析标准,价格歧视强调同一产品分别以不同的价格出售给两个或两个以上的人。按照这一标准,价格歧视表现形式有多种,产品质量的差别导致的价格差别,外观设计改变形成的价格差别,团体购买中的数量折扣、现金折扣等。显然,经济学上的价格歧视仅是对客观事实的一种描述。反垄断法上的价格歧视带有明显的倾向性,强调造成实质上减少竞争或旨在形成对商业的垄断,或妨害、破坏、阻止同那些接受歧视但得利的人之间的竞争。当然,经济学上的价格歧视所强调的主体分类和为之施以不同的价格这两个前提也是反垄断法上认定价格歧视应当坚持的基本条件。

(2) 反垄断法上的价格歧视含义

美国《克莱顿法》最早对特定情况下的价格歧视问题作了否定性的评价。② 该法第 2 条规定,商业者为使用、消费或转卖的目的,在美国直接或间接地就商品购买者进行价格歧视,使其在商业上显著减少竞争或产生独占之虞,其行为视为违法。可以看出,《克莱顿法》对价格歧视的规定未覆盖上述经济学对价格歧视划分的所有类型,更不是泛泛地将广义上的价格歧视全部作为规制的范围。

在美国之所以规制价格歧视,是由于《克莱顿法》颁布之前,大企业挤压中小企业的现象非常普遍。大企业经常采用的手段就是价格歧视,即实施上述的二级价格歧视的方法,使中小企业处于不利的竞争地位。所以,《克莱顿法》的立法目的之一是保护中小企业,防止经济力量过度集中。但对最终消费者实施价格歧视并不违反该法,这形成了调整目标和范围上的明显的漏洞。

在美国,随着 20 世纪 30 年代连锁店经营模式的广泛推广,联合体的规模迅速膨胀,它在交易中的优势地位也越来越明显,包括进货折扣高于一般中小经营主体。这造成了连锁店等大企业与同类中小企业竞争条件的不公平。为补充和修正上述不足,美国国会颁布了《罗宾逊—帕特曼法》,该法第 1 条规定:"从事商业的人在其商业过程中,直接或间接地对同一等级和质量商品的买者实行价格歧视,如果价格歧视的结果实质上减少竞争或旨在形成对商业的垄断,或妨害、破坏、阻止同那些准许或故意接受该歧视利益的人之间的竞争,或者

---

① 斯蒂格勒对价格歧视的定义取决于下列不等式:$P_1/MC_1 \neq P_2/MC_2$;有些经济学家认为价格歧视是不等于边际成本的差异,即 $P_1-MC_1 \neq P_2-MC_2$。参见〔美〕斯蒂格勒:《价格理论》,李青原等译,商务印书馆 1992 年版,第 201 页。

② 当然这一立法的前提也受到了质疑,反对者认为,这里混淆了"保护竞争者"和"保护竞争"两个概念,"如果因为保护竞争者而反对充分发展的竞争,竞争本身就不能再存在下去了"。另外,司法实践表明,这个法使诉讼变得更加复杂,因为这个法中的抽象词语过多。参见〔美〕C. 霍华德:《美国反托拉斯法与贸易法规——典型问题与案例分析》,孙南申译,中国社会科学出版社 1991 年版,第 42 页。

是同他们的顾客间的竞争，是非法的。”第 2 条规定：“商人在其商业过程中，在国内对同一品质、数量、等级的商品，通过给予买者比其竞争者更高的折价回扣、补贴、广告劳务费故意进行歧视，或为了破坏竞争、消灭竞争者，以低于其竞争者的价格出售、或以不合理的低价出售，是非法的。”

与《克莱顿法》相比较，《罗宾逊—帕特曼法》规定的价格歧视在判定标准上更细致了，扩充到“实质上减少竞争”或“旨在形成对商业的垄断”或“妨害、破坏、阻止竞争”；在类型上也扩大了，扩大至上述三级价格歧视。尽管如此，美国成文法上的价格歧视认定标准仍相对含糊。

有关国家或地区法律对价格歧视的规定亦如此。德国《反限制竞争法》（2005 年修订）第 19 条禁止“提出的报酬或其他交易条件差于该支配企业本身在类似市场上向同类购买者所要求的报酬或者其他交易条件，除非该差异存在客观正当理由”。该法第 20 条还禁止支配企业、企业联合组织“在向同类企业开放的商业交易中，以不公平的方式直接或者间接阻碍其他企业，或在没有客观正当理由的情况下直接或者间接地给予另一个企业不同于类似企业的待遇”。日本《不公正的交易方法》（公正交易委员会 1982 年颁布）第 5 条规定了事业团体的差别待遇。[①] 日本《禁止垄断法》第 2 条第 9 款规定：（禁止）以不当的价格进行交易。《欧共体条约》第 82 条也禁止“在相同的交易情形下，对交易当事人实行不同的交易条件，因而置其于不利的竞争地位”。我国台湾地区“公平交易法”第 19 条第 2 款规定：“无正当理由，对他事业给予差别待遇之行为，且有限制竞争或妨碍公平竞争之虞者。”

诸多法律都如此模糊处理的主要缘由，是歧视性价格和正常市场价格如此之近，以至于难以从正面总括不同情况下的价格差别具有危害性的特点。市场价格的常规形式就是价格有所差异，分析价格差异具有危害性，既需要结合自身的情况，也要考虑市场结构、市场变化、行为绩效等。

（3）反垄断法上价格歧视的认定标准

尽管如此，仍不妨碍我们从一般的认识视角并结合经济学上的价格歧视含义，概括法律上认定违法价格歧视的标准，以对法律规定的倾向性有一个框架性的把握。

认定价格歧视的违法性，应该综合以下方面：

第一，经营者具有市场支配地位。此不赘述。

第二，市场被同一销售商分成了两个或两个以上的不同层次的购买（消费）主体。这里的“同一销售商”是一个法律概念而不是事实概念，即法律上的同一主体。分公司或不具有自主经营权的分销商没有经营自主权，这些主体应和总公司或总供货商视为同一销售商。

第三，不同层次购买者的划分基础是可比条件下的价格差别。相同的销售价格意味着销售者的经销规则具有开放性和普遍性，下游企业享有公平的竞争环境。而价格差别往往和购买数量、货币支付时间、担保等紧密相连。例如，购买 10 箱产品给予 5%的价格折扣，购买 20 箱产品给予 10%的价格折扣。价格歧视可以理解为在可比条件下对个别主体的价格特惠。在相近似的条件下没有得到同等待遇，“歧视”才存在。近似条件包括产品的基本条件近似，如产品型号、等级、包装条件等；也包括外部经济条件，如通货膨胀水平、运费水平

---

① 即事业者团体或共同行为不当地排斥某事业者或在事业者团体内部、共同行为中对某事业者进行不当的差别性对待，使该事业者的事业活动发生困难。

等;甚至还包括时间变动,如《罗宾逊—帕特曼法》第1条(a)项允许"随着影响市场的条件的变化而产生的价格变化"。当然,现代营销理念下,品质相同或近似的概念内涵已被大大地改变了。新的商标、新的装潢、新的包装等往往都被视为不相同或不近似。因此,传统产品品质相同或近似是从产品以及从产品的功能出发进行判断的;而现代产品品质相同或近似是从市场以及消费者的认同出发进行判断的。这种变化增加了价格歧视的认定难度。

第四,经营者有能力阻止或限制高价购买者向低价转移,或阻止低价购买者将产品转卖给高价购买者。这是反垄断法上的价格歧视和经济学上的价格歧视最本质的区别。由于经营者的"阻止或限制"侵害了购买者的自主权和选择权,无法通过购买者的自由转向实现市场价格均衡。换言之,如果高消费群体的人员可以自由地向低价群体流动,则不构成反垄断法上的价格歧视。

4. 其他价格滥用行为

法律上的"其他行为"主要是解决列举不全(能)的问题。至于其他价格滥用行为的具体形式,尚在探索之中。总结一些国家或地区的相关案例,有一种行为——价格挤压正在呈现类型独立的趋势。

价格挤压是指在上下两经济环节从事经营且在上游商品市场上具有支配地位的经营者,利用其支配地位提高销售上游产品的销售价格,使得购买上游产品进行加工的下游产品的竞争者因成本提高而无法取得市场上的竞争力,进而可能被排挤出市场的价格行为。更多国家的立法没有将价格挤压独立出来,主要是在属性上将其归入到不公平价格或掠夺性定价上。因此,价格挤压行为的核心在于如何解析其和相邻近行为的差异上。

在1945年美国"铝公司案"中,第二巡回上诉法院开创性地认定价格挤压应作为一种独立的反托拉斯滥用行为,尽管在得出结论前使用了多种测试的方法,但由于铝公司自身的"公平价格"和对手的"维持生存的利润"等标准非常模糊,导致这一结论饱受诟病。在2009年"Linkline案"[①]中,美国联邦最高法院明确:价格挤压并不构成一项单独的违反反托拉斯法的单边行为。

与美国对"价格挤压"的态度相比较,欧盟更坚定地认为价格挤压可以构成一种单独的滥用支配地位行为。

在1988年"英国糖业公司案"[②]中,在英国散装白糖和独立包装白糖的零售市场上,英国糖业公司都具有支配地位,其竞争者——白糖批发商纳皮尔布朗公司欲通过向英国糖业公司购买散装白糖,自己包装后进入独立包装的白糖零售市场。而英国糖业公司则降低了它的独立包装白糖的零售价格,以此来压缩竞争者销售独立包装白糖的利润。

2003年"德国电信公司案"[③]进一步确定了价格挤压行为的独立性。德国电信公司一直是固定线路通讯服务的批发市场和零售市场上的垄断者。1996年德国电信法生效后,德国

---

① *Pacific Bell Telephone Co. v. Linkline Communications*, Inc. United State Supreme Court cases, volume 555, No. 07-512.

② *Napier Brown v. British Sugar*, Commission Decision 88/519/EEC, 1988 O. J. (L284)41.

③ 这个案件的背景是,DT作为德国电信网络基础设施的垄断者,同时参与电信下游市场的竞争。DT尽管向竞争对手开放了宽带网络,但其宽带批发价大大高于零售价,即高于DT对其自己的直接用户收取的价格,DT被指控存在价格挤压。参见 Commission Decision of 21 May 2003 relating to a proceeding under Article 82 of the EC Treaty (Case COMP/C-1/37.451, 37.578, 37.579-Deutsche Telekom) OJ 2003, L 263/9。

的电信市场开始推行自由化。为此，德国电信需要将其本地网络提供给其他的电信运营商和用户使用，即在业务上形成了两类业务：向作为其竞争者的其他电信运营商提供的“批发服务”和向其普通用户提供的“零售服务”。一些购买“批发服务”的竞争者向欧盟委员会控告德国电信公司的批发价格涉嫌价格挤压——德国电信将其“批发价格”设定过高以至于其他电信运营商无法获得“批发服务”，并且在零售业务上也无力与德国电信公司自营的零售接入服务竞争。

理论界对“德国电信公司案”的认定核心——公平价格、合理利润等的争议仍未排除，但这一案件将价格挤压行为的特点呈现得更加明确：实施此类行为的企业从事上下游一体化经营，且外部存在的上游项目的合作者亦是下游项目的竞争者；企业在上游市场上具有支配地位；向下游竞争者提供的商品是下游竞争者生存所“必要的”或“关键的”。这也为进一步显化这一行为的独立性提供了基本框架。

（二）非价格滥用行为

非价格滥用一般包括限定交易、拒绝交易、搭售。

1. 限定交易

限定交易，也称排他性交易，是指没有正当理由限定交易相对人只能与其进行交易或者只能与其指定的经营者进行交易。在欧盟法上将限定交易分为一般商品来源的限定和利用价格折扣固化购买者的限定两种类型。我国《反垄断法》第 17 条规定的是一般商品来源的限定，《禁止滥用市场支配地位行为暂行规定》第 17 条规定了限定交易的表现形式。[①]

限定交易具有排他性，但此排他性不同于知识产权许可中的排他性。后者是指对被许可人享有的知识产权，除了专有权利人可以自己使用外，不允许专有权利人许可第三人使用，约束的是专有权利人；而排他性交易中的排他性，约束的是占有市场支配地位经营者的交易相对人。

限定交易既可能导致反竞争的恶果，又可能带来提高效率的好处。在 20 世纪的大多数时间里，美国法院在审判限定交易案件的时候，尽管采取的是合理推定原则，但在态度上却是严厉的。之所以会有这种态度，是因为他们担心限定交易会导致“市场圈定”(market-foreclosure)，即排斥竞争对手继而形成垄断局面。[②]

（1）限定交易的危害性

供应商通过限定交易能够阻止销售商销售其他竞争品牌产品。形式上看，排他性交易是当事人意思自治的产物，但在实质上该种交易具有强迫的内在因素，由此可能导致双方权利、义务关系的不平衡。

限定交易可能带来的危害包括以下：

首先，限制交易相对人的交易自由。从微观上讲，限定交易是交易人限制交易相对人的销售(购买)渠道，其直接结果是交易人减少了市场交易的不确定性，但限定了交易相对人的选择权，可能形成交易上的依赖。这里的交易相对人不是为生活目的购买商品的消费者，故

---

① 具有市场支配地位的经营者没有正当理由，从事下列限定交易行为：(一) 限定交易相对人只能与其进行交易；(二) 限定交易相对人只能与其指定的经营者进行交易；(三) 限定交易相对人不得与特定经营者进行交易。

② 〔美〕迈克尔·D. 温斯顿：《反垄断经济学前沿》，张嫚、吴绪亮、章爱民译，东北财经大学出版社 2007 版，第 101 页。

针对的交易自由不是侵害消费者的选择权,而是作为生产经营消费的购买者的合同自由。限定交易和合同及纵向垄断协议的关系非常紧密。如限定的交易不是基于强迫,而是基于被限制者的自愿,可能不构成限定交易①;或者限定是基于双方的共同意愿,可能构成纵向垄断协议。

其次,削弱相关市场上的竞争。市场完善与否的一个很重要的指标是市场的开放程度,即每一个市场主体面对的市场空间大小和自由选择的机会是否被不合理限制。所以,从宏观上讲,人为限制市场主体的活动空间会剥夺竞争主体的交易机会,抑制市场机能的发挥。由于交易人被固定,作为交易人竞争者的不特定第三人则丧失了交易机会。

第三人因限定交易的市场力量来源不同,身份也会有所不同,由此涉及的相关市场也不同。一种情况是供应商承诺只通过一家销售商进行排他性销售(销售商支配地位),此交易可能减少销售商间的竞争;另一种情况是销售商承诺排他性地只经销一家供应商的产品(供应商支配地位),削弱的是供应商的竞争者在当地市场上竞争。

最后,市场壁垒。来自供应商的限定交易限制了某类产品在销售商之间的竞争,相当于特定地域的某商品市场被人为划分。排他性交易还可能形成市场壁垒和价格歧视。如具有支配地位的生产商和零售商在某一个市场签订了限定交易协议之后,又出现了一个条件更优的同类市场。按照规模经济原则,该零售商可以自由地以更低的平均成本进入第二个市场,但因限定交易合约的存在,该零售商就不能进入第二个市场。同样,对于新加入市场的竞争者而言,由于被剥夺了替代性的流通途径会产生市场壁垒。另外,由于市场被分割,生产商完全可能在不同的地区实行不同的价格,只要市场的需求弹性不一样,价格歧视就可以成为现实。②

(2) 法律规制

在美国,较早的限定交易案件是1922年的"*Standard Fashion Co. v. Magrane-Houston Co.*案"③。较近发生的案件是2001年的"微软案"和"Visa公司案"④。2009年的"英特尔公司案"是欧盟地区的典型案件。⑤

有关国家(地区)法律对排他性交易的规定都比较抽象,近乎于一种原则性宣誓,使得认定依据无法简单地从法条的规定中得出,需要法官或立法者在实践的基础上作出更具可操

---

① 在俄罗斯,《竞争保护法》第10条规定的行为——强制交易,更强调"强制"本身的证明,即坚持占有支配地位的组织存在威胁不签订合同将增加买方负担的行为(罚款性质的条款和违反补偿性质的导致亏损的条款或者不履行规定的义务将终止合同或中止执行合同义务等)。这不同于其他有关国家法律实施中的效率证明。

② 〔德〕曼弗里德·诺伊曼:《竞争政策:历史、理论及实践》,谷爱俊译,北京大学出版社2003年版,第172—173页。

③ 著名的服装生产商Standard Fashion公司与波士顿服装零售商Magrane-Houston公司签订销售合同,规定后者只能销售前者生产的服装,不能同时销售其他公司的服装。美国法院以这可能会将生产者竞争对手排挤出零售渠道为由判定该合约无效。参见*Standard Fashion Co. v. Magrane-Houston Co.*,258 U.S. 346(1922).

④ 微软案的主要行为应该是搭售问题,即微软把IE浏览器与视窗绑定在一起的问题。因其市场力量并非来自于它在浏览器市场上的地位,而是来自于它的视窗操作系统。Visa公司案中,Visa公司因与银行约订禁止发行包括美国快递(American Express)和探索者(Discover)在内的竞争对手的信用卡而遭到起诉。参见*U.S. v. Visa U.S.A., Inc.*, 183F. Supp. 2nd 613(2001)和*U.S. v. Microsoft Corp.*,253F. 3d 34(2001).

⑤ 欧委会认为,英特尔公司在世界范围内的中央处理器市场上占据了70%的市场份额。2002—2007年间,英特尔公司向主要的电脑生产商和欧洲最大的消费类电子产品零售商支付了可观的回扣,前提是这些电脑生产商不使用包括AMD公司在内的竞争对手的中央处理器。欧委会还发现,英特尔公司付钱给这些电脑生产商,让他们推迟或取消使用AMD公司芯片。这使得这些竞争对手的生产空间被人为缩小,而英特尔公司也因此被处以14.5亿欧元的罚款。此项罚款创造了此前欧委会反垄断处罚的记录。

作性的标准。

在美国,判断排他性交易是否违法,区分为两种情况来各自得出相应的判定标准:

一种是在没有限制经营者选择地域或其他产品的排他性交易的情况下,判定的主要标准是,看交易是否实质性地提高竞争对手的成本或使其利润减少。同时,参考排他性交易是否对消费者利益构成损害。在美国反托拉斯的结构主义时代,认定排他性交易同认定其他垂直限制行为一样,将市场份额作为主要甚至是唯一的标准,这使得一些涉及复杂问题的案件的处理方法简单化了,即只要查出行为人的市场份额就基本找到了问题的全部答案。显然,它缺少对竞争者利益、消费者利益受到何种影响的关注。上升为反托拉斯执法政策的芝加哥学派和新产业组织理论对排他性交易的处理方法作了重大的改进,尤其是提高竞争对手成本理论(Theory of Raising Rival's Cost,简称"RRC 理论")的运用。RRC 理论的基本原理是,在寡头模型中,某家厂商的利润取决于它相对于竞争对手的成本优势,如果该厂商能够绝对或相对地提高竞争对手的成本,那么它就可以通过牺牲对手的利益来提高自己的利润。为了提高对手的成本,通常厂商必须拥有某种市场力量或政治力量。这样,反托拉斯法中运用 RRC 理论应该有三个条件:支配性企业从中获利的程度;竞争者是否受害;消费者利益是否受到损害。①

另一种是在限制经营者选择地域或其他产品的排他性交易的情况下,只要再证明行为人拥有市场支配地位,即可认定为违法。其中隐含的意思是,具有市场支配地位的经营者限制市场或限制交易相对人选择产品的权利侵害了竞争者利益。如果交易企业不具有支配地位,排他性交易通常不构成违法。例如,在"坦帕公司案"中,公用事业公司要求煤矿供应商在 20 年的时间里排他性供煤。协议签订后,煤炭供应商认为这样的要求会导致竞争力下降。美国联邦最高法院裁决,这种协议没有违反反托拉斯法,其理由是协议所排斥的竞争必须在有关市场占有大规模的份额,而本案所涉及产品只占 1%的市场份额。②

在欧盟,排他性交易经历了由客观推定到主观认定的变动过程。欧共体法院 1991 年 2 月曾处理了一个在德国发生的对细化排他性交易制度意义重大的案件。案情大致是,德国的一个啤酒厂和一个酒吧签订了一份协议,规定酒吧定期从啤酒厂购买一定数量的啤酒。后酒吧认为该交易违反竞争法,因此无效,主张取消交易并引发争议。当时,欧共体法院存在类似问题的原则性解决办法,即考虑两个因素对市场的影响:交易内容在市场上所占的份额;交易相对方受约束的期限。以这一案件为基础,1999 年 12 月 22 日欧盟委员会发布了 2790/1999(CE)号条例《关于欧共体条约第 81 条第 3 款在纵向协议类别和共谋类别中的适用》,该规范原则上禁止在协议中强迫或怂恿购买者只从市场上的同一个供应商处进行全部采购。但供应商所占的市场份额低于 30%,并且禁止购买者与其他供应商交易的约束期限不超过 5 年的,可以得到豁免。2010 年欧盟委员会发布《欧共体条约第 82 条优先查处市场支配地位企业滥用排挤行为的执法重点指南》,将排他性交易放置于一个大的范畴——排挤行为中,在具体的考察因素中,既要考察交易人的市场支配地位,也要评价交易相对人对市场力量的抵销能力;再分析对消费者价格福利的影响。

---

① 辜海笑:《美国反托拉斯理论与政策》,中国经济出版社 2005 年版,第 144—145 页。

② *Tampa Elec. Co. v. Nashville Coal Co.* 365 U. S. 320(1961).〔美〕丹尼斯・卡尔顿、杰弗里・佩罗夫:《现代产业组织》,黄亚钧等译,上海三联书店 1998 年版,第 1249 页。

排他性交易在日本《禁止垄断法》中体现在第2条第9款第4项——不正当制约中的附排他条件的交易,该种行为同其他不公正交易行为一样总体上按照“有妨碍公正竞争危险”这个判断标准来认定。1982年日本禁止垄断法研究会发表了《关于不公正的交易方法的基本认识》的报告,试图细化上述法律标准,指出下列情况可以认为有妨碍公平竞争的可能性:① 阻碍自由竞争的可能性。自由竞争是以价格、品质、服务为中心的效率竞争,有损于此种效率竞争即为阻碍竞争。② 损害交易主体的交易承诺或交易条件等意思自治基础。一直以来,日本的排他性交易案件的司法实践缺少案件和抽象法律标准之间的引证性的逻辑链条。尽管也可以从抗辩的角度来明晰行为的标准,但“正当理由”的判断采取一事一议的原则。自1953年以来这一立法风格及司法特色基本未变。[①]

德国排他性交易的规定曾一度比日本法更明确列举了行为的表现形式[②],但现在同样改为以抽象的标准来判断是否合理(报酬和对竞争的重大影响)。[③] 德国联邦卡特尔局曾要求大众汽车公司取缔该公司与其特许供货商签订的独家经销协议,因为该协议将市场上几乎一半的配件供货商排除在外。大众公司上诉后,德国联邦法院否决了它的决定。德国联邦法院认为,大众公司有权通过独家经销的方式来保证其得到高质量的服务、可信赖的元器件,从而维护大众公司的形象,而这一方面的影响比产生的竞争限制更重要。[④] 可见,对排他性交易自由裁量的空间非常之大。

我国台湾地区“公平交易法实施细则”第25条规定了限制交易公平性(包括排他性交易)的原则标准:综合当事人之意图、目的、市场地位、所属市场结构、市场特性及履行情况对市场竞争的影响等加以判断。

在我国,国家市场监督管理总局颁布的《禁止滥用市场支配地位行为暂行规定》只规定了行为的方式,没有规定行为的判定标准。司法实践中,法院审理的“奇虎诉腾讯滥用市场支配地位案”,虽涉及限定交易,但案件分析的重点集中在相关市场的界定和市场支配地位的认定上,导致排他性行为本身的认定标准应该是什么的讨论被淡化了。

根据上述有关国家(地区)的相关立法,我国法律实践对排他性交易的认定可以建立这样的分析结构:市场支配地位、对(既有和潜在)竞争者利益的影响和对消费者的影响。

2. 拒绝交易

拒绝交易是没有合理的理由拒绝向购买者提供产品或服务的行为。一般来说,交易需尊重意思自治、契约自由,每个市场主体有选择权,包括有权不选择(拒绝)与某一市场主体进行交易,且不需要特别理由。但对于占市场支配地位的经营者而言,拒绝交易的客体可能对(潜在)竞争者的生存有重要影响,那么,这种情况下的拒绝交易就会损害市场竞争。

---

① 在1953年的日本《反垄断法》修改中,规定了由公正交易委员会确定不公平的交易方法。这主要是因为不公平的交易方法是在交易复杂、流动性强的社会中产生的一种经济现象。为规制这种特殊的经济现象,必须了解作为规制前提条件的经济动态,把握、顺应其法治的方向,并且从制定或修改其规制的标准等方面考虑,同时还应该使该规制充分具有弹力性、可调节性。因此,作为行政机关的该委员会是最为合适的。见〔日〕铃木满:《日本反垄断法解说》,武晋伟、王玉辉译,河南大学出版社2004年版,第70页。

② 德国《反限制竞争法》第16条(现已废止),企业间关于商品和劳务的合同,如果对合同当事人:① 限制交货用商品,或其他商品或劳务的使用自由;② 限定从第三者购买其他商品或劳务,或限定向第三者提供商品或劳务;③ 限定向第三者提供交货用商品;④ 强制接受实质上或商业习惯上与所供商品或劳务无关的东西。如此类限制行为的规模、商品或服务或其他商品或服务市场上竞争受到实质性限制,则卡特尔当局可宣布此类协议无效。

③ 具体参见德国《反限制竞争法》(2005修订版)第19条第4款。

④ 〔德〕曼弗里德·诺伊曼:《竞争政策:历史、理论及实践》,谷爱俊译,北京大学出版社2003年版,第173页。

(1) 拒绝交易的理解

理解拒绝交易时,应当主要把握以下方面:

第一,拒绝交易常作为维持垄断地位或垄断经营的手段,其可能单独存在,也可能穿插在其他垄断行为中使用。作为辅助工具使用的拒绝交易多具有惩罚性。例如,排他性交易中,如果经营者不“从一而终”,将受到拒绝交易的惩罚。又如维持转售价格行为中,如果销售者擅自降价或变相降价,可能被“断货”。

第二,拒绝交易包括已经交易情况下的拒绝和欲进行交易的拒绝。前者是针对特定交易对象的有条件拒绝,后者往往是针对不特定对象的无条件拒绝。有条件拒绝多带有惩罚性,其目的是纠正交易人的不“合规”行为,其对象是已经确立交易关系的当事人。不管在交易中是否对“拒绝权”有所明示,只要理由不充分,实施拒绝就是违法的。这种拒绝不同于合同抗辩,合同抗辩产生的基础是对方存在不履行合同的风险,而拒绝交易的理由多是交易对方的行为超出了被不合理限定的范围,所以一个是法定的,一个是意定的。欲进行交易的拒绝,往往是为阻止潜在竞争者的市场准入。

第三,拒绝交易是单独的拒绝,而不是共同的拒绝。单独的拒绝交易,是指不当地拒绝与某经营者进行交易。共同的拒绝交易,是指同与自己处于竞争关系的其他经营者共同实施拒绝同某一经营者进行交易或者限制有关交易商品或服务的数量或内容的联合行为。共同拒绝的典型形式是联合抵制。所以,拒绝交易不同于联合抵制。

第四,适用对象包括产品和服务,一些情况下也适用于知识产权。前者不必赘述。知识产权的垄断性本身促成了权利人的市场支配地位,这种支配地位可能被滥用。授予发明创造以专利权,是为了保护发明人的智力成果,也是为了推广该发明创造。获得了专利权不予以实施,有违法律保护专利权的主旨。因此,法律规定了专利强制许可制度。其中从属专利的强制许可和拒绝交易有相似之处,两者的共同点是关系人之间存在“依赖关系”。从属专利是两项专利之间存在实施上的依赖关系,前一项专利的实施需要使用后一项专利,或者相反;而拒绝交易是产品来源或服务项目和技能上的依赖关系。法律并不是要打破这种依赖关系,而是在维持依赖关系的基础上避免滥用这种关系。如果单纯为了维护专利权,任何人未经许可都不得使用专利权人的专利,那么后一项专利就可能因前一项专利权人的拒绝许可使用而不能实施,这将抑制开发从属技术的积极性。如果允许优势主体对具有依赖性的弱势主体施以产品或服务上的拒绝,就会阻碍弱势主体的生存和发展。

(2) 拒绝交易的法律规制

拒绝交易和交易被拒绝之间是不同的,理论上,后者往往是被拒绝但尚有替代性资源,而前者则没有替代性资源或资源的替代性极小。实践中,需参考市场力量、拒绝的理由、给对方造成的损害等因素进行综合分析。

美国反托拉斯法对拒绝交易的认定,重心在于市场支配力量的评定上,因为被拒绝的交易非常普遍,只有具有市场支配力的企业实施的拒绝交易才可能成为反垄断法上的拒绝交易。在“可能”转为“必然”这个环节中“瓶颈”理论发挥着主导作用,“一家企业对独特的产品或者设施具有独家控制,它就有义务不去拒绝合理交易”。[1]

在美国,独占或垄断化常结合在一起,并运用到拒绝交易的判定中。在 1927 年“*Easr-*

---

① Terminal Railroad Case, 1912.

man Kodak Co. v. Southern Photo Materials Co. 案”中,柯达公司试图统一其照相用品的销售,拒绝向一家零售商批发该用品,最高法院认定其构成非法垄断。[①] 在“联合制鞋机器案”中,法院认定,联合公司拒绝把自己的机器卖给客户,构成生产鞋业机器的实际垄断。[②]

在日本,拒绝交易和联合抵制的认定条件相同。《独占禁止法研究会报告书》归纳了两个条件:有可能给竞争者的事业活动造成困难以及为达成禁止垄断法上的不当目的之手段而使用。[③]

综合有关案件和理论,法律上拒绝交易的认定应把握以下方面:

首先,实施主体是具有市场支配地位的经营者。从市场关系而言,拒绝交易是拒绝配置资源。一般情况下,经营者有选择交易相对人的权利。选择交易相对人时被对方抛弃不是拒绝交易,因选择人和被选人都有选择机会,因自身的劣势而被抛弃恰是市场发挥作用的结果。如果经营者占有大量的资源或垄断性资源而拒绝配置,可能涉嫌拒绝交易。与联合抵制相比较,拒绝交易的相对人所面对的市场结构更严峻。因为被拒绝的相对人除此之外可能别无选择。

其次,拒绝交易行为阻碍交易相对人的生产或销售。实施的拒绝交易通常表现为:拒绝供货、拒绝按时供货或拒绝供给合格货物等。按照国家市场监督管理总局颁布的《禁止滥用市场支配地位行为暂行规定》第 16 条,拒绝交易的方式包括:(1) 实质性削减与交易相对人的现有交易数量;(2) 拖延、中断与交易相对人的现有交易;(3) 拒绝与交易相对人进行新的交易;(4) 设置限制性条件,使交易相对人难以与其进行交易;(5) 拒绝交易相对人在生产经营活动中,以合理条件使用其必需设施。欧盟委员会处理了一个案件:Commercial Solvents 是一种制药原材料的全球唯一生产商,Zoja 是欧盟市场上使用该原材料的厂家之一。Commercial Solvents 要求与 Zoja 解除合同,Zoja 向欧盟委员会投诉,声称若不能从 Commercial Solvents 及其分支机构获得这种原材料,无法再从其他地方获得。欧盟委员会命令 Commercial Solvents 供应最低限度的原材料。欧盟法院维持了欧盟委员会的决定。[④]

最后,对于潜在竞争者而言,拒绝交易的客体是特定的,即交易对象属“核心设施”。一旦核心设施被拒绝,交易对象的已经营业务将被迫中止,欲经营业务将无法展开。典型的示例是不同电信网络之间的拒绝互联互通行为。一般认为,核心设施是一方经营者占有,另一方进入市场必须使用,且该设施不可复制或复制成本过高。当然,反垄断法实施中核心设施的认定有多种标准,需要结合案件的具体情况加以运用。上述我国《禁止滥用市场支配地位行为暂行规定》确立了核心设施认定的基本原则,即应当综合考虑以合理的投入另行投资建设或者另行开发建造该设施的可行性、交易相对人有效开展生产经营活动对该设施的依赖程度、该经营者提供该设施的可能性以及对自身生产经营活动造成的影响等因素。

3. 搭售

理解搭售行为时,切忌望文生义。搭售并不是指零售企业在向消费者销售产品时将两种不同的产品一同销售,或销售商品时配送其他品牌的产品,更不是附加劣质、滞销的商品。

---

① *Eastman Kodak Co. of New York v. Southern Photo Materials Co.*, 273 U. S. 359(1927). 转引自孔祥俊:《反垄断法原理》,中国法制出版社 2001 年版,第 576 页。

② 〔美〕理查德·A. 波斯纳:《反托拉斯法》(第二版),孙秋宁译,中国政法大学出版社 2003 年版,第 271 页。

③ 〔日〕根岸哲、舟田正之:《日本禁止垄断法概论》,王为农、陈杰译,中国法制出版社 2007 年版,第 213 页。

④ *Commercial Solvents v. European Commission*[1974]I C. M. L. R. 309.

后两种行为，虽然侵害了消费者的合法权益，但从竞争关系的角度，却不是反垄断法所调整的内容，而属于反不正当竞争法、产品质量法或消费者权益保护法调整的内容。

反垄断法所规制的搭售，是指经营者提供商品或服务时，强迫交易相对人购买其不需要、不愿购买的商品或服务，或者接受其他不合理的条件。[①] 搭售从属性上归于捆绑销售，但属于特殊的捆绑销售。一般捆绑销售不限制经营者或消费者的选择权，是合法的；当卖方强行要求买方购买捆绑的产品，且买方无其他选择时，涉嫌违法。

(1) 搭售的目的

搭售的基本目的，是使相关主体节省成本和开支，包括销售者和消费者。对于消费者而言，搭售节省了捆绑产品单个组件的搜寻成本；另外，当一般搭售产品的总价格少于单独销售单个组件的价格之和，且消费者可以从竞争市场上单独购买各组件产品时，搭售可以视为能节约开支的另一种消费选择。对于销售者而言，两种或两种以上产品捆绑销售可以节约单独销售的管理成本，减轻库存压力，并实现多品牌整体价值和收益等。

除了上述基本动机外，搭售可以辅助销售者实现特殊目的：

第一，通过搭售控制另一市场。20 世纪 80 年代以前，美国对搭售采取相对严厉的处罚措施。按照经济学上的杠杆理论，企业在主商品市场上拥有的垄断力量可以借助于搭售产生的杠杆作用，延伸到搭售产品市场上，并且因此增加其垄断利润。杠杆作用理论还强调搭售具有排斥竞争者的作用：在主商品市场上拥有垄断力量的厂商通过搭售可以使得其他厂商难以进入搭售商品的市场。[②] 我国第一个否决的经营者集中案——“可口可乐并购汇源案”，在表述理由时运用了该理论。

第二，规避政府管制。政府对特定的资源或关系民众生活的产品或服务多实行价格管制，商家通过涉入非管制产品和服务并以搭售方式经营可以规避政府价格管制。以食盐这一政府价格管制产品为例，假设国家规定食盐的最高价格不得超过 1.6 元/斤，而食醋是市场定价产品，如大型超市将食盐和食醋搭售，标价在 1.6 元/斤以上时，就模糊了食盐的管制价格。

搭售也时常与其他限制竞争行为“捆绑”在一起充当限制竞争行为的工具或瓦解限制竞争协议的力量。在价格歧视中，搭售可以作为隐性价格歧视的手段。如甲乙两地消费者对 B 产品的接受能力不同，甲地可接受的价格高于乙地。供应商在甲地采取销售 B 产品搭售 A 产品的销售策略；在乙地采取销售 B 产品搭售 C 产品的销售策略。另外，在价格卡特尔中，搭售可以充当背叛价格卡特尔的工具。维持价格卡特尔比建立价格卡特尔更难。卡特尔得以维持的一个外在标志是价格内部公开并且各成员遵行价格。单个企业以降价来扩大销售是导致价格卡特尔破裂的主要动因。隐蔽的背叛做法可以在保持价格不变的情况下，通过搭售实现扩大销量的目的。

(2) 搭售的类型

搭售可以从不同的角度进行分类。

根据主产品和搭售产品之间的关联关系和依附关系不同，可以将搭售分为：随意性搭售

---

① 有的将搭售和附条件销售分开处理，这里的搭售包括附条件销售。

② 当然，芝加哥学派并不认同该理论的现实性，其反对的理由是搭售并不能增加企业的总利润。参见辜海笑：《美国反托拉斯理论与政策》，中国经济出版社 2005 年版，第 129 页。

和依附性搭售。随意性搭售是指两种或两种以上的无关联关系的产品捆绑销售。依附性搭售,又称为必需品搭售,顾客购买厂商的某种产品后,与该产品有使用上的关联关系的另一种相关产品只能向该厂商购买。

根据搭售商品的内容不同,可以分为产品—产品、产品—服务、服务—产品、服务—服务四种形式的搭售。以产品搭售服务的,如购买汽车给予的优惠只有在销售商附设的修理厂维修时才能逐步得到;以服务搭售产品的,如安装电话必须购买电信公司的电话机;以服务搭售服务的,如美国 1984 年的"Jefferson Parish 案",医院将诊疗服务和麻醉服务进行捆绑销售。[①]

根据对商品上享有的权利不同,可以分为所有权—所有权、使用权—所有权两种形式的搭售。前者比较常见。后者如 IBM 公司曾要求他的承租人在租用其拥有专利权的卡片制表机时,以向该公司购买制表卡为条件,该行为被判定违反《克莱顿法》第 3 条的规定。

根据是否涉及知识产权,可以分为知识产权产品的搭售和非知识产权产品的搭售。此不赘述。

(3) 搭售的违法性认定

美国认定搭售的法律根据主要是《谢尔曼法》第 1 条、《克莱顿法》第 3 条和《联邦贸易委员会法》第 5 条。由于这些条款内容都非常模糊,事实上认定搭售的标准主要是从判例中得出的。美国在 20 世纪初期到 70 年代末期,对搭售的态度经历了由严到宽的转变。到了 20 世纪 80 年代,芝加哥学派思想在政策中占据了主导地位,为搭售行为提供了宽松的政治环境。20 世纪 90 年代,随着新技术的广泛运用,尤其是"微软案"的出现,重新激发了人们对技术垄断前提下的产品搭售现象的警觉,也在一定程度上改变了以往判定搭售行为的认定标准。

日本将搭售视为不公正交易方法之一。《禁止私人垄断及确保公正交易法》第 19 条和第 20 条都是总括性的条文,没有直接规定搭售的判定条件。

我国国家市场监督管理总局颁布的《禁止滥用市场支配地位行为暂行规定》第 18 条将搭售行为细化为:(1) 违背交易惯例、消费习惯或者无视商品的功能,将不同商品捆绑销售或者组合销售;(2) 对合同期限、支付方式、商品的运输及交付方式或者服务的提供方式等附加不合理的限制;(3) 对商品的销售地域、销售对象、售后服务等附加不合理的限制;(4) 交易时在价格之外附加不合理费用。。

结合相关立法、相关判例,反垄断法上搭售的认定标准应当包括以下几个方面:

第一,两种不同产品捆绑销售。搭售的两种或两种以上的商品在功能、性质上属于不同商品。由于产业集群及复杂产品集合性,使得独立产品一体化的趋势加强。历史上,汽车上的收音机和汽车还属于两类独立的产品,而现在汽车内安装收音机已经是汽车完整功能的一个重要体现。

如何判断两个产品是否为独立的产品,可以分为如下情况进行分析:一种情况是只有搭配使用才能实现商品的完整设计性能,两种或两种以上产品之间构成一个整体结构;另一种情况是产品一对一搭配使用能比"一对多"产生更好的效果,如柯达(洗印设备和专用相纸搭

---

① See Jefferson Parish Hospital Dist. No. 2 et al. v. Hyde, 466 U.S. 2 (1984). 该案最终被法院认定这种搭售是有效率的,并没有影响麻醉师市场的竞争。

售)案件;还有一种情况是不存在性能和效果上的稳定联系,人为地将产品搭配在一起销售。这里只有第三种情况涉嫌反垄断法所禁止的搭售。

第二,拥有市场支配力。将搭售作为滥用市场支配地位的基本理由是"违背其意愿"。只有实施主体拥有一定的市场力量才能强迫他人,才能使他人产生迫不得已的心理状态和"只能如此"的行为方式。形式上,搭售所蕴含的违背购买者意愿以合同形式表现出来;实质上,没有一定的市场力量是不能迫使对方接受违背其意愿的合同的。在"福特纳公司案"中,美国最高法院声明,要判定搭售非法,进行搭售的厂商必须在被搭配销售的产品的市场上拥有一些其他竞争者所无法享有的优势。① 我国反垄断法因将其放置于滥用市场支配地位之中,从构成要件上,也要求其主体具有市场支配地位。

搭售中市场支配地位的形成主要有两种基础:一是以产品的市场占有份额为基础形成的市场支配力。在美国,如"General Electric Co. 案"②,被告产品拥有超过80%的市场占有率。二是以法律所赋予的特权(知识产权或特许权)为基础形成的市场支配力。也有一些案件,市场份额这一条件对定性不具有决定性影响,在"Mansanto 案"③中,被告产品——玉米及黄豆除草剂的市场占有率分别为15%和3%;在"GTE Sylvania 案"中,被告产品的全国市场占有率仅为5%。④ 商标权、专利权或版权就属于此类。以知识产权为基础形成的市场支配力以两种方式表现出来:权利本身具有垄断性,如果缺乏近似的技术,权利人在权利许可时可能滥用这种垄断地位,搭售被许可方不需要的技术和不需要的技术产品。另外,知识产权一旦应用到实践中,其所拥有的权利垄断性在很大程度上就转化为生产附权产品或提供附权服务的企业的市场支配力。所以,在美国,只要搭卖品(搭售商品)具有专利权或版权,联邦最高法院就足以推定存在足够的经济实力。⑤

从市场角度看,搭售的本质是利用某个市场支配力量延伸控制另一个市场,进而产生限制竞争的效果。正如美国联邦最高法院在"北太平洋铁路公司案"⑥判决中所称的:利用搭售使竞争者不能进入被搭配产品的市场,并不是因为强行搭售的一方提供了更好的产品或更低的价格,而是因为它在另一产品市场上拥有市场力量。

第三,违背购买者意愿。通常,购买者在对产品作出统筹安排后才得出其需求结构,可能主产品和搭售产品都在购买者的统筹安排之中,但大多数情况下,购买者只是需要主产品和搭售产品中的某一个。违背购买者的意愿表现为:购买者被剥夺了搭售产品的选择权和搭售市场之外该产品的获取权。例如,购买者向生产厂家购货时,厂家要求必须同时购买其他库存商品。在专利技术转让中,搭售商品或附加其他不合理限制条件的现象也比较常见,表现为转让方将技术转让给受让方时硬性搭配受让方不需要的技术、原材料等;或者进行不合理的专利产品销售区域的限制、技术补充或供应限制等。经营者利用其在经济和技术等方面的优势地位,在销售某种商品时强迫交易相对人购买其不需要、不愿购买的商品,或者

① 〔美〕丹尼斯·卡尔顿、杰夫里·佩罗夫:《现代产业组织》,黄亚钧等译,上海三联书店1998年版,第1254页。

② *U.S. v. General Electric Co.* 272 U.S. 476(1926).

③ *Campbell v. Austin Air Systems, Ltd.* 423F. Supp. 2d61(2005).

④ 范建得、庄春发:《不公平竞争》,台北健新顾问股份有限公司1992年版,第166—167页。具体参见 *Continental T. V., Inc. v. GTE Sylvania Inc.*, 433 U.S. 36(1977).

⑤ 《美国最高法院判例汇编》,第371卷,第38页。不应该是"足以",而是"可能"。转引自〔美〕霍华德:《美国反托拉斯法与贸易法规》,孙南申译,中国社会科学出版社1991年版,第213页。

⑥ *North Pacific Railway Co. et al. v. United States*, 356 U.S1(1958).

接受其他不合理的条件,这种行为违反了公平销售的原则,妨碍了市场的竞争自由,也影响了交易相对人对商品的自由选择权,还会导致使竞争对手的交易机会相对减少的后果,因而具有明显的反竞争性质。[①]

4. 其他非价格滥用市场支配地位行为

从形式上看,我国《反垄断法》第17条规定了6种行为,其中三种属于非价格滥用市场支配地位。但在相关的条文中,行为类型还可以细分。

(1) 附加不合理条件

反不正当竞争法和反垄断法都将搭售和附加其他不合理条件放在一起规定,同时这两部法律也没有进一步规定"其他不合理的交易条件"有哪些。归纳总结实践经验,常见的"其他不合理的交易条件"包括对合同期限、支付方式、商品的运输及交付方式或者服务的提供方式等附加不合理的限制;对商品的销售地域、销售对象、售后服务等附加不合理的限制;附加与交易标的无关的交易条件。此外,2006年颁布的《零售商供应商公平交易管理办法》规定了诸多设置不合理交易条件的情形,如强迫供应商无条件销售返利,或者约定以一定销售额为销售返利前提,未完成约定销售额却向供应商收取返利等。

这样,关于设置不合理交易条件的规范将呈现如下规制差别,主体具有市场支配地位的,适用《反垄断法》;主体不具有市场支配地位但具有市场优势地位的,按照《反不正当竞争法》和《零售商供应商公平交易管理办法》的规定处理。

(2) 差别待遇

我国《反垄断法》第17条第6款明确规定了价格上的差别待遇,而将非价格差别待遇问题隐去了。《禁止滥用市场支配地位行为暂行规定》列举了在交易条件上实行差别待遇的如下情形:实行不同的交易价格、数量、品种、品质等级;实行不同的数量折扣等优惠条件;实行不同的付款条件、交付方式;实行不同的保修内容和期限、维修内容和时间、零配件供应、技术指导等售后服务条件。

正如反垄断法对非价格差别待遇的特殊技术处理一样,非价格上的差别待遇对竞争的危害没有价格歧视那样明显,所以认定非价格差别待遇时,除了要求主体一方具有市场支配地位外,正当理由的考察因素将更广泛。在《反不正当竞争法》《零售商供应商公平交易管理办法》等紧密交叉,其技术手段足以填补的情况下,或许非价格上的差别待遇可以理解为只是一种权力宣示而已。

三、特殊行为类型——滥用知识产权行为

知识产权是一种为保护知识产权人而设立的法定的垄断权,这种权利的行使具有专有性和排他性,一旦被滥用会侵犯他人参与自由竞争的权利。

(一) 规制基础

如同在意志论范畴中尼采的权力意志论代替了叔本华的生命意志论一样,垄断竞争超越了自由竞争,经济主体的行为意志指向也相应地发生了变化。在垄断经济阶段,加剧了的竞争迫使经济主体改变行为目标和活动方式,通过控制更多的人来减少获取利润中的风险

---

① 全国人大常委会法制工作委员会民法室:《中华人民共和国反不正当竞争法释义》,中国法制出版社1994年版,第18页。

是垄断主体和追求垄断的主体共同的权力意志。“大大小小的竞争，处处都按照权力意志转变为支配关系，借以增长和扩充权力。”[①]

在传统社会中，权力意志转化为权力的客观基础主要是政治力量、经济力量。现代社会，权力意志的基础结构发生了重大的变化。其中，最为突出的就是知识转化为权力的可能性大大提高。法国社会学家福柯发现，人类的知识与权力具有一种生产性的关系。在福柯有关现代权力的理论表述中，他更愿意采用一种“知识权力”（“权力知识”）或“知识—权力”（“权力—知识”）的形式。[②] 在“知识—权力”的向性关系中，工业革命的技术被他看作新的权力技术，它训诫着人的语言、行为和身体，把一个生物人整合在知识和权力的结构中，成为符合各种规范的主体。同样在这个向性关系中，德国哲学家海德格尔从另一个角度揭示了知识转化为权力的现代性基础及其表现形式，就是技术的物质化。海德格尔指出，技术的本质乃是强制性命令与要求，由于现代技术的权力意志，即现代技术要将其一切对象纳入技术框架或赋予技术的结构。技术理性背后的权力意志要求依照功能效率的标准去控制一切、操纵一切。其导致的人与事物的自身性毁坏是一种“最高的危险”。

在技术上，反垄断法规制知识产权滥用的基础是技术市场支配地位的认定，其前提是相关市场的界定。

根据 1995 年美国《知识产权许可的反托拉斯指南》的相关规定，知识产权许可中的反托拉斯执法涉及相关技术市场和相关创新市场[③]的分析。我国反垄断委员会《关于相关市场界定的指南》中也规定了相关技术市场：在技术贸易、许可协议等涉及知识产权的反垄断执法工作中，可能还需要界定相关技术市场，考虑知识产权、创新等因素的影响。在反垄断执法中涉及知识产权的相关商品市场，可以是技术市场，也可以是含有特定知识产权的产品市场。

对于相关技术市场的界定，需求替代和供给替代的作用几乎难分伯仲。相关技术市场包含被许可的知识产权和它的近似替代品。近似替代品是指与被许可使用的知识产权相比，在限制市场力量方面足够相似的技术或商品。从供给的角度而言，替代品包括针对特定新产品和新方法或者其改进的研究和开发，或者与该研发具有相似替代性的成果。

关于技术市场上经营者支配地位的认定，根据美国《知识产权许可的反托拉斯指南》的规定，“主管机关假定专利、版权或商业秘密并不必然使其所有者拥有市场支配力。尽管知识产权赋予某一特定产品、方法或相关作品的排他权”。其理由是，通常会有足够的上述产品、方法或作品实际或潜在的相近替代品阻碍市场支配力的行使。在缺少替代品的情况下，“专利或其他形式的知识产权的确授予了一种市场支配力，那么这种市场支配力本身并不违反反垄断法”。从这一点上看，技术市场和商品市场中认定市场支配地位的标准大致是相同的，即市场份额是判断支配地位的主要依据，此外，参照依赖性、技术创新等。换言之，知识

① 何汝璧、伊承哲：《西方政治思想史》，甘肃人民出版社 1989 年版，第 436 页。

② 沈立岩主编：《当代西方文学理论名著精读》，南开大学出版社 2004 年版，第 287 页。

③ 相关创新市场，是指企业之间就某一领域中未来新技术或新产品的创新性研究开发所形成的市场。这个类型市场所发挥的功能具有补充性。如果一个许可协议不易通过对现有的产品或者技术的影响进行评估，美国司法部或联邦贸易委员会就可能通过它对相关创新市场的影响进行评估。因为创新市场具有不确定、无现实损害性等欧盟并没有引入这个概念，但欧盟在案件的审查中会将其作为一种分析有关产品市场、技术市场的辅助工具。我国目前制度中亦没有这个市场类型。

产权法中所赋予的专利等垄断权,并不必然推定为具有市场支配地位,是否具有市场支配地位还要考察产品的市场份额。

反垄断执法机构对经营者涉嫌滥用知识产权的垄断行为进行分析时,一般采取以下步骤:确定经营者行使知识产权行为的性质和表现形式;确定行使知识产权的经营者之间相互关系的性质;界定行使知识产权所涉及的相关市场;认定行使知识产权的经营者的市场地位;分析经营者行使知识产权的行为对相关市场竞争的影响;如果经营者行使知识产权行为排除、限制了相关市场的竞争,则进一步考察该行为的有利影响以及该有利影响是否大于排除、限制相关市场竞争所造成的不利影响。

（二）行为类型

广义上的知识产权滥用,包括所有的知识产权垄断违法行为,体现为:以知识产权为中心的垄断协议,具有或者可能具有排除、限制竞争的以知识产权为核心的经营者集中和滥用知识产权形成的市场支配地位行为。狭义的知识产权滥用,指滥用知识产权形成的市场支配地位行为。这里,因经营者集中因涉及的是结构问题,不放置在“行为类型”之下,故选取有限的广义概念来分析。

1. 知识产权合作中的垄断协议

按照美国《知识产权许可的反托拉斯指南》的规定,许可人与被许可人之间或被许可人之间如果不存在事实上的许可的情况下,在相关市场上成为实际的或潜在的竞争对手,则主管机关通常将许可人与被许可人之间或被许可人之间的关系视为横向关系,由此产生技术卡特尔。技术卡特尔是联盟成员选择非正式技术交易,且每个成员都能明确地从他人那里获得好处的协议形式。技术卡特尔的典型形式是专利权的交叉许可。欧盟委员会认定西班牙电信公司和葡萄牙电信公司于 2010 年 7 月达成的“不竞争合同条款”违反《欧盟运行条约》第 101 条的规定,对两国电信公司处以共计 7900 万欧元的反垄断罚款。与价格卡特尔情形相比,成员背叛一旦被发现,除了将被强制退出技术联盟外,面临的惩罚要严厉得多。因此技术卡特尔的稳定性更强:一方面,成员联合开发替代技术的行为被视为合法行为,替代技术的使用会压缩陈旧技术的市场空间;另一方面,“如果市场是完全竞争或可竞争的,长期利润趋于零,那么,被排除出技术联盟的成员将面临不断增加的亏损乃至最终破产。进行大量风险投资,并着眼于长期回报的厂商会发现培植诚实守信的美誉非常重要,因此,技术联盟存在着很强的抑制欺骗的激励”。[①]

当一项许可处于互补关系中时,它就具有了纵向的特点。如许可人的主要业务范围是研究和开发,而作为被许可人的制造商可能只是购买许可人开发的技术的使用权。又如,许可人是拥有知识产权的某一产品部件的制造商,而被许可人则将该部件与其他部分组合在一起来制造产品。当然,“纵向”也可能是许可人制造产品而被许可人主要从事销售和市场推广。

知识产权垄断协议有多种表现形式,主要有:(1) 限制联合开发,包括限制经营者在与联合研发无关的领域独立或者与第三方合作进行研发;限制经营者在联合研发完成后进行研发等。(2) 交叉许可。即经营者将各自拥有的知识产权相互许可使用。交叉许可对相关

① 〔美〕威廉·鲍莫尔:《资本主义的增长奇迹:自由市场创新机器》,彭敬等译,中信出版社 2004 年版,第 115—117 页。

市场竞争产生的排除、限制影响要素，主要有许可的排他性、对第三方进入相关市场的壁垒、排除和限制下游相关市场的竞争等。(3) 独占性回授。即要求被许可人将其利用被许可的知识产权所作的改进所获得的新成果授权给许可人。竞争危害性主要因素包括：回授是否提供实质性的对价、是否要求相互独占性回授等。(4) 不质疑条款。即在与知识产权许可相关的协议中，许可人要求被许可人不得对其知识产权有效性提出异议的一类条款。名义上是对效力的不质疑，实质上是共同使用并限制创新。(5) 建立专利标准，这里涉及的限制竞争主要是联合抵制问题：是否排除其他特定经营者、是否排斥特定经营者的相关方案、是否约定不实施其他竞争性标准等。(6) 其他。签订协议交互价格、产量、市场划分等有关竞争的敏感信息的协同行为、“反向支付”协议等。[①]

为了提高执法效率，给市场主体提供明确的预期，并防止对技术创新的过度干预，一般认定以垄断协议方式实施的知识产权滥用时，考虑安全港规则。即一定市场份额以下的技术力量不认定违法。

2. 滥用知识产权支配地位

在各类的知识产权滥用支配地位行为中，专利权的滥用尤为突出。因科技在促进国家经济增长的过程中，专利的作用越来越明显，在各种智力成果中专利和生产力以及经济利益、经济价值关系最为紧密。随着经济全球化加深，跨国公司利用专利控制国际市场的现象愈发常见，所以对专利权滥用的规制是反垄断法对知识产权滥用行为规制的重点。

行使知识产权行为对竞争产生或者可能产生的不利影响，可以通过以下方面进行综合分析：通过知识产权的取得或者独占性许可减少相关市场竞争者的数量，或者通过知识产权交叉许可协议消除经营者之间原本存在的竞争；对潜在市场竞争的排除、限制，如通过拒绝许可知识产权行为，控制关键技术等资源，设置或者提高相关市场的进入障碍，使得其他经营者不能以合理的条件获得该资源，阻止潜在竞争者的进入。

专利权所有人或持有人可以利用相同或相似的手段单独或联合滥用权利。

(1) 单独滥用知识产权

归纳起来，单独滥用知识产权的行为有以下几种方式：

第一，不公平高价。具有市场支配地位的经营者，以不公平的高价许可知识产权，排除、限制竞争。分析价格是否公平，一般考虑以下因素：知识产权的有效性、许可费的计算方法，及知识产权对相关商品价值的贡献等，方法上，适用纵向历史或者横向可比照的许可费做参照标准。

第二，搭售行为。在许可协议中，搭售意味着要求被许可人接受本不需要的知识产权或者购买、使用本不需要的产品或服务，作为得到所需知识产权的许可证的条件。[②] 搭售必须是两类不同的产品捆绑销售，如果捆绑销售的产品属于在技术上为完善许可合同标的所不

---

① 反向支付协议(reverse payment agreement)，指专利权人与有能力对即将到期的专利加以利用的生产商支付一笔费用，以使生产商延迟将专利产品投放市场，获取高额利润的协议。反向支付协议主要出现在药品专利上，2005 年美国联邦最高法院发布了十大专利案件，其中包含多个此类案件。具体请参见国家知识产权局网站：http://www.sipo.gov.cn/dtxx/gw/2006/200804/t20080401_353184.html，访问时间 2014 年 9 月 3 日。

② 〔美〕德雷特勒：《知识产权许可》，王春燕译，清华大学出版社 2003 年版，第 638—639 页。另外，美国 1995 年《知识产权许可的反托拉斯指南》将“搭售”定义为，一方出售某产品的协议……其条件是买方同时购买另一项不同的(或搭售的)产品，或至少同意他不会从其他供应商处购买该产品。

可或缺的,该捆绑销售不是搭售。微软公司将视窗和浏览器捆绑销售的案件是典型的具有排他意图的知识产权搭售案件。还有一种搭售的变种——总括许可,也称强制一揽子许可,即被许可人要想得到所需许可证必须同时接受一项本不需要的许可证。

第三,知识产权交易中的差别待遇。具有市场支配地位的经营者,没有正当理由,可能对条件实质相同的交易相对人实施不同的许可条件,例如,交易中知识产权的保护范围、不同交易相对人利用相关知识产权提供的商品是否存在替代关系等。如果是价格上的差别待遇,构成价格歧视。

第四,拒绝交易,即一方当事人对对方当事人生产经营所必需的技术信息实施不交易。一般来说,拒绝交易要求拒绝的对象是核心设施,这里的核心设施可以是有形物,也可以是技术信息。

当然,并非知识产权滥用行为仅有上述几种,也并非上述名称下的行为一律被认定为违法。认定某行为属于某种知识产权滥用需要结合技术本身的性质、特点、行为目的、国际环境等因素,因此,本身违法原则没有固化在某种知识产权滥用行为中,合理原则的使用更为普遍。[①]

(2) 联合滥用知识产权支配地位

许可人使用联合专利("专利池")来进行整体许可时联合权利人利用这一优势,对被许可人施加不合理限制,产生了联合滥用知识产权支配地位。

利用专利池实施的限制竞争行为主要表现为强制被许可人接受非必要专利的一揽子许可。认定专利池滥用时,必要和非必要专利的界定是反垄断审查时的关键问题。

在组建专利池过程中,企业经常会将问题专利、假性专利、过期专利混入专利池中,这些专利被称为非必要专利。这种做法既破坏了专利池内部各权利人的公平利益,同时也对专利池外的被许可方形成不合理的限制。由于必要专利往往具有经济垄断性,专利权人还可以凭借对必要专利的市场支配力,将自己对市场的控制力延伸到本来处于竞争关系的非必要专利技术的竞争市场中,从而实现更大垄断。

必要专利一般从以下方面来认定:第一,在技术上应该是互补专利,即如果没有该项专利,则无法达到该专利池所要求的技术标准,"池"中每一项专利的存在都是整个专利池存在的必要条件。飞利浦公司从20世纪90年代起将其持有的生产刻录CD光盘(CD-R)和可擦写CD光盘(CD-RW)专利通过一揽子打包的方式向外许可。包括Princo美国公司在内的五家公司与飞利浦公司签订了一揽子许可协议。但没过多久,被许可人就不再向飞利浦支付许可费,理由是飞利浦将制造CD的不必要专利作为许可的条件和内容。美国国际贸易委员会调查发现,存在制造CD的某些可替代性技术,最终认定,飞利浦的专利池中包含4项非必要专利。[②] 第二,在商业上生产该种专利产品,势必侵犯某一专利,而且这个专利还是无法取代的或者取代成本不划算的,那么该专利为必要专利。第三,必要专利的判断还应当是持续性的,因为专利的必要性会随着时间的推进而不断变化。如DVD"6C"专利池中就有

---

① 有关此方面更为详细的论述和案件评论,参见〔美〕德雷特勒:《知识产权许可》,王春燕译,清华大学出版社2003年版,第七章。

② 张乃根、陈乃蔚主编:《技术转移的法律理论与实务》,上海交通大学出版社2006年版,第225—226页。

这样的规定，专家组必须每四年对池内专利进行一次审查，将非必要专利剔除出专利池。①

如果专利池中的专利是实施强制一揽子许可的，通过独立第三人——专家评判入池专利是否符合必要性的标准是一种可行的解决争议的方法。另一种是更具原则性的思路，即要想相对公平地解决许可双方的争执，关键是应该给予被许可人选择的自由。

第四节　抗　　辩

一般情况下，反垄断法不反对形成市场支配地位。由此，具有市场支配地位主体的行为也不都是阻碍、限制竞争的。是否危害竞争，需要具体问题具体分析，这一分析过程可以称为正当理由抗辩。

一、抗辩的一般理由

一般而言，抗辩理由来自于三个方面：法律上的规定、经济上的合理性、技术上的合理性。源于法律规定的理由包括直接规定或间接授权；经济上的合理性一般来自于企业的规模经济、成本效益等；技术上的合理性来自于技术运用效果和目标上的要求而对技术或产品进行特殊处理。

（一）法律上的理由

法律上的理由即直接来自于法律的规定。这又包括本法的规定和他法的规定；法律的直接规定和法律的原则性规定。它们之间还可能存在内容交错。

本法中的直接规定，体现在《禁止滥用市场支配地位行为暂行规定》关于每一种行为的正当理由的列举性表述上，如规定，本条所称“正当理由”包括：因不可抗力等客观原因无法进行交易；交易相对人有不良信用记录或者出现经营状况恶化等情况，影响交易安全；与交易相对人进行交易将使经营者利益发生不当减损。本法中的间接规定体现上述《暂行规定》的兜底性表述上，即“能够证明行为具有正当性的其他理由”。

他法的直接规定，如我国《保险法》第 125 条规定，个人保险代理人在代为办理人寿保险业务时，不得同时接受两个以上保险人的委托。他法的间接规定，如我国《电力法》第 25 条规定，“供电企业在批准的供电营业区内向用户供电。供电营业区的划分，应当考虑电网的结构和供电合理性等因素。一个供电营业区内只设立一个供电营业机构”。这些规定包含着限定交易和地域划分等垄断因素，但其合理性主要是由特定时期内规模经济、能源安全、健康等因素决定的。

另外，这里的“法律”是广义的，除了全国人大通过的法律，也包括行政法规和部门规章。例如，在特许经营中常包含有地域限制、货物来源限制等合同条款，这些限制的合理性理由来自《商业特许经营管理条例》第 3 条规定的经营特性，即特许权人向特许经营人提供的不是一般的产品，而是一套与产品或服务相关的注册商标、企业标志、专利、专有技术等经营资源，为了维护自己的知识产权，允许在特许经营协议中规定一些限制性条款，以对特许经营人从事的以知识产权为核心的有关活动，如商标利用、专利实施、装潢维护、商业秘密保护等

---

① 国家知识产权局知识产权发展研究中心编著：《规制知识产权的权利行使》，知识产权出版社 2004 年版，第 64 页。

进行规范和管理。

事实上,可援引的我国法律上的抗辩理由主要是后两者。原因在于,我国转型中存在诸多社会关系是需要随着经济环境的变化而进行相应的调整的。手段的适应性要求法制的灵活性。例如,在价格管理中,成品油属于政府指导价商品,供交通、民航等汽、柴油的价格会根据国际市场油价变化情况,按照现行成品油价格形成机制,上升(或降低)成品油价格,调价的理由是以有关国家关价格主管部门指导意见依据的。再如,对于主要为小企业提供授信服务的专业化金融服务机构,其设立需要由金融监管机构颁发金融许可证和营业执照,这种准入限制是基于特殊的风险控制。

从范畴上说,公用企业、专营企业或者涉及公共利益的企业,其市场准入或在位企业的行为,法律所作的相关限制都属于合法的限制依据。

当然,相关法律上的合理理由也会随着经济发展而发生变动。这既包括垄断状态合理理由的废止或修改,也包括行为方式的改变。前者如传统电信业的垄断,将随着天音、京东等 19 家(第一批)民企准入移动通信转售业务而逐渐打破。这些曾经的"外来者"将通过租赁基础电信运营商的基础网络和其他硬件资源,根据市场与用户需求对电信服务进行深度加工,并以独立的计费系统、客服号、营销和管理体系来树立自己的品牌面向最终用户提供服务。为适应 2014 年国务院发布的《关于取消和下放一批行政审批项目的决定》而修改的《电信条例》重新确立了电信市场竞争的基础关系——电信资费由原来的"以成本为基础的定价原则"改为实行市场调节价;打破了主体间的垄断——放开网间互联协议和电信资费定价的限制,删除了政府价格管制的相关内容;改变了政府监管的基本方向——由政府确定重要的电信业务资费标准,改为依法加强对电信业务经营者资费行为的监管,维护消费者合法权益。这表明垄断行为也发生了改变。因此,以行政法规或规章为基础的法律上的合理理由是变动中的合理性。

从结果上着眼,法律上的理由包括无法定伤害抗辩。它是指经营者在商业过程中,所从事的滥用市场支配地位行为没有达到阻碍、限制竞争的危害结果,不应被认定为违法的情形。

(二)经济上的理由

简单地讲,经济即资源配置,亦即经营之道,节约之道。经营者是利用资源和配置资源的基本主体。同时,经营者是以营利为目的的市场主体。经济上的合理理由即为获得正常利润而采取经营行为的合理性。

企业经营行为是指以经济效益为中心的企业生产与经营的行为过程。因而企业的效益性是评价企业经营行为是否合理的根本出发点。所以,企业经营行为分析,应以企业效益为中心。

企业经营行为分析,就是利用企业有关经营资料,通过企业市场适应性、经营收益性、资金流动性、生产效率性、经营稳定性以及企业发展与改造状况等指标,运用各种科学分析方法,评价企业经营的状况和结果,以促使企业行为规范化。

这里,可用来分析的工具主要是成本,可以称为成本合理化抗辩。成本又可以分为两个指标:利润率和交易条件。

企业经营行为可分为一般经营行为和特殊经营行为。两者的抗辩理由有所不同。对于后者需要特殊情况特殊分析,如我国法律中规定,因转产、歇业等原因而低于成本销售的。

另外，实践中，企业在准入市场之初或生产出新产品之初，为推广、招徕顾客而进行的“损失性销售”，应属于企业的合理销售行为，不管是否有法律明确规定，这种行为具有经济合理性和行业的普遍性的特点。

对于一般企业经营行为，评判行为是否合理来自于经营者自身状况的纵向（历史）比较或参照竞争者的横向（现实）比较。

就纵向比较而言，以涉案经营者上一年的相关产品的价格状况或利润状况作为基础，比较现在该产品的利润状况，再结合市场变动状况分析行为的合理性。就横向比较而言，以同类经营者的价格状况或利润状况来分析行为的合理性。

成本抗辩的前提是不同交易之间的成本存在差异，如批量供应、从容的交货时间或者其他合理理由，对客户的最终价格也会存在差异。在美国，有关成本抗辩是在“*Borden* 案”（1962 年）中确立的。[①] 通常情况下，经营者会根据不同的购买数量去衡量是否给予以及给予多大程度的价格、数量、期限等优惠。这种由于交易条件不同而导致的交易结果差异通常被认为是合理的。正如我国《禁止滥用市场支配地位行为暂行规定》第 19 条第 2 款规定的“针对新用户的首次交易在合理期限内开展的优惠活动”。由于交易数量、期限等交易条件直接影响生产商品的成本，交易条件抗辩具有一定的经济合理性。一般而言，交易数量越大、结算时间越短等越能为厂商有效节约成本，这符合规模经济的特点。当然，交易条件抗辩主要适用于实体经济中，个别交易条件在虚拟经济中可能发生变异，而不再具有合理性。例如，以信息产品为基础的网络服务行业不应该采用该理由作为合理的成本抗辩，因为增加销售量只产生了很小的交易成本的变化。

由于成本问题的复杂性——需有严格的成本会计的计算基础，而且成本具有可控制性，哪些是合理的可控成本，哪些属于不合理的可控成本需要作基础性识别，反垄断立法只能明确是否有必要去考察成本合理化以确定其禁止范围。而对于成本合理化的考察方式和范围，应给予反垄断执法机构充分的自由裁量权——依据个案的不同情况进行分析、裁决。执法机构应当以尊重经营者的价格自主权为基础，以经营者所处市场的竞争情况为出发点去衡量其实施的行为是否违法。明确成本抗辩有助于反垄断执法机关区分违法的经营者行为，也有利于经营者维护自身的合法权益。

总体而言，经济上合理性抗辩的前提，是企业自身利益增进不得危害社会公共利益。换言之，需证明企业行为有利于自身利益，且不危害社会公共利益。例如企业以选择性分销方式强化品牌管理，改善产品的竞争力、提高消费者福利等，就属于“正当理由”。当然，有时候是否侵害消费者福利的问题，无法直接判断出来，此时还需要进行相关测试。例如在分析掠夺性定价或不公平高价行为时可以适用比较收费测试、转换价格测试、比较回报率测试等。

（三）技术上的理由

技术是人们有目的地利用自然、创造人工物品的活动。这种活动和（自然）科学活动不一样，后者是为了获得真理而进行的揭示自然规律或解释自然现象的活动。科学活动是中

---

① 1958 年美国联邦贸易委员会对 Borden 公司提出价格歧视控告，Borden 公司把自己的客户分成了两个部分：(1) A&P 和 Jewel 两个连锁店；(2) 一些独立的商店。根据销售量的大小，这些独立的商店又被分为四个小组。在品质相同的情况下向两个部分及四个小组施以不同的价格，被告的辩护是，销售给连锁店的每 100 美元的平均成本和销售给独立商店的四个小组的平均成本不同。案件被最终认定，成本差异可以允许价格歧视，但 Borden 公司的成本没有合理的理由。转引自〔美〕小贾尔斯 · 伯吉斯：《管制和反垄断经济学》，冯金华译，上海财经大学出版社 2003 年版，第 252 页。

立的,技术活动是功利的,既重视客观效果,也重视主观愿望的实现。

开发创造技术的目的是为了满足人类的需要。从价值角度而言,技术本身所能满足人们的需要又包括内在的精神价值和外在的社会价值。[①] 前者指技术的思想价值、认识价值、文化价值、审美价值等;后者指政治价值、经济价值、生态价值等。

不同于精神价值,在社会价值上,技术具有双重性,即积极的一面和消极的一面。积极的一面主要体现在推动生产力发展上,即技术运用带来了巨大的经济效益,并成为推动社会进步的核心力量。恰如马克思在概括资产阶级在不到一百年的阶级统治中所创造的生产力时所惊叹的:"机器的采用,化学在工业和农业中的应用,轮船的行驶,铁路的通行,电报的使用,整个大陆的开垦,河川的通航……过去哪一个世纪料想到在社会劳动里蕴藏有这样的生产力呢?"[②]然而,在技术飞速地创造生产力的同时,技术运用对自然和社会的负面影响也越来越突显。尤其是自 20 世纪末以来,农业技术的广泛应用,使得人类赖以生存的土地再生能力下降;食品加工技术的运用使食品安全问题上升到一个民族的生存和发展的高度;化工技术的大量应用使得人类依赖的自然环境空前恶化。如此等等。

滥用市场支配地位行为的技术抗辩的基础,是技术在社会运用中价值的双重性。抗辩是否成立往往取决于技术运用的正当性,运用技术的积极性和消极性的配比。

例如,在我国电信发展的特殊阶段,曾出现一种叫做"小灵通"的通信方式,其所占用的频段是由中国的 3G 标准 TD-SCDMA 分配的。尽管这不是一种先进的技术,但因费用低廉而颇受一些消费者的喜爱。后来国家要加快发展 3G 技术,这与"小灵通"所占用的频段发生冲突,以至于可能导致通信服务质量无法继续保障,"小灵通"用户要么升级,要么转网,要么停用。此时拒绝交易或限定交易就具有合理的技术理由。再如重庆燃气集团股份有限公司垄断行为案[③]中,燃气公司提出收取以修正系数为基础的费用的抗辩理由是:天然气的体积计量按国家计委、国家经委、财政部、石油部关于颁发《天然气商品管理暂行办法》(计委燃(1987)2001 号)第 22 条规定的"天然气按体积进行计量,天然气体积计算的标准状态为 20 度,绝对压力为一个标准大气压"的环境下进行,在现有市场上能够准确对天然气进行计量的仪表是带有温度压力自动补偿装置的天然气表(以下简称自动表),自动表的工作原理就是将气表的工作状态由各种复杂的环境气候条件下转换为一个标准大气压和 20 摄氏度的温度环境,从而达到准确计量的目的,但自动表的价格相对较高,因此,由于成本的原因,在重庆市场上,非居民用户所使用的天然气表多为不带自动补偿装置的气表,为避免企业损失,由当事人对不带自动修正仪的天然气表进行修正具有合理性。这里既包括法律理由、经济理由,也包括技术理由。表述的技术理由是:不带自动补偿装置的气表由于气压和温度等原因不能准确转换使用量,需要补偿散失气流量。

技术理由应以现有科技水平为基础,以技术发展为依据。在现有科技可预见的范围内提出行为的合理性,其抗辩理由可以成立。否则抗辩理由不成立。另外,技术性抗辩必须是

---

① 张纯成主编:《自然辩证法概论》,河南大学出版社 2011 年版,第 185 页。

② 《马克思恩格斯选集》(第 1 卷),人民出版社 1995 年版,第 277 页。

③ 燃气公司在供应天然气的过程中,要求其下属 7 家分公司在对非民用气用户开通天然气时与客户签订的《天然气供用气合同》和《安全附加协议》中,附有一则条款,其内容大致为:天然气表上的显示读数并非作为计费的气量数,而是在天然气表的显示读数基础上乘以"修正系数",得到的数值才作为计费的最终数值。该公司称之为收取"修正系数"费用,也称"调节系数"或"补偿系数"费用。参见渝工商经处字〔2014〕第 1 号。

技术运用能够产生正效应才可成立。正效应可以通过分析对消费者利益或竞争者利益产生的积极影响而得出。

二、具体滥用行为的抗辩

上述法律上、经济上和技术上的理由，为抗辩提供了三条基本思路。涉及某种行为的具体抗辩理由，还需要从该行为本身的特性出发进行阐述。

（一）价格滥用行为的抗辩

从滥用市场支配地位的角度，价格行为只是企业的部分自主商业行为，一定情况下，价格的高低需要照顾到社会公共利益。

1. 不公平价格的抗辩

认定“不公平的高价”和“不公平的低价”，价格是否公平应当以经济上的理由为中心。涉嫌不公平价格的行为发生在价格变动中，受相关因素的影响市场价格也经常处于变动中，由此便产生了合理与不合理、公平与不公平之分。

影响价格变动的主要因素都是不公平价格行为抗辩的理由。它们包括内在因素如产品成本、销售量、定价策略和方法等；外在的因素如需求关系、竞争者的定价策略、消费偏好等。这决定了抗辩的依据不可能是单一的。

在诸多因素中，主导性的抗辩要素有两个：成本和盈利（或利润率）。成本在定价中起着决定性作用。补偿成本是产品定价的基础，在盈利率不变的情况下成本的变动必然会引起价格的变动。故而，这两个因素相互制约，其水平可以涵盖其他因素对企业定价的影响。

成本和盈利率的抗辩需要以统计数据来反向证明其价格的合理与公平。一般可以两种方法进行证明。一是历史比较的方法。即对自己价格变动前后的成本进行比较，再对比利润率的变化。如果利润率变动不大，则是合理的。二是利润率的横向比较。即选取可比对象的利润率或行业平均利润率水平进行比较。如果变动不大，则是合理的。当然，这里的“大”或“不大”需要结合支配地位主体的历史状况和竞争者的利润状况来确定。

如果无法核定成本，如“高通案”等知识产权许可中的滥用行为，或案情简明到无需核定成本，如“山东顺通、山东华新控制复方利血平原料案”①，仅以本企业同类产品价格的横向比较或可比竞争者的纵向比较即可得出利润率的不合理，此时，成本抗辩无法发挥效力，只能进行价格、营业模式、社会效果等抗辩。

2. 掠夺性定价的抗辩

认定掠夺性定价行为的违法性时，应当注意区分正当的价格竞争与以排挤竞争对手为目的低价销售。如果目的不在于排挤竞争对手，则应准许。因此，掠夺性定价的抗辩可以从目的性的角度和方法的角度来进行。

从目的性的角度，若企业实施低于成本销售行为的目的是为了企业本身的生存需要，则应当承认其合法性。此时的目的性，是以特定行为为基础推定出来的。通常，企业处于生存或发展的调整期、适应产业转移期，或产品本身的特性要求，或国家的政策调整、外部环境变化的需要等都可以作为合理理由。具体可表现为：降价处理鲜活商品、季节性商品、有效期

---

① 《两医药公司垄断复方利血平原料药受到严厉处罚》，国家发展改革委价格监督检查与反垄断局，载 http://www.ndrc.gov.cn/fzgggz/jgjdyfld/fjgld/201402/t20140228_588588.html，访问时间：2018 年 5 月 5 日。

限即将到期的商品和积压商品的;因清偿债务、转产、歇业降价销售商品的;为推广新产品进行促销等。

在方法上,对于新准入的企业而言,还会考虑产量限制规则(威廉姆森提出),即涉嫌掠夺者在行为发生后 12—18 个月内显著地提高了产量。如是就证明存在掠夺性定价。对于既有企业来说,需参考市场份额或进入壁垒,如果其很低,说明降价行为在未来予以补偿的危险很大。

3. 价格歧视的抗辩

价格歧视的认定中,需要给予行为人以一定的抗辩,如果占市场支配地位的经营者实行价格差别待遇时,能够提出正当理由,则其行为是合法的。

美国《罗宾逊—帕特曼法》第 2 条(b)指出,经营者可以为了"善意应对竞争者同等的低价"(in good faith to meet an equally low price of a competitor)而向特定需求者提供明显优于其他需求者的交易条件。1978 年的"联合商标案"的判决确立了竞争法的正当性抗辩的法律基础:要求被控方只能善意且必要地应对而不是为打败竞争对手而进行的出价。通常,将价格歧视的正当性抗辩称为"善意"抗辩。

"善意"是针对经营者的主观商业判断标准,如何证明经营者具有善意,则只能进行客观推定。一般而言,从以下方面进行综合判断:

客观上,要证明经营者面对一定的外在竞争压力。外在竞争压力包括竞争对手行为、相关市场竞争、自身商品竞争力等。手段上,说明其管理手段的合理性。即基于外在竞争压力产生的可信的商业预测和行为决策。效果上,还需要评价歧视价格只是对竞争者降价行为的回应,而不是用于排斥竞争者。即可以进一步解释为"应对"竞争,而非"打败"或"削弱"竞争者。换言之,合法的价格歧视只可以是一种防卫性的,而不能是侵略性的。

(二) 非价格滥用行为的抗辩

非价格滥用行为的抗辩不会完全脱离成本、效率等分析,而是这些分析退居到次要地位。

1. 限定交易的抗辩

被限定交易会存在法律、经济、技术上的正当理由,进而使被限定的交易具有合法性。具体而言,可以包括以下方面:

(1) 为了保证产品质量和安全。一些产品为保障质量的稳定性和性能的安全性,需要在原材料采购、产品制造、存储、运输等方面进行严格管理,这可以成为被限定交易的正当理由。例如我国现行的食盐、烟草的采购。当然,在技术运用的稳定性越来越强、产品的安全性越来越有保障的情况下,被限定交易的产品的范围应越来越小。例如,我国 1984 年颁布的《民用爆炸物品管理条例》的规定,县级以上厂矿企业单位需用爆破器材时,由物资主管部门指定独家交易。2006 年修改(2014 年修正)的《民用爆炸物品安全管理条例》则取消了这种独家交易。同时鼓励一体化作业:"国家鼓励民用爆炸物品从业单位采用提高民用爆炸物品安全性能的新技术,鼓励发展民用爆炸物品生产、配送、爆破作业一体化的经营模式。"(第 9 条)

(2) 为了维护品牌形象或者提高服务水平。特许经营是反映这种缘由的典型形式。特许人将自己所拥有的商标、商号、产品、专利和专有技术、经营模式等以合同的形式授予被许可人使用,要求被许可人按合同规定,在特许人统一的业务模式下从事经营活动。特许经营的交易具有排他性,一般表现为禁止从第三人处购买同类产品。[①] 但它的正当性在于:通过统一的产品范围、质量标准和场所风格等树立产品品牌,提升企业无形资产的价值。当然,特许经营也可能假借维护品牌形象、提高服务水平实施不正当滥用市场力量的行为,如向对方收取不必要的费用、搭售、地域限制等。

(3) 能够显著降低成本、提高效率,并且能够使消费者分享由此产生的利益。自然垄断行业向社会提供的产品或者服务都是通过固定的管道或者线路进行的。因铺设管道或者道路的成本很高,从经济的合理性出发,从供应场所到用户的管道或者线路应当只有一条。如果要在这些部门引进竞争机制,势必就会重复铺设管道或线路,增加至少一倍的投资。如果现有特定企业提供的产品能够满足社会需求,就应该阻止其他企业进入,保护现有特定企业的垄断经营。如果自然垄断的基础性行业允许竞争,将提高该行业产品的社会平均成本,从社会整体经济效益衡量,必然造成资源的浪费,不利于社会福利最大化。另外,从服务于消费者的角度而言,自然垄断行业的生产和销售需同时进行并且不宜中断,提供安全和价格合理的产品或服务,直接关系到人民生活稳定和国民经济的发展。

2. 拒绝交易

滥用市场支配地位之拒绝交易和合同自由之拒绝交易在主体和客体方面都存在一定的差异。在正当理由上,前项拒绝交易的正当性需进行客观证明,主观意愿的抗辩(不想交易)是无效的。一般而言,客观证明包括以下方面:

第一,没有阻断交易相对人的市场选择。经营者能够证明交易相对人可以合理的价格向其他经营者购买同种商品、替代商品,或者能够以合理的价格向其他经营者出售商品的,交易的目的即可以达到,此种情况下,经营者的拒绝交易对交易相对人的经营不会产生实质性障碍。

第二,经营者自身的经营风险显著增加。例如,交易相对人有严重的不良信用记录,或者出现经营状况持续恶化等情况,可能会给交易安全造成较大风险。再如,经营者自身产量不足,开放设施将使自身的经营状况受到严重的影响。

第三,妨碍已有客户使用该设施。例如,因技术容量的原因,开放核心设施将使旧客户乃至整个市场经营者的经营效果受到不利影响。

3. 搭售的抗辩

在市场交易中,出现搭售的原因是多种多样的,搭售和附条件销售并不一律违法。通常,正当理由有以下:

第一,符合交易习惯。《欧共体条约》第 82 条第 1 项之(e)及第 86 条(d)项规定,把对方当事人接受与合同内容在本质上或商业惯例上无关联的附加义务作为签订合同的前提条件。意味着,如果属于交易习惯则不认为是搭售。如出于商品的完整性,将鞋子和鞋带之类的关联商品一起出售。

第二,有利于商品的性能或者价值的综合发挥。如出售高科技的产品时,生产商或者销售商要求购买者一并购买它们的零部件或者辅助材料,因为这样有利于产品的安全使用,或

① 例如,原国家经济贸易委员会 2002 年制定的《关于规范加油站特许经营的若干意见》第 8 条规定:被特许人必须履行以下基本义务:遵守特许人的经营方针和政策,自觉维护特许经营体系的名誉及加油站的统一形象,不得有以下行为:销售第三方油品;自行开展促销活动;从事合同约定之外的其他经营活动。

者提高产品的使用寿命。

第三,两种商品(包括服务)搭售能提高效率。这种含义的效率包括两方面内容:节约开支,即整体或一次购买比多次购买能够减少支出;减少搜寻成本,即市场上零散购买所花费的时间,人力或财产支出能够减少。例如,某广播电视公司在采购有线电视机顶盒和智能卡时,将机顶盒和智能卡逐一配对,并把机顶盒号码和智能卡号码录入该公司的仓库系统中。消费者在申请开设有线电视账户时,工作人员会将用户资料同其购买的机顶盒号码与智能卡号码配对。在智能卡具有非替代性的情况下,这种配置对消费者而言就是有效率的。

三、特殊滥用行为——滥用知识产权的抗辩

许可人之间的联合并不表明本身就是反竞争的。对这种关系的确定仅仅是为了帮助认定许可协议是否可能产生反竞争的效果。既然横向关系并不必然产生反竞争的效果,那么纯粹的纵向关系也不必然存在反竞争的效果。知识产权垄断协议需要进行创新性评价。

在美国,对于知识产权许可安排中的限制,如果不具有明显的反竞争性,或者说知识产权行为对相关市场竞争的影响很小,可以不予立案调查。我国《关于禁止滥用知识产权排除、限制竞争行为的规定》第 4 条也表明了滥用知识产权行为不适用本身违法原则。[①] 在合理原则的指导下,便形成了知识产权滥用的抗辩。

因滥用知识产权行为包含三个层面的内容:合同法、知识产权法和反垄断法,所以,抗辩可以来自这三个方面。

1. 合同法上的抗辩

知识产权联营、许可、转让均以合同为连接的纽带,合同自由是交易人的"固有权利"。以此为抗辩也称为"固有权利"抗辩。

"固有权利"抗辩的基础是将知识产权视同一般财产。因一般财产交易通常是在平等的基础上协商确定的,相关交易条件是在充分商讨后得到交易人认可的,故具有合理性。但事实上,合同这种基础关系建立过程中,形式上的自由可能掩盖了选择上的实质性不自由。"固有权利"抗辩在美国反托拉斯法实施的历史上主要运用在执法初期。随着反垄断执法的强化,违法性的判断标准已经从关注"意识表示"移转到行为的后果上,这样,"固有权利"抗辩则从主导性的抗辩下落至辅助性抗辩的位置上。一般,它适用于技术更新快,技术产品替代性强的知识产权关系中。

2. 知识产权法上的抗辩

知识产权是一种垄断权。但知识产权垄断和反垄断法之间并不是"针尖对麦芒",反垄断所要反的也不可能是知识产权固有的垄断性。垄断性是知识产权法得以建立并维持其特色的核心观念,但知识产权法上的垄断性并不自然成就反垄断法上的市场支配地位。由此,形成了知识产权法上的正当性抗辩。

知识产权法上的正当性抗辩可以称为"权利保护范围"的抗辩。即知识产权的垄断性并不违反反垄断法。美国 1995 年《知识产权许可的反托拉斯指南》中指出:如果专利或其他形式的知识产权的确授予了一种市场支配力,那么这种市场支配力本身并不违反反垄断法。

---

① 经营者之间不得利用行使知识产权的方式达成《反垄断法》第 13 条、第 14 条所禁止的垄断协议。但是,经营者能够证明所达成的协议符合《反垄断法》第 15 条规定的除外。

与能够使其所有者获得大量超竞争利润的有形或无形财产一样，仅仅是由优势产品、商业才智或历史偶然性产生的市场支配力（甚至垄断）并不违反反垄断法。

3. 反垄断法上的抗辩

基于反垄断法将知识产权法中的垄断与“自己”的垄断的关系视为非充分必要条件。意味着，在知识产权垄断和反垄断之间存在一定程度的确定性。这构成禁止知识产权滥用行为反垄断抗辩的基础。具体而言，反垄断法上的知识产权滥用抗辩包括以下方面：

（1）“安全港”抗辩

一定市场份额下的经营者知识产权限制不具有明显的反竞争性，这被称为“安全港”。一般安全港存在两个可避风的港湾：份额避风港和竞争性避风港。

美国上述“指南”中将份额避风港的标准确定为：受该限制实质性影响的相关市场上许可人和被许可人的合计市场份额不超过20%。我国《关于禁止滥用知识产权排除、限制竞争行为的规定》第5条也确立了安全港制度，并且设置了两个不同标准：横向关系下，市场份额合计不超过20%；纵向关系下，市场份额均不超过30%。[①]

竞争性避风港是在市场份额数据无法获取到，或该数据不能准确地体现竞争的重要性的情况下适用。一般，除被许可协议各方控制的技术外，还存在一定数量的（美国上述“指南”要求四个或四个以上）独立控制的技术，并可以让使用者以可比成本代替许可技术。或者存在一定数量（美国同上）的独立控制的实体拥有所需要的专门资产，可以从事与许可协议各方的研发活动构成相近替代品的研发。

在我国，采取的是单一的替代性技术标准：在横向关系中，在相关市场上存在至少四个可以以合理成本得到的其他独立控制的替代性技术；在纵向关系中，在相关市场上存在至少两个可以以合理成本得到的其他独立控制的替代性技术。即经营者行使知识产权的行为有上列情形之一的，一般情况下，可以不被认定为《反垄断法》第13条第1款第6项和第14条第3项所禁止的垄断协议。

（2）效率抗辩

因滥用知识产权行为包括知识产权联合（横向）中的权利滥用和滥用市场支配地位（纵向），故这里的效率抗辩包括豁免抗辩和正当性抗辩。在美国伊斯曼柯达公司诉图像技术服务公司案[②]中，上诉人柯达公司提出的豁免抗辩是：通过排除维修组织服务，能为消费者提供更高品质的服务，避免出现维修故障；正当性抗辩是：控制库存成本（独立维修组织的存在而无法得出准确的库存估算）、防止搭便车行为。不管哪种抗辩，从总体上都以行使知识产权行为对竞争产生或者可能产生的有利影响为基础，表现为通过创新或者技术的传播利用，提高生产或者资源利用的效率，提高产品质量等。从法益的角度而言，有利于维护社会公共利益。具体可表现为消费者可以分享由此产生的利益，或者市场参与者的利益不被严重侵害。

---

① 条文的表述是：（1）具有竞争关系的经营者在受其行为影响的相关市场上的市场份额合计不超过20%，或者在相关市场上存在至少四个可以以合理成本得到的其他独立控制的替代性技术；（2）经营者与交易相对人在相关市场上的市场份额均不超过30%，或者在相关市场上存在至少两个可以以合理成本得到的其他独立控制的替代性技术。

② 柯达公司负责生产和销售影印机并提供相关的售后服务。被上诉人是18家独立服务机构。自1980年起独立服务机构为柯达提供影印机和微缩设备的维修服务。随着独立维修组织竞争能力的不断提高，柯达公司采取了一系列措施限制独立的维修组织提供柯达设备的维修服务。1987年18家独立维修组织起诉柯达，认为其从事了搭售或拒绝交易。*Eastman Kodak Co. v. Image Technical Service, Inc.* 504U. S. 451(1992).

成功的效率抗辩还需要满足下列条件:① 效率的提高必须是客观的和可以证明的,即可以通过相关数据来说明效率水平。② 知识产权滥用产生的限制性行为不会严重限制相关市场的竞争,即经营者能够证明该行使知识产权行为同时产生或者可能产生有利影响,且有利影响大于不利影响。也就是经营者自身利益的增进不得以损害其他市场相关者的利益为代价。③ 现实的、明显较少的限制是不可避免的。换言之,实施这种限制的方式没有可替代的其他方式。

第八章

经营者集中

集中后的企业可以控制更大的产能，在节约成本的基础上可以获得超过平均利润的利润，在非节约成本的情况下，产能提高会增加产品的市场份额。所以，集中对竞争者和消费者都有一定的影响。当然，不同的集中对市场的危害程度也不一样。

经营者集中可能导致一种危险结果，即形成稳固的单边市场力量。单边市场力量是滥用支配地位的前提。在差异化产品市场中，占有较大市场份额的经营者之间的集中，将使原本界限分明的消费者群体合二为一，构筑起更大的消费者群体，产生单边市场力量。集中企业的产品与其他非集中企业产品之间的替代性越大，集中后构筑的单边市场力量越强。在同质产品的情况下，集中产生的单边市场力量来源于产能，而不是产品差异。

第一节　经营者集中概述

我国反垄断法将美国、欧盟等反垄断法中的企业合并称为“经营者集中”，以区别于企业法(公司法)意义上的企业公司合并。同时也以此表明，该制度对企业组织行为变更的认识视角、监管原则、手段等有自己的特殊性。

一、含义及类型

“经营者集中”是反垄断法上特有的一个概念，是指经营者通过合并，取得其他经营者的股份、资产以及通过合同等方式取得对其他经营者的控制权，或者能够对其他经营者施加决定性影响的情形。经营者过度集中可能导致垄断，产生排除或限制竞争的后果，因此成为各国反垄断法规制的对象。

(一) 经营者集中与相关概念的关系

法律概念是法律制度的基石，严谨的法律概念有助于构建完善的法律体系。现代法的交叉性使得很多概念跨越了单一部门法，分处不同法律部门中。在多个部门法中使用同一个概念时，有的含义完全相同，有的则在不同的部门法中赋予特殊的意义。

与经营者集中关系最为密切的概念有企业合并、兼并、收购、并购等。

1. 经营者集中与企业合并

一些国家(地区)的反垄断法在名称上将“经营者集中”规定为“企业合并”。不管用“经营者集中”还是“企业合并”，这个概念都区别于企业法或公司法意义上的合并。

首先，形式不同。企业合并分为吸收合并和新设合并两种形式，每一种形式都涉及至少一个企业的组织人格的改变。经营者集中,包括企业合并,另外还包括一个企业通过以下方式取得对另一个企业的控制权:(1) 取得财产。即一个企业通过购买、承担债务或者以其他方式取得另一个企业全部或相当部分的财产。但根据企业解散、破产、停止支付、和解或其他类似程序而取得的财产不属此类。(2) 购买股份。即一个企业取得另一个企业股份达到一定比例或掌握另一企业一定份额的表决权,通过控股的方式对被合股企业施加支配性影响。(3) 订立合同。即企业与企业之间通过订立有关承包、租赁及委托经营等协议的方式取得对其他经营者的控制权或者能够对其他经营者施加决定性影响。在后两种情况下,一方的组织人格不发生变动。

其次,监管的目的不同。企业合并是企业改变组织形态的一种方式,一般而言,企业合并属企业自治的范畴,但企业组织结构的改变对企业利益相关者有重大影响,所以企业法对企业合并行为进行调整,其目的是促使企业在合并时遵循一定的行为准则和程序,以维护企业债权人和股东的合法权益,确保交易的安全稳定。反垄断法对经营者集中进行规制,其目的是规范经营者集中对市场竞争关系的影响,防止出现垄断现象,对经营者集中审核时,主要的参考因素是集中对既有竞争者的影响和对潜在竞争者的影响。

最后,程序和方法不同。企业合并需要履行内部程序和外部程序。内部程序(如果是公司企业)主要是召开股东大会作出合并事项的表决;外部程序包括公告和登记备案,并以登记备案作为企业合并成功的标志。经营者集中的内部程序也是各企业通过内部表决,形成统一集中的意见;外部程序主要是向反垄断执法机构进行申报,并由反垄断执法机构审批。经营者集中能否成功由反垄断执法机构决定。

2. 经营者集中与兼并、收购

兼并通常用在经济学中,且多将英文 merger 译成“兼并”。经济合作与发展组织(OECD)在发布的文件中对 merger 的解释为[①]:“两个或者多个企业并入一个现存的企业,或者结合形成一个新企业。”《大不列颠百科全书》对 merger 的解释是:“两家或更多的独立的企业、公司合并组成一家企业,或通常由一家占优势的公司吸收一家或更多的公司。”[②]我国国家体改委、国家计委、财政部、国家国有资产管理局联合发布的《关于企业兼并的暂行办法》(1989 年)所规定的兼并,指一个企业购买其他企业的产权,使其他企业失去法人资格或改变法人实体的一种行为。可见,兼并与经营者集中是有区别的,兼并只相当于吸收合并,经营者集中的其他内容和兼并没有交叉。

另一个与经营者集中相近的概念是收购。收购指一家企业通过某种途径,获得另一家企业的全部或部分资产,从而获得另一家企业的控制权的交易行为。在证券市场上,收购常指某一公司通过购买目标公司的股票而获取目标公司的经营控制权。[③] 可见,收购分为两种:资产收购和股权收购。经营者集中和收购的具体区别表现在:(1) 行为主体不同。经营者集中是企业(公司)间的行为,而股权收购则是收购公司与目标公司股东之间的交易行为,主体是收购公司与目标公司股东。(2) 程序要求不同。经营者集中属于企业的重大经营行

---

① OECD,“Glossary of Industrial Organization Economics and Competition Law”,p. 58. In http://www.oecd.org/dataoecd/8/61/,访问时间:2015 年 12 月 15 日。

② 参见《大不列颠百科全书》(国际中文版·第 11 卷),中国大百科全书出版社 1999 年版,第 111 页。

③ 孙黎:《公司收购战略:产权交易最高形式的操作》,中国经济出版社 1994 年版,第 7 页。

为,(如涉及公司)必须经股东大会以特别决议的方式表决通过;而收购行为无须经股东大会决议,通常受证券法有关买卖股票的法律规定的限制。(3) 控制程度不同。在收购中,收购方既可以收购目标公司的全部股份,进而完全控制目标公司,也可以只取得公司50%以上的股份,取得对目标公司的控制权。如果参与集中的一个经营者拥有其他每个经营者50%以上有表决权的股份或者资产的,可以不向国务院反垄断执法机构申报。

在我国资产经营和重组中,经常使用“并购”这个词。它来自英文 Merger and Acquisition 即 M&A。Merger 即兼并。Acquisition 直译就是“获得,取得”[①],汉译“收购”。因此,“并购”是“兼并”和“收购”这两个词的合称。其实,收购有三种结果:取得一般股份、购买股份取得控制权、对取得控制权的企业进行改组使之解散。只有上述收购的第三种结果,才导致兼并的发生。

不管是合并,还是兼并、收购,仅解决公司组织的变更及其法律责任的问题,关注的是企业内部及企业与债权人之间的利益关系,这不同于反垄断法意义上的经营者集中。

(二) 经营者集中的本质

经营者集中的本质在于控制权的产生或转移,即经营者通过交易取得对其他经营者的控制权或者能够对其他经营者施加决定性影响。

控制权的集中意味着市场力量的增强,市场力量的增强可能改变市场的竞争状况,尤其对竞争者所处竞争环境的不利影响会增大。经营者集中源于资本集中。按照马克思的剩余价值学说,资本积累包括资本积聚和资本集中两种方式,资本积聚是剩余价值资本化的结果,资本集中只是社会总资本在各个资本家之间的重新分配。所说的“不利影响”源于两方面:一是它是在社会财富绝对量不增加的情况下产生的竞争环境的改变,缺少公益基础;二是它在转瞬间即可形成的一个新的市场竞争结构,不会给竞争者以适应市场变化的准备。这不同于资本积聚存在一个缓慢的市场力量形成过程。马克思在对剩余价值问题进行阶级分析时,指出了资本积聚和资本集中所涉及的阶级关系的差异:资本积聚标志着资本所支配的生产资料和劳动力的增加,因而意味着资本家阶级对无产阶级统治的扩大;资本集中则是一种资本家剥夺资本家的关系。这种分析告诉我们,控制权的集中涉及的核心问题是外部关系而不是内部关系。一个经营者集中对市场的影响程度既要看参与集中的经营者的资本量的大小,也要评估一定地域和时期内相关市场的合理容积率。这两个因素决定了,不是所有的集中都违背竞争原则,也不是所有的竞争都由当事人意思自治。

经营者集中所指的控制权,包括单独控制权和共同控制权。控制权取得,可由经营者直接取得,也可通过其已控制的经营者间接取得。判断经营者是否取得控制权,取决于法律和事实因素。集中协议和其他经营者的章程是重要判断依据,但不是唯一的依据。如果从集中协议和章程中无法判断取得控制权,但由于其他股权分散等原因,实际上赋予了该经营者事实上的控制力量,也属于经营者集中所指的控制权取得。

判断经营者是否通过交易取得其他经营者的控制权,通常考虑包括但不限于下列因素:(1) 交易的目的和未来的计划;(2) 交易前后其他经营者的股权结构及其变化;(3) 其他经营者股东大会的表决事项及其表决机制,以及其历史出席率和表决情况;(4) 其他经营者董事会或监事会的组成及其表决机制;(5) 其他经营者高级管理人员的任免等;(6) 其他经营

① 《英汉法律词典》,法律出版社1985年版,第14页。

者股东、董事之间的关系,是否存在委托行使投票权、一致行动人等;(7) 该经营者与其他经营者是否存在重大商业关系、合作协议等。

(三) 经营者集中的类型

按照当事人是否处于相同的生产经营阶段,可将经营者集中分为横向集中、纵向集中和混合集中。

1. 横向集中

横向集中,又称水平合并,是指在同一相关市场上、同一生产经营环节的经营者之间的集中。横向集中发生在同一相关地域市场上的生产具有替代性产品的企业之间。如在同一地理区域内两个葡萄酒批发商之间的集中。

横向集中一般是为了取得规模经济效益和占有更大的市场份额。但是,由于参与横向集中的经营者相互之间是竞争者关系,其对竞争的消极作用是显而易见的。横向经营者集中的直接后果是减少市场竞争者的数目,集中后的经营者可能具有市场支配地位。即使最终没有出现一家经营者独占市场的情形,也能出现几家经营者控制整个行业的局面。因此,它是各国反垄断执法机关严格监管的对象。美国、日本、欧盟等国家和组织规制经营者集中的重点就是横向集中。如在美国 1962 年的"布朗鞋业公司案"中,布朗公司和金奈公司合并后将共同占有几个城市妇女和儿童皮鞋市场 20%的销售额,在 118 个城市的皮鞋市场上,它们共同的市场份额已超过 5%。[①] 法院认为,皮鞋行业有着日趋集中的倾向,为了防止市场力量集中化,禁止了这个合并。

2. 纵向集中

纵向集中,也简称垂直合并,是指从事同一产业处于不同市场环节的经营者之间的集中,即同一产业中处于不同阶段而实际上相互间有买卖关系的各个经营者之间的集中。依集中的主动性不同,还可以将纵向集中分为"向前一体化"和"向后一体化"。前者指某一经济环节的企业对下游企业的集中;后者指某一经济环节的企业对上游企业的集中。

决定成本、利润的关键经济变量是生产、销售能力。为了保证足够的生产经营能力以获取稳定的利润,企业可以对其主业的上下游环节进行控制。如果某一生产经营环节的原材料供应脱节,企业就不得不考虑进行"向后一体化"以控制上游原材料企业;如果企业的销售渠道不畅或受制于人,企业往往可以考虑"向前一体化"。所以,纵向集中是企业形成完整产业链或进一步扩大营销体系的一种常见形式。

对于纵向集中是否妨碍竞争,理论上还存在分歧。一种流行的观点认为,纵向集中虽然不像横向集中那样直接扩充市场份额,但依然会产生两种反竞争的后果,即所谓封锁(foreclose)与剥削(squeeze)的效果。[②] 假设市场中 A、C 同为某种替代品的生产商,B 为批发商,若 A 合并 B,则 A 实际上控制了产品的销售渠道,这时它可能利用这一地位不合理地限制竞争对手 C 的产品进入销售网,从而使 C 处于不利的竞争地位,甚至将 C 挤出市场,此即所谓封锁。所谓剥削则指另一种情形:假设 A 为生产商,B、D 同为销售 A 产品的批发商。当 A 与 B 合并(控制权式合并)以后,B 作为批发商控制了主要货源,它可以将同样的产品以较

---

① *Brown Shoe Co. v. U. S, 370 U. S.* 294(1962). 转引自王晓晔:《竞争法研究》,中国法制出版社 1999 年版,第 387 页。

② 方嘉麟:《公司兼并与企业集团》,法律出版社 1994 年版,第 73 页。

高价格批发给D,这种价格歧视行为将使批发商D无法与B竞争。这两个例子说明产销企业间的纵向集中,可能利用其优势地位破坏竞争,对其他竞争对手造成损害。但是,必须在特定的条件下才能出现这一结果:在第一个例子中,只有批发商B处于垄断地位时,A才能利用"封锁"手段排斥C,否则C完全可以寻求其他批发商发展业务;第二个例子与此类似,要求生产商A处于垄断地位,方可出现"剥削"现象,否则难以构筑进入市场的障碍。

另一些经济学家认为,即使采取纵向集中,也无法获取超额利润,因为这种集中并不具备经济上的诱因。[①] 但是,反垄断主管部门并没有因此减少对此类企业集中行为的戒心。参与集中的企业可能没有获得超额利润,但没有获得超额利润不等于没有排挤竞争对手。美国Aloca公司生产和销售的是一种杜拉铝合金材料,其通过合并控制了原材料市场,而其竞争对手要生产这种材料,就必须向Aloca购买原铝。Aloca公司铝锭的价格只是略低于杜拉铝,因此对杜拉铝市场的竞争者产生了价格上的挤压。[②]

3. 混合集中

混合集中,也简称"混合合并",是指同一市场上的非竞争者或非交易人之间的集中,换言之,是同一市场上既不存在竞争关系,也不存在商品买卖关系的经营者之间的集中。

依集中针对的对象不同,混合集中可以分为三种不同类型:(1) 市场扩张型经营者集中,即同一经济环节的从事同样经营活动的经营者在不同市场区域的集中;(2) 产品扩张型经营者集中,即产品功能互补的生产者之间或经营者之间的集中;(3) 纯粹的经营者集中,即那些生产和经营彼此毫不相干的产品或者服务的经营者之间的集中。

混合集中的目的往往不是基于节约成本及稳定经营,而是为了分散企业追求高利润的商业风险,充分利用企业内部的过剩资本。理论上,有经济学家对大型企业以集中的方式分散风险的目的和做法持保留态度,指出,大企业合并自己不太熟悉的行业以后,后遗症十分突出,经营不善很快陷入困境,最终又被迫舍弃该部分。[③] 有观点认为混合合并的优缺点尚无法定论,"没有任何一项研究成果得出混合合并的主要益处或代价"。[④] 也有理论认为,当两个企业进行混合合并时,企业所拥有的雄厚经济实力本身便对其他竞争对手产生心理压力,使那些潜在的竞争对手望而却步,不利于促进市场自由而有效的竞争。[⑤] 这就是所谓的"阻却竞争理论"(dissuading competition)。

混合集中因为不会导致市场上竞争对手的减少,也不会使得一部分市场对另外一些竞争者关闭,所以其对市场竞争所产生的消极影响是有限的。混合集中可能带来的反竞争后果是,混合后的公司利用其跨行业的雄厚资金,集中对行业内产品进行短期掠夺性定价压迫竞争对手或将其挤出市场。也会增加潜在竞争者进入市场的障碍;或者通过经营者之间的交叉补贴等使集中后的经营者易于排挤竞争对手。实践中,混合集中案件在德国、美国、英国都是超过纵向集中的第二大类合并案件。[⑥]

由上述分析可知,纵向集中和混合集中因为一般不会导致市场上竞争对手的减少,因

---

① 〔美〕保罗·A.萨缪尔森、威廉·D.诺德豪斯:《经济学》,高鸿业译,中国发展出版社1991年版,第911页。
② 〔德〕曼弗里德·诺伊曼:《竞争政策:历史、理论及实践》,谷爱俊译,北京大学出版社2003年版,第166页。
③ 〔美〕保罗·A.萨缪尔森、威廉·D.诺德豪斯:《经济学》,高鸿业译,中国发展出版社1991年版,第917页。
④ 龚维敬:《论企业兼并》,复旦大学出版社1996年版,第203页。
⑤ 王晓晔:《企业合并中的反垄断问题》,法律出版社1996年版,第17页。
⑥ 〔德〕曼弗里德·诺伊曼:《竞争政策:历史、理论及实践》,谷爱俊译,北京大学出版社2003年版,第137—138页。

此,相比之下,横向集中的危险性最大。故有关经营者集中的控制标准主要围绕横向集中展开,各国的反垄断法对其他两种集中采取了较为宽容的态度。但是,正如上文所述,纵向集中和混合集中在特定情况下依然有可能对市场的竞争秩序造成损害。从保护市场公平有效竞争的角度,两者也会成为反垄断执法机关的关注对象。

二、监管的原则

对经营者集中进行规制的基本指导思想有二:第一,对一些涉及国民经济的健康、稳定的行业或敏感行业,出于国家安全的考虑禁止自由并购;第二,基于不合理的市场集中度,会从产业发展的角度禁止或限制集中。

相比较而言,如果一项集中涉及国家安全,依据国家安全原则即可否定该集中,无须再考虑经济民主原则的适用。换言之,经营者集中审查中,国家安全原则将高于经济民主原则被优先适用。

(一)国家安全原则

传统的国家安全包括政治安全、军事安全(国防安全)、经济安全。政治安全是国家的政治制度和政治形势不受国内外敌对势力的破坏和颠覆。军事安全是国家的领土、领海和领空安全,不受外来军事威胁或侵犯。经济安全是经济发展的稳定和持续状态。由于全球化的影响,国家安全已不仅仅是一国范围内的事情,而是涉及国家与国家相互间的主权问题。随着冷战的结束,国际环境发生了巨大变化。经济全球化的迅猛发展,科技竞赛的加剧,多元价值观、多元文化的出现及其对抗,突发性自然灾害等非传统安全因素,都直接影响到国家的稳定发展,也对国家安全构成了新的威胁。在这种新形势下,出现了全新的国家安全观,即国家安全除了传统的政治安全和国防安全外,还应包括科技安全、文化安全、生态安全、社会公共安全等内容。

跨国公司并购对一国的经济发展有重要的影响。若行业中的重点企业,甚至是整个行业的龙头企业被并购,将加大行业或产业正常发展的风险。所以现代实行市场机制的国家都密切监视跨国资金对本国产业发展的不利影响,并制定法律规范跨国公司的并购行为。具体而言,在某些关键性领域,并购占据了支配地位的主体时可能构成对国家安全的损害,此时外资并购同时接受国家安全审查和反垄断审查。

1. 国家安全审查与反垄断法的关系

国家安全审查属于外国投资法的内容,很多国家另行设置一套制度对这个问题进行单独处理。在外资并购过程中,外资也可能取得对某些行业的垄断地位,不利于本国经济的发展,由此外资并购成为反垄断法中的一个制度。我国反垄断并购审查从属于国家安全,并以反垄断法为基础合二为一来控制外资并购对国家安全的危险。

对外资并购的国家安全审查和反垄断审查是出于不同目的、从不同角度出发并依据不同的方法进行的审查,两者的区别非常明显。

本质上国家安全审查属于一个国家对外行使主权的行为,其目的在于维护国家经济主权和经济独立。反垄断审查的目的在于维护公平、自由的竞争秩序。从针对的对象来看,出于在关键性领域、重点行业需要保持国家经济独立的要求,对外资并购进行国家安全审查。在一般性的行业中,外资进入不需要国家安全审查。另外,对于内资来说也不适用国家安全审查。从适用的法律来看,国家安全审查的法律渊源是外国投资法(在我国表现为《关于外国投资者并购境内企业的规定》和《外商投资产业指导目录》)[①],反垄断审查的法律渊源是反垄断法。反垄断审查要求对任何主体投资一视同仁(虽然初始条件不一致),不因内外资不同而出现差别待遇,但外国投资法要求对外国投资进行特别处理,所以国家安全审查是反垄断审查的特别规则。

2. 国家安全审查的主管机关

国家安全审查的主体包括审查主体和被审查主体。根据权力行使的方式不同,审查主体可以分为三种类型:第一类是委托原有行政机构审查。在法国,按照2004年《外国投资法》的规定,财政部对外资并购涉及"战略性产业"时,实施国家安全审查。第二类是联合机构审查。在俄罗斯,反垄断局负责对外国投资的初审,外国投资监管委员会负责复核和终审。第三类是设立专门的机构,如美国的外国投资委员会。我国也将建立联合机构审查的体制和机制。[②]

美国是最早对外资进行国家安全审查的国家,且在很大程度上其他国家的国家安全审查制度的产生是基于对美国制度的回应。

1975年阿拉伯世界宣布对美国实施石油禁运后,美国国会通过行政令,成立美国外国投资委员会(The Committee on Foreign Investments in the United States,以下简称"CFIUS"),专门负责监控外资(包括直接投资和证券投资)对美国的影响、协调适用于外资的相关政策。但当时的CFIUS只有针对外资对美国的影响提出建议的权力,并不具有实质性决定权。随着20世纪80年代外国对美投资的增加,尤其是日本公司对美国公司并购力度的加大,国会颁布了对《1950年国防产品法》第721条的修正案,即《埃克森—佛罗里奥修正案》(Exon-Florio Amendment)。该修正案成为保护美国国家安全规制外资并购的基本法。同年,美国总统根据第12661号行政令赋予CFIUS执行第721条款修正案的权力,从此CFIUS有权基于国家安全考虑限制或暂停外资并购交易。

在我国,国家安全审查主体制度的建立分为两个阶段:第一个阶段是以商务部为中心进行审查阶段。根据我国《关于外国投资者并购境内企业的规定》(2009年修改)第12条的规定:"外国投资者并购境内企业并取得实际控制权,涉及重点行业、存在影响或可能影响国家经济安全因素或者导致拥有驰名商标或中华老字号的境内企业实际控制权转移的,当事人应就此向商务部进行申报。当事人未予申报,但其并购行为对国家经济安全造成或可能造成重大影响的,商务部可以会同相关部门要求当事人终止交易或采取转让相关股权、资产或其他有效措施,以消除并购行为对国家经济安全的影响。"可见,受理外资并购申报的主体是商务部,审查工作以商务部为中心展开。第二个阶段是联合审查主体的建立。按照2011年2月3日国务院办公厅发布的《关于建立外国投资者并购境内企业安全审查制度的通知》,我国建立并实施外资并购安全审查工作机制。具体包括以下方面:(1) 建立外国投资者并购境内企业安全审查部际联席会议(以下简称"联席会议")制度,具体承担并购安全审查工作。(2) 联席会议在国务院领导下,由发展改革委、商务部牵头,根据外资并购所涉及的行业和

---

① 2015年1月我国的《外国投资法》(征求意见稿)发布,其中第四章规定了"国家安全审查"。

② 我国正在制定的《外国投资法》第49条规定,国务院建立外国投资国家安全审查部际联席会议(以下简称联席会议),承担外国投资国家安全审查的职责。国务院发展改革部门和国务院外国投资主管部门共同担任联席会议的召集单位,会同外国投资所涉及的相关部门具体实施外国投资国家安全审查。

领域,会同相关部门开展并购安全审查。(3) 联席会议的主要职责是:分析外国投资者并购境内企业对国家安全的影响;研究、协调外国投资者并购境内企业安全审查工作中的重大问题;对需要进行安全审查的外国投资者并购境内企业交易进行安全审查并作出决定。

根据我国《关于外国投资者并购境内企业的规定》(2009 年修改)的规定,外国投资者并购境内企业的类型有股权并购和资产并购两种。股权并购,指外国投资者购买境内非外商投资企业(以下称“境内公司”)股东的股权或认购境内公司增资,使该境内公司变更设立为外商投资企业;资产并购,是指外国投资者设立外商投资企业,并通过该企业协议购买境内企业资产且运营该资产,或外国投资者协议购买境内企业资产,并以该资产投资设立外商投资企业运营该资产。

不管是股权并购还是资产并购,国家安全审查主要针对外资并购涉及上述行业同时需要外国投资者取得实际控制权。实际控制权,是指外国投资者通过并购成为境内企业的控股股东或实际控制人。包括下列情形:外国投资者及其控股母公司、控股子公司在并购后持有的股份总额在 50%以上;数个外国投资者在并购后持有的股份总额合计在 50%以上;外国投资者在并购后所持有的股份总额不足 50%,但依其持有的股份所享有的表决权已足以对股东会或股东大会、董事会的决议产生重大影响;其他导致境内企业的经营决策、财务、人事、技术等实际控制权转移给外国投资者的情形。

3. 国家安全审查的范围及内容

美国的国家安全审查的范围是关键领域和重要行业。但哪些属于关键领域和重要行业则需要特别说明。概括而言,包括以下方面:(1) 涉及国防安全的国内产业;(2) 国内产业满足国防需求的能力,包括人员、产品、技术、原料以及其他方面的供应或服务;(3) 外国商人对有能力满足国防需求的美国国内产业及其商业行为的控制力度;(4) 可能对恐怖活动存在潜在支持的,或可能引起导弹技术和生化武器扩散的军事产品、设备、技术的交易;(5) 可能对美国国家安全领域技术领先地位造成潜在影响的交易。伯德修正案增加了两款:(1) 并购公司受外国政府控制或代表外国政府行为;(2) 并购将导致在美国从事州际贸易的人受到控制并将影响美国国家安全。[①]

加拿大《投资法》第 20 条确定的审查范围和标准是:(1) 投资对加拿大经济活动的水平和性质的影响,包括对就业、资源开发、加工和出口的影响;(2) 投资对加拿大企业或新加拿大企业参与的程度和重要性,以及对加拿大企业或新加拿大企业所属或将所属的产业的股权参与的程度和重要性;(3) 投资对加拿大生产率、产业效率、技术开发、产品创新、产品品种的影响;(4) 投资对加拿大产业内部竞争的影响;(5) 投资与加拿大联邦及各省立法关于民族工业、经济及文化政策的一致性;(6) 投资对加拿大在世界市场竞争能力的贡献。

《关于建立外国投资者并购境内企业安全审查制度的通知》中,国家安全被分为两个方面:国防安全和经济安全。国防安全审查的范围为:境内军工及军工配套企业,重点、敏感军事设施周边企业,以及关系国防安全的其他单位。并购交易涉及国防安全时,审查的内容包括,对国防需要的国内产品生产能力、国内服务提供能力和有关设备设施的影响。经济安全审查的范围为:境内关系国家安全的重要农产品、重要能源和资源、重要基础设施、重要运输服务、关键技术、重大装备制造等企业,且实际控制权可能被外国投资者取得。

---

① 吴振国:《〈中华人民共和国反垄断法〉解读》,人民法院出版社 2007 年版,第 506 页。

《外国投资法》(征求意见稿)将“范围”改为“考虑的因素”,并确定了 11 个影响因素。[①]当然,这里还包括诸多模糊的概念,如关键技术、关键基础设施、社会公共利益、公共秩序等。

4. 我国国家安全审查的程序

(1) 外国投资者并购境内企业,由投资者向商务部提出申请。对属于安全审查范围内的并购交易,商务部应在 5 个工作日内提请联席会议进行审查。

(2) 外国投资者并购境内企业,国务院有关部门、全国性行业协会、同业企业及上下游企业认为需要进行并购安全审查的,可以通过商务部提出进行并购安全审查的建议。联席会议认为确有必要进行并购安全审查的,可以决定进行审查。

(3) 联席会议对商务部提请安全审查的并购交易,首先进行一般性审查,对未能通过一般性审查的,进行特别审查。并购交易当事人应配合联席会议的安全审查工作,提供安全审查需要的材料、信息,接受有关询问。

一般性审查采取书面征求意见的方式进行。联席会议收到商务部提请安全审查的并购交易申请后,在 5 个工作日内,书面征求有关部门的意见。有关部门在收到书面征求意见函后,应在 20 个工作日内提出书面意见。如有关部门均认为并购交易不影响国家安全,则不再进行特别审查,由联席会议在收到全部书面意见后 5 个工作日内提出审查意见,并书面通知商务部。

如有部门认为并购交易可能对国家安全造成影响,联席会议应在收到书面意见后 5 个工作日内启动特别审查程序。启动特别审查程序后,联席会议组织对并购交易的安全评估,并结合评估意见对并购交易进行审查,意见基本一致的,由联席会议提出审查意见;存在重大分歧的,由联席会议报请国务院决定。联席会议自启动特别审查程序之日起 60 个工作日内完成特别审查,或报请国务院决定。审查意见由联席会议书面通知商务部。

(4) 在并购安全审查过程中,申请人可向商务部申请修改交易方案或撤销并购交易。

(5) 外国投资者并购境内企业行为对国家安全已经造成或可能造成重大影响的,联席会议应要求商务部会同有关部门终止当事人的交易,或采取转让相关股权、资产或其他有效措施,消除该并购行为对国家安全的影响。并购安全审查意见由商务部书面通知申请人。

(二) 经济民主原则

经济民主有多种解释。美国学者乔·萨托利认为,“经济民主的第一个定义是:重新分配财富并使经济机会与条件平等化”,“它的政策目标是重新分配财富并使经济机会与条件平等化”,“是政治民主的一个补充,也可以是政治民主的简单扩大”,“是由经济生产过程控制权的平等构成的”。[②] 日本学者金泽良雄认为,经济民主“是谋求在构成市场的事业者之间实现经济机会均等和经济平等”。[③]

尽管对经济民主的解释不同,但可以确认的是,经济民主不能离开政治民主被孤立地解

---

① (1)对国防安全,包括对国防需要的国内产品生产能力、国内服务提供能力和有关设备设施的影响,对重点、敏感国防设施安全的影响;(2) 对涉及国家安全关键技术研发能力的影响;(3) 对涉及国家安全领域的我国技术领先地位的影响;(4) 对受进出口管制的两用物项和技术扩散的影响;(5) 对我国关键基础设施和关键技术的影响;(6) 对我国信息和网络安全的影响;(7) 对我国在能源、粮食和其他关键资源方面长期需求的影响;(8) 外国投资事项是否受外国政府控制;(9) 对国家经济稳定运行的影响;(10) 对社会公共利益和公共秩序的影响;(11) 联席会议认为应当考虑的其他因素。

② 〔美〕乔·萨托利:《民主新论》,冯克利、阎克文译,东方出版社 1993 年版,第 10—11 页。

③ 〔日〕金泽良雄:《经济法概论》,满达人译,甘肃人民出版社 1985 年版,第 182 页。

释,经济民主既决定政治民主的程度,也受政治民主的影响,经济民主是民主由政治领域向经济领域跨越的结果。

既然民主是一种有效的社会组织方式,是一种能够发掘人的潜力的手段,就可以从宏观和微观两个层次来理解经济民主。在相关行业竞争中,能够保障每一个经营者都拥有竞争机会和获利能力,这就是宏观层次上的“经济民主”。在微观上,“经济民主”旨在促进企业内部贯彻后福特主义的民主管理,依靠劳动者的创造性来达到经济效率的提高。宏观层次上的经济民主含有促进经济增长的因素,是市场经济本质的内在要求。微观层次上的经济民主能够把劳动者与企业紧密联系起来,通过刺激劳动者的生产积极性为企业带来经济效率。

反垄断法所追求的经济民主是宏观层次的民主,即主体拥有的参与经济发展和市场选择的机会。从经济民主的基本理念看,自由、平等是民主的两大基本理念。自由是民主的内容,体现着民主化的程度。民主是维护与获取自由的一种文明而有效率的途径。民主化程度越高,自由的享有也就愈充分。市场竞争中市场参与者在追求自己的利益,扩大自己的实力时,可能使企业经济力量过度地集中形成垄断。垄断排斥经济民主。平等是民主的前提条件,因为享受自由的前提是交往关系的平等。经济平等要求在尊重自由竞争的同时也要对其进行一定的限制,以此来限制企业经济力量的过度集中和维持有序的市场秩序。经济民主的对立物是“经济专制”,经济专制的表现形式主要就是经济垄断。

从反垄断法产生的基础和保障的手段来看,经济民主是反垄断法产生的理论基础。经济民主的保障方式一般有两种:国家通过保障个人权利与自由和国家保障团体权利。前者的基础性社会条件是个体规模大小、实力相当,不存在个体之间的不均衡力量;后者则打破了个体间力量的均衡,国家必须尽可能的保障弱势群体的自由和权利。反垄断法产生于个体力量不均衡的社会经济条件下。垄断势力以及垄断力量滥用剥夺了相关市场中的经济机会平等。因而,现代国家是经济民主的保障力量,担负着以法律为手段对垄断力量予以有效控制的职责。

对企业而言,经营者集中是实现企业经济垄断的最便捷的方式,因为经营者集中引发的经济规模增长更快。19 世纪末期 20 世纪初期是企业规模急剧膨胀的年代,反垄断法关于经营者集中的规制是在企业并购浪潮的背景下产生的。德国、英国、美国、日本等国相继形成了垄断经济状态和市场结构。卡特尔、辛迪加、托拉斯、康采恩等各种形式的垄断组织大量存在,限制竞争现象的大量存在破坏了市场秩序,侵害了消费者的权益,也危及中、小企业的生存和发展,降低了整个社会的经济效益。随着经济的发展和社会的进步,关于经济民主化的需求日渐紧迫。因而为确保政治和经济两方面的民主,必须排除经济力量的过度集中。

市场要求国家将经济民主作为经济管理所追求的一种目标,以激发、尊重和维持市场主体的主动性、积极性和创造性,并保障国家经济秩序的稳定。20 世纪 30 年代,美国罗斯福总统明确指出:“某些垄断形式——公用事业和其他企业的大联合,追求着自身的目标——这些垄断形式是不民主的,因为它们冲击着较小的竞争者,冲击着它们所服务的人们,正是由于这一点,它们把机会夺走了……在我们国家的公共生活和私人生活中,自由政体的本质要求商人、工厂主、农场主有一条自己的防线,他们拥有企业的所有权和责任心,从而保持生活稳定。任何经济方面或政治方面的基本政策,如果倾向于消灭这些民主制度的可靠保卫者,把控制权集中在少数强大的集团手中,那么,这样的政策就是同政治上的稳定和民主政体本身背道而驰的。”[①]竞争发挥功能不仅需要最基本的要素：资金、市场、企业组织等，而且取决于适当的法律制度，以保障要素的合理配置和良性运行。

美国正是针对19世纪末期20世纪初期以来不断膨胀的企业规模，在制定了《克莱顿法》后，为了完善对企业合并的治理，补充制定了《塞勒—凯弗维尔法》《企业合并指南》等。

日本的《禁止垄断法》也是在经济民主化过程中产生的。日本的反垄断立法始于第二次世界大战之后。美国占领军认为经济垄断化是日本发动战争的重要物质基础，为了消解日本经济中容易引发军国主义的各种元素，盟军开始推行以经济非军事化、经济和平化和经济民主化为基本原则的经济改革。美国以《谢尔曼法》为蓝本，督促日本颁布了《禁止垄断法》。在《禁止垄断法》颁布后不久，又于1947年和1948年颁布了《经济力量过度集中排除法》和《财阀同族支配力量排除法》，以达到解散财阀，消除垄断势力的目的。

第二节 经营者集中的申报与审查

对经营者集中进行审查的中心环节就是申报和审查。申报涉及申报的条件和申报的程序；审查涉及审查的标准、审查的程序和审查结论的作出。

一、申报

这里的申报指事前申报，事后申报一般被称为备案审查。事前申报属于法律预防性调整的一种表现形式。

（一）申报制度的意义

日本1947年《禁止垄断法》最先确立了经营者集中的事前申报制度。美国1976年的《哈特—斯科特—罗迪诺反托拉斯改进法》(Hart-Scott-Rodino Antitrust Improvement Act)也确立了事前申报制度。德国《反限制竞争法》原来同时实行经营者集中事前申报和事后备案两种申报制度，在1998年第六次修订中改为单一的事前申报制度。欧共体1990年《关于依据经营者集中规制规则的申报、期限和听证的委员会规则(EEC No. 2367/90)》[②]、1994年修订后的《规则》(EEC No. 3384/94)规定了有关经营者集中事前申报。

在这种申报制度下，监管机构一般不事先介入审查，而是由被监管者主动向监管机构申报，监管机构再对其申报事项进行审查并作出决定；只有当被监管者不履行申报义务，监管机构才会主动启动审查和制裁程序。从一些国家的立法及司法实践来看，大多数国家都采用申报制度。相比较，备案审查（事后申报）制度具有一定的局限性。例如，经营者集中后，如果遭到了反垄断执法机构的禁止，意味着，已经集中的经营者要重新拆散，而这将会使当事经营者遭受一定（甚至巨大）的经济损失，并且这种拆散也很难使当事经营者恢复到集中前的状态。对反垄断执法机构来说，禁止已经实施了的经营者集中远远要比禁止正在准备实施的经营者集中要困难得多。当然，申报制度也有一些不足，即经营者有可能错过集中的最佳市场时机，特别是对于中小企业和濒临破产重组的企业来说。

---

① 〔美〕富兰克林·德·罗斯福：《罗斯福选集》，关在汉编译，商务印书馆1982年版，第121页。

② Commission Regulation (EEC) No. 2367/90 of 25 July 1990 on the Notifications, Time Limit and Hearings Provided for in Council Regulation (EEC).

我国《反垄断法》实行的是经营者集中事先申报制度。该法第21、22条规定,经营者集中达到国务院规定的申报标准的,经营者应当事先向国务院反垄断执法机构申报,未申报的不得实施集中。除了《反垄断法》外,我国还颁布了一些有关经营者集中相关事项的法规和规章,主要有:《关于经营者集中申报标准的规定》;《经营者集中申报办法》《经营者集中审查办法》《关于经营者集中申报的指导意见》《经营者集中反垄断审查办事指南》《关于评估经营者集中竞争影响的暂行规定》《未依法申报经营者集中调查处理暂行办法》等。关于外资并购的主要法律法规有:《关于外国投资者并购境内企业的规定》《实施外国投资者并购境内企业安全审查制度的规定》《实施外国投资者并购境内企业安全审查制度有关事项的暂行规定》等。

(二) 申报标准

反垄断法关注的是经营者集中对市场竞争的影响,因此并非所有的经营者集中都需要进行申报,只有那些有可能影响市场竞争的经营者集中才需要申报。申报标准是经营者集中是否需要进行事先申报的门槛,也是对经营者集中进行管制的界限。申报标准应当与一国的经济发展水平相适应,不能太高或太低。申报标准太高,不利于防止过度集中导致的垄断;申报标准太低,不利于经营者形成规模效益,也会加大反垄断执法机构的负担和监管成本。

目前,大多数国家的申报标准都以当事人本身的资产规模和交易规模来确定。当事人本身的资产规模主要是以当事人的资产总额和年度销售总额作为基准,择一或合并适用。交易规模主要以当事人拟实施集中的最终核定的资产额数作为基准。根据各国法律制度内容的不同,可以大致将申报标准划分为以下类型:

(1) 资产规模和交易规模双重标准。在美国,根据《克莱顿法》第7A条[①],经营者集中达到下列规模,当事企业就要在集中前向美国司法部和联邦贸易委员会进行申报:(1) 交易总额超过2亿美元的;(2) 交易规模超过5000万美元但低于2亿美元的,一方当事人总资产或者年净销售额在1亿美元以上,而另一方当事人的总资产或者年净销售额在1000万美元以上。上述主体规模和交易规模标准,自2005年起根据GNP的变化作相应调整。

(2) 当事人年销售额标准。根据欧共体控制企业合并的第139/2004号条例的规定,企业集中规制的适用对象仅限于达到"欧共体规模"的经营者集中行为。"欧共体标准"的确定主要是基于当事企业的年销售额,具体申报标准为:全体当事企业全球年销售总额在50亿欧元以上;并且至少有两个当事企业年共同体销售总额在2.5亿欧元以上,除非每一个当事企业的年销售总额中,均有2/3以上来自同一个成员国。没有达到上述规模的集中,如果符合下列条件,亦具有"欧共体规模":第一,全体当事企业全球年销售总额在25亿欧元以上;第二,在至少3个成员国的每一国内,全体当事企业的年销售额总额超过1亿欧元;第三,在符合第二个条件的3个成员国内,至少有2个当事企业的年共同体销售总额在2500万欧元以上;而且第四,至少有2个当事企业,其年共同体销售总额均超过1亿欧元,除非每一个当事企业的年共同体销售总额中,均有2/3以上来自同一个成员国。德国也采取此种标准。[②]销售额指标建立在对市场总体把握的基础上,它比市场份额容易计算,但没有充分考虑市场

① 即1976年《哈特—斯科特—罗迪诺反托拉斯改进法》。

② 参见德国《反限制竞争法》(2005年修订版)第35条。

总体扩大、通货膨胀等因素。

(3) 资产总额标准。根据日本《禁止垄断法》第 15 条第 2 款的规定,当参与经营者集中的一方当事人及其母公司、子公司的全部资产总额超过 100 亿日元,而另一方当事人及其母公司、子公司的全部资产总额超过 10 亿日元,则参与该经营者集中的当事人就负有向公正交易委员会申报的义务。

(4) 市场占有率标准。上述国家和地区的法律采用一定的当事人本身的规模和交易规模作为申报标准,这种标准简单、直观,便于操作。我国台湾地区的"公平交易法"使用了市场占有率作为申报标准。该法第 11、12 条规定,事业结合的申报标准为下列情形之一:第一,事业因结合而使其市场占有率达 1/3 的;第二,参与结合之一事业,其市场占有率达 1/4 的;第三,参与结合之事业,其上一会计年度之销售额,超过主管机关所公告之金额的。然而,不同行业的经营者的资产规模和市场销售额有很大差异,如飞机行业和水泥行业的生产企业的资产规模和销售额差异就很大。因此,法律上规定统一的资产规模和销售额作为申报标准就不尽合理。

确定经营者集中的申报标准,既要符合一国鼓励企业做强做大的产业政策,有利于经济结构调整;又要防止因经济力量过于集中而影响市场竞争。因此,要结合本国的市场结构状况确立科学、合理的申报标准。

根据 2008 年 8 月 3 日国务院公布的《关于经营者集中申报标准的规定》,我国经营者集中申报标准以经营者的营业额为依据,类似欧盟的销售额标准。具体数额标准为:(1) 参与集中的所有经营者上一会计年度在全球范围内的营业额合计超过 100 亿元人民币,并且其中至少两个经营者上一会计年度在中国境内的营业额均超过 4 亿元人民币;(2) 参与集中的所有经营者上一会计年度在中国境内的营业额合计超过 20 亿元人民币,并且其中至少两个经营者上一会计年度在中国境内的营业额均超过 4 亿元人民币。经营者集中达到其中一项标准的,即应当事先向国务院反垄断执法机构申报。

对于银行业金融机构的营业额适用《金融业经营者集中申报营业额计算办法》。该办法适用于银行业金融机构,包括商业银行、城市信用合作社、农村信用合作社等吸收公众存款的金融机构以及政策性银行。也适用于非银行金融机构,包括金融资产管理公司、信托公司、财务公司、金融租赁公司、汽车金融公司、货币经纪公司以及经银行业监督管理机构批准设立的其他金融机构。

上述"营业额"包括相关经营者上一会计年度内销售产品和提供服务所获得的收入,扣除相关税金及其附加。具体而言,参与集中的单个经营者的营业额应当为下述经营者的营业额总和:(1) 该单个经营者;(2) 第 1 项所指经营者直接或间接控制的其他经营者;(3) 直接或间接控制第 1 项所指经营者的其他经营者;(4) 第 3 项所指经营者直接或间接控制的其他经营者;(5) 第 1—4 项所指经营者中两个或两个以上经营者共同控制的其他经营者。参与集中的单个经营者的营业额不包括上述第 1—5 项所列经营者之间发生的营业额。

另外,属于联合控制的情形时,计算经营额的方式如下:(1) 如果参与集中的单个经营者之间或者参与集中的单个经营者和未参与集中的经营者之间有共同控制的其他经营者,参与集中的单个经营者的营业额应当包括被共同控制的经营者与第三方经营者之间的营业额,且此营业额只计算一次。(2) 如果参与集中的单个经营者之间有共同控制的其他经营者,则参与集中的所有经营者的合计营业额不应包括被共同控制的经营者与任何一个共同控制他的参与集中的经营者,或与后者有控制关系的经营者之间发生的营业额。(3) 在一项经营者集中包括收购一个或多个经营者的一部分时,对于卖方而言,只计算集中涉及部分的营业额。相同经营者之间在两年内多次实施的未达到《关于经营者集中申报标准的规定》第3条规定的申报标准的经营者集中,应当视为一次集中交易,集中发生时间从最后一次交易算起,该经营者集中的营业额应当将多次交易合并计算。

当然,上述标准只是一个基本标准,这一标准需要根据经济形势的变化作及时调整。另外,在有些情况下,经营者集中虽然没有达到规定的申报标准,但仍有可能产生排除、限制竞争的效果,如有的行业经营者的营业额较低,但参与集中的经营者的市场份额却相对较大,其集中行为就很有可能排除、限制竞争。对这类经营者集中,也需要有相应的控制措施。

(三) 申报义务人及申报文件

由于一个集中行为涉及多个经营者和诸多参考因素,为了更好地落实申报义务,法律有必要明确具体的申报义务人及相关申报文件。

1. 申报义务人

德国《反限制竞争法》第39条第2款规定,负有申报义务的人为参与合并的诸企业,以及符合法定条件的财产和股份的出让人。我国台湾地区"公平交易法实施细则"第7条对申报主体作了明确的规定,即(1) 与他事业合并、受让或承租他事业之营业或财产、经常共同经营或受他事业委托经营的,申报义务人为参与结合之事业;(2) 持有或取得他事业之股份或出资额的,申报义务人为持有或取得之事业;(3) 直接或间接控制其他事业之业务经营或人事任免的,申报义务人为控股事业;(4) 应申报事业尚未设立的,由参与结合之既存事业提出申报。实际上,对申报义务人的确定没有一致的方法,通常根据不同的集中形式分别确定。

在我国,按照《经营者集中申报办法》(2009年11月21日)的相关规定,对于外资并购,两个或者两个以上外国投资者共同并购的,可以共同或确定一个外国投资者向商务部提出并购安全审查申请。

对于内资企业的经营者集中,按照经营者集中方式的不同,义务人分别如下:(1) 通过合并方式实施的经营者集中,由参与合并的各方经营者申报;(2) 其他方式的经营者集中,由取得控制权或能够施加决定性影响的经营者申报,其他经营者予以配合;(3) 申报义务人未进行集中申报的,其他参与集中的经营者可以提出申报,申报义务人可以自行申报,也可以依法委托他人代理申报。

2. 申报文件

参与经营者集中的当事人应当根据申报制度的规定,就与集中计划有关的内容向反垄断执法机关进行申报,反垄断执法机关依据集中当事人申报的内容来决定是否禁止经营者集中。各国对经营者集中申报材料的规定不尽相同。

在美国,企业合并应当提交的申报,具体包含10项内容:(1) 一般情况;(2) 合并情况;(3) 合并涉及的股票或者资产金额及比率;(4) 申报人准备的文件,具体包括对合并的可行性分析、美国证券交易委员会的有关批文和财物会计报告;(5) 按产品分类列出的特定年份申报人的营业收入;(6) 申报人的自身情况,包括申报人所属企业的情况、股东情况和股东的持股比例等;(7) 有关地理市场的资料;(8) 固定的供销关系;(9) 申报人先前的收购;(10) 申报人的联系方式。此外,申报人还需要对其所有的最终母体和在其控制之下的分支机构在美国境内的营业收入额进行申报。

欧共体委员会在受理申报时，就要求负有事前申报义务的当事人提供大量的与集中有关的资料，包括：(1) 经营者集中当事人的概况；(2) 受到经营者集中影响的市场的情况；(3) 相关经营者的所有及支配关系；(4) 经营者集中当事人在最近的会计年度内的销售额；(5) 有关该经营者集中在经济上、财务上的说明；(6) 在该市场内的协作协定以及经营者团体的现状；(7) 关于受影响的市场的供给结构及需求结构的明细及研究开发情况的说明等。

在我国反垄断法的实施中，对外资并购和境内企业集中所要求提交的材料不同；经营者集中的一般案件和简易案件所要求提交的材料也不同。

外资企业在向商务部提出并购安全审查申请时，申请人应提交下列文件：(1) 经申请人的法定代表人或其授权代表签署的并购安全审查申请书和交易情况说明；(2) 经公证和依法认证的外国投资者身份证明或注册登记证明及资信证明文件；法定代表人身份证明或外国投资者的授权代表委托书、授权代表身份证明；(3) 外国投资者及关联企业（包括其实际控制人、一致行动人）的情况说明，与相关国家政府的关系说明；(4) 被并购境内企业的情况说明、章程、营业执照（复印件）、上一年度经审计的财务报表、并购前后组织架构图、所投资企业的情况说明和营业执照（复印件）；(5) 并购后拟设立的外商投资企业的合同、章程或合伙协议以及拟由股东各方委任的董事会成员、聘用的总经理或合伙人等高级管理人员名单；(6) 为股权并购交易的，应提交股权转让协议或者外国投资者认购境内企业增资的协议、被并购境内企业股东决议、股东大会决议，以及相应资产评估报告；(7) 为资产并购交易的，应提交境内企业的权力机构或产权持有人同意出售资产的决议、资产购买协议（包括拟购买资产的清单、状况）、协议各方情况，以及相应资产评估报告；(8) 关于外国投资者在并购后所享有的表决权对股东会或股东大会、董事会决议、合伙事务执行的影响说明，其他导致境内企业的经营决策、财务、人事、技术等实际控制权转移给外国投资者或其境内外关联企业的情况说明，以及与上述情况相关的协议或文件；(9) 商务部要求的其他文件。

对于境内企业间的一般经营者集中案件，当事人需提交如下材料：(1) 申报书。申报书应当载明参与集中的经营者的名称、住所、经营范围、预定实施集中的日期。申报人的身份证明或注册登记证明，境外申报人还须提交当地公证机关的公证文件和相关的认证文件。委托代理人申报的，应当提交经申报人签字的授权委托书。(2) 集中对相关市场竞争状况影响的说明。具体包括：集中交易概况；相关市场界定；参与集中的经营者在相关市场的市场份额及其对市场的控制力；主要竞争者及其市场份额；市场集中度；市场进入；行业发展现状；集中对市场竞争结构、行业发展、技术进步、国民经济发展、消费者以及其他经营者的影响；集中对相关市场竞争影响的效果评估及依据。(3) 集中协议及相关文件。具体包括：各种形式的集中协议文件，如协议书、合同以及相应的补充文件等。(4) 参与集中的经营者经会计师事务所审计的上一会计年度财务会计报告。(5) 商务部要求提交的其他文件、资料。

除上述文件、资料外，申报人还可以自愿提供有助于商务部对该集中进行审查和作出决定的其他文件、资料，如地方人民政府和主管部门等有关方面的意见，支持集中协议的各类报告等。

关于经营者集中简易案件需要提交的申报文件、资料，形式上也包括：(1) 申报书；(2) 集中对相关市场竞争状况影响的说明；(3) 集中协议；(4) 参与集中的经营者经会计师事务所审计的上一会计年度财务会计报告；(5) 反垄断局要求提交的其他文件资料。但是，在内容的实质性要求上，简易案件的则要简明得多，包括无需说明集中对市场的控制力、市场集中度、市场进入、行业发展现状；集中对市场竞争结构、行业发展、技术进步、国民经济发展、消费者以及其他经营者的影响等。所以，简易案件会大大减轻申报人的工作负担。

那么，何种情形的经营者集中案件为简易案件？按照商务部《关于经营者集中简易案件适用标准的暂行规定》第 2 条的规定，符合下列情形的经营者集中，为简易案件：(1) 在同一相关市场，所有参与集中的经营者所占的市场份额之和小于 15%；(2) 存在上下游关系的参与集中的经营者，在上下游市场所占的份额均小于 25%；(3) 不在同一相关市场、也不存在上下游关系的参与集中的经营者，在与交易有关的每个市场所占的份额均小于 25%；(4) 参与集中的经营者在中国境外设立合营企业，合营企业不在中国境内从事经济活动；(5) 参与集中的经营者收购境外企业股权或资产的，该境外企业不在中国境内从事经济活动；(6) 由两个以上经营者共同控制的合营企业，通过集中被其中一个或一个以上经营者控制。

对于符合简易案件标准的经营者集中，申报人可以申请作为简易案件申报；申报人未申请的，应作为非简易案件申报。

(四) 未申报的处理

我国商务部于 2011 年 12 月发布了《未依法申报经营者集中调查处理暂行办法》，用以规范经营者集中达到《关于经营者集中申报标准的规定》设定的申报标准，未依照《反垄断法》的规定事先向商务部申报而实施的集中的情况。对有初步事实和证据表明存在未依法申报嫌疑的经营者集中，商务部应当立案，并书面通知被调查的经营者，即《经营者集中申报办法》第 9 条规定的申报义务人。

被调查的经营者应当在立案通知送达之日起 30 日内，向商务部提交与被调查交易是否属于经营者集中，是否达到申报标准，是否已实施且未申报等有关的文件、资料。商务部应当自收到被调查的经营者依据法律要求提交的文件、资料之日起 60 日内，对被调查的交易是否属于未依法申报经营者集中完成初步调查。

不属于未依法申报经营者集中的，商务部应当作出不实施进一步调查的决定，并书面通知被调查的经营者；属于未依法申报经营者集中的，商务部应进行进一步调查，并书面通知被调查的经营者。经营者应暂停实施集中。

商务部决定实施进一步调查的，被调查的经营者应当自收到商务部书面通知之日起 30 日内，按照《经营者集中申报办法》的规定向商务部提交相关文件、资料。商务部应当自收到被调查的经营者提交的符合前述规定的文件、资料之日起 180 日内，完成进一步调查。在调查过程中，被调查的经营者、利害关系人有权陈述意见。商务部应当对被调查的经营者、利害关系人提出的事实、理由和证据进行核实。被调查的经营者、利害关系人或者其他有关单位或者个人应当配合商务部依法履行职责，不得拒绝、阻碍商务部的调查。经调查认定被调查的经营者未依法申报而实施集中的，商务部可以对被调查的经营者处 50 万元以下的罚款，并可责令被调查的经营者采取以下措施恢复到集中前的状态：停止实施集中；限期处分股份或者资产；限期转让营业；其他必要措施。

二、审查

对经营者集中的审查包括审查程序、审查依据和作出审查结论。

（一）审查程序

反垄断执法机构收到经营者的申报材料后，就进入审查程序。对经营者集中的审查一般分为两个阶段：初步审查和深度审查。

（1）初步审查。初步审查主要是对经营者集中是否影响市场竞争进行初步判断，以排除那些对市场竞争没有影响的经营者集中。对于那些可能影响市场竞争的经营者集中，则要进一步审查。在申报被受理之日至反垄断执法机构作出审查决定之日止，原则上不得实施集中，该期限被称为“等待期间”。如果反垄断执法机构逾期未作出决定，则视为同意该经营者集中，经营者可以直接实施集中。

我国《反垄断法》第25条规定，国务院反垄断执法机构应当自收到经营者提交的符合规定的文件、资料之日起30日内，对申报的经营者集中进行初步审查，作出是否实施进一步审查的决定，并书面通知经营者。国务院反垄断执法机构作出不实施进一步审查的决定或者逾期未作出决定的，经营者可以实施集中。

（2）深度审查。反垄断执法机构经初步审查，认为经营者集中可能对市场竞争造成影响时，应该对经营者集中进一步审查。进一步审查主要是在综合考虑各种因素的基础上，就经营者集中是否影响市场竞争进行具体分析，从而作出是否准许集中的最终决定。

我国《反垄断法》第26条规定，国务院反垄断执法机构决定实施进一步审查的，应当自决定之日起90日内审查完毕。有下列情形之一的，国务院反垄断执法机构经书面通知经营者，可以延长审查期限，但最长不得超过60日：经营者同意延长审查期限的；经营者提交的文件、资料不准确，需要进一步核实的；经营者申报后有关情况发生重大变化的。深度审查完毕后，反垄断执法机构应作出是否禁止经营者集中的决定，并书面通知经营者。作出禁止经营者集中决定的，应当说明理由。国务院反垄断执法机构逾期未作出决定的，经营者可以实施集中。在深度审查期间，经营者不得实施集中。经营者违反规定实施集中的，由国务院反垄断执法机构责令停止实施集中、限期处分股份或者资产、限期转让营业以及采取其他必要措施恢复到集中前的状态，可以处50万元以下的罚款。

（3）审查中的商谈程序。如果经营者集中涉及的问题较为复杂并产生较大的影响，在审查结论作出前往往会进行商谈。商谈制度源于游说制度。在美国，利益集团的“事前寻租”——院外游说非常普遍，并影响着各种政策的出台和执行。利益集团往往采取谈判、协调、施加压力等诸多方式进行游说活动。2005年6月23日中国最大的海洋石油商中海油公司出价185亿美元收购优尼科公司案的最终失败和游说活动紧密相关。

美国的游说大致分三个类别：一是利益集团游说，如各种协会、联合会等代表会员与会员所在行业的利益进行游说；二是代理游说，如律师事务所、政治性公关公司与政策性策略公司等，他们接受特定机构的委托，收取费用，以专业的方式与社会关系网络来完成代理任务，而且他们往往有专门的注册游说人员；三是思想倾向性游说，其最典型的表现形式是美国所谓的独立思想库。思想库一般有一定的政策立场或倾向，例如布鲁金斯比较倾向自由主义立场，而企业研究所就比较倾向保守主义立场。捐助者也往往以此立场分类。思想库往往提供政策设计，具有游说能力，且其领导人物与主事者往往有相当社会地位与话语权，同时也被贴上了比较明显的立场标签。各种利益集团的游说方式也是多种多样的。[①] 美国

---

① 美国人的典型游说方式包括：调查研究报告、演讲（以午餐讲座最多）、旅行考察、听证等。

的游说不同于商业贿赂,虽然游说中可能产生商业贿赂。游说是允许公开进行的,商业贿赂是秘密的、违法的。

限于国情,我国没有游说的社会基础,社会影响重大的相关决策,大都采取听证的方式吸收社会意见。

在经营者集中事项审查过程中,参与集中的经营者可以通过信函、传真等方式向商务部就有关申报事项进行书面陈述、申辩,商务部应当听取当事人的陈述和申辩。另外,商务部可以主动或应有关方面的请求决定召开听证会,调查取证,听取有关各方的意见。

可见,我国反垄断执法机构在经营者集中的审查中(也可以在审查前),商谈既可以主动征求意见的自上而下的方式进行,也可以接受请求的自下而上的方式进行。这不同于美国的利益团体主动游说——自下而上的方式。

在"日本三菱丽阳公司收购璐彩特案"的审查中,商务部对申报材料进行了认真核实,在对此项申报涉及的重要问题进行了深入分析的基础上,通过书面征求意见、论证会和座谈会以及约谈当事人等方式,先后征求了相关行业协会、MMA 生产商、PMMA 粒子生产商、PMMA 板材生产商和集中交易双方等各方意见,作出了附条件允许集中的决定。[①]

(二) 审查标准

从各国的立法和司法实践来看,审查经营者集中的标准主要有三种:一是以是否实质性减少市场竞争为判断标准,比如以美国为代表的以经营者集中是否发生或可合理预见发生实质性限制竞争的后果作为判断标准。二是欧盟合并控制立法确立的"严重妨碍有效竞争"标准。第三种是以德国为代表的以经营者是否形成市场支配地位为判断标准。

(1)"实质性减少竞争"标准。美国 1914 年《克莱顿法》第 7 条规定,"……任何人不能占有其他从事商业或影响商业活动的人的全部或一部分资产,如果该占有实质性减少竞争或旨在形成垄断(the effect of such acquisition may be substantially to lessen competition,简称'SLC 标准')"。这是首次以成文法确立的经营者集中控制的 SLC 标准。该条的目的是为了预防性地阻止实质性减少竞争的行为,由此引申出了早期合并规制的规则。尽管经济环境随时代而发生了重大变化,但这一规则标准没有改变。美国司法部和联邦贸易委员会 1992 年联合发布的《横向合并指南》序言中,开门见山地指出:"指南的主要目的是明确主管机关在审查一项合并是否有可能实质性地减少竞争时所采用的分析框架。"

(2)"严重妨碍有效竞争"标准。欧盟合并控制立法确立的是"严重妨碍有效竞争"。这个合并控制标准的形成经历了三个发展阶段。

第一阶段是《欧共体条约》第 82 条确立的"滥用市场支配性地位"标准。由于经济力量的集中被认为是实现欧洲共同体经济协调发展、不断扩张的最有效方式,在欧共体建立初期,法国等成员国强烈主张欧共体市场内的合并需要鼓励而不应该加以控制,因此 1957 年《欧共体条约》没有专门控制企业合并的规定。在第 4064/89 号《合并条例》实施前的 33 年间,除煤钢产业外,欧共体并没有成文法规定合并控制的实质性标准。该时期的合并控制标准是通过 1973 年著名的"大陆制罐(Continental Can)公司案"[②]确立的滥用市场支配性地位

---

① 参见《商务部关于附加限制性条件批准日本三菱丽阳公司收购璐彩特国际公司审查决定的公告》(商务部公告 2009 年第 28 号)。

② *Europeamballage Corporcotion and Continental Can Co. Inc. v. Commission*, Case 6/72. [1973]E. C. R. 215; [1973]C. M. I. R. 199.

标准表达出来的，即如果企业已在共同体市场居于支配性地位，且通过合并使市场竞争受到限制、加强自己的支配性地位的，构成支配性地位的滥用，应受条约第 82 条的管辖与规制。

不可否认，根据《欧共体条约》第 82 条确立的滥用支配性地位标准来审查合并案件，存在严重的疏漏：一是该标准只适用于本身已居于支配性地位的企业通过合并进一步增强其支配性地位的行为，对自身不具有支配性地位的企业通过合并获得支配性地位的，无法适用。因此，委员会在第 4064/89 号“合并条例”实施前处理合并案件非常谨慎，所审查的合并案件数量也相当有限。①

第二阶段是第 4064/89 号《合并条例》确立的“市场支配性地位”(Market Dominance)标准(MD 标准)。为了确保共同体市场的竞争不被扭曲，MD 标准对滥用市场支配性地位标准作了重大改进：一是 MD 标准不要求参与合并的企业中至少有一个处于支配性地位为先决条件，其既适用于产生支配性地位的行为，也适用于形成支配性地位的增强的情况；二是对滥用支配地位的行为根据合理原则依具体案情进行审核来确定是否无效，而不是一律认定无效。因此，第 4064/89 号条例确立的“市场支配性地位”标准，可以表述为：一项具有相当规模的合并如果使合并企业产生或增强支配性地位，并妨碍共同体市场或其相当部分地域的有效竞争的，应视为与共同体市场不相容。

第三阶段是第 139/04 号《合并条例》确立的“严重妨碍有效竞争”(Significant Impediment to Effective Competition)标准(SIEC 标准)。尽管 4064/89 号《合并控制条例》的成就被广泛认同，但支配性地位标准在适用范围上具有明显的遗漏，其对寡头垄断市场情形缺乏明确规定，导致监管上的空白。同时，第 4064/89 号《合并条例》所适用的合理原则缺乏明确的分析路径，体现为分析一项合并时应考虑哪些因素，各因素之间的关系及地位如何等未置可否，这在一定程度上会损害法律的稳定性和可预期性。

为此，第 139/04 号《合并条例》对实质性标准条款进行了较大的修改。其第 2 条第 2 款规定：“若某项合并，尤其是造成或加强市场支配地位的合并，并未严重妨碍共同体市场或其主体部分的有效竞争，应视为符合共同体市场。”第 3 款规定：“若某项合并，尤其是造成或加强市场支配地位的合并，严重妨碍共同体市场或其主体部分的有效竞争，应视为不符合共同体市场”。这样，通过修改引进了新的实体性标准——“严重妨碍有效竞争”标准，即如果一项合并尤其是因其产生或增强企业的支配性地位而严重妨碍共同体市场或其相当部分地域的有效竞争的，则应宣布该合并与共同体市场不相容，并予以阻止，相反则不应阻止。同时，为明确 SIEC 标准，减少适用上的歧义，欧盟委员会根据 139/04 号《合并条例》第 2 条授予的权限制定专门的《横向合并评估指南》，对委员会评估市场份额及集中度的方法和要素——合并可能引起的反竞争效果，具有抵消反竞争效果的购买力，进入的可能性、及时性和充分性，效率及破产抗辩等——进行了详尽的阐述。从而完善并形成了作为一个法律标准的基本要件。

(3)“市场支配地位”标准。采取市场支配地位标准的国家相对较少，截至目前，从立法例上看，德国和芬兰是该种类型的代表。

德国《反限制竞争法》第 36 条(集中评估的原则)第 1 款规定：如可预见，集中将产生或加强市场支配地位，联邦卡特尔局应禁止集中，除非企业证明集中也能改善竞争条件，且改善竞争环境所带来的好处超过形成市场支配地位所具有的弊端。

---

① 刘和平：《欧美并购控制法实质性标准比较研究》，载《法律科学(西北政法学院学报)》2005 年第 1 期。

芬兰《竞争法》第11条d(2001年第1529号法律)规定,如果企业集中将导致支配地位的出现或加强,严重阻碍国内市场或其实质部分的竞争,竞争法院可以依竞争局的提议禁止或解散该项集中或者对实施这种集中附加条件。

这种标准的优点是,以经营者的市场份额为基础建立审查标准,同时兼顾经营者的财力,并考虑特定市场上可以相互替代的商品、潜在的竞争者等因素,便于操作;缺点是可能伤害市场绩效。正如上述欧盟竞争法转变过程中遇到的问题一样,2001年"*GE/Honeywell*案"[①]引发了关于设在欧盟《合并条例》中的实质审查到底应基于结构(structural test, Dominance)还是应基于市场竞争效果(competition effects, SLC)的争论。[②] 事实上,只强调结构性问题就是只强调对竞争者的伤害,而纯粹结构性审查标准的一个重要缺陷是其没有对一个核心问题作应有的考虑:合并是否会伤害消费者福利?[③] 所以,"结构"需要"绩效"平衡,才能证明是否存在问题。

(4) 我国反垄断法中的"排除、限制竞争效果"标准。《反垄断法》第28条规定,经营者集中具有或者可能具有排除、限制竞争效果的,国务院反垄断执法机构应当作出禁止经营者集中的决定。但是,经营者能够证明该集中对竞争产生的有利影响明显大于不利影响,或者符合社会公共利益的,国务院反垄断执法机构可对经营者集中作出不予禁止的决定。

在具体审查时,"排除、限制竞争效果"标准又分为:(1) 考察集中是否产生或加强了某一经营者单独排除、限制竞争的能力、动机及其可能性;(2) 当集中所涉及的相关市场中有少数几家经营者时,还应考察集中是否产生或加强了相关经营者共同排除、限制竞争的能力、动机及其可能性;(3) 当参与集中的经营者不属于同一相关市场的实际或潜在竞争者时,重点考察集中在上下游市场或关联市场是否具有或可能具有排除、限制竞争效果。另外还需要结合《反垄断法》第27条规定的要素进行综合分析。

综上可知,控制经营者集中是一种事前的"预防"措施,虽然要求禁止性裁决必须有一定的标准,但"实质性减少竞争""排除、限制竞争效果"等标准与其说是标准,不如说是原则,因其只提供了一个最基础的模糊性判定指标。作为用于指导实践的法律规定,如果给定的标准不具有可操作性,势必会给执法带来很多麻烦,因此,用以说明是否具有"排除、限制竞争效果",需要综合审查。

(三) 标准运用中的综合考察要素

纵观各国的立法和司法实践,有关控制经营者集中的实质性标准,除了作一个总括性的规定之外,都会规定相应的制度和量化标准加以配套,这构成了经营者集中的综合审查标准。这样,从实际的运用过程看,"排除、限制竞争效果"标准和"实质性减少竞争"及"严重妨

---

① 通用电气公司以450亿美元收购霍尼韦尔公司这起世界工业史上最大的合并案由于欧盟的否决而胎死腹中。该并购案被否决具有里程碑式的意义——这么说不在于欧盟的官员驳回了两家美国公司之间的合作,而在于同样一套反垄断规则却得出了完全相反的结果。详见植万禄:《全球第一CEO为何败走麦城?》,载《北京青年报》2001年7月16日。

② 一般而言,以市场支配地位为基础的审查标准倾向于采用结构性方法,即强调市场的结构,这意味着单一市场主体所获得的市场竞争力大致可与市场占有率等同。相反,SLC不采用结构性审查而强调市场效果和市场竞争力。因而,SLC标准比Dominance标准更频繁、更为中心地考虑消费者福利这一因素。然而,一些评论家认为"我们几乎没有发现以往的例子……除1992年的婴儿食品案外……显示采用Dominance和SLC会导致不同结果"。See e.g. Caroline Montalcino, "Substantive Tests—are the Differences between the Dominance and SLC Tests Real or Semantic?" *Ecmerger Control: A Major Reform in Progress*, edited by Gotz Drauz & Michael Reynolds, Richmond Press (2004), p.179.

③ Sylvie Maudhuit & Trevor Soames, "Changes in EU Merger Control: Part 2", *European Competition Law Review 2005*, 26(2), pp.75—82.

碍有效竞争”的评价机制大体是一致的,即都需要综合审查。

美国反垄断机构在分析一项合并是否实质性减少竞争时,主要从以下五个方面进行综合考察:(1) 审查合并是否能显著提高市场的集中度;(2) 依据市场集中度和其他相关的市场因素,评价合并是否产生潜在的反竞争后果;(3) 潜在的市场进入能否及时地、可能地和充分地阻止或者抵销合并的反竞争效果;(4) 合并后企业的经济效益,包括规模经济、生产设备的联合、工厂的专业化、运输费用的降低以及与合并企业的生产、服务和销售有关的其他效益;(5) 参与合并的企业是否有一方面临破产的威胁。破产将导致企业的资产从相关市场上流失,合并便不可能产生或者加强市场势力,也不可能推动产生市场势力。

按照我国《关于评估经营者集中竞争影响的暂行规定》第 5 条的规定,判断参与集中的经营者是否取得或增加市场控制力时,综合考虑下列因素:(1) 参与集中的经营者在相关市场的市场份额,以及相关市场的竞争状况;(2) 参与集中的经营者产品或服务的替代程度;(3) 集中所涉相关市场内未参与集中的经营者的生产能力,以及其产品或服务与参与集中经营者产品或服务的替代程度;(4) 参与集中的经营者控制销售市场或者原材料采购市场的能力;(5) 参与集中的经营者商品购买方转换供应商的能力;(6) 参与集中的经营者的财力和技术条件;(7) 参与集中的经营者的下游客户的购买能力;(8) 应当考虑的其他因素。

按照我国《反垄断法》第 27 条的规定,审查经营者集中,应当综合考虑下列因素:

(1) 参与集中的经营者在相关市场的市场份额及其对市场的控制力。市场份额是分析相关市场结构、经营者及其竞争者在相关市场中地位的重要因素。经营者的市场份额可以在很大程度上显示该经营者的经济实力和竞争力,是市场控制力的集中体现,因此各国或地区的反垄断法一般都将市场份额作为判断经营者市场地位的一个重要指标。例如,欧共体《关于企业集中控制的理事会第 129/2004 号条例》的规定,如果参与集中的企业在欧共体市场或者其重大部分的市场份额不超过 25%,该集中一般被认为与欧共体市场相容;如果集中后的企业的市场份额是 25%—40%,除非特殊情况,一般也被认为不可能产生市场支配地位。从欧共体委员会的实践来看,如果集中后企业的市场份额在 40%—50%之间,一般认为产生了市场支配地位;如果集中后企业的市场份额超过 70%—75%,基本上就可以判断这些企业处于市场支配地位。

在我国,虽然没有规定具体的市场份额标准,但在相关案件中,执法者表达的思想大致是,合并后的企业的市场份额达到 50%时,将被禁止或限制。例如美国辉瑞公司和惠氏公司合并案中的猪支原体肺炎疫苗业务,剥离辉瑞公司的产能主要就是这部分重合业务合并后的市场份额接近 50%。

(2) 相关市场的市场集中度。市场集中度是对相关市场的结构所作的一种描述,体现相关市场内经营者的集中程度。通常情况下,相关市场的市场集中度越高,集中后市场集中度的增量越大,集中产生排除、限制竞争效果的可能性越大。一般用两项指标来衡量:行业前 N 家企业联合市场份额(CRn 指数,以下简称“行业集中度指数”)、赫芬达尔—赫希曼指数(Herfindahl-Horschman Index,HHI 指数,以下简称“赫氏指数”)。

行业集中度指数等于集中所涉相关市场中前 N 家经营者市场份额之和。这种方法比较简单,数据易得,易于操作。

美国 1968 年《横向合并指南》使用的是 CR4 标准,CR4 的计算方法是市场上最大 4 家市场份额之和。如果在某个市场中,四家最大的企业集中率达到 75%以上,且合并企业和被合并企业都拥有4%以上的市场份额,则该合并不能被批准;或者当合并企业拥有15%的市场份额,被合并企业拥有1%的市场份额,也应禁止。如果集中度不到75%,且合并企业和被合并企业拥有5%以上的市场份额,或者当合并企业拥有25%的市场份额,被合并企业拥有1%的市场份额,政府将警惕该合并。该合并指南是哈佛学派观点的集中反映。

与CR4标准相比较,赫氏指数能更准确地反映市场的结构。赫氏指数等于集中所涉相关市场中每个经营者市场份额的平方和乘以10000。在独家垄断的市场条件下,由于该企业的市场份额是100%,赫氏指数就等于10000;而在完全竞争的市场条件下,因为市场上的企业数目众多,每个企业所占的市场份额就极其有限,赫氏指数则仅仅是大于零的一个数目。例如,如果市场上有4家企业,市场份额分别为40%、30%、20%、10%,这个市场上的HHI$=40\times40+30\times30+20\times20+10\times10=3000$。[①] 可见,赫氏指数是一个大于零小于等于10000的一个数。

赫氏指数不仅考虑相关市场上几个最大企业的市场份额,而且还要考虑其他竞争者的市场份额。由于赫氏指数使用的是平方计算方法,大企业在市场中所占份额越大,赫氏指数越大,显示的市场集中度越高。根据赫尔芬达尔指数的计算方法,大企业的市场份额对市场集中度会产生较大的影响。例如,如果某产品市场上有六家企业,它们的市场份额分别为30%、20%、15%、15%、10%、10%。CR4数额是80%,赫氏指数是$30^2+20^2+15^2+15^2+10^2+10^2=1950$;如果6家企业的市场份额变为:30%、20%、20%、10%、10%、10%,则CR4数额仍为80%,但赫氏指数为$30^2+20^2+20^2+10^2+10^2+10^2=2000$。可见,赫氏指数对大企业的市场份额的变化反应比较敏感。所以,1982年美国《横向合并指南》改用了赫氏指数。

在美国,如果集中后的赫氏指数在1000—1800之间,属于中度集中市场。企业合并导致赫氏指数提高100点以上的,一般会被禁止。集中后市场赫氏指数超过1800,属于高度集中市场。此时,如果企业合并赫氏增长指数为50个点以上的,该合并一般会被禁止。如果集中的赫氏增长指数为100个点以上,便可以推断集中可能产生或者加强市场势力,或者推动行使市场势力,从而可能会遭到禁止。

在欧盟,集中后的赫氏指数在1000—2000之间,并且赫氏增长指数小于250;或赫氏指数虽然大于2000,但赫氏增长指数小于150,委员会也不认为存在阻碍竞争问题。

在我国,作为参照的赫氏指数是如何划线的,相关规定并不清楚。但在实践中,“马士基、地中海航运、达飞设立网络中心经营者集中案”“辉瑞公司收购惠氏公司案”等所使用的赫氏指数都超过了欧盟的标准。

(3) 经营者集中对市场进入、技术进步的影响。进入分析是从潜在竞争者面临的市场状况来分析市场结构和竞争空间的。如果进入一个市场如此容易,以至于企业集中后的市场参与者们无论是集体还是单方都无法维持一个高于合并前的盈利性价格上涨水平,那么这项企业集中就不可能产生市场力量或加强市场力量。在如此容易的市场上,企业集中不会被干预。

所谓如此容易,是指潜在竞争者在进入的数量、性质和范围上能够可能、及时和充分地

---

① 算式应该为:$[(40\%)^2+(30\%)^2+(20\%)^2+(10\%)^2]\times10000=3000$。这里为了计算方便,删掉了一些不影响得数的符号和数字。

阻止或抵消集中所抑制的竞争效果。如果潜在竞争者能够及时、充分地进入市场，那么这种集中通常不具有反竞争的效果；而如果集中阻碍了新经营者进入市场，那么这种集中就具有反竞争的效果。对此通常采取三个步骤进行判断。

第一步是评价进入的可能性。可能性的衡量以集中前的价格水平为标准。如果一项进入以集中前的价格水平衡量是盈利的，并且该进入者仍能享受这种价格水平，那么此项进入选择就具有可能性。受约束的进入是否会盈利是进入可能性的首要判断。市场进入者起初需承受较重的成本负担，只有按照折旧要求卸载这些负担的企业才能盈利。如果进入者无法转嫁成本，即意味着进入不可能实现。

盈利性的衡量标准以集中前的价格，或企业获利的最小平均销售额为准。如果进入者的销售额超出该最小平均销售额，则不存在进入障碍。另外，销售机会的大小也决定盈利的可能性。集中后经营者提价并限制产量为进入者留下了市场空间，如果市场是竞争性的，进入者可以通过经营将客户从既有企业那里吸引过来。

第二步是评价进入的及时性。这是评价在一个适当的时间内潜在竞争者的进入能否取得明显的市场影响。这里的“市场影响”主要是考察其产品价格对集中后经营者提高产品价格的拉回能力和冲击能力。如果潜在竞争者需要一个较长的时间才能进入市场，那么进入将不会阻止或抵消集中所产生的反竞争效果。美国反托拉斯当局考虑的“适当的时间”一般是两年，从准备进入市场到形成一定的市场影响力。

第三步是评价进入的充分性。潜在竞争者的市场进入在范围和数量上是以使市场价格回落到集中前的水平，即是充分的进入。这要求新经营者的进入必须达到相当的规模，否则其无力弥补集中后所产生的竞争损失。如果市场上已存在的竞争者施加控制阻止进入者获得所需要的资源，那么这种进入不可能是充分的。另外，进入要能对集中后企业的定价行为起到有效的约束作用，进入者的产品必须与合并企业的产品存在替代关系。

在当代市场经济，技术创新是企业核心竞争力的关键因素，是社会经济增长的基础。如果经营者集中导致集中后的经营者只凭提高商品价格即可获取垄断利润，而不能通过技术进步和创新来提高生产力和市场竞争力，则该经营者集中就是反竞争的。

(4) 经营者集中对消费者和其他有关经营者的影响。保护消费者的利益是反垄断法的立法目的之一。经营者集中可能会增加消费者的福利，如因规模效益提高了生产效率而向社会提供更为物美价廉的商品。但是，经营者集中也可能减损消费者的福利，因为经营者集中减少了市场竞争者的数量，提高了集中后的经营者的市场支配力，集中后的经营者可能滥用其市场支配力而向消费者索取更高的价格或提出不合理的交易条件。同样，经营者集中也可能损害其他有关经营者的利益，例如，经营者集中后形成市场支配地位，利用该地位控制原材料市场排挤相关市场上其他经营者，阻碍新的竞争者进入。

这个标准充分体现了反垄断法法益冲突中的“量广”要求，即经营者利益小于消费者利益加其他营业者利益之和。美国 1997 年修改《横向合并指南》时，曾出现了采用生产者福利和消费者福利标准的争议，但最终还是倾向于“消费者福利”标准，要求合并带来的效率体现出“降低价格、改进质量、提高服务或者开发新产品”。[①]

(5) 经营者集中对国民经济发展的影响。经营者集中涉及国家产业政策，某产业因集

---

① 辜海笑：《美国反托拉斯理论与政策》，中国经济出版社 2005 年版，第 185 页。

中而产生垄断对这个产业的发展是不利的,甚至会影响国民经济运行的稳定。当然,如果一个行业主体份额太零散,证明这个行业的整体竞争力不够强大。增强产业竞争力,尤其是国际竞争力需要以产业政策为中心,通过政府扶持或促导的方法强化经营者集中。1997 年美国联邦贸易委员会出于国家整体经济利益的考虑,在波音和麦道合并后占据世界飞机制造市场 64%份额的情况下,仍然不顾欧共体的强烈反对,批准该合并。所以一个损害竞争的经营者集中有可能有利于国民经济的发展,有利于社会公共利益,这样的经营者集中可以得到豁免。

(6) 影响市场竞争的其他因素。除了上述因素外,经济发展周期、国内外经济形势、国家宏观调控政策和市场竞争政策等都对市场竞争产生直接或间接的影响,在审查经营者集中的竞争效果时,应当酌量考虑。

(四) 审查结论及控制方式

对申报的经营者集中经过初步审查和进一步审查后,反垄断机构应当作出最后决定,决定结论有以下几种:

经营者集中具有或者可能具有排除、限制竞争效果的,国务院反垄断执法机构应当作出禁止经营者集中的决定。

经营者能够证明该集中对竞争产生的有利影响明显大于不利影响,或者符合社会公共利益的,国务院反垄断执法机构应当作出允许经营者集中的决定。

对于具有或者可能具有排除、限制竞争效果的经营者集中,如果参与集中的经营者作出相关承诺消除具有排除、限制竞争效果的要素的,反垄断执法机构可以附条件的允许经营者集中。

对于附条件的经营者集中,所附的条件有两种:结构上的限制和行为上的限制。从反垄断执法机构的角度而言,也可以分别称之为结构控制模式和行为控制模式。

与结构控制模式相对应,行为控制模式不是以规范企业的集中程度为中心,而是以规范合并企业相关行为为主的控制方式。具体措施后文详述。

在一个案件中,两种控制方法均可能适用。随着全球化加强,国家间经济依赖关系增大,各国在努力提升本国企业竞争力的同时,对企业规模的警戒已经大大降低。另外,从执法的效率性而言,行为控制更难以监管,美国、欧盟等反垄断执法中,更倾向于结构控制模式。

第三节 经营者集中的救济与抗辩

从立法目标上看,对经营者集中的审查是为了促进竞争效率和国民经济发展,但是,在适用中伴随的潜在的(甚至是致命的)问题是,反垄断机关对可能产生的限制竞争的忧虑不是现实的,而是来自于未来可能性的描述。换言之,反垄断机关并不会给被其怀疑有限制竞争可能性的经营者集中一个"试错"的过程,这产生了所谓的竞争忧虑,即反垄断机关对集中后行为的担忧。① 基于这种担忧所采取的措施是否恰当,须建立在相对合理的方法上:一方

① 波斯纳将其称为合并审查机关试图"将竞争顾虑消灭在发轫阶段"。参见〔美〕理查德・A. 波斯纳:《反托拉斯法》,孙秋宁译,中国政法大学出版社 2003 年版,第 142—143 页。

面反垄断机构可以通过控制某些最危险的方面允许集中;另一方面可以让当事人以抗辩的方式表达其合理性。由此产生了救济和抗辩制度。

一、救济方法

对不予禁止的经营者集中,反垄断执法机构可以决定附加减少集中对竞争产生不利影响的限制性条件。所附加的限制性条件主要体现在结构上或行为上,由此,便衍生出了结构性救济、行为性救济。

(一)结构性救济

结构性救济,也称结构性方法,是一种旨在恢复有效竞争结构的处理措施。结构控制模式预设的前提是,每个行业都存在维持有效竞争的合理结构,只要这个结构适当,就不需要政府干预和主动调整。

1. 基本方式

美国《谢尔曼法》被认为是结构控制模式的先驱,它是作为《保护贸易和商业免受非法限制和垄断危害法案》被通过的,该法案是美国第一次明确政府对垄断的态度,即垄断被视为违法(第1条)和犯罪(第2条)。《谢尔曼法》和其他反托拉斯法规定了三项对垄断组织的处理措施(不是处罚措施),经过反托拉斯诉讼一个垄断组织的最终命运将是如下三种之一:"解散、分离或放弃"(Dissolution, Divorcement, Divesture)。解散企业意味着原企业的消失,或被分解为几个小公司。这是比较严厉的处理结果,企业多年积累起来的经济规模将在转瞬间被瓦解。囿于规模经济的考虑,在美国反托拉斯执法历史上,采用解散的处理办法并不多见。① 分离是对合并采取的补救措施。合并后的联合体通常可以控制从生产到零售的所有环节,而中小型企业无力与之竞争,分离合并企业的某些资产或营业可能达到为中小企业创造公平竞争环境的目的。由于《克莱顿法》第7条修正案的有效执行②,这种处理方法已经非常普遍。"放弃"指的是母公司收回子公司的全部股本并使之脱离,也可以指放弃在另一个公司中的财产或财产权益,例如,被迫转让另一公司的股份,被强迫允许另一公司使用专利、被强制将产品特有名称让所有的企业公开使用等。所有这些放弃的情形都相当于对一个特殊市场的重新调整,是对市场"结构的补救",这种措施被认为是使企业比先前情况更好地自由进入市场的措施。

上述三项措施通过改变资产的权属、改变企业的经营行为来改变企业的市场控制力,进而改变市场结构。根据SCP范式,市场结构决定市场行为、市场行为决定市场绩效。适用结构方法的基本技术指标,就是界定相关市场和计算企业在相关市场上的集中度。

2. 资产或营业剥离

资产剥离是最主要的反垄断结构性救济措施,它要求拟交易双方将特定业务或资产出售给独立的第三方,使其参与市场竞争,或者直接出售给相关市场内的竞争者,增强其与集

---

① 解散公司的判决迄今只有约30次,其中只有3次涉及真正的大公司。而且这种解散并不具有彻底性,解散后的标准石油公司仍和原从属公司保持着密切的业务关系;解散后的北方证券公司大部分股票都被摩根集团掌握;解散后的美国电话电报公司仍是美国通讯市场上最有实力的公司。

② 《克莱顿法》第7条关于公司合并的规定中,只是对公司股份的取得予以禁止,对公司财产的取得没有规定。一个公司取得一定的股份后,它可以通过形式表决权取得公司财产,进行取得对该公司的控制权。1950年《塞勒—凯弗维尔修正案》通过,该修正案增加了财产取得的规定,因此,竞争者取得财产行为和股份行为都被禁止。

中后企业的竞争能力,保持充分有效的市场竞争结构。

营业剥离是将独立存在且在相关市场上能够良好运营的业务整体剥离。这里的业务整体包括:必要的管理人员、雇员、生产和销售设施、知识产权、相关许可证及其他独立运营的组成内容。营业剥离的要求是保障业务的"鲜活性"。

在实施资产(包括营业,下同)剥离的过程中,交易人须将特定资产分离并出售给适当的购买方,为保证被剥离的资产能够成功运营,实现恢复有效竞争的目的,剥离资产的范围及购买人、合并救济的实施等有严格的要求。

(1) 剥离关系主体

首先,剥离义务人。剥离分为自行剥离和委托剥离。一般,剥离义务人应当在审查决定确定的期限内,找到适当的买方并签订出售协议及其他相关协议,即自行剥离。按照我国商务部 2010 年发布的《关于实施经营者集中资产或业务剥离的暂行规定》(以下简称《剥离业务暂行规定》)第 3 条的规定,剥离义务人应当在出售协议及其他相关协议签订之日起 3 个月内将剥离业务转移给买方,并完成所有权转移等相关法律程序。根据案件具体情况,经剥离义务人申请并说明理由,商务部可酌情延长业务转移的期限。

另根据我国《剥离业务暂行规定》第 12 条的规定,在剥离完成之前,参与集中的经营者应当履行下列义务,以确保剥离业务的价值:① 保持剥离业务与其他业务之间相互独立,并以最符合剥离业务利益的方式进行管理;② 不得实施任何可能对剥离业务有不利影响的行为,包括聘用被剥离业务的员工,获得剥离业务的商业秘密和其他保密信息等;③ 指定专门的管理人,负责管理剥离业务并履行第①②项规定的义务。管理人在监督受托人的监督下履行职责,其任命和更换应得到监督受托人的同意;④ 确保潜在买方能够以公平合理的方式获得有关剥离业务的充分信息,使得潜在买方能够评估剥离业务的价值、范围和商业潜力;⑤ 根据买方的要求向其提供必要的支持和帮助,确保剥离业务的顺利交接和稳定经营;⑥ 向买方及时移交剥离业务并履行相关法律程序。在资产剥离期间,被剥离的资产必须与其他资产进行分开经营,交易人必须将被剥离的资产交给第三人分持(hold separate),以保证被剥离的资产不"变质",如更换核心管理人才、转移设施、改签合同等。同时,资产分持制度还能够在过渡期间减少合并给市场竞争带来的损害,有效地维护市场竞争。在资产分持阶段,被剥离资产一般由竞争主管机关指定特定的托管人进行保管,往往称之为"监督受托人"。

其次,监督受托人和剥离受托人。在委托剥离的情况下,产生了除剥离义务人之外的另两个法律关系主体:监督受托人和剥离受托人。监督受托人是指受剥离义务人委托,负责对业务剥离进行全程监督的自然人、法人或其他组织。监督受托人的义务在于对被剥离资产进行保管,保证被剥离资产的经济性和可存活性,监督被剥离的资产的运营与管理,采取适当的措施防止交易方获取被剥离资产的商业秘密、专利技术及其他保密信息等。[①] 按照法律规定,剥离义务人应当与监督受托人和剥离受托人签订书面委托协议,明确双方的职责和义务。监督受托人和剥离受托人的报酬由剥离义务人支付,报酬数量及其支付方式不得损害监督受托人和剥离受托人履行受托职责的独立性及工作效率。

---

① Jonas S Brueckner, "Thomas Hoehn: Monitoring Compliance with Merger Remedies—The Role of the Monitoring Trustee," *Competition Law International*, September 2010, p. 75.

监督受托人应当在自委托协议生效之日起，至业务剥离完成之日止的期间内履行职责；剥离受托人应当在自委托协议生效之日起，至受托剥离阶段结束之日止的期间内履行职责。非经执法部门同意，剥离义务人不得解除、变更与监督受托人和剥离受托人的委托协议。

按照我国《剥离业务暂行规定》第 4 条的规定，剥离义务人应当在商务部作出审查决定之日起 15 日内向商务部提交监督受托人人选。确定监督受托人后，其应当在商务部监督下，本着勤勉、尽职的原则，独立于剥离义务人履行下列职责：① 监督剥离义务人履行法律规定的义务，并定期向商务部提交监督报告；② 对剥离义务人推荐的买方人选、拟签订的出售协议及其他相关协议等进行评估，并向商务部提交评估报告；③ 监督出售协议及其他相关协议的执行，并定期向商务部提交监督报告；④ 负责协调剥离义务人与潜在买方就剥离事项产生的争议，并向商务部报告；⑤ 应商务部要求提交其他与业务剥离有关的报告。

如果剥离义务人未能如期完成自行剥离，则可以请求执法部门进行受托剥离。由剥离受托人按照审查决定规定的期限和方式找到适当的买方，并达成出售协议及其他相关协议，即受托剥离。

进入受托剥离阶段，竞争主管机关往往会指定特定的人负责对被剥离资产出售，此特殊主体被称为“剥离受托人”。剥离受托人是指在受托剥离阶段，受剥离义务人委托，负责找到适当的买方并达成出售协议及其他相关协议的自然人、法人或其他组织。

监督受托人和剥离受托人必须是具有从事受托业务的必要资源和能力的自然人、法人或其他组织，并且应独立于参与集中的经营者和剥离业务的买方，与其不存在实质性利害关系。监督受托人和剥离受托人可以是相同的自然人、法人或其他组织，也可以是不同的主体。他们都只对执法机构负责，非经执法机构的同意，不得同剥离义务人私下协商确定相关剥离事项。

最后，购买人。确定购买人是结构救济中的重要一环，也是剥离能否成功实施的核心环节。一般来说，设定的购买人必须符合以下几个条件：

一是购买人应独立于集中双方。独立于集中双（各）方并且是非关联方，不会产生另外的反竞争效果，同时也应当保证购买人能够从相关机构获得所有必要许可。

二是必须符合预先设定的资格标准。一般资格要求，是具有一定的经济能力、专业能力和动力维持剥离资产的存在和发展，以使其作为可存续的、有活力的市场力量与合并方及其他的竞争者进行竞争，确保市场的有效竞争。

三是购买人的确定需经执法部门的批准。鉴于购买人在资产剥离中至关重要的作用，为减少购买人的不确定性，竞争主管机关需要对购买人的关联关系和条件进行审查。

（2）剥离的形式

在反垄断机构作出剥离决定之后，为了保证业务的延续和有效地参与市场竞争，不影响交易的正常进行，减少剥离过程中的不确定性，资产剥离期限不会过长，一般要求在 3—6 个月之间，最长不超过 1 年。具体期限的确定往往要考虑剥离资产的规模、复杂程度、剥离资产在过渡期间贬值的可能性等因素。[①] 剥离可自行处理，也可能被指令处理。

---

① OECD, "A Frame Work for the Design and Implementation of Competition Law and Policy," 1999, p. 55, available at http://www.oecd.org/document/24/0,3343,en_2649_34535_1916760_1_1_1_1,00.html., Accessed on Feb. 24, 2011.

① 定资先行。如果拟交易的一方能够事先找到合适的购买人,并与购买人签订协议,可以报请反垄断主管机关,获得反垄断主管机关的同意,从而在申报阶段就解决了阻碍、限制竞争的问题,即所谓的"定资先行"。一般而言,"定资先行"节省执法成本,保持了剥离资产的鲜活性,并免除了被剥离资产无人购买之忧。但是,拟合并交易方也可能会与购买方串通以逃避反垄断主管机关的反垄断审查,所以,如果购买人是诚信度较高的市场经济体,将比较容易得到反垄断机构的批准。

② 托管出售。授权剥离托管人处理剥离资产的方法有两种:一种是以无底价的形式将剥离资产出售;另一种是反垄断机构在资产剥离的方案中设定"皇冠剥离"条款。所谓"皇冠剥离"条款,也称"皇冠明珠(Crown Jewel)法则",是指在剥离期限内未能找到适格的购买人,那么反垄断执法机关有权要求交易人剥离更多和更容易出售的优质核心资产。之所以授权采取这两种"非市场化"的方法,主要是由于反垄断执法机关对剥离的资产缺乏必要的信息和鉴别能力,不能排除拟合并交易的双方在合并救济过程中保留核心技术、资产或人员,剥离垃圾资产的可能性。当然,第三购买人也有可能基于"无底价"或"明珠"的诱惑,采取不合作的态度,等待反垄断执法机关以更优惠的方式剥离"皇冠"资产,从而引发道德风险。事实上,这种极端处理方法的目的,不在于有意给集中方带来资产损失以示惩罚,而在于督促拟合并交易方应尽可能在规定期限内完成剥离,以免进入托管阶段带来的经济损失。

对于审查决定中涉及剥离事项的,每一方企业都不愿意将自己的优良资产或业务切割出去,那么,对于执法机构而言,剥离的业务到底是剥离份额大的,还是小的,则需要仔细考量。一般而言,集中后的企业在主业上具有较大优势地位的,被剥离的可能是较大份额的业务。在我国的反垄断执法实践中,辉瑞公司和惠氏公司的集中审查中,选择的是剥离较大一方的业务;在松下公司和三洋公司的集中审查中,剥离的是较小的业务。

(二) 行为性救济

行为性救济,又称行为性方法,是反垄断机关在允许经营者集中时为保障经营者集中后相关主体的竞争利益附加的某些行为限制的方法。行为性救济方法主要有:

(1) 开放性救济。经营者集中的交易人所拥有的基础设施或知识产权可能成为竞争者进入市场的障碍时,反垄断执法机关往往要求实行"开放救济"。在开放救济中应用较多的是"开放基础设施"与"开放知识产权"。

"开放基础设施",是指交易人允许竞争者使用其拥有的基础设施,例如电信网络、服务系统、轨道、机场跑道等,并收取一定的合理费用。"开放知识产权",主要是授予竞争者知识产权许可,其中包括独家许可与非独家许可,由于如专利、商标等知识产权的专业性,当反垄断执法机关决定实施对于知识产权的开放时往往需要专业人才进行评估,需要着重对被许可人和许可费用进行审查,以防止被许可人与合并企业实行共谋,或是许可费用过高导致被许可人失去竞争的能力与动力,必须注意能够在消除反竞争的效果和保证知识产权的创新性之间保持平衡。①

(2) 维持现状承诺。维持现状承诺,是指不通过新的并购或扩大产能而寻求增加其市

① ICN Merger Working Group, Analytical Framework Subgroup, "Merger Remedies Review Project: *Report for the Fourth ICN Annual Conference at Bonn 1*"(June 2005), p. 13. Availableat http://internationalcompetitionnetwork.org/uploads/library/doc323. pdf.

场力量，严格要求合并后的企业不得继续扩张，作为资产剥离的辅助性措施，防止合并后的企业在竞争对手中寻求股份扩大市场份额，也是一种保持市场结构的有效措施。

(3) 公平交易条款。公平交易条款，也称非歧视条款，是指集中后的企业在与不同商业主体进行交易时应当采用同等的交易条件，不得有歧视行为，特别是在上游企业与下游企业合并的情形下。[①] 设置这种条款的目的是，防止上游产品销售部门通过抬价、降低产品品质对交易方进行歧视性交易，降低竞争对手的市场竞争力，提升本部门下游产品的销售。

(4) 短期供应协议。通常来说，剥离的资产一定要切除与出卖人的联系，但是在资产交易完成后的过渡期内，由于生产设备的重新组合等原因，不能马上向市场提供产品，此时控制原材料等生产要素的出卖人有义务向购买人提供短期的供应，以使竞争者尽快恢复到剥离前的生产能力和生产条件。

(5) 防火墙(Fire-Wall)条款。这种方法主要应用于纵向合并以及混合合并中，目的是防止协同效应出现[②]，因为企业纵向合并后可以使处于生产、销售同一产品上下游阶段的两部门通过共享信息的手段抬高价格打击上下游的竞争者。因此，建立防火墙条款是禁止合并后的企业在一定时间内互通相关信息。

(6) 透明度条款。透明度条款是指在某些情况下，要求合并后的企业向竞争主管机关或者行业管制机关披露相关信息以保证交易的透明。相关信息包括产品(服务)价格、产量、销售量、质量等。

此外，实践中适用的行为性救济方法还有禁止报复条款、禁止签订排他性协议、知识产权的强制许可条款等。行为救济是开放性的，在立法上往往很难(一般也不)一一列举。

(三) 救济方法的比较分析

相比较结构性救济，行为性救济需要的时间比较长，且需要持续性监管，因此实施起来比较难。例如，就防火墙条款而言，该条款能否得到遵守往往需要反垄断执法机关以及产业主管机关对交易人实行严格的监督，而这种监管的难度非常大，毕竟那是企业内部的情况。又如，透明度条款在实施中的问题往往是，自我披露的透明度条款并不奏效，因为要求交易人汇报其自身的执行情况显然与其利益相悖，交易人会本能地采取各种办法逃避监管。监管机构也会遇到披露的信息透明到什么程度的问题，还要防止透明度加大反而促发相关市场竞争者之间的协调。

正是由于行为性救济措施的复杂性及带来的监管难度大等问题，长期以来，美国、欧盟等处理附条件的合并事项时，结构性救济成为竞争主管机关优先适用的方法。美国联邦最高法院法官曾评论说："资产剥离是最重要的反托拉斯救济方式，它形式简单、便于管理、结果确定。一旦发生违反《克莱顿法》第 7 条的诉讼，法官就应该首先想到它。"[③]美国司法部 2004 年《反托拉斯局关于合并救济的政策指南》中明确指出："倾向采纳结构性救济，而行为

---

① Antitrust Division, "Policy Guide to Merger Remedies"(DOJ Guide, October 21, 2004), p. 27, Available at http://www.usdoj.gov/atr/public/guidelines/205108.pdf, Accessed on Feb. 21, 2011.

② Antitrust Division, "Policy Guide to Merger Remedies"(DOJ Guide, October 21, 2004), p. 23, Available at http://www.usdoj.gov/atr/public/guidelines/205108.pdf. Accessed on Feb. 21, 2011. *See also* Katri Paas, "Non-structural Remedies in EU Merger Control", *European Competition Law Review*, 27(5) 2006, pp. 209—216.

③ *United States v. E. I. du Point de Nemours & Co.*, 366 U.S. 316, 330—331(1961)。转引自卫新江:《欧盟、美国企业合并反垄断规制比较研究》，北京大学出版社 2003 年版，第 99 页。

性救济仅在特定情形下适用。"[①]欧共体 2001 年《关于可接受的救济的通告》第 13 条也认为:"除禁止合并外,恢复竞争最有效的措施,是通过剥离为新的竞争实体出现或现有竞争者地位的增强创造条件。"

当然,资产剥离被优先选择适用,更多地是从减轻竞争执法机关工作负担的角度考量的结果。就其适用范围而言,对于业务重叠的横向合并,剥离重叠业务的结构性救济当然是最佳选择,而对于纵向合并和混合合并,结构性救济往往无能为力,必须通过行为性救济进行矫正。另外,在某些横向合并中进行的资产剥离,如果为了剥离成功采取短期的无底价销售或皇冠剥离手法,可能会损害被剥离交易方的资产利益,这样反而违背维护竞争的目的,造成人为恶化市场竞争状况的后果。因此,合并救济需要结构性救济和行为性救济结合起来灵活适用,即便对于业务重叠的横向合并仅依靠结构性救济一般也难以奏效,需要辅之以必要的行为性救济方法。

我国商务部在处理日本三菱丽阳公司(以下简称"三菱丽阳公司")收购璐彩特国际公司(以下简称"璐彩特公司")的经营者集中反垄断申报及处理时,采取了结构性救济和行为性救济的综合方法。

三菱丽阳公司和璐彩特公司的业务重叠主要是在甲基丙烯酸甲酯(Methylmethacrylate,简称 MMA)的生产和销售上。除 MMA 外,两家公司在某些特种甲基丙烯酸酯单体(SpMAs)、PMMA 粒子和 PMMA 板材产品上也有少量重叠。因此,相关产品市场为 MMA、SpMAs、PMMA 粒子和 PMMA 板材。本项集中对除 MMA 外的其他三类产品市场影响很小。本项集中的相关地域市场为中国市场。

从横向看,此次交易很可能会对中国 MMA 市场的有效竞争格局产生负面影响。双方合并后的市场份额达到 64%,远远高于位于第二的吉林石化和位于第三的黑龙江龙新公司。凭借在 MMA 市场取得的支配地位,合并后三菱丽阳公司有能力在中国 MMA 市场排除和限制竞争对手。从纵向看,由于三菱丽阳公司在 MMA 及其下游两个市场均有业务,交易完成后,凭借在上游 MMA 市场取得的支配地位,合并后三菱丽阳公司有能力对其下游竞争者产生封锁效应。

为了减少审查中发现的不利影响,商务部附加限制性条件批准此项经营者集中,具体条件如下:

(1) 产能剥离。璐彩特国际(中国)化工有限公司(以下简称"璐彩特中国公司")将其年产能中的 50%剥离出来,一次性出售给一家或多家非关联的第三方购买人,剥离的期间为 5 年。第三方购买人将有权在 5 年内以生产成本和管理成本(成本价格,不附加任何利润)购买璐彩特中国公司生产的 MMA 产品,该成本价由独立审计师作年度核实。如果在剥离期限内产能剥离未能完成,集中双方同意商务部有权指派独立的受托人将璐彩特中国公司的 100%股权出售给独立第三方(皇冠剥离)。

剥离应在拟议交易完成后的 6 个月内完成。如果璐彩特公司有合理理由提出延期申请,商务部有权将以上期限延长 6 个月(自行剥离及期限)。

(2) 独立运营璐彩特中国公司直至完成产能剥离。在自拟议交易完成至完成产能剥离

① Antitrust Division, "Policy Guide to Merger Remedies" (DOJ Guide, October 21, 2004), p. 7, available at http://www.usdoj.gov/atr/public/guidelines/205108.pdf. Accessed on Feb. 21, 2011.

或完成全部剥离期间内，璐彩特中国公司与三菱丽阳公司在中国的MMA单体业务将独立运营，分别拥有各自的管理层和董事会成员（资产分持制度）。

在独立运营期内，集中双方将继续在相互竞争的基础上分别在中国销售MMA，两家公司不得相互交换有关中国市场的定价、客户及其他竞争性信息（防火墙条款）。

（3）未来5年不再收购也不再建新厂（维持现状承诺）。未经商务部事先批准，合并后三菱丽阳公司在拟议交易交割后5年内不得从事下列行为：在中国收购MMA单体、PMMA聚合物或铸塑板生产商；在中国新建生产MMA单体、PMMA聚合物或铸塑板的工厂。

这里，采取了结构性方法——产能剥离及其皇冠剥离手段，以及行为性方法——防火墙条款、维持现状承诺。

二、抗辩

经营者集中是市场经济的一把“双刃剑”：一方面，经营者经济力量过度集中将导致垄断，从而破坏市场的有效竞争，损害消费者的合法权益；另一方面，经营者集中可能有利于优化资源配置，提高企业经济效益，增强企业国际竞争力。因此，经营者集中的抗辩制度作为反垄断法的一项重要制度被各国、各地区立法和司法实践所普遍接受。

我国《反垄断法》第28条对经营者集中的抗辩理由笼统地规定了两个方面：一是“经营者能够证明该集中对竞争产生的有利影响明显大于不利影响”；二是“符合社会公共利益”。前者可以称之为效率抗辩，后者可以认为是一个兜底条款，包括效率抗辩之外的抗辩内容。当然，社会公共利益内涵具有发散性，在具体经营者集中的抗辩中，需要将内涵明确化，并能够以客观公益或主观公益的形式体现出来。否则，公益抗辩可能被滥用。

现结合相关国家的法律制度和反垄断理论，将抗辩理由主要归纳为效率抗辩、破产抗辩、国际竞争力抗辩。

（一）效率抗辩

早在19世纪，英国著名经济学家马歇尔在他的著作《经济学原理》[①]中就对规模经济与垄断之间的冲突现象进行了描述，后被概括为“马歇尔冲突”。

规模经济，是指随着生产规模的扩大，平均成本逐步下降而获得较多利润的现象。经济学上，这种现象又被称为规模收益递增。可以将规模经济归纳为资源配置优化效应、成本正效应两个方面。

资源配置优化效应，即资源的合理流动和互补情况下产生的配置效应。经济学上，企业合并是存量资源流动的形式。企业合并必然导致资源的重新配置。合并产生的资源配置有优化配置和误置之分。优化配置能提高资源综合利用效率，例如优势企业在扩张中兼并了扩张所需要的亏损企业的厂房、机械。优质配置的总体特征是使闲置的、低效的资源在重新配置中得到利用。从企业管理角度讲，资源误置是企业在资源配置中引入无充分利用的资源形成资源浪费。从市场秩序上看，企业合并过程中资源误置是资源无法自由地、合理地流动。前者是狭义的资源误置，后者是广义的资源误置。反垄断法所追求的资源配置优化效应是在反对广义的资源误置的基础上实现的。通常，广义的资源误置需要一段“试错”的过程才能反映出来，但由于反垄断法的预防性调整，“试错”的过程被取消了。或者说，合并的

---

① 参见〔英〕马歇尔：《经济学原理》（上卷），朱志泰译，商务印书馆2010年版。

资源配置效果的客观证实过程被立法和执法者主观化了,“试错”过程被“推定”过程取代。其合理性的基础是,资源误置为市场的“不可承受之重”。

成本正效应,是通过节约交易成本产生的效率。交易成本是一种重要的经济学分析方法[①],企业合并可以节约交易成本。与合并前相对分散、小批量、连续性差的交易相比,合并后的企业会节约流通费用,减少单位产品的交易费用。在簿记、核算、签约、通讯、验收等方面所花费的时间和开支也相对减少。另外,企业合并可以通过外部行为内部化来提高组织协调效率,节约管理费用。追求成本最小化是厂商的行为目标,但它不是厂商的永恒目标。它是在外部竞争环境压力下产生的,一旦没有外部压力,就失去了这种行为目标。20 世纪 60 年代以后,经济学家莱本斯坦提出了“X 非效率”理论,即合并后的企业集团因垄断性而各自追求团体内部的利益,致使企业整体效率下降。另外,企业没有追求成本最小化的动力,也会滋生浪费、超高分配等现象降低生产效率。这里的“X”包括企业经理层发生的损失和非效率、员工的非效率、增加管理层的非效率等。[②]

这表明了合并带来的效率有积极效率,也可能产生消极效率。就经济行为本身而言,追求效率是任何企业生存和发展的首要条件,也是整个国民经济的基本推动力,没有效率当然就没有发展可言,企业追求利润最大化最经常、最有效的手段是降低成本。通过垄断排斥竞争对手,可以最大限度地提高价格,攫取超额利润。为此,“从纯粹经济学意义上说,垄断似乎无可指责,是市场竞争和现代化的必然趋势和结果”。[③] 但垄断企业追求的只是单一或局部的效率,缺乏对国民经济的整体协调。包括垄断造成的竞争条件不公平危害同行业的大多数中小企业的生存和发展,使消费者失去了多样性选择的机会。

所以,效率抗辩是规模经济抗辩。尽管规模经济和非规模经济之间很难划出一条清晰的界线,但由于垄断化危险的存在,通过企业行为对消费者利益和竞争者利益的影响,可以大致描绘出两者之间相对明确的界线。

需进一步说明的是,规模经济并非经济规模。企业在一定条件下,根据自身情况与外部环境,科学地决定企业的生产规模才能实现规模经济。发展规模经济并不是一味地扩大企业规模,建立在非效率基础上的企业规模扩大反而会出现各种问题。必须把握发展企业规模的度,即保证规模经济充分发展又不至于因企业规模过大导致效益下降。

早期的反垄断法并不承认效率抗辩。或许受卡特尔行为的影响当时的法律对水平合并的态度严厉有加。在美国,1968 年《横向合并指南》中加入了含义并不明了的效率抗辩,即“除非是例外的情况下”。由于效率难以量化[④],很长一段时间里,这一问题没有本质上的突破。1982 年的《横向合并指南》大大放宽了提高效率的条件,1984 年的《横向合并指南》干脆明文规定:为了效率,可以实行垄断。在 1992 年的《横向合并指南》中进一步明确指出:“合

① 由科斯于 1937 年最先提出,其核心是探讨企业扩张的合理性,即外部成本内部化。科斯研究的成本包括搜寻价格信息的成本和交易中讨价还价的成本。后来交易成本扩展为估量、界定和保护产权的成本,发现交易对象的成本,订立交易的成本,执行交易的成本等。威廉姆森将交易成本比喻为“物理学中的摩擦”。

② 企业经理层的非效率是由于管理层的追求和股东的追求目标不一致导致的非效率;员工的非效率体现为企业整体效率和员工个人工作效率关系模糊导致的非效率;管理层增加是指垄断性企业官僚化,增加了信息传导的成本和管理成本。

③ 刘杰:《美国经济中的垄断与反垄断》,载《世界经济研究》1998 年第 5 期。

④ 波斯纳曾坦言,“效率是诉讼中难以处理的问题”。参见〔美〕理查德·A.波斯纳:《反托拉斯法》(第 2 版),孙秋宁译,中国政法大学出版社 2003 年版,第 156 页。

并对经济的主要益处是它们具有提高效率的潜力,效率可提高企业的竞争力,并对消费者降低产品价格……在大多数情况下,指南允许企业不受当局干预进行合并以提高效率,该效率是通过其他途径不可获得的……”经过5年实践,为适应日益汹涌澎湃的合并浪潮,美国司法部和联邦贸易委员会于1997年4月公布了对《横向合并指南》中有关效率一节的修正案。它进一步提升了企业合并中的效率价值,同时也进一步放松了联邦反托拉斯部门在这一问题上的政策,将“合并特有效率”确定为反托拉斯当局审理合并案件时“可予考虑的效率”。在这样的“合并特有效率”政策指导下,几乎所有的合并都可以顺利通过反托拉斯法的审查。这样,横向合并的标准就变为:“如果一个合并会导致垄断或者近乎垄断,这个合并中的效率就不具有合理性。”[①]

德国《反限制竞争法》第36条关于“评价合并的原则”规定:“如可预见,合并将产生或加强市场支配地位,联邦卡特尔局应禁止合并,但参与合并的企业证明合并也能改善竞争条件,且这种改善超过支配市场的弊端的,不在此限。”这个原则确立了效率抗辩。

我国《关于评估经营者集中竞争影响的暂行规定》第11条第1款规定,经营者集中有助于扩大经营规模,增强市场竞争力,从而提高经济效率,促进国民经济发展。第12条规定,“评估经营者集中时,除考虑上述因素,还需综合考虑集中对公共利益的影响、集中对经济效率的影响……”。这里,确立了效率抗辩原则。此外,第12条还规定了“是否存在抵消性买方力量等因素”,考虑合并后的垄断力量对买方的影响,即是否恶化了买方的购买环境和成本,可以将这个规定理解为整体效率抗辩。

(二) 破产抗辩

比效率更易被接受的抗辩理由是破产。破产抗辩是国际上通行的禁止企业合并的豁免理由,其理论基础在于与其让公司破产,不如让新的所有人通过合并来取得并管理公司的资产,以便保持竞争状态。美国司法部及联邦贸易委员会1997年发布的《横向合并指南》“破产和现有资产”一节中,对这一豁免理由作了详尽的规定:“(1) 所说的破产企业在不久的将来资不抵债;(2) 它没有能力根据破产法的规定成功地进行重组;(3) 它已作出虽不成功但却是真诚的努力寻找对其破产公司财产比较合理的可选择的报价,以便既能使其有形和无形资产继续留在相关市场上,又可使竞争受到比现在打算中的兼并更小的不利影响;(4) 如果没有这个兼并,破产企业的资产将退出相关市场。”经济合作组织在《竞争法的基本框架》文件第七节“企业兼并和收购”中第9条(b)项规定也将破产列入可不受竞争主管的禁止情形:“该项集中的当事人之一面临着实际的或迫近的财务失败,而该项集中为该当事人的资产提供了一种在已知选择中对竞争危害最小的用途。”我国《关于评估经营者集中竞争影响的暂行规定》第12条规定,“……参与集中的经营者是否为濒临破产的企业……”。

从根本上讲,竞争的结果是优胜劣汰,企业破产原本是市场经济正常和必然的现象。但过度的企业破产又会引发严重失业及社会不稳定等众多的社会性问题。允许优势企业对那些濒临破产的企业进行“拯救”而不使之进入破产清算程序,这种行为既有利于被合并企业,也符合社会整体利益。

(三) 国际竞争力抗辩

各种商品、资本、技术乃至劳动力等要素在全球范围内流动加快的情势,一方面给各国

---

① 尚明:《主要国家(地区)反垄断法律汇编》,法律出版社2004年版,第248页。

企业带来更多的机遇,另一方面又使各国企业面临范围更大、程度更强的竞争。任何企业要想在迅速扩展的全球经济及日趋激烈的国际竞争中夺得并保住领先地位,除了自身的变革外,当务之急是尽快使自己迅速壮大起来,其"捷径"便是走合并之路。

近年来,在美国以及欧洲国家形成了新的企业合并浪潮,涉及飞机、汽车、建筑、化工、能源以及银行保险等重要的经济部门,而且跨国合并的范围越来越大,势头越来越强劲,这说明了经济集中化程度正在加深。

面对世界范围内企业合并的浪潮以及企业规模的日益壮大,各国的反垄断立法和实践都面对着一个全新的课题,即经济全球化下本国利益和他国利益的协调问题。各国政府出于本国经济利益的考虑,对提高公司企业国际竞争力的合并行为,只要不是严重危害国内竞争或竞争性市场效果,一般不加干预。美国一直反对在控制公司企业合并时考虑国际竞争力的问题,但是自 20 世纪 80 年代以来,观念发生了逆转。1987 年提出的一项《合并现代化法》将美国国内的合并放到国际竞争环境中来考察。如今,为应付日益激烈的国际竞争而实施企业合并似乎已经成为美国联邦政府和企业的共识。联邦政府不仅放弃了反托拉斯的执法力度,而且在某些领域中某种程度上保护和鼓励公司企业合并。[①] 其他国家和地区大多也以提高国际竞争力为由鼓励公司企业合并,这也是全球性企业合并频频发生的原因所在。

在经济全球化的当下,发达国家和发展中国家都感受到了外部强大的竞争压力,努力提高本国企业在国际市场上的竞争能力成为各国政府的重要任务。因此,各国在控制企业合并时,不再孤立地审查合并对国内竞争秩序的影响,而是要对合并所带来的对国际竞争的积极影响和对国内竞争的消极影响进行利益权衡。[②] 国际竞争力成为企业合并反垄断法控制中的豁免理由,如法国《关于价格和竞争自由的法律》第 41 条关于"竞争危害与利益评估"中规定:"……该会对涉案企业面对国际竞争的竞争力,应予考虑。"例如,1987 年德国联邦卡特尔局批准 Fichtel&Sachs 和 Mannesmann 合并的一个理由是,Fichtel&Sachs 在国际市场上的占有率从 1976 年的 80%下降为 1987 年的 50%。[③]

---

① 胡国成:《论当前美国企业兼并浪潮》,载《美国研究》1998 年第 1 期。

② 程吉生:《国外企业合并规制反垄断法发展趋势的分析》,载《现代法学》2000 年第 1 期。

③ 王晓晔:《竞争法研究》,中国法制出版社 1999 年版,第 201 页。

第九章

行政垄断

在传统市场经济国家里，垄断问题主要集中于经济垄断。晚近以来，由于政府广泛深入经济内部，传统市场经济国家出现权力滥用的现象。另外，转型国家在市场化改革中行政权力不可能一下子退回到市场经济所要求的合适尺度，普遍性地产生了行政权力限制竞争的问题。相比之下，转型国家行政垄断现象更为突出，故而其在立法上大都有规制行政垄断的明确规定。

第一节　行政垄断概述

行政垄断，是相对于经济垄断而言的，指行政机关和法律、法规授权的具有管理公共事务职能的组织滥用行政权力，限制或者排除竞争的行为。

一、行政垄断产生的根源

行政垄断在反垄断立法较早的国家并不典型，在法律上也没有明文规定该种垄断形式。而转型国家却不约而同地规定了行政垄断。这种反差是由各自的特定历史、经济、政治制度决定的。

（一）一般根源

自19世纪中叶起，因社会关系的基础逐渐发生了变化——经济活动的基本主体由个人变为垄断组织，进而社会关系的矛盾主体也渐变为垄断组织和非垄断组织及垄断组织和个人之间，由于交易地位的不平等，以理性为基础的个人协调不得不让位于政府协调。

从特定的历史条件出发，权力对经济关系的介入，既有社会转型的客观要求——被垄断组织及其垄断行为破坏了的竞争秩序维护的需要；也有应对特殊社会关系的需要，如战争、经济危机。理论上凯恩斯学说曾作为一种“正统”被政府越来越广泛地接受了，由此干预主义成为国家经济治理的思想基础和行动指南。权力介入经济关系的主要理由是行政体系内经济信息集中、经济监督适时、行政裁决及时等。第二次世界大战以来政府职能的扩张几乎成了世界性潮流。由于行政权力介入社会经济事务逐步增多，政府也逐渐代替商人成为现代政治、经济舞台上的组织者，并在经济发展和社会发展方面起主导性作用。它标志着现代政府规制的开始。

因权力的介入而引发的制度突破不但表现在产生了诸如反垄断法、劳动法等新制度，而且表现在权力的基础也发生了改变。“公法已经逐渐变成了客观的(权力)，正像私法已经不再建立在个人权利或私人意思自治基础上,而是代之以一种每个人都承担的社会功能的观念。政府也相应地具有某种必须实现的社会功能。”①第二次世界大战以后至70年代以前西方国家的经济高速发展,被认为是国家权力推动的结果。

但是,“权力”和“权力的滥用”天生就难以割断。源于历史经验和政治环境的特殊性,西方社会对行政权力的介入,尤其是权力的现代性扩张存在一种微妙的心理。一方面行政行为不时被诟病为某些社会不公平现象的渊薮——当西方经济陷入了“滞胀”状态以后,以美国为代表的西方国家将“滞胀”的原因归咎于国家干预过多;另一方面为克服经济危机等社会风险又不得不眷顾过往的权力,如应对2008年金融危机美国迅速通过《紧急经济稳定法》。由此,经济关系中呈现出权力增压和权力释放的频繁交替。这种市场状况和权力行使情况正在改变权力的社会形象和淡化人们对权力的警觉。权力介入经济关系成为常态,也成为一项管理技术——对经济的管理要求动态的权力行使机制,需要随时间、地点、环境的变化而变化。这些都加大了对行政权力监督的难度。恰如英国著名法学家詹宁斯所言,法律界的任务不是宣称现代干预主义的极其有害性,而是在认识到所有的现代国家都已经采取了这种政策的情况下,在让该政策高效运行的必要的技术手段上提供咨询并为个人提供正义的问题上……讨论行政管理者与法官之间的权力。②

化解权力行使的危险始终是各国谨慎处理经济事务时的一项重要政治任务。而化解风险的基础在于找到风险的来源。

根据卢梭的政治理论,权力行使的危险来自利益的层次性及层级错位:“在行政官个人身上,我们可以区分三种本质上不同的意志:首先是个人固有的意志,它仅倾向于个人的特殊利益;其次是全体行政官员的共同意志……我们可以称之为团体的意志,这一团体的意志就其与政府的关系而言则是公共的,就其与国家——政府构成国家的一部分——的关系而言则是个别的;第三是人民的意志或主权的意志,这一意志无论对被看作是全体的国家而言,还是对被看作是全体的一部分的政府而言,都是公意。”③这三种意志代表了三种不同的利益,即公职人员的私人利益、全体公职人员的集团利益(或部门利益)、社会公共利益。利益冲突就发生在前两者与第三者之间。“在一个完美的立法之下,个别的或个人的意志应该是毫无地位的,政府本身的团体意志应该是极其次要的,公意或者主权的意志永远应该是主导的,而且是其他意志的唯一规范。相应的,按照自然的次序,这些不同的意志越是能集中,就变得越活跃。于是,公意便总是最弱的,团体的意志占第二位,而个别意志则占一切之中的第一位。因是之故,政府中的每个成员都首先是他自己本人,然后才是行政官,再然后才是公民;而这种级差是与社会秩序所要求的级差直接相反的。”④换言之,公域与私域的利益矛盾、“理性经济人”与“忠实公共人”的角色冲突,极容易致使公职人员丧失公共精神,从而导致公共权力的异化、私权与公权的错位。“国家公职人员作为‘理性经济人’,其职业特点决定了‘权钱交易’的易致性”。⑤

依社会公共事务管理和政府内部管理的要求,正常的政府利益是政府行为的基本条件,

① 〔法〕莱昂·狄冀:《公法的变迁/法律与国家》,郑戈、冷静译,辽海出版社、春风文艺出版社1999年版,第54页。
② 〔英〕卡罗尔·哈洛、理查德·罗林斯:《法律与行政》(上),杨伟东等译,商务印书馆2004年版,第153页。
③ 〔法〕卢梭:《社会契约论》,何兆武译,商务印书馆1980年版,第82页。
④ 同上书,第83页。
⑤ 谢庆奎、佟福玲主编:《政治改革与政府转型》,社会科学文献出版社2009年版,第214—215页。

失常的政府利益则会导致政府行为失范，即政府利益存在一个界限问题。超过一定界限，政府利益就会与政府责任和公共利益发生冲突。判断政府获取的利益是否属于“失常”，主要看政府利益的获取和使用是否违背公共利益和社会公平正义、是否超过当时当地社会经济发展水平。行政垄断来自政府行为的失范。

失范的政府行为又可能源于两个方面：一是“以公共的代价获取私人利益”①；二是为增进公职人员共同利益而危害公共利益。其主要特点是以维护公共利益为借口或以损害社会公共利益为代价，以增强政府（团体）自身利益为目的的权力行使。

具体而言，行政垄断现象的内在原因在于：

第一，政府将自身利益视为公共利益。由于政府利益内部结构的团体性及其人格化，政府利益具有二重性。一方面政府利益具有公共性。从该性质出发，政府利益只有一个目标，即其以代表的身份和合理的行为方式维护公共利益。这是利益关系中政府的基本角色，也是政府对社会公众承担责任的具体体现。另一方面政府利益具有自利性。自利性是政府自我服务的倾向和寻求自身利益最大化的属性。在自利性的支配下，政府就会以公共利益的名义来谋求自身利益的最大化。这些利益诉求并不代表社会公众，且利益成果也不惠及（包括完全不惠及和不完全惠及）公众，而是用以满足政府内部机构或其人员的私利需要。如不当设置各种名目的管理费，超标收取有关的费用，不按规定上缴、使用收取的费用等。

第二，政府与个别企业共享收益，实施地方垄断或部门垄断（学界一般称之为行政垄断）。由于地理环境、资源环境等不同，地区间发展速度和潜力会有所差异，这种差异在政府身上的直观反映是财力不均衡。财力的大小又直接影响政府的决策力和执行力。一些地方政府或行业主管部门为了地方利益或部门利益，以权力保护本地资源和产品的市场地位，获取垄断高价。或为了保护本地企业的发展并由此维持财源，往往采取限制本地原材料进入外地市场，或对本地企业采取各种保护措施，忽略产品质量、污染等问题。这种行为的消极后果既妨碍了一体化市场的形成，削弱地区间以市场化方式展示和发挥资源的比较优势的机会，在客观上将促成特殊利益群体，甚至形成西方学者奥尔森所言的“分利集团”②。

（二）西方国家和转型国家行政垄断根源的差异性

在某种程度上，西方国家由于受立宪主义的制约，总体上权力行使处于公众可了解和制度可约束的范围内，而转型国家因缺少权利与权力博弈的历史过程，且对权力约束主要不是自下而上，而是自上而下展开的，由此权力滥用现象相对显化，无论在类型上还是在程度上。

从资本主义发展的历史来看，市场经济国家的行政垄断主要体现在资本主义前期，即资本和皇权结合产生的封建垄断时期。消除了封建垄断的自由资本主义制度高度宣扬“自由竞争”的原则，这个原则统领着整个自由资本主义时期的经济关系，并沉淀成为资本主义制度的基本内核。

近现代以来，西方国家“自由”的观念深深扎根于经济政策的土壤，且司法对行政的约束很强，这是行政垄断不典型的主要原因。此外，在行政权力行使过程中，存在大量相互制约

---

① 俞可平：《权利政治与公益政治》，社会科学文献出版社 2000 年版，第 146 页。

② “分利集团”即分享利益的团体，这种团体只关心自身利益的增加，而不理会社会总收益的下降或是“公共损失”。为了获得利益他们会以“寻租”的手段来影响政策和控制市场。这种集团的行为的直接效果是阻碍技术创新、制度创新和经济增长。具体可参见〔美〕曼库尔·奥尔森：《国家兴衰探源：经济增长、滞胀与社会僵化》，吕应中等译，商务印书馆 1999 年版，第三章。

的压力集团的作用。“包括立法和行政指令,不可避免地都是各种利益集团压力的产物。”[①]一些政府(或政府官员)如果有权力滥用的行为,被触及的利益主体会通过利益集团及时表达。源于行政垄断的双重违法性,其中包含的违法成分,要么通过违宪审查或违宪诉讼,要么通过有关公务员的法律,或者反腐败的法律等得到纠正,而直接用反垄断法进行规制的,相对较少。

在西方国家中,近似于行政垄断的违法行为更经常的表现形态一种是保护地方经济的州立法;另一种是发生在被授权管理某些公共事务、提供公共服务的企业身上,尤其是一些国有企业,滥用优势地位行使权力。[②] 在方法上,矫正州立法的方法是通过违宪审查,“宪法规定联邦政府对各州承担某些义务。例如,必须保证各州建立一个共和体制的政府……宪法就州与州的关系作出了规定,要求一州对其他各州的法律和法院判决必须给予‘完全的信赖和尊重’”。[③] 禁止公用企业滥用权力限制竞争的行为,直接适用关于滥用支配地位的规制方法。如卫生防疫站有义务向合格的申请人发放许可证,若它要求申请人购买其所指定的产品作为发放的条件,将其在许可证服务市场上的支配地位延伸到另一市场,这属于典型的搭售行为。这类行为被纳入到滥用支配地位行为中的基本理由是,其与私人垄断企业同样的行为并无实质区别,唯一的差别就是支配地位的来源,而现代反垄断法注重行为的规制,并不过分关注支配地位的来源。[④]

在转型国家中,由于没有经历尖锐的经济自由对抗封建垄断的历史过程,及缺乏代表个体利益的团体力量抗衡权力的表达机制,因而在经济转型中行政垄断具有相当的普遍性。

在高度集中的计划经济体制下,在国家行政权力和经济力量紧密结合的情况下产生的企业,不是市场的主体,也不可能具有经营管理上的独立性。企业具有工具性:国家借助行政组织、行政区域和行政隶属关系,以拥有的人力、物力、财力为后盾,以行政指令为经济运行的手段,达到全局性的国家垄断。从权力对经济的介入关系而言,国家经济转型实质就是从全局性的国家垄断经由局部的行政垄断到自由竞争的过程。我国从 1979 年开始、俄罗斯从 1990 年开始的经济体制改革是解除全局性国家垄断的过程,但经济体制很难从一种理想状态过渡到另一种理想状态。经济体制改革的渐进性不可能使依靠行政权力实施的垄断一下子消除,行政权力受到利益的牵扯,在退出市场时会带有很强的黏性。转型经济条件下,行政权力可能主动侵蚀经济关系,也可能受经济利益的诱捕被动介入经济关系。

一些改制后的企业,还没有完全实现市场化,仍然寄生于行政权力之下求得生存和发展。一些政府部门出于地方或部门利益的考虑没有随着改革的深入而相应地将一些权力归还市场,甚至滥用这些权力获取非法利益。

因此,在体制过渡过程中,转型国家普遍性地出现行政垄断,是由其特殊客观环境和主观条件共同决定的。

(三) 我国行政垄断产生的根源

在我国出现的行政垄断现象与本国特有的政治经济背景、人事管理方式和法律环境紧

---

① 〔美〕希尔斯曼:《美国是如何治理的》,曹大鹏译,商务印书馆 1995 年版,第 516 页。
② 王晓晔:《欧共体竞争法中的国有企业》,载《外国法译评》1999 年第 3 期。
③ 〔美〕希尔斯曼:《美国是如何治理的》,曹大鹏译,商务印书馆 1995 年版,第 62 页。
④ 许光耀:《行政垄断的反垄断法规制》,载《中国法学》2004 年第 6 期。

密相关。

首先,我国的社会主义市场经济是公有制基础上的市场经济、是压缩了发展阶段的市场经济。一方面权力对经济关系的介入是基于传统经济体制的缺陷,通过经济体制的转变——由计划经济转向社会主义市场经济,相应地为权力配置权利的过程中逐步形成的,这个过程在权力的向性关系上表现为公法私法化。另一方面自改革开放以来,经济体制所处的国内经济环境和国际环境发生了重大的变化,且这种变化是短期内叠加在一起的,即生产社会化、国民经济体系化、经济全球化几乎是同时完成的。随着经济管理事项的增多和管理机构的增加,公共选择学派理论所言的管理机构的利益诉求也在迅速增大。“在税收增长的条件下,政府的公共支出的上升与GDP的增加以及由此而来的公共收入的增加呈线性关系”。

经济转型的本质是权力范围和行使方式的转型。经济转型施加给权力的压力,只是改变了权力和经济之间的渗透方式,各种以管理经济事务名义而扩张政府团体利益的行为不是减少而是呈增加的趋势,如一些地方政府为了保障团体利益的可持续而保护淘汰产业、环保不达标企业等。这些地方政府已从理论上代表公共利益的角色主体转变为实践中利用权力配置资源并由此追求自身利益最大化的经济“实体”了。

其次,以政治激励为基础的经济发展指标化引导政府注重经济“量”的增长而忽略了“含金量”的增加。中央集权财政体制下的地方政府,事权与财权的对应性使得利用行政权力牟取利益的激励不足。为提高国民经济体系化过程中中央财政的调控效率,调动地方挖掘资源的潜力,20世纪90年代末我国开始尝试打破事权与财权的配比关系,以分税制来激发地方提高财政收入的积极性,于是地方政府扩张财政目标和企业的逐利目标便自然而然地“契合”在一起了。且在权益分配中,限于地方税源的基础为企业开发土地收益和地方企业的经营收益,于是具有强烈“重商主义”色彩的土地财政及官商一体化的资源利用便偏离了公共利益目标,甚至与民众利益直接对立。

当然,分税制并不是中国所独创,政府逐利也不是分税制的必然结果。在我国,由于GDP与政绩观的特殊结合,放大了分税制的消极一面。尽管地方官员激励方式发生过一些变化:官员升迁的考核标准由过去以政治表现为主变为以经济绩效为主,到实行基于地方经济发展的可度量的政绩,但是当晋升的机会捆绑在本地区的经济增长的指标上,不论“总量相对绩效考核”——以GDP总量相对绩效好作为考核指标,还是以“增长率相对绩效考核”——以经济增长率作为考核指标,地方政府(官员)与开发商“互利共赢”为基础的核心结构都没有打破。实践中,一方面一些地方政府设置的招商引资目标和确立的各种优惠手段,挤压或剥夺了普通民众的利益;另一方面因资源禀赋和公共设施相对基差的存在,市场发育程度较低的市场又会受到发育程度较高地区市场扩张的冲击,权力介入市场阻碍技术、资源、产品在地区间合理流动,产生的行政垄断不仅造成了享有垄断利益的企业创新能力的弱化,也妨害了公共福祉的同步提升。单纯注重GDP的“量”的增长,而不是GDP的“含金量”的增长一定程度上扭曲了政府的身份:在经济领域作为一个“理性经济人”,同时在政治领域奉行“利己主义”,这导致了追求财政收入的目的和对扩大了的财政收入的使用方向背离了满足民众福祉增长的目标,并进一步导致了民众的政治认同度降低,甚至产生了政府的社会信任危机。

再次,权力监督渠道狭窄。传统的行政和行政法,私人力量被置于国家力量的对立面,国家权力的制约方式是官方机构的制约。只是到了近代,权力的司法监督才正式开启,由此形成了私人对国家权力监督的社会氛围。

从监督力量的来源上,“现代政治学已经证明,监督指向实质上与权力指向相一致,任何一个健全的民主社会,其监督指向都应当是自上而下、平行制约和自下而上的有机统一、平衡配置,不能畸轻畸重或强弱过分悬殊”。这里的“自上而下”的监督体现为系统内组织监督,“平行制约”体现为行政的司法监督,“自下而上”的监督体现为群众监督、舆论监督等。

目前,我国的权力监督虽难言“畸轻畸重或强弱过分悬殊”,但在监督方式上却呈现出以组织系统内的监督和自我监督且以系统内“自上而下”的监督为主的局面,监督权的来源上呈现出党组织系统监督和行政机关系统监督且以党的纪律监督为主的局面。

行政系统内的层级监督存在监督不彻底的先天不足。行政层级监督制度理想化地认为,行政系统内部权力的设置和运行是一个完美的体系:行政人员会认真地履行职责,偶有出现的行为偏差,依系统内部的监督机制可以及时纠正。然而,在现代社会政府机关及其公务员不可能超脱于一切利害关系之外,尤其是行政机关或公务员上下级之间基于某种特殊利益关系其本身可能组成利益集团或权力派系,这无疑会弱化系统监督的效力。实践中出现的上级机关怠于行使监督权、截留监督权的现象就源于此。

最后,对危害竞争秩序的权力滥用的竞争法回应有所不足。1993 年颁布的《反不正当竞争法》(第 7 条,2017 年修订已删除)明确禁止政府及其所属部门限定他人购买其指定的经营者的商品、限制其他经营者正当的经营活动,或者限制商品在地区之间正常流通,但是,对这种权力滥用的监督主要沿用行政法上的监督方式。近些年来,更隐晦的团体权力滥用——利用抽象行政行为滥用权力的现象越来越突出,为此,《反垄断法》(第 5 章)也作出了回应,但在监督思路和方法上仍没有根本性的改变。《反垄断法》第 51 条规定了两种监督方式,一是本部门系统内——“由上级机关责令改正;对直接负责的主管人员和其他直接责任人员依法给予处分”;二是跨部门行政系统内——“反垄断执法机构可以向有关上级机关提出依法处理的建议”。可以看出,行政权力滥用问题的解决,反垄断执法机构只能向实施者的上级机关提出建议,由上级行政机关来决定如何处理。2016 年开始推行的公平竞争审查制度力图重点解决抽象行政行为滥用问题,建立了“自我审查+建议”的机制[①],尽管如此,反垄断执法机构仍无权直接认定某一团体行为无效,责令其改变或撤销,也不能向法院提起无效之诉。

二、行政垄断的性质及分类

尽管自我国《反垄断法》制定以来理论界对行政垄断用语的规范性多有争议,但基于约定俗成,迄今这个概念已经得到广泛的认同。因为它比较明确地表达了行为主体的性质。

(一)行政垄断的性质

行政垄断是行政权力违反市场经济规律限制资源和资源流动的现象,所以行政垄断是基于违法性而使用的概念。

理解行政垄断,首先要区分经济学意义和法学意义上的行政垄断。垄断本身是一个经济学的概念,依照西方经济学家的观点,行政垄断即在行政权力适用中形成的垄断。“行政”

---

① 历史比较,这向前推进了一小步,即拉近了反垄断机构和政策制定机构之间的距离:“反垄断机构可以向政策制定机关或者其上级机关提出停止执行或者调整政策措施的建议”(《公平竞争审查制度实施细则(暂行)》第 24 条)。这一规定标志着反垄断机构监督实体化的开始,但值得关注的是“反垄断机构向政策制定机关提出……建议”的法律依据是什么?这不是《反垄断法》和《关于在市场体系建设中建立公平竞争审查制度的意见》(国务院〔2016〕34 号)中明确赋予的权源。

一般包括国家行政机关和地方行政机关，行政垄断的范围就分为国家行政垄断和地方行政垄断。经济学对问题的分析一般“价值无涉”[①]，即不以“合法”或“非法”对行为加以区分。经济学上的概念要比法学中的概念更为宽泛。法学或法律上的行政垄断需要价值衡量。

其次，行政垄断不同于国家垄断。国家对经济的管理建立在经济规律的基础上，其目的是为了维护国民经济的稳定和健康发展。行政垄断的实施主体主要是地方行政机关滥用行政权力，维护地方利益和某个个体利益。这里的国家垄断指依靠立法维护某行业或产业的国家经营，排除或限制市场竞争。所以，国家垄断通常是合法的垄断，行政垄断是违法的垄断。

再次，行政垄断是一种资源垄断，它不是凭借经济力量形成的，而是通过行政权力和行政行为实现的。经济垄断是经济力量滥用的结果，经济垄断的形成需要经济支配力为基础。经济支配力是在市场中渐进形成的，其形成方式有资本的增大、企业合并等。行政垄断是行政权力和资本结合的产物，行政权力通过资本的运作表现出来。这里的资本可大可小，不要求资本具有市场支配力。

最后，行政垄断是行为，也是一种状态。在反垄断立法和执法中，反垄断应该针对作为垄断企业的垄断行为本身，还是也针对经营者的垄断状态？这产生了西方国家立法上的“结构主义”与“行为主义”之争。由于西方国家法律没有对行政垄断的规制，“结构主义”与“行为主义”之争围绕经济垄断展开。行政垄断也存在“结构”与“行为”之分。“结构型”行政垄断表现为，滥用权力使经营者享有稳定的市场垄断地位、垄断状态；“行为型”行政垄断表现为，行政权力保护下的特殊经营行为。一般来说，前者来源于抽象行政行为；后者来源于具体行政行为。相较之下，“结构型”行政垄断更加隐晦，更加稳定，对市场的危害更深。

（二）行政垄断的分类

行政垄断的表现形式有多种，可以根据不同的标准分成不同的种类。

1. 地区垄断和行业垄断

依行为加害的范围不同，行政垄断可以分为地区垄断和行业垄断。

地区垄断，是指地方政府机关滥用行政权力，实行地区封锁、地方保护主义，限制和阻止外地经营者进入本地市场。其手段包括：对外地的经营者拒绝办营业执照，对外地产品随意没收，对经营外地产品的行为罚款、限制或禁止本地或外地的原材料和商品输入本辖区，或对外地经营者采取其他各种歧视措施。

行业垄断，又称部门垄断，是指政府部门利用行政权力限制部门之外的经营者参与本部门市场竞争的行为。行业垄断的目的在于保护本部门及本部门所属企业的利益。行业垄断成立的前提条件：首先，行业主管机关拥有涉及行业发展的投资规划权、资源管理权、财政权、企业管理权等；其次，行业主管机关超越授权的范围行使权力；最后，超越授权行使权力造成了行业垄断的后果。行业垄断的典型形式是行政性公司，如设立具备经营性质并兼具某方面行政管理职能的公司，垄断经营某行业。

2. 抽象行政行为垄断和具体行政行为垄断

根据限制竞争行为的方式不同，可以分为抽象行政行为垄断和具体行政行为垄断。

抽象行政行为，是指行政机关制定和发布普遍性行为规范的行为。它一般不针对特定

---

① 其中尤以马克斯·韦伯从方法论角度提出的价值无涉的影响最大。具体可参见〔德〕马克斯·韦伯：《社会科学方法论》，韩水法、莫茜译，中央编译出版社 1999 年版，第 163—183 页。

对象,而是规定在何种情况和条件下,行政机关和行政相对人的权力、义务关系,它在一定范围内具有普遍的约束力。通常情况下,来自抽象行政行为的行政垄断以政府规章、命令、决定等形式发布。具体行政行为,是国家行政机关和行政机关工作人员、法律法规授权的组织、行政机关委托的组织或者个人在行政管理活动中行使行政职权,针对特定的公民、法人或其他组织,就特定的具体事项,作出的限定公民、法人或其他组织权利,形成特定义务的单方行为。

3. 作为型行政垄断和不作为型行政垄断

根据滥用行政权力的方式不同,可以将行政垄断分为作为型行政垄断和不作为型行政垄断。

作为型行政垄断是指行政机关以作为的方式积极主动地排斥、限制竞争。例如,地方政府通过发布政府命令对外地生产的汽车在税费缴纳、牌照管理上采取歧视性政策。

不作为型行政垄断是指行政机关以不作为的方式排斥、限制竞争。为了保护本地本部门经营者的利益,采取不作为的方式排斥、限制外地外部门的经营者。例如我国《反垄断法》第 34 条规定,行政机关和法律、法规授权的具有管理公共事务职能的组织……不依法发布信息等方式,排斥或者限制外地经营者参加本地的招标投标活动。又如,对本地本部门经营者的排斥、限制竞争行为予以放纵,应查而不查;对于外地经营者申请许可的行为不依法办理。

三、行政垄断的危害及认定标准

权力和资本的不当结合使行政垄断对竞争的消极影响更广泛、更持久、更严重。当权力主动介入经济关系,并以此收取资本利益的时候,权力对资本的庇护必然冲击市场经济存在的基础;当资本向权力渗透,即资本侵蚀权力的时候,必然产生腐败。腐败现象的本质是公共权力的非公共化行使并由此换得非公共性利益。行政垄断滋生官商勾结,权钱交易,侵害市场竞争秩序,危害国家正常的经济管理秩序和效率。

(一) 行政垄断的危害

市场作为资源配置的基础手段,发挥这种功能的市场必须是一个统一、开放、竞争、有序的市场。这种功能的发挥需要价格信号调整。行政性垄断通过人为手段强行分割市场空间而形成行政性区域市场,违背价值规律打乱市场信号。将这些归结为一点就是破坏市场竞争秩序。

对受行政权力庇护的企业来说,行政性垄断加剧和强化了政企不分。长期以来,转型国家的企业是政府的附属物。经济改革的任务之一是建立符合市场要求的微观经济主体,但是如果经济主体不把精力放在如何通过技术创新和管理创新来提高竞争能力上,就难以成为健全的市场主体。

从危害的利益上看,行政垄断侵害了竞争者利益和消费者的利益。行政性垄断的存在使竞争者无法开展公开、平等的竞争,消费者不得不接受低劣的产品与服务。行业垄断使行业内潜在竞争者无法进入;而地区垄断会使一定社会范围内的消费者成为任人宰割的羔羊。在 20 世纪 30 年代的美国,纽约州政府曾颁布过一项禁止纽约州以外的牛奶在该州销售的法律。1979 年,新泽西州的牧场牛奶公司向法庭提起诉讼。经过长达 8 年的法庭论辩后,法院决定授予该公司在纽约销售牛奶的权利。在这一判决以前,5 家纽约当地的牛奶生产者控制了纽约市牛奶市场的90%以上。而这一判决后，纽约市的牛奶价格每加仑下降七十多美分。纽约的消费者每年因此节省了约一亿美元。[①] 行政垄断条件下，经营者获得的特殊收益，来源于竞争者利益的剥夺，并最终转嫁到消费者身上。

（二）行政垄断的认定标准

判断一种行为是否属于行政垄断，必须根据行政垄断的构成要件对这种行为进行分析、界定。目前我国法律对行政垄断的构成并没有法定的标准。这就要求我们运用法律理论，结合实际情况进行分析。

一般违法行为由违法主体、违法的主观方面、危害结果和因果关系四要件构成；犯罪由主体、主观方面、客体、客观方面四个要件构成。行政垄断作为一种特殊的违法行为不同于一般违法行为，也不同于犯罪的构成要件。

1. 行政垄断的主体

欧共体竞争法用“undertaking”即“企业”来指称规制对象，在“Poiypropylene案”中，欧共体委员会认为，企业不限于有法律人格的实体，而是包括参与商业活动的一切实体[②]，在“*Mannesman v. High Authority* 案”中，欧共体法院认为“企业”包括从事商业活动的国家机关[③]；我国台湾地区的“公平交易法”第2条规定，其主体包括“公司，独资或合伙之工商行号，同业公会，其他提供商品或服务交易之人或团体”，而依“公平交易委员会”的解释，“本案拟接受‘政府补助’初期开发经费之行为主体虽可能为‘政府机关’、自来水事业单位、民间企业或其他财团法人，惟其设置目的在于制造、销售饮水，不论其将来组织形态为何，皆属于‘公平交易法’第2条所称之事业”。[④]

明确规定行政垄断的俄罗斯《竞争保护法》(2011年修改)，在第三章规定，禁止俄罗斯联邦执行权力机构、联邦各主体国家权力机构、地方自治机关、其他行使上述机关职能的机关或组织，以及国家预算外资金、俄罗斯联邦中央银行发布限制竞争的法规，从事限制竞争的行为(不作为)，协议或协同行为。

上述国家或地区立法规定都将行政机关纳入反垄断法的主体范围。当然，行政垄断行为中，行政机关是主要主体，但不是唯一主体。另有两类主体也可以成为行政垄断行为的主体：一类是法律、法规授权的组织，包括社会组织、团体，企事业组织，基层群众自治组织，各种技术检验、鉴定机构。在西方有关国家，律师协会等社会团体不仅行使确认资格、颁发证照的权力，而且可对其成员实施处罚，其也可能从事行政垄断行为。在我国，比较常见的是某些行业监管机构、技术检验、鉴定机构享有行政权力。如《计量法》第20条规定，县级以上人民政府计量行政部门可根据需要设置计量检定机构，或授权其他单位的计量检定机构，执行强制检定和其他检定、测试任务。此外，《药品管理法》《进出口商品检验法》等也包含类似的授权。另一类组织是行政机关委托的组织。这类组织行使职权是基于行政机关的委托，而非基于法律、法规的授权。因此，其行使职权是以委托行政机关的名义，而不是以自己的

① 〔美〕G. J. 斯蒂格勒：《经济学》，姚开建等译，中国人民大学出版社1997年版，第369页。

② 包括股份公司、合伙、个人、联合经济组织、国有公司、合作企业等，但国有公司行使公法权力时除外。

③ 许光耀：《欧洲共同体竞争法研究》，载漆多俊主编：《经济法论丛》(第2卷)，中国方正出版社1999年版，第342页。

④ 台湾地区“公平会公报”，1992年第1卷第6期，第44页。转引自赖源河：《公平交易法新论》，中国政法大学出版社、台湾元照出版公司2002年版，第88页。

名义进行;其行为的法律后果也不是由其承担,而是由委托行政机关承担。在行政法上,将以上三类主体统称为行政主体,所以,行政垄断的违法主体是行政主体。

2. 行政主体实施了滥用行政权力的行为

什么是"滥用行政权力",学界有两种主要观点:一种观点认为违反法定权限和法定程序①;另一种观点认为,违反法律目的和原则。② 我国法律没有关于滥用行政权力或行政滥用职权之类的解释性规定。"滥用职权"在《行政诉讼法》第70条被作为法院可以判决撤销或部分撤销的情形列出。在该条中,滥用职权与违反法定程序、超越职权被作为并列关系列举。同样在《行政复议法》第28条第1款第3项也将滥用职权与违反法定程序、超越职权处理为并列关系。可见,上述法律规定中的滥用行政权力并不是指"违反法定权限和法定程序"的行为。行政垄断中的滥用行政权力包括超出法律规定的权限行使权力、超过立法权限制定规章。另外,行政权力滥用包括作为和不作为方式违反法律。因此,这里的滥用行政权力和上述"违反法定权限"的内容并不完全一致。

3. 造成阻碍、限制竞争的效果

这一结果要件是行政垄断区别于行政机关滥用职权的其他行为的主要方面。行政垄断侵害的是其他竞争主体的经营权(或竞争机会),非侵害经营权的行为,如滥用权力限制人身自由的行政行为,不属于行政垄断。另外,行政主体的滥用权力行为需产生竞争限制的效果或限制的可能,对经营权限制但不具有限制竞争效果的行为,也不属于行政垄断,例如,滥用权力查封、扣押、冻结经营者的财产等。所以,侵害竞争者的经营权并产生限制竞争效果的行为,才能被抽象地称为侵害市场的公平竞争秩序。也可以得出,行政垄断行为的认定不同于行政违法行为,后者仅强调行使的行政权力是否有合法的来源、是否超出了权限的范围、是否违反了法定的程序。前者除了上述基础条件外,还需要判断行政违法行为是否造成了阻碍、限制竞争的效果。

在认定行政垄断行为时,还有两个值得探讨的问题:其一,行为主体是否包括最高国家行政机关、地方立法机关;其二,是否需要考察主观要件。

一般而言,国家最高行政机关是代表国家进行宏观调控的主体,行使主权权力。这个机关的违法行为通常是通过监督机关进行纠正。所以,"行政"不包括最高国家行政机关。对于地方立法机关如美国的州、我国地方人大等,可能通过颁布地方性法规限制竞争,对这些抽象行政行为除了适用宪法、立法法等之外,可否适用反垄断法?俄罗斯《竞争保护法》已经将此纳入其中。我国《反垄断法》第五章规定的行政垄断,在名称上使用的是"滥用行政权力排除、限制竞争",这个称谓中的"行政"只能理解为拥有行政权力的主体。

在实践中,要确认行政主体的行为出于故意或过失往往比较困难,因为其和被侵害主体之间的话语权不对等。但根据依法行政的要求,在法律对立法目的、行政主体的权力范围、权力行使方式与程序作了具体规定的情况下,行政主体及其所属人员应当知晓这些规定并需按规定行事。因此,作为行政垄断构成要件的主观状态是推定的,行为主体不管是因过失

---

① "政府和政府部门干预经济生活的行为违反法定权限和法定程序,则构成了滥用权力。"参见王保树:《论反垄断法对行政垄断的规制》,载《中国社会科学院研究生院学报》1999年第5期。

② "行政机关及其工作人员在行使行政职权时,违背法律、法规目的或原则,损害相对方和国家的利益。"参见罗豪才:《行政法学》(修订本),中国政法大学出版社1999年版,第300页。

还是故意实施了行政垄断行为,都推定其主观上有过错,不存在过失行政垄断的问题。由于这样的推定具有普遍适用性,也就不需要将其作为一个要件明确指出了。

第二节 我国《反垄断法》中的行政垄断类型

根据行政垄断来自抽象行政行为和具体行政行为之不同,将行政垄断行为分为如下两种类型。

一、具体行政行为性质的行政垄断

我国《反垄断法》规定了五种此类行政垄断行为。

1. 强制买卖

强制买卖,即行政机关和法律、法规授权的具有管理公共事务职能的组织滥用行政权力,限定或者变相限定单位或者个人经营、购买、使用其指定的经营者提供的商品。

限定经营、购买或使用,是指直接限定某经营者提供的商品(包括服务,下同),"变相限定"是间接的限定,实施变相限定时往往都事先确定一个符合某经营者特点的标准(一般不是法律上的标准)或单方提出一个冠冕堂皇的理由,看似针对所有的竞争者,实则只有特定经营者才符合确定的条件,进而排除其他单位和个人的经营、购买或使用商品的选择权。

我国国家市场监督管理总局颁布的《公平竞争审查制度实施细则(暂行)》进一步将该种行为细化为:以明确要求、暗示或者拒绝、拖延行政审批、重复检查、不予接入平台或者网络等方式限定或者变相限定经营、购买、使用特定经营者提供的商品和服务。

这里的"单位或个人"不限于经营者和个体工商户,也包括行政机关或法律、法规授权的具有管理公共事务职能的组织或人员,如上级行政机关要求下级机关或行政机关要求其工作人员每月必须购买本地啤酒厂的啤酒。

2. 地区壁垒

地区壁垒,又称地区封锁、地方保护主义,指行政机关和法律、法规授权的具有管理公共事务职能的组织滥用行政权力,妨碍商品在地区之间的自由流通。

一般而言,地方壁垒的目的本是保护本地区的经济利益,但是,由于其人为地分割了市场,割断了本地市场与外地市场的联系,阻止资源的自由流动,既扰乱了产品的市场信号,也造成社会资源的浪费和交易成本的增加,因此,从长期和总体来看,并不利于本地区的经济技术水平的提高。

我国《反垄断法》细化、扩展了《反不正当竞争法》规定的"限制外地商品进入本地市场,或者本地商品流向外地市场"[①],依据实施手段的不同,将地区壁垒分为以下情况:

(1) 费用或价格歧视,即对外地商品设定歧视性收费项目、实行歧视性收费标准,或者规定歧视性价格。

(2) 标准歧视,对外地商品规定与本地同类商品不同的技术要求、检验标准,或者对外

---

① 我国 1993 年《反不正当竞争法》第 7 条规定:政府及其所属部门不得滥用行政权力,限定他人购买其指定的经营者的商品,限制其他经营者正当的经营活动。政府及其所属部门不得滥用行政权力,限制外地商品进入本地市场,或者本地商品流向外地市场。2017 年删除了此规定。

地商品采取重复检验、重复认证等歧视性技术措施，限制外地商品进入本地市场。

(3) 许可壁垒，采取专门针对外地商品的行政许可，或者对外地商品实施行政许可时采取不同的许可条件、程序、期限等，阻碍、限制外地商品进入本地市场。

(4) 关卡壁垒，设置关卡或者采取其他手段，阻碍、限制外地商品进入本地市场或者本地商品运往外地市场。

(5) 妨碍商品在地区之间自由流通的其他行为。

3. 排斥或者限制招投标

排斥或者限制招投标，指行政机关和法律、法规授权的具有管理公共事务职能的组织滥用行政权力，以设定歧视性资质要求、评审标准或者不依法发布信息等方式，排斥或者限制外地经营者参加本地的招标投标活动。

排斥或者限制招投标的手段主要有：

(1) 提出歧视性资质要求。我国《招标投标法》规定，招标人不得以不合理的条件限制或者排斥潜在投标人，不得对潜在投标人实行歧视待遇(第 18 条第 2 款)。招标文件不得要求或者标明特定的生产供应者以及含有倾向或者排斥潜在投标人的其他内容(第 20 条)。歧视性资质要求，指不涉及一般性标准的产品或服务质量内容的资质要求。一般而言，提供产品稳定性的要求，如 3 年内无公开曝光记录、产品质量认证或成立时间等方面要求，或主体设立时间如成立 1 年以上、获得企业质量体系认证等都不应视为歧视性要求。但一些与中标后完成标书无实质性关联关系的“资质”内容则属于歧视性资质要求，如要求参与投标的外地经营者具有高于本地经营者的注册资本、经营期限条件等。

(2) 歧视性评审标准。评审标准应该以完成中标任务来设计，一般以产品的质量、技术水平、售后服务、价格等为主要内容，如果将这些主要内容弃之不用，而夸大其他参考内容或无关紧要的特点就构成歧视性评审标准，例如，本地企业优于外地企业、大型企业优于中小企业、外国公司优于本国公司等。

(3) 不依法发布信息。招投标过程始终要坚持的基本原则是公开、公平、公正。不依法发布信息包括招标信息不公开、中标结果不公开，不管哪个过程、环节的不公开，只要是法律规定应当公开而未公开的，都违反“三公”原则。信息公开是招投标结果公平、公正的前提，利用行政权力在招投标中“暗箱操作”，不仅违反反垄断法，也违反招投标法，甚至可能构成犯罪。

上述行为的结果有三个：(1) 个别排斥群体。通过给予个别投标人优惠、透露重要信息、确定特别标准，使该主体中标。该个别主体在行政权力呵护下中标，便不公平地排斥其他主体。(2) 本地排斥外地。一些地方政府以保护本地企业利益为借口，形式上进行公开招标，但设置有利于本地企业的特别标准排斥外地竞标者。(3) 外国企业没有合理的理由排斥本国企业，或者相反。例如某地方政府进行空调采购项目的招标，招标条件中“技术规格”要求空调必须是日本三菱电机，这使国内大多数企业都失去了投标资格，而三菱电机和非三菱电机在质量方面并无明显的差别。

4. 限制市场准入

排斥或限制外地经营者在本地投资的行为，是指行政机关和法律、法规授权的具有管理公共事务职能的组织滥用行政权力，采取与本地经营者不平等待遇的方式，排斥或者限制外地经营者在本地投资或者设立分支机构的行政性垄断行为。我国《公司法》在 2005 年修改以后，公司设立总体上由核准原则转变为准则原则。但一些特殊情况下，设立公司仍需核准，例如，《公司法》第193条规定，外国公司在中国境内设立分支机构，必须向中国主管机关提出申请，并提交其公司章程、所属国的公司登记证书等有关文件，经批准后，向公司登记机关依法办理登记，领取营业执照。上述法律原则的转化，意味着大部分公司的设立只要满足《公司法》规定的条件，即可以完成设立。但是，在设立的最后阶段——申领营业执照阶段，可能因行政机关出于特殊考虑，不予颁发营业执照，出现排斥或限制经营者市场准入的情况。

经营者在某地进行投资或设立分支机构，一般是为了获取原材料、相对廉价的劳动力或者占领某地区的商品和服务市场，实现对当地市场的分享或控制。对外来投资，本地政府一般是欢迎的，但出于狭隘的地方保护主义或小团体利益，有些地方行政机关也会直接或间接地阻挠外地经营者进入本地市场。常见的排斥或限制外地经营者的手段主要有两类：一是直接限制外地经营者落户本地；二是为本地经营者提供特殊扶持从而间接限制外地经营者在本地经营。前一类手段如要求外地投资者具有与投资无关的资质条件、设定最低资本要求、提供不必要的高额担保、强制征收额外税费、限定投资项目和资金使用方向、设置繁琐的审批程序和条件等。后一类手段如要求银行只给予本地经营者贷款支持、给予本地经营者税收优惠、在行政程序上给予本地经营者特殊关照等。

5. 强迫垄断

强迫垄断，即行政机关和法律、法规授权的具有管理公共事务职能的组织滥用行政权力，强制经营者从事反垄断法规定的垄断行为。具体而言，包括强制经营者之间达成、实施排除、限制竞争的垄断协议，强制具有市场支配地位的经营者从事滥用市场支配地位行为，强制合并等。从性质上说，行政强迫垄断的表现形式是经济性垄断，但其本质是行政权力滥用的结果。

二、抽象行政行为性质的行政垄断

抽象行政行为性质的行政垄断，即行政机关滥用行政权力，制定含有排除、限制竞争内容的规定。与具体行政行为性质的行政垄断相比，抽象行政垄断行为的主体比较特殊，仅限于行政机关，不包括法律、法规授权的具有管理公共事务职能的组织。按照《反垄断法》第37条的规定："行政机关不得滥用行政权力，制定含有排除、限制竞争内容的规定。"

上述规定如何理解，是否包括部门规章？按照我国《行政复议法》第7条的规定："公民、法人或者其他组织认为行政机关的具体行政行为所依据的下列规定不合法，在对具体行政行为申请行政复议时，可以一并向行政复议机关提出对该规定的审查申请：(1) 国务院部门的规定；(2) 县级以上地方各级人民政府及其工作部门的规定；(3) 乡、镇人民政府的规定。""前款所列规定不含国务院部、委员会规章和地方人民政府规章。规章的审查依照法律、行政法规办理。"可见，这里的"规定"不包含规章。另外，是否包括地方性法规？因地方性法规的制定主体是地方人大，其不属于行政主体，所以，如果从制度的统一性来讲，也不包括"地方性法规"。对于地方性法规中涉及的垄断性违法的情况，只能按照《立法法》《地方各级人民代表大会和地方各级人民政府组织法》的规定来处理。

第三节　行政垄断的规制

同规制其他垄断行为一样，规制行政垄断也无外乎行政渠道和司法渠道。但有所不同的是，按照两种不同的渠道对行政垄断的规制，各有自己的特殊性。

一、行政渠道

按照我国《反垄断法》第51条的规定，行政机关和法律、法规授权的具有管理公共事务职能的组织滥用行政权力，实施排除、限制竞争行为的，由上级机关责令改正；对直接负责的主管人员和其他直接责任人员依法给予处分。反垄断执法机构可以向有关上级机关提出依法处理的建议。可见，反垄断法规定的行政渠道又包括系统内自主解决和系统外督促解决。

系统内自主解决的机制是上级机关发现下级机关滥用行政权力实施排除、限制竞争行为的，上级机关可以直接责令改正。行政系统内自主解决可以说是一种思路，但系统内的问题往往不是一个孤立的环节产生的，甚至是系统内上下联合才出现的。在云南省通信管理局行政垄断案中，云南省通信管理局对四家电信运营商开展相关赠送活动的内容、额度、频次等进行了约定，并要求各公司必须强制执行并制定了(内部)违规行为的解决流程："电信企业的县市级分公司发现违规行为时，应主动以函件形式通报对方，双方协商解决；协商解决不了的，发现方可报上级州市级分公司协调解决"，"解决不了再报省公司协调，省公司间协调仍解决不了的，报云南省通信管理局解决"。如果行政垄断问题出现在系统内，其自然与法律赋予的系统内自主解决是相互矛盾的，自主解决也不可能奏效。

为了弥补这个不足，法律中设置了一个外部监管主体进行督促，即反垄断执法机构向行政垄断行为实行者的上级机关提出建议。意味着，反垄断执法机构可以以提出建议的方式启动监督程序，但只是启动监督程序而已，反垄断执法机构无权直接责令其改变或撤销，也不能向法院提起诉讼。对于涉嫌行政垄断的行为最终由上级行政机关改变或撤销。

反垄断执法机构是否有权对一切涉及竞争的市场进行外部监督，这涉及对《反垄断法》第51条规定的理解："法律、行政法规对行政机关和法律、法规授权的具有管理公共事务职能的组织滥用行政权力实施排除、限制竞争行为的处理另有规定的，依照其规定"。这里似乎在强调部门监督的特殊性和统一监管的例外。

违反反垄断法的抽象行政行为往往会造成地域分割或部门分割。反垄断法反对地域分割，也反对竞争行业中的部门分割，它的目标是建立一个统一的竞争市场。反垄断法所建立的统一监管模式和部门监管从权力内容上并非排他，而是并行不悖。坚持统一监管也不会漠视证券、金融等行业的特殊性。在"基础"和"专业"监督权的划分上，反垄断监管是从市场统一性、公平性的角度来平衡市场主体竞争关系，而部门监管是从行业特性、内部行为规则等方面进行管理。部门监管因以部门利益为基础可能与市场统一规则不一致，放任这种"不一致"的后果往往会强化市场既有主体利益而压制或剥夺市场潜在主体竞争机会。应坚持反垄断机构统一监管基础上的部门监管，防止部门监管权的滥用。

建立反垄断法的统一监管体系就是将部门系统内监管转变为内外监督、行政和司法监督相结合的制度运行模式，这是有效规制行政垄断的充分必要条件。

2016年国务院颁布了《关于在市场体系建设中建立公平竞争审查制度的意见》(以下简

称《意见》),并在 2017 年由发展改革委牵头制定并由五部委联合发布了《公平竞争审查制度实施细则(暂行)》(发改价监〔2017〕1849 号)。这意味着,在反垄断法上实施了一个解决规范性文件限制竞争的制度"外挂"。《意见》明确了两个审查的时间维度和效力跨度:既往效力——清理废除妨碍公平竞争的规定和做法;期后效力——出台的政策措施不得包含排除、限制竞争的要素。很大程度上,这种制度设计反映的是反垄断法规制渠道的不效率,而寄希望于"解铃还须系铃人"的观念。但在构建的制度上,程序上和(或)实体上仍有诸多问题需要进一步细化,如政策制定者的审查能力是否可以保障审查效率、审查程序是否可以达到有效的社会监督、审查和司法的接轨问题等。

二、司法渠道

按照我国《行政诉讼法》第 2 条的规定,公民、法人或者其他组织认为行政机关和行政机关工作人员的行政行为侵犯其合法权益,有权依照本法向人民法院提起诉讼。这一规定,为行政垄断进入司法监督程序提供了法律依据。这一规定也解决了抽象行政行为的可诉性问题。尽管如此,两种不同性质的行政垄断在司法处理中仍有很大的差异。

对于具体行政行为涉及的行政垄断依赖于司法审查即可判定并解决是否滥用行政权力阻碍、限制竞争的问题,而对于抽象行政行为涉及的行政垄断,法院是否享有撤销权和行为无效的确认权,这涉及立法法的相关规定。

按照我国《立法法》的规定,省、自治区的人民政府有权改变或者撤销下一级人民政府制定的不适当的规章;授权机关有权撤销被授权机关制定的超越授权范围或者违背授权目的的法规,必要时可以撤销授权。所以,涉及反垄断法的抽象行政行为的纠正,是由系统内的上级机关或授权机关来完成的。这一思想也在修订的行政诉讼法中得到体现。按照最高人民法院《关于适用〈中华人民共和国行政诉讼法〉若干问题的解释》第 21 条的规定,规范性文件不合法的,人民法院不作为认定行政行为合法的依据,并在裁判理由中予以阐明。作出生效裁判的人民法院应当向规范性文件的制定机关提出处理建议,并可以抄送制定机关的同级人民政府或者上一级行政机关。可见,我国法院尚未建立规范性文件违法审查的机制,只有启动规范性文件违法审查的程序性权利——建议权。

如果认定抽象行政行为无效,行政机关是否承担责任的问题,我国反垄断法没有明确规定。似乎由此可以理解为:颁布违反反垄断法的规范性法律文件不承担法律责任。在俄罗斯,行政机关颁布反竞争的规范性文件,一经反垄断机关或法院确认违法,即通过公示案件降低该权力机关的形象和威信从而实现对其行为的约束。在这里,一般法律实施中的"处罚"被通报、宣传教育代替。但是,在我国,由于规范性文件的效力认定和反垄断案件的处理是分离的,在公布抽象行政行为的反垄断案件时,可能不会涉及同时公布制定规范性文件的主体等相关信息。目前查处的行政垄断案件有一些没有公示,另一些主要是通过新闻媒体监督将相关案件的事实、主体等情况公示出来的。我国反垄断案件的社会监督尚待建立,法律上对于查处的案件后续处理规定的是"可以"向社会公布[①],而不是"应当"或"必须"。自然,社会监督的效果还有待于加强。

---

① 我国《反垄断法》第 44 条规定,反垄断执法机构对涉嫌垄断行为调查核实后,认为构成垄断行为的,应当依法作出处理决定,并可以向社会公布。

第十章

反垄断法的实施

法律实施,也叫法的实施,是指法在社会生活中被实际运用,包括执法、司法、守法和法律监督。反垄断法的实施主要体现在执法和司法上,而守法和法律监督是消极的实施或事后矫正性的实施。故这里主要涉及前两者。

传统上认为,反垄断法的实施包括私人实施和公共实施(政府实施),但在特殊情况下,因垄断行为涉及的行业或群体成员范围广泛,产生了别于传统实施方式的新形式:社会团体实施。这丰富了反垄断法实施的类型,提升了法律实施的效率。

第一节 政府实施

反垄断法实施中的政府主要指反垄断执法机构。和其他法律中确定的执法机构相比较,不论从性质上还是从执法手段上反垄断执法机构都有自己的特殊性。

一、政府实施的主体

根据反垄断执法权的集权与分权,反垄断执法机构的设置有所不同。

(一)机构的类型

1. 单一制

单一结构是设立专门的反垄断执法机关实施反垄断案件的调查、诉讼或处罚的机构形式。单一结构的典型代表是日本和俄罗斯。

日本的反垄断机构是公正交易委员会。起初该机构在反垄断工作中发挥的效力有限,主要是因为它在执法过程中的独立性没有得到有力的保障。日本国会在2003年初通过决议将公正交易委员会恢复为首相办公室的直属外设机构,从而使其重新获得了独立的执法地位,摆脱了不必要的行政掣肘。①

俄罗斯也属于典型的单一制实施体制。俄罗斯反垄断机构,是按照俄罗斯《宪法》第10条和1991年《商品市场反垄断法》第11、12条的规定及有关规范文件创立的②,名称是"俄罗斯反垄断政策与促进竞争局"(以下简称"俄罗斯反垄断局")。

---

① 尚明主编:《反垄断——主要国家与国际组织反垄断法律与实践》,中国商务出版社2005年版,第198页。

② 有关规范文件包括:2000年5月17日总统签发的第867号文件:《联邦执行机构的结构》、1998年11月22日总统第1142号令。

此外,我国台湾地区及哈萨克斯坦等转型国家和地区也属于行政执法机构设置的单一制。

2. 联合制

联合制是两个或两个以上独立的反垄断机关分别执行或共同协调执行反垄断法的实施机制。根据联合机构的性质,又可以分为行政性联合和行政司法联合两种。前者的典型代表是德国,后者的典型代表是美国。

德国负责实施反垄断监管的机关主要包括联邦卡特尔局、联邦经济部,还设有垄断委员会。

联邦卡特尔局是一个独立的联邦高级机关。[①] 它是一个行政机关,但其设置与结构不同于普通的行政机关。卡特尔局的职权主要包括:对卡特尔的登记权、审核批准以及拒绝批准权;对企业合并的审核权,包括批准或不批准企业合并的权力;对各种滥用市场支配地位的行为的调查、审理、裁决和处分权等。卡特尔局对违反《反限制竞争法》的案件的审理是独立的,不受任何部门或个人的干预。除了卡特尔局以外,联邦经济部也承担着部分规制卡特尔的任务。联邦经济部有权批准特别卡特尔、出口卡特尔。

1973 年德国在上述反垄断执法机构的基础上设立了垄断委员会。它由 5 名成员组成,成员经联邦政府提议由联邦总统任命。垄断委员会的主要职责是对德国的企业集中情况进行定期评估。委员会每两年制作一份评估报告,从经济政策尤其是竞争政策的角度出发,对企业集中化的现状以及可以预料的发展倾向作出评价。

美国的行政机关和司法机关联合体现为联邦贸易委员会和司法部反托拉斯局的协调。

美国联邦贸易委员会是根据 1914 年制定的《联邦贸易委员会法》设立的,由 5 名委员组成,委员由总统经参议院提议和同意后任命,委员会从它的委员中选出一名担任主席。委员会的主要机构设在华盛顿,但可以在其他任何地方行使权利。联邦贸易委员会是一个独立于政府的行政机关,它的工作直接受国会监督。委员会下设 7 个处室。[②]

美国的司法部是专门提起公诉的检察机关,其工作方式主要是调查、和解和诉讼。行使调查权是司法程序的一部分,通常以发布"民事调查令"的方式进行。1962 年反托拉斯民事诉讼法赋予司法部一种特殊的权力,使其在诉讼程序开始前有权"同根"调查,要求任何"法律实体"提供有关民事反托拉斯调查的一切书面材料。1976 年的《哈特—斯科特—罗迪诺

---

① 联邦卡特尔形式上隶属于经济部,但德国卡特尔局在对卡特尔案件作出裁决时,不管是经济部长还是卡特尔局长都不得对具体案件发布指令,具有很强的独立性。

② 包括:(1) 竞争处。以律师为成员,职能是通过收集情报和对被指控的反竞争行为采取行动。具体而言,其通过对违法事件的调查,可以向委员会提出下列建议:制定交易规则;提出调查报告;正式的和解;在委员会的行政法官前进行行政诉讼;在联邦地区法院提起强制令的确认和执行;调查对委员会禁令的遵守情况及提起民事惩罚的诉讼程序。(2) 消费者保护处。消费者保护处负责消费者教育和查处侵害消费者权益的行为,保护消费者免遭不正当或欺骗性的价格行为或做法的损害。(3) 经济处。经济处是一个咨询论证机构,由经济学家组成,配合另外两处进行工作,通过调查,为执行机构提供经济上的和统计上的分析报告,使其顺利地进行案件调查和审理。(4) 政策发展室。主要职责是协调上述 3 个机构的行动,提出长期规划,以充分调动各机构的资源,为社会提供服务,并负责出版刊物、手册等。(5) 法律总顾问室。负责处理和协调有关的法律问题,主要起咨询、顾问作用。(6) 行政法官室。由行政法官组成,设主席一人,负责指定法官承办具体案件。(7) 其他机构,包括国会关系室、公共事务室、地区办事处等。

反托拉斯改进法》进一步作了弥补缺陷的修订,扩大了调查的方式和范围。[①] 此外,和解和诉讼(包括提起刑事诉讼和民事诉讼)也是司法部行使司法权的重要方式。

(二) 执法机构的性质

反垄断执法机构首先是行政机关。但由于反垄断执法涉及对竞争秩序损害或损害危险的控制,且在很多情况下,执法机构掌握的证据中,包含有大量的间接证据,所以,反垄断机构作出决定的过程具有高度的专业性。为了保障行政系统内作出决定的公正性,有关国家的反垄断法律制度大都要求反垄断执法机构像司法机构一样完成涉嫌垄断案件的"审理",这使得反垄断执法机构具有准司法的特性。

具体而言,反垄断机构的准司法性质体现在以下方面:

(1) 要求案件的处理程序按照司法程序进行。审判程序上,日本公正交易委员会的工作方式按照法院审判方式进行。包括在审判开始决定书中,应该记载事件的要点,并由委员长及参加决定议决的委员在上面签名盖章;审判手续始于把审判开始决定书的复本送达请求者手中,同时命令被审人于审判的日期到场;被审人在接到送达的审判开始决定书时,应该迅速向公正交易委员会提出对该决定书的答辩书。另外,规定了缺席审判、审判公开、被审人陈述、审决的合议、合议的非公开等内容。

德国联邦卡特尔局设立决议处负责相关业务。决议处主席和决议员须是终身公职人员,并具有法官或高级国家工作人员的能力。卡特尔局执法处理案件时要求按照《民事诉讼法》的相关程序进行,例如证人宣誓,对勘验、证人和鉴定人获取的证据准用过程等。同时,反垄断执法时,要求联邦卡特尔局内部以司法方法和话语行使职权,倡导联邦卡特尔局尽量提出同等情况下法院所能提出的问题。

美国联邦贸易委员会的执法活动需按照司法程序进行。行政法官是由一群行政人员组成,专门负责审查由联邦贸易委员会职员提起的和委员会决定的申诉。提起申诉的委员会职员和委员会的代表作为一方当事人,向行政法官阐述反对事由,企业则作为另一方当事人向行政法官表达相应的抗辩,最后由行政法官独立作出包括事实和法律结论的初步决定或建议性决定,并提交给委员会会议。对行政法官作出的初步决定,当事人可以向委员会会议提起"上诉"。如果当事人没有在规定的时间内提起"上诉",委员会会议也没有依职权提起复议,那么,行政法官作出的初步决定就变成联邦贸易委员会的正式决定。

(2) 提起诉讼。日本公正交易委员会下附设事务局,事务局设置检察官的职务,负责调查、提起违反反垄断法的案件的诉讼。与有关民事、刑事诉讼法不同的是,"裁判所"变为"公正交易委员会或审判官","证人"变为"参考人","讯问"改为"审讯","被告人"变为"被审人"。俄罗斯《竞争保护法》第 49 条规定,俄罗斯反垄断局有权向法院提起诉讼。

(3) 准立法权。一般而言,独立的反垄断执法机构直接隶属于国会(或总统)。它是一个行政机关,但具有很高的独立性,其执法不受政府的影响。它除了享有行政权以外,还拥有制定相关反垄断法规的权力,并依此指导反垄断执法当局的活动。

(三) 我国反垄断执法主体

我国反垄断执法机构经历两个阶段。自《反垄断法》颁布实施以来,以联合体制形式执

---

① 调查可以向自然人发出,包括了解情况的任何人;方式可以口头可以书面。范围包括企业合并、购买、合营企业或类似的交易准备活动。参见〔美〕马歇尔·C. 霍华德:《美国反托拉斯法与贸易法规——典型问题与案例分析》,孙南申译,中国社会科学出版社 1991 年版,第 45 页。

法，形式上似同于德国的双层制模式。

首先是作为指导机构的“反垄断委员会”。按照《反垄断法》第 9 条的规定，国务院设立反垄断委员会，负责组织、协调、指导反垄断工作，主要履行下列职责：研究拟订有关竞争政策；组织调查、评估市场总体竞争状况，发布评估报告；制定、发布反垄断指南；协调反垄断行政执法工作。可见，《反垄断法》对国务院反垄断委员会的性质定位是反垄断工作的组织者、协调者、指导者，而不是一般的反垄断执法机构。

其次是专门执法机构：国家或省级市场监督管理局。历史上，曾经实行以原国家工商行政管理总局、国家发展和改革委员会以及商务部为反垄断执法机构的“三驾马车”模式。根据《国家工商行政管理总局主要职责内设机构和人员编制规定》的规定，原国家工商总局负责垄断协议、滥用市场支配地位、滥用行政权力排除限制竞争的反垄断执法（价格垄断协议除外）等方面的工作。另外，按照《国家发展和改革委员会主要职责内设机构和人员编制规定》，成立国家发展改革委价格监督检查与反垄断局，对涉及价格的垄断行为依法进行监督与查处。在商务部内，设反垄断局，主要依法行使对经营者集中行为进行反垄断审查、指导我国企业在国外的反垄断应诉工作、开展多双边竞争政策国际交流与合作的职能。《反垄断法》第 10 条第 2 款规定：“国务院反垄断执法机构根据工作需要，可以授权省、自治区、直辖市人民政府相应的机构，依照本法规定负责有关反垄断执法工作。”

上述为第一个时期的执法模式和执法机构划分的阶段。第二个阶段自 2018 年 3 月 17 日第十三届全国人大第一次会议表决通过《关于国务院机构改革方案的决定》开始，为统一机构执法的阶段。为完善市场监管体制，建立公平竞争的市场环境，进一步推进市场监管综合执法，“方案”提出，将国家工商行政管理总局的职责，国家质量监督检验检疫总局的职责，国家食品药品监督管理总局的职责，国家发展和改革委员会的价格监督检查与反垄断执法职责，商务部的经营者集中反垄断执法以及国务院反垄断委员会办公室等职责进行整合，组建国家市场监督管理总局。

统一的反垄断执法是原来三个机构职能的机构内统一，由此建立的反垄断执法机构，仍不是如德国、俄罗斯等国家的独立的反垄断执法机构。

此外，还需要进一步明确的是反垄断执法机构和某些行业监管机构的关系。相关法律规定了行业机构一定的执法权，由于历史原因，很多执法权包括了反垄断执法权。银行法律制度规定了中国人民银行和银行业监督管理委员会。《证券法》第 77 条规定：“禁止任何人以下列手段操纵证券市场：(1) 单独或者通过合谋，集中资金优势……操纵证券交易价格或者证券交易量。”再如《电力监管条例》第 16 条的规定：“电力监管机构对电力市场向从事电力交易的主体公平、无歧视开放的情况以及输电企业公平开放电网的情况依法实施监督。”反垄断机构和行业监管机构的关系应该是，反垄断执法机构是所有行业竞争的统一执法机构，行业监管机构只是行业准入、经营标准及其违法的监督执法机构。

二、政府实施的手段

政府实施一直是反垄断实施的主要方式。政府实施就是运用法律赋予的职权处理反垄断案件的过程。同其他法律实施一样，政府实施表现为运用法律赋予的一般职权，但在反垄断法上，基于一些案件的特殊性，要求创新执法手段。

（一）传统反垄断执法方式的局限

传统反垄断执法方式，主要是反垄断执法机关依据法定的程序行使调查权、处罚权等权力。反垄断法规制的对象是垄断行为和垄断状态，规制的方法包括预防性方法和救济性方法。预防性方法所涉及的垄断问题比救济性方法所涉及的垄断问题要难以认定，一般至少涉及四个方面的判断：一是对产业的整体影响；二是对既有竞争者的影响；三是对潜在竞争者市场准入的影响；四是对消费者的影响。这其中又涉及相关市场的认定、集中度的判定等技术问题。另外，市场本身是不断发展和变化的，经营者的行为也不是一成不变的。诸多因素结合在一起，使传统的强制性执法方法带有很大的风险。具体而言，以下方面决定了传统执法方法必然存在一定局限。

(1) 判断垄断现象的复杂性。垄断作为一种经济现象，不仅仅是对单个个体的描述，很多情况下是对整个行业的描述，例如判定滥用市场支配地位时需考察市场支配地位。对行为性质的认定还需要大量的数据支持，这些数据很多都需要由被调查者提供，涉嫌违法的被调查者自然不会积极主动地提供给执法者，这使得准确、全面地获得相关数据是很困难的。对于获得的数据资料必须加以汇总、整理和分析，使之协调一致，才能作为定性之用。完成这个工作需要相当的专业知识和技能。

(2) 认定规则的不确定性。由于反垄断法的不确定性，具体规则并不一定能提供违法判断的具体标准。反垄断法的控制目标包括损害(实害)控制和危险控制。垄断行为的实害不同于民事行为的实害，前者危害的直接客体是经济秩序，若进一步具体化，主要体现为侵害竞争者的利益和消费者的利益；后者危害的客体表现为个体利益。竞争者和消费者以群体形式存在，对群体利益持续性侵害反映在经济领域就是产业结构失衡或对经营机会或消费选择权的掠夺等。因此，反垄断意义上的危害或危险具有群体性、结构性特征。

另外，反垄断立法对危险的控制是基于这样的假定：依据经济分析或统计数据为基础建立起来的若干理论，来假定某种行为或状态和一定的危害或危险之间属于逻辑上的充分必要条件。实际上，某种行为或状态的危险发生可能性或许很小，或许一时反映不出来，尤其是在经济分析资料和统计数据建立的时间和当下距离较远的情况下。但树立这些假定危险对国民经济发展是必要的，因为这些假定建立在成立的概率高于存伪的概率基础上。对于可能的存伪可以通过立法技术使法律的"恶"的一面减弱到最小。

这样，企业行为是否违法很多时候并没有十分清晰的界限。执法机构耗费巨大的执法成本对企业行为进行违法判断，最后的结果很可能徘徊在违法与不违法的模糊地带，很难给出一个违法与否的清晰理由。

(3) 在不确定规则指导下的强制执法，有可能带来效率的损失。"考虑到被禁止行为在定义上的不确定性，以及对具体行为使用该定义的不确定性，严厉的惩罚也许会阻止处于禁止边缘的合法行为。它们也许导致潜在的被告过于回避他意图进入的区域。这是反托拉斯法领域中一个特别严重的问题。"[①]由于经济的变动性，在很多情况下，如果通过传统程序来实现反垄断的执法会显得过于僵硬。为了避免因上述问题导致反垄断执法处理结果的公信力不足，特殊执法措施便产生了。

---

① 〔美〕理查德·A.波斯纳：《反托拉斯法》(第2版)，孙秋宁译，中国政法大学出版社2003年版，第314—315页。

（二）特殊执法方式

这里执法方式上的所谓的“特殊”主要体现为制度的再造，具体表现为三个方面：一是将刑法的坦白制度移植进来，在无法取得直接证据的情况下，激励当事人主动坦白，交代行为的事实，据此可以获得宽免。二是将合同的相关规则融入反垄断执法中，在双方协商一致的情况下实现控制危险的目的，这既可以避免执法机构与经营者的强烈对立，也有利于从法律和政策的双重角度解决问题，由此形成承诺制度；三是将行政法中的劝导制度引进过来，以柔性执法改变行政强制措施的不适应，由此形成了约谈制度。

1. 宽免政策

宽免政策，也称为“宽恕政策”，或“赦免制度”。单从语词使用上讲，它既不是反垄断法上的专有概念，也不是反垄断理论中的专有术语。在刑法理论、税收征管法理论上其也被广泛使用，但在反垄断法语境下，“宽免政策”具有自己特殊的含义。反垄断法上的宽免政策，是指通过鼓励卡特尔成员揭露未被反垄断机构掌握的卡特尔行为和证据，按照自首的顺序和自首内容对案件处理的价值给予自首者部分或全部赦免的制度。

反垄断法所规制的传统对象中，卡特尔的规制难点主要在于证据的查找，滥用支配地位行为的规制难点主要在于“合理性”解释，经营者集中的规制难点主要在于市场集中度的数据统计。宽免政策的产生源于证据问题。因此，其适用对象主要是卡特尔。

该项制度最初源于美国[①]，最初制度只规定了从事卡特尔行为的企业如在执法部门开始调查前报告其违法行为，并与执法部门全面合作，执法部门可酌情不再对其起诉。后经过20世纪80年代、90年代美国制定相关文件和修订相关制度[②]，完善了宽免政策并显现了良好的制度效果。有关国家或地区在制度移植过程中，不同程度地进行了适于本国法的制度改良，由此形成了几种风格不同的制度模式。

第一，美国模式。美国的《公司宽免政策》提供了两个宽免时机及其相应的条件：调查开始前，或调查开始后，对提供了反垄断机构未掌握的主要信息的自首者，完全免除法律责任。在适用主体的范围上，美国只给予第一个自首者以免除处罚的待遇，其后的主体则无任何特惠。在内容上，宽免不仅包括罚款，也包括监禁，及其双罚中的个人责任。另外，宽免政策不适用于发起者和组织者。

第二，欧盟模式。根据《关于减免卡特尔案中的罚款的通知》的规定，适用宽免的一般条件是：企业提供的证据能帮助欧盟委员会作出决定，启动调查程序，或能在欧盟委员会尚无充分证据的情况下，确定企业违反《欧共体条约》第81条第1款。同时，该企业必须始终充分、持续、高效地配合欧盟委员会，并向委员会提供其所掌握的，或其可以获得的有关涉嫌违法行为的全部证据。特别是该企业必须按委员会的要求，对任何可能有助于确认所涉事实的询问迅速地作出回答；其在向委员会提供证据时，不再参与该行为；没有采取措施，强迫其他企业参加该违法行为。

---

① 1978年10月4日，时任美国首席检察官助理的John H. Shenefield代表美国司法部发布了首个带有宽免性质的反垄断法执行政策。Donald C. Klawiter, “US Corporate Leniency After the Blockbuster Cartels: Are We Entering a New Era?”, In http://www.eui.eu/RSCAS/Research/Competition/2006(pdf)/200610-COMPed-Klawiter.pdf, accessed on 2009-9.

② 主要有：1987年制定了《刑事罚金修订法》；1993年美国司法部反托拉斯局修改公布了《公司宽免政策》(Corporate Leniency Policy)，美国司法部反托拉斯局颁布了《美国反托拉斯局个人从宽处理政策》等。

在上述前提下,宽免政策的适用分为两种情况:一是免除罚款的情形。条件为,必须是最先向欧盟委员会提供证据的企业。二是减少罚款的情形。包括:第二个自首并达到要求的,可以减免 30%—50%的罚款;第三个自首并达到要求的,可以减免 20%—30%的罚款;再后自首并达到要求的,减免不高于 20%的罚款。在上述幅度内具体比例的适用,主要考察证据的性质和证明能力。一般而言,实时证据的价值大于期后证据;直接证据的价值大于间接证据。欧盟法没有刑事责任的规定,也不存在个人刑事责任免除的问题。

第三,日本模式。日本法上的宽免政策对第一个自首者的态度同美国法和欧盟法一样,实行完全的免除;对之后的自首者在强调位序上同欧盟法一样,但在享受的减免比例上有所不同。对调查开始前符合条件的第二个自首者,可减免 50%;对第三个自首者,可减免 30%。若是在包括调查开始日在内的 20 日以内自首的,只要不超过 3 个主体,不论顺序如何,减免的幅度不少于 30%。[①]

第四,中国模式。我国《反垄断法》第 46 条第 2 款是宽免政策的基础性规定。国家市场监督管理总局发布的《禁止垄断协议暂行规定》第 33 条、第 34 条细化了上述宽免政策。但迄今为止上,还没有关于宽免政策的指南。

按照《禁止垄断协议暂行规定》第 33 条规定,参与垄断协议的经营者主动报告达成垄断协议有关情况并提供重要证据的,可以申请依法减轻或者免除处罚。重要证据是指能够对反垄断执法机构启动调查或者对认定垄断协议起到关键性作用的证据,包括参与垄断协议的经营者、涉及的商品范围、达成协议的内容和方式、协议的具体实施等情况。经营者根据《暂行规定》第 33 条提出申请的,反垄断执法机构应当根据经营者主动报告的时间顺序、提供证据的重要程度以及达成、实施垄断协议的有关情况,决定是否减轻或者免除处罚。对于第一个申请者,反垄断执法机构可以免除处罚或者按照不低于 80%的幅度减轻罚款;对于第二个申请者,可以按照 30%至 50%的幅度减轻罚款;对于第三个申请者,可以按照 20%至 30%的幅度减轻罚款。

这里的减轻或者免除处罚,主要是指对对罚款的减轻或者免除,不包括没收财产。

各国宽免政策的适用都有一定的条件限制,卡特尔成员只有满足条件要求,才能在一定程度上获得豁免。条件包括以下几个方面:

(1) 主体资格要求。并不是每一个卡特尔成员都能向反垄断当局申请宽免,总结各国排除宽免的法律规定,以下三类卡特尔参与者不能获得宽免:① 卡特尔行为的发起者或领导者。不给组织者以宽免是因为其对卡特尔的组建起到了决定性的作用,没有组织者就不会有卡特尔。② 胁迫其他卡特尔成员参与卡特尔组织的当事方。③ 在一定区域内,该参与者是卡特尔行为的唯一受益方。

(2) 申请时间。宽免政策的目的是为了鼓励卡特尔成员提供线索或直接证据,协助反垄断当局侦破卡特尔案件。设立申请时间并以时间先后辅之以宽免优惠能够激发申请者积极申告。在这个意义上,宽免政策是一种攻心策略,也是一种怀柔政策或绥靖政策。

---

① 对在公正交易委员会开始调查之日前的第一申请者,全额免除课征金;对于第二个申请者,将课征金的数额减少五成;对于第三个申请者,则将课征金的数额减少三成。当开始调查之日前的申请者不足 3 个公司时,即使是调查开始之日以后的申请者,若是在包括调查开始日在内的 20 日以内,课征金的数额也将减少三成。参见〔日〕根岸哲、舟田正之:《日本禁止垄断法概论》,王为农、陈杰译,中国法制出版社 2007 年版,第 332—333 页。

立法是否要求申请者申请宽免必须要在执法机构开始调查之前。在实践中,很多卡特尔成员在执法机构介入调查以前都怀有侥幸心理,以为自己的行动没有被关注,而在执法机构介入调查以后,面对可能的处罚才积极主动申请宽免。如果对于介入调查后不予以宽免,则不利于案件的查处,毕竟执法机构很难取得卡特尔的直接证据。1993 年美国宽免政策的新制度突破了这一传统,对申请者向反垄断执法机关揭露卡特尔的时间条件进行了划分:在 A 项政策下,获得宽免仍要满足条件:公司报告违法行为时,司法部反托拉斯局还没有从其他任何渠道获得有关该违法行为的信息;而在 B 项政策下,如果反托拉斯局已经开始调查,申请者如想获得宽免,就要另外满足三个条件,其中一个就是当提出申请时,调查机构虽然已经获得卡特尔信息,但尚没有足够的证据认定公司可能有罪。①

(3) 证据要求。宽免政策间接目的就是为了获得有用的证据。美国立法采取只给第一个申请者完全宽恕的政策,其证据要求非常明确、具体,即申请人必须“坦诚和全面地向政府报告违法行为”②。对于可能获得完全豁免的申请人,申请者必须提供全面、充分的信息使反垄断机构展开调查。如德国卡特尔局就要求申请者在卡特尔局介入调查前提供证据使卡特尔局获得搜查令。而对于可能获得部分宽恕的申请人,最普遍的一个标准是要求申请人提供的证据对于反垄断当局而言是“有价值的新的证据”。从立法者角度而言,第一个申请者担负着提供重要证据以瓦解核心卡特尔的任务,其后来者担负着进一步击碎卡特尔组织的证据任务,即在对比原有证据的基础上提供新价值的证据,申请人才具有获得宽免的可能性。例如,在“荷兰公司沥青案”中,参与固定价格卡特尔的沥青供应商 Shell 和 Total 公司向欧洲委员会申请部分宽免,但因其提供的信息已经被委员会所掌握(不具备“新增价值”),因此没有获得处罚的减轻。与此相似,在“合成橡胶案”中,参与丁二烯橡胶和乳状苯乙烯橡胶市场固定价格卡特尔的 Bayer,Dow 和 Shell 公司分别向欧洲委员会申请宽免,其中 Bayer 和 Dow 公司因符合宽免方案规定的条件而被分别免除全部罚款和减少 40%的罚款。但欧洲委员会认为 Shell 公司提供的信息“不具备新增价值”,因而不能获得任何形式的宽免。③

(4) 申请人的义务。提出宽免申请后,申请人应该配合执法机构对案件的查处。申请人的义务有两项:一是申请者在申请宽免的同时,必须立即终止其卡特尔活动。那么,如何认定卡特尔行为属于“终止”呢?在 2004 年美国“斯托德案”④中,美国司法部撤销了对斯托德公司的宽免函,原因是司法部认定斯托德公司没有在发现违法行为后采取迅速、有效的行动终止该行为。尽管斯托德公司声称,“‘采取及时有效的行动终止’并不意味着‘立即终止’,而是为了终止的目的迅速采取方法、步骤在效果上达到该目标”,这是宽免政策实施以来第一例因终止问题被撤销宽免的案件。二是要求申请人在调查期间和执法机构进行持续合作,来保证调查的完成。这种合作应该贯穿于卡特尔调查的始终,包括及时、迅速地向反垄断当局提供所掌握的最新证据和信息;在反垄断当局要求会面时,及时回答相关问题等。

(5) 执法机构的保密义务。有关国家(地区)的宽免政策都规定了执法机构的保密义务,即申请人在提出宽免申请及提交相关证据后,反垄断执法机构负有对申请人的身份及相

---

① U. S. Department of Justice Antitrust Division, “Corporate Leniency Policy”, In http://www.usdoj.gov/atr/public/guidelines/lencorp.htm,访问时间:2017 年 11 月 10 日。

② Ibid.

③ 金美蓉:《核心卡特尔规制制度研究》,对外经济贸易大学出版社 2009 年版,第 146—147 页。

④ *Stolt-Nielsen, S. A. v. United States*, 352F. SUPP. 2d., pp. 553, 563.

关情况保密的义务。因为申请人的背叛行为有违卡特尔成员的合作精神,一旦其告密身份遭到泄露,可能会受到卡特尔成员的报复。另外,在申请人与执法机构合作的过程中,也可能基于调查的需要,要求申请人充当"线人",以便获得公司内部更机密的信息,这种情况下,保护申请人的身份更具有重要意义。

很多人认为,保密事项是宽恕政策中的一项非常重要内容,但实际上,行政公开和鼓励自首等政策目标决定了保密仅在案件查处过程中有意义,案件的处理结果将使"第一人""第二人""第三人"及它们(他们)各自的"利益所得"大白于天下。因此,保密义务的价值与其说是执法机构的负担,不如说是其顺利完成工作的需要。

2. 承诺制度

承诺制度,也称和解制度,是指在案件调查过程中反垄断机关(包括行政机关和司法机关)与经营者之间就某一涉嫌垄断行为通过协商达成共识,经营者承诺停止或改变被指控的行为,消除其行为对竞争产生的不利影响,执法机构则停止调查的制度。

(1) 承诺制度的类型

依据签订协议时代表国家机关一方主体性质的不同,和解分为行政和解和司法和解。

① 行政和解。行政和解介于民事和解和行政处分之间。准确地说,是民事和解机理移用到行政行为代替行政处分的机制。

行政和解不是调解。调解是行政机关居中平衡当事人的权利、义务关系的过程。行政和解中行政主体可以就有关和解的内容征询利害关系人的意见,或要求相对人与利害关系人达成和解协议,但行政和解不受民事和解内容或意见的约束。另外,调解是在确定法律性质的前提下,就承担赔偿责任的比例进行协商,调解一般适用于违法行为并以当事人相互出让或放弃各自的部分利益为成功调解的基本条件;而行政和解是在模糊行为性质的前提下确定当事人义务和责任的形式。

和解也不同于附变动条件的行政批准,后者关系中的行政机关行使的是审查权,如企业合并。[①] 行政和解主要适用于危险行为而不是损害行为;或者在调查后仍不能确定违法性,抑或是在调查后危害事实确证但有恢复可能的情况下作出的,行政机关在和解中多以"如果……则不受(什么样的)处罚"模式化的语言反映其立场。这种假言推理的合理性建立在对竞争关系所体现的多种利益充分平衡,即经营者利益、竞争者利益和消费者利益的衡平的基础上。

和解要体现矫正后的积极利益大于消极利益的原则。由此,行政和解中行政机关不以出让什么利益为条件,更不是出让行政职权或责任。本质上,行政和解是行政合同的扩展使用,是一种特殊的契约关系,所谓特殊主要因为一方的身份以及由此形成的关系不能简单地对应到"平等主体之间"上。既然一方是行政机关,又处于契约关系中,这本身就包含着一种权力运用是否得当的风险,是故需要一种机制监督合同意思的合法性。常见的监督机制,一种是依法设定和解的条件以约束任意和解。例如我国台湾地区"公平交易委员会"2000 年 9

---

① 在企业合并是否构成市场限制的判断上,需要主管机关自由裁量,但仅在这一点上,两者有一致性。例如,1996 年时代华纳和特纳有线电视的 62 亿美元的合并,美国联邦贸易委员会使特纳有线电视和电信公司(持有特纳有线电视 21%的股份)作出让步,包括减少部分股份、取消一部分长期合同、对未来的产品定价作出限制等。https://www.ftc.gov/sites/default/files/documents/cases/1996/09/twconsnt.pdf,访问时间:2017 年 11 月 10 日。

月 21 日通过了“缔结行政和解契约处理原则”，该“原则”第 2 条规定了和解的适用条件：“进行和解契约之协商程序前，应衡酌下列要素：本会与相对人相互让步的适法性及妥当性；公共利益之维护；利害关系人因和解契约之成立，而可能遭受之损害。”另一种监督形式是将和解契约公示，听取公众意见，接受社会的监督。在美国，联邦贸易委员会根据同意令公布后 60 天内的公众评论来对同意令进行分析。如果评论的信件所揭露的情况表明，同意令是不合适或者不充分的，就必须对同意令作出修改。[①] 此外，如果和解协议涉及利害关系人，利害关系人也可以提出异议监督。我国台湾地区“缔结行政和解契约处理原则”第 6 条对涉及第三人的和解协议规定：“和解契约之履行将侵害第三人之权利者，应经该第三人书面之同意，始生效力。”

行政和解也可以体现一般合同签订的“要约—承诺”过程，只要经营者保证将来为一定的行为，行为的效果是消除涉嫌垄断行为造成的影响，即可实施。这种“保证”是经营者自由意志的体现，并非执法机构的“强迫”，也并非只能由经营者提出。这种契约关系的特殊之处在于，契约的内容是协调公共利益与个人利益关系。另这种契约关系是不完全对等的，作为契约一方主体的行政主体对契约具有单方撤销权、解除权，而相对人却不具有相应的权利。当相对人要求解除行政契约或对行政主体单方面撤销、解除行政契约不服时，只能借助于诉讼机制。

② 司法和解。司法和解是司法机关（主要是检察机关）基于行为的危险性，平衡其预期应承担的法律责任与处罚后对社会利益的影响，认为变通处罚的后果大于正常处罚的消极后果，进而要求涉案者附条件承担一定的法律责任，并接受法院监督的争议解决方法。微软案件是司法和解的典型。[②] 美国司法部原来起诉中要求的“拆解”微软的诉控目标经和解变更为“停止”掠夺行为，但微软需向特定主体公开“视窗”原代码。尽管司法部和州政府的诉求没有完全实现，但和解符合消费者和美国国家利益，因拆解微软对这个国家高新技术产业而言无疑是一次危险赌博。

在美国，当司法部向法院提起反托拉斯民事诉讼时，可以与被告达成和解协议，从而终止审判。被告在和解协议中承诺停止或撤销违法行为，司法部亦同意被告的承诺，双方即可在达成一致的情况下，以和解的方式实现对案件的了结。司法和解仅仅是案件司法处理的初步程序，司法部和被诉方达成协议后，协议的内容需接受两重监督：一是将双方协议在法院所在地和哥伦比亚特区的有关报纸上公布，且公布材料的内容有一定的限制，包括签订的协议对竞争影响的评价[③]、调查文件目录、公众评论以及这些材料的来源。二是协议应受法院的监督，即需得到法院的同意。法院审查时重点考察该“同意令”(consent decree)对竞争

---

① 〔美〕马歇尔·C. 霍华德：《美国反托拉斯法与贸易法规》，孙南申译，中国社会科学出版社 1991 年版，第 48—49 页。

② 2001 年 11 月微软公司与美国司法部就持续了 3 年的反垄断案签署和解协议。和解协议将对微软公司在此后 5 年内开发和许可软件、与独立软件开发商的合作、就其软件的内部工作运转与合作伙伴和竞争对手的交流进行限制和规范。微软公司主席兼首席软件设计师比尔·盖茨先生表示：和解协议是公平、合理的，尽管和解协议对公司的业务发展作出了一些非常严格的规定和限制，和解对于消费者、对于整个科技行业乃至经济都是明智之举。参见尚明主编：《反垄断法理论与中外案例评析》，北京大学出版社 2008 年版，第 475 页。

③ 法律所要求的对竞争影响的陈述包括以下内容：(1) 这种程序的性质与目的；(2) 所宣布的违反反托拉斯法的做法；(3) 这种补救方法对竞争的预期影响；(4) 对因受到被宣布的违法行为损害而可能成为原告的私人补救措施；(5) 修改这种协议的程序；(6) 对选择郑重协议的评价。但 1974 年以后，对私人三倍赔偿诉讼这种陈述不得作为证据使用。

性影响和是否违反公共利益(法院基本上将这项实体权力程序化了,很少有不同意的)。法院同意后发布"同意令"。"被告如果违反该同意令的内容,将被视为'藐视法庭'。但如果情势已经变更,被告又有充分证据时,法院可根据被告人的申请,修改同意决定的内容。"①

此种司法和解意义上的"同意令"与另一种由联邦贸易委员会径直适用的行政"同意令"(consent order)不同。后种"同意令"可以避免对所指控的违法行为进行正式诉讼。通常在调查完成的前后,联邦贸易委员会与被告可以就签署同意令进行谈判。行政同意令无须法院协助,且该同意令往往不对行为性质进行认定,只注重确定双方权利义务的具体内容。因此,接受行政同意令并不等于被告承认违法。接受同意令的效果是被调查方同意承担一定义务,由此可以免除诉讼。行政同意令的内容具有与联邦贸易委员会根据正式程序而作出的其他行政处罚同样的法律效力。对于被调查者而言,同意令的程序也不是一项法定必经程序,但如果根据公共利益原则,通过诉讼解决问题,那么,被调查人就被剥夺了和解的机会。

综上,和解机制有比法院诉讼更为简单、更为快捷、更成本低廉的优点。同时,案件的处理过程更具有亲和力。这种亲和力或许是因为被处罚者的意见部分得到了尊重而减弱了其角色负担,也可能是取消了"场所"产生的威严,还有可能是"气氛和谐"所致。这种和解机制也为后竞争立法国家所借鉴。

(2) 我国的反垄断承诺制度

我国《反垄断法》第45条规定了承诺制度:"对反垄断执法机构调查的涉嫌垄断行为,被调查的经营者承诺在反垄断执法机构认可的期限内采取具体措施消除该行为后果的,反垄断执法机构可以决定中止调查。中止调查的决定应当载明被调查的经营者承诺的具体内容。反垄断执法机构决定中止调查的,应当对经营者履行承诺的情况进行监督。经营者履行承诺的,反垄断执法机构可以决定终止调查。有下列情形之一的,反垄断执法机构应当恢复调查:① 经营者未履行承诺的;② 作出中止调查决定所依据的事实发生重大变化的;③ 中止调查的决定是基于经营者提供的不完整或者不真实的信息作出的。"从字面上分析,这个规定并没有出现"和解"的字样,且执法机构在接受经营者承诺的基础上决定中止调查,因此有人认为我国的经营者承诺制度不同于执法和解制度。但本质上,上述规定还是属于行政和解。

和上述国家或地区同类法律制度相比,我国的经营者承诺制度的特殊性体现在:承诺制度的启动只能由经营者提出申请,而不是由执法机构主动启动。承诺制度的调查中止也只能由经营者提出申请,如果不申请,则执法机构进一步进行调查直至作出决定。另外,我国反垄断法上因没有规定刑事责任,也不存在司法和解。

承诺制度是为了替代法院判决和弥补行政决定的僵化。但上述制度中执法机构处于被动等待的地位,而不是积极运用该制度,这意味着没有把该制度包含的优势充分发挥出来。

3. 约谈

约谈或行政约谈、行政劝导,是指行政当局为了实现一定的行政目的,依对经营者活动提出劝告性意见及其产生的特殊效果。约谈措施是因法律执行程序的繁琐和手段缺少针对性而产生。约谈不需要履行其他行政手段所要履行的法定程序,名义上也不存在所针对问

① 陈宏伟:《非正式程序研究》,载《当代法学》2000年第5期。

题的范围限制，具有广泛性、适应性。

约谈体现了政府与企业之间的柔性结合，其实质是一种官商协调的运作方式。20世纪中期以前历经政府与企业的游离与深度结合后，两种对立的制度开始各自吸收对方的优点，约谈就是相互吸收之后的创造性成果之一。这种成果得以创造并延续下来，一方面由于之前的战争环境和经济危机给政府以介入经济成功的经验和信心；另一方面经济全球化需要政府以经济调解主体和活动主体的双重身份来控制国民经济运行的方向和速度。

在日本更普遍的称谓是行政劝导，其前身是协调恳谈会。最初的恳谈会是以产业界"自治"为基础的官民协商方式。协商的"互利互惠"色彩浓厚，产业界因受惠于政策而愿意接受或一定程度接受政府的意见。后这种方式的作用渐渐扩大，成为一种机制和政府调控经济的手段。日本经济学者植草益认为："民间企业发展与官僚干预之间所保持的平衡关系，使后发型经济的稳定发展成为可能。"[①]

行政劝导多在产业"机体"内发挥政策性协调作用。被劝导主体主要是大企业或企业集团。这自然可以在反垄断法中找到适于发挥作用的环境，因为反垄断政策作为一种竞争政策，其与产业政策具有内在统一性。

在日本，公正交易委员会下专门设置审查部对涉嫌违法行为实施劝告。其事务范围涉及实行私人垄断和不当交易限制、垄断协定、公司股份保有的限制、金融公司的股份保有限制、干部兼任的限制、公司合并的限制、价格上涨理由的报告等方面（见日本《禁止垄断法》第48条）。当然，劝告程序不是法律审判或承担法律责任的必经程序，但不听取劝告的则可能承担法律责任。

日本劝导机制的替代性体现在该措施与法律责任的关系上，当审查部劝告违法行为人（包括该事业团体的干部、管理人及其事业者成员）采取适当的措施，被劝告者必须就是否应允该劝告的问题迅速通知公正交易委员会。被劝告者应允该劝告的，公正交易委员会可以不经过审判手续作出与该劝告相同内容的审决。因此，劝告程序具有提示危险和缓冲矛盾的双重职能。显然，这也不同于对违法行为采取的警告处分。虽然提示危险并不等于一定承担危险，但由于不允诺后案件交由同一机关审决，摆脱责任的可能性很小。这也就得出了劝导机制得以有效运行的机理，即劝导具有准强制性和充分的信息交换性。日本的劝导机制在促进企业合并或合理化、自主出口管制、企业间的生产数量调整、不景气时期生产时间的缩短和产量控制等方面取得了良好的经济效果。

当然，任何一种制度都具有两面性，行政劝导机制的负面效果在于，一定程度上和市场的优胜劣汰机制背离。不景气时期较弱的企业因此而未能被淘汰出局，景气时期因此可能存在数量较多的企业，导致过度竞争。正因为具有两面性，该机制才不作为强制程序。是否适用该机制、何时适用、对谁适用等都需要实施机关认真考量。

在我国，政府实施的劝导，主要用于企业价格违法行为[②]，但在反垄断法上，除了对经营者集中的审查外，在其他行为上是否可适用约谈没有明确的规定。

（三）政府代表诉讼

根据美国《谢尔曼法》第7条和《克莱顿法》第4条的规定，有权提起赔偿诉讼的主体包

---

① 〔日〕植草益：《日本的产业组织——理论与实证的前沿》，锁箭译，经济管理出版社2000年版，第323页。

② 国家发展改革委2007年颁布了《价格监督检查提醒告诫办法》，规定了约谈这种手段。如2011年3月底国家发展改革委对联合利华的集体涨价行为实行的约谈。

括自然人和法人、美国联邦、外国政府(不被美国承认的和不处于和平状态的除外)、州政府。按照《克莱顿法》第4条A之规定,“一旦美国政府由于他人违反反托拉斯法的行为而遭受业务或财产损害时,不论争议数额多少,均可向被告居住地、所在地,或其代理人所在地的合众国地区法院起诉,由被告赔偿美国政府所受实际损失,并承担诉讼费用”。可见,美国政府提起的诉讼有两类,一类是作为受害人的政府提起的诉讼,如当美国作为涉嫌违法性垄断的特定商品和服务的购买者。此时,作为受害人的政府同私人一样可以请求违法者三倍的损害赔偿。另一类身份是代表本区域的民众提起的诉讼。联邦政府有权代表美国民众提起诉讼,州政府有权代表本州的民众提起诉讼。后者即为政府代表(民众)诉讼。此种诉讼一般只能获得实际损失赔偿和诉讼费用。

代表诉讼的最大好处是节约诉讼成本。通常政府提起代表诉讼时,通过公告的方式让受害的民众进行登记,提交自己的受害证据,公告结束后由政府统一提起赔偿诉讼。这样,将原本需要单独诉讼的多个案件一次完成。这种诉讼也不同于一般的代表诉讼,因一般代表诉讼需要分别委托,授权给代理人统一执行代理权。政府代表诉讼建立在法律授权的基础上,而不是个人委托的基础上。另外,按照《克莱顿法》第5条的规定,“代表或由美国政府依照反托拉斯法提起的民事或刑事诉讼、作出的确认被告违反反托拉斯法的判决和裁定,将作为其他当事人按照上述法律或美国政府按照本法第4条A对该被告起诉或审理时的表面证据;判决和裁决中认定的事实对双方当事人都是不可否认的。但本条规定不适用于审理前双方同意所作出的判决或裁定,以及美国政府按本法第4条A起诉所作的判决或裁定”。可见,政府代表诉讼结束后,没有在诉讼前登记的受害人还可以依据胜诉的判决维护自己的权益,只要在诉讼时效范围内。

第二节 私人实施

私人实施,是指以私人(垄断行为的受害人,包括法人、非法人组织和个人)作为原告,为维护自己的竞争利益直接向法院提起的诉讼。但不包括私人不服执法机构的决定而对执法机构提起的诉讼。

一、私人实施的特点

反垄断私人诉讼具有别于一般民事诉讼的“一对一”的特点,一个垄断行为往往都涉及不特定的受害主体;法律对这种多重性的诉讼在功能上给予了越来越多的期望,这使反垄断私人诉讼特性明显。

(1) 主体的特定性与开放性。虽然美国1914年的《克莱顿法》第4条规定,“任何财产或营业受害的人”都可以提起反托拉斯诉讼[①],但涉及具体案件,法官也没有千篇一律地忽略诉讼主体资格的认定。相反,诉讼主体资格的问题往往超越了案件的事实而成了案件争议的焦点。1977年美国联邦最高法院在“伊利诺斯制砖公司案”中认为,只有那些与违反反托拉斯法的人直接进行交易的买主才能提起三倍赔偿诉讼。而在1979年的“瑞特诉索纳特等公

① 《克莱顿法》第4条的规定:任何因反托拉斯法所禁止的事项而遭受财产或营业损害的人,可在被告居住的、被发现或有代理机构的区向美国区法院提起诉讼。

司案"中裁定,因垄断行为而受到财产损害的消费者都可以根据反托拉斯法提起三倍赔偿诉讼,并在此案的判决中用脚注指出,"伊利诺斯制砖公司案"的判决并不优先于本案的判决。[①]对于"伊利诺斯制砖公司案"最高法院认为,间接购买者不享有起诉权;而在"瑞特诉索纳特等公司案"中,最高法院认为,间接购买者和直接购买者都享有起诉权。可见,规则的"一事一议"特性非常明显。

有的国家为了便于操作,将事前救济转为事后救济,即强调必须已出现违反反垄断法的事实;原告的企业或财产必须已受到直接损害;违法与损害之间必须有直接的因果关系;原告所受损害必须事实上可用金钱来衡量。从操作上更具有可行性,但从法理念上,这是一种倒退。

从停止侵害之诉的主体上看,不特定的主体具有成为原告的资格。个人、社会团体可以作为原告向法院提起诉讼。原告资格确认的是主体拥有的诉权。具有原告资格的主体转换为原告,还需要有行为动力。停止侵害之诉解决的是非财产问题,这类诉的主体具有不特定性,当然,这类不特定主体作为原告也具有诉讼上的惰性。近年来,一些国家以团体诉讼的形式解决了不特定主体的诉讼中原告分散、怠于诉讼的问题。值得关注。

(2) 诉讼目的的私益性兼公益性。反垄断法的目的之一是保护竞争权利,权利主体包括市场上消费者和竞争者。具体而言,保护竞争者的公平竞争权利,保护消费者的公平交易权利。在垄断行为造成损害的情况下,受害者能够提起损害赔偿的私人反垄断诉讼无疑是一种有效的救济措施,反垄断私人诉讼因在动机上获利的目的使该种诉讼具有很强的私益性。寻求高额的损害赔偿金额是受害人提起私人诉讼的主要诱因。美国《谢尔曼法》《克莱顿法》都规定了法定的三倍损害赔偿制度,我国台湾地区"公平交易法"第31、32条也规定了酌定三倍损害赔偿制度。[②] 这些制度一方面有利于对因垄断行为而受到损害的受害者予以补偿,另一方面又通过损害赔偿的诱惑力吸引广大的私人主体参与反垄断法的实施。

由于某种垄断行为涉及的受害主体具有扩展性,即随着垄断行为的延续而不断扩大,所以,私人诉讼从动机上讲,是为了维护私人利益,但从结果上讲,则具有公益性。

二、原告资格的确定

我国《反垄断法》第50条规定了原告资格,这个条件确定的原告的范围比有关国家(地区)法律规定的范围要窄。通过比较国外(地区)的同类制度,可以看出我国原告资格制度中存在的问题。

(一) 美国法中的原告资格

私人诉讼制度最先在美国1890年的《谢尔曼法》第7条中予以规定。1914年的《克莱顿法》第4条对其进行了修改,将原告扩大至政府并规定了诉讼时效,由此构成了完整的美国反垄断法私人诉讼的制度规范。"美国的反垄断私人诉讼浪潮始于1962年的通用电器

---

① 〔美〕马歇尔·C.霍华德:《美国反托拉斯法与贸易法规——典型问题与案例分析》,孙南申译,中国社会科学出版社1991年版,第63—64页。

② 我国台湾地区"公平交易法"第31条规定:"事业违反本法之规定,侵害他人权益者,应负损害赔偿责任"。第32条规定:"法院因前条被害人之请求,如为事业之故意行为,得依侵害情节,酌定损害额以上之赔偿。但不得超过以证明损害额之3倍。侵害人如因侵害行为受有利益者,被害人得请求专门依该项利益计算损害额"。

(*United states v. General Electric*)案。"[①]在20世纪50—70年代得到迅速发展,并在70年代达到最高峰。

按照《谢尔曼法》的规定,美国确定原告资格的原则主要是直接损害原则(direct injury test)。"法院采取该原则是为了避免过度威慑,多重赔偿以及投机或复杂的诉讼。"[②]对于该原则的详细阐述出现在联邦第三巡回法院判决的"罗布诉依斯特曼·科达公司案"(*Loeb v. Eastman Kodak Co.*)中。该案原告是一个声称其权益受反垄断法违法行为侵害的公司的股东——罗布。法庭否定了其诉讼主体资格。理由是股东罗布所受的伤害是"非直接的、遥远的和偶然的",直接损害殃及的是公司。美国律师协会反垄断部认为,适用该标准的关键在于,判断违法行为人与受害人之间是否存在一个中介。[③] 如果存在这个中介的话,受害人就不享有原告资格,反之则享有。该原则在美国反垄断法诉讼资格理论中占据了长达40年的统治地位,但是这种方法仅仅考虑在特定的市场中,被诉违法者和原告之间的损害关系,从而把垄断行为和与之有关受害人之间的考虑因素最小化。由于该原则过于强调损害赔偿,受到了多方的质疑。其中"直接损害"是否包括现在没有财产损失但曾经受到直接损失,即是否禁止转嫁抗辩,是被质疑的主要问题之一。

"转嫁抗辩"指"购买商在价格被固定的情况下因购买产品支付太高而受到损害因此提起的三倍损害赔偿诉讼中,被告提出的因原告已经将产品出售给他人进而损失已经转嫁,原告事实上的财产或企业没有受到任何损害"[④]。美国"汉诺威制鞋公司诉联合制鞋公司案"中首次确立了"禁止转嫁抗辩"原则,其理由为:非法的过高索价已经构成了可诉的理由,而不必考虑购买者的利益是否受到实际损害。[⑤]

"禁止转嫁抗辩"原则的核心价值是确立了非直接购买者的诉讼地位,它扩展了非直接损害的情况下,受害人可以成为原告的问题,同时为了协调《谢尔曼法》规定的三倍赔偿制度,控制非直接损害可能造成的扩大赔偿的风险。目前,只有少数的州才赋予间接购买者以诉权,如加利福尼亚州、纽约州、得克萨斯州等。

在美国,大部分州只授予直接购买者完全的获得赔偿的权利,间接购买者不能取得三倍的赔偿。之所以呈现这样的状况,是基于以下原因:

首先,如果允许间接购买者享有提起三倍损害赔偿诉讼的权利,那么法院要努力去整理和计算某产品或服务整条生产链中的损害总量和各个层次所受到的损害数额,再将损害赔偿分配给每一个原告。这样繁重的审判任务是法院难以承受的,也是难以完成的。

其次,可能导致多倍赔偿,给被告带来毁灭的灾难。如果允许每一个受到损害的购买者提起三倍赔偿诉讼,每一个申请人都要获得三倍赔偿数额。如果经济环节中的多个(曾经)

---

① 时建中:《私人诉讼与我国反垄断法目标的实现》,载《中国发展观察》2006年第6期。

② See Associated General Contractors, 103 S. Ct. at pp. 911—912.

③ American Bar Association(ABA) Antitrust Section, *Antitrust Law Devolopment*: *Agreement Containing Consent Order*, 2nd ed, 1984, p. 395.

④ 李国海:《反垄断法实施机制研究》,中国方正出版社2002年版,第219页。

⑤ See *Hanover Shoe Co. v. United shoe Mach. Corp.*, 292 U. S. 481, 491(1968). 原告汉诺威制鞋公司诉被告通过只租不售的方式稳固在制鞋机器市场的垄断地位并获取垄断高价,被告答辩认为,原告的额外成本已经通过销售鞋子的价格转嫁给了消费者,原告作为直接购买者没有受到损失,因此,不具有起诉资格。美国联邦最高法院否决了被告的"转嫁抗辩"。

受害主体都起诉的话，那么违法者将要因一个违法行为承担多倍甚至无数倍的赔偿。而且，如果不同的受害人在不同的时期提起诉讼，那么被告就会经常陷入诉讼官司的纠缠当中，疲于应诉，将使经营者无法进行正常的生产经营。对商业行为造成过度威慑，对于被告来说可能是致命的。

在德国，为适用《违反欧共体反托拉斯规则的损害赔偿诉讼绿皮书》(Green Paper-Damages Actions for Breach of the EC Antitrustrules)所规定的“私人实施欧共体竞争法是通过在成员国法院的救济来保护欧共体法中的权利”，2005 年 6 月德国《反限制竞争法》进行了第七次修改，修改最核心的问题，就是《反限制竞争法》第 33 条第 1 款规定中的诉讼类型的扩大：“违反本法、《欧共体条约》第 81 条或第 82 条的规定，或违反卡特尔局所作的处分的，行为人对于违法行为所涉及的关系人有除去其侵害之责；如有再侵害之危险时，并有不作为之责。上述违法行为有发生之虞时，侵害防止不作为请求权即已成立。前述称违法行为涉及的关系人，系指同业竞争者或其他因违法行为而受到妨害的市场参与者。”[①]显然，这里的“受到反竞争行为损害的人”包括直接购买者和间接购买者。除此之外，该法也明确排除了转嫁抗辩。但其诉讼请求仅限于停止侵害。这显然不同于美国。

总之，美国、德国等国立法修改对原告资格原则扩展的理论意义和实践价值在于，损害被分成了损失和损失的风险，受到此种损害的人都可以成为原告，并禁止转嫁抗辩。这值得我们关注和适度借鉴。

（二）我国《反垄断法》规定的原告资格

我国《反垄断法》第 50 条规定：“经营者实施垄断行为，给他人造成损失的，依法承担民事责任。”这个“他人”可否理解为“任何人”呢？

首先，“他人”不是“任何人”，《反垄断法》第 38 条规定的“对涉嫌垄断行为，任何单位和个人有权向反垄断执法机构举报”这个行政程序的启动主体是“任何人”。其次，“他人”也不是“利害关系人或关系人”，因为后者包括受损人和受损危险人，“他人”前的限制语决定了这个概念的外延只是受损人。所以，我国《反垄断法》私人诉讼原告资格确立的是“损失”标准。

从形式上看，条文中的“他人”好像可以等同地理解为我国台湾地区“公平交易法”上的“他人”。[②] 但实际上视线稍加扩展就会发现，两个“他人”各被实质内容不同的限制语汇约束。

在“造成损失的”限制语之下，我国法律上的“他人”应该不同于我国台湾地区所说的“被侵害权益”的“他人”。“造成损失”和“被侵害”作为法律用语描述的是两种不同的行为类型和后果状态。“被侵害”的结果是损害。“损害”的通说，包括受害人的“所失利益”和“未得利益”。在反垄断法中，对于受害人的损害如何计算，具体包括受害人受到的全部损害，还是仅仅赔偿所失利益，各国和地区反垄断法并没有直接给出答案，该问题一直是需要进一步研究

---

① 条文引自吴秀明、梁哲玮：《德国反限制竞争防止法——最新修正内容及全文翻译》，载《台北大学法学论丛》2008 年 1 月第 64 期。

② 第 30 条规定：“事业违反本法之规定，致侵害他人权益者，被害人得请求除去之；有侵害之虞者，并得请求防止之。”

的问题。我国台湾地区和日本在反垄断实践中一般认为损害只包括“所失利益”。[①] 因此，我国反垄断法上的“造成损失”应被理解为实际财产受损，“造成损失”的“他人”即财产受损人。

上文已述，垄断行为之危害有造成损失和造成损失的危险两种情形。两种不同危害各自的责任类型和控制机制都不同。反垄断法上的“民事责任”不会是民法上的全部民事责任，可应用的主要有赔偿损失、消除危险、停止侵害三种。根据受侵害的状况，救济措施的对应关系是：受损失—损害赔偿(或同时诉停止侵害)；受损失的危险—停止侵害、消除危险。依据“损失”这一限制条件，受损的原告在诉讼中的现实做法将是请求损害赔偿或损害赔偿加停止侵害。很难想象受损的原告不为追求损害赔偿而只求致害人停止侵害、消除危险。“损失”条件决定了原告的类型和范围只限于财产受损人，而排除了有受损危险的人。

对损失危险的控制，我国法律设置了另一种处理机制，即《反垄断法》第 38 条规定的“对涉嫌垄断的行为，任何单位和个人有权向反垄断执法机构报告”。由此可以得出，我国反垄断法实施体制是以行政执法为主导，并辅之以有限的司法救济的模式。进一步而言，对垄断“危险”的控制交由行政处理，司法处理仅限于对损失的救济。上述规定中确立的以“损失—原告”为基础的私人诉讼是狭义的私人诉讼概念，总体上这和国际反垄断立法对原告资格认定的方法和类型不相一致。

如上文所述，德国《反限制竞争法》第 33 条已将损失和损失的危险的控制都纳入司法程序。我国台湾地区的“公平交易法”第 30 条、第 31 条也作了类似规定，“事业违反本法之规定，致侵害他人权益者，被害人得请求除去之；有侵害之虞者，并得请求防止之”。“事业违反本法之规定，侵害他人权益者，应负损害赔偿责任”。因责任形式有除去危险、停止侵害和损害赔偿，由此反向推知，原告应该包括损失受损人和有财产受损危险的人。

有必要为面临危险的受害人提供司法救济渠道，建立损失和危险控制的行政和司法平行运行机制。对于过多依赖行政系统的日本反垄断私人诉讼制度[②]，学者已经开始反省。[③] 因法律未将垄断危险纳入司法控制，司法这“一只手”明显偏软。另外，我国缺乏像美国联邦贸易委员会和司法部反托拉斯局那样强大的反垄断力量和执法经验，这更需要私人诉讼来克服行政执法上的缺陷。因此，应该扩大私人诉讼的范围并明晰对应的责任类型，建议完善这个内容的方法，可以参照德国 2005 年修订的《反限制竞争法》第 33 条或我国台湾地区“公平交易法”第 30、31 条的规定进行分类处理。

---

① 日本《禁止垄断法》本身并没有规定损害赔偿额的计算方法。日本实务界在计算损害额时一般采取民法上的“差额说”，即将没有加害行为的利益状态与受到损害之后的利益状态之间的差额作为计算依据。在松下电器事件中，法院认为购买因为不公平交易方法使得零售价格上涨的商品，销售者所受的损害为购买价格和处于公平自由的市场机制下所形成的适当价格之间的差额。参见尚明：《对企业滥用市场支配地位的反垄断法规制》，法律出版社 2007 年版，第 268—269 页。

② 日本《禁止垄断法》第 26 条：除非公正交易委员会作出有关规定，受害人无法根据该法第 25 条的规定提起损害赔偿诉讼。

③ 美国的法院就像老佛爷的手心，一般人和行政官员都在一个手心里转；日本的法院像是专门为私人之间的争斗建立的相扑台，行政官厅另外有自己专用的相扑台。参见〔日〕田中英夫、竹内昭夫：《私人在法实现中的作用》，李薇译，法律出版社 2006 年版，第 191 页。

第三节 社会团体诉讼

在现实中，作为受害者的经营者、消费者单独诉讼经常产生这样几个难题：其一，受害者个体因种种原因而放弃诉讼，致使其个人利益或公共利益受损而无从救济；其二，分散的经营者、消费者重复诉讼，不但耗时费力，还可能出现矛盾性的裁判；其三，作为原告的单个个体力量难以与庞大的垄断组织抗衡，诉讼资源上的劣势地位可能导致诉讼地位的不平等，从而造成诉讼结果的不公平。为了克服这些单个个体诉讼的弊害，一些国家法律设置了社会团体代表诉讼。

一、行业协会代表诉讼

社会团体的典型形式是行业协会。① 行业协会是政治国家和公民之间的中间地带，服务于其所代表的群体，相比单个经营者，它掌握较为全面的信息和具有完善的参与诉讼的能力，能更好地为分散的经营者主张权利。所以赋予行业协会等社会团体诉权在很大的程度上可以解决上述单独诉讼存在的问题。

早期的反垄断立法，大都不赋予行业协会等社会团体提起诉讼的权利。但随着社会生产力的发展，产品结构越来越复杂，加上在私人诉讼当中，被告一般都是在市场占有支配地位的大企业，这些企业规模大，经济实力雄厚，销售链非常复杂，原告无论在经济地位和证据的收集能力上都处于劣势。行业协会拥有较强大的经济、技术优势、信息优势使之具备完善的参与诉讼的能力，这在一定程度上可以弥补私人诉讼的缺陷。目前，已经有一些国家通过法律赋予了社会团体以一定条件下的起诉权。如德国《反限制竞争法》第 33 条第 2 款规定："为促进营业时或独立职业上利益而具有权利能力之产业团体，其成员如涵盖同一市场上生产或销售相同或类似商品或服务之相当数量事业，且依该团体之人事、业务及财务配置条件，其实际上有能力维护章程所定的任务，即追求营业或独立职业上之利益者，于其成员之利益受到违法行为妨害时，亦得行使前项所定的请求权。"

这种团体诉讼有其合理之处，但同样存在制度激励和防止权力滥用的问题，如行业协会团体利用诉权为自己谋利、越权代理诉讼等。一方面，囿于行业协会具有"俱乐部式的组织"和"政府代理人"②的双重属性，其可能滥用俱乐部组织者的身份从事限制竞争的行为，也可能依托政府代理人的身份滥用相关权力。另一方面，行业协会为了维护行业的利益，履行自己的职责，需要拥有一定的权力，按照"米歇尔"规律③，赋予社会团体诉讼权，也要防止这种权力被团体管理人滥用。一些国家（地区）法律没有赋予行业协会以代表诉权的理由，大概主要是担心行业协会利用自己的优势以诉讼的方式干扰相关经营者的生产经营活动。为此，一些赋予行业协会等社会团体以诉权的国家，在立法上也对其行使诉权进行了一定的限制，具体表现在以下几个方面：

---

① 在我国，行业协会也叫商会。日本《禁止垄断法》称之为"事业者团体"，德国《反限制竞争法》称之为"事业团体"。

② 黄红华：《商会的性质》，载《中共浙江省委党校学报》2005 年第 5 期。

③ 欧洲社会学家罗伯特·米歇尔对组织的缺陷总结为："大部分成员忙于自己的事，结果组织沦为少数寡头控制。"参见〔美〕希尔西曼：《美国是如何治理的》，曹大鹏译，商务印书馆 1986 年版，第 295 页。

第一,对团体进行资格上的限制。在德国,并不是任何的行业协会都可以提起诉讼。具有诉讼主体资格的行业协会必须具备:权利能力;为担保团体有进行诉讼的充分经济能力,还具有一定的资金;为实现法定的保护利益,该诉讼的目的属于该团体章程所定的目的;团体应当具有一定数目的成员,其所能代表的观念有普遍性,以防止小社团林立情况下造成的原告资格滥用。

第二,赋予行业协会有限的诉求——请求停止违法行为。因为在私人诉讼中,一般涉及的赔偿数额都是相当大的,如果原告胜诉,被告要承担的责任非常沉重。而行业协会与案件本身并没有什么直接的利害关系,在现代行业协会在法律地位上是独立于各成员的独立团体,这就很难保证该社会团体不会打着维护成员利益的旗号来牟取不正当的利益。因此,只赋予其请求停止违法行为的权利,把损害赔偿请求权留给行业协会的各成员自由处分。如果行业协会的请求存在错误造成被告方损失的,行业协会可以用其自身的财产来承担责任,这样即可以防止上述滥用情况的发生,也保证了诉讼中权利义务的平等。

第三,行业协会提起的侵害成员企业利益的赔偿诉讼,相关赔偿金在扣除诉讼成本后归国家财政所有。这是出于维护行业协会的不以营利为目的的社会团体的身份而进行的限制。

第四,利用法官的职权制约社会团体的处分权。在传统的民事诉讼中,法官对于当事人辩论中没有提到的事实和证据,不能作为裁判案件的依据,遵循"不告不理"的原则。在行业协会作为原告起诉的案件中,法官对于当事人双方没有提到的事实和证据,出于公共利益或公共政策的考虑,也可以作为裁判案件的依据。但是这里需要说明的是,"代表法院的法官积极行使职权维护公益并不代表法院丧失了中立性,正如法院作出义务人败诉的裁判并不代表法院在诉讼中丧失了中立性"。[①]

二、消费者协会代表诉讼

现代经济关系中,另一个重要的社会团体是消费者协会。赋予消费者协会以诉权,从职能上与当代权利社会化趋势相吻合,其保护弱者的法理依据也更充分。

美国、加拿大等国的消费者权益保护法都赋予消费者协会代表消费者提起诉讼的权利。波兰《禁止不正当竞争法》第 31 条第 1 款规定:"对违法行为涉及众多消费者或者引起重大不利后果的当事人的诉讼,在受害的消费者个人不能被确定的情况下,竞争监督机构或者消费者利益保护机构可以参加诉讼,提出消费者的民事请求。"英国于 2002 年 11 月 7 日颁布的《2002 年企业法》规定因违反竞争法受到损害的人可以向竞争上诉法庭(Competition Appeal Tribunal, CAT)提起诉讼,而且公平贸易办公室和欧盟委员会对于违反竞争法的事实的决定对该法院的审理有约束力,同时消费者团体可以就违反竞争法的行为向 CAT 提起代表诉讼。

当然,消费者协会是否具有诉讼的权利能力和消费者协会的体制有一定的关系,这种身份的塑造需要配置消费者协会的诉权,同时更为重要的基础是诉讼涉及的财产如何取得,风险如何承担等一系列问题的解决。

---

① 中国人民大学法学院《民事诉讼法典的修改与完善》课题组:《〈中华人民共和国民事诉讼法〉修改建议稿(第三稿)及立法理由》,人民法院出版社 2005 年版,第 302 页。

在我国,2013 年修订的《民事诉讼法》第 55 条规定了社会组织的团体诉讼:"对污染环境、侵害众多消费者合法权益等损害社会公共利益的行为,法律规定的机关和有关组织可以向人民法院提起诉讼。"这里的法律规定的"有关组织"在《消费者权益保护法》中体现为"消费者协会和其他消费者组织",限于消费者组织诉讼的难度和复杂性,消费者诉讼的资格目前只限于省级以上的消协组织。至于反垄断案件能否依据上述规定提起公益性的团体诉讼,仅从上述民事诉讼法的规定看,应该是可以的,但若结合《反垄断法》第 50 条的规定看,将产生一个新的问题,即消费者组织能否提起损害赔偿之诉。如果可以,那么,损害收集的程序、损害请求可否和《消费者权益保护法》规定的 3 倍赔偿关联起来,这些问题仍值得研究。

第三编 | 反不正当竞争法

反不正当竞争法带有浓重的私法情结，包括调整的对象、行为类型、救济的方法等，这也成为该法走向独立的一大障碍。甚至在现今仍有一些人认为，反不正当竞争法是民法的特别法；而另一些人认为，它是知识产权法的特别法。实际上，它是从民商法和知识产权法中独立出来的一种新型的法律制度。其独立性的标志有两个：形成了完整的规范结构和产生了新的理念。

反不正当竞争法独特的调整机制，即三个基本调整工具——列举条款、一般条款和原则条款——的有机组合。三者的关系是：列举条款—基本调整、原则条款—辅助调整、一般条款—扩张调整。一般条款是反垄断法中的特色制度。一般条款与法律概念、法律原则相比较具有规范性；与列举规范相比较在内容上具有模糊性；在法律适用上具有授权裁量性。这决定了一般条款的地位及其影响。它被奉为"整个竞争法领域之帝王条款"。

竞争行为贯穿于商业经营过程的始终，竞争行为发生的境况和假借的手段多种多样。由此形成反不正当竞争法和其他法之间的紧密关系。其他有关法律客体——广告、注册商标、价格、商品名称等在竞争行为中变为竞争工具，在滥用的情况下形成了不正当竞争行为。因此，将这些客体法律化而形成的广告法、商标法、价格法、企业名称管理法等与反不正当竞争法在适用上出现了竞合。如何解决反不正当竞争法的法律竞合问题，竞合的适用规则、法律责任的选择等都值得研究。

追本溯源，不正当竞争行为有两个罪恶的渊薮，即盗用他人的竞争优势和通过不正当方法为自己谋取竞争优势。前者如擅自使用他人商品的商标、包装、装潢或有关标记，假冒他人的字号或名称、盗用商业秘密等；后者如有奖销售、商业贿赂、虚假广告、商业诋毁等。

随着网络经济的到来，传统的不正当竞争行为有了新的渗透领域。由此产生了传统不正当竞争行为的网络化。同时，与网络计算机技术的应用相关的方面也出现了一些传统不正当竞争行为无法容纳的新类型。这些新型的不正当竞争行为值得探讨，也需要在完善法律时予以关注。

第十一章

反不正当竞争立法与调整机制

反不正当竞争法，作为一种约束性规则，源于对个人权利与自由的滥用。也可以说，该法是从传统私法中走来。虽然在形式上还留有传统私法的制度痕迹，但在观念上已经形成了有别于传统私法的本质性的超越。认识反不正当竞争法需要从内里把握这种观念，并以此指导具体制度的运用。

第一节　反不正当竞争法的私法情结与超越

由于反不正当竞争法是一种新型的法律，其在正式登上被传统法学所装点的法律殿堂时曾遇到了这样或那样的麻烦，这直接影响了反不正当竞争法的性质的认定。其原因正如德国学者拉德布鲁赫曾精辟地指出的："在杰出和统一的(立法)建筑上，人们会对进行妨害其风格的改造犹豫不决。"[①]囿于习惯，一些被固化的形式很难改变，已有的创新性表达也会出现反复。

一、在私法中孕育

早期规制不正当竞争行为的法律主要是建立在传统法的扩大解释或制定单一规范的基础上，但在属性上具有浓厚的私法色彩。

在大陆法国家，无论是德国、法国，还是意大利，早期不正当竞争问题都被划归到大的民事法律关系之中。

19 世纪 70—90 年代是德国资本主义发展最快的时期，也是垄断开始产生的时期。1871 年德意志第二帝国建立后，"营业自由"的经济政策活跃了市场经济。开始的垄断组织极其不稳定，常常大面积分崩瓦解。这时的"垄断组织对自由经济的影响不大，自由竞争发展达到了极限点"[②]，导致不正当竞争行为愈演愈烈。部分地区借用《拿破仑民法典》来制止不正

---

① 〔德〕拉德布鲁赫：《法学导论》，米健、朱林译，中国大百科全书出版社 1997 年版，第 71 页。

② 《英法德俄历史(1830—1917)》〔上〕，商务印书馆 1972 年版，第 271 页。

当竞争行为。[1] 但从属于民法的竞争规则并没有承担起相应的社会责任。[2] 最早适用于德国全境的用以调整个别不正当竞争行为的是 1894 年公布的《商标法》第 14 条和第 15 条(第一章已述)。法国虽然早于德国提出了“不正当竞争”的概念,但也没有制定单独的反不正当竞争法,而是根据《法国民法典》第 1382 条和第 1383 条的两个有关侵权的条款和一些判例来对不正当竞争行为进行调整。这种调整无论从原则上、判断路径上还是责任上都带有明显的私法的痕迹。具体而言,法国通过适用无正当理由而对他人造成损害者须承担责任的一般民法原则,推出了“不正当竞争”的概念,并根据《拿破仑民法典》第 1382 条[3]确立了一项规则,即“未侵犯工业产权但在某些商业活动中导致欺诈或使人误解或对此负有责任的行为,构成不正当竞争行为,即便那些商业活动与工业产权的概念没有什么联系也是如此”。

意大利与法国相似,也是用《民法典》中关于侵权的一般条款来制止不正当竞争。1942 年制定出新的《民法典》(旧《民法典》是 1865 年所订的)。第十章规定了“竞争规则和康采恩”,在第 2598 条至 2601 条规定了不正当竞争行为。不过,该法仅仅明确列举了名称等商业标记混淆行为和散布虚假信息两种不正当竞争行为,第 2599 条至 2601 条可以认为类似于反不正当竞争法的一般条款,这已经比法国法前进了一大步。

在英美国家,没有单独的反不正当竞争法。它们是将一些不正当竞争行为类型(如商业混淆、欺诈广告、诽谤等)归纳成一般的构成要件,在司法中参照适用。因此,在英国没有不正当竞争这一类诉讼,它只有侵权或非法行为的概念。不正当竞争行为中分解出相关的单项行为,诸如“假冒”行为、“破坏声誉”行为以及诽谤和诋毁行为等被视为侵权行为。同样,在美国,不正当竞争行为也分散地融合在普通法和联邦成文法律之中。普通法中有“不正当商业手段”,它仅涉及非法干预、欺骗、诽谤和强制行为;《联邦贸易委员会法》第 5 条规定的“不公平的方法”包括了虚假广告、欺诈等行为;《兰哈姆法》和《美国注释法典》规定了商标和商号的混同问题;《商业秘密统一法》单独调整商业秘密问题。在美国,更贴近反不正当竞争法的制度形式是《反不公平贸易与消费者保护法》,其配合《联邦贸易委员会法》共同发挥作用。[4]

或者是由于关于竞争的立法史无前例,或者是由于传统民法的理论势能过于强大,此法在相当长一段时间里沉浸于民法的范畴与理念中。由此,客观上将不正当竞争行为视为民事侵权行为,侵犯的客体为企业自主经营权和企业地位权。[5]

二、私法情结的超越

反不正当竞争法的真正独立表现有两个方面:新观念的产生和形成了完整的规范结构。

---

① 1794 年《普鲁士民法典》的规定,如主人和仆人、关于行会的规定等都不适应时代的要求。在德国西部的一些地方,《拿破仑民法典》得到正式的承认。但该法典没有“法人”的规定。

② 德国学者奥托·施莱希特略带无奈情绪但不乏总结性的表白恰恰准确地揭示了这一时期竞争法价值的社会性匮乏:竞争政策,特别是竞争法能结出什么样的果实取决于秩序政策土壤的质量,而这片土壤在德国长期以来一直是一片荆棘地带。见〔德〕何梦笔主编:《德国秩序政策理论与实践》,上海人民出版社 2000 年版,第 127 页。

③ 任何行为使他人受侵害时,因自己的过失而致行为发生之人对该他人负赔偿的责任。

④ 该法是由联邦贸易委员会提出来为各州选择适用。该法的条款通常与《联邦贸易委员会法》平行并常常规定州法院必须着重考虑联邦法院的意见和联邦贸易委员会法对不公平行为与欺骗行为的界定。

⑤ 提出竞争法保护的是人格权、企业权、经营权、竞争地位权等学说。两法毕竟在保护的法益上有别。竞争法保护的权益很难在侵权法客体——绝对权利中找到归宿。争论直到 20 世纪中期才告一段落,终于权威性地确定竞争法保护的是社会公共利益。邵建东:《德国反不正当竞争法研究》,中国人民大学出版社 2001 年版,第 17—19 页。

（一）新观念的产生

自由资本主义经济条件下最伟大的立法成就是《拿破仑民法典》。它确认了从封建地域的、专制的直接羁绊下解脱出来的自由和平等的商品生产者的主体地位，并成为近代社会区别于传统社会的一个重要标志。这一时期的法学理论所崇尚的也是法律制度的支柱是私法的三大原则，即所有权神圣、契约自由和自由竞争。随着社会经济的发展，自由资本主义时期所崇尚的这些法律原则，都产生了消极的社会后果，于是产生了对抗自由放任主义的新思想。这些新思想包括社会连带思想、干预主义思想、国家协调观念。

1. 社会连带思想

社会连带思想最初是由法国实证主义哲学和社会学的创始人孔德提出，后经法国社会学家涂尔干和狄骥的进一步深化发展，成为一个比较完备的理论体系。构成社会连带思想的核心内容主要有三个：(1) 人人有求生和减轻痛苦的本性、需要与愿望，必须通过相互协作才能解决；(2) 基于社会联系中的人类协作需要社会规范；(3) 国家的任务就是加强社会连带关系，确保社会连带关系下每个成员都有公平的生存和发展机会（狄骥）。这是从政治学和社会学的视角来宏观地描述社会连带思想的，也是社会连带思想的第一个阶段。

从法律的视角来阐发社会连带关系的，是麦克尼尔在《新社会契约论》所表达的关系契约的观念，这是社会连带思想的第二个阶段。这个阶段的社会连带思想与竞争法的关联更加密切。

麦克尼尔提出了关系契约的概念来阐述其社会连带思想。关系契约是针对传统契约而提出的一个概念。也是针对传统契约在社会转型中所表现的局限性而提出的。传统契约具有如下两个特点：(1) 关系的封闭性。通常由两个主体各自表达其允诺构成契约。其效力并不延及其他人。如《法国民法典》第 1134 条之规定："依法成立的契约，在缔结契约的当事人间有相当于法律的效力。"(2) 合意是效力的中心。合意发挥契约订立并约束当事人的功能。关系契约则突破了这些特点。例如，买卖合同结束后，因产品存在缺陷卖方还需要进行"三包"；劳动者因工作年限的原因，雇主一方不可以随意解除合同等。关系契约通过检讨传统契约的一次性、封闭性、合意的核心特点，将"私人领域"与"公共领域"的"隔离墙"贯通，强调"私法"的扩张以及与公法的关联。

比较而言，早期的社会连带思想建立在人类生存需要的基础上，建立的是社会关系中的人的生存联系；麦克尼尔的关系契约以传统契约为基本视角，只是拉长了契约存续的生命线。有别于此，竞争法中的社会连带思想是观察视角进行了一百八十度移位后形成的关系连带性，即不是以当事人为基础向外看，而是从外部来看当事人间构建的关系"小圈子"。之所以要从外部看这个"小圈子"，是因为小圈子关系具有外部性，尤其是负外部性。另外，调转视角观察下形成的"连带"的内容性质也是不同的。关系契约中的"社会"是当事人对他人的依赖形成的积极性的确认关系；竞争法所依赖的社会连带关系之"社会"是他人对以当事人为中心的警觉而形成的消极性的排除关系。

在 19 世纪末 20 世纪初，社会连带思想和公共利益保护观念作为新的立法资源以其蕴含的强大能量将传统契约（法）撞击成了若干个碎片，分化出如消费者契约（法）、劳动契约（法）等。这一过程被学者形象地描绘成"（传统）契约的死亡"和"（新型）契约的再生"。事实上，传统契约并没有死亡，只是被部分瓦解。只用"死亡"和"再生"来描述这一时期的契约变动也不够全面，因还有部分契约发生了变异，如商业贿赂。在立法者的态度上，"再生"的契约如“阿拉丁神灯”一样被高高地挂起——视之为一种“主权”或人权;而变异的契约则被谨慎地放入“潘多拉盒子”——“规制限制交易的原则以契约法的一部分开始”[①],只是在公共利益观念深化以后,限制竞争才逐步成为契约效力的正当阻却要素。

在反不正当竞争法中,几乎所有的制度都是建立在这种社会连带思想的基础上。例如,假冒商业标识的问题,它涉及的社会连带关系:假冒人和权利人是基本关系主体(构筑起一个“小圈子”),因为假冒,相关公众会产生误认误购,由此“社会”——相关公众,“连带”——基础的外部性,这是假冒行为构成了不正当竞争的基本法理。传统法是将假冒人与权利人作为一个封闭的关系来处理,如假冒商标,按照商标法;假冒字号,按照字号的法律制度来解决纠纷,且主导主体是权利人。竞争法律关系是转换视角后形成的复合性关系,主导主体是购买人(相关公众)。同理,商业贿赂的连带关系:在行贿人和受贿人关系(交易或拟交易关系)的基础上连带行贿人的竞争者;商业诋毁的连带关系:在诋毁人和被诋毁人关系的基础上连带潜在的购买者;有奖销售的连带关系:在销售者和购买者关系的基础上连带销售者的竞争者;等等。

2. 干预主义思想

市场经济发展初期,市场主体之间的经济实力基本均衡,不存在经济强制和超经济强制的社会条件,民事主体之间在自愿的前提下以意思自治为基础,通过设定权利义务来维持经济流转,因此人人自愿、人人平等、人人自主的理想社会似乎已经展现在人们的面前。但随着市场经济的进一步发展,供需环境、技术创新、企业重组等导致市场主体之间的经济实力上的差异越来越大,而经济实力直接转化为交易中的市场力量。市场力量使意思自治背后的缔约自由往往带有强制性、依附性(雇佣合同、格式合同),由此,传统法所宣扬的契约自由往往是一方制定条款的自由和另一方要么接受全部条款、要么拒绝全部条款的自由。一方获得的权利不断扩大,另一方不得不背负过多的义务。这导致民事流转关系中的平等关系难以落实。

市场力量打破了市场交易的自然均衡,一定程度上也改变了经营者的行为方式。如经营者为了生存而搭借他人的便车,或者采取诱导式的营销方式。这类行为不针对特定的对象,但危害竞争秩序。

在应对上述问题时,传统民商法所崇尚的平等因其静态性、表面性而难以与变动不居的经济生活相适应。受到侵害的私人主体因自身能力或动力的欠缺而难以与加害者通过私下协商而得到自救,这种关系因涉及公共利益,需要公权力的介入。

3. 国家协调观念

自由竞争的市场经济时期,由于商品经济的快速发展和市民社会的高度发达,国家的功能被限制在一个相对狭窄的范围,因此私人利益占据着主导地位,保护私权利自然成为传统民商法的根本目标,由此产生的弊害前文已论及。竞争法的产生改变了传统民商法保护目标的单一性,既非绝对保护私人利益,也未将国家利益置于极端,在平衡私人利益与国家利益的冲突中将其关注的重心放在了社会利益上。

反不正当竞争法所体现的国家协调观念表现为:尊重权利的同时对权利进行限制;承认私法解决纠纷同时强调其不足,进而需要公共监督;在维护经营者利益的基础上加重保护竞

① 〔美〕基斯·N.希尔顿:《反垄断法:经济学原理和普通法演进》,赵玲译,北京大学出版社2009年版,第30页。

争者利益、消费者利益。

综上所述，反不正当竞争法的产生打破了抽象的权利平等的观念，以事实上的身份不平等为基础，以社会连带思想的视角，重新审视当事人之间的关系和意思自治的观念，以国家权力直接或间接地介入了当事人之间的权利关系。在此基础上确立了多元性法益冲突中以保护社会公共利益为优先条件。

（二）完整的规范结构的形成

早期，由于认识到不正当竞争行为的特殊性，无法在立法时将典型行为一一罗列出来，只能采取策略性立法手段。上述搭借传统私法调整不正当竞争行为的过程为相关行为的独立化提供了历史经验。作为法律中的主体结构——列举条款的体系化是该法独立的一个主要标志。德国1896年制定的《反不正当竞争法》已经具备了现代反不正当竞争法的雏形，其包含了仿冒、虚假广告、商业贿赂、不正当促销等主要内容。

1909年修订后的德国《反不正当竞争法》增加了"一般条款"，即"在营业中为竞争目的采取违反善良风俗的行为者，可请求其制止或赔偿损害"。这构成了反不正当竞争法立法的"概括加列举"的立法模式。之后，西欧有关国家也陆续开始重视这方面的立法，且多以德国为榜样。奥地利1923年9月26日颁布的《关于不正当竞争的奥地利联邦法》基本上移植德国《反不正当竞争法》，连第1条"一般条款"的字句都基本一样。瑞士1943年9月30日颁布的《关于不正当竞争的联邦法》也与德国的法律十分相似，该法也有"一般条款"，并列入第1条。①

在反不正当竞争法的规范结构中，还包括一个重要的条款，就是原则条款。反不正当竞争法基本没有自己的特有原则，其所表述的原则都是从民法中移植过来的。例如，德国1896年《反不正当竞争法》规定的是"善良风俗"，1909年改为"诚实信用"。当然，在原则的适用条件上附加"营业中"或"商业中"以示区别于民事关系。"当许多不公正和欺骗性的行为或做法发生时，'商业中'这个短语限制了联邦贸易委员会在各地有效地行使管辖权。"②或许也正是因为这些原则的非特有性，很多国家的同类立法上不规定原则，例如日本。2005年德国修订《反不正当竞争法》时也去掉了"原则"的表述。当然，不规定原则不等于不适用法律原则，在司法实践中，这个条款往往还会从民法中"借"过来。

所以，反不正当竞争法的基本规范结构形式，是体系化的列举性条款、扩张性的一般条款和辅助性的原则性条款。这是该法的基本结构。

第二节 反不正当竞争法的调整机制

反不正当竞争法调整机制即各种调整手段的综合运用及其实现的调整效果。各种手段的综合运用关系表现为：列举条款的基本调整、原则条款的辅助调整、一般条款的扩张调整。

一、列举条款的基本调整

列举条款不仅在形式上占据竞争法条文的绝对份额，也是一定经济状态下反竞争行为

① 戴奎生、邵建东、陈立虎：《竞争法研究》，中国大百科全书出版社1993年版，第28页。

② 〔美〕马歇尔·C.霍华德：《美国反托拉斯法与贸易法》，孙南申译，中国社会科学出版社1991年版，第37页。

的主要控制力量。一国反不正当竞争立法成熟、稳定与否是以列举条款能否做到基本控制市场行为为主要标志。如果市场反竞争行为大都在现行法律明确规定之外,要么是法律规定不健全,要么是该法律制度不独立。

在法的适用逻辑中,基本调整表现为列举条款优于一般条款,主要原因有二:

一是列举条款的规范结构比一般条款的规范结构内容丰富,针对性强。列举条款是将实践中多次重复出现的行为上升为行为规范构建起来的。它属于典型的法律规范。一般而言,法律规范的结构要素包括假定、处理和制裁三个部分。① 假定就是在何时、何地、何种条件某一社会关系由某一法律规范来调整。处理是指关于法律规范本身所规定的内容,它规定着人们应该做什么,可以做什么和不可以做什么。制裁是指如果不遵守某一法律规范,将引起的不利法律后果。当然,不是所有的法律规范都在一个法律条文中列出三个要素,为了条文表述的精练,可能将其中两个要素结合在一个法律条文中,另一个要素体现在另外的法律条文中。列举条款的规范要素都是明确的,而一般条款的规范要素中假定部分是模糊的,处理和制裁部分是明确的。如果按照凯尔森的法律规范分类标准来判断列举条款和一般条款的话,列举条款是有条件规范,一般条款是无条件规范。列举条款的规范要素和案件的构成要素能够形成对应关系。从案件的事实出发,一个案件应包括三个要素:侵害了他人的权益、负有某一法律义务(责任)、一定的法律有相应的规定。② 对应关系有利于发挥法律的预防性功能,在执法上也将产生积极的效果。因此,列举条款拥有完整的假定、处理、制裁结构,能够减少案件识别过程的不确定性,利于准确断案和准确执法。

一般条款的规范要素中,与其说不作任何"假定",毋宁说假定了列举之外的一切可能情况。若列举条款属于"一对一"模式的话,一般条款就属于"一对多"模式。模糊的"假定"减弱了规范捕捉事实的准确性,但扩大了规范的调整范围。模糊性"假定"既是一种立法技术,也是司法实践的需要,还是一种扩展适用的机制。针对某种反竞争行为,能"一对一"地明确行为的法律性质的,总要优于"一对多"需要识别行为法律性质的情况。

二是一般条款的补充性决定了其适用上的劣后性。补充性,即弥补法律列举之不足。一般条款的出现主要由于法律列举能力之不足,而这种列举能力不足源于经济状况的变动性与法律相对稳定性之间的矛盾。随着社会化程度越来越高,市场经营主体数量的不断增加、商品或服务要求的不断提高,一些经营者便会采取不正当手段取得竞争机会或获取不当竞争利益,而新出现的不正当竞争行为就成为当下反不正当竞争法这一成文法规范的"漏网之鱼"。通常,大陆法捕捉"漏网之鱼"的办法是增加"法网"的细密程度,即尽可能周密地规范已出现的和可预见的反竞争行为。每次法律修改后都会表现出法律秩序和经济秩序的暂时协调、稳定,但"特定禁止规定之列举将滋生脱法行为,规范很快就会执行无效果"。③ 这又成为新一轮修法的起因,如此往复。所以,和其他法律部门相比,竞争法的变动频率是很大的。因人类的理性是有限的。一般修法所遵循的通过精确法律概念的内涵或增加法律调整范围的方式,不能扭转立法者在竞争违法者后面"跟跑"的局面。欲改变被动立法的局面需

① 有人将三要素扩展为四要素,还有人将三要素进一步扩张解释为七要素:何事、何时、何地、何情、何故、何物、何人。在此以三要素进行探讨。

② 〔美〕迈克尔·D. 贝勒斯:《法律的原则——一个规范的分析》,张文显等译,中国大百科全书出版社 1996 年版,第 17 页。

③ 赖源河:《公平交易法论》,中国政法大学出版社 2002 年版,第 414 页。

设置一种常效控制机制。

法律与现实经济行为之间总会存在一个难以弥合的罅隙。不正当竞争行为之鼠总是跑在前面,而法律之鹰需"等到黄昏到来才会起飞"①。为了适时捕捉到不正当行为之鼠,需要法律之鹰"全天候"地守卫。一般条款就是全天候执行控制任务之鹰。它因扩大了管辖的范围而改变了反不正当竞争法的性格。

二、一般条款的扩张调整

一般条款被奉为"整个竞争法领域之帝王条款"。在条款的构成上,列举条款一般有完整的规范结构,能够清晰地预见某类事实状况及法律后果;一般条款形式上也包含规范结构中的"假定""处理"和"制裁",但"假定"部分代之以模糊的概念。这种替代因失去了清晰的法律适用对象使一般条款处在法律原则和具体规范的夹层地带——它因缺少法律原则的高度抽象性而未达到原则性,因不具备列举规范的行为范式而未达到具体性。规范结构上的残缺和其"帝王条款"的地位及影响似乎并不相称,那么,一般条款何以有"帝王"的气势和美誉?"事物的性质决定事物的状态及影响"。② 揭示一般条款的特殊属性是认识其地位的基础。

与法律概念、法律原则相比较,一般条款具有规范性;与列举规范相比较,其在内容上具有模糊性;在法律适用上具有授权裁量性。这三个特性决定了一般条款的地位及其影响。

首先,一般条款具有规范性。一般条款包含有权利、义务或责任的内容。德国《反不正当竞争法》第3条规定:如足以损害竞争者、消费者或其他市场参与人而对竞争造成并非轻微的破坏的不正当竞争行为,是非法的。第8条、第9条、第10条规定了法律责任。我国台湾"公平交易法"第24条规定了"不得为其他足以影响交易秩序之欺罔或显失公平之行为"。同时第41条补充规定了违反24条的法律责任。因此,一般条款的形式是法律条文,本质是法律规范,即包含了可以怎样行为或应该怎样行为,以及违反法律规定的承担法律后果的内容。

一般条款不同于不正当竞争(或限制竞争)的法律概念。不正当竞争的法律概念是对各种不正当竞争行为进行概括,抽象出它的共同特征而形成的范畴。法律概念有助于对竞争法的基本精神和具体内容的理解,有助于法律规范和法律原则的适用。依不正当竞争概念所表达的内涵和外延可以确定竞争法的调整范围,但因不具有权利、义务和责任内容概念一般条款只能属于非规范性条文。

反不正当竞争法因一般条款的存在使调整规则体系的结构变为三元结构,即列举条款法律规范、一般条款法律规范和原则条款。竞争法内规则的适用,同样遵循特别规范优于基本规范的原则。"列举条款"是"一般条款"的特别规范,"一般条款"是原则条款的特别规范。适用一般条款能产生优于竞争原则调整的法律效果。因为,法律原则没有行为模式和保证

---

① 黑格尔认为哲学的出现总是在时代潮流、世界事变已经结束之后,因此总是迟到,要黄昏时才出现。于是形象地比喻"密那发(地名)的猫头鹰要等到黄昏到来,才会起飞"。为此他举例:希腊、罗马的哲学要到希腊、罗马衰落解体时期才出现。其实,概念所教导的也必然就是历史所呈示的,就是说,直到现实成熟了,理想的东西才会对实在的东西显现出来,并在把握了这同一个实在世界的实体后,才把它建成为一个理智王国的形态。见〔德〕黑格尔:《法哲学原理》,范扬、张企泰译,商务印书馆1979年版,第14页。

② 〔古希腊〕亚里士多德:《范畴篇解释篇》,方书春译,商务印书馆1959年版,第30页。

手段的内容,是否应当由竞争法来调整和用什么方法调整都来自于司法者或执法者的自由裁量权,而缺乏明确的标准会使执法者的自由裁量权分外活跃,权力越大,被滥用的危险就越大。一般条款因设置了一些基本判断标准和责任选择能够减弱和消解上述权力滥用的可能性。这是反不正当竞争法设置一般条款为法律规范的主要原因。

其次,一般条款具有模糊性。法律条文是以法律概念和各种限制词、连接词和判断词为材料构筑起来的。概念和限制词都可能因含义模糊而导致整个法律条文具有模糊性。概念的模糊来源于概念的内涵无法准确界定。概念内涵不清晰,概念的外延必然模糊。申言之,能够为概念所反映的事物的特有属性确定了,概念外延也就确定了。在立法技术上,用限制词并不能完全达到消除概念本身模糊性的效果。确定的概念加上一定的限制词增加内涵的限制事项,可以达到精确内容的目的。例如,"盗窃、利诱、胁迫手段获取的商业秘密"所表述的整体内容就很明确。不确定的概念加上一定的限制词增加内涵的限制事项不但不会达到清晰概念的效果,反而增加了新的模糊内容。例如,"扰乱市场竞争秩序,损害其他经营者或者消费者的合法权益的行为",这里,其他经营者是什么人,其和消费者的关系是什么,有没有位序等都是模糊的。

竞争法一般条款的模糊性既有来源于概念的模糊又有来源于限制词的模糊。

来源于概念的模糊主要是如何确定"善良风俗""诚实信用""欺罔""显失公平""公共利益"等的含义。这些概念本身的含义是发散的,可以从法律、哲学、政治学等多个视角作解释,同时其也是一般日常生活用语。就"善良风俗"讲,德国学者曾尝试从法律上解释进而提出多种学说[①],其努力的结果不但没有使原有概念的内涵明晰,反而陷入自己设置的无限循环逻辑解释圈套之中。这种解释不过是用一个不确定的概念代替另一个不确定的概念而已,最终无法达到预想的效果。有人干脆放弃从逻辑上解释的努力,改用形象类比方式化繁为简,将诚实信用理解为不得实施欺骗的摩西戒条,或理解为调和社会与当事人双方的利益以使之达到协调的平衡器等。另外,也有来自限制词的模糊。例如,我国台湾地区"公平交易法"(2002 年修订版)第 24 条规定的:"除本法另有规定者外,事业者亦不得为其他足以影响交易秩序之欺罔或显失公平之行为"。德国《反不正当竞争法》(2010 年修订版)第 3 条,"不正当竞争行为,如足以损害竞争者、消费者或其他市场参与人而对竞争造成并非轻微的破坏的,则是非法的"。何为"足以""非轻微""显失公平"?"还有什么能比'不公正的'竞争方法更为不明确呢?"[②]

这不能不让人发出是否有必要解释这些概念或语词的疑问。自然科学中因涉及事物的真实性和客观性问题,如概念长期存在含糊性或同义反复是极端不利于理论发展的。[③] 在社会科学则不尽然,尤其在法学领域,概念被视为用来以一种简略表述方式识别那些具有相同或共同要素的典型情形的操作工具。[④] 适用"操作工具"允许并应该发挥主体性认识,模糊的概念正是发挥主体性认识的良好场所。这一补充性的操作工具使一般条款中概念的模糊具有了特殊意义——操作工具扩张性的力量来源。因此,放弃从逻辑上去解释这些概念,直接

① 关于善良风俗的含义,有道德说、习惯说、授权说、公共秩序说、效能竞争说、功能说等,参见邵建东:《德国反不正当竞争法研究》,中国人民大学出版社 2001 年版,第 43—51 页。

② 〔美〕马歇尔·C. 霍华德:《美国反托拉斯法与贸易法》,孙南申译,中国社会科学出版社 1991 年版,第 35 页。

③ 〔美〕拉瑞·劳丹:《进步及其问题》,刘新民译,华夏出版社 1999 年版,第 52 页。

④ 〔美〕E. 博登海默:《法理学—法哲学及其方法》,邓正来、姬敬武译,华夏出版社 1987 年版,第 462 页。

承认这些概念“因非常抽象,可能言人人殊”[①]的特点是明智之举。

如果寻找上述这种“承认”合理性的理论支持的话,它符合逻辑学上内涵与外延、本质与状态的关系。概念的内涵来自于对事物本质属性的认识,而概念的外延是反映概念本质属性的事物。外延属于认识对象,即物质的范畴。内涵属于认识的范畴,在人们充分发挥了认识能动性仍无法达到清晰认识的情况下,这种认识不清通常是由于客观事物不断变动,而意识无法跟进使反映和被反映的事物无法同一造成的。一般条款中“法律概念的模糊性(同样是)来自其所反映事物的性质、状态向立法者呈现的不稳定性”[②],即不正当竞争行为的多样性和结果的复杂性。这也符合语言学家所指出的情况:“当人们着手使某一术语更加精确时,结果发现,他用来消除所论及的模糊性的那个术语本身又是模糊的,因此,消除一个给定术语的所有模糊性,这是一个不切实际的目标。”[③]“一个事物的概念和它的现实,就像两条渐进线一样,一齐向前延伸,彼此不断接近,但是永远不会相交。两者的这种差别正好是这样一种差别,由于这种差别,概念并不无条件地直接就是现实,而现实也不直接就是它自己的概念。”[④]画家永远逊色于他的模特,这反映了人的认识的非至上性一面。

一些竞争立法成熟的国家或地区,在一般条款内容界定上滞留的模糊性似乎有不得已而为之的被动性一面。但另一面,这种立法方法蕴含着强大的可以先行出击的隐性规则的主动性才是立法者垂青于此的主要原因。法律不预设未来发生的具体情况,在具体情况出现后再依据有关规则进行判定,这是变被动控制为主动控制的一种独特的立法方法。正如我国台湾学者所言:此时,法律规定的模糊性就体现为法律的弹性了。以法律的弹性应付认识对象的复杂性、变动不居性和连续性,属于正常的法律漏洞。[⑤]

再次,一般条款具有授权性。一般条款是立法机关给予司法和执法机关的一项授权。通过此项授权规范,立法机关授权司法机关和一定层级的行政机关依据“诚实信用”“显失公正”等标准,将市场竞争领域的“不正当竞争”行为予以具体化,并具体划定正当竞争与不正当竞争的界限。

美国立法者选择概括规范旨在防止特定禁止规定之列举将滋生脱法行为,赋予联邦贸易委员会随着时代进步检验不公平商业惯例之任务。[⑥] 授权性立法乃英美法系立法的一大特色,允许法官造法构筑起了英美等国家庞大的判例法体系。

在大陆法国家中,法律编纂手段的适用范围要比在英美法律传统国家中大得多,而且法规也被视为是法官必须遵守的主要法律渊源。[⑦] 惮于允许法官发挥其意志定案会威胁司法公正,单个人的意志不会优于集体意志的思想,大陆法国家没有把判例地位上升为正式法源囿于传统成文法思想,即“案件应当根据法律而不应当根据先例来审判”[⑧]。在理论上,呼吁

---

① 陈锐雄:《民法总则新论》,台湾三民书局 1982 年版,第 913 页。
② 徐国栋:《民法基本原则解释》,中国政法大学出版社 1992 年版,第 24 页。
③ 〔美〕阿尔斯顿:《语言哲学》,牟博、刘鸿辉译,生活·读书·新知三联书店 1988 年版,第 206 页。
④ 《马克思恩格斯选集》(第 4 卷),人民出版社 1995 年版,第 744 页。
⑤ 转引自徐国栋:《民法基本原则解释》,中国政法大学出版社 1992 年 2 月版,第 29 页。
⑥ 赖源河:《公平交易法论》,中国政法大学出版社 2002 年版,第 414 页。
⑦ 〔美〕博登海默:《法理学—法哲学及其方法》,邓正来、姬敬武译,华夏出版社 1987 年版,第 419 页。
⑧ 同上书,第 420 页。

借鉴判例法并提升判例法在大陆法体系中地位的主张[①]得到越来越广泛的重视。一种成熟的做法是如德国那样将法院判例经过修正上升为立法:包括“骚扰行为”[②]“不当诱捕”[③]等都是推理中引申出来的规则并上升到2005年修订的德国《反不正当竞争法》第4条中。另一种实验性的做法是我国最高人民法院不断颁布指导性案例,以案说法补充法律规定的不足。虽然大陆法土壤上尚不可能大面积移植判例法这一“外来物种”,但有关成文法国家中反不正当竞争法的一般条款上已嫁接出了判例法的“新枝”。

综上,规范性使一般条款具有控制性,模糊性是控制力量的来源,授权性诞生新的控制方式。上述特性整体上改变了反不正当竞争法的形象和气质,直接扩大了该法的适用空间,使一般条款具有支配整部法律的作用——在具体法律规定不敷适用的地方填补空位,从而其具有“整个竞争法领域之帝王条款”之地位。

三、原则条款的辅助调整和补充调整功能

20世纪以前,在法典的结构中,都只有法律概念、法律规范的成分,不存在基本原则的成分。20世纪以后出现了配置基本原则的法典,授权法官将新鲜因素补充于正在运作的法律之中,以实现法典内各成分的整体化、适用的合目的化、体系上的开放化。[④] 法理学上,原则条款不同于列举条款之处在于法律条文的性质。前者属于非规范性法律条文,后者属于规范性法律条文。在法的适用上,法律原则和法律规范也有一定的区别,前者并不必然限定某一种预期;后者是以要么予以适用,要么不适用的方式发生作用,它的作用是受限制的。不限于一种预期的原则的作用在反不正当竞争法领域表现为两个方面:辅助调整和补充调整功能。

所谓辅助调整功能,是指通过原则来指导帮助列举条款和一般条款发挥调整功能的过程。法律规范需体现法律原则的主旨并接受法律原则的指导,法律原则是法律规范制定的根本出发点,也是法律规范适用过程的最终落脚点。“发挥调整功能的过程”主要表现在识别过程上:法律原则辅助法律规范识别事物或行为的性质,以确认是否属于本法调整。法律原则在识别事物或行为的性质时,应避免法律概念化、规范形式化。原则作为高位阶的价值渗透到法律规范中,对法律规范的适用发挥独特的指导和确认作用。

补充调整功能,是指在一国竞争法律制度中,因没有设置一般条款,对于法律规范限定的行为之外的反竞争行为,原则条款所具有的调整功能。原则的补充调整功能是对严格的规范主义局限和法律调整机制欠缺的积极反映。不是所有国家竞争法制度都设有一般条款,日本的反不正当竞争法、我国的《反不正当竞争法》都没有一般条款。

根据在法部门中的性质不同将法律条文划分为规范性条文和非规范性条文。法律原则与一般条款相比较,两者的共同点是都具有授权性;两者的本质区别是法律原则属于非规范

---

① 一种观点是承认司法先例为正式的具有权威性的法律渊源;另一种观点具有折中性,认为,某种司法行为方式可以具体表现为一种习惯法规范,并因此而获得重复的法律强制力与效力,而这种司法行为方式则须是持续了一定时间并在法律界内外得到了较为充分的承认。博登海默:《法理学—法哲学及其方法》,邓正来、姬敬武译,华夏出版社1987年版,第420页。

② 骚扰行为,泛指经营者以某些为社会道德所不容的方式向顾客推销商品或服务的竞争行为。联邦最高法院认为,经营者打电话做广告、电传广告、图文视屏广告和传真广告等都属于骚扰行为。

③ 一般是指经营者不当利用他人情感进行广告宣传,滥用人类的同情心或惊恐感等扩大企业的名声的行为。

④ 徐国栋:《民法基本原则解释——成文法局限性之克服》,中国政法大学出版社1992年版,第306—307页。

性条文，一般条款是规范性条文。法律原则作规范性适用来源于法律授权，法律授权产生于法律规范的模糊性。司法机关执行授权的任务是将模糊的条款明确化和具体化，以使案件的处理具有公信力和公正力。依原则授权行使法律的基本方法是有权解释。因此，法律原则独立承担调控功能时，就形成了区别于辅助功能的另一种法律运行机制：立法者承认自己不能预料到的某些情况——通过授予司法者行使自由裁量权——依据法律设定的基本原则进行有权解释——通过有权解释的形式补充和发展法律。一句话，法官"造法"。

法律原则的规范化适用与英美法的衡平方法有一定的联系，但也不同。两者都基于授权而行使相应的权力，但衡平方法是通过抛开具体规定或将具体规定变通适用，而原则适用是法官在规定的幅度和范围内行使自由裁量权。也有学者认为，(民法)基本原则兼具不确定性和衡平规定的性质，但两种性质不可能同时得到表现。在(民法)基本原则的文字通过解释尚能应付需处理的问题时，(民法)基本原则表现为不确定规定；当用上述手段不足以解决需处理的问题时，则表现为衡平性。①

第三节 我国《反不正当竞争法》的补充调整机制

《反不正当竞争法》颁布初期，人们并没有对它给予充分的关注。后由于诸多的脱法行为频繁发生，人们在寻求法律上的"援助"时才开始重视这个条款，并随之出现了多种学理性解释。

一、第 2 条性质之争议

按照上述解释，我国《反不正当竞争法》是否存在一般条款，一直是一个有争议的问题。这主要体现在对第 2 条的性质认定上。代表性的观点主要有三个：第一，认为该条款具有一般条款的性质，并强调《反不正当竞争法》第 2 条的两款规定在内容上不能完全割裂开来，认为，"一般条款既体现在第 2 条第 1 款对遵守'诚实信用''公认的商业道德'等竞争基本原则的表述中，也反映在第 2 条第 2 款对'不正当竞争'概念的定义中"。② 第二，该条款只是"不正当竞争"的概念，并言称：不正当竞争的含义有广义和狭义之分，狭义的不正当竞争指经营者以欺诈、虚假表示、诋毁竞争对手等手段进行竞争的行为；广义上包括垄断等限制竞争行为的内容，第 2 条第 2 款是本法的定义。③ 也有学者另辟蹊径从调整对象上认定该条款的性质，指出：一种行为是否构成不正当竞争，必须(1) 直接违反《反不正当竞争法》的规定，如果该法没有规定，只能依行为的性质由其他法律规范调整，抑或该行为是合法行为；(2) 损害了其他经营者的合法权益。④ 因法律定义和调整对象具有统一性，"如果一个概念不是法律所调整的对象，便不是法律概念"⑤，所以，这种观念也属于概念性认识。第三，有限制的一般条款。所谓"有限制的"是说司法实践中已按照该条认定了为数不少的案件，但该条无相应的责任条款又和正统的一般条款有一定的距离。另外，该条款没有法律责任相辅佐，故充其

① 徐国栋：《民法基本原则解释——成文法局限性之克服》，中国政法大学出版社 1992 年版，第 37 页。
② 邵建东：《反不正当竞争法中的一般条款》，载《法学》1995 年第 2 期。
③ 胡康生：《中华人民共和国反不正当竞争法释义》，法律出版社 1994 年版，第 7 页。
④ 黄勤南：《反不正当竞争法实务全书》，中国政法大学出版社 1994 年版，第 23 页。
⑤ 雍琦：《法律适用中的逻辑》，中国政法大学出版社 2002 年版，第 90 页。

量只能是一项有限制的一般条款,仅仅对司法机关来说是一般条款,对行政执法机关来说则不是一般条款。①

认识任何一个事物的本质都需经由简单到复杂的过程,认识越丰富则表明此问题离其本质的距离越近。上述观点从一定的层面讲具有合理性,其认识为我们继续分析提供了宽阔的视野,但似乎都没有展示严密的说理过程。事实上,《反不正当竞争法》第 2 条的性质既不是一般条款或有限制的一般条款,因为作为一般条款的性质是法律规范,即包含有权利义务的内容的法律条文。如德国《反不正当竞争法》第 3 条:"禁止足以损害竞争者、消费者或其他市场参与者的利益,且不限于显著地妨碍竞争的不正当竞争行为。"我国法律上述条文不包含权利、义务及责任的内容,不是法律规范。但不可否认的是,基于第 2 条认定了大量的新型不正当竞争行为。

在 2017 年修订《反不正当竞争法》后,本法的调整机制将发生重要的变化。主要体现在补充性调整如何完成。

二、概念加原则性条款的补充调整

我国《反不正当竞争法》第 2 条有三个条款,其中,原则条款和不正当竞争行为的定义条款将合力发挥补充性调整的功能。

(一) 原则

在本法中,原则有二元结构。

首先,条文中,明确规定需要遵守自愿、平等、公平、诚信的原则。将原法律中的"诚实信用"改成了"诚信"。其意图在于确立自己的特有原则。但事实上,这种刻意大可不必。在复合性关系中,基础法律关系是传统的民商事关系。之所以需要"复合"是因为传统的民商事关系被扭曲,需要一种力量进行矫正。矫正的目标即使回复到民商事基础关系的形式和内容上。换言之,在本法中的法律关系是由于违反自愿、平等、公平、诚信等原则二产生的,本法的目标即时恢复良好的商业环境并使这些原则能够发挥作用。

其次,本法一直存在一个次级原则——商业道德。最高人民法院也曾在"山东省食品公司与马达庆不正当竞争纠纷案"中明确指出,"商业道德要按照特定商业领域中市场交易参与者即经济人的伦理标准来加以评判,它既不同于个人品德,也不能等同于一般的社会公德"。② 事实上,商业道德作为一个形而上的标准,在适用中尤其具有局限性。一方面,道德标准具有一定的滞后性。一项道德标准的确立,往往以反复的实践为前提,最终表达的是长期互动形成的均衡。③ 即往往是经过较长一段时间被社会认可了之后,才对其背后的道德规则予以认可。另一方面,道德标准具有一定的限定性。既包括时限性(道德标准并不是一成不变的,随着时间的变化而改变),也包括区域性,如某一行为在某一地区广泛流行并被认可,在另一地区却不一定被接受并认可。

上述特点要求适用道德标准时,在程序上和实体上进行行业调查:是否存在某种共同遵守的商业道德、该商业道德是否善良。

---

① 孔祥俊:《反不正当竞争法新论》,人民法院出版社 2001 年版,第 210—211 页。

② 最高人民法院(2009)民申字第 1065 号民事裁定书。

③ 参见蒋舸:《〈反不正当竞争法〉一般条款在互联网领域的适用》,载《电子知识产权》2014 年第 10 期。

由于没有上述过程，以往的司法实践中，商业道德常常和诚实信用一并使用，并主要以诚实信用原则为主进行推断。运用诚实信用原则主要考察与检验被告的主观状态（故意或恶意）及其行为对原告利益造成的损害。这和商业道德——更强调是否存在一定善良风俗——有本质的区别。

（二）定义

按照第2条第2项，本法所称的不正当竞争行为，是指经营者在生产经营活动中，违反本法规定，扰乱市场竞争秩序，损害其他经营者或者消费者的合法权益的行为。

这是一个典型的法律概念。它发挥的功能有二。一方面其能够提高法律思维的效率。运用法律概念的过程"是特定价值经由个别承认到群体的共识而融入特定文化的过程，也是利用概念来思维所以能减轻后来者之思维亦即说服之工作负担的基础"[①]；另一方面，"为法律制度所确定的概念，主要是用来形成法律规则和原则的"。[②] 法律概念承载和储存立法者的意旨和价值观而有助于人们对法律具体内容的理解、有助于法律规范和法律原则的适用。"没有概念我们便无法将我们对法律的思考传达给他人"，"没有限定的专门的概念，我们便不能清楚地和理智地思考法律问题。"[③]因此，法律概念因缺少法律原则的高度抽象性而不能达到原则指导性，因不具备法律规范的具体行为范式也不能发挥具体调整功能。法律概念只能为细化法律原则、丰富具体法律规范提供基础性认识工具，这种积极的智力支持是正确运用法律原则和适用具体法律规范不可或缺的。

在这个概念中，有如下三个部分值得探讨：

一是"违反本法规定"。由于本法具有了开放的性格（规定了兜底性条款），在确定概念的外延时，即包括"本法规定"的有7种列举的不正当竞争行为。也包括未明确列举，基于兜底性条款规制的不正当竞争行为。

二是"扰乱市场竞争秩序"。竞争秩序是竞争法的价值。法理学上，秩序指在自然进程和社会进程中都存在的某种程度的一致性、连续性和确定性。[④] 这"三性"是竞争关系的主体——经营者、参与者和消费者关系的相对稳定的协调状态。2017年修订的《反不正当竞争法》第2条第2款，将"扰乱市场竞争秩序"移置于"损害其他经营者或者消费者的合法权益"之前，恰说明了两者的关系，即通过平衡经营者和其他经营者或消费者的利益来确定关系秩序。

三是"损害其他经营者或者消费者的合法权益"。前文（第二章）已述，竞争法保护公共利益，竞争秩序是客观公益，而其他经营者利益和消费者利益是主观公益。因公益特性，在与经营者利益的比较中，其他经营者利益和消费者利益始终处于优位地位。在反不正当竞争法中，它们之间可能的情形有四种：一是行为同时侵害其他经营者利益和消费者利益，如虚假宣传；二是行为主要侵害其他经营者利益，如商业诋毁；三是行为主要侵害消费者利益，如商业标识的混淆；四是行为损害其他经营者利益，不损害消费者的（短期）利益，如超出法定数额的有奖销售。所以，损害上述主体利益是作为和经营者个体利益的竞争秩序评价要

---

① 黄茂荣：《法学方法与现代民法》，台湾大学法学丛书1993年增订第3版，第58页。

② 〔美〕E. 博登海默：《法理学—法哲学及其方法》，邓正来、姬敬武译，华夏出版社1987年版，第470页。

③ 同上书，第465页。

④ 〔美〕E. 博登海默：《法理学：法律哲学与法律方法》，邓正来泽，中国政法大学出版社1999年版，第219页。

素存在的,也是认定行为违法性的标准。

(三) 规制结构

诸多年来,法院适用《反不正当竞争法》第 2 条的案件很多,从案件类型上看,主要是互联网企业运营中的不正当竞争行为。

综合有关案件,关于适用第 2 条应具备的条件,逐渐呈现规则结构化的形态。在"山东省食品进出口公司等与青岛圣克达诚贸易有限公司等不正当竞争纠纷再审案"[①]中,法院认为,适用第 2 条,应当同时具备以下条件:(1) 法律对该种竞争行为未作出特别规定;(2) 其他经营者合法权益确因该竞争行为而受到了实际损害;(3) 该种竞争行为因确属违反诚实信用原则和公认的商业道德而具有不正当性。这种表述在"大众点评诉百度案"[②]二审判决中再次被运用。

在"新浪诉脉脉案"[③]的二审判决中,法院指出,在满足上述三个条件外,还需满足以下三个条件才可适用:一是该竞争行为所采用的技术手段确实损害了消费者的利益,例如:限制消费者的自主选择权、未保障消费者的知情权、损害消费者的隐私权等;二是该竞争行为破坏了互联网环境中的公开、公平、公正的市场竞争秩序,从而引发恶性竞争或者具备这样的可能性;三是对于互联网中利用新技术手段或新商业模式的竞争行为,应首先推定具有正当性,不正当性需要证据加以证明。

事实上,其他不正当竞争行为和列举的不正当竞争行为有大致相近的分析结构。即其他经营者和消费者利益是法益的核心。即确定其他经营者利益或消费者利益大于经营者利益的基础性结构。特殊情况下,如经营者利益和其他经营者利益相互一致,但与消费利益相冲突(如互联网广告屏蔽行为),则需要进一步确定利益协调的结构。消费者利益是消费者的长期利益还是短期利益,经营者的利益是经营者的个体利益还是整体利益,是生存利益还是发展利益。一般来说,消费者的长期利益、经营者的整体生存利益应当更多地被尊重,以此为基础形成诸多的分析模型。

三、兜底性条款的补充调整

我国《反不正当竞争法》的兜底性规制是个重要的问题,因为市场上的反竞争行为会随着竞争的变化而日益复杂,产生列举条款之外的不正当竞争行为。对这些行为如何规制便成为一个技术性问题。

德国曾经采取一般条款的方式,迄今我国台湾地区的公平交易法仍然采取这种方式。由于我国《反不正当竞争法》第 2 条是原则性兜底条款,而不是典型的一般条款,故以往的兜底功能的发挥,体现为法院据此进行的扩张性调整。

修订的法律保留了上述条款,同时增加了另外两个兜底性条文。

一是"其他行为"。《反不正当竞争法》第 6 条和第 12 条均在列举行为之后补充规定了"其他……行为"。意味着,依据本条可以规制列举之外的同类行为。如《商标法》第 58 条规定的情形即应纳入第 6 条第 4 项之中。数据不正当竞争行为应当纳入第 12 条第 4 项。

① 最高人民法院/(2009)民申字第 1065 号。
② (2016)沪 73 民终 242 号民事判决书。
③ (2016)京 73 民终 588 号民事判决书。

二是条文列举对象之后附加的“等”。第6条的三个列举事项均属于不完全列举,附加的“等”本身也具有扩张调整的能力。在修订的过程中,曾经将“形状”明确列出并排列在“名称、包装、装潢”之后。

兜底性条文意味着立法者的授权。如果法律实施方式包括行政路径,则意味着,向行政机关授权,允许其进行扩张性调整。这种情况在价格法中、反垄断法中有很多。结合上文,在我国《反不正当竞争法》中,便有三个类别的兜底性条款:原则、“其他行为”和“等”。

这种兜底性规制的模式,产生一个行为归位问题。即出现一种新的违法行为,应当以原则条款来规制还是放置于“其他行为”或“等”之中。应当说,原则性条款的适用指向总的不正当竞争行为,包括已经列举的和未列举的新型行为。具体条款中的“其他行为”或“等”只是约束具有此条款属性的新型不正当竞争行为。例如,使用他人徽记造成混淆的不正当竞争行为,应当以第六条的规定为基础。适用中,优先选择具体条款中的兜底性规范,因为它包含有本行为类型的共同判断标准,比原则性条款指向更明确、更具体。具体到第6条,还涉及如何对应“其他行为”和“等”的问题。按照第6条,三个列举条款分别以客体性标志、主体性标志和互联网标志为中心展开,这样,如果涉及的是客体性标志,则适用第一款。以此类推。但在理解上,三个列举条款规范的应当是同种商业标识之间的混淆问题,如果属于异种商业标识混淆,如我国《商标法》第58条规定的情形,则应当适用“其他行为”。

第十二章

商业标志混淆

市场竞争中，经营者往往以特色产品或服务取得竞争优势，而竞争优势需要以一定的标志表示出来。这样，商业标志就成了经营者的一种长效竞争手段。大凡正当的竞争手段，都可能被经营者利用以从事不正当竞争。商业标志用作不正当竞争的主要表现，是未经许可使用相同或近似的商业标志，造成相关公众的认知混淆。

第一节　商业标志混淆的基本问题

商业标志的范围、混淆的认定、混淆的类型等基本问题在法律上并没有明确的界定。从理论上阐明这些问题，对于司法和行政执法以及进一步完善立法具有重要意义。

一、商业标志的范围

在市场经济条件下，商品交易遵循自愿原则。生产者或经营者在激烈的市场竞争中要达到改善产品品质、提高服务质量来赢得市场的目的，往往通过商标、名称、包装、装潢、原产地标志等外在表征标表出来。这些外在的表征蕴涵了特定声誉或商誉，是生产者或销售者长期诚实经营的智慧型劳动成果，同时也是取得并保持其竞争优势、占据市场份额的有利手段。假冒或仿冒商业标志的行为违背了诚信经营的宗旨。它借助别人已有的商业信誉，通过搭别人商誉的“便车”销售自己的商品，鱼目混珠、巧取豪夺别人的劳动成果；同时也造成市场上商品的混淆，妨碍市场交易，侵害了消费者的合法权益。正因为假冒或仿冒行为有如此巨大的社会危害性，各国反不正当竞争法均以一定的方式将其作为不正当竞争行为予以禁止。

在立法方式上，对于商业标识范围的规定，有的以概括的方法进行一般性表述。如《保护工业产权巴黎公约》第 10 条之二规定，具有不择手段对竞争者的营业所、商品或工商业活动造成混淆性质的一切行为，应特别予以禁止。该规定只概括性地表述了行为人对竞争对手的“营业的商品或者工商业”实施了造成混淆的行为，而未对被仿冒的客体或者对象作明确的规定或具体的划分。也有的立法例对典型标识进行了列举，如世界知识产权组织对商业标识作出如下界定：商业标识可以是向消费者传递市场上的一种商品或者服务来自特定的商品来源信息的任何牌子、象征或者图案，即使不知道该来源的名称。按照日本《不正当竞争防止法》第 2 条的有关规定，其所禁止的仿冒行为的客体包括与经营者有关的姓名、商号、标记、容器或者商品的包装以及商品与商业的其他任何标识；意大利《民法典》第 2589 条明确规定，任何人使用可能导致与他人混淆的姓名或者区别性标识，或者依样模仿竞争对手的产品，或者通过其他手段与竞争对手的姓名、标识、产品或者活动造成混淆，均构成不正当竞争行为。

纵观世界各国假冒或仿冒行为涉及的客体，主要集中于商标、商号以及与声誉或商誉密不可分的姓名、厂商名称、货源标记、原产地名称、商品容器、包装、其他表示营业或服务商业标志上。我国1993年版《反不正当竞争法》列举的用以从事不正当竞争行为的商业标志主要有八种：注册商标、商品名称、包装、装潢、企业名称或者姓名、认证标志、名优标志、产地。这八种标识形式主要是二维的、实体性的，形状等三维标识、域名等虚拟符号并未规定。

综合上述列举的形式，可以将被仿冒的商业标识分为三类：第一类是有关经营者（主体）的标志，包括商号、域名、商业徽记、标语、特殊的设施形态的标志；第二类是产品或服务（客体）的标志，包括商标、商品名称、商品的包装、装潢、外观设计样式、域名、网站名称等。第三类是以知名人士或者众所周知的虚构形象的人身要素商品化形成的商业标识，包括知名演员、媒体或体育名人等知名人士，以及有关文学或作品中的虚拟人物的姓名、肖像、声音等。

任何具有区别性的商业标识，一旦具有一定的知誉度，便成为一种竞争力的要素，也均可能被仿冒。限于人类的理性，成文法律总是落后于实践，以立法技术来弥补这种不足，大致有两种方法：一是在法律上列举典型的商业标识后加上“其他商业标识”；二是概括地表述“任何商业标识”。

二、“一定影响”的判定

我国2017年修订的《反不正当竞争法》对于商业标识混淆的认定，在条件要求上以有“一定影响”，代替了原法规定的“知名”。“一定影响”是2014年修改《商标法》新增的条款，是为确立先用权而设定的。

（一）商标法语境下的“一定影响”

在《商标法》中，认定商标是否有“一定影响”，应综合考虑下列因素：相关公众对该商标的知晓程度；该商标使用的持续时间和地理范围；该商标广告宣传的时间、方式、程度、地理范围；等等。事实上，在商标法中，“一定影响”是在一个扩展命题语境下发挥作用的，即“已经使用并有一定影响”。在2005年商标局和商标评审委员公布的《商标审理标准》中展现了其完整的概念。按照此标准第3.1的规定，“已经使用并有一定影响的商标，是指在中国已经使用并为一定地域范围内相关公众所知晓的未注册商标。”换言之，这个命题是由两个语词构成的：已经使用、一定影响。

由这个定义的内涵出发，可以得出，“一定影响”的命题要素包括如下五个方面：

一是“使用”，要求实际使用，且在中国实际使用。二是“一定地域范围”，不要求全国范围内，也不要求所居地域的全省范围内，可以指一个更小的地域，如某县或市。三是以相关公众为判定主体。按照2017年《商标审查及审理标准》3.1的规定，相关公众的判定适用《复制、摹仿或者翻译他人驰名商标审理标准》的相关规定。在《复制、模仿或者翻译他人驰名商标审理标准》中，相关公众包括但不以下列情形为限：（1）商标所标识的商品的生产者或者服务的提供者；（2）商标所标识的商品/服务的消费者；（3）商标所标识的商品/服务在经销渠道中所涉及的经营者和相关人员等；四是“知晓”。没有进一步解释“知晓”的含义，但可以在对比相关概念时得出基本内涵。我国《商标法》第13条关于驰名商标定义中使用的“为相关公众所熟知”。另外,《复制、摹仿或者翻译他人驰名商标审理标准》3.1条界定驰名商标时,使用的是“广为相关公众知晓并享有较高声誉”。在程度上,“知晓”达不到驰名的地域范围和声誉度。五是“一定影响”的指称是未注册商标。

从解释学角度而言,被定义项中的多个元素能够聚合起来,是命题的需要。命题中,含义元素以何种方式相互排列和组合,取决于意义的需要。

形式上看,“已经使用并有一定影响”似有概念使用上将偏正关系不当表述为并列关系之嫌——没有“使用”不可能有“一定影响”,即中心词是“一定影响”。但事实上,两者之间不是充分条件关系,也不是必要条件关系。在这里,“使用”有其特殊的价值。“使用”有狭义和广义之分,狭义上,仅指商标在商品上实际运用;广义上,还包括商标的转让、许可等单纯的商标标识的交易。即使在狭义前提下,“一定影响”也不只来源于“使用”,“使用”也不会必然产生“一定影响”。原因如下:(1)“一定影响”由“相关公众知晓”来确定,而后者可能来自于购买、使用产品,也可能来自于广告。(2)法律上“知晓”的对象是商品的信息,还是商标的信息?不明确。商标的信息可以通过广告进行单独传播、扩散。广告的目标是促进产品销售、品牌资产升值和企业形象打造,但前提是公众知晓。广告文案尽可能使受众对广告文案的文化内涵产生认同,从而使消费者对广告文案所传达的产品或服务信息产生认同。由此,“一定影响”便有了不同的类别。

相关公众的“知晓”可能源于浮在产品或服务上的薄如晨雾一样的信息传播。这种信息施加于相关公众而产生的影响只是形式上的“一定影响”。法律不应当保护这种“一定影响”。在“柏建山与广东欧雅陶瓷有限公司、淄川建材城久益建材销售部侵害商标权纠纷案”[①]中,被告欧雅公司虽于2008年对“‘欧雅文艺复兴砖”开业经营,并进行了大量广告宣传,但其提供的相关证据不能证明其宣传使用的“欧雅文艺复兴砖”商标已具有一定影响。判决的理由即被告的行为不是法律上的“使用”。由此,可以看出,法律所要求的“一定影响”在建立在“使用”基础上。即“使用”,不是单纯商标被用到了商品上,或曾经“用过了”,而是双重约束——生产者和消费者均“使用”。前者的“使用”是经营者的商标在商品上的应用;后者的“使用”是带有商标的商品被接受。即要求经营者标识的“一定影响”来自于商品包含的技术、品质、价格等市场竞争要素,而不是浮夸,这可以被称之为实质上的“一定影响”。

如此限定性解释“使用”这个概念,有商标法基本命题语境上的正当性。从先用权人的角度而言,经营者为提升消费者福利而在商品上付出了诚实劳动,这是使相关公众产生“一定影响”的基础;从消费者角度而言,消费者真实地体会并接受商品的品质,并由此形成的“一定影响”才够真实;从商标权人的角度而言,正是因为上述理由,需给予此类的未注册商标以基本的尊重,而不能一律将其排除出市场。

在上述解构以后,再回到定义本身,就会发现“使用”和“一定影响”之间的逻辑关系非常紧密,事实关系非常微妙。“一定影响”不是推定的事实,也不是一个孤立的信息传播。特定含义下的“使用”形成特定含义的“一定影响”。

在反不正当竞争法中,“一定影响”的命题语境发生了很多变化,如适用的对象、前后修饰语等,这些变化也将对法律实施的方式和程序产生一定的影响。

---

① 淄博市中级人民法院民事判决书(2014)淄民三初字第62号。

（二）反不正当竞争法语境下的"一定影响"

商标法的表述是"已经使用并有一定影响"，这是一个不可分割的统一概念。换言之，"使用""一定影响"是两个并行的条件。但引入到反不正当竞争法后，"一定影响"不强调"使用"这个前提条件。上文已述，如果仅仅依赖广告等方式使得形式上的"一定影响"扩散得很远，无营业跟进，将不恰当地扩大竞争的地域空间，增加他人构成不正竞争行为的风险。

在原法律中不存在这种风险。因为认定的不是标识的知誉度，而是标识载体——商品的知誉度。按照最高人民法院发布的《关于审理不正当竞争民事案件应用法律若干问题的解释》的规定，"人民法院认定知名商品，应当考虑该商品的销售时间、销售区域、销售额和销售对象，进行任何宣传的持续时间、程度和地域范围，作为知名商品受保护的情况等因素，进行综合判断"。可见，没有销售（使用）不可能产生"知名"。

中国古语有："橘生淮南则为橘，生于淮北则为枳"，它揭示了因地域环境变化产生的事物性质的改变。同样，因语境不同，"一定影响"从《商标法》转用到《反不正当竞争法》也会产生类似的效果。那么，在反不正当竞争法的理解和运用上，补足"一定影响"的基础条件——"使用"，即明确商业标识的"一定影响"应来自于"使用"，而不是单纯的广告宣传。不仅要增加"使用"这个前提条件，还需要满足这样一个条件：涉嫌违法主体"使用"的相同或类似的商业标识与商业标识权利人使用的地点有交叉。地点不交叉不会产生搭便车的反竞争性后果。需要创建不正当竞争行为的相关地域市场分析方法。

另一个值得注意的问题是，在商标法中，"已经使用并有一定影响"只是限定未注册商标，在反不正当竞争法中"一定影响"只在商品名称、包装、装潢这个项目下有表述，这是否意味着，其他商业标识不需要"一定影响"这个前提条件？1993 年版《反不正当竞争法》表述上"知名"也只约束名称、包装、装潢。但从司法实践看，以往案件均将"知名"扩展到包括企业名称、姓名等所有的商业标识。从理论上分析，商业标识不正当竞争行为防范的是搭便车。搭便车源于他人商业标识的高知名度，而高知名度与经营者付出的劳动、投入的成本紧密相关，一定程度上也代表商品的稳定性。故法律上不允许随意搭便车，是对他人诚信劳动的尊重。

三、混淆的认定

混淆是我国商业标志侵权的主要认定标准。由于它是一种由客观情况引起的外部主体的主观认知状态，致使判定混淆时既不能像认定商标侵权那样仅确认行为（客观要件）存在即可，也不能像一般民事侵权那样需要考察致害人的客观行为、主观状态、结果、因果关系。混淆的特殊性在于：非客观性和不特定性。非客观性指混淆的判断不是对外在损失的评价，而是对外部主体主观状态的评价；不特定性指评价主体的发散性，即它的主体是一定范围的社会公众，一般称之为相关公众。因此，理论上和实践中对混淆的认定需要研究并明晰混淆的状态、主体范围、混淆的内容、认定混淆的方法等问题。

1. 混淆的状态

由于反不正当竞争法具有事前调整和事后调整的双重功能，在仿冒行为认定的标准——混淆的确定上就包括两种状态：产生混淆和可能产生混淆。对于产生混淆，依个案情况相对容易判定，但认定结论仅具有个案性，不能由此推定案外人员（他人）是否也会发生认识上的混淆，即无法解决个案中涉及的混淆是否具有普遍性的问题。判定某种商业标志的使用是否存在认识上可能产生混淆，由于主体大都"不在场"，因此产生了一个难题：如何获取他们的认识,他们又是谁?这需要采取特殊的方法(下文将详述)。

2. 主体范围的确定

不管是混淆的事实还是混淆的危险,都属于认知的范畴,即属于人的认识上出现的错误。基于人的知识、经验等的差异,不同的人对一个事物的认识可能有所不同。就一个具体案件而言,以案件当事人(原告)的认识来作为判定标准还是以案外某类群体的认识来作为判定标准对审查结果将有不同的影响。自 20 世纪 30 年代以来,美国法院曾采用"愚人标准"来判断某一广告是否是虚假广告。他们认为:如果一位不善思考,低于正常判断能力的人都不会被某一广告所欺骗,那么该广告就不是虚假广告。判断标准的改变使经营者需更加注意自己的行为。正如美国联邦最高法院一项判决所说的那样,"一个公民没有义务要对与之进行交易的人的诚实性作出判断,法律既保护谨慎小心之人,也保护轻信者"。"愚人标准"充分保护了消费者的利益,但对广告主和广告经营者要求过分苛刻,所以受到强烈的批评。1983 年美国联邦贸易委员会发表了一项声明,改变了传统的"愚人标准",只有普通购买者在合情合理的情况下对宣传内容产生了错误理解时,该广告才能认定为虚假广告。[①] 所以,作为判定标准的混淆既不应该以专家的认识为准,也不应该是愚人的看法,而应该是一般公众的认识。

具体而言,法律上将混淆主体确定为"相关公众"。所谓相关公众,是指与使用某类商业标志的商品或者服务有关的消费者和与该类商品或者服务的营销有密切关系的其他经营者。如果将"有密切联系的消费者和经营者"统称为消费者(经济学意义上的),那么,消费者应该包括实际消费者和潜在消费者。[②] "有密切关系的"表明作为相关公众的购买者的范围是有一定限制的。通常,基于商品功能,购买或使用该功能商品的人应该是相关公众;另外,没有购买或使用但知悉该商品基本信息的人也是相关公众。

相关公众具有一般的知识水平和认知能力,对目标商品的基本信息有常识性的了解。他们在运用其知识和认识能力时,不是尽到产品专家或者标识专业设计人员的注意程度。对于使用时不易发现的细小部位上的差别以及不具有一般美学意义的部位的外观和要素设计给其留下的视觉印象,不宜苛求并不宜将这些微小变化人为地放大。

3. 混淆的内容

混淆的情况大多发生在同行业或者相关行业使用的相同或相似的商标、商号等商业标志之间。从功能上讲,商业符号侧重于区别同行业的不同企业的特性。如果将他人知名的商业符号作为自己企业的商业符号,不仅仅会造成下游主体的误认误购,还会基于"搭便车"而侵害他人的利益。

我国原法律中混淆被解释为"引人误认为是他人的商品"。2017 年修订的《反不正当竞争法》将混淆表述为"引人误认为是他人商品或者与他人存在特定联系"。显然,混淆不仅仅限于商品与商品之间。从内容上讲,混淆可以包括三方面:一是使相关公众发生"客体—主体"或"主体—客体"间的错误性关联,如广州某市登记注册了"步步高"电子有限责任公司,产品上"步步高"的突出使用使人以为"步步高"公司的产品是"步步高"品牌的产品。二是使

---

① 种明钊主编:《竞争法》,法律出版社 1997 年版,第 232 页。

② 《审查指南》(2001 年 10 月 18 日修改)中确定,在判断外观设计是否相同或者相近似时,以外观设计产品的一般消费者(简称一般消费者)是否容易混淆为判断标准。也就是说,将一般消费者作为判断外观设计是否相同或者相近似的判断主体。所谓一般消费者是指一种假想的人。这里的混淆主体(相关公众)被确定为一般消费者。一般消费者是个大概念,包括消费者和经营者。由此尽管用语不一致,但在内涵上商业标识混淆和外观设计判断主体具有同类性。

公众产生“客体—客体”(商品或服务)间的错误对应,包括基于商品功能、用途、生产部门、销售渠道、消费对象等方面使相关公众认为其与另一商品存在特定联系,或在服务的目的、内容、方式、对象等方面使相关公众认为其与另一服务存在特定联系,造成或可能造成认识错误。如雅戈尔服饰有限公司被人在香港注册“雅戈尔服饰(香港)有限公司”,后者于2000年在广州成立了分公司,其生产的成人服装和童装标注“雅戈尔服饰(香港)有限公司”并在国内销售。三是使相关公众对“主体—主体”之间存在着某种关联关系的混淆。如2003年5月28日在沿海开放城市连云港市登记成立的连云港市明珠香格里拉大酒店有限公司,使用及标注的中文是“明珠香格里拉大酒店”,英文是“Shangri-la Mingzhu”,经营范围为制售中西餐。该商标容易使人以为是“香格里拉”国际饭店管理有限公司的关联企业。

4. 认定混淆的方法

认定混淆涉及社会调查的方法和被调查者的判断方法。

社会学中为解决某种社会现象或解决某种实际问题进行的有目的、有对象的实地考察活动,即社会调查的方法。这种方法作为判定商业标识混淆的辅助工具,是通过运用统计原理和统计手段对社会现象的相关数据资料进行分析,从而得出阐明社会现象产生的原因和事态发展的趋势的方法。统计调查法又分为全面调查和抽样调查两种,抽样调查又进一步分为随机抽样和非随机抽样两种。随机抽样又可以分为多种:简单随机抽样法、系统抽样法、多段抽样法、类型抽样法等。就是否造成相关公众混淆这一事实状态的调查来说,不可能适用全面调查法,只能适用抽样调查法。在不失去公正的前提下为了便于操作,相比较,类型抽样法具有更大的优势。

类型抽样的要点是先确定抽样样本总体数额,然后按类型特征分成若干类别,最后进行调查、分析并得出相关结论。这种抽样方法兼顾到了不同类型的观测单位,所获取的样本特性基本能够反映事务总体性状。运用类型抽样调查的过程和环节主要是:(1)确定抽样样本总额。鉴于不同案件涉及的经营环节及产品特点不同,在选择抽样对象时,应根据产品的特性来选择消费者抽样对象。例如根据服装产品的特点,在抽样对象选择上,女士可适当多于男士;酒类产品的标志混淆判定,抽样对象应当男士多于女士。(2)认知对象(题目)的设计。应避免人为提示和人为强化受调查者的认知注意力。在调查题目设计上,直入主题:你认为的××(涉嫌混淆标志)是××(被混淆标志)吗?(3)认知环节的选择。应选择进入“法律关系”状态的消费者和未进入法律关系的消费者。(4)结果分析。被调查的人数及被误认的相关公众达到多大比例才算混淆,在我国目前法律上并无明确规定。德国、美国实务中接受的最低比例是10%至15%。我国台湾学者认为,若涉及攸关人身健康、安全的产品标识混淆问题,可以采取更低的百分比。① 当然,现代统计学的奠基人罗纳德·艾尔默·费希尔(Ronald Aylmer Fisher)曾提出一个颇有影响的理论,小概率事件可以忽略不计。② 小概率事件的分界点是5%。结合本题,意味着,没有超过5%的主体,不被视为“公众”。这些实践和观念值得我们借鉴。

---

① 刘孔中:《公平交易法》,台湾元照出版公司2003年版,第233—234页。

② 小概率事件原理是数理统计领域中的基本理论,又名似然推理。小概率事件通常被理解为概率很小事件,即在一次实验中几乎不可能出现的事件(小概率事件原理在概率论中被称为实际不发生原理)。统计学上,把小概率事件在一次实验中看成是实际不可能发生的事件,一般认为等于或小于0.05或0.01的概率为小概率。”

当然,社会调查方法在目前的主要问题是,实施调查的主体的权威性。如果是当事人自己做的调查,其证据力会受影响。委托社会调查机构完成结论调查,其证据力要高于个人调查。

在确定社会调查方法的基础上,判定混淆的具体适用的方法包括以下两种:一是直接观察法。在对商业标志(尤其是图案、色彩结合起来的商业标志)进行相同和相近似性判断时,只能通过视觉进行直接观察,不能借助放大镜、显微镜、化学分析等其他工具或者手段进行比较,由视觉直接分辨的部分或要素不能作为判断的依据。二是综合判断方法。所谓综合判断方法,是指由被比对商业标志的全部来确定是否与在先商业标志相同或者相近似,而不从商业标志的部分或局部出发得出与对比商业标志是否相同或者相近似的结论,也不把商业标志的各个部分分割开来与在先标志进行对比判断。

5. 判断混淆时的特殊关联因素

除了适用上述方法外,在判断混淆时还需注意三点:

(1) 将商业标志与产品结合起来判断。混淆危害经营者的利益,一般情况下,涉及相同或近似的产品。这里的相同或近似,是指具有相同用途的产品。应当注意的是,这里的相同或近似,不是商标法中商品分类表意义上的"类",而是产品的替代性。例如,机械表和电子表尽管内部结构不同,但是它们的用途是相同的,所以属于同一种类的产品。也就是说,强调在特殊情况下,还可以跨类。这源于其是义务法,而不是权利法。这个意义上,其调整的范围比认定相关商品市场时所采用的紧密替代性还要宽泛。

(2) 行为人采取的某些可能导致混淆的特殊措施不等于已造成相关公众混淆。这种特殊措施包括,特殊的位置安排、特殊的字体、字形、字号选择、特殊颜色处理等。这不同于注册商标的混淆。根据最高人民法院《关于审理商标民事纠纷案件适用法律若干问题的解释》第1条第1项的规定:"将与他人注册商标相同或者相近似的文字作为企业的字号在相同或者类似商品上突出使用容易使相关公众产生误认的。"

作为商标侵权的构成要件,如何理解商号的"突出使用",是把握该司法解释精神的关键。"突出使用"仅仅是行为人行为的一种表现形式,"突出使用"本身不违法,只有"突出使用"造成混淆的才构成违法。混淆抑制了商业标志的识别功能,这是认定商业标志不正当竞争的基本理由。至于实践中出现的不同结论——有的案件法院判令被告停止"突出使用"商号;有的判令被告停止使用商号——也不矛盾。判令被告停止"突出使用"商号,是因为(商号)"突出使用"造成了相关公众的混淆;判令被告停止使用商号,是因为即便被告没有"突出使用"也造成了相关公众的混淆。因此,只要被告使用商号造成相关公众混淆,即构成不正当竞争,是否"突出使用"只是构成不正当竞争的可能性更大而已。

第二节 同种商业标志间的混淆

相比较异种商业标志间的混淆,同种商业标志间的混淆是一种普遍的、明显的违法行为。通常所言的"假冒",准确地说,应该特指冒充他人同种商业标志行为。这种行为的违法之处在于不正当地搭借他人的商业信誉和商品声誉,获取非法利益。

一、商标间的混淆

近现代以来,社会关系日益变得复杂化、立体化,一些被私法单独调整的客体因维护公共利益的需要而被重新认识,并在法域的私法公法化过程中确立了新的身份,有关商标、商号的法律调整就发生了这样的转变。相比其他商业标志,从法律调整的角度和力度上看,商标的情况最为复杂,除了民法确定了私权这一基本身份、知识产权确立了商标权的取得、流转、保护等“积极的”权利问题外,具有公法性质的反不正当竞争法则从消费者利益、竞争者利益的角度(公益的角度)来解决权利行使中“消极的”问题。

修订的《反不正当竞争法》删除了“假冒他人注册商标”,这意味着,假冒他人注册商标的商标使用行为,由商标法来调整,不构成不正当竞争。这值得商榷。另外,将他人注册商标作为非商标使用是否构成不正当竞争,并未明确。这些问题将在后文涉及。这里主要以未注册商标为中心展开论述。

《反不正当竞争法》保护的未注册商标条件要求该商标知名或驰名,这一条件的经济学理由是知名或驰名未注册商标的无形财产价值大于一般未注册商标,逐利的潜力更大。当然,相比较注册商标,未注册的知名商标的价值,或未注册的驰名商标与较注册的驰名商标相比,价值都要逊色。由此,实践中假冒未注册商标的案件远不如假冒注册商标的案件数量大。

一个未注册商标从起叫到达知名(或驰名)的程度并非一朝一夕之力即可成就,往往需要投入大量的时间和财力,若仅从这一点而言,造就一个未注册知名(驰名)商标,比获取一个不知名的注册商标需要更多的沉淀成本。其缺点尚不止如此,未注册的知名(驰名)商标还时时面临着被泛化的风险。当然,未注册知名商标的优势也是可以列数的,如将广告的宣传成果固化并促进知名商标向驰名商标转化,可以和注册商标一起实现保护商标利益的无缝对接等。

我国 1993 年颁布的《反不正当竞争法》未规定“未注册商标”。在实践中,未注册知名商标是通过对“知名商品的特有名称”进行扩张解释来达到保护目的的。但毕竟商标和商品名称是两个不同的保护客体,法律规范应当将两者分列。

我国现行《商标法》《商标法实施条例》对未注册驰名商标保护的相对狭窄,必须结合反不正当竞争法的规定才能提供完整的保护。这表现在如下两个方面:

第一,未注册驰名商标“身份”未被认定,以知名商标形式进行兜底保护。是否属于驰名商标需要有关机构进行认定,在被认定之前或已申请认定但未被认定之时,商标法则难以提供保护。尽管《商标法》对知名商标向驰名商标转化作了程序上的简化[①],并力争为争议知名商标提供更强大的保护(第 13 条第 1 款)——“为相关公众所熟知的商标,持有人认为其权利受到侵害时,可以依照本法规定请求驰名商标保护”,但因一些原因的存在,争议商标可能不被认定为驰名商标。如果该未注册商标具有一定的知誉度,可以为反不正当竞争法保护。

第二,未注册驰名商标“身份”确认后,保护力度也弱于注册商标(包括注册的驰名商标)。我国《商标法》第七章规定的“注册商标专用权的保护”,不涉及以同种商业标识形式冒用他人未注册驰名商标的问题。按照《商标法》第 13 条的规定,就相同或者类似商品申请注册的商标是复制、摹仿或者翻译他人未在中国注册的驰名商标,容易导致混淆的,不予注册并禁止使用。另外,按照最高人民法院《关于审理商标民事纠纷案件适用法律若干问题的解

① 即在不同的争议阶段:在商标注册审查、工商行政管理部门查处商标违法案件过程中,在商标争议处理过程中,在商标民事、行政案件审理过程中,当事人依照我国《商标法》第 13 条规定主张权利的,相关机构——商标局、商标评审委员会、最高人民法院指定的人民法院,可以根据案件需要,对商标驰名情况作出认定。

释》第2条的规定"复制、摹仿、翻译他人未在中国注册的驰名商标或其主要部分,在相同或者类似商品上作为商标使用,容易导致混淆的,应当承担停止侵害的民事法律责任"。"停止侵害"是诸多民事责任中的一种,对于保护无形财产权而言,停止侵害只是阻断了行为的延续,并未能提供由此受损的利益上的保障。对于侵害商标权的行为,除了停止侵害民事责任外,侵权人需要同时承担损害赔偿责任,才能达到有效制止和预防商标侵权的目的。未注册的驰名商标权益的侵害亦应如此。

未注册驰名商标的未注册性,使其在商标法律保护方面受到较多限制。商标法理论上所宣称的驰名商标优于一般注册商标的保护并非在任何情况下都存在。[①] 驰名商标的跨类保护形式上加大了对权利人的保护力度,但在损害赔偿问题上往往成了一个计算赔偿额的重大障碍。侵权者与商标所有人经营的是不同的商品或者服务,以侵权的获利确定损害赔偿额不太合理,以商标权人的损失作为计算标准也难以掌握。如何正确确定此类案件中的赔偿数额,一直是审判实践中的难点。由于法律对此没有特别规定,实践中,有些法院在确定赔偿数额时,是以合理的调查费用作为赔偿数额,有的则模糊性地以侵权行为的性质、情节、持续期间、范围和侵权人的主观过错程度等因素确定损害赔偿额,赔偿数额都相对较少。[②] 保护力度的偏弱引发以未注册驰名商标为工具从事不正当竞争行为的可能性更大。

二、商品名称、包装、装潢等商业标识的混淆

同商标一样,商品的名称、包装、装潢也是商品的外部特征,尤其是知名商品所特有的名称、包装、装潢更是具有区别商品来源、标表不同商品的作用,和增强消费者所要识别商品显著性的功能。商品的名称、包装、装潢同样是生产者或经营者智力劳动的结晶,在一定程度上,也是生产者或经营者声誉或商誉的反映。

(一)认定的条件

我国《反不正当竞争法》禁止"擅自使用与他人有一定影响的商品名称、包装、装潢等相同或者近似的标识"。在这种不正当竞争行为的认定中,删除了"特有",将"知名"替换为"一定影响",在行为上要求使用"相同"或"近似"的商业标识。

1. "一定影响"

判断商业标识是否有"一定影响",需要考察相关公众的认识,并结合商品销售地区、时间、信誉、广告宣传量的多少等因素综合认定。一般而言,区分商品来源的主要是商标。驰名商标的知誉度高于一般注册商标。认定有一定影响的商业标识不同于驰名商标,也不同于名牌商品,它不是经由某个机构经一定程序评定出来的,也不属于一般意义上的荣誉称号。在实践中它是司法(执法)机关在查处违法行为时对个案予以的认定,是司法(执法)者行使自由裁量的结果。

我国台湾地区"公平交易委员会"在认定是否有一定影响时,通常会综合下列事项:(1)以该表征为请求的广告量是否足以使相关行业或消费者对该表征产生印象。(2)具有

① 对未注册驰名商标在保护上进行限制也具有一定的合理性,如果未注册驰名商标也享受注册驰名商标保护待遇,那么它将超越一般的注册商标保护,达到与注册的驰名商标一样的特殊保护,这将动摇我国商标制度的根基——注册原则。

② 例如"西安利君制药有限责任公司等诉何麦齐商标侵权纠纷案"(2006西民四初字第210号),法院确定赔偿数额为5000元。

该表征之商品或服务于市场之行销时间是否足以使相关行业或消费者对该表征产生印象。(3)具有该表征之商品或服务于市场之销售量是否足以使相关行业或消费者对该表征产生印象。(4)具有该表征之商品或服务于市场之占有率是否足以使相关行业或消费者对该表征产生印象。(5)具有该表征之商品或服务是否经媒体广泛报道足使相关行业或消费者对该表征产生印象。(6)具有该表征之商品或服务之品质及口碑。(7)相关主管机关之见解。

最高人民法院《关于审理不正当竞争民事案件应用法律若干问题的解释》(以下简称《不正当竞争民事案件问题解释》)第1条规定,人民法院认定知名商品,应当考虑该商品的销售时间、销售区域、销售额和销售对象,进行任何宣传的持续时间、程度和地域范围,作为知名商品受保护的情况等因素,进行综合判断。如果是诉讼的案件,原告对其商品的市场知名度负举证责任。尽管这是对"知名"所做的解释,但在方法上它对"一定影响"的认定具有指导作用。

认定"一定影响"时,还需要注意其地域性。一定影响的商品有全国性和地方性的区别。我国地域辽阔、经济发展不平衡、人们的消费习惯和消费心理不同,甚至形成不同的消费偏好。加之市场发育程度不同,如果以全国范围为地域性标准,不符合我国的国情。现实中存在这样的情形:某甲拥有的一定影响的商业标识仅限于A地使用,其在另一地(B地)没有影响,经营者乙使用与甲相同或近似商业标识,但只在B地经营,乙的行为是否构成不正当竞争?这个问题涉及的就是不正当竞争行为认定中的地域分析问题。一些案件中地域问题也是认定的焦点问题,如"江苏苏某超市诉上海苏某超市案"[①]中,涉及问题之一是江苏和上海是否属于同一相关地域市场。承认商品影响力的地域限制,才能有效保护生产者和经营者的合法利益,准确规制违法行为。

2. "近似"的判定

对于仿冒人对他人商品的名称、包装、装潢作相同使用的认定比较容易,而对近似使用的认定则较为困难。《关于禁止仿冒知名商品特有的名称、包装、装潢的不正当竞争行为的若干规定》第5条规定:"对使用与知名商品近似的名称、包装、装潢,可以根据主要部分和整体印象相近,一般购买者施以普通注意力会发生误认等综合进行分析认定。一般购买者已经发生误认或者混淆的,可以认定为近似。"

判断"近似"时,可以从以下几个方面把握:一是客观方面,就仿冒商品与被仿冒商品名称、包装、装潢的主要部分和整体设计、整体构图进行比较,只要主要部分和整体形象雷同,即使细枝末节有所差异,也不影响对近似的认定。近似与相同的根本区别在于,其承载的信息或内容有局部的差异,将名称、包装、装潢雷同的两个商品放在一起对比,若差异很难发现,即可判定为近似。至于商业标志(这里还应该包括企业名称、商标等)的内容(主要指含义)存在的差异,不是抗辩的理由。商业标志相同或近似主要进行形式对比,不在意进行内容上的分辨。二是主观方面,相关公众只要尽到一个普通购买者应有的注意义务即可。这里的购买者非特指某个购买者或所有购买者,因而这种认识能力不是以某个购买者自身的智力、身体状况、技能、物质条件等为标准,同样也不可能以所有购买者的认识为标准,而是以与某种商品有购买关系的购买者代表的认识为判断标准。

3. "使用"的理解

我国《反不正当竞争法》第6条在列举违法行为时,用了三个"使用",但没有"使用"的单

---

① 上海市第一中级人民法院民事判决书(2013)沪一中民五(知)终字第74号。

独定义。这不同于商标法。[①] 很大程度上，商业标识不正当竞争行为和商标侵权行为在判定上具有相似性。故“使用”需要进行特别的解释。根据上文对“一定影响”的解析，首先是为构筑起“一定影响”的商业标识的“使用”，其次是涉嫌违法者的商业标识的“使用”。在法律条文上前者没有显现，但在解释“一定影响”时应当纳入其中。上文已述，此“使用”的含义应该限于将名称、包装、装潢用于商品上、商品包装上以销售，即限定“使用”是生产者的直接使用。而不包括单纯进行广告、展览、销售等的间接使用。那么，后一个“使用”的内涵是否也是如此呢？

《关于禁止仿冒知名商品特有的名称、包装、装潢的不正当竞争行为的若干规定》第 9 条规定：销售明知或者应知是仿冒知名商品特有的名称、包装、装潢的商品的，比照本规定第 7 条、第 8 条的规定予以处罚。显然，销售者被特殊看待。其特殊之处是“明知或应知”。结果是：比照处罚。比照处罚反映了认识上的一个矛盾：销售者是否构成不正当竞争行为？若构成，即属于直接适用处罚；若不构成，则不需要处罚。

在“上海帕弗洛文化用品有限公司与燕新华擅自使用知名商品特有名称、包装、装潢纠纷案”[②]中，再审裁定书中，涉嫌案产品系由案外人上海艺想文化用品有限公司(简称艺想公司)生产、制造，一审被告燕新华作为艺想公司的经销商，对其生产、制造的产品进行了销售。本案涉及的核心问题是，销售行为是否属于“使用”，是否构成“擅自使用”？最高人民法院在本案中对“使用”的解释是：“使用行为应指直接使用行为，也就是生产商的生产、制造以及销售被控侵权产品行为，而不包括仅仅作为被控侵权产品销售商的销售行为”。是否属于“擅自”，裁定书认为：根据原审法院查明的事实，本案被燕新华虽然收到了帕弗洛公司的律师函，但其认为其销售的产品上使用的装潢系受商标权人的授权，并无证据证明燕新华在销售过程中存在帮助他人实施侵权行为的主观意图。该销售行为不属于《反不正当竞争法》第 5 条规定的“擅自使用”。最终法院裁定：帕弗洛公司关于燕新华销售被控侵权产品的行为构成擅自使用知名商品特有名称、装潢的不正当竞争行为的主张于法无据，本院不予支持。

可见，在司法机关的认识上，“使用”的外延更小。销售者的几乎所有行为不属于“使用”。除非其明知或应知违法仍销售。这种理解值得商榷。

4. 主观状态

对于涉嫌违法行为人的主观过错状态。可能的依据是反不正当竞争法上规定的“擅自使用”。理论上，“擅自使用”是指未经许可而对他人知名商品的名称、包装、装潢作相同或近似的使用。“擅自”的含义是没有经过权利人的许可，包括知道权利人而不去申请许可，也包括不知道权利人而不能申请许可。所以，“擅自使用”并不直接反映当事人主观上是故意或过失。

尽管原国家工商行政管理总局发布《关于禁止仿冒知名商品特有的名称、包装、装潢的不正当竞争行为的若干规定》第 9 条规定了“明知或应知”，并以此为依据来确定其法律责任，但从结果看，销售行为仍可能产生误认误购。应当构成不正当竞争行为。

故本书认为，法律上不应该以过错作为认定商业标志使用构成不正当竞争行为的要件

---

① 我国《商标法》第 48 条规定，“本法所称商标的使用，是指将商标用于商品、商品包装或者容器以及商品交易文书上，或者将商标用于广告宣传、展览以及其他商业活动中，用于识别商品来源的行为。”

② 最高人民法院(2015)民申字第 302 号。

之一，主观状态不是涉嫌违法行为人抗辩的理由。依据行为人行为的客观表现即可以认定行为是否构成不正当竞争行为。主观状态是也应当是定性后制裁时需要考虑的因素，即其属于定量因素，而不是定性的决定因素。

（二）名称的混淆

商品名称往往附着在商品包装或装潢上。在使用中，存在名称作为独立商业标志单独被混淆和名称与包装或（和）装潢共同被混淆两种情况。

商品名称，有通用名称与特有名称之分。通用名称是某类商品所共同具有或使用的名称。它可以将一类商品与另一类商品区分开来，如"葡萄"酒、"水果"糖等这些已经成为本行业的通用名称；特有名称是与通用名称对应的商品名称。

现行法规定的商品名称是广义的，除了包括一般服务名称外（即使用不是登记为商号的企业的另一个称谓），还包括特殊商品如书名，未注册商标；特殊的服务类型如电视节目名称，商业性活动（如会议）名称等。

名称的本意首先是主体的名称，如自然人的姓名、姓名权；企业的商号、商号权等，商品名称不是主体的名称，而是客体的名称。在保护的功能上，本法调整的名称不仅幅度宽泛，调整的视角也非常独特。它不是从确认权利的角度来规定标识所有人的什么新型权利，而是从义务的角度来确定行为人的行为边界。这一视角的转换直接影响到行为的判断基础，既可能发生在同种商业标识之间（相同或近似），也可能发生在不同商业标识之间；既可能发生在相同或类似的商品上，也可以在不相同、不类似商品上产生不正当竞争。如"超级女声案"①中，"超级女声"作为注册商标，对他人在不相同、不类似的商品上使用该名称，在该商标非属于驰名商标的情况下，商标法的保护已无能为力。

修订的《反不正当竞争法》去掉了"特有"条件，但并不意味着通用名称也被纳入到不正当竞争之中。一些共知性语言文字，如果能够使相关公众形成符号与商品之间单一对应的，亦符合法律规定的条件。例如"哈啤"是哈尔滨啤酒的简称，特指 1900 年创建的哈尔滨啤酒厂，现为哈尔滨啤酒有限公司（集团）生产的具有较高市场占有率的啤酒，而不是指哈尔滨市区内生产的啤酒。

一般而言，法律对商品名称的调整是任意性的，即只要不违背公序良俗，使用什么名称是自由的。在特殊情况下，商品名称的法律调整是强制性的。商品名称可以承载产品的性能、历史、价值等特殊要素因而具有财产性。使用有"一定影响"的名称会增加竞争优势，因其包含上述财产性的要素，但名称只是承载这些要素，若名称本身通过所使用的语词包含有商品性能、价值、偏好等指向的，则可能产生误导。换言之，在竞争关系中名称一般只拥有防御性功能，但当特有名称充当掩盖价格和产品性能的工具时，该特有名称就成了具有攻击性的矛，其矛头上带有误导，甚至欺诈的恶性。对这样的名称就应该实行强制性调整。我国目前的法律制度中，对商品名称的强制性调整主要有以下三类商品：药品、食品和化妆品。

---

① 湖南电视台娱乐频道一直使用"超级女声"作为该档节目的名称与标志，并于 2003 年向原国家工商行政管理总局商标局申请"超级女声"第 38 类商标注册并获得注册。自 2005 年 12 月以来，广东美洁卫生用品有限公司开始生产十三种型号的"超级女声健康卫生巾"产品 18970 箱，销售 12772 箱。美洁公司生产的产品名称是"超级女声"，与电视娱乐节目"超级女声"文字完全相同，文字的书写方法以及文字周围图案也相同。美洁公司还在其宣传册和 www. hksuperreison. cn. alibaba. com 网页上使用"超级女声"特殊标识。参见"湖南电视台娱乐频道、上海天娱传媒有限公司诉广东美洁卫生用品有限公司等在卫生巾上使用超级女声电视节目名称不正当竞争纠纷案"。（2008）湘高法民三终字第 47 号。

药品本身技术性强，其使用涉及面广、针对性要求高，这些特点会集中在药品功效上。在销售中药品功效的说明常常成为非专业人员购买时关注的核心。如果药品名称可以表达药品的功效，且药品的实际效能和表达的功效之间不相符，则名称本身就具有误导性，也会在进一步的宣传中扩大这种负面效应。按照《药品商品名称命名原则》的规定，药品必须使用通用名称，药品商品名称不得有夸大宣传、暗示疗效作用。药品商品名称一般不得单独进行广告宣传等。《食品标识管理规定》《化妆品命名规定》中均有命名或使用上的强制性要求。此不赘述。值得关注的是，一些商品的名称在追求"新奇特"的同时，还包含有某种被夸大的内容，例如美容香皂、高钙酱油等，其不是在广告中使用，只是在商品的包装上标注，这类可能产生的误导的标注，造成的结果不是商品间的混淆。是否构成不正当竞争？一般来讲，凡给人以误导并可能由此增加交易机会的都具有不正当的性质，应该属于竞合性质的问题，既可以由本法规制，也可以由上述法律规制。

（三）包装的混淆

包装，是指为识别商品以及方便携带、储运而使用在商品上的辅助物和容器。对于包装的法律调整，2009年原国家质检总局、国家标准委发布了《限制商品过度包装要求——食品和化妆品》（国家标准GB 23350-2009），该"要求"对食品和化妆品销售包装的空隙率、层数和成本等三个指标作出了强制性规定。[①] 相比较，这个法律规范是从义务的角度来约束包装（使用者）的。反不正当竞争法调整包装的法律规范是从维护权益和竞争秩序的视角展开的。

为《反不正当竞争法》所保护的包装需具备一定的条件，不是所有的包装都可以取得包装上的竞争利益，只有那些在一定程度上显现了商品的特征、为消费者广泛知悉并为其识别商品提供了一定参照标准的包装，才是《反不正当竞争法》保护的对象。

实践中，商品包装上往往同时标注商标、装潢等商业标志，在包装符合反不正当竞争法规定条件的情况下，包装的混淆是被相关商业标志混淆吸收还是独立存在？这需要具体问题具体分析。如果他人直接使用权利人的包装，尽管包装上载有商标、装潢、企业名称等，也应按照整体使用即包装法律关系进行处理；如果他人按照包装原初的使用方式使用包装，这还会涉嫌产品质量法中的"以假充真"；如果权利人的包装同时属于立体注册商标，如"可口可乐""雪碧"等，则发生商标侵权行为和包装不正当竞争行为的竞合；如果知名商品经营者已经取得专利的知名商品特有的包装、装潢被仿冒的，则发生包装、装潢不正当竞争行为与专利侵权行为的竞合。

（四）装潢、形状的混淆

装潢，是指为识别与美化商品而在商品或者其包装上附加的文字、图案、色彩及其排列组合。装潢附加于商品包装之上，成为商品的组成部分或者与包装一起成为商品的附着物。在大多数情况下，商品装潢所含载的信息量要远远大于商标，因此其更易吸引消费者的注意力。故而，仿冒商品装潢给消费者造成混淆的严重性不容低估。仿冒一定影响的商品装潢可以构成一种独立的不正当竞争行为。

本法上的装潢不仅仅表现为产品的平面展示方式。最高人民法院发布的《关于审理不

① 分别是包装层数3层以下、包装空隙率不得大于60%、初始包装之外的所有包装成本总和不得超过商品销售价格的20%。

正当竞争民事案件应用法律若干问题的解释》将装潢扩展到服务和立体展示形式上，即由经营者营业场所的装饰、营业用具的式样、营业人员的服饰等构成的具有独特风格的整体营业形象，可以认定为反不正当竞争法规定的“装潢”。

尽管上述解释限于服务中的立体装潢，但在司法实践中，产品上的立体装潢（形状）在相关案例中也被视为本法规定的装潢。“晨光”案[①]中集中表达了装潢包括形状的意涵。“晨光”笔套夹和装饰圈部分的“形状”由于曾经获得外观设计专利，具有新颖性、创造性和实用性，而且这种形状基于“晨光”商标的知誉度而具有较高的知誉度。最高人民法院认为：一般而言，凡是具有美化商品作用、外部可视的装饰，都属于装潢。在外延上，商品的装潢一般可以分为如下两种类型：一类是文字图案类装潢，即外在于商品之上的文字、图案、色彩及其排列组合；另一类是形状构造类装潢，即内在于物品之中，属于物品本体但具有装饰作用的物品的整体或者局部外观构造，但仅由商品自身的性质所决定的形状、为实现某种技术效果所必需的形状以及使商品具有实质性价值的形状除外。现实生活中大多数装潢都可归为这两种类型。尽管这两种类型的装潢在表现形态上存在差异，但都因其具有装饰美化作用而构成商品的装潢。

严格来说，由相关部件组成的形状是商品本体，而商品的装潢是附加、附着在商品本体上的文字、图案、色彩及其排列组合。形状更倾向于产品自身的功能和使用效果，而装潢更多的关注于由图案、色彩或者两者结合所富有的外在设计美感。换言之，装潢应该独立于商品本体而存在，并对商品的使用功能没有影响，而形状对产品的功能有重要的影响。在最高人民法院《关于审理不正当竞争民事案件应用法律若干问题的解释》第 2 条的规定中，将装潢的内涵作了扩展：有下列情形之一的，不认定为知名商品特有的名称、包装、装潢：(1) 商品的通用名称、图形、型号；(2) 仅仅直接表示商品的质量、主要原料、功能、用途、重量、数量及其他特点的商品名称；(3) 仅由商品自身的性质产生的形状，为获得技术效果而需有的商品形状以及使商品具有实质性价值的形状……在上述(3)中，如果装潢不是由商品自身的性质产生的形状，或不是为获得技术效果而需有的商品形状以及不是为使商品具有实质性价值的形状，则被认定为装潢。由此装潢包括了形状而成为大概念。

当然，与外在于商品之上的文字图案类装潢相比，内在于商品之中的形状构造类装潢达到有一定影响的装潢标准需要满足更严格的条件。这些条件至少包括：(1) 该形状构造应该具有区别于一般常见设计的显著特征。(2) 通过在市场上的使用，相关公众已经将该形状构造与特定生产者、提供者联系起来，即该形状构造通过使用获得了第二含义。

在概念的使用上，还有一个与装潢、形状同根但外延更大的用语——外观设计。外观设计是指对产品的形状、图案、色彩或者其结合所作出的富有美感并适于工业上应用的新设计。因外观设计是工业品的式样，包括平面设计——图案、色彩或者其结合，也包括立体设计——形状。在平面装潢和立体装潢的认定中，可能存在和外观设计专利的交叉，进而在特

---

① 2002 年 7 月，上海中韩晨光文具制造有限公司(以下简称晨光文具公司)向国家知识产权局申请了名称为“笔(事务笔) K-35 型按动式中性笔”的外观设计专利。外观由揿头、笔套夹、装饰圈、笔杆、笔颈、护套、尖套组成，对其中笔套夹和装饰圈部分进行了专门的设计，使其除具有功能性以外，还具有较强的装饰性，起到了美化商品的作用。该专利申请于 2003 年 2 月 19 日获得授权，但外观设计专利因未缴纳专利年费，其专利权已于 2005 年 10 月 12 日终止。被控侵权的 681 型水笔由某制笔公司和某文具公司于 2006 年开始生产、销售，该笔的结构与上述 K-35 型按动式中性笔相同。具体参见中华人民共和国最高人民法院民事裁定书(2010)民提字第 16 号。

定情况下可能产生与反不正当竞争法关于商品包装、装潢保护的交叉。

如果一个装潢属于外观设计专利,相关纠纷通过专利法来解决。如果一项外观设计专利因保护期届满或者其他原因导致专利权终止,该外观设计就进入了公有领域,任何人都可以自由利用。但是,如果使用该外观设计的商品属于有一定影响,他人则可能搭借该外观设计的商誉,使相关公众对商品的来源产生混淆或者误认。由是观之,失效的外观设计并不当然进入公有领域,在符合反不正当竞争法的保护条件时,还可以受到该法的保护。失效外观设计为反不正当竞争法保护的条件应当是:(1) 使用该设计的商品必须具有一定影响;(2) 该设计已经实际具有区别商品来源的作用;(3) 这种设计既不属于由商品自身的性质所决定的设计,也不属于为实现某种技术效果所必需的设计或者使商品具有实质性价值的设计;(4) 他人对该设计的使用会导致相关公众的混淆或者误认。

三、企业名称、社会组织名称、个人姓名的混淆

依据我国《民法总则》的规定,法人、个体工商户、个人合伙享有名称权,并且有权使用和依法转让自己的名称;个体工商户和个人合伙可以起字号。自然人有权决定使用和依照规定改变自己的姓名,禁止他人干涉、盗用、假冒。反不正当竞争法禁止的"擅自使用他人企业名称(包括简称、字号等)、社会组织名称(包括简称等)、姓名(包括笔名、艺名、译名等)"。形式上,其与相关法律调整对象相同,但调整的视角和方法发生了转化。

(一) 企业名称间的混淆

由于市场监管机关对企业名称实行分级登记管理,不同的地区出现企业重名的现象不可避免。在市场开放、跨地域经营且企业名称简化使用的情况下,同一地区出现相同或近似的企业名称的简化使用现象不可避免。对此,纠纷的解决已超出相关企业名称登记法律规范管辖的范畴。

企业名称应当由以下部分依次组成:地域、字号(也称商号,下同)、行业或者经营特点、组织形式。其核心部分是商号,以此区别不同的生产者和经营者。一个商号一旦在公众中树立了良好的商业信誉,就会对公众产生极大的吸引力,成为企业的无形资产,如"同仁堂""冠生园"等老商号深深地根植于公众心中,历经数十载而不衰,显示了以企业名称标识商品的巨大的潜力。

企业名称经核准登记注册后方可使用。对企业名称进行登记管理,具有双重意义:保护企业名称所有人的合法权益和维护公平竞争秩序。保护企业名称所有人的合法权益主要是确认企业的名称权,该名称权既是企业的身份权,也是企业的财产权,并具有一定的排他性——在规定的范围内享有专用权。维护公平竞争秩序是通过禁止经营者未经许可,擅自使用他人的企业名称,防止造成或可能造成误认误购来达到的。

企业名称的混淆是企业名称使用中的混淆,而不是申请阶段的商号相同或近似。使用中的企业名称混淆应当具备以下条件:

第一,企业名称中的企业包括在中国登记设立的企业,也包括在中国境内进行商业活动的外国(地区)企业,还应当包括按照公司法的规定在中国登记设立的外国公司的分支机构。

第二,具有排他性的企业名称是知名的。虽然法条中没有对"他人企业名称"作特别要求,但实际上这一名称是有特别要求的。最高人民法院《关于审理不正当竞争民事案件应用法律若干问题的解释》第 6 条规定,"具有一定的市场知名度、为相关公众所知悉的企业名称

中的字号,可以认定为《反不正当竞争法》第 5 条第(3)项[①]规定的'企业名称'"。如何认定企业名称是否知名,可以类推适用商品名称保护中知名的认定方法。

第三,使相关公众发生混淆。最高人民法院《关于审理注册商标、企业名称与在先权利冲突的民事纠纷案件若干问题的规定》(法释〔2008〕3 号)第 2 条规定,"原告以他人企业名称与其在先的企业名称相同或者近似,足以使相关公众对其商品的来源产生混淆,违反《反不正当竞争法》第 5 条第(3)项的规定为由提起诉讼,符合《民事诉讼法》第 108 条(2013 年修订后为第 119 条)规定的,人民法院应当受理。"这里强调了"足以"混淆。"足以"很容易造成一种假象,即企业名称混淆的认定标准高于一般混淆的认定标准。事实上,不论是知名商标、商品名称、包装、装潢,还是企业名称、姓名,所有的假冒、仿冒行为认定的标准都是一致的,即相关公众施以普通注意力产生或可能产生误认。当然,在不同的商业标识混淆的具体认定中,可能会存在某些差异。企业名称与商标、包装、装潢等相比较,其表现方式单一,只能用文字表示,不能使用图案。实践中,比较隐蔽的方式是简化使用企业名称时发生的混淆。即便如此,企业名称的使用,仅字号相同,名称的其他部分不相同,一般不认为构成混淆,如"SBA 工作室"和"SBA 公司"企业名称纠纷案[②]就是如此。此外,简化使用时简称相同,若一方以内容不同进行抗辩,其理由不成立。

(二) 社会组织名称的混淆

社会组织,一般是指经县级以上人民政府民政部门依法登记的社会团体、民办非企业单位、基金会、城乡社区服务组织等。社会组织是非营利性组织,但不意味着其不可以从事带有经营性质的活动。

社会组织的活动依章程确定。通常,社会组织开展的具有经营性质的活动主要包括:(1)公平参与政府采购,依法承接政府职能转移及购买服务;(2)享受政府提供的财政补贴、行政奖励及行业管理部门的支持性政策;(3)保障工作人员依法享有职称评定、业务培训、表彰奖励等权利;(4)组织市场开拓,发布市场信息,编辑专业刊物,开展调查统计、评估论证、培训交流、传播普及、展览展销、咨询等服务和诚信自律等活动;(5)从事科学研究与技术开发、科技咨询与服务、科技成果评估和转化、科学技术知识交流与普及等业务,促进企业和个人开展技术创新,推动产业转型升级;(6)为城乡居民提供公益服务、慈善救助、纠纷调解、文化娱乐和社区协同管理等服务;(7)从事扶贫济困、救孤助残、助老扶弱、赈灾救援、助医助教和环境保护等公益服务活动;(8)与境外相关社会组织开展国际交流和合作。

从事这些活动的目标虽然是追求社会效益,但其中包含有利益关系,如收取经批准可以收取的管理费、咨询费、评估费等。这些活动可能涉及和外部经营者的合作。这样,其行为便扩展到具有经营性的范围。另外,由于其设立采取核准原则,行业中的社会组织在数量上、行业分布上都具有"垄断"性质。这使得社会组织可能成为被经营者冒用、获取利益的一个对象。

---

① 此处指的是我国 1993 年《反不正当竞争法》的条款,2017 年修订后的相应条款为第 6 条第 2 款,下文中相关解释提及的条款均为原法条款,不再单独说明。

② 可参见"(德国)SBA 有限公司(SBA GmbH)与(德国)Stadtbauatelier 城市规划工作室自由城市规划师+自由建筑师 M. 特瑞普教授博士工程师,S. J. 李教授博士工程师,合伙人公司不正当竞争纠纷上诉案"(北京(2009)高民终字第 1916 号判决书)。该案涉及企业名称使用中"SBA 工作室"和"SBA 公司"是否混淆的问题,一审和二审法院都认定不构成混淆。

在“北京慧聪国际资讯有限公司等与中国电子商会电源专业委员会等不正当竞争纠纷上诉案”[①]中，电源专业委员会和电源协会自2001年以来，一直定期主办电源行业论坛，这些会议有国内外电源领域的众多企业参加，为电源行业的企业进行广泛交流与合作提供了良好的平台，在电源行业内形成了一定的影响力，具有了较高的知名度。电源专业委员会和电源协会通过数年连续主办电源行业的论坛活动，已经为业内的广大企业所知悉并认可，该论坛的活动与电源专业委员会和电源协会紧密地联系起来。慧聪资讯公司与上述当事人有合作关系，但在双方合作协议书解除后，慧聪资讯公司仍借用“中国国际电源产业发展高峰论坛”这一名称，举办与两被上诉人主办的论坛活动内容相同的行业性活动，利用了两被上诉人在电源行业的影响力，误导相关公众，容易使相关公众产生混淆，构成不正当竞争行为。

(三) 姓名的混淆

姓名是自然人称谓的设定、变更和专用的人格化标志，是法律赋予自然人的权利。在我国，自然人姓名虽然是一项基本的人身权利，但某些公众人物的姓名潜藏着不可忽视的商业价值，在姓名允许重名的情况下，作为商业标识的姓名的混淆问题就产生了，此类纠纷也难以依照《民法总则》来处理。

这里的姓名指自然人的姓名，但不限于已作为商号或商标的自然人的姓名。如果姓名已经转化为商号或商标，涉及的不正当竞争纠纷则按商号或商标混淆来处理，不按姓名权来处理。

姓名之所以被冒用，是因为其可以作为一种商业符号并与标表的商品之间建立特定的联系，并由此承载商品的质量和企业的信誉，成为一种特殊的无形财产。

在我国，至少有三部法律调整姓名：《民法通则》《著作权法》《反不正当竞争法》。基于法律性质、保护的视角、保护的功能等不同，三部法律对姓名的保护不可能相同。

对于假冒他人姓名的行为，民法规定了自然人有姓名权，权利人有权制止假冒其姓名；著作权法规定了作者享有署名权[②]；反不正当竞争法规定了禁止经营者擅自使用他人的姓名。其中，姓名权侧重于保护权利人的人身利益。民法上的姓名是一种身份权，侵害姓名权触犯的主要是人身利益，如干涉他人使用姓名、侮辱他人姓名等。当然，在某些情况下，也可能基于姓名权的侵害而产生财产利益，如盗用、冒用他人姓名获取(骗取)财产。著作权法中的署名来自于独立创作，侵害署名权一方面表现为掠夺他人的独立创作成果，如不给予作者署名；另一方面也可能对自己付出劳动冒署他人之名，如制作、出售赝品等。禁止假冒署名既保护人身利益也有财产利益。反不正当竞争法中禁止经营者擅自使用他人姓名，保护的主要是财产利益。换言之，对他人姓名的假冒，当冒用者的目的不在于损害基于姓名的人格权益，而是在于利用自然人姓名的商业潜力或作品署名的影响力，推销自己的作品时，其损害的是姓名中的财产权益。

在侵害财产利益的情况下，盗用、冒用姓名和署名行为的影响一般仅限于权利人和侵权人之间，不及于不特定的第三人。另外，从性质上，民法中作为被假冒的客体的姓名仍然是

---

① 北京市高级人民法院(2010)高民终字第393号。

② 按照著作权法的规定，侵害署名权的行为表现为三种：第一，没有参加创作，为谋取个人名利，在他人作品上署名的行为。第二，未经合作作者许可将与他人合作创作的作品当作自己单独创作的作品发表的。第三，制作、出售假冒他人署名的作品。

用以确定身份关系的姓名。著作权法中的署名基于作品的创作，创作者享有署名权。在自己创作的作品上署更知名的他人之姓名时，属于假冒他人署名。不管是假冒署名还是侵占他人作品[①]，如果假冒姓名作品或假冒作品不存在正品的销售者，则不会导致第三人的误认误购，进而这种纠纷属于著作权法管辖之中。反不正当竞争法中的姓名是附之于工业品（或服务）上，具有使用的稳定性和重复性，从而使纠纷的客体由普通的姓名转化为一种在商品上使用的商业符号。

著作权法中的署名和反不正当竞争法中的姓名假冒会存在竞合。例如，吴某将所临摹的范曾的绘画作品署名范曾并制成画册出售，则侵害了范曾的署名权；在有同类画册销售的情况下，也构成画册出版者和销售者的不正当竞争。

著作权法中的署名和反不正当竞争法中的姓名假冒也会存在交错，即看似违反著作权法但实际已经移位到反不正当竞争法中。一种情况是：作品由自己独立完成，基于民法上的姓名与他人的姓名相同，形式上标注自己的姓名，但他人会认为是知名的他人的姓名。例如，在我国第十届长沙图书交易会上，“王朔出新书了——《不想上床》”——某出版社展台前的广告牌非常醒目。同样内容的小幅流动广告在交易会中也随处散发。这个王朔并不是写《顽主》《空中小姐》的作家，而是东北一个27岁的年轻人（属同名同姓）。[②] 另一种情况是，作品署名和他人知名的署名不同但近似。作者的署名可以署艺名，基于创作的独立性作者所署的艺名应该具有署名权。例如，罗林（艺名“刀郎”）诉广东飞乐影视制品有限公司、潘晓峰（艺名“西域刀郎”）、北京图书大厦有限责任公司侵犯著作权及姓名权纠纷案。[③] 仅从潘晓峰作为相关词曲的独立创作者而言，其享有相关作品的著作权，也拥有署“西域刀郎”的署名权利。至于“西域刀郎”与“刀郎”在使用中可能产生的误认问题，已不是著作权法中的问题。第三种情况是，自己创作的作品署他人之名。署名权属于著作权的范畴，著作权是以作品为对象的权利，如果作品是自己独立创作的，那么，创作者就可以署自己的名字，包括真名、笔名、艺名。对于自己作品所署之名是否只能是一个长久不变之名呢？应该不是。故建立在独立创作作品之上的署名权在可以变更姓名的情况下，理论上是不存在侵害他人的署名权的。我国《著作权法》第47条第8项把“制作、出售假冒他人署名的作品”列为侵害著作权的行为之一，在法理上值得推敲。假冒他人署名的作品，并非他人之作品，自无他人之著作权。[④]

相比较民法和著作权法，反不正当竞争法上保护的姓名具有如下特点：

首先，反不正当竞争法中姓名权是一种姓名上的排他性，这有别于民法上的姓名。因为

---

① 最高人民法院《关于范曾诉吴铎侵害著作权一案的复函》（1990年7月9日）中，倾向性同意请示法院的意见：吴某将所临摹范曾的绘画作品署上自己的姓名，赠送他人，致其临摹作品在日本展览、并制成画册出售，吴某的行为构成了对范曾著作权的侵害。

② “此王朔非彼王朔”同名同姓出书是否构成侵权？来源 http://news.sina.com.cn/c/2003-04-16/084794596.shtml.访问日期：2015-12-6.

③ 歌手罗林以“刀郎”为名并作为署名以表明罗林对其作品《2002年的第一场雪》《新阿瓦尔古丽》等6首歌曲的词曲作者身份以及录音制品《2002年的第一场雪》的演唱者身份，从而用以表明罗林与其创作之作品、与其演唱之歌曲之间的联系。被告潘晓峰在非罗林创作的一首歌的作曲者上署名为“刀郎”；在作品包装上标注“西域刀郎”。且在具体使用中“西域”二字仅以印章方式置于“刀郎”二字左上角，字体大小与“刀郎”二字不成比例。潘晓峰使用与“刀郎”名称相同的名称。见北京市海淀区人民法院民事判决书（2005）海民初字第9856号。

④ 当然，也有人认为，“这是典型的侵害姓名权的行为，而非侵害署名权”，这一结论也值得推敲。参见王利明主编：《民法》（第2版），中国人民大学出版社2006年，第595页。

在民法上身份一律平等。姓名上具有排他性的权利,应该不是身份权,而是财产权。这样,作为具有财产性质的姓名权主要来自于著作权法和反不正当竞争法。

其次,和著作权法中的署名相比较,反不正当竞争法中被假冒的姓名不是一般作者的姓名,而是同类作品中的在先有一定影响的作者姓名(以下简称知名作者或知名姓名)。一般而言,同类作品中作者同名同姓的现象并不少见,如果他们都是普通作者(在这里普通作者是作为与有一定影响作者对应的概念使用),那么姓名相互之间就不存在排他性。这里的"和平共处"状态并不是因为彼此都基于真名而形成,而是不存在知名姓名所导致。打破"和平共处"状态的因素是在先知名姓名被假冒,即"知名"是姓名排他权产生的基础。在"罗林案"中,二审法院判决书中亦突出强调了这一点:"收录有罗林演唱歌曲的罗林专辑早于潘晓峰专辑推向公众,罗林以'刀郎'为演唱者艺名,在专辑中收录多首民族风格歌曲,突出表现了西北民族的曲风特点,其歌曲一经推出就在民间广为传唱,'刀郎'作为罗林的署名已经具有相当的认知度"。作为纠纷的被假冒的他人姓名,通常具有一定的社会知名度,在公众心目中已享有了较高的声誉和商誉,由此其标表在商品上才可以使商品的价值和声誉得以提高。

属性上,在先知名姓名已经转化为如同商品名称、认证标志等一样的商业标识。商业标识多种多样,一件商品上标注的商业标识也会有两种以上。其中,商品上的商业标识可以从不同角度标表商品的质量、特性、生产者的信誉等信息。这也是要求商业标识要具有显著性和可识别性的基本原因。在一般产品上,主要的商业标识是商标、商号、商品名称等。而在著作权产品上,作者是最主要的一个商业标识,往往购买者以此为主要参考因素来决定是否购买(接受)。署名排他性问题是商业标识的混淆问题,进而成为反不正当竞争法的管辖内容。以图书为例,在著作权法上的"书—署名",转化为反不正当竞争法上的"商品—商业标识",这个商业标识只是在来源上具有特殊性——来自于人身,在功能上和其他商业标识是相同的,即发生或可能发生混淆,会损害在先知名商业标识所有者的权益,并可能危害消费者利益。

本质上,这种由知名的姓名或著作权形象转化而来的财产权在范畴上属于商品化权。商品化权,是指自然人或经营者为扩大销售或提高产品或企业知名度,将蕴含商业竞争价值的具有人身性质的符号及其他形象要素转化为商业符号在商业领域使用的权利。商品化权的权利客体包括姓名、肖像、声音、签名以及其他可以确定身份的要素。商品化权的实质在于,"将在上述那些领域中(文学、美术、电影电视)已经博得较大影响的信誉的各类物质载体进行商业性使用,使其信誉'移情'于商业领域,进而吸引消费者,达到创造商业效益的目的"。[①] 反不正当竞争法中的擅自使用他人的姓名,就其本质来说侵害的是姓名的商品化权。该权利是经过两次蜕变才转化而来的。即几乎所有的人都有姓名和姓名权,但只有独立创作完成作品的人才有署名权;所有拥有署名权的人,只有具有广泛影响的署名才能具有商品化权。所以,从人身权到署名权再到商品化权虽有共同的基础——以姓名为基础,但展现的却是不同阶梯的权利形态。

商品化权的问题起源于英美,20 世纪 30 年代的迪斯尼公司在创作了大量家喻户晓的动画形象如米老鼠、唐老鸭、白雪公主等以后,该公司的一个职员成立了一个专门从事卡通形

① 朱川:《商品化权研究》,载《复旦民商法学评论》2001 年第 1 期。

象的“再利用”部门，授权那些小件商品（如T恤衫、玩具、纽扣等）生产者利用这些卡通形象的许可证。这一商业行为取得了巨大的成功。从此，商品化活动蓬勃发展。20世纪50年代，政治人物、电影明星开始授权允许对其名字、容貌的商品化活动（称为“Merchandising Right”）。[①] 20世纪60年代，日本从美国引进了该权利概念，并称之为商品化权。商品化权是将真人形象和称谓、虚构角色及其形象等进行商业化开发利用的权利。

区别于人身权，商品化权的特点包括：(1) 产生的基础要求商品化权建立在人身权基础上。可以说，每个自然人的人身要素在任何情况下都具有商品化的潜力，但并不是每个人的人身要素在任何情况下都能实现商品化权，原因在于普通人的人身要素所具有商业价值较小。(2) 财产权的属性。对人身要素的二次开发形成了特定可标表的商业符号，具有无形财产的特性。(3) 可分离的特性。商品化权来源于人身但又可与人身权相互分离。例如，一个知名艺术家将自己的签名许可给甲服装公司，允许其在自己设计生产的服装上使用该签名。现乙服装公司未经艺术家的许可使用了该签名，此行为既侵害了该知名艺术家的姓名权，也侵害了甲服装公司的姓名商品化权。(4) 可商品化的身份要素非常丰富。其载体包括真人形象、称谓、虚构角色及其形象等。

侵害商品化权的前提是人身要素商品化。人身要素商品化后权利的可分离性将在确定其归属时形成对民法的人身权的挑战。另外抽离了人身要素中的思想的符号特性是使商品化权溢出著作权法的主要原因。非注册登记等特性决定了其也不属于商标法的内容。由此，在民法、知识产权法之外存在着一个边缘领域，无论把这一边缘领域的问题单放到人身权领域，还是单放到知识产权领域，都难以得出令人满意的答案。

四、域名主体部分、网站名称、网页的混淆

网站名称包括网站英文名称（域名）以及网站中文名称，两种名称均可能发生混淆。网站名称是一扇门，点击进入后可能仍无法识别是否属于自己的目标主体，此时发生网页混淆。

（一）域名混淆

域名，又称网址，是连接到因特网上的计算机的数字化地址，在互联网上代表着入网申请者的身份。域名具有三种特性：(1) 识别性，其产生的基础是为了在因特网上区别各个不同的计算机用户。(2) 唯一性，由于域名的命名具有一定的规范性，同时它又与IP地址等价，具有高度的精确性。从技术保障上讲，域名具有唯一性，且不仅是全国唯一，而且是全球唯一。每个域名在全球范围内都是独一无二的，这是域名标识性的根本保障。(3) 排他性，因为具有唯一性，相应地就产生了排他性，包括技术上和法律上的排他。域名一旦注册，就排斥此后其他相同域名的注册。

域名可以分为不同的级别，常见的是顶级域名、二级域名。顶级域名又分为两类：一是国家顶级域名，例如中国的国家顶级域名是“.cn”、俄罗斯的国家顶级域名是“.ru”；二是国际顶级域名，包括“.com”“.net”等，还包括表示行业类别的符号，例如“.gov”“.org”等。我国的域名注册管理机构是国务院信息化办公室，CNNIC作为其日常办事机构，负责管理和运行中国顶级域名CN。按照我国相关法律规范的规定域名注册申请人必须是依法登记并

① 郭玉军、甘勇：《论角色商品化权之法律性质》，载《知识产权》2000年第6期。

能够独立承担责任的组织,公民个人不能申请域名。[1] 二级域名是指顶级域名之下的域名,或子域名(也称中心域名),是在国际顶级域名下,由域名使用者自己设计的,能够体现其特殊性,并据以同其他域名相区别的字符串。域名混淆意义上的域名指二级域名。

起初,域名仅用于计算机联网和网上通讯联系的方便,并未用于企业的识别标记。随着这种标记越来越被广泛使用,其唯一性所具有的潜在经济价值越来越凸显。实践中,一些企业已经认识到了域名对企业形象和声誉的积极影响,将以自己的企业名称或者其拥有的注册商标作为自己的域名使用。由此,域名和商标、商号等标志一样成为企业的一种重要的无形资产。

由于域名注册实行"先申请先注册"的原则,可由企业自行办理,也可委托其他代理机构办理或ISP办理。注册机关在受理网络域名注册申请的过程中并不进行实质的审查,仅进行形式上的审查,这为搭借域名声誉的不正当竞争埋下隐患。最高人民法院《关于审理涉及计算机网络域名民事纠纷案件适用法律若干问题的解释》第4条规定:"人民法院审理域名纠纷案件,对符合以下各项条件的,应当认定被告注册、使用域名等行为构成侵权或者不正当竞争:……(二) 被告域名或其主要部分构成对原告驰名商标的复制、模仿、翻译或音译;或者与原告的注册商标、域名等相同或近似,足以造成相关公众的误认。"在"兰州易通电子科技有限公司(以下简称易通公司)诉甘肃智德网络科技有限责任公司(以下简称智德公司)、王浩民不正当竞争纠纷案"[2]中,智德公司与易通公司属于同行业经营者,在易通公司先注册使用"gshouse"这一第二级域名的情况下,智德公司仍然注册了与易通公司相同的域名,并出于商业目的使用了该域名,造成公众的误认和混淆。法院认定,其行为构成不正当竞争。

(二) 网站名称混淆

网站名称是基于网页内容的高度概括而形成的称谓。一般来说,网站首页的标题就是网站的正式名称。在国外,网站名称有时与域名重合。在中国,由于域名只能用英文或数字组合,网站的名称和域名大都不重合。网站名称一般是中文,而域名不能使用汉字。因此,我国常见的网站名称是中文命名的。

之所以在域名外还需要网站名称,是营销的需要。搜索时,以网站名称为关键词可以迅速检索到相关结果,并快速到达目的地。从经营角度来看,网站名称是对外形成并展示品牌形象的窗口。知名度高的网站名称,也可能被他人仿冒以搭便车。

"北京开心人信息技术有限公司诉千橡互联科技发展有限公司、千橡网景科技发展有限公司案"[3]中,开心人公司通过"开心网"(kaixin001.com)提供的社会性网络服务在其创立后较短期间已形成较高知名度,该网站名称作为网络用户识别该服务的最重要途径。千橡互联公司作为互联网业界具有一定影响力的公司,在明知开心人公司通过"开心网"(kaixin001.com)提供的社会性网络服务已构成知名服务的情况下,也使用"开心网"作为自己的网站名称,并在相同行业和领域中向公众提供社会性网络服务,这使网络用户对二者提供的服务产生混淆。千橡互联公司的上述行为违反了诚实信用原则,构成了不正当竞争。

---

① 参见《中国互联网域名注册暂行管理办法》第6条、第24条。

② 甘肃省高级人民法院(2006)甘民三终字第021号。

③ 北京市高级人民法院(2011)高民终字第846号。

（三）网页混淆

互联网上的单一信息和如网页在内的系统信息均能够被复制。未经许可复制他人的信息涉及著作权法。一般用户复制并为学习之用并不违法。如果是经营者复制并以此作为经营的一部分，则构成违法。且还可能涉及反不正当竞争法。

复制是著作权法中最基本和判定是否侵权的最核心的概念，其直接结果是一份或多份复制品的产生。网络空间上的复制的概念并不完全与传统的著作权法中的复制概念相同。其复制行为可以是临时的（或称暂时复制）。互联网用户在因特网上访问或浏览他人的网页或主页时，首先是通过数字传输将网页以数字方式从该网页所在的远程计算机或服务器下载到用户的计算机上，尔后暂时存贮在用户计算机的随机存储器内，再通过用户计算机的显示器和相应的浏览器显示出来。这种复制是技术运用的基本程序，不是人为控制的结果。

构成此类不正当竞争行为需满足如下条件：一是对他人网页内容进行了复制；二是复制的内容置于复制者的终端计算机；三是通过互联网网页再现了其复制的主要内容；四是足以误导其他访问者访问该网页。

第三节　不同商业标志间的混淆

随着商业标志被越来越多地开发使用，不同商业标志之间也可能发生混淆，进而构成特殊的不正当竞争行为。由于商标的构成要素包括了文字、图形，其比公司名称、徽记等构成要素更丰富，所以构成异种商业标志间的冲突，一般容易以商标为中心展开。虽然修订后的法律将假冒注册商标行为删除，但以商标为中心的异种商业标识间混淆问题仍然存在。在商标法中也有明确的指向。[①]

一、商标与商号的混淆

（一）类型

商标与商号使用中造成或可能造成的混淆包括三种情况：将他人商号作为商标使用、将他人商标作为商号使用、商标和商号交叉使用。

将他人商号作为商标使用，即商标搭商号的“便车”。不是所有的商号都是“便车”，通常被搭的“便车”是有一定影响的商号。我国很多中华老字号就属于这类商号。“朱鸿兴”是以面食为主要服务内容的江苏苏州老字号餐饮企业，主打产品包括面、小笼包、馄饨等，但其只在餐饮服务类别上注册了朱鸿兴商标，未在相关产品如冷冻食品上予以注册。后来冷冻食品类别上的“朱鸿兴”商标被他人注册，并使用在冷冻水饺、馄饨、小笼包等一系列产品上。对此普通消费者很难辨别冷冻食品上的“朱鸿兴”商标和作为中华老字号的“朱鸿兴”的关系。[②]

将他人的商标作为商号使用，即商号搭商标的“便车”。这里的商标多为驰名商标。同

---

① 我国《商标法》第58条规定：将他人注册商标、未注册的驰名商标作为企业名称中的字号使用，误导公众，构成不正当竞争行为的，依照《中华人民共和国反不正当竞争法》处理。

② 参见江苏省苏州市中级人民法院民三庭：《老字号面临的权利冲突及其保护》，载《人民司法》2004年第10期。

时,多数情形下,商号所有人经营的商品或服务与该驰名商标附着使用的商品或服务不相同、不类似。在天津市街边的年货摊上出现了一批印有"特仑苏"字样的奶制品。这些产品与蒙牛集团出品的"特仑苏"系列产品的外部包装装潢十分近似,乍一看还以为是蒙牛集团"特仑苏"系列产品的新品,但仔细一看却发现这些产品是由一家名为"天津市特仑苏乳业有限公司"的企业生产的。[①] 实践中还有人通过在境外(包括我国港、澳、台地区)注册一个公司,公司名称中包含他人知名商标的字样,尔后在境内进行相同产品的生产与销售。如前述的列子,雅戈尔服饰有限公司被人在香港恶意注册"雅戈尔服饰(香港)有限公司"。

商标和商号的交叉使用,即将与他人的本不相同的企业名称中的商号和商标,分别注册为自己的商标和登记为商号。比如,上海惠工缝纫机厂的"惠工"商号和"海菱"商标,上海海菱缝纫机设备有限公司将该商标用于企业名称的商号,又在商品上将上海惠工缝纫机厂的商号"惠工"注册为商标。[②]

上述不同类型的权利冲突产生的原因主要有三:

一是商标与商号都属于无形财产,都是重要的竞争手段。在现代竞争条件下,不同产品(服务)之间的质量、售后服务在比较中形成的竞争优势,需要通过一定的载体表示出来,商标和商号是消费者最关注的载体。在使用功能上,商标和商号都能起到标示产品来源和质量的作用:对广大消费者而言,可以降低搜寻成本;对企业而言,利用商标和商号扩大产品(服务)的影响最为直接、有效。

二是利用商标和商号的权利保护范围不同,达到混淆的目的。商标权的排他性建立在商标标识和核定使用的类别商品上。换言之,商标有类别的限制,超出核定使用的商品类别和作他种性质的使用,商标权的排他性则力所不能。根据有关企业名称登记管理的法律规定,企业名称,在简化使用的情况下,将商标用作商号或者相反,既不符合商标侵权的"双重对应"关系,也不符合商号的保护条件。

三是以特殊使用的方式建立商标和商号之间特殊的联系。一般情况下,商标的使用和商号的使用不会发生混淆,甚至在消费者认识上会形成某种特殊的、固定的对应关系。例如,人们见到"康师傅"就自然联想到顶新食品公司,想到方便面。人们对商标或商号的观念是自然形成的,通常不会刻意去区分商标与商号的功能和法律性质有何不同。正因为这种"自然观"使经营者刻意制造的某些假象可以以假乱真。刻意制造的假象通常表现为"突出使用"或"扩展(缩减)使用"。前者指将与驰名商标或知名商号相同或近似的文字或文字书写形式突出显示;后者指通过减缩或省略文字使所用的文字与驰名商标或知名商号相同或近似。当然,商标与商号的"互换"使用并不必然构成不正当竞争行为。构成不正当竞争行为需达到上述"混淆"的条件。

(二) 定性上的明晰

在一段时间里,对商标与商号交叉使用中造成或可能造成混淆该如何定性,理论界、实务界都存在不同的认识。最高人民法院曾以是否突出使用为标准,确立行为的性质。突出

---

① 《专家支招根治侵权"特仑苏"乱象》,载《中国知识产权报》2013年8月4日。

② 宿迟:《商标与商号的权利冲突问题研究》,中国人民公安大学出版社2003年版,第108页。

使用的，构成商标侵权行为；未突出使用的，可以构成不正当竞争行为。[①] 原国家工商行政管理总局于1999年发布的《关于解决商标与企业名称中若干问题的意见》（现已废止）第4条、第5条、第6条明确规定，将他人商标文字和企业名称中的字号作相同或者近似使用，构成不正当竞争。《商标法》（2014年修订）第58条确定的是一种可能关系，而不是充分条件：将他人注册商标、未注册的驰名商标作为企业名称中的字号使用，误导公众，构成不正当竞争行为的，依照《反不正当竞争法》处理。

笔者认为，对于商标与商号使用中造成或可能造成混淆的，宜定性为不正当竞争行为，不管以哪个为中心，也不管是否"突出使用"。

一般而言，商标专有权是以核准注册的商标和核定使用的商品为限。若超出这个范围，在非相同或非近似的商品上使用他人的注册商标、或者将他人的注册商标用于商标以外的用途，不应视为商标侵权。商标侵权的基本构成要件，是商标相同或近似及商标附着的商品相同或类似。如果仅是商标相同或近似，而各自附着使用的商品不相同、不类似，则不构成商标侵权。概而言之，商标侵权应在"相同或近似"条件下具备双重对应关系：商标—商标（相同或近似，下同）；商品—商品。即要求"形"（标识之形）的对应和"类"（产品之类）的对应。这是一个判断商标侵权的基本原则。法律对驰名商标给予的特殊保护，通常只是跨"类"的保护，在"形"上，仍符合上述对应关系。驰名商标的反淡化措施也是在"商标—商标"关系内发生的争议。

将他人的注册商标作商标功能范围之外的方式利用时，因违反上述"双重对应"原则，不应构成商标侵权，造成或可能造成混淆的，可以构成不正当竞争。这里，不仅仅指将文字型的注册商标用作商品的名称、企业名称（或相反），也包括将图形商标、组合商标用作商品的包装或装潢，用作企业的徽记等。正如我国台湾学者指出的："刁顽之徒辄以诡秘欺诈之手段剽取他人商业信誉，非仅及于商标本身，亦且扩张至商品之包装、容器、色彩、标签以及广告等，诚非一般商标所能克服厥尽，必有赖于反不正当竞争法始能收其宏效。"[②]本质上，这是一种搭借他人商业信誉的违反诚信原则的行为。

我国现行有关法律对商标与商号之间的冲突的解决方法并不一致，具体可归纳为如下几种原则：

（1）商标侵权原则。将他人注册商标作商号突出使用的，认定为商标侵权。依据是最高人民法院《关于审理商标民事纠纷案件适用法律若干问题的解释》第1条第1项的规定。

（2）在先权原则。处理商标与企业名称混淆的案件，应当适用维护公平竞争和保护在先权利人利益的原则。

---

① 按照最高人民法院《关于审理商标民事纠纷案件适用法律若干问题的解释》（法释〔2002〕32号）第1条之规定："下列行为属于商标法第五十二条第（五）项规定的给他人注册商标专用权造成其他损害的行为：（一）将与他人注册商标相同或者相近似的文字作为企业的字号在相同或者类似商品上突出使用，容易使相关公众产生误认的……"2003年最高人民法院颁布的《关于审理商标民事纠纷案件适用法律若干问题的解释》仍规定为商标侵权行为。《最高人民法院（2004）民三字第10号函》中指出："对违反诚实信用原则，使用与他人注册商标中的文字相同或者近似的企业字号，足以使相关公众对其商品或者服务的来源产生混淆的，根据当事人的诉讼请求，可以依照民法通则有关规定以及《反不正当竞争法》第2条第1、2款规定审查是否构成不正当竞争行为，追究行为人的民事责任。"在最高人民法院《关于当前经济形势下知识产权审判服务大局若干问题的意见》（法发〔2009〕23号）第10点中将上述观点进一步明确："企业名称因突出使用而侵犯在先注册商标专用权的，依法按照商标侵权行为处理；企业名称未突出使用但其使用足以产生市场混淆、违反公平竞争的，依法按照不正当竞争处理……"。

② 曾陈明汝：《专利商标法选论》，台湾大学丛书编委会编辑，1988年自版，第159页。

需要充分地考虑与他人合法在先权利发生冲突的在后权利的性质、商标与商号信誉的强弱、侵权人的主观状态等。如果商标与商号的冲突的结果损害公共利益,这一客观结果的影响已经超出了商标权人和商号权人的无形财产价值关注的范围,依据诚实信用和维护公平竞争的宗旨,禁止欺骗及误导公众是解决商标权与商号权冲突的直接目的。在此基础上,应细化处理上的在先权原则。

在处理上可采取"在先合法权利抗辩加合理避让"的处理方法,即在尊重在先合法权利人利益的情况下,要求有一定影响的商业标识权利人附加适当的区别标记或完整使用等,使之在使用中不混淆。

采取这种处理方法的理由是,在一定条件下商号权可以平衡并制约商标权。这是由商号权的特性使然:一是商号权的地域排他性;二是商号权的人身权属性;三是公示公信;四是为此付出的劳动形成的"一定影响"。登记后的商号权利人在产品质量、售后服务、广告投入、公益事业等方面作出积极的努力,使商号在地域范围内享有较高知名度。商号知名度增强的过程,亦是其对相同或近似商标的对抗力能力增强的过程。只有当其在相关公众中的知名度或影响力积聚到一定程度时,才能产生足以与商标专用权相抗衡的效力。至于非知名的商号,如经合法登记在先的,因其仅在一定的辖区内享有专用权,应允许其主体在注册登记或知名的地域范围内享有继续规范使用该商号的权利。

二、商标与域名间的混淆

(一) 认定的条件

理论上,文字类的商业标志都可以申请为域名,但相比较注册商标,其他商业标志的标表性功能相对较小,外在的被感知力相对较弱,故实践中被域名搭便车的商业标志主要是注册商标,尤其是知名的注册商标或驰名商标。为此,2003 年最高人民法院颁布的《关于审理商标民事纠纷案件适用法律若干问题的解释》中专门规定了此种情况。

不过,上述《解释》将"与他人注册商标相同或近似的文字注册为域名,并且通过该域名进行相关商品交易的电子商务,容易使相关公众产生误认的"定性为商标侵权行为。这种定性值得商榷。

一般而言,商标专有权是以核准注册的商标和核定使用的商品为限。若超出这个范围,不应视为商标侵权。域名是用户进入因特网的关卡,它仅仅是一种单纯的由字母、数字及符号组成的"符号",本身不具有像商标那样的显著性和美术性特征。抢注的域名不但很难与注册商标的文字或图形相同或相近似,该域名使用的行为也不是商标法意义上的"在同一种商品或类似商品上"。因此,将他人的注册商标抢注为域名,也不应定为侵犯他人注册商标专用权的行为。

"使用"是认定构成不正当竞争行为的关键要素。例如,北京市第二中级人民法院在审理"英特艾基系统有限公司诉北京国网信息有限公司因抢注域名引起的不正当竞争纠纷案"[①]时,指出:被告国网公司虽在该注册域名内设置了语音论坛的主页,但并未按照其所设

① 原告英特艾基公司是注册商标"IKEA"的注册权人,该商标起源于 1947 年瑞典的农场主 Ingvar Kampargd 的独创设计。当原告准备在中国互联网上注册以自己拥有的注册商标"IKEA"为标志的域名时,发现被告已在先注册了域名"ikea. com. cn",将注册商标"IKEA"与被告抢注的三级域名"IKEA"相比较,二者的读音、文字外形、字母组合以及消费者的呼叫方式等方面均完全相同。参见北京市第二中级人民法院(1999)二中知初字第 86 号。

置主页的目的进行实际使用；且经查证被告国网公司还注册了大量与其他具有一定知名度的商标相同的域名，这些域名均未被积极使用。被告国网公司作为网络信息咨询的服务者，注册了大量的域名而不积极使用，其待价而沽的非善意注册行为的主观动机十分明显。故被告国网公司的行为违反了公平竞争、诚实信用的基本原则，构成了不正当竞争。

现行制度上，域名“使用”是作为商标侵权行为和不正当竞争行为的共同条件。按照最高人民法院《关于审理涉及计算机网络域名民事纠纷案件适用法律若干问题的解释》规定：使用域名构成侵权行为或不正当竞争行为应具备以下四个要件：“(1) 原告请求保护的民事权益合法有效；(2) 被告域名或其主要部分构成对原告驰名商标的复制、模仿、翻译或音译；(3) 被告对该域名或其主要部分不享有权益，也无注册、使用该域名的正当理由；(4) 被告对该域名的注册、使用具有恶意。”

除了恶意将注册商标抢注为域名外，盗用、模仿、篡改商业标识为域名，使用并且造成或可能造成混淆的，也应该构成不正当竞争行为。

域名所具有潜在的商业价值在网络经济条件下越来越凸显，搭借知名商业标志的便车以谋求不正当利益的现象会更加隐蔽。加之网络是开放的、虚拟的，在网络环境下消费者的防卫能力被部分屏蔽。这增大了经营者不正当竞争的风险。

（二）处理方法

由于域名的唯一性，在解决域名不正当竞争纠纷时，应当考虑注册人的主观状态。如果其主观上存在“恶意”则应当撤销域名，否则可以礼让。美国国会于 1999 年通过的《反域名抢注消费者保护法》中有规定，任何人带有从他人商标蕴含的商誉中牟利的恶意目的，注册、交易或使用与商标或另一个作为商标保护的名字完全相同、相似或淡化的域名，商标持有人可以对域名注册人提起诉讼。Sport's 商标持有人 Sportsman's Market 公司认为 Sportsman's Farm 将其注册商标 Sport's 抢注为域名的行为淡化了其注册商标。法院受理后，依据《联邦商标淡化法》确认 Sport's 商标为驰名商标，并认为被告使用 www. sport's. com 销售圣诞树及阻止原告将其注册商标用为域名的行为淡化了 Sport's 商标，判决被告停止使用其抢注的域名。同时驳回了原告的赔偿主张。双方当事人不服提出上诉。上诉法院法官根据已生效的《反域名抢注消费者保护法》，认为 Sport's 一词具有内在的识别性，被告对争诉域名的使用构成了与 Sport's 商标的混淆性相似；同时认为，被告公司是在诉讼开始后才使用该抢注的域名的，其具有明显的主观恶意。上诉法院最后维持了原判决。[①] 尽管美国也有从消费者混淆的角度来认定并撤销域名的案例[②]，但上述该法案所强调的主观恶意仍是主导性的。中国案例中，如“张锠、张宏岳、北京泥人张艺术开发有限责任公司诉张铁成、北京泥人张博古陶艺厂、北京泥人张艺术品有限公司不正当竞争纠纷案”[③]，法院认为：“nirenzhang”是泥人张艺术品公司的企业名称、产品名称中的一部分，而注册域名的通常习惯是将易于称呼、易于记忆的文字注册为域名，故依据“先申请先注册”原则，其将“nirenzhang”

---

① 蒋剑鸣：《互联网域名与商标冲突研究》，中国人民公安大学出版社 2011 年版，第 187 页。

② 被告 Primeton Reviev Inc. 公司以其竞争对手（原告）Stanley H. Kaplan Education Center 公司的名称 Kaplan 申请登记了域名，并在网上登载两家公司服务优劣的比较广告。原告以不公平竞争等提起仲裁。仲裁员裁决认为，被告 Primeton Reviev Inc. 公司因用 Kaplan 作为域名从事不正当竞争，而被责令放弃 Kaplan. com 域名。摘自南振兴等：《名牌产品的知识产权保护》，中国物质出版社 1999 年版，第 331 页。

③ 最高人民法院（2010）民提字第 113 号。

注册为域名,不构成不正当竞争。但是,由于“北京泥人张”是泥人张艺术品公司企业名称、产品名称中起区别、识别作用的部分,为使其网站域名与知名彩塑艺术品特有名称“泥人张”相区分,泥人张艺术品公司理应予以合理避让,应在“nirenzhang”网站域名前附加区别标识后,再使用其域名。

三、商标与商品名称、包装、装潢间的混淆

与商号、域名不同的是,名称、包装、装潢的使用无需经过有关部门的注册(备案)核准。但是,名称、包装、装潢很容易和商标混同。在商品上将他人的商标做商品名称、包装、装潢使用应当构成商标侵权行为和不正当竞争行为。但相关规定的指向是商标侵权行为。

我国2014年修订的《商标法实施条例》第76条规定,在同一种商品或者类似商品上将与他人注册商标相同或者近似的标志作为商品名称或者商品装潢使用,误导公众的,属于《商标法》第57条第2项规定的侵犯注册商标专用权的行为。这种狭义的理解值得商榷。现举一例,原告三辰卡通集团有限公司,系大型知名科普卡通片《蓝猫淘气3000问》的权利人,已在第3类和第35类注册商标类别上合法取得了蓝猫卡通形象系列注册商标。其蓝猫图形商标为驰名商标。被告汕头市鑫庄化妆品有限公司在未经原告许可的情况下,在其产品、包装及广告宣传中使用和原告注册商标相近似的图形作为其产品与服务的标识,并予以销售。同时被告在其生产、销售的系列产品上标明“芳莱雅蓝猫”头像、被告使用“宝宝喜欢是蓝猫”广告用语进行宣传。使用头像行为构成侵犯原告注册商标专用权的行为。[①] 本案中,蓝猫图形商标转化为商品的名称,属于“图形—文字”类的转化,这不同于“文字—文字”的转化,故广告宣传行为应当构成不正当竞争。

事实上,存在将注册商标作为商品名称使用,并因名称为通用名而不构成商标侵权,也不构成不正当竞争的情形,这应该属于特例。在“星河湾商标案”[②]中,廊坊中科建业公司在建造、销售过程中使用“星河湾”字样,星河湾公司和宏富公司要求“中科建公司”立即停止商标侵权及不正当竞争行为。二审判决认定行为构成商标侵权和不正当竞争。但最高人民法院认为,项目销售中虽然使用了“星河湾”注册商标,但该命名在楼盘建成并销售交付使用后,已经转变成对小区名称及相应地理位置的表示,该行为已不属于在建造、销售过程中对星河湾公司和宏富公司所主张的商业标志的使用,不构成对星河湾公司和宏富公司的侵权和不正当竞争,不属于继续侵权行为。在“雪花商标案”中,原告内蒙古杭锦后旗金穗食品工业有限责任公司从合肥面粉厂受让了“雪花”注册商标。被告本乡玉公司在其产品的包装袋上标明的产品名称为“雪花粉”。法院认为,雪花粉属商品的通用名称,直接表示面粉的质量,故被告的行为不构成商标侵权。[③]值得注意的是,注册商标变成通用名称是多个主体的长时间使用形成的结果,变成通用名称后,注册商标的垄断性失去了期后效力,但期前效力是否也消失,即变成通用名之前的相关主体的行为是否应被追责?尤其是在有损失的情况下。

---

① 湖南省长沙市中级人民法院民事判决书(2004)长中民三初字第230号。

② 最高人民法院(2012)民申字第559号。

③ 北京市第一中级人民法院(2003)一中民初字第1004号。

第十三章

商业贿赂

商业贿赂是各国在采购与销售环节中广为关注但又屡禁不止的社会现象，俗称“黑金营销”“潜规则”。商业贿赂的严重程度和市场发展阶段相关，也受制于制度处罚轻重。一般市场发育程度不高或制度处罚轻微的国家或地区，商业贿赂现象更为普遍。商业贿赂严重危害竞争秩序，同时该制度的“周边环境”也很复杂，尤其是其与合法的折扣、合同自由等之间的关系。规制商业贿赂需要准确地界分这些概念，并理顺它们之间的关系，否则可能会伤害企业经营自主权。

第一节　商业贿赂概念及构成

对商业贿赂制度的准确把握，首先需要对商业贿赂的内涵进行准确的界定。由于行贿和受贿形影相随，就主体来定性还是就行为来定性将得出不同的结论。

一、商业贿赂的概念

在我国，商业贿赂这个术语并不是源于《反不正当竞争法》，也不是直接来源于《刑法》，而是间接来源于贿赂这个概念的内涵扩展，是从刑法贿赂罪中分离出来并独立使用的一个术语。

通常，界定贿赂罪时，都是以主体性质为标准来确定的。但是，界定商业贿赂时，因其发生在交易(拟交易)中，难以仅从主体——“商人”的角度来界定，需要辅之以目的和手段。尽管如此，商业贿赂和贿赂罪中的贿赂之间仍存在含义交叉。如果以反竞争为目的向国家工作人员行贿，达到一定数额，构成受贿罪，也构成商业受贿罪；行贿当事人构成行贿罪或单位行贿罪，也构成商业行贿。《联合国反腐败公约》将所有贿赂行为的受贿主体分为3类：本国公职人员；外国公职人员或者国际公共组织官员；私营部门内的人员。显然，这里的贿赂包括商业贿赂。就行为定性来说，只要以销售产品或提供服务为目的给予相关人员好处，就构成商业贿赂。《布莱克法律词典》对商业贿赂的定义是，秘密收买对方代理人或雇员以在商业竞争中取得优势。比较而言，在有关先立法国家或国际组织的立法上，往往以“目的＋行为”来界定商业行贿，而对主体的表述则相对宽泛。例如，美国《罗宾逊—帕特曼法》将涉及的行贿主体界定为“从事商业的人”，和“经营者”的本质区别在于从事商业的人不等于商人。社会问责国际制定的《反商业贿赂守则》所界定的贿赂是，在商业活动中给予任何人或从任何人那里接受任何礼物、借款、费用、报酬或其他好处，以促使发生那些不诚实、非法或背信的行为。[①] 1996年原国家工商行政管理总局制定的《关于禁止商业贿赂行为的暂行规定》(以下称《暂行规定》)将商业贿赂定义为"经营者为销售或者购买商品而采用财物或者其他手段贿赂对方单位或个人的行为"。这里，将给予对方单位的财物也视为商业贿赂，与合同自由存在一定的冲突，扩大了商业贿赂的范畴。这是2018年生效的《反不正当竞争法》修改的主要内容之一。

商业贿赂渗透到商业活动的各个领域，从各种产品销售，到服务行业如广告、保险、旅游，甚至教育、政府采购等都可能充斥着各种名目的贿赂。根据我国《反不正当竞争法》第9条，商业贿赂依不同的标准被分成不同的类型：(1) 根据行为的过程不同，可以分为商业行贿和商业受贿；(2) 依在交易中的身份不同，可以分为交易代理人商业贿赂、第三人商业贿赂；(3) 依行为主体不同，可以分为单位贿赂(行贿和受贿)和个人贿赂。

社会问责国际制定的《反商业贿赂守则》根据财物给予交易对方还是给予第三人，分为直接贿赂和间接贿赂。直接受贿是指合同代理人直接收受财物或接受其他条件，为交易相对人提供交易机会；间接贿赂又称斡旋受贿，指中间人接受请托收取财物或其他利益，利用自己的直接影响或威望使委托人获得交易机会。划分直接受贿和间接受贿的意义在于，充分认识商业贿赂的本质，为识别各种变异的商业贿赂提供理论依据。

修订后的法律在商业贿赂主体范围上发生了重大变化，既规定了直接商业贿赂，也规定了间接商业贿赂。

二、商业贿赂的构成

商业贿赂行为的界定包括以下要素：主体、侵犯的客体、目的、手段。

1. 商业贿赂行为的主体

商业贿赂包括商业行贿和商业受贿。商业贿赂发生在拟交易环节，因供需不平衡导致交易双方地位不同，很难形成稳定的对应关系：行贿人就是卖方，受贿人就是买方。此外，由于交易之外的第三人的加入，更不能从行贿人或受贿人是合同的哪方当事人的角度去认定。从贿赂主体的身份上分析，是否可以确定哪一方恒定为企业(即营利为目的的经营者)呢?亦不能。同样，商业贿赂生成的环境——拟交易过程——也不能固化一方主体的身份。

商业贿赂行为的隐蔽性、关系复杂性等决定了行为类型的多样化，进一步决定了其主体难以像刑法中的贿赂罪那样以一方的特殊性(国家工作人员)来确定行为的本质。很大程度上，正是因为商业贿赂的主体泛化的特点，需要扩大本法第2条规定的经营者概念的内涵。

修订后的法律不再强调经营者是以营利为目的。这使得本法中的经营者概念不同于《消费者权益保护法》中的经营者概念。

2008年最高人民法院、最高人民检察院联合发布了《关于办理商业贿赂刑事案件适用法律若干问题的意见》。其中明确指出，《刑法》第163条、第164条规定的"其他单位"，既包括事业单位、社会团体、村民委员会、居民委员会、村民小组等常设性的组织，也包括为组织体育赛事、文艺演出或者其他正当活动而成立的组委会、筹委会、工程承包队等非常设性的

---

① 社会问责国际是一家成立于1997年的非政府和非营利组织。它致力于通过开发和推广自愿性标准，同时辅之以独立的验证和公开报告，来改善世界各地的工作场所和社区。该概念参见清华大学廉政与治理研究中心：《商业反贿赂守则》，中国方正出版社2005年版，第1页。

组织。此外,医疗机构中的医务人员,利用开处方的职务便利,以各种名义非法收受医药产品销售方的财物,为医药产品销售方谋取利益的;教师利用教学活动的职务便利,以各种名义非法收受物品销售方的财物,为物品销售方谋取利益的,只要数额较大的,均以非国家工作人员受贿罪来定罪处罚。另外,原国家工商行政管理总局对关于非营利性医疗机构是否属于《反不正当竞争法》规范主体的问题也作出了明确的答复[①]:“无论是营利性医疗机构,还是非营利性医疗机构,只要在购买药品或者其他医疗用品中收受回扣的,都应当按照《反不正当竞争法》的规定依法查处。”可见,实践中商业贿赂的违法主体早已突破以“营利为目的的经营者”的范畴。尽管简约了经营者的内涵,但以经营者为中心来界定商业贿赂,易使人误将商业贿赂这一行为法理解为是特定主体的行为法,甚至错将反不正当竞争法理解为主体法。在表述上,若将法律条文中的经营者改为(拟)交易人则会大大减少上述理解上的障碍。

基于主体的性质不同,可能出现的商业贿赂的类型包括:(1) 交易的一方主体是以营利为目的的经营者,另一方主体也是同类主体。(2) 一方是以营利为目的的经营者,另一方是非营利为目的经营者,如事业单位、社会团体、政府机构等。(3) 双方均不是以营利为目的的经营者,例如某行业协会欲发放一个课题给社会团体性质的研究会。因与课题内容相关研究会有多家,其中一家为取得该项目给予行业协会人员以财物。

对商业贿赂主体的理解可以从交易人员的权限角度切入。由此,可以分为三类主体:交易主体的工作人员(以下简称代理人)、受交易主体委托的单位和个人(以下简称受委托的第三人)、对交易有影响的单位和个人(以下简称有影响力的第三人)。

与1993年版的商业贿赂制度不同之处在于,商业贿赂主体将作为合同当事人的单位(也包括个人独资企业或个体工商户的个人)排除在外。之所以将商业贿赂主体限定为代理人和第三人,共同理由是防范代理人机会主义。不论代理人还是第三人在从事与交易有关行为时均具有双重身份:自己和自己所代表的合同主体,且代理人或第三人在从事业务时均有一定的交易选择上的能动性和灵活性,由此产生“代理人机会主义”。其始于自己与自己所代表的合同主体利益上的冲突:以自己利益最大化还是自己所代表的合同主体利益最大化。自己利益实现程度越大,被代理人一方利益实现程度就越小。法律要求代理人应当恪尽职守,以被代理人的利益最大化为行动目标,但由于代理人或第三人选择上的能动性和行为的隐蔽性,可能会在行为目标上立足于自己利益最大化。

代理人机会主义是产生商业贿赂的内部机理,从外部条件上言,还需要拟交易对方提供“机会”——给予财务或其他好处,以使代理人或第三人有实现“机会”的机会。

法律上,对商业贿赂主体的表述为如下三种:

(1) 交易相对方的工作人员。这里的交易相对方是相互的。合同主体互为交易相对方。在只有“两人”——合同一方与另一方,作为商业贿赂的主体是交易一方或双方内部职务人员。这两个人均可能采取代理人机会主义的方法签订合同。且这里设定的前提是不存在代理人和合同主体身份混同。如果存在身份混同,如有个人独资企业的企业主对外签订合同,其当时身份不属于“工作人员”,由此,其获取的财物也不应视为商业贿赂。

---

① 参见原国家工商行政管理总局《关于非营利性医疗机构是否是〈反不正当竞争法〉规范主体问题的答复》(工商法字〔2001〕第248号)。

(2) 受交易相对方委托办理相关事务的单位或者个人。受委托办理交易事务的人,不论是单位还是个人均存在业务中的"自己利益"和受委托方利益之间的冲突,由此,这里将单位列入贿赂主体。在旅游行为中,导游将游客带入特定的购物店消费。在这个交易中,交易双方是商店和游客,委托方是旅行社或导游。如果导游收取商店的人头费或购物后的返利,不论将这种财务上交给旅行社还是由其个人留用,也不论给予或收受这种利益是否入账,均构成商业贿赂。

(3) 利用职权或者影响力影响交易的单位或者个人。交易人之外的第三人能够对交易签订或交易数量施加影响力。这里的影响,应当理解为"直接影响",即对交易有决定权或决定性影响。作为斡旋贿赂的第三人(单位或者个人),可能是政府管理部门的工作人员,也可能是事业单位、社会团体、中介机构及其工作人员;可能是交易人的关联企业及其人员,也可能是非关联企业但占据重要交易环节的主体;甚至还可能是已经离退休但仍有"余力"的人。在"宿州新华书店有限公司不服宿州市工商行政管理局工商管理处罚案""[①]中,宿州新华书店有限公司与宿州市教育局签订《协议书》,约定宿州新华书店有限公司每年春季和秋季书款基本收齐后一次性拨付给宿州市教育局发行代办费,课本按全市发行书总码洋的 2.5% 支付,教辅用书按全市发行书总码洋的 29% 支付。春季应在 3 月底支付到位,秋季应在 10 月底支付到位。协议还规定,学校、乡镇教办室不得从个体书商、批发市场为学生订购教学用书。宿州市教育局将全市的课本和教辅用书统一交给宿州新华书店有限公司发行,严禁其他渠道供书。这里,宿州市教育局便是有决定性影响的人。为此,国家工商行政管理总局已经发布了多个指令或以"答复"的形式对此进行过明确的解释。[②] 总之,只要能够对交易的达成产生直接影响的单位和个人,收取了财务或取得其他利益,都可以成为商业贿赂的主体。

2. 商业贿赂行为侵犯的客体

商业贿赂行为危害的对象是指商业贿赂行为所侵害的且受法律保护的有序经济社会关系。这种社会关系指向的客体具有双重性:外部而言,是市场竞争秩序;内部而言,是企业内部管理秩序。

(1) 市场竞争秩序

从外部环境上看,商业贿赂行为侵犯的客体是公平、有序的竞争秩序。公平竞争是市场经济的灵魂,也是竞争法所维护的核心价值。商业贿赂的不公平之处在于,以个体(单位和个人)利益为基础改变市场的合理资源配置,使资源流向具有随意性,且因为利益的不当输送,可能使财力较小的企业被挤出市场;即使在输送出的"财物"可以转嫁的情况下,也将导致下游购买者的消费福利减少。另外,因交易的获取依赖于交易之外的"财物",这会诱使企业在管理上偏离于质量、价格、技术、服务等基本竞争要素。长远地看,危害的是企业的生存和发展。

---

① 参见安徽省宿州市中级人民法院 (2007)宿中行终字第 48 号。

② 如 1997 年 12 月 30 日原国家工商行政管理总局作出的《关于以收买瓶盖方式推销啤酒的行为定性处理问题的答复》、2000 年 5 月 17 日国家工商行政管理局作出的《关于医院非法收受保险公司给予的"劳务费"定性处理问题的答复》、1997 年 10 月 28 日原国家工商行政管理总局作出的《关于医院给付医生 CT"介绍费"等是否构成不正当竞争行为的答复》、1997 年 10 月 28 日原国家工商行政管理总局发布的《关于超出国家规定标准支付、收取保险代办手续费行为定性处理问题的答复》等。

(2) 企业内部管理秩序

从企业管理的角度来看,企业员工为了个人的私利可能会出卖企业的利益。反商业贿赂之外部强制性规定优于内部管理性规定,要求企业内部建立相关管理规范,以保障企业员工忠实守信,实现企业健康发展,展现诚信守法的社会现象。这种由外而内的约束促发大型企业建立内在稽核制度——合规性管制。合规性管制包括建立约束员工行为的"行为准则"——在与供应商、客户或者政府官员打交道时,禁止员工索要或接受现金、礼品或其他有价回报等;对员工进行合规培训和建立合规性监督制度等。

3. 目的

从行贿人角度而言,我国修订后的《反不正当竞争法》规定的商业贿赂行为的目的是"谋取交易机会或者竞争优势",这种表述更加准确地限定了其发生的交易阶段及产生的直接后果。

确定行为的目的需要结合立法目的进行分析。我国《反不正当竞争法》的立法目的在于"鼓励和保护公平竞争"。本法第 2 条规定,不正当竞争是"扰乱市场竞争秩序,损害其他经营者或者消费者的合法权益的行为"。每个经营者的目标都是为了获得更多的商业利益,而实现这一目标的前提是获得交易机会。因此,从行贿人的角度而言,经营者给付不正当利益的直接目的是为了获得交易机会。也由此才可能损害具有竞争关系的其他经营者的合法利益。如果在获得交易后,为了获取更大的利益而变更合同内容为此而给予公司、企业的工作人员财物的,不应该定性为商业贿赂,涉及数额不大的,应按违反合同法、招标投标法的规定处理;涉及数额较大的,构成对公司、企业人员行贿罪。

另外,有些交易具有明显的竞争性或条件性,交易人给付财务给交易相对人的工作人员或第三人,其目的是为了取得竞争优势,如为将超市柜台放置于更有利的位置给予超市有关负责人以财物。在第三人受贿的情况下,行贿人的财物给付更多的是为了获取竞争优势。

如果经营者的行为不是以"获取交易机会或竞争优势"为目的,而是为了谋取商业利益以外的其他目的,如升学、户口迁移、晋级、出国等,而收买有关人员,则不是商业贿赂行为。从受贿人的角度分析,接受商业贿赂是交易之外的一种利益交换。行贿方输送利益以兑取交易机会或竞争优势,受贿方通过剥离开其他竞争者的交易机会而固化交易。有观点认为,规制商业贿赂的理论基础是受贿人侵害了其所代表的交易人的财产利益。其合理性在于,它揭示了受贿人违背其忠实义务或信托义务。但值得商榷之处在于,代理人或委托人侵害企业财产权问题是"私事",不是危害竞争秩序的核心内容。

尽管法律上明确了财物给付的目的性,但如何判断给付的财物具有这种目的性则是一件十分困难的事。

我国 2017 年修订的《反不正当竞争法》简弱了目的判断的作用。从行为的目的推定转移到人的身份上。给予交易一方以财务,视其为划转为交易成本,属于合同自由。如果是给予非交易当事人以财物,则推定为"为获取交易机会或竞争优势"。此外,还弱化了"账"的功能。是否如实入账曾是判断商业贿赂的核心标准。现在,只在特殊情况下(折扣、佣金)才发挥作用。

人的行为的先在根据是什么,马克思强调的是社会历史条件,康德则强调能力之下的欲望。[①]

① "人的行为虽然也因时间序列中的先行根据而成为必然,可是我们也仍然称这些行为为自由的,因为这里的行为仍然是我们自身能力所唤起的内心表象,仍然是由这些表象在种种缘由之下所产生的欲望,并因而仍然是依照我们自己的意欲偏好所发生的行为。"参见〔德〕康德:《实践理性批判》,关文运译,商务印书馆 1960 年版,第 98 页。

心理学上,分析行为动机是进行行为解释的前提。20世纪初,许多心理学家受查理·达尔文的启发,认为人类有目的的行为应当归因于本能。[①] 人的行为所追求的目标不能一概而论。人的行为的动机在人的社会性认可关系上占有越来越重要的分量,尤其是20世纪末期社会责任概念提出以来。这增加了对以逐利行为为本性的企业,或具有自利特性的个人给予对方财物行为的法律判断的复杂性。例如,大型企业给予交易相对方企业以财物,持续而为之,以至于形成一种商业习惯,与大型企业相竞争的中小企业的交易机会必将减少,甚至大企业可以以此排挤中小企业,且未达到反垄断法中的低于成本销售的程度。此类行为属于合同自由还是需要法律规制?再如,药企未经过医生所在医院的账目直接资助医生的会议费,并附送了诸多的药品广告,这是否属于获得竞争优势?还有,一直以来存在的"通道费"问题,如果给付的相关费用没有实际的活动相支持或超出活动的成本,宣传费、广告费、商业赞助等是否不应当认定为商业贿赂?假设经营者向交易相对方的工作人员提供的财物,该工作人员代表企业与该经营者签订了合同。之后工作人员将财物上交给企业,企业又奖励给该工作人员。是否构成商业贿赂?这些问题是目的功能弱化而产生的新问题。问题的解决应当结合账册的情况,补强行为的竞争效果。

4. 手段

商业贿赂手段的具体形式多种多样,无法完全列举,只能例示部分主要形式。我国《反不正当竞争法》将商业贿赂的手段划分为"财物"和"其他"两大类。财物,是指现金和实物。其他手段,包括提供国内外各种名义的旅游、考察、调动工作、性服务等直接给付财物以外的其他利益的方式。不同于我国法的上述规定,《联合国反腐败公约》用一个更大的概念——"不正当好处"——来概括"财物"或"其他手段"。我国台湾地区"公平交易法"(2002年修订版)第19条以"以胁迫、利诱或其他不正当方法"笼统概括行为的手段。从字面理解,这些表述涵盖面非常广,将财产性利益和非财产性利益都包括在内。

另外,财物的给付状况对行为定性也有一定的影响。理论上,支付可分为预先支付、约定支付、事后支付。我国《反不正当竞争法》对财物支付状况的规定语焉不详。实践中,大都是财物已经转移支付,即给付完成。但是,如果有证据证明双方事先约定了给付财物、事实上没有转移财物,该如何认定?《联合国反腐败公约》第16条规定,直接或间接向公职人员、外国公职人员或者国际公共组织官员许诺给予、提议给予不正当好处即为行贿。合同法上,允诺有合同成立的效果。在《反不正当竞争法》上,允诺可能成为排挤竞争对手的条件。与合同法不同之处在于,这种允诺执行不是通过合同制裁来维护,而是通过未来交易机会的扣减来保证执行的。因此,只要证明"允诺—接受允诺—排斥竞争对手"之间存在因果关系,这种期待利益应构成商业贿赂。

第二节　商业行贿、商业受贿

从行为关系上看,商业贿赂是以商业行贿—商业受贿,或商业索贿—被商业索贿的对应形式存在的,但商业行贿和商业受贿的特点迥然有别。

---

① 〔德〕格尔德·米策尔:《心理学入门》,张凤凤、金建译,中央编译出版社2011年版,第401页。

一、商业行贿

(一) 商业行贿概述

商业行贿,是指交易人为获取交易机会向交易对方单位的工作人员,或对交易具有决定权或决定性影响的第三人提供财物或其他利益的行为。

概括地讲,以购买或者销售商品为商业目的,交易人给予国家机关、公司、企业、其他单位及其人员以财物的,都构成商业行贿。情节严重或数额较大的,构成行贿犯罪。但是,在《刑法》中并未规定商业行贿罪的罪名,而是根据收贿方的性质和身份的不同分成了三种行贿犯罪类型,即(对国家工作人员)“行贿罪”(第 189 条),“对非国家工作人员行贿罪”(第 164 条)和“对单位行贿罪”(第 391 条)。

作为违法行为的商业行贿没有像刑法那样依据行贿人的性质和身份进行细分。意味着,在未达到情节严重或数额较大的情况下,不管针对的是国家机关,公司、企业、其他单位,还是这些单位的内部人员,构成商业行贿违法行为。

商业行贿是以资产实力为后盾的。通常,单位的实力会优于作为商业主体的个人的实力,故从事商业行贿的主体主要是单位。包括单位的法定代表人或单位的代理人从事的商业行贿行为。在后种情况下,如果代理人个人以自己获取更大的利益为目的且以自己的财物从事商业行贿,如单位内部管理上实行按交易量的比例对交易人进行奖励的制度,单位员工可能先“贴现”自己的财物换取更大的奖励。那么,其行为属于单位行贿还是个人行贿?按照修订的《反不正当竞争法》规定:“经营者的工作人员进行贿赂的,应当认定为经营者的行为;但是,经营者有证据证明该工作人员的行为与为经营者谋取交易机会或者竞争优势无关的除外。”

(二) 商业行贿的特点

与商业受贿相比,商业行贿的主要特点如下:

(1) 相对劣势地位。

相对劣势地位与相对优势地位是一对概念,反映主体在社会关系中的两种不同境况,源于主体对所需求的资源的控制能力的差异。政治学家研究权力有多种角度,其中根据占有资源的功能不同将资源分为工具性资源和目的性资源。工具性资源属于高流动性的资源,如时间、金钱;目的性资源属于低流动性的资源,如宗教信仰、商誉。[①] 由于工具性资源的可转化性,不同主体对工具性资源占有和运用的能力有所不同。较多地占有工具性资源的社会主体处于相对优势地位,不占有或较少地占有一定工具性资源的社会主体处于相对劣势地位。

在产能过剩的情况下,生产者的工具性资源的价值实现受限,同时连带影响目的性资源价值的实现,处于相对劣势地位;下游购买者(销售者)的工具性资产可自由支配的空间扩大,使其具有相对优势地位。在产能不足的情况下,上述主体地位则发生翻转。

在两者的关系上,工具性资源的增长是目的性资源积累的前提,工具性资源的运用受制于目的性资源。一般来说,大企业拥有的两种资源总量多于中小企业。大企业更在意维护

---

① 政治学家研究权力有多种角度,其中对资源控制能力是一个角度。有学者进一步将资源分为低流动性的资源,如宗教信仰、政治团体;高流动性的资源,如个人的时间、金钱。参见〔美〕丹尼斯·朗:《权力论》,陆震纶、郑明哲译,中国社会科学出版社 2001 年版,第 155—158 页。笔者认为,从经济角度,高流动性资源的规避风险的能力高于低流动性资源,对高流动性资源的占有和支配力不同,形成了市场主体地位的不平等。

目的性资源,并以此确立工具性资源的调配方向,由此大企业行为的合规性总体上好于中小企业。但是,大企业工具性资源的充分性使其具有更强的压制中小企业发展的能力。在交易被看作是具有连带性的一组关系的情况下,(产能过剩时)以"获得未来任何明显利益的当前手段"[①]的可选择性大小为基础。总体上,下游经营者的地位优于上游经营者。

以此为基础,商业行贿可以理解为资源控制和转化时的交易弱势一方通过工具性资源的运用来摆脱劣势地位的一种手段。因为这种行为会损害处于同一经济环节的竞争者的利益,法律以竞争者利益为基础,以保护其抽象的利益总和——竞争秩序为目标,来否定性地评价商业行贿行为。

(2) 主体的典型性。

在商业贿赂关系中,行贿者更趋向于上游还是下游经营者?这个问题的回答关系到市场经济体系下经济状态所具有的向性及稳定性。在现代技术条件下和政府管制不断放松的情况下,产能过剩是市场经济体系下的一种常在现象。除了上述两个基础性条件外,产能过剩的主要原因是竞争过程中的自发协调失灵,并与高退出成本等因素相叠加。协调失灵源于信息的不完全,这是市场经济体系下引起产能过剩的主要原因。

在产能过剩的环境下,总体上商业行贿的主体主要是上游经营者。公司、企业与作为购买者的政府部门、事业单位相比具有劣势地位。在产能不足的情况下,总体上上游经营者处于优势地位而可能成为商业受贿主体。

二、商业受贿

商业受贿是指为建立交易关系,交易相对人的工作人员,或对交易具有决定性影响的第三人收受经营者提供的财物或其他利益的行为。

与商业行贿相比,商业受贿的特点如下:

(1) 相对优势地位。

相比较商业行贿主体,商业受贿主体具有相对优势地位。

(2) 主体的宽泛性。

以产能过剩为前提条件,交易相对方具有相对优势地位,故商业受贿的主体具有宽泛性。除了经营者外,其他社会主体实现自身职能时需要对外采购商品或接受服务,这些社会主体均可以成为商业受贿主体。

其他社会主体作为商业受贿者发生在两种情况下:一是自身需要的基本设施建设中的商业受贿。包括创建时的基础设施建设和开展业务后的基础设施扩建。建筑商为承揽建设项目,会以各种各样的方式向这些社会主体负责人或相关人员行贿以取得工程项目。二是不当利用自身业务能力受贿。例如,在教育行业,随着学校规模不断扩大,参与市场交易的机会越来越多,参与市场交易的外部主体竞争也愈发激烈,图书采购、教材教辅、学生公寓用品采购、办公用品采购、校服制作等,无不与市场经营者打交道。另外,学校也可能利用自身管理优势附加给教育对象一些社会服务,如学生的人身保险、杂志征订等。这些场合都可能使学校成为商业受贿者。

---

① 霍布斯将权力理解为"获得未来任何明显利益的当前手段"。参见〔美〕丹尼斯·朗:《权力论》,陆震纶、郑明哲译,中国社会科学出版社 2001 年版,第 2 页。

在商业受贿行为中，也存在特殊财物支配形式，即占有优势地位的一方主动索取贿赂，简称索贿。同刑法中规定的索贿形式一样，在反不正当竞争法中索贿也不是一种独立的行为类型，在实践中也没有将索贿作为一种特殊的因素在处罚中加以考虑。笔者认为有必要在法律上规定索贿的加重责任，因为其危害性比一般商业受贿更大。

三、商业行贿和商业受贿的对应性

从行为的内部关联性上来看，没有行贿就不会有受贿，反之亦然。但行贿和受贿在违法和犯罪的形式上及责任轻重上是否具有对应（或对等）性，则不能一概而论。

首先，在形式上，行贿和受贿一般情况下是对应的，特殊情况下则例外。例如在刑法中，因被勒索给予国家工作人员以财物，未获得不正当利益的，则不以行贿罪追究刑事责任。在反不正当竞争法中，原来以账外暗中作为标准，可能出现一方将财物入账另一方属于账外暗中的情形。修订后的标准以人的身份——是交易人取得还是交易人之外的人取得为标准，则不会产生一方构成违法，另一方不构成违法的不对称违法情况。

其次，行贿和受贿的主体责任是否应当轻重有别。在刑罚上，对于行贿犯罪的处罚轻于受贿犯罪，包括刑期和减轻刑罚的条件。《刑法》第 164 条（对非国家工作人员行贿罪）规定的刑期为数额较大的，处 3 年以下有期徒刑或者拘役，并处罚金；数额巨大的，处 3 年以上 10 年以下有期徒刑，并处罚金。第 163 条（非国家工作人员受贿罪）规定的刑期为数额较大的处 5 年以下有期徒刑或者拘役；数额巨大的，处 5 年以上有期徒刑，可以并处没收财产。因此，从整体上看，我国刑法对于行贿犯罪的处罚明显轻于对受贿犯罪的处罚。在受贿人主动索贿的情况下，行为人被动地行贿，受贿人的主观恶性较大，也是加重处罚的情节。理论上，有人建议加重行贿犯罪的处罚（索贿除外），以使行贿和受贿处罚均衡。其基本理由是，行贿是受贿的源头，对于行贿罪的从重打击，可以从根源上消除贿赂犯罪。但事实上，这种理解忽略了受贿者的身份这一核心要素。表象上看，贿赂的始作俑者是行贿人，没有行贿人的主动出击，不可能有受贿的结果。但事实上，交易人地位的不平等是行贿产生的根本原因。行贿人的行为动机来自于受贿人的优势地位，即本质上贿赂是优势地位的一方滥用优势地位的行为。所以，责任的重心应是受贿方，而不是行贿方。

按照《反不正当竞争法》第 19 条对商业贿赂行为的处罚规定：经营者违反《反不正当竞争法》第 7 条规定贿赂他人的，由监督检查部门没收违法所得，处 10 万元以上 300 万元以下的罚款。这里应当包括贿赂者和“他人”。以往的实践中，商业贿赂的执法往往仅针对受贿方进行处罚，而对于行贿方，限于证据等原因常常未进行同步查处。从商业贿赂的目的分析，行贿人是主导主体，核心主体。受贿人是辅助主体，其通过固化交易而剥夺了其他竞争者的交易机会，进而危害竞争秩序。这不同于刑法中的贿赂罪（因其身份要求是国家工作人员）。当然，在索贿的情况下，主导主体和辅助主体关系调转。有必要在立法上解决目前对受贿方惩戒力度不够的问题，也有必要在执法中建立商业贿赂案件的双向查处机制。

第三节　与商业贿赂相关的折扣与佣金制度

商业经营中允许经营者在合理的限度内给予对方经营者一定形式的优惠，常用的优惠方式是折扣和佣金。

一、折扣

经营者销售商品,可以以明示方式给予对方折扣。经营者给予对方折扣的,必须如实入账;经营者或者其他单位接受折扣的,必须如实入账。

(一)折扣的概念

所谓折扣,即商品购销中的让利,是指经营者在销售商品时,以明示并如实入账的方式给予对方的价格优惠,包括支付价款时对价款总额按一定比例即时予以扣除和支付价款总额后再按一定比例予以退还两种形式。所谓明示和入账,是指根据合同约定的金额和支付方式,在依法设立的反映其生产经营活动或者行政事业经费收支的财务账上按照财务会计制度的规定明确如实记载。

按照折扣针对的对象不同,可以分为商品折扣和现金折扣。商品折扣是指从商品价目单上规定的价格中扣减一定的数额的折扣方式。现金折扣是指债权人对在一定期限内早日偿还现金债务而给予债务人的一种扣减金额方式。现金折扣有很多,商业习惯上常有如下方式:2/10;1/20;n/30。含义分别是:10天内付款给予2%的现金折扣;第11天至第20天内付款给予1%的现金折扣;20天之后付款没有折扣,最迟在30天付款。

按照折扣给予对象的不同,可以分为经销折扣和消费折扣。经销折扣是指供货商和经销商对价款总额按一定比例给予的货款优惠。消费折扣是经销商给消费者的折扣。

折扣与商业贿赂的区别在于,折扣发生在购销双方当事人之间,能够用来平衡交易价格和成本。商业贿赂不能用以平衡双方的交易价格和成本,只是一方付出的交易之外的成本。

(二)折扣的限定性

不管是哪一种折扣,我国法律对折扣的"量"没有明确的限制,仅对折扣性质进行了原则性的规定。按照《零售商供应商公平交易管理办法》的规定,强迫供应商无条件销售返利,或者约定以一定销售额为销售返利前提,未完成约定销售额却向供应商收取返利的,是一种不公平交易行为。另按照我国《反不正当竞争法》第10条的规定,抽奖式的有奖销售,最高奖的金额不得超过5万元。形式上,有关财物均是发生在上下游主体之间的。于是,产生了一个问题:为什么抽奖式有奖销售有数额的限制,而附赠式的有奖销售没有限制。后者相当于折扣。如果说数额限制是为降低消费中的投机心理,这似乎不是竞争法要解决的问题。如果说,有奖销售数额的限制是为中小竞争者提供交易的机会,那么,附赠式有奖销售和折扣同样存在通过加大折扣力度来挤压中小竞争者的经营空间的危险。

其他国家的法律对折扣的数量是有限制性规定的。如德国的《折扣法》就对折扣的数量以及给予折扣的条件和种类都作了明确限制:从事商业活动的企业和个人可以给消费者提供一定比例的折扣,数量不得超过3%;给予折扣的条件是限于消费者日常的所需用品;折扣的种类有现金折扣、数量折扣及特殊折扣。而且法律规定消费者只能同时享有两种折扣而不得同时享有三种折扣。[①]

在我国反不正当竞争法中,折扣一直是区别于回扣的合法行为。实际上,这种定性低估了折扣的变性能力。具有优势地位的经营者可以利用折扣实行歧视待遇、固定价格、搭售、掠夺性定价等。

---

① 邵建东:《德国反不正当竞争法研究》,中国人民大学出版社2001年版,第145页。

二、佣金

经营者销售或者购买商品,可以以明示方式给中间人佣金。经营者给中间人佣金的,必须如实入账;中间人接受佣金的,必须如实入账。

佣金,是指经营者在市场交易中给予为其提供服务的具有合法经营资格的中间人的劳务报酬。佣金是合法的劳务报酬。其法律特征是:佣金支付关系发生在经营者与中间人之间、中间人具有合法的中介资格、佣金的支付方式必须是公开的。

佣金的比例依行业不同也有所差异,一般以行业惯例和合同约定来确定。例如,保险公司给中介机构的保费佣金比例一般在20%—40%左右,意外险的佣金比例在15%左右,而分红险在5%左右。船东给订舱代理的佣金,一般在2.5%—4.25%之间。

法律中虽规定了如实入账,但在这里,如实入账并不是判定非法佣金的唯一依据。法律所要求的如实入账目标之一是行业监管和入账纳税。但这个目标已超出了反不正当竞争法的范畴。反不正当竞争法规范佣金的目的是其可能成为变相的商业贿赂金。

对违法的佣金的判断标准应该是:

(1) 佣金没有劳务对价,不是劳务报酬。中间人只有付出了劳动,才能得到劳动报酬。没有付出劳动或付出劳动具有违法性而取得的报酬都不是佣金。美国《罗宾逊—帕特曼反价格歧视法》第1条(c)也强调这一点:商人在其商业过程中,支付、准许、收取、回扣或其他补偿是非法的。但与商品购销相关的,提供给另一方当事人或代理机构、代表人或其他中间机构的劳务除外。

(2) 以支付佣金的名义支付报酬。中介机构接受委托,为委托人提供业务公关,约定的是佣金,实际上是公关费。

第四节　商业贿赂的规制及其方法

规制的方法即治理商业贿赂的方法。一般来讲,法律规制的方法主要有民事、行政和刑事三种。此外,近些年来,在商业贿赂治理中推荐适用自律性的方法。限于法律的倾向性和篇幅,在此对刑事责任不再展开。

一、企业内部合规性控制

合规,就是自觉遵守所有约束企业的行为规则。这些规则既包括对外部的法律的遵守,也包括企业内部的章程、保密协议和管理规范的自律。企业内部合规性监督的目的是树立企业的对外信誉,并以此确立企业的社会形象。合规性监管是企业内部法律风险管理的一项内容。

虽然合规性中的"规"可以泛指所有的约束性文件,但由于这个概念的提出是以1977年美国"水门事件"和《反海外腐败法案》出台为背景,目的是禁止美国个人和企业直接或间接地向外国官员、外国政党或候选人进行非法支付。该法被称为"长臂法律"。它不仅管辖美国本土的公司,而且管辖所有与美国公司有联系或有意地与美国公司建立联系的公司。它不仅约束母(总)公司自身的行为,如果母(总)公司在国外分支机构授权、指使或控制其雇员或代表人行贿,则该国外子(分)公司所属的美国公司也将依法受到追究。这对于跨国公司而言是一个全新的风险。自此以后,有关国家和国际组织相继制定了反贿赂的法律或公约。[①] 故“规”的核心内容是反贿赂法。

对形成企业合规性控制具有重要指导意义的文件是2005年巴塞尔银行监管委员会发布的《合规与银行内部合规部门》(简称指引)。该文件发布后,全球银行界积极响应。巴塞尔委员会建议,一家公司应当根据自身的风险管理策略和组织架构来设置其合规部门,管理合规风险。具体以何种模式实施巴塞尔委员会指引中的合规职能与原则,取决于多种因素,如公司的规模大小、经营的复杂程度、业务的结构和区域分布,以及公司营业所在地的法律框架和监管环境等。

企业内部的合规性控制主要包括制度的建设、部门的设立、机制的运行。制度建设一般要求建立约束员工的“行为准则”。详细规定与商业腐败相关的行为,包括商业行贿和商业受贿。如在与供应商、客户、业务伙伴或者政府官员打交道时,禁止员工索要或接受现金、礼品或其他有价回报等。部门设立是建立用以接受员工投诉和揭发不合规行为的监管部门或“合规执行官”,对地区或全球业务合规计划的执行情况进行监督。监管机制的运行是确立有效制止商业贿赂的程序和手段。例如,员工在收到物品时,应清楚记录付款程序,并主动向主管报告;设立外部第三方热线;对员工进行合规培训和定期组织沟通交流;等等。

通过内部合规性控制,企业可以及时了解自身的法律风险,如果发现存在不合规的行为,也可以主动采取纠正措施,甚至以积极的姿态赢得执法部门的和解令。

二、行政规制模式

商业贿赂行为的行政责任只有两项:罚款和没收,且商业贿赂违法的处罚是一个定量数额。若干年来商业贿赂屡禁不止,虽然原因有多方面,但和罚款数额不大有紧密的关系。归纳而言,商业贿赂的行政规制模式存在以下两个问题。

一是处罚手段的不足。根据我国《行政处罚法》第8条的规定,行政处罚的种类包括:警告;罚款;没收违法所得、没收非法财物;责令停产停业;暂扣或者吊销许可证、暂扣或者吊销执照,行政拘留;法律、行政法规规定的其他行政处罚。但是,除药品管理法外[②],规制商业贿赂的行政法规均未规定对不构成犯罪的商业贿赂行为的资质罚,这使得经营者在被处罚后仍具备进行商业贿赂的基本条件,不利于有效遏止商业贿赂。为了防止那些严重限制竞争的违法者持续为害,如数额较大(巨大)或屡次违法等,有必要在反不正当竞争法中增加责令停产、停业,吊销许可证或营业执照等处罚种类。

二是改变按定量数额对商业贿赂进行罚款的处罚方法,改为按兜底数额加违法营业额

---

① 主要包括:1996年,美洲国家通过《美洲反腐败公约》,截至2007年共有34个美洲国家签署该文件,33个国家加入公约。1997年,经合组织(OECD)通过了《OECD在国际商业交易中反行贿外国公职人员公约》。1999年,欧洲委员会部长委员会通过了《反腐败刑法公约》。2000年,联合国联合一批全球著名跨国公司发布了《全球契约》。2003年,非洲联盟国家和政府首脑通过了《非洲联盟预防和打击腐败公约》。2003年,第58届联合国大会全体会议审议通过了《联合国反腐败公约》。2005年,巴塞尔银行监管委员会发布《合规与银行内部合规部门》。2011年7月1日,英国《反贿赂法》正式生效。

② 根据我国《药品管理法》第90条的规定,药品的生产企业、经营企业、医疗机构的药品购销中暗中给予、收受回扣或者其他的利益的,药品的生产企业、经营企业或者其代理人给予使用其药品的医疗机构的负责人、药品采购人员、医师等有关人员以财物或者其他利益的,由工商行政管理部门处以1万元以上20万元以下的罚款,有违法所得的,予以没收;情节严重的,由工商行政管理部门吊销药品生产企业、药品经营企业的营业执照,并通知药品监督管理部门,由药品监督管理部门吊销其药品生产许可证、药品经营许可证。

的百分比确定罚款数额，使罚款与违法行为的影响成正比关系。按照我国现行法律的规定，不论行贿的手段和影响如何，最高承担的罚款下限定为1万元，上限仅为20万元。这种规定存在如下问题：(1) 商业贿赂的违法成本远远低于其所带来的利润；(2) 可能造成不同幅度的商业贿赂但罚款数额相同的处罚结果；(3) 最高限额的罚款难以体现出罚款本应有的威慑力，也不能有效地制约商业贿赂违法行为。

理论上，有人提出比照我国《反垄断法》第46条的规定来修改商业贿赂罚款的形式，即以销售额的一定百分比处以罚款。这种建议似乎忽略了反垄断法和反不正当竞争法在法律责任上的差异，前者没有刑事责任，而后者有。需要考虑反不正当竞争法行政责任的目标与刑事责任目标的衔接关系。责任结构上的差异决定了无法在两法间适用统一的处罚模式。因此，商业贿赂法律责任中的罚款应以适度提高罚款力度为目标，但不能将惩治商业贿赂行为的全部任务都加载在行政罚款上。

三、司法救济模式

法律规制商业贿赂行为虽然以维护社会公共利益为主要目的，但并不排斥对直接受到侵害的“其他经营者”的私权利进行保护。如何追究商业贿赂行为的民事责任，《反不正当竞争法》没有规定。有关行业管理规章制度也没有民事责任的规定。

事实上，因商业贿赂行为而承担民事责任还有许多障碍。试列举一二。

第一，如何确定原告？商业贿赂所发生的损害并不直接及于某一特定的经营者，而是一个不确定的群体，受害人的非特定性使民事责任追究的法律程序难以启动。商业贿赂关系中的受害者通常有两类：一类受害者是行贿人的竞争者。这类受害者因为失去交易机会而导致参与竞争过程的财产损失和预期竞争利益受到侵害，即如果行贿人不从事违法行为而某竞争者将获得交易并因履行该交易可获得利润。另一类受害者是受贿人所在的公司、企业或政府机关。这类受害者因商业受贿主体是代理人，而法律将行为的结果归因于本人而导致所签订的交易支付了过高的成本进而遭受财产损失。对于第一类主体的损失，只有存在现实的财产损失才能达到法律所要求的请求赔偿损失的基本条件。预期利益损失不构成独立的诉。对于第二类行为，因代理人或雇员的行为为其所在的公司、企业、政府机关吸收，反不正当竞争法没有赋予此类受害人以本法上的救济权。可以用劳动法、公务员法等对代理人或雇员进行处理。

第二，如何确定被告？被告是行贿人还是受贿人？或者行贿人受贿人是共同被告或选择性被告？如何确定损害的范围？计算受害人因贿赂行为而遭受的经营损失，是一个颇为复杂的技术问题。抑或只能提起确认无效之诉。现实中，单独以此提起的诉讼请求凤毛麟角。其主要原因有二：一是经营者单独提起停止侵害之诉的成本和收益不匹配。即使案件胜诉，对无效的交易进行重新选择，被选定的主体也未必是起诉者。二是以行政渠道解决案件同样可能达到预期效果，且更加简捷。将案件交给反不正当竞争法的执法机构，不但可以节省提起诉讼所花费的时间和精力，还可以隐蔽自己的身份。这也是现行法只规定行政规制渠道的理由。

第十四章

引人误解或虚假的宣传

我国《反不正当竞争法》第 8 条规定了宣传上的不正当竞争。应当将其称之为引人误解或虚假的宣传行为。[①] 对此，需要着重分析该种行为和其他如广告违法行为、虚假标示行为之间的关系、认定标准及相关法律责任。

第一节 概念及与相关行为的关系

我国理论界对上述法律规定一直用"虚假宣传"来简称，这种简化源于法条"引人误解的虚假宣传"。事实上，用虚假宣传来概括这种行为有所不当。

一、概念

法律规定的行为不仅仅单指虚假宣传，还包括引人误解的宣传。虚假宣传和引人误解的宣传是两种行为，而 "引人误解"不是一种对"虚假"进行限缩的关系。

正确的法律称谓有利于深化对概念内容的理解，有益于对概念外延的准确把握。同时，在制度借鉴的过程中也有助于进行同类制度的横向比较。

"虚假宣传"这种称谓和有关国家或地区的同类制度称谓差异较大。比较而言，相关规范性条文用语以及由此引出的理论概括包括以下用语形式：(1) 误导公众(行为)。例如，《保护工业产权巴黎公约》(以下简称巴黎公约)第 12 条之二就将其称为"mislead the public"，学者一般将其翻译为误导公众。世界知识产权组织(WIPO)的国际局颁布的《反不正当竞争示范法》第 4 条的概括是误导公众行为(misleading the public)。(2) 引人误解的广告。欧盟早期的广告指令中有"不公平广告"(unfair advertising)的用法，现行欧盟相关法律中将其称为"引人误解的广告"(misleading advertising)。德国《反不正当竞争法》(2005 年)第 5 条使用的也是引人误解的广告。(3) 虚假或引人误解的宣传。英国相关法律中称之为"虚假或诱导宣传"(false or misleading statement)；美国《联邦贸易法》上将其称为 false advertising 或 misleading advertising；我国台湾地区学者将"公平交易法"第 21 条的规定概括为"虚伪不实或者引人错误广告"；(4) 错误表达。美国 Lanham Act 中有 false representation，

---

① 我国 2015 年修订的《广告法》第 28 条使用了"虚假广告"的概念，并包含两种形式："虚假的"和"引人误解的"，这种上位概念和下位概念关系的处理，不仅涉嫌违反形式逻辑的规则，也弱化了引人误解广告的地位。故为突出手段，笔者抛却了两个概念的上位概念，而直接使用下位概念。

一般翻译为“错误表达”。

可以看出，在有关国际公约或国家(地区)法律中，对引人误解或虚假的宣传(广告)都予以规范的共同前提下，使用的是名词性词组或动宾结构。其中，作为概括的中心语汇是“引人误解”，而不是“虚假”。我国 1993 年反不正当竞争法上的表达被理论界习惯性用“虚假宣传”概括，将中心落在“虚假”上，这不够全面，也易使人理解为规范的内容是“虚假宣传”。建议使用“引人误解或虚假的宣传”来概括本种不正当竞争行为，在用语指代同样可能存在意涵缺漏的情况下，本章选择使用该表述。这样，引人误解或虚假的宣传的定义，大致可以为：在商业活动中经营者利用广告或者其他方法对商品或者服务表达与实际内容不相符的或可能导致客户或消费者误解的信息。

二、特征

随着科技的现代化，生产工艺日益复杂，产品的种类日趋纷繁多样。消费者似乎可以对不同产品的性能、质量等进行比较、鉴别。但实质上，进行比较、鉴别的信息获取渠道相对狭窄：有关产品信息的基本来源是商品上的标注和广告。在经营者有意隐瞒一些商品信息，并通过广告扩大一些信息的情况下，消费者选择的危险性便增大了。

在诸多商品信息传播中的违法行为中，引人误解或虚假的宣传有自身的特点，归纳起来主要有如下方面：

(一) 主体的联合性

不管是利用广告，还是利用其他方法，宣传需要依托一个平台。按照国家工商行政管理局《广告经营者、广告发布者资质标准》，有资格经营广告平台业务的主体(也称广告发布者)有两个：一是新闻媒介单位，包括利用电视、广播、报纸等新闻媒介发布广告的电视台、广播电台、报社；二是具有广告发布媒介资质的企业、其他法人或经济组织，包括利用自有或自制音像制品、图书、橱窗、灯箱、场地(馆)、霓虹灯等发布广告的出版(杂志、音像)社、商店、宾馆、体育场(馆)、展览馆(中心)、影剧院、机场、车站、码头等。宣传者需要和平台所有者或使用者合作，共同完成宣传事务。不仅如此，还可能需要广告设计制作企业的协助。

广告主或宣传业主与广告发布者、广告设计制作者在性质上均属于《广告经营者、广告发布者资质标准》第 2 条所规定的经营者，但在本法中的关联关系是不同的。广告主或宣传业主是核心主体，以该主体为中心以其提供的产品的可替代性为标准确定其侵害或可能侵害的竞争者利益和消费者利益。广告主或宣传业主是违法行为及其法律责任的基本主体，广告发布者、广告设计制作者是辅助主体，在特殊情况下才承担法律责任。

(二) 内容的中心辐射性

宣传以商品或服务为中心，内容涉及这个中心辐射到的所有的方面。法律上列举了“性能、功能、质量、销售状况、用户评价、曾获荣誉等，我国台湾地区“公平交易法”第 21 条列举了更多的事项：价格、数量、品质、内容、制造方法、制造日期、有效期限、使用方法、用途、原产地、制造者、制造地、加工者、加工地等。但这也仅仅是有限的列举，还有一些方面省略掉了或被覆盖了，如是否含有转基因原料、产品获奖获优情况、价格等。

互联网时代出现了有别于传统经济的新事物。“用户评价”便是一个新现象。用户评价对于购买者具有重要的参考价值，也是对经营者进行社会监督的有效手段。这些价值的存在也被经营者利用，通过雇佣“水军”或“以消费者名义评价”等提升信誉和好感。另外，关于互联网中的“销售状况”也有类似的危险。习惯上,此类行为被称为“刷单”行为。它提供的核心信息是交易量。交易量大意味着产品的受众广泛。早期,电商为了改善经营状况或提高商品知名度,通过自我交易或联合少数经营者、消费者进行虚假购物的方式,增加商品交易量,从而扩大自身竞争优势。随着“刷单”行为的进一步规模化,近些年出现了大量从事“刷单”服务的中介及个人,“刷单”行业已形成一个较为完整的产业链,有许多专门从事改善生意的公司,公开招募“刷手”进行系统培训,也有专门为“刷单”行为提供物流服务的网站。应当对这种现象给予充分的关注。

(三)预防性和救济性相结合

在功能上,本条规定可以体现预防性和救济性相结合的特性。虚假强调客观事实,但这种客观事实是否给谁造成了不利的后果,无需延伸性考虑。同样,引人误解强调主观认识,至于这种主观认识是否使自己受害也无需考虑。换言之,引人误解或虚假的宣传造成或可能造成损害都可以构成违法。且救济方式包括行政渠道,也包括司法渠道。值得关注的是越来越多的案件是由竞争者提起的,这有别于在商业贿赂案件中的由竞争者提起诉讼属凤毛麟角的状况。

三、和相关行为的关系

引人误解或虚假的宣传行为在手段上借助广告,在内容上涉及商品的主要信息,在结果上可能侵害消费者利益,而这些要素都有相关法律规范从不同的角度进行调整。因此,有必要分析本行为与一般广告违法行为、商业标识混淆行为、欺骗性商品质量标示行为、商业诋毁行为等邻近的相关行为的关系,以划清它们之间的界限,准确认定和处理各种不同类型的不正当竞争行为。

(一)与广告违法行为的关系

引人误解或虚假的宣传以广告方式为主,这自然会使人联想到一般广告违法行为。确定两者之间的关系,需设定前提条件。(1)如果将不正当宣传的手段限定为广告方式,广告违法和不正当宣传是种属关系。从主体、内容、限制条件、程序上看,广告违法行为宽于不正当宣传行为。一般情况下广告主体不限于经营者,政府部门、社会团体等也可以发布公益性广告。从违法行为上,广告法不仅包括引人误解或虚假的广告,还包括广告主体不合法,内容违法或不健康、超出载体限制等许多广告违法类型。广告法不仅要求相关内容合法,在特殊情况下,还要求程序合法,但反不正当竞争法一般仅关注内容违法。如依法应当经过行政审查的广告但未经过行政审查就予以发布的,属于违反发布程序的违法广告,依广告法来处理。(2)如果放宽宣传的手段,广告违法行为和不正当宣传行为是交叉关系,因为后者还包括广告以外的其他方式。

抛却主体、程序、宣传方式等前提约束,从行为类型上看两者的关系如何。《广告法》第4条规定了三种违法广告类型:依内容的规范性——虚假广告;依行为人主观过错——欺骗性广告;依行为的结果——误导性广告。我国《反不正当竞争法》第8条只和这其中的两种有交叉。事实上,司法部门以欺骗性广告为基础认定违法行为判决的案件几乎没有,涉及欺骗性广告的行政案件,在认定过程中总是和虚假或误导结合在一起来综合表述。于是,上述交叉关系在逻辑上便值得进一步思考。

（二）与商业标识混淆行为的异同

我国台湾地区“公平交易法”第21条规定了“为虚伪不实或引人错误之表示或表征”，即将引人误解的虚假宣传行为与商业标识混淆行为放在同一个条文中表述。同样的，日本和韩国《反不正当竞争法》也把这两类不正当竞争行为在同一法律条文中加以规定，强调其共同性。首先，可以肯定的是，两者的法律性质相同，即都是为了禁止对商品质量等作引人误解的虚假表示。无论是广告的形式，还是商品本身所标注的有关内容，展示的有关商品信息，其目的均是为了使消费者了解商品，以便其作出是否购买的选择。其次，表示的内容大致相同，都包括商品的质量、制作成分、性能用途、生产者、有效期限、产地等方面。按照相同性质的行为应当作相同的归纳的逻辑规则，两者可以合并在一起。除了上述国家立法外，《保护工业产权巴黎公约》也采用概括的方式规定有关引人误解的商品表示：“在商业经营中，对商品的性质、制造方法、特点、用途或数量使用误导公众的表示或说法。”①

我国反不正当竞争法则将这两种行为分别列举，强调其中的差异性。

（1）行为主体范围不同。

引人误解行为的主体是商品经营者和服务者；而虚假宣传的行为主体，除商品经营者和服务者外，还包括广告的经营者。

（2）损害的对象不同。

引人误解或虚假的宣传行为直接危害的对象是客户或消费者的利益，而不直接损害特定竞争对手的利益；商业标识混淆行为一般会采取标识混同的手法盗用竞争对手的商业信誉或者商品声誉，其直接损害的对象既包括客户或消费者利益，也包括特定竞争对手，即被“搭便车”的商业标识权利人的利益。

（3）传达信息的手段不同。

引人误解或虚假的宣传行为是通过广告或其他方法传达有关商品或服务的信息；商业标识混淆行为是通过在商品、包装、装潢、说明书或者商品其他附着物上标注有关商品或服务的信息来实现的。基于传达信息的手段不同，相对人获取信息的质量也不同。前者是单向度的隔空获得，只见图片、音像等不见实物；后者是双向交互式的接触，既可以看到有关标注的内容，也可以同时就有关表述的内容与事物进行交互查验。从这个意义上说，引人误解或虚假的宣传行为可以将信息夸大并脱离实际的空间更大。

（4）宣传的形式不同。

引人误解或虚假的宣传行为通常以文字、图案、声音、语言、色彩或形象对商品或者服务作不真实的陈述，是动静相结合的形式；商业标识混淆行为是通过规范化的文字、色彩、图案及其组合的形式对商品进行宣传，是一种相对稳定的静态宣传。

（三）与商业诋毁行为的关系

引人误解或虚假的宣传行为与商业诋毁行为都是通过向购买者传播虚假信息来达到推销自己产品或者服务的目的，并且都可以广告或其他让公众得知的方式传播。甚至有时在同一广告或者其他宣传方式中，可能同时存在不真实地宣传自己商品或者服务的内容和捏

---

① 《保护工业产权巴黎公约》第10条之二(3)3。“3. indications of allegations the use of which in the course of trade is liable to mislead the republic as to the nature, the manufacturing process, the characteristic, the suitability for their purpose, or the quantity, of the goods.”

造事实攻击竞争者的商品或者服务的商业诋毁内容。在这种情况下,行为人的广告宣传分别构成引人误解或虚假的宣传行为和商业诋毁行为。

在非竞合的情况下,两种行为之间存在以下区别:

(1) 宣传的客体不同。

引人误解或虚假的宣传行为是直接针对自己或者委托人的商品或者服务进行宣传,不强调同类商品或服务的特点或弱点;而商业诋毁行为则一般是直接针对竞争对手的商品或者服务进行的负面评价,且要求散布的信息必须是虚假或引人误解的。

(2) 宣传的目的和手段不同。

引人误解或虚假的宣传行为的目的,是为了推销所宣传的商品或者服务,手段上采取不真实地陈述商品或服务的"优点"或发布令人产生误解的信息;而商业诋毁行为的目的是贬低竞争对手的商品或服务,间接地使自己"多收三五斗",手段上多采取捏造并散布他人商品或服务的"缺点"。

(3) 损害的对象不同。

引人误解或虚假的宣传行为一般不直接损害特定竞争对手的利益,损害的是客户或消费者的利益;商业诋毁行为则直接损害特定竞争对手或不特定竞争对手的商业信誉、商品声誉。

第二节 引人误解或虚假的宣传之形式与内容

从形式和内容的角度分析引人误解的宣传和虚假的宣传能更清晰地辨别两者的差异,并有利于把握两种行为各自的认定标准。

一、形式

概括而言,不正当宣传是通过广告或者其他形式实现的。

(一) 经营者利用广告进行不正当宣传

广告的含义有多种,按照《布莱克法律辞典》的解释,广告是通过某种旨在吸引公众注意的方式所发出的告示,是一种通过传单、报纸、电视、广播向公众或者有关个人传播信息的手段。我国 2015 年修订的《广告法》中,广告被界定为:商品经营者或者服务提供者通过一定媒介和形式直接或者间接地介绍自己所推销的商品或者服务的商业活动。广告的基本功能是传递信息。广告所传递的信息不同于一般的商品信息,它带有劝诱性,诱导人们的思想和行为接近其推销的目标。通过广告宣传,可以引起人们的注意和兴趣,使人们潜在状态的需求被焕发起来形成现实的需求。为了追求诱导和说服的效果,广告主或广告经营者就可能采用夸大宣传的方式发布信息,欺诈消费者,这样就形成了虚假的或引人产生误解的广告。

比较广告是最常用来从事虚假或引人误解的广告宣传形式。最高人民法院《关于审理不正当竞争民事案件应用法律若干问题的解释》(2007 年 2 月 1 日起实行)第 8 条规定,经营者具有下列行为之一,足以造成相关公众误解的,可以认定为反不正当竞争法第 9 条第 1 款规定的引人误解的虚假宣传行为:对商品作片面的宣传或对比的……这里所言的虚假宣传利用的就是比较广告方式。比较广告的基本含义是广告主将自己的公司、产品或者服务与同业竞争者或其产品或者服务进行某一方面比较而发布的广告。比较广告要达到的目的是在对比或比较中凸显其产品或服务优于竞争对手产品或服务的特殊性。

按照不同的标准，比较广告可分为以下几类：按广告是否明确提及竞争对手名称，比较广告可分为直接比较广告、间接比较广告；按对竞争对手的态度不同，比较广告可分为贬低性比较广告、攀附性比较广告；按比较内容是否具有客观基础，比较广告可分为客观性比较广告、主观性比较广告。

上述类型的比较广告只有在具备“虚假”内容时才涉嫌虚假宣传，在有信息错位时才涉嫌引人误解。有的比较广告不涉及宣传内容与客观事实的关系，例如，“购买戴尔，连想，连想都不要想！”这是贬低性（违法）比较广告。使用模糊语言贬低竞争对手的产品信誉[①]，它的目的是排挤竞争者的产品，而不是使消费者混淆，也不涉及内容虚假的问题。

（二）经营者利用其他方法进行不正当宣传

其他方法是指广告以外的方法。其他方法有哪些，竞争法中未作明确规定。结合实践中的做法和一些地方性法规，其他方法主要包括以下几种：

（1）由同伙人或雇用的他人冒充顾客进行欺骗性诱导。就是俗称的“托儿”网络上的托儿，也叫水军，即由同伙人或雇用他人以一般消费者的身份充当“引导购买者”，假造购买气氛或劝诱其他购买者购买商品。它利用了人们习惯中的从众心理，骗取信任，从而实现宣传商品的目的。

（2）以特殊道具进行现场演示或示例说明。作为范例的实物多是经过特殊加工的，在演示期间能够反映出商品的特质，消费者购买后则不能物尽其用。还可能以假造的实例进行宣传。例如在药品广告中以医生或患者名义表达所谓的“真实效果”。

（3）在经营场所对商品作虚假的文字标注、说明或者解释。例如，将非知名生产者的产品说成是知名生产者的产品；非纯羊毛制品说成纯羊毛制品。如果是在产品或包装上作虚假标注，则构成假冒行为。例如劲霸服装只有夹克依据《中国名牌产品管理办法》被授予“中国名牌”称号，其他产品并未被授予该名牌称号，但经营者将裤子、衬衫等产品都标注为“中国名牌”。如果在经营场所未加区分进行所谓“名牌”宣传，构成虚假宣传。

（4）通过张贴、散发、邮寄虚假的产品说明书和其他宣传材料进行虚假宣传。曾发生这样一个案件：广州星冠涂料厂在其生产的“星冠牌”聚酯漆上标有“星冠涂料实业有限公司”字样，并在随货发往各地销售部的报价表上擅自印有“中外合资星冠涂料实业有限公司”字样。

（5）利用大众传播媒体作虚假的宣传报道。虚假的宣传报道不是以广告的形式，而是以播放新闻、采访、发表文章、纪实文学等形式进行。因为经营者往往通过支付钱物作为代价，邀请记者以新闻报道的形式作变相的广告。这种宣传形式的欺骗性更强。商业广告是生产经营者传来的信息，这其中难免有为了自身利益而夸大的成分。利用传媒作虚假宣传报道的隐蔽性比一般广告要强，因为在直觉上新闻、采访等形式只是叙述真实的事件，不具有商业目的。按照《广告法》第 14 条的规定，广告应当具有可识别性，能够使消费者辨别其为广告。大众传播媒介不得以新闻报道形式变相发布广告。通过大众传播媒介发布的广告应当显著标明“广告”，与其他非广告信息相区别，不得使消费者产生误解。以新闻报道形式

---

① 我国 2015 年修订的《广告法》第 13 条只原则性地规定了“广告不得贬低其他生产经营者的商品或者服务”，而未规定贬低的方法。

发布的广告主要表现在以下方面:一是在广告版面不标明广告标记,而使用“专版”“专题”“企业形象”等新闻栏目;二是以通讯、评论、消息、人物专访、专家访谈、纪实报道、报告文学、专家咨询、科普宣传等形式发布广告;三是在新闻报道中标明企业、事业单位的详细地址、邮编、电话、电子信箱等联系方式、方法。

(6) 利用网络进行不正当宣传。因特网作为一种新兴的传播媒介,其方便、快捷、廉价和不受地域限制的特点,越来越受到商家的重视。许多经营者通过网络宣传扩大了自身信誉及产品的声誉,取得了良好的效果。同时,这一特点也被不少经营者利用,进行虚假的或引人误解的宣传。网络上的不正当宣传比传统方式的不正当宣传在内容的夸大性和任意性有过之而无不及。

宣传方式虽然只是一个形式,上述列举也不可能全面。但有时候形式可以辅助识别是否构成不正当宣传。例如,广州金蟾软件研发中心有限公司拥有“易博士”“EBA”商标在指定使用商品或服务上享有的注册商标专用权和对“EBA 移动阅读标准格式(文字作品)”“EBAML(文字作品)”所享有的著作权。汉王科技股份有限公司在公告的《招股意向书》和《招股说明书》中描述了:募集资金计划用于“电子纸智能读写终端”项目,该项目具有“兼容EBA(易博士电书专用)格式能力”(实际上无法判定)。金蟾公司认为,汉王公司“对商品的性能作出虚假宣传”。[①] 这里需要探讨的是,按照《证券法》要求进行的公告是否属于其他宣传方式?这种表述的不准确是否会对竞争者和消费者造成不利影响?

二、内容

一般广告宣传或者其他形式的商业宣传多围绕有关商品或服务方面的信息,集中体现在对商品或服务的特征、商品的产地、价格、质量、制作成分、性能、用途、生产者、有效期限及其他情况。虚假广告的内容与一般广告一样广泛,可以涉及有关商品(或服务)的各个方面。

如下几方面是不正当宣传主要涉及的内容:

(1) 商品的用途、功能以及其他特性。欺诈广告经常把商品的特征大加美化,夸大商品的效能,经过美化的商品也容易受到消费者的信赖。不同产品夸大功能的含义不同。医疗广告夸大功能,主要是在广告中保证或者变相保证治愈各种疑难疾病。化妆品和美容服务广告夸大功能,主要是对化妆品的效用或者性能等作虚假宣传。例如,使用他人名义保证或者以暗示方法使人误解其效用的宣传,甚至宣传化妆品的治疗作用或者使用医疗术语,误导消费者;对美容服务的效果进行虚假夸大宣传,使用医疗术语误导消费者;等等,不一而足。

(2) 商品的原料。商品的原料决定商品的功能,消费者在购买商品时,首先需要了解原料是什么,各种原料的比例。如是同一种原料构成的,涉及是天然的还是人造的、转基因还是非转基因等。基于原料的不正当宣传通常是模糊原料的成分、比例、品性等。比如,当商品由两种原料混合制成,广告便以天然原料来招揽顾客;原料明明是人造的,而广告却故意加上一个美名来掩盖低档原料,例如在商品上加上“天然”“原装”“东方”“巴黎”等。为了保护消费者的利益,应禁止那些假冒原料的附加名称或易被混淆的原料表述。

(3) 商品的来源。商品的来源用来标示商品的制造地(或称货源标记),或说明提供服务的企业所在地。通常,货源标记是由名称、用语或符号所构成,便于消费者选购商品,它关

---

① 北京市高级人民法院(2011)高民终字第 3011 号。

系到消费者对商品(或服务)的印象,是广告中不可缺少的内容。除此之外,货源标记向顾客提供了该产品具有的某种特定质量保证。

商品(或服务)来源作为广告内容之一,主要是从地理上表示商品(或服务)的出处,对于知名商品的形成意义重大。按照广告表示方式的不同,可分为直接产地广告和间接产地广告,凡是明确表示一个特定的地理概念的广告称为直接产地广告;如果广告里没有明确表示一个特定的地理概念,但在交易中消费者通过其他特征仍然可以知道有关商品的产地,这种广告即称为间接产地广告。直接产地广告和间接产地广告都关系到商品的声誉,经营者常常拿假冒优质商品的产地做广告来诈欺消费者。

(4) 商品的价格。在广告中,任意变换商品的价格,借以招徕顾客,损害消费者的利益,花样繁多。为了吸引顾客,竞争者通过广告把商品(或服务)宣传得完美无缺,但他们不标价格,不愿把令人生畏的价格(或收费)暴露出来;有时即便他们在广告中标上价格,也往往标上"引诱价格"而已。这种引诱价格形式很多。比如:表面上告示降价,但实际上价格未变或只是略有降低;有的广告虽然以降低价格来招徕顾客,但系列商品的次要部分降了一些,主要部分未降低,甚至主要部分比原来还要高。引诱价格与特价不同。特价是实际上的降价,而引诱价格仅在表面上降价。为了防止商品价格(或服务收费)上的不正当行为,我国《价格法》有更细致的规定,有关法律对价格也有原则性的规定,如《零售商促销行为管理办法》的有关规定。

(5) 企业的历史渊源及规模。企业的历史和规模均可以成为企业竞争力的正面要素。正当宣传可以综合展示企业的外在形象。当然,也可能被不正当宣传,如在广告中给商店冠以"百年老店"的称号,但实际只有数十年历史;或产品只上市几年,却言称产品历史悠久、闻名中外。规模甚小的个人独资企业、合伙企业却以"公司"或"集团"向消费者宣告。这些组织形式、产品特性等不符合实际情况,应构成不正当宣传。

(6) 用户评价和交易数量。正面的用户评价和大交易量是另一种企业的无形资产。在传统经济条件下,这些数据无法通过媒介直接展示给消费者,其价值有限,更多地是内向反馈功能,互联网时代信息传播的特性使得这些数据具有对外宣传的价值。从消费者角度,由于网络购物无法看到实物,网购的人都有一个共同习惯,当想购买某件商品时,先去看看曾经购买的用户评价。从而网购评价体系和交易数量成为竞争要素。当然,也成为商家造假的目标。在现实中,有的卖家为了提高自己的信誉度,不惜花钱雇人"刷信誉";也有一些商家自己刷交易量,更有甚者,有人利用卖家珍视信誉的心理进行敲诈,衍生出了网上交易市场的灰色产业链。

(7) 其他。除了上述内容以外,虚假宣传还会涉及有关营业活动的其他情况,如企业在市场上的地位和等级,企业领导的经营能力,经营方式上的还本销售,对其获奖获优情况进行不真实的宣传等。

实践中,一个争议的问题是,如果宣传的是理念、目标,是否构成不正当竞争行为。理念、目标性质的宣传有双重性。一是宣传自己生产的商品是最好的;二是宣传生产者自己的奋斗目标,而且作为目标的话恰恰表明了自己生产的商品在当下不是最好的。例如某化工企业在自己店面内展示"做中国最好的油漆"为内容的某品牌油漆广告。该广告是否违反我国《广告法》和《反不正当竞争法》? 由于广告语属于动宾结构,其针对的不是商品,而是商品的生产者。是否可以仅从包含有最高级来进行广告违法的认定? 这种表达是否引人误解?

另外,宣传中倡导一种生活方式,是否应列入宣传的内容,进而构成不正当宣传?例如“上品饮茶极品饮花”的广告宣传案中①,该词句虽没有直白的表达绝对性、特定性、唯一性、排他性等,但“上品”“极品”是否具有引人误解的特性?

第三节 引人误解或虚假宣传行为的认定

有关商品宣传的基本定位是向消费者介绍可以检视的商品信息。一些通过夸张的手法的宣传可能使消费者产生良好的印象,也可能因夸大的信息脱离了商品的本相而让人产生负面印象。认定宣传的正当性既要坚持信息传导的基本原则,也要在技术标准上对作为法律标注的引人误解和虚假的内涵进行细化。

一、原则

我国《广告法》严格要求广告宣传应当真实、准确、清楚、明白。《消费者权益保护法》第20条第1款规定,经营者向消费者提供有关商品或者服务的质量、性能、用途、有效期限等信息,应当真实、全面,不得作虚假或者引人误解的宣传。这些规定和本法的要求是一致的。

(一) 真实原则

经营者宣传的效果如何,影响的因素非常之多,其中宣传信息是宣传效果的依托。可以说,宣传效果直接取决于宣传者对宣传信息选择、编码、形式以及选择媒体和流量等。② 为了提升宣传效果,宣传者会采取一些技术性手段选择信息和处理信息,包括弱化一些不利的信息,放大一些有利的信息等。由此可能产生虚假信息或信息误导。经营者以广告或其他方式发布的信息,会影响相关公众的判断,甚至直接影响到行为的决策后果。虚假的信息,将会误导接受信息的当事人的决策。真实的信息要求经营者提供的信息必须是有据可查的,没有事实依据的表述,或相关表述的事实依据已经发生了根本性变化的信息都属于虚假信息。

(二) 全面原则

发布信息的全面程度直接影响到信息是否可借鉴性。不全面的信息会影响到相关公众对信息的正确理解,进而可能发生误解。一般,这种宣传包括采用偷换概念、模棱两可、以偏概全、隐去条件等手段,使相关公众对商品或服务的真实情况产生错误的理解或偏离事实的错误联想,从而造成决策的失误。全面原则要求宣传的信息不仅完整,而且要准确,包含相关公众作出判断的核心内容,排除可能产生引人误解的相关信息内容。

(三) 本土化原则

总体上,适当的夸张是宣传的本质属性,本无可非议,一般也不会引起消费者的误解。在国际上,大多数国家都规定显而易见的夸张行为不认定为违法行为。就扩张的内容和形式而言,哪些属于正当的,怎样的夸大能够被正确理解等问题,不同国家可能会作出不同的

---

① 河南省南阳市的某女士购买了由农夫山泉股份有限公司生产的“东方树叶”茉莉花茶原味茶饮料8瓶。该产品外包装上标注有“上品饮茶极品饮花”一词,作为产品宣传用语。其和朋友饮用后,未见任何明显效果,认为“东方树叶”茉莉花茶所宣称的“上品饮茶极品饮花”是农夫山泉的虚假宣传,给自己的消费造成了误导。参见河南省南阳市中级人民法院(2013)南民一终字第00327号。

② 戴元光主编:《现代宣传学概论》,兰州大学出版社1992年版,第135页。

回答。意大利容忍那些程式化的宣传,特别是独一无二的宣传。在美国只有质量确实低劣的产品被宣传为最好时,法院才予以干预。德国则采取相反的态度,认为如果行为人为了突出自己,吸引消费者的注意,不适当地使用最高级或比较级进而不合理地对自己的商品或服务进行夸张,其广告也可能引起消费者的误解,此类宣传一般被禁止。相比较有关上述方面,我国法律的规定相对严格。

二、引人误解的认定

引人误解的宣传,是指经营者利用广告或其他形式对商品内容所作的宣传致使相关公众的认识发生错位进而可能进行错误选择的信息传播形式。

判定一种信息传播是否引人误解,是以主体——相关公众的主观认识作为判断依据,以传播的手段、用语等客观因素为基础来综合评价的。一般,认定引人误解可以从以下方面进行判断。

(1) 将科学上未定论的观点、现象等当作定论的事实进行宣传。这是对宣传进行"质"上的评价。往往新技术商业化之初,技术的稳定性尚待检查,商品的质量标准尚待形成。标准萌生阶段的商品易被商家炒作,成为竞争中的"卖点"。例如,一些家用电器生产商在洗衣机的产品介绍中称,他们的产品是在主机中内置"银离子发生器",在进水过程中利用电解原理,从纯度为99.9%的银片上分解出银离子,随水流进入洗衣桶内,吸引衣物污渍中的细菌并破坏其细胞壁,导致细菌死亡。甚至有的还宣称:银离子洗衣机在30分钟内对大肠杆菌、金黄色葡萄球菌等细菌的杀灭率可达到90%以上。[①] 其实,大部分的金属离子都有氧化抗菌的作用。在古代贵重金属就已被用来保存食物及抗菌治疗使用。根据化学原理,这些金属中带正电的银离子的还原能力最高,可以杀菌并具有持久性,所以银离子被用来发展抗菌从技术上是可行的。但是,研究中的银离子抗菌有四个层次的概念:① 银离子在非常低的浓度下对大肠杆菌具有抑菌效果;② 把银离子跟有关载体结合,制造出银离子的抗菌粉末,这种粉末可以通过银离子的缓慢释放,从而使其具有长效的抗菌效果;③ 把这种具有抗菌效果的粉末应用于各种材料,这些粉末就可以在材料表面缓慢释放银离子从而抗菌,这样形成的材料就叫抗菌材料;④ 一些商家把具有抗菌作用的材料运用到各种装置上,使需要抗菌的地方具有抗菌作用,制造出抗菌产品。但是,这种技术在电器中的作用到底如何,有关部门还没有这方面的相关测试,也没有具体规定的标准,所以"银离子"杀菌的有效性在家电的使用中到底有多高,达到多大程度的杀菌效果的电器才能叫做杀菌电器,目前均无定论。

(2) 以歧义性语言或者其他引人误解的概念进行商品宣传。广告依靠的是双重的信息——语言和图像(照片)。初期的广告只是从广告发布者的角度来散发简单的口号和示意图,正如有学者所言,"20世纪初,广告是高喊着口号、展开了战旗冲向市场的"。[②] 现代广告业发生的最大变化就是,强调信息接受者对语言和画面的感知,因此,传统口号变成了幽默语言、发人深省的警句或引人联想的倡议。自然语言的模糊性和歧义性在这里就有了用武之地。歧义性语言来自语言的基本要素——语音、同源语、语义——的变化性。当一个字或

---

① 青岛新闻网:《三星将其最新研制的具有银离子杀菌系统的洗衣机正式亮相》,2004年3月24日。http://www.qingdaonews.com/content/2004-03/24/content_2902917.htm,访问日期2018年5月5日。

② 〔法〕热拉尔·拉尼奥:《广告社会学》,林文译,商务印书馆1998年版,第77页。

词的含义不止一个,而有多个意义时,这个字或词便具有歧义性。在一个特定的语句中多义的语词可以通过语境而被限制,进而可以得出语词的定向指称。引人误解的宣传巧妙地利用这种歧义性,将表示 A 义的语词换过来表示 B 义,并使两种意义建立起某种紧密的联系,引发相关公众的高度关注和情感连结。例如,某演唱会广告称:演唱会邀请了歌星王菲……实际上来参加演唱会的王菲是中国内地一个同名同姓的歌手。当然,歧义性是自然语言的重要特点之一。任何一种比较完善的自然语言体系中都客观地存在歧义现象。以歧义性语言传导的信息一般不会使消费者认识错误。例如,某产品广告以一个叫高明的电影演员为代言人:你的选择是高明的选择。以明显夸张的歧义性语言宣传商品,对购买行为有实质性影响,属于引人误解的宣传行为。

(3) 利用权威进行误导。这主要是指滥用公众对名人、专家、国家领导人、权威机构的信任,利用他们与商品或者服务无任何联系的中立形象做广告宣传,取得对宣传产品的特殊印象和好感。"权威"也包括专利、知名的企业名称,早期还包括驰名商标(现在不允许)等。这种宣传往往让消费者误认为所宣传的商品或者服务是仅次于被搭借客体的商品或者服务,即次优产品或服务,但实际上,其产品或服务质量与"权威"产品差之千里。

三、虚假宣传的认定

虚假宣传是高度模糊的词汇,从认定标准上看,其中心内容是"虚假"。何谓"虚假",一般理解为"不真实"。作为虚假宣传的"虚假",可以从以下方面把握:

(1) 表述的情况不真实。

广告说明应当与商品或服务的内容相一致,虚假广告的判定标准之一就是看两者是否一致。如果经检验证明广告说明与商品(或服务)的实际状况不符,就可以将该广告认定为虚假广告。例如,在发布商品销售广告中,声称"本商场所有某某类商品××元起价"(实际上没有向消费者提供这类商品),当消费者实际去购买商品时,被告知这样的商品已经售完(通常称为诱饵广告)。再如,产品外包装上标明本产品通过"ISO 9001 国际质量体系认证",事实上本产品未通过"ISO 9001 国际质量体系认证"。

广告说明与商品实际不符的情形还包括:第一,广告说明中的商品实际不能出售;第二,广告说明中的商品仅仅限于少数几件,即限量供应而未言明;第三,有一定的销售期限而未言明,例如,只限于早 9 点至 9 点半销售某产品。

(2) 违背科学结论。

已有的科研成果证明了某种事实或现象,但由于知识普及不够或消费者认识上的原因,无法识别宣传中违背科学知识的虚假内容。例如,科学证实,人的身高主要取决于遗传因素[①],但后天因素也不可忽视;身高后天增长和年龄有一定的关系。有些增高产品的广告中宣称适用于 35 岁以下的人士。这显然违背了人体生长发育的规律,具有虚假性。另外,缺乏研究数据和统计支持的结论的宣传也属于虚假宣传。一些宣传表述的突出性特点往往很难为同行业者证实,消费者更难以确证,当然这也给执法者认定这种宣传合法性带来一定的

① 身高取决于基因,但科学家却一直未能发现人类共有的身高基因。根据发表在《自然遗传学》上的一篇论文,英国和美国研究人员分析具有欧洲血统、主要生活在英国、瑞典和芬兰的近 5000 名白人的 DNA,科学家发现了一种名为 HMGA2 的基因,但该基因在研究中所能改变人身高的尺度仅仅是 1 厘米。身高之谜尚待进一步揭示。

难度。例如，“××药品，首次采用独家创新的‘ZXZ 微化配比聚密工艺’对精选的原料进行药物颗粒微化、精确量化配比，以及聚合技术处理，提纯、提取出独有的强效作用成分‘优密盐酸溴已新’和‘多维地龙稀解酚’。首次运用世界最新的‘一解三清疗法’中西药完美的配合，迅速清除导致呼吸顽疾的病理产物——异化酸糖，疏通气管，修复粘膜，消炎镇咳，激活免疫系统，彻底根治呼吸系统顽疾。重建呼吸免疫屏障，彻底杜绝复发。”这里需要证明的是“首次”的真实性和“彻底杜绝复发”的真实性。一般而言，同一种药品适用中因体质不同，效果也不同，所谓的“有效”实际是指临床试验有效率。上述“首次”和“彻底杜绝复发”没有相应事实证据或临床试验结果支持就属于虚假宣传。

（3）数据不真实。

无根据地使用各种数据、百分比等做广告宣传，一般也涉嫌虚假宣传。因为数据的得出大都有一个既定的前提和标准，而对同一个问题的认识可能有多个标准和视角。即便只有一个统一的标准，由于经营的动态性质，今天是这样的，明天可能就不是这样的。用静态的方法来表述一个动态的关系得出的数据必然会存在某种与变动事实不符的偏差。标示内容和实际内容不相符，且相关的数据无科学依据就具有了虚假的特性。例如，某房产商在《新民晚报》上发布消息称：(楼盘至)“外滩与四川路均在 2 公里半径内”。根据上海市测绘产品质量监督检验站出具的检验报告表明，“该项目的地理位置标示与实际不符，与外滩的最近直线距离为 3.39 公里。①

商业企业为推销某种产品在广告中使用“唯一经销商”的用语，如与事实不符，对同类经销商影响甚大，也会使消费者对其他企业经销该产品的合法性产生误解，从而贬低了其他企业的商业信誉。

（4）歪曲公理或相关知识。

将人们模糊的公理、公知知识加以歪曲置于广告中，或许难以从虚假的角度认定，但通常会令人误解。因为在歪曲相关公理、知识的情况下，可能会产生对其产品的优良印象，进而对有关产品认知的真实性、客观性随之发生改变。如某果酱制造商在其广告中强调他生产的果酱不含有任何稀释剂，而事实上法律本来就禁止在果酱中加入稀释剂，只不过许多消费者不知道这一知识而已。再如，某茶饮料包装瓶正面突出标注“0 卡路里”字样，根据《预包装食品营养标签通则》(GB28050-2011)和卫生部《食品营养标签管理规范》的规定，当某营养成分含量低微，或其摄入量对人体营养健康的影响微不足道时，其含量应当标示为“0”，“0”含量声称也可标注为同义语“零”“无”“没有”“不含”等。每 100 克固体或 100 毫升液体的能量小于等于 17 千焦时，其能量含量应当标示为“0”，可声称“无能量”。但不表示该食品的真实热量就是 0 卡路里。

---

① 该案最终被认定属于虚假广告。参见“上海天地行房地产营销有限公司与上海市工商行政管理局虹口分局行政处罚纠纷上诉案”，(2006)沪二中行终字第 14 号。

第十五章

侵犯商业秘密行为

商业秘密是一种特殊的无形财产，对其进行法律保护的历史远没有对不动产物权的保护那样久远。它产生于传统知识产权诞生的时代。由于其性质不同于知识产权，在保护的手段上也不同于知识产权法，包括法律保护的方式、方法，侵害行为的认定标准等。

第一节　商业秘密的界定及商业秘密权的性质

概念一般可以从内涵和外延两方面来把握。由此出发来分析商业秘密的范畴和表现形式，可以整体上把握商业秘密的认定标准。

一、商业秘密的界定

综观有关国家立法和有关国际公约之规定，对商业秘密界定的方式主要是概括加列举。所谓概括，即用揭示内涵的方式来确定商业秘密外延的立法方法。所谓列举，就是指明商业秘密的具体的形态。

美国《统一商业秘密法》给商业秘密的界定是：特定的信息，包括配方、模式、编辑产品、程序、设计、方法、技术或工艺等。这些信息：(1) 因并不为公众所周知，无法由他人通过正当手段轻易获知，因而具有实际或潜在的独立经济价值；(2) 是在特定情势下已尽合理保密努力的对象。①

我国台湾地区 1996 年生效的"营业秘密法"中，营业秘密被定义为任何可以在生产、销售或经营中使用的方法、技巧、工序、配方、软件、设计或其他信息。② 概括性的要求是：不得被营业秘密所在地领域的一般人所知晓；必须因其秘密性而具备实际的或潜在的经济价值；权利人必须采取合理措施来保持秘密性。

有关国家、地区的相关法律规定对商业秘密的表述虽不尽相同，但核心点是一致的，即围绕着商业秘密的构成要件及外延范围展开。这一现象提醒我们，对商业秘密的分析应当建立在准确地把握该概念的内外和外延的基础上。

一般意义上来说，商业秘密应具备的要件包括：秘密性、实用性与价值性、可保密性。

---

① 参见美国《统一商业秘密法》第 1 条。

② 参见我国台湾地区"营业秘密法"第 2 条。

（一）秘密性

概括而言，秘密性是指不为公众所知悉或不为其所属领域的相关人员轻易获得的信息。它是与“公知信息”或“共知信息”相对应的概念。

公知信息属于民众的公共财富，不能为某人或某几个人所独占。共知信息虽不为公众普遍知悉，但属于专业人士的共享资源。商业秘密具有非公（共）知性。是否公（共）知，主要看是否可以通过正当的手段获得该信息。通常，“不为公众所知悉”是指该信息是不能从公开渠道直接获取。通常来讲，下列情形则属于公知信息或可直接获得的信息：该信息为其所属技术或者经济领域的人的一般常识或者行业惯例；该信息仅涉及产品的尺寸、结构、材料、部件的简单组合等内容，进入市场后相关公众通过观察产品即可直接获得。

除了采用上述排除法来认定相关信息是否具有秘密性外，在判断标准上，具有下列情形之一的，可以认定为有关信息具有秘密性：

（1）未在公开发行的出版物上公开发表。

商业秘密包括经营信息和技术信息。就经营信息而言，只要不为外人知晓，其秘密性便存在；就工艺流程、生产诀窍等技术秘密而言，只要该技术与已有公知技术有不同之处，且不是纯手艺、规格尺度的改变或等同性的改变，也应该认定其具有新颖性。[①] 公开信息的载体——出版物，包括正式出版的书籍、报刊、杂志以及其他形式的出版物，例如手稿、打印材料、录音、录像带等。通过上述形式将商业秘密的内容公布于众，第三人可以依据“公知信息”合法使用，即使形成与商业秘密权利人同业竞争的态势，造成权利人盈利下降，权利人也不能要求第三人损害赔偿，其只能向信息的公布人（出版人）要求损害赔偿。因此，失去信息的秘密性，即意味着丧失价值性。

与之行比，专利法中新颖性的判断标准，强调形式公开，即要求“在申请日前，没有同样的发明或实用新型在国内外出版物上公开发表过、在国内公开使用过或者以其他方式为公众所知”。申请日前公开的技术可以是技术的全部内容，也可以是非成熟技术或者仅仅是技术要点。公开这些内容都会使技术丧失新颖性，在商业秘密的保护中，如果公开的仅仅是某些技术要点，仅凭这些技术要点并不能形成同业竞争，则商业秘密未丧失秘密性。

对公开出版物与非公开出版物认定标准的问题。一些行业内出版物上写明“非公开出版”，但实际上在该行业内很容易得到或购买到，这样的出版物应视为公开出版物，其刊载的信息属于公开发表。另有一些为技术鉴定、评审成果等而准备的资料，由于其是为一个具体的技术目的而在一个相对狭小的范围内公开的，应不属于公开发表。对于一些非法出版物如何认定公开的问题，由于非法出版物在出版署没有真实而确切的出版号，其销量基本上不通过主渠道而是通过地下渠道，最后由小书贩、书报摊等销售，因此在司法实践中，非法出版物一般被认为不属于“公开发表过”的情形。

（2）未以其他方式为公众所知悉。

以其他形式为公众知悉，包括口头形式、报告、讲演、电台、电视台等形式将商业秘密公之于众，只要是一般公众想听便都能听到。如果仅是对特定的人公开，或者是对负有保密义务的人公开，或者是将信息的内容向无行为能力的、对其内容难以理解的人进行讲解，则不构成公开。另外，对其他方式公开的认定也要看公开的内容是否清晰、完整、详细，只有达到

① 戴建志、陈旭：《知识产权损害赔偿研究》，法律出版社1997年版，第132页。

本专业的技术人员听后便能实施这一标准，才能认为是公开。

商业秘密的秘密性是否像专利的新颖性一样要求“未被公开使用”？回答是否定的。因为专利技术的新颖性要求该发明创造或实用新型在申请专利之前是不存在的，在当时的条件下是前所未有的新产品、新物质或新技术、新方法。判断其新旧的标准是以现有技术为参照，现有技术中未包含该发明或实用新型的技术核心，该技术即具有新颖性。通过公开实施使一般技术人员能够了解和掌握该发明创造内容的，则属于一种技术公开的方式，由此将丧失新颖性。而商业秘密的秘密性主要强调信息本身的状态，含有商业秘密的新产品销售、使用、实物展出等被视为商业秘密信息的转化形态，而不是技术形态本身。另外，由于反向工程被视为获取商业秘密的正当渠道，完全可能存在两个或两个以上的主体拥有、使用同一内容的商业秘密。因此，使用公开不是商业秘密丧失秘密性的一种形式。这里的秘密性也不同于专利法中的新颖性。

（二）价值性

1993年版《反不正当竞争法》中与价值性并行的要求是实用性，修订后将其删除。当时规定实用性要素主要的考虑是商业秘密不能只是单纯的理论观念，而是应能够转化为现实的生产力，能够解决实际问题的无形财产。这种实用主义价值观窄化了商业秘密的外延。因为判断实用性的标准指可实施性，即要求商业秘密能够在商业上运用，体现其技术价值，这要求商业秘密应是一套完整的技术方案。因此，将处于创新过程中的技术或信息则被排除在外，是不合理的。失败的实验室记录虽没有上述意义上的实用性，但可以避免获取同类技术时所走弯路。同样具有价值性。

价值性，就是商业秘密运用到实践中，可以给权利人带来经济上的利益或具有潜在的科研价值。

商业秘密价值的分析视角有多种，可以分为：既有价值（已经依靠商业秘密形成竞争优势或带来现实的经济利益）和潜在价值。很难讲既有价值与潜在价值孰大孰小。一般来说，进入市场的商业秘密其财产性体现得更为充分，实验中的数据体现的是潜在价值（现在没有但将来会显现的竞争优势和预期利益）。此外，还可以从时间上划分商业秘密的价值，包括：长期价值，其信息的实用性具有长久的生命力，例如，开发出某种现今世界领先的新技术，这种技术代表了今后10年的技术发展趋势；短期价值，其信息的实用性只具有临时性或应急性，例如，招投标中的标底及标书内容作为商业秘密，这种信息就是具有短期价值的秘密信息。

商业秘密的价值性还应当是积极的，即应用于实践能够产生积极的经济效果和社会效果，如提高了设备性能、改良了工艺、提高了产品质量、保持独特的品质；降低了能耗、减少了环境污染；改善了劳动环境、提供了新产品；等等。对于违反国家法律、社会公德或者妨害公共利益的技术信息是不被称为商业秘密的。

（三）可保密性

可保密性指权利人为防止信息泄漏所采取的与其商业价值等具体情况相适应的合理保护措施。

对商业秘密的保护要求权利人采取合理的保密措施，其法律机理在于，通过采取合理的保密措施宣示权利人对相关信息的态度。如果没有表明对技术信息或管理信息的保密态度，即意味着权利人放弃了相关信息的财产性权利。

商业秘密是信息所有人的一项权利，对其是否加以保护及保护多久，所有人享有选择权。但是，如果欲追究他人法律责任，其前提条件必须是信息的所有人采取了一定的管理措施。如同在专利法中，专利权人欲获得法律对专利的持续保护，就必须以按期交纳专利维持费的方式表明其对专利维护的态度。所以，“经权利人采取保密措施”，只要求有证据证明权利人对信息的态度。

可保密性应当根据所涉信息载体的特性、权利人保密的意愿、保密措施的可识别程度、他人通过正当方式获得的难易程度等因素，判断并认定权利人是否采取了保密措施。原国家工商行政管理总局的解释是：“只要权利人提出了保密要求，商业秘密权利人的职工或与商业秘密权利人有业务关系的他人知道或应该知道存在商业秘密，即为权利人采取了合理的保密措施，职工或他人就对权利人承担保密义务。”①在证据上，采取了保密措施的最基本的标准是制定保密的规章制度、单方面提出保密要求。企业可以通过制定内部规章，确定劳动者的保密的责任，内部劳动规则具有准法规的性质，其效力范围及于全体职工。单方面提出保密要求是指企业一方以书面形式或口头形式要求有关技术人员或商业秘密的知情者保守商业秘密。采取保密措施更为明确的方法是订立保密合同。合同约束的主体可以是企业的在职职工、解除劳动合同后的原企业的职工、与企业有业务关系的第三人等。

从证据角度而言，上述标准可以通过下列形式体现出来：(1) 限定涉密信息的知悉范围，只对必须知悉的相关人员告知其内容；(2) 对于涉密信息载体采取加锁等防范措施；(3) 在涉密信息的载体上标有保密标志；(4) 对于涉密信息采用密码或者代码等保密方式；(5) 签订保密协议；(6) 对于涉密的机器、厂房、车间等场所限制来访者或者规定保密要求。

一些地方性法规对保密措施作了一些细化的解释，某种程度上提高了商业秘密保护的条件。例如，《深圳经济特区企业技术秘密保护条例》第 4 条规定，该条例所称的保密措施是：(1) 合法拥有技术秘密的企业与因业务上必要知悉该秘密的员工或业务上相关人已签有保密协议，或者提出书面的保密要求并已明确告知有关员工及业务相关人员；(2) 合法拥有技术秘密的企业已经对该秘密的存放、使用、转移各个环节采取了有效的控制措施。《珠海市企业技术秘密保护条例》第 4 条规定，本条例所称保密措施是：(1) 企业对技术明确划定秘级和范围；(2) 企业与知悉或者可能知悉技术秘密的员工及有关人员签订保密协议，或者提出书面的保密要求并经签名确认。这些规定只能理解为便于企业加强商业秘密的管理，减小泄漏的危险，而不应是认定商业秘密的条件。

采取保密措施这个条件仅指保密行为，而不是保密的结果或效果。因为要求权利人采取牢不可破的保密措施实际上是不现实的，权利人只要表明已经采取保护措施即可，包括权利人仅仅提出保密要求。从相对人的角度讲，只要相对人知道或应当知道权利人已采取了相应的保密措施，相对人应就此止步，而不能再行获取或披露、使用，否则即构成侵犯商业秘密。

二、商业秘密的法律调整

对商业秘密的法律调整，从调整规范的关系上，分为基本法调整和特别法调整。所谓基本法，即对商业秘密的基本方面进行调整的法律。基本方面包括商业秘密的概念、表现形

---

① 原国家工商行政管理总局工商公字[1998]第 109 号《关于商业秘密构成要件问题的答复》。

式、侵犯商业秘密的行为等。一些国家或地区对上述内容的落实在反不正当竞争法之中,也有的在此之外单独制定了商业秘密法。如在美国没有反不正当竞争法,统一州法全国委员会制定的《统一商业秘密法》被越来越多的州选用,使得该法越来越呈现出商业秘密保护的基本法特性。特别法是指具体规定商业秘密某一方面或某种法律责任的法律。民法、合同法、劳动法、公司法、刑法中都有商业秘密的相关内容。如劳动法中规定了劳动者离职后保守商业秘密的问题;公司法规定了高管人员竞业限制的义务;税收征管法中规定的征管人员的保密义务;等等。

对商业秘密以基本法和特别法相结合来调整相关法律关系的特性,可以称为多元法律调整。商业秘密呈现多元调整状态的原因主要是:

首先,商业秘密包含多种需要法律调整的复杂关系。以经营者为中心,涉及商业秘密的关系包括:(1) 经营者与交易对方的关系。在交易过程中,交易人可能涉及经营者的商业秘密,对于所接触的商业秘密需要法律调整。(2) 经营者和有关监督机关的关系。监督机关对由于职务原因所了解、得到经营者的商业秘密应当承担保密义务。(3) 经营者和其内部人员的关系。尤其是开发或知悉商业秘密的人员,包括技术人员、高管人员的关系,这种关系基于经营权和劳动权的冲突而产生的。(4) 经营者和竞争者的关系。竞争者以何种手段获得的商业秘密是被容忍的、合理的,需要一种明确的标准。

不同性质的关系,需以不同的法律调整方法进行相应的调整。

经营者与交易对方在交易中涉及的商业秘密和监管机关依据职权知悉商业秘密,相关主体不享有使用权、收益权和处分权。因此,用强制性规范、禁止性规范来调整这类关系,即知悉人应当履行法定的不作为义务。

经营者和其内部人员尤其是开发或知悉商业秘密的人员的关系是劳动关系。劳动法所调整的涉及商业秘密的关系又包括两种情况:制定和执行日常保护商业秘密的具体措施;劳动者流动时对商业秘密的特殊保护措施。前者属于在职期间的劳动力的管理,一般通过企业内部规章即可实现;后者具有涉他性,只有通过立法技术法来平衡这种关系才能实现长久的公正。一般来说,法律选取授权性和强制性相结合的调整方式来处理,即是否约束拟流动的劳动者使用其掌握的商业秘密,由劳动者和其所属的企业之间协商解决;如果协议约束劳动者,限制其使用掌握的商业秘密,不得超过一定的时间;同时,作为对价,企业应当给劳动者一定的补偿。这些内容属于竞业限制的范畴,下文将详述。

在有关经营者和竞争者的关系中,商业秘密权人往往是生产经营者,商业秘密法或反不正当竞争法以保护享有商业秘密权的经营者为中心来约束包括竞争者在内的他人的侵害行为。对他人的约束内容是禁止以不正当的方式获得和使用、披露。

其次,不同的法律所调整的商业秘密关系的内容有所不同。商业秘密本身具有财产的属性,侵犯了他人的商业秘密也就是侵犯了权利人的财产利益。在没有制定基本法的国家或地区,侵犯商业秘密依照民事侵权行为来认定和处理,将商业秘密的法律关系归入民事法律关系,比照物权的模式,安排其权义结构,即权利人享有占有、使用、收益和处分的权利,他人负有对商业秘密不作为的义务。

由于商业秘密具有"见光死"的特性,必须设置特殊"避光"保护机制。用合同法、劳动法、公司法、税法等法律来规范所确立的避光保护只是相对于职权和业务过程中的避光保护,即对合作者和行政管理者的避光保护。对于经营过程中之于竞争者的避光保护设施,需要竞争法来搭建。

进一步而言,反不正当竞争法是以动态的方法限制他人不当获取及处分商业秘密的行为。具体包括:(1) 确定获取信息手段的非正当性标准:盗窃、利诱、胁迫等手段属于非法手段。(2) 获得的商业秘密的可处分性与不可处分性的界限。上述非法手段获得商业秘密后,禁止披露、使用或者允许他人使用其所掌握的商业秘密。合法手段获得的商业秘密可以处分。(3) 第三人的获得商业秘密和处分商业秘密行为的正当性与非正当性。第三人明知或者应知行为人持有的商业秘密属于违法行为,仍然获取、使用或者披露他人的商业秘密,视为侵犯商业秘密。

最后,商业秘密关系中包含着私人利益和公共利益的冲突,需要以一定的手段进行协调。涉及的私益和公益的内容表现为以下方面:

(1) 劳动者的择业自由、企业主的经营权之间的冲突和协调。人才的自由流动是社会进步的标志,是市场经济的必然规律。市场经济越是发达,人才的流动就越为社会所接受。《宪法》和《劳动法》中规定劳动者的劳动权是人的最基本权利之一,劳动者有权在法律允许的范围内自由选择其职业和就业场所。若强令雇员离职后不得到与原雇主有竞争关系的企业谋职,无疑将削弱他的谋生能力,剥夺其再就业的选择机会。保护商业秘密与促进人才流动的矛盾限制了劳动者的自由择业权、再就业权等劳动权,它一定程度上妨碍了人才的自由流动,抑制了整个社会的自由竞争。由此我们看到,通过签订有关竞业限制的协议,调整雇员与雇主间在雇员离职后对待商业秘密的处理条款,平衡相互间的利益关系就显得尤为重要。

(2) 企业对商业利益的追求与有效竞争关系的冲突与协调。商业秘密是一种竞争手段,也是一种重要的财产。无论法律用什么手段来调整这一资源,无论将它归入哪一类,都不能否认其私权属性的一面。但商业秘密的法律调整,不仅是对商业秘密权利人合法利益的保护和雇佣关系利益的协调,更重要的是维护商业道德、维护公平有序竞争环境。商业道德要求人们以自己的投资或者劳动换取利益,不容许不劳而获、非法攫取他人的劳动成果。同时,商业道德还要求人们在经济活动中互相信赖、诚实信用,违反诚实信用原则以及公认的商业道德的不公平竞争是法律所不容许的。公平有序的竞争环境是市场经济内在价值的体现,如果法律不能有效地对商业秘密进行保护,势必影响到公平、有序的竞争秩序,破坏正常的市场经济运行。

总之,对商业秘密的认识不能停留在平面或单项的部门法的规定上,需要从制度出发,以立体的视角、复合的观念来综合评价,才能把握其制度的本质。

三、商业秘密权的界定

商业秘密作为一种特殊的无形财产,它的特殊性不仅体现在法律关系上,也体现在商业秘密权的属性上,理解和把握这些特殊性对于认识商业秘密的本质和正确运用商业秘密权具有重要意义。

(一) 商业秘密法律关系的特点

商业秘密法律关系既不同于其他如知识产权等无形财产权法律关系,也不同于有形财产法律关系。其特殊性表现为:

第一,所有权主体的多元性。物权法中有一物一权原则,其功能在于确立有形物的所有权绝对性。传统的知识产权的垄断性强调的也是“一物一权”。工业产权的在先申请原则促成了这种所有权主体的单一性特征。委托开发或合作开发技术共同申请专利的,属于共有,在所有权上仍是一个主体。因此,物权或知识产权的权利具有严格的排他性。但是,商业秘密所有权不限于“一物一权”。通过自主开发取得或以反向工程方式获得的商业秘密,开发人或获取人都可以成为所有权人。这样一来,同一商业秘密可能同时存在两个或两个以上所有权。商业秘密所有权主体具有多元性由此得出。由所有权主体的多元性还可以引出一个派生的权利特性:其只具有相对的排他性,而不是绝对的排他性。

第二,权利客体的扩展性。传统知识产权的客体范围相对明确。著作权法保护的客体(按作品所反映的内容不同)可分为文学作品、艺术作品和科学作品三类。专利权的客体是发明、实用新型和外观设计。商标权的客体包括文字、图形、字母、数字、三维标志和颜色或以上因素的组合。商业秘密的基本含义是技术信息和经营信息,而技术信息和经营信息各自都有丰富的内涵和外延。加之这种信息不要求以载体固化,即可能以一定的物质载体表现出来,也可能存在于科技人员或经营管理人员的头脑中,表现为活化或人格化的商业秘密形态。[1] 另外,商业秘密的认定标准相对抽象,且标准多自我设定。逻辑上,概念的内涵越丰富,外延越小;反之,外延越大。商业秘密的认定标准中,除了秘密性外,其他标准的客观性都较弱,这决定了外延的扩展性。为此,在立法技术上有关国家大多采取概括式的体例,或采取不完全列举的方式以适应这一特性。

第三,法律保护期限的不确定性。知识产权都有一定的保护期限。其期限可以分为两种,一种是不能由权利人主导的有限保护期,如著作权、专利权;一种是可以由权利人部分主导的有限保护期,如商标权。权利人部分主导的有限保护期是一种变相的无限期限,但其得以维持是有条件的,需要权利人提出申请并付出一定的财产对价。商业秘密权没有固定的保护期限,其存续的时间不为法律所预先确定,保护期限的长短取决于权利人的主观愿望,无需财产对价。只要一项商业秘密不被泄密,且持续拥有经济价值,就能无限期地得到法律的保护。

第四,权利丧失的高风险性。商业秘密保护的起点较低,即创造商业秘密较容易,同时,权利丧失的风险也很大。商业秘密权利丧失的危险来自多方面,既包括权利人本身,如权利人未采取有效的保密措施。也可能来自于他人的行为,如商业秘密被第三人获取并由此使信息扩散。再如他人构思出同样的商业秘密或通过反向工程取得的商业秘密并传播到社会也会使商业秘密丧失秘密性。还可能来自于与之有交易关系的当事人,监督管理机关等第三人,而来自于第三人的风险不是权利人能控制得了的。由此,也使商业秘密保护的任务与专利权不完全一样。商业秘密包含的信息具有流动性,而专利信息具有凝固性。保护商业秘密的任务是控制信息流动,专利保护的任务是强化这种凝固信息的硬度。

(二)商业秘密权的性质

商业秘密权是一种什么样的权利,目前的法学界还没有统一的认识。对商业秘密的分析既要依据商业秘密本身的特点,也要结合商业秘密法律关系的特殊性,而不能简单套用传统权利类型来定性。

商业秘密权属性的争议主要集中在财产权和知识产权上。

---

① 吕鹤云:《商业秘密法论》,湖北人民出版社2000年版,第61页。

支持商业秘密属于财产权的人认为商业秘密是人类知识活动的结果，是一种财产，并可以成为信托、继承、遗赠、课税的对象。虽然商业秘密不具有独占性，不属于物权或准物权，商业秘密对于权利人而言是一种准财产权。反对商业秘密是财产权的人认为：(1) 权利性质不同。财产权是对世权，权利人一旦拥有了财产，该财产就不能再为他人所有。商业秘密权不是对世权，商业秘密权人拥有了该商业秘密，同样的商业秘密可为他人所有，或者说商业秘密权没有绝对排他性。(2) 侵权后果不同。有形财产被侵占、盗窃，会使权利人丧失该财产，无法继续获得任何收入。商业秘密被侵占、盗窃，权利人不全部丧失财产利益。有形财产的所有人丧失的是所有权，商业秘密权人丧失的可能只是财产性利益，且是部分利益。如果一个人从一个地区盗窃了一项商业秘密到另一个地区实施的话，权利人甚至连利益也没有丧失。

关于商业秘密权属于知识产权，赞成者认为，智力劳动所创造的一切智力成果都可以成为知识产权保护的对象，从这个意义上，商业秘密完全符合知识产权的保护范围。商业秘密中的技术信息属于人类智力成果，似乎争议不大，但对经营信息是否含有人类的智力劳动持有异议。此外，商业秘密权归属于知识产权面临的最大的障碍是知识产权所具有法律特征——垄断性、排他性、时间性，这些特征在商业秘密权上如何匹配？为此，观点持有者只能以它是一个特殊的知识产权进行解释。反对商业秘密权归属知识产权的人，以现在公认的知识产权特征商业秘密不具有或不完全具有为主要论据，强调所有权必须由法律确定，像著作权、专利权，都是基于著作权法和专利权法的规定而产生的。商业秘密不过是处于秘密状态下的技术或者信息的组合。

也有人认为，商业秘密权是公平竞争权。商业秘密权既不是物权，又不能获得像专利权一样的排他性的专有权保护，但商业秘密具有竞争价值，其秘密性能够使持有人获取竞争上的优势。因此，商业秘密权属于一种公平竞争权。公平竞争权是竞争法创设的一种新权利，它是一种包含具体内容的、可诉的权利，而不仅仅是一种资格或地位。经营者在从事或意欲从事经营活动、与其他经营者发生或可能发生竞争关系或与市场相对人形成或可能形成交易时拥有此项权利。

"从动产到不动产，甚至从著作权到专利权的意义上来说，商业秘密并不是传统的财产，因为它不是那种由占有、对其使用或者受益而享有(或多或少的)排他性权利的东西。"①不管财产权说还是准财产权说，此说的学者都承认，商业秘密的保护来自于竞争法，而不是财产法。知识产权说也不否认，商业秘密可以同时为多个主体所使用，且不会因各个主体的使用而使该项知识产权自身遭受损耗和灭失。我国学者在 20 世纪末期曾提出了知识产权是信息产权。② 在这一点上，商业秘密权和知识产权具有相同的属性，以至于某些学者无法将两者分开。③ 但是，知识产权属于公开的信息，而商业秘密属于不公开的信息，由此决定了两者至少是在信息权这一大属性中的两个不同的范畴，不能强行将商业秘密权划归知识产权。另如特殊客户名单、价格中的折扣、独特的经营管理方法等并非凝聚着与知识产权同样深度

---

① 〔美〕波斯纳：《知识产权法的经济结构》，金海军译，北京大学出版社 2005 年版，第 451 页。

② 我国学者郑成思认为，知识产权的客体是无形的智力创造性成果，它是可以脱离所有者而存在的一种无形的信息。郑成思：《知识产权法》，法律出版社 1997 年版，第 11 页。

③ 这两个领域是否是种属关系，则需进一步探讨。

的智力成果,远远偏离于知识产权之外。

商业秘密权有自己的特性,无法放到传统的权利体系框架之中。

将商业秘密界定为一种信息权的合理之处在于把握住了商业秘密的本质属性,但不足之处在于,信息权的范畴太大,无法显现商业秘密自身的特性。

《与贸易有关的知识产权协议》(TRIPS 协议)第二部分第七节使用的是"undisclosed information"(未被披露过的信息),以区别于专利、商标、作品等公开的信息。TRIPS 协议的这个概念恰恰是在揭示商业秘密权的特性的基础上选择使用的。从权利(力)主体的类型上,信息权可以分为企业信息权、国家信息权、个人信息权;依据权利内容的不同,可以将信息权分为绝对排他性信息权和相对排他性信息权;按照信息的公开性与否可以将信息权分为公开信息权和秘密信息权。商业秘密权属于企业信息权、相对排他性信息权、秘密信息权。其中,秘密信息权是这种权利的基本属性和核心特征。

相比之下,相对排他性信息权只是商业秘密权的特征之一,不是它的标志性特征。企业商号权也具有相对排他性、被许可人持有的排他性知识产权也具有相对排他性。与商标权、专利权、版权、商号权、域名权等权利相比较,商业秘密权是非公开的。由此引申出的本质特性在于,前述诸多权利一般必须经过专门的法律程序确认才能得到国家法律的特别保护,即其产生是以国家机关的许可或确认为前提,或者说,权利是以公信力来维护的。而商业秘密权主要是由商业秘密信息的持有者采取保护措施来维护的,正常情况下,这种权利的产生和维护主要是依靠自力救济,特殊情况下,权利被侵害并由权利人主张时,才依赖公力救济。在这点上,商业秘密权和个人隐私权具有同类性,都是以秘密形式存在,都具有一定的人格特征,一旦被他人以特定的形式公开,就打破了权利平衡状态。

所以,商业秘密权的性质应该是企业秘密信息权。

第二节 侵犯商业秘密的行为及抗辩

商业秘密侵害行为是商业秘密法律制度的核心,它涉及侵害行为的认定、侵害的类型和侵害行为的抗辩。

一、侵犯商业秘密的行为

侵犯商业秘密行为的认定标准和表现形式不同于民事侵权行为,所以在称谓上,也不宜将其称为商业秘密侵权行为。

(一)侵犯商业秘密行为的认定标准

侵犯商业秘密行为的认定不同于其他不正当竞争行为,也不同于一般民事侵权行为,在构成上有自己的特殊性。

行为的构成要件包括两个:

1. 行为人实施违法行为

行为人实施违法行为,包括手段和内容。手段主要是盗窃、利诱、胁迫、贿赂、黑客、间谍活动等。明确列举全部手段是不可能的,各国和地区在法律条文的表述上都附加"其他手段",其他手段依据一般商业道德标准来判断。行为内容包括获取、披露和使用。我国《反不正当竞争法》第 2 条和 10 条规定的主体是经营者,但侵犯商业秘密的主体并不局限于经营者。美国《统一商业秘密法》(1985 年)第 1 条规定的主体为“人”,包括自然人、公司、商业信托、合伙、联合、合资、政府、政府分支机关和代理机构,或其他法律或商务实体。[①] 由于侵犯商业秘密行为不限于自己使用,披露或允许他人使用也构成权利侵害。获取商业秘密的人如不是经营者,披露或允许他人使用其掌握或获取的商业秘密的,也构成权利侵害。由此,包括和商业秘密没有直接应用关系的自然人或政府机关(人员)等都可能成为违法主体。

2. 行为人主观上有过错

过错是构成侵犯商业秘密行为的条件之一,指行为人在主观上知道或应当知道特定信息属于他人的商业秘密。这里的主观状态还可以根据上述不同的关系进行更细致的分类。对于窃取商业秘密或第三人获得或使用商业秘密行为的,其主观状态应为明知或应知;对于职务或业务行为获得商业秘密而实施侵犯商业秘密行为的,其主观状态应推定为明知或应知。

主观状态的要求区别于其他不正当竞争行为的认定。区别于民事侵权行为的,是商业秘密侵害行为并不要求存在损害事实。这一点上,形似知识产权侵权行为。其共同的机理在于,侵害行为所造成的财产损失可能一时反映不出来。如果将其作为一个认定违法的必备要件,则是对行为可规制性的放任,进而减轻了处罚的范围和力度。既然不存在损害事实这一条件,也就不存在另一个民事侵权行为的要件——损害事实与侵权行为之间有因果关系。由此,认定侵犯商业秘密的行为不能单纯从利益受损角度评定,只要求主观状态和客观行为即可。

(二) 侵犯商业秘密的行为类型

一般来说,侵犯商业秘密的行为有四种类型。

1. 不当获取商业秘密的行为

商业秘密具有财产性,可以使获取者拥有使财产增值的便捷机会。另外,商业秘密具有易获取性和实用性,获取的商业秘密可以马上在生产、经营中得到应用,常常无须再添加新的设备、培训新的工作人员,亦即获取者将商业秘密转手再用于生产经营的成本很小。他人运用商业秘密带来的财产增加或潜在的财产价值增长的同时,商业秘密的所有权人面临市场份额下降、营业客户减少、产品销量不足等竞争压力。商业秘密在传播上具有无形性,一旦被他人不正当获取,其扩散迅捷并不留痕迹。在某些情况下,仅仅掌握他人的商业秘密成果,就可以使获取人的科研、生产、经营少走大量的弯路,获取巨大的竞争优势。因此,违反权利人的意愿获取商业秘密的行为,尽管获取者可能并未实际将之用于生产经营,但行为本身已经构成反不正当竞争法意义上的侵害行为。

这里的“不当”不仅仅指违反权利人的意愿,也指获取的手段。不当获取商业秘密行为所凭借的手段有多种,可以将相关手段分为两类:基本手段和其他手段。我国法律规定的基本手段包括盗窃、贿赂、胁迫;美国《统一商业秘密法》规定的基本手段包括盗窃、贿赂、虚假陈述、违背或引诱违背保密契约或通过电子或其他手段进行谍报活动等手段。

(1) 盗窃手段。所谓盗窃手段,是指运用秘密窃取的方法获得并占有权利人的商业秘密。秘密窃取要求获取的是商业秘密的实质内容,包括将载有商业秘密的文件窃取、复制原件,或将商业秘密的内容以其他方式记录下来。不管采取什么方式,只要实施了秘密窃取他

① 唐海滨:《美国是如何保护商业秘密的》,法律出版社 1999 年版,第 133 页。

人商业秘密的行为,都属于盗窃商业秘密。

(2) 贿赂手段。所谓贿赂手段,是指以给付物质利益或其他好处的手段诱使他人告知其商业秘密的行为。贿赂手段的特点,是以一定的物资利益或其他手段为对价,使商业秘密的知悉者泄露秘密给行贿者。

(3) 胁迫手段。所谓胁迫手段,是指以损害他人财产或伤害其人身,以及带来精神损害相要挟,迫使他人违反其真实意思表示而告知商业秘密。胁迫手段要求用以作为胁迫的手段内容必须在事实上能够成立,即具有可实施性:若商业秘密的持有人不告知其商业秘密,胁迫人实现其所言,可能给权利人带来相应的损害结果。

(4) 其他手段。其他手段,是指采用盗窃、贿赂、胁迫手段以外的不正当方法获取他人商业秘密的行为。例如,通过电子手段进行间谍活动,或通过灌酒使知悉商业秘密的人说出商业秘密等。

2. 不当披露、使用商业秘密行为

具体而言,这种行为包括三种形式。

(1) 不当披露行为。不当披露行为,指利用不当手段获取商业秘密的人将获取的商业秘密向他人泄漏,从而使商业秘密公开或可能公开。向他人披露包括向特定的他人泄露,也包括向不特定的人(社会公众)泄露。向特定的人披露是否为商业秘密权利人的竞争对象,以及这些人是否将得到的商业秘密用于生产经营、是否给权利人造成财产损害等均无需考虑。

(2) 不当使用行为。这里的不当使用行为,指以不正当手段获取商业秘密的人,直接将商业秘密用于自己的生产经营或自己参与的生产经营中。通常,以不正当手段获取商业秘密并自己使用的人是商业秘密权利人的竞争者,其使用行为可能造成商业秘密权人财产利益的下降。

(3) 不当允许他人使用。不当允许他人使用的行为,指获取商业秘密的人以一定的方式将商业秘密提供给第三人使用。“一定的方式”包括有偿方式和无偿方式,有期限方式和无期限方式等。

3. 合法持有但违反义务或要求的不正当行为

构成这种违法行为,首先要求行为人所掌握的商业秘密是通过正当的手段或者途径合法取得的。一些情况下,有关人员可能合法得知他人的商业秘密,如权利人因生产经营的需要,将商业秘密交付给技术人员、销售人员或与其交易的对方当事人、国家税收管理人员等。合法持有人可以被分为两类:内部人员和外部人员。对内部人员而言,商业秘密的保护是通过签订保密合同和内部管理措施来实施的,由此产生了内部人员的“义务和要求”。对外部人员而言,相关法律规定了职务义务,合同法中后交易义务,税收征收管理法、统计法、外汇管理法等制度上规定的法定保密义务。可见,这种违法行为将侵犯商业秘密行为主体从内部主体、竞争者扩大到合作者和管理者等非竞争关系人。

4. 第三人恶意获取、使用或披露行为

恶意在民法上的含义是明知或应知。明知表明的主观状态应是故意;应知指一个有理智的人从其掌握的信息可以推论出该事实,或一个有理智的人在特定情势下会产生疑问,对于疑问其以合理的智力和注意力,将会知道该事实。[①] 应知的主观状态是应当知道而未知

① 张玉瑞:《商业秘密法学》,中国法制出版社1999年版,第543页。

道，即过失。反不正当竞争法对主观状态的要求约束的是第三人，即第三人明知或者应知前款所列违法行为，获取、使用或披露他人的商业秘密，才构成侵犯商业秘密的行为。国家科委曾经在颁布的《关于加强科技人员流动中技术秘密管理的若干意见》第 8 条曾将第三人主观状态限定为"明知"：用人单位在科技人员或有关人员调入本单位时，应当主动了解该人员在原单位所承担的保密义务和竞业限制义务，并自觉遵守上述协议。明知该人员承担原单位保密义务或者竞业限制义务，并以获取有关技术秘密为目的故意聘用的，应当承担相应的法律责任。这里考虑到了此"应知"和民法上的"应知"在执行上可能存在的差异。但在现行法上，仍将主观状态确定为"明知或应知"："第三人明知或者应知商业秘密权利人的员工、前员工或者其他单位、个人实施前款所列违法行为，仍获取、披露、使用或者允许他人使用该商业秘密的，视为侵犯商业秘密"。这里增加了"前员工"，往往针对的是跳槽带走商业秘密的原单位人员，一旦其违反保密要求，责任人不仅是个人，还有新东家。"其他单位、个人" 包括职务行为中国家机关及其工作人员，律师、注册会计师及其从业人员，等等。

实践中，法院判定是否侵害商业秘密的方法一般是推定的，按照"相同＋接触－合法来源"的要件来分析。事实上，有将主观要件客观化的倾向。这是由商业秘密的价格非市场性、性质单一等特性决定的。

二、侵犯商业秘密行为的抗辩

技术创造只有建立在信息共享的基础上才能避免重复性劳动。商业秘密是以人为阻止信息的传播来维持其权利状态的。在这个意义上，商业秘密是一种守旧的观念，专利是一种创新观念。专利排斥重复性劳动，商业秘密不贬低重复性劳动。对未公开信息的载体进行反向工程或重复开发，其成果将受到尊重，由此产生了侵犯商业秘密的抗辩。

反不正当竞争法禁止以不正当手段获得并形成与权利人共存的相同或类似的秘密信息状态。那么，依正当手段获得的商业秘密就成为可抗辩的理由，正当手段获得可以是继受取得，可以是原始取得。继受取得主要是继承、转让、受赠等获取的商业秘密；原始取得包括独立研制取得和反向工程开发取得。

1. 继受取得

继受取得如继承、转让、赠予。授权许可他人使用也是获得商业秘密权的一种重要方式。但授权许可一般有一定的时间限制，抗辩也只能在许可期限内才存在。

除了许可外，其他抗辩建立都在商业秘密所有权的基础上。在判断是否享有所有权时，因商业秘密不公示，在一定程度上只能参照适用善意取得制度。确立商业秘密的善意取得制度有利于维护商业秘密权的稳定和社会关系的稳定。但是，商业秘密的善意取得和一般动产的善意取得存在一定的差异。

一是在判断技术标准上，"不知道"或"无法知道"标准无法简单平移。恶意和善意的分界线是"注意"。行使了一个有正常心智与正常法律观念的人的足够注意，即为善意。民法理论上，善意的判断有积极观念说和消极观念说。前者指当事人主观上将让与人视为所有人；后者指不知道或无法知道让与人是非处分权人。在实践中，前者很难证明，故通常采用消极观念的认定方法。第三人不知道也无法得知让与人的商业秘密属于盗窃、利诱、胁迫等方式获取的，其受让的心理状态是善意。进一步而言，动产善意取得中，判断"不知道"或"无法知道"的外在标准是受让人支付了合理的对价。但对于商业秘密而言，其比商标、专利更难以评估作价,受让人接受何种价格才属“合理”没有外在的参照。通常意义上的“过于低廉”就不是产品的市场价值和转让价格的比较,而是同行技术人员对某商业秘密的主观价格评定和转让价格之间的比较,但这种比较的主观差异性将非常大。

二是在事后“知道”情况下权属关系的处理不能一概而论。当善意受让人在取得商业秘密后得知该商业秘密属于转让人无权处分,仍然使用或披露该商业秘密的,其行为如何认定?即使推定第三人为侵犯商业秘密行为的情况下,仍存在由此知悉的商业秘密如何对待的问题。可能的权利状态有三种:商业秘密权中止,或者与商业秘密权利人签订商业秘密使用许可合同以复效,或者彻底终止商业秘密权。理论上,有人提出,从促进生产力的发展角度出发,对于在善意第三人“得知”之前已经支付了对价;或者对商业秘密进行了其他投资的;或者为了使用商业秘密已经对厂房、设备进行了实质性改造;或者了结了其他业务以便在此基础上开展新的业务的,善意第三人的责任应得以免除。这种提法值得商榷,原本和动产善意取得相比较,商业秘密的善意取得的标准就平添了许多主观性色彩。“投资转化”带来的问题是,增加了新的判断难度,即何为“实质性改造”;另外,在这一标准不明确的情况下,易使“投资”成为非法行为合法化的疏通管道。因此,笔者认为,在此种情况下,宜通过签订合同确立第三人享有对该受让商业秘密的所有权,并给予商业秘密原权利人以合理的对价来解决;如果不能达成协议,则由司法机关按照商业秘密在权利人市场经营中的价值确立合理的对价;如第三人不愿意负对价接受该商业秘密,则其对持有的商业秘密不享有任何权利,但仍应承担保密义务。

2. 原始取得之正向工程(平行独立开发)

独立研制的商业秘密也被称为正向工程,指生产经营者各自独立地开发、获得与他人已有的商业秘密相同或者相类似的秘密技术。只有在证明属于独立研制的情形下,开发者才能享有平行的商业秘密权。开发者对于与他人相同或近似的商业秘密负有举证的义务。可供举证的材料包括研发时的一系列原始数据资料、商业秘密保密协议等。一般只能以物证来证明,不适于人证。

独立开发可能基于单位内部的物质条件或资料,也可能根据公知知识或公开的文献。公开的文献包括专利文献、专业期刊、科技杂志、学术论著等。例如,A公司对自己的先进技术没有以申请专利的方式在专利文献上公开,而是把它作为商业秘密保密起来。B公司为了打破A公司在技术上的垄断,广泛查找各种与之相关的文献,在国外的一期杂志上查到了与这种技术相近的基础性生产工艺,并结合自己的经验,开发出了与A公司相同的商业秘密技术。

保护经营者独立开发并获得相应成果——商业秘密权,同著作权的保护前提是一样的:要求形式与内容的统一。仅有特定的思想内容,而无表现形式或者表现出来的东西无思想内容(如一声叫喊)都不能获得著作权,即著作权上形式和内容两者缺一不可。商业秘密也同样要求内容与形式的统一,只有包含实用性内容的信息才能具备经济性和价值性,只有将这种信息运用于实践才能产生效用,其载体可能以一定的形式固化,也可能是一种体系化的思想付诸实践,例如特殊的管理方法。有所不同的是,商业秘密权不排斥独立复制思想和载体,而著作权允许复制思想,但不允许复制表达形式。

3. 原始取得之反向工程

反向工程,也称还原工程,是指通过技术手段对从公开渠道取得的产品进行拆卸、测绘、分析等,而将该产品中的有关技术信息还原复制出来的过程和方法。

反向工程属于技术模仿，其优点是模仿人可以减少技术研究与开发的投入，降低成本水平，规避因巨额投资带来的风险；其不足在于允许模仿的技术范围有限。模仿出来的技术至多达到被模仿技术的水平，具有寄生性。

经反向工程获取技术的合法性理由，不仅仅是当事人付出了重复开发技术的劳动，也包括以此取得信息的载体具有公开性，即含有商业秘密的产品已然行销于世。产品公开销售，即意味着允许他人以反向工程的方法获取该产品中的商业秘密。另一个社会性理由是商业秘密的无期限性可以视为一种长期的垄断，反向工程获取商业秘密可以打破该种权利的垄断性。在 2001 年美国"*DVD CCA v. Bunner* 案"[①]中，加州上诉法院本来裁定反向工程在大批量生产市场许可中为侵犯商业秘密的行为，但加州最高法院推翻了上诉法院的意见："根据宪法第一修正案，以 DeCSS 的形式限制计算机代码的传播应受到审查"，裁定加州的商业秘密保护法没有为重要的政府利益——"鼓励创新和发展"而服务。在此案的基础上，美国一些行业协会（如电气和电子工程师学会和计算机机械协会）进一步指出允许反向工程的理由：没有这种过程，检测第三方产品缺陷、升级产品与其他产品兼容等行为都很难实现。

反向工程似乎存在一个"二律背反"：反向工程增加了商业秘密权的不确定性，但禁止反向工程将进一步增加其不确定性，因为很难区分开自我创造和反向工程，即使能够区分，恐怕也会大大增加司法成本。所以，反向工程带来的商业秘密权的不确定性应该依当事人决策和增加法律严格条件来消减。就当事人决策来说，某一种技术信息是否以商业秘密形式维护其价值，要评估该种技术被反向工程的成本。如果反向工程的成本很高，会自动阻止他人搭便车；如果反向工程成本很低，当事人应当选择申请专利。就反向工程的条件而言，只有有证据证明是通过反向工程的方式获取的商业秘密才能取得该信息的所有权。

反向工程抗辩来自于获得商业秘密需具备的合法性条件，该条件主要有：

(1) 解剖对象是合法取得的。通常对购买的产品实施反向工程，即对具有所有权的产品实施商业秘密反向工程无异议。对承租或借用的产品实施反向工程，是否能够获得商业秘密则有异议。有人认为，商业秘密权只能随同所有权存在而产生。承租产品的所有权属于出租人，产品中所含的商业秘密也同样属于出租人，他人不得开拆、分解、不得窥视。除非出租人与承租人要在合同中明确规定这样的条款，否则实施反向工程便属违法行为。[②] 其实，合法取得产品是个广义的概念，不仅仅包括所有权，也包括使用权。在对产品享有使用权的情况下，如果没有和产品所有权人签订允许反向工程合同的情况下实施反向工程，侵害的是产品所有权，不应该涉及商业秘密权属的问题。不能用民法中的原物与孳息物的理论来确认反向工程后商业秘密的所有权。所以，笔者认为，只要是独立反向工程方式"翻译"出来的商业秘密就享有所有权，反向工程客体的权利属性是另一层法律关系，它对由此滤化出来的商业秘密权利不发生影响，即反向工程的商业秘密具有无因性。

---

① *DVD CCA v. Brunner*, 93 Cal. App. 4th 648, 113 Cal. Rptr. 338 (2001). DVD 复制控制协会是一个电影工业贸易集团，控制用于加密 DVD 电影"内容干扰系统(CSS)"的权利。该协会起诉 Bunner 侵犯其商业秘密，网站公示了 DeCSS 软件的"万能钥匙"，它是一个适当授权的解密 DVD 电影的一段代码，被称为 DVD 播放机所使用的"万能钥匙"。初审法院批准了该协会的请求，颁发初步禁令禁止 Bunner 继续散发 DeCSS。美国加州上诉法院认为 Bunner 违反了加州的《商业秘密法》。但上诉法院坚持该禁令违反了"宪法第一修正案"的言论自由的权利。该协会继续上诉，加州最高法院卫兰布朗法官推翻了上诉法院的意见。

② 吕鹤云：《商业秘密法论》，湖北人民出版社 2000 年版，第 98 页。

(2) 解剖的过程真实而有据可查。反向工程取得的商业秘密属于后商业秘密权，其权利取得除了具备真实的解剖过程外，还需要对反向工程过程进行详细文字记录或摄像，以保存充分证据，证实商业秘密权并对抗在先商业秘密权。另外，证据还需表明，解剖取得了研究结果，即通过反向工程确实取得了某商业秘密。无证据证明取得结果的反向工程可能属于掩盖侵犯商业秘密行为。如果当事人以不正当手段知悉了他人的商业秘密之后，又以反向工程为由主张获取行为合法的，不予支持。因此，如果没有证据证明后商业秘密确实是通过解剖产品而获得的，将推定该商业秘密是通过不正当手段获取的。

(3) 反向工程的限定性。除了专利不适用反向工程外，一些特殊的技术也被禁止反向工程。如美国《数字千年著作权法》第 2 章规定，禁止对有著作权的录音作品进行电子复制的加密措施实施反向工程。

三、侵犯商业秘密的救济及证据负担

由于商业秘密的所有人和使用人均可能存在多个主体，所以制止侵犯商业秘密的启动主体也不限于单一所有人。

(一) 诉讼主体及证据负担

除了商业秘密所有人外，对于侵犯商业秘密的行为，商业秘密独占使用许可合同的被许可人也可以提起诉讼；排他使用许可合同的被许可人和权利人可以共同提起诉讼，或者在权利人不起诉的情况下，被许可人可自行提起诉讼；普通使用许可合同的被许可人和权利人共同提起诉讼，或者经权利人书面授权，被许可人可单独提起诉讼。

上述当事人指称他人侵犯其商业秘密的，应当对其拥有的商业秘密符合法定条件、对方当事人的信息与其商业秘密相同或者实质相同以及对方当事人采取不正当手段的事实负举证责任。

(二) 申请人及证据负担

原国家工商行政管理局于 1995 年颁布的《关于禁止侵犯商业秘密行为的若干规定》(1998 年修订，现行有效)，其中第 5 条第 3 款规定："权利人能证明被申请人所使用的信息与自己的商业秘密具有一致性或者相同性，同时能证明被申请人有获取其商业秘密的条件，而被申请人不能提供或者拒不提供其所使用的信息是合法获得或者使用的证据的，工商行政管理机关可以根据有关证据认定被申请人有侵权行为。"该规定确立了商业秘密侵权案件行政处理的举证责任分配模式。

对于实际发生的商业秘密侵权而言，商业秘密持有人只需证明：(1) 对方所用的与自己的商业秘密具有一致性或实质相同；(2) 对方有机会接触、获取自己的商业秘密。这相对于传统的侵权案件的"四要件"——侵权行为、损害后果、因果关系、过错——而言，"相似加接触"原则大大减轻商业秘密申请人的举证责任，为快速保护商业秘密提供了有利的方式。

第三节 竞业限制

竞业限制，也被称为竞业禁止，是在特定的时间内或特定的职务上用人单位有关人员不得自营或在有竞争关系的企业内从事一定行为的义务。竞业限制既指公司法意义上的高管人员的竞业限制，也包括劳动合同法上的劳动者的商业秘密竞业限制。从主体上看，既包括

高管人员的约束，也包括对劳动者的约束；从内容上看，涉及商业信息、交易机会，也涉及某种特殊的劳动技能。商业秘密的竞业限制仅是以劳动者为中心，以商业秘密的保护为平衡内容产生的权利义务关系。

一、竞业限制问题的产生

竞业限制在简单商品经济条件下并不存在。随着劳动技能的知识化、知识的商品化才产生了竞业限制的问题。

竞业限制最初针对劳动力的适用，表现为劳动时间，而实际的争议是劳动态度或创业精神。其假定劳动者的劳动最佳状态是不可延续的、不可转移的，分出一定的时间从事相竞争的经营会使本单位的工作无法达到最佳状态。一个娴熟的雇员在闲暇时间为其雇主的直接竞争者工作，并安排同事做相同的工作，机密资料没有传递给竞争者也没有为其所用，但法院还是认为不妥，禁止他们在业余时间从事该职业。[①] 这里的前提和结论之间关系的虚弱是限制性调整很快瓦解的原因。竞业限制新的理由建立在竞业与损失的关系上，若竞业给所在公司造成损失的，则应禁止。这一理由建立在代理理论基础上，从代理人不得与其所代理的委托人交易中衍生出代理人不得与委托人竞争。在竞业限制的代理理论适用中，公司董事、经理从一般劳动者中分离出来。公司董事、经理的行为和一般民事代理不同，其代理行为受集体意志而不受单一的意志支配，集体意志是民主意志。这就形成了董事、经理竞业限制的自治性调整——章程中可以规定免除竞业限制义务，且章程的规定优于法律规定。所以，竞业限制首先是针对高管人员的竞业限制，我国高管人员的竞业限制在公司法或相关企业法中均有体现，而反不正当竞争法中并无此内容。如果从属性着眼而不仅仅从主体出发，高管人员的竞业限制应当在反不正当竞争法中有所体现，哪怕仅仅是一种原则性规定。[②]

劳动者（也包括高管劳动者）人格化的商业秘密作为其技能的一部分无法从主体中彻底分离出来，限制持有人继续使用该商业秘密可能限制劳动技能或创新能力，对劳动者长远发展是不利的；但如果对劳动者掌握的原单位的商业秘密不加任何限制，在该商业秘密形成时利用了原单位的物质条件的情况下，对原单位也是不公平的。所以，这种关系的处理原则应当建立在既要保护劳动者——弱者，也不能忽略经营者利益的基础上。

商业秘密的竞业限制是一般竞业限制的深化，其“禁止”的内容复合化为劳动力技能和专有知识。也正是由于内容的复合化，使商业秘密的竞业限制有别于一般的竞业限制，进而形成了特殊的法律基础和法律调整结构。

商业秘密加入竞业限制关系以后，限制对象的范围便扩大了，限制的内容及方式也发生了一定的变化。

商业经营中的竞业限制针对的对象是高管人员，内容是高管人员同种劳动力在竞业范围内的再运用。商业秘密竞业限制针对的对象为所有知悉商业秘密的劳动者，包括高管人

---

① 何美欢：《公众公司及其股权证券》，北京大学出版社 1999 年版，第 433 页。

② 《厦门市反不正当竞争条例》第 20 条已经如此安排了：“经营者所属工作人员不得利用职务便利从事下列徇私竞业行为：(1) 自己经营或者为他人经营与其所任职的单位同类的业务；(2) 以高于市场价格水平的价格向利害关系人采购商品或者以低于市场价格水平的价格向利害关系人销售商品；(3) 向利害关系人采购不合格商品。前款所称工作人员是指经营者的董事、经理、合伙人、直接业务人员；所称利害关系人是指工作人员的亲友或其投资或担任高级管理职务的公司、企业和其他经济组织。”这种设置值得借鉴。

员。这样,对于高管人员,则发生双重限制,即保守商业秘密和职务竞业限制。在用人单位(包括作为投资者的高管)对劳动者处于优势的情形下,应避免用人单位借助竞业限制协议不合理地限制劳动者的劳动权和就业自主权,侵害雇员的合法权益。

二、商业秘密竞业限制协议的内容与无效

由于涉及经营权和劳动权内部冲突及经营权和竞争权的外部冲突,劳动者的商业秘密义务兼容了对劳动权的维护和对经营者利益的保护。劳动权包括劳动就业权和劳动报酬权等,限制劳动权就限制了劳动就业权和劳动报酬权。在涉及商业秘密的劳动力流动中,劳动权的限制采取了"意定中的法定""法定中的意定"的方法。对是否附加商业秘密义务,由劳动者和用人单位协商确定;对协商确定劳动者负有保守商业秘密义务的,用人单位应当提供一定的劳动报酬补偿;未提供报酬的,视为劳动者不负担保密义务;保密义务的时间由双方协商确定,但有法定最长的时间限制。

(一) 主要内容

商业秘密竞业限制的核心内容体现为四个方面:

第一,竞业限制协议中的时间期限。竞业限制限制竞争时间越长,劳动者(义务人)的损失可能越大,甚至会变相剥夺其生存、家计的维持和择业自由,同时也会造成人力资源的浪费,所以对时间的考虑应该十分慎重。限制多长时间是合理的,不能完全由当事人意定,也不适于完全法定。根据多数国家的法律规定和司法判例,一般限制时间为 2 至 3 年。我国有关立法早期规定为不超过 3 年[①],《劳动合同法》规定为不超过 2 年。

当然,这个限制时间在特殊情况下也允许例外。瑞典《债法典》第 340 条(A)规定,竞业限制应当于地点、时间和理由上给予合理的限制,此种限制不得违背公平原则,不合理地限制雇员经济前途;只有在特殊情形下,该种禁止可以超过 3 年。[②] 我国最高人民法院《关于审理劳动争议案件适用法律若干问题的解释(四)》〔以下简称《劳动纠纷解释(四)》〕中也明确了这一点:当事人在劳动合同或者保密协议中约定了竞业限制和经济补偿,当事人解除劳动合同时,除另有约定外,用人单位要求劳动者履行竞业限制义务,或者劳动者履行了竞业限制义务后要求用人单位支付经济补偿的,人民法院应予支持。可见,上述限定的时间只是一般情况下的强制限定,特殊情况下——在劳动者利益能够得到保护时,可以例外。

第二,竞业限制协议的地域限制。不同行业和产品都有相应的市场,商业秘密的竞业限制的地域范围应以竞争法中的相关市场为地域范围。在时间上,确定企业现在业务拓展的地域为竞争范围,不能扩大到企业将来可能展开的区域。在行业上,根据行业特点划定地域范围,例如,餐饮业一般以城市地区为相关市场。

第三,竞业限制协议的具体领域限制。领域限制是商业秘密竞业限制协议的必备条款,领域限制模糊,协议无法执行;领域限制不合理,可能导致协议无效,如笼统地约定:禁止雇员在 2 年内从事任何与本公司现在和将来的经营活动相冲突的行为。领域限制一般宜采用

---

① 原劳动部《关于企业职工流动若干问题的通知》第 2 条规定,用人单位可规定掌握商业秘密的职工在终止或解除劳动合同后的一定期限内(不超过 3 年),不得到生产同类产品或者经营同类业务且有竞争关系的用人单位任职,但用人单位应当给予职工一定数额的经济补偿。

② 参见《瑞士债法典》,吴兆祥等译,法律出版社 2002 年版。

以下方式：(1) 规定某种技术领域。对离职后的雇员不得从事该技术领域的行为加以规定，这样就可以在一定的限制范围内起到限制的目的。(2) 规定产品的领域。对技术适用于生产的产品种类加以限制，包括在同一产品不同类型中，技术的级别、档次的进一步限制。如在一起案例中，雇主与雇员约定，后者在离开公司 2 年之内，不得从事有关印刷电路板的工作。(3) 规定服务项目。如果商业秘密与有形产品无关，而与某种服务有关，可以禁止从事具体服务项目。(4) 规定具体禁止的行为。如在因经营信息产生的限制协议中，有关限制可以具体化为：禁止引诱雇员跳槽；禁止与现在的雇员进行交易；禁止创建竞争性公司等。

第四，给予义务人补偿。依据公平原则，用人单位运用竞业限制条款限制劳动者离职后的活动时，应给予劳动者合理的经济补偿费。竞业限制协议为附对价的协议，没有对价协议无效。当然，当事人约定了竞业限制，但未约定解除或者终止劳动合同后给予劳动者经济补偿，而劳动者实际履行了竞业限制义务的，要求用人单位支付经济补偿的，应当予以支持。

补偿多少和何时补偿是实践中争议最大的问题。

我国《劳动合同法》第 23 条、24 条对于经济补偿金的支付标准未作明确规定。实践中各地标准不同，如上海一般限制在月工资的 20%—50%。《劳动纠纷解释(四)》确定了两个标准：当地最低工资标准和 30%的比例。劳动者要求用人单位按照劳动合同解除或者终止前 12 个月平均工资的 30%按月支付经济补偿的，人民法院应予支持。但如果月平均工资的 30%低于劳动合同履行地最低工资标准的，按照劳动合同履行地最低工资标准支付。

为了防止用人单位随意免除补偿金，法律规定了用人单位解除竞业限制协议的成本：用人单位解除竞业限制协议的，劳动者亦可请求用人单位额外支付劳动者三个月的竞业限制经济补偿。

何时履行补偿义务在协议中一般会被雇主一方故意模糊处理，由此形成劳动者和用人单位的事实义务关系不对等，甚至影响劳动者的生活和工作。就此，《劳动纠纷解释(四)》第 8 条中规定了此种情况下劳动者的对抗权利："当事人在劳动合同或者保密协议中约定了竞业限制和经济补偿，劳动合同解除或者终止后，因用人单位的原因导致三个月未支付经济补偿，劳动者请求解除竞业限制约定的，人民法院应予支持。"即在该种情形下禁业限制协议超过 3 个月的，劳动者就有权解除竞业限制。同时，按照该解释第 6 条的规定，还有权要求用人单位支付 3 个月内的竞业限制补偿金。

(二) 协议的无效或失效

在义务期限内，还可能因特殊情况的发生导致义务终止。

下列情况，竞业限制协议无效或失效：(1) 用人单位的商业秘密已公开或者对其利益已经没有重大影响。如按照瑞典《债法典》第 340 条(C)规定，如经证明维持竞业限制不再对雇主有任何现实意义，则此竞业限制不再具有约束力。(2) 用人单位无正当理由而解除劳务关系的，或其解除合同但是未给出合理解释的，或者雇员因可归责于雇主的正当理由而解除合同的，竞业限制也不具有约束力。(3) 用人单位未按照约定向劳动者支付经济补偿金的，劳动者提出解除竞业限制协议的。(4) 在竞业限制期限内，用人单位请求解除竞业限制协议时。

第十六章

不正当有奖销售

竞争是推动市场经济发展的动力。在日趋激烈的市场竞争中，经营者为达到赢得消费者的目的，会采取各种方法，如通过给予消费者附带利益，吸引更多人购买自己的产品或服务，有奖销售成为商家在竞争中取得优势的一种手段。

第一节　不正当有奖销售及其违法性

本质上有奖销售并不违法，其根本目的是为了促销产品，并一定程度上惠及消费者。但有奖销售如果超过了一定的限度，则会扰乱竞争秩序。

一、不正当有奖销售及其相关关系

不正当有奖销售是指经营者在从事有奖销售时超过了一定的限度，给竞争者的正常经营带来不利影响，进而为法律所禁止的营销行为。

不正当有奖销售以“奖”为吸引力达到促销的目的，由此，它和同样以推销为目的的商业贿赂、折扣、广告性赠与等具有一定的联系。

（一）不正当有奖销售与商业贿赂行为的关系

不正当有奖销售与商业贿赂的相同点表现在：

（1）目的相同。都是为了促成交易相对方与自己达成交易。两者都是经营者为了更多地获取商业利益的手段。两者都违背了诚实信用原则并破坏了公平竞争秩序。

（2）手段近似。都以给予对方额外的好处为手段。不正当有奖销售中经营者提供的产品是附带性的，可能和交易产品没有功能上的联系。一般商业贿赂提供的财物具有一定的独立性。本质上两者都是为了促使交易形成并脱离交易产品性质之外的辅助性手段。

（3）后果相同。都可能限制其他经营者的竞争，危害社会秩序，损害消费者的利益。

不正当有奖销售与商业贿赂的区别在于：

（1）主体不同。商业贿赂的主体是交易的双方，包括为了销售商品而提供贿赂和为购买商品接受贿赂，双方分别成为行贿人和受贿人；不正当有奖销售的行为主体只能是经营者，是经营者为了促销而单方面采取的措施。

（2）给付额外利益的形式不同。商业贿赂的手段主要是财物手段和其他手段。通常以现金或实物的形式表现出来；不正当有奖销售的经营者通常采用提供赠品或奖品的方式，较少直接向消费者提供现金。

(3) 行为发生的时间不同。商业贿赂发生在经营者销售和购买商品之前。从与拟交易行为的关系看,行为具有一定的独立性;不正当有奖销售往往发生在经营者销售商品和提供服务的过程中,和交易密不可分。

(4) 行为的方式不同。商业贿赂最主要的特点是账外暗中进行,它是秘密无偿的向交易对方或相关第三人提供额外的利益,收买交易对方或相关第三人,获得交易机会。不正当有奖销售都是公开地进行,向满足一定条件的所有消费者提供额外利益,谎称有奖或故意让内定人员中奖的情况除外。

(二) 不正当有奖销售和折扣的关系

折扣是经营者通过对商品和服务价格打折,消减商品或服务的交易成本来吸引消费者选择购买其商品或服务的正常促销行为。折扣后的商品或服务比原来价格低,易使消费者产生物超所值之感,从而优先选择有折扣的商品或服务。目前的折扣形式很多,包括现金折扣,数量折扣,现金返还等。折扣也是通过给与消费者一定的利益而吸引消费者,这与不正当有奖销售相同。

两者的区别在于:

(1) 行为性质不同。折扣只要在法律允许的限度之内,即是合法的。不正当有奖销售是不正当竞争行为,为法律所禁止。

(2) 给付额外利益的形式不同。折扣是通过消减商品或服务的正常价格让利于消费者。不正当有奖销售则通过向消费者提供赠品或抽奖方式,让部分消费者获利以实现促销。

(三) 不正当有奖销售行为与广告性赠与的关系

广告性赠与是经营者为了增强知誉度或打开某种产品的销路向消费者提供价值低廉的商品的行为。它与不正当有奖销售的共同之处在于都是通过向消费者提供一定的利益争取交易机会。

它们的主要区别在于:

(1) 行为发生的时间不同。广告性赠与可以发生在商品销售过程之中,也可以发生在销售过程之外。不正当有奖销售发生在经营者销售商品的过程之中。

(2) 性质不完全相同。广告性赠与通常发生在商家成立之初,希望树立形象,或者为某种新产品打开销路,是一种短期性销售手段。且赠与的利益一般较小,属合法行为。只有有奖销售涉及的利益较大,才构成不正当有奖销售。

(3) 赠与行为的独立性不同。广告性赠与可以从属于买卖合同,也可以独立地存在。不正当有奖销售中的赠与是依赖于买卖合同的。

二、有奖销售"不正当"的原因

有奖销售包括两种类型:奖励所有购买者的附赠式有奖销售和奖励部分购买者的抽奖式有奖销售。附赠式有奖销售是对满足一定条件的消费者,一视同仁地提供赠品,奖品的获得具有确定性。抽奖式有奖销售,是以抽号、摇奖、对号码等方式决定购买者是否中奖。这种有奖销售方式的特点是,只向部分而不是全部购买者提供商品,决定中奖的方式是射幸的,具有任意性和偶然性。

作为一种促销活动,有奖销售通常以广告的形式让一定范围内的消费者知悉,针对的对象不特定。这一点与有些隐蔽的促销活动(如回扣)等相区别。有奖销售具有两面性,其积极意义在于：可以增加产品的销售量，加速经营者的资金周转，提高经济效益，巩固经营者的市场地位；同时也激发了消费者的消费欲望，活跃市场，促进消费增长。但有奖销售会助长不公平竞争，扰乱市场秩序。同时它助长消费者投机心理，刺激消费者盲目消费，易使厂家忽略产品的质量和服务水平。因此，不正当有奖销售行为被纳入《反不正当竞争法》的规制范围，由国家公权力对私人财产的处分自由进行限制。

有奖销售存在三重法律关系。经营者与消费者之间的购销活动形成了买卖合同关系；经营者向消费者提供赠品又形成赠与合同关系；经营者和竞争者之间的竞争关系。其中第一种关系相对于第二种关系是主法律关系，第二种关系是从法律关系。这与折扣、回扣等促销手段不同，它们本身只是买卖合同的条款之一，不构成一种新的法律关系。

如同商业贿赂一样，形式上交易人之间金钱或物品的给予并不能仅仅理解为当事人的自治行为，这种行为具有外部性。当有奖销售成为经营者排挤竞争对手的工具时，行为具有不利涉他性。

具有不利涉他性的有奖销售就是不正当有奖销售行为。不利涉他性表现在以下方面：

一是破坏正常竞争秩序。市场中存在优胜劣汰的法则，高质量的产品、服务以及良好的营销战略是经营者站稳脚跟的基石。不正当有奖销售是竞争的一种畸形形态，它使经营者的注意力转移到以财物来吸引消费主体达到取得竞争优势的目的，而不是通过改良技术、改进服务争取消费者。这种行为易导致市场正常资源配置功能的失调。

二是侵害消费者的知情权。用谎称中奖、故意让内定人员中奖的欺骗方式进行有奖销售或利用有奖销售的手段推销质次价高的商品的行为违背了公平竞争原则和诚实信用原则。公平竞争原则体现为经营者在争取交易机会方面平等，不受其他经营者不正当的干扰和限制。诚实信用原则要求与他人之间设立、变更或消灭民事法律关系，应本着不作假，不欺诈，不损害他人利益和社会利益的信念行事。上述违反公平竞争原则和诚实信用原则的行为直接侵害了消费者的知情权。

三是不当剥夺经营者的交易机会。经营者有权通过给予消费者额外的利益争取交易机会，但如果经营者以偶然的财产所得来吸引消费者，忽视了在产品和服务上下工夫，经营者之间的竞争就演变成了财力的比拼。所以，附带过高偶然财产所得的有奖销售行为将妨害其他经营者的正常营业活动，应该认定其行为是不正当的。而且，不正当有奖销售是以营利为目的，有奖销售的成本列入销售总成本，并最终转嫁到消费者身上。至于非以营利为目的的有奖销售，如经政府或有关部门依法批准的有奖募捐及其他彩票发售活动，不属于不正当有奖销售的范围。

基于不正当有奖销售的危害性，世界上大多数国家都对其作了相关规定，甚至有的国家还为此专门立法，如日本于 1962 年颁布的《不正当赠品及不当表示防止法》，再如德国 1932 年颁布的《附赠法》[①]。

总体上各国都不禁止有奖销售，但超过一定的界限则予以禁止。通常竞争法允许经营者在销售过程中附带赠送小额的物品，且只能用来做广告，上面还应有永久性、明显的广告标记，所赠金额不得超过销售商品价值的一定比例。

---

① 德国《附赠法》于 2001 年被废止，其内容归入到一般条款中。

第二节　不正当有奖销售行为

根据我国《反不正当竞争法》和《关于禁止有奖销售活动中不正当竞争行为的若干规定》，不正当有奖销售包括欺骗性有奖销售和超出限额的有奖销售。

一、欺骗性有奖销售行为

欺骗性有奖销售是指经营者隐瞒事实真相或者发布虚假有奖信息，引诱消费者与其交易，但消费者无法得到所称“奖励”的销售活动。

经营者举办有奖销售，应当向购买者明示其所设奖的种类、中奖概率、奖金金额或者奖品种类、兑奖时间、方式等事项。属于非现场即时开奖的抽奖式有奖销售，告知事项还应当包括开奖的时间、地点、方式和通知中奖者的时间、方式。经营者对已经向公众明示的这些事项不得变更。

经营者从事欺骗性有奖销售是违背诚信原则的行为，破坏了市场的信用体系，因此被反不正当竞争法所规制。我国法律规定的欺骗性有奖销售行为包括以下几种：

(1) 谎称有奖或者对设奖的种类、中奖概率、最高奖金额、总金额、品种、种类、数量、质量、提供方法等作虚假不实的表示。这种行为的主要特点是经营者对外宣称有奖，而事实上奖品并不存在。或者谎称中奖概率高，对中奖金额作夸大的描述等。

(2) 采取不正当手段故意让内定人员中奖。这种不正当销售的行为适用于抽奖式有奖销售，形式比较隐蔽。通常经营者会在设奖商品上作出某种标记，告知内定人员抽取，或者在摇奖过程中弄虚作假，让内定人员中奖。表面上看，设有奖项是让利于消费者的行为，但由于经营者操纵了抽奖的过程，消费者根本不可能中奖，因此该行为与谎称有奖没有本质区别。由于操纵抽奖的过程比较隐蔽，甚至经营者会聘请公证机关进行公证以增强公信力，很难确定其是否实施了此种不正当有奖销售行为。一般的判断标准有两个：第一，是否由事先安排好的人员中奖。第二，这种中奖行为是否是经营者操纵的结果。按照原国家工商行政管理局《关于禁止有奖销售活动中不正当竞争行为的若干规定》(现行有效)，在销售现场即时开奖的有奖销售活动，对超过 500 元以上奖的兑奖情况，经营者应当随时向购买者明示。

(3) 故意将设有中奖标志的商品、奖券不投放市场或者不与商品、奖券同时投放市场；故意将带有不同奖金金额或者奖品标志的商品、奖券按不同时间投放市场。虽然此种情况下奖品与奖券是属实的，但消费者的中奖概率却不相等。经营者为了防止大奖被抽走后，消费者失去继续交易的热情，往往将奖品、奖券分批投放或留置到最后投放。这使得某一时段的消费者丧失了高等奖项的中奖机会，而其他时段消费者中奖(尤其是中大奖)的概率却很高。这种有奖销售手段也是愚弄消费者的行为。

(4) 被限制处分权或不可能实现其价值的奖品。未声明限制处分权而给予获奖者以限制处分权的奖品也属于欺骗性有奖销售。例如，某商业活动中，主办者给予的奖品是往返巴黎的机票，在出票时主办方告知只能获奖者本人享受该机票，但这一点并未事先向当事人明示。

(5) 其他欺骗性有奖销售行为。实践中经营者所采取的不正当有奖销售行为花样繁多，不一而足。我国《反不正当竞争法》只列举式地规定了一个弹性条款，随着经济发展出现的其他不正当有奖销售行为仍未被具体规定。

二、超出限额的有奖销售

高额有奖销售已经脱离了正常竞争的范畴,它刺激了消费者的投机心理,使消费者不再关心商品的质量、性价比、实用性,而是为了大奖而购买商品,诱使消费者的购买意向发生扭曲,甚至导致市场反映出不真实的供需信息。同时,这种行为挫伤了依靠提高产品和服务质量取得竞争优势的商家的积极性,助长了不诚信之风气。高额有奖销售往往是大商家的促销手段,中小商家无力也无法与之抗衡,这可能导致中小商家被排挤出市场。

(一) 抽奖式不正当有奖销售

我国法律允许小额的抽奖式销售,限制高额的有奖销售,即最高奖金额不得超过5000元。

抽奖式有奖销售的种类很多,根据原国家工商行政管理局《关于抽奖式有奖销售认定及国家工商行政管理局对〈反不正当竞争法〉具体应用解释权问题的答复》(工商公字〔1998〕第143号)的规定,凡以抽签、摇号等带有偶然性的方法决定购买者是否中奖的,均属于抽奖方式。偶然性的方式是指具有不确定性的方式,即是否中奖只是一种可能性,消费者可能中奖,也可能不中奖,是否中奖不能由参与人完全控制。

抽奖式有奖销售不仅仅发生在产品销售领域,也会发生在服务领域。例如,在证券经营者实施的以投资收益率或者利润率的高低来确定部分投资者是否中奖的各种奖赛、比赛等活动中,由各个投资者获取的投资收益率或者利润率等来决定其能否中奖,此类奖赛活动属于抽奖式有奖销售。由于是否中奖取决于多种主客观因素,不能完全以投资者的主观愿望、努力和能力为转移,投资者能否中奖具有偶然性和不确定性,因此《反不正当竞争法》第10条规定,此类抽奖式有奖销售最高奖的金额超过5万元的,属于不正当竞争行为。再如,营利性保龄球场馆举办的以一定得分来决定消费者是否中奖的有奖销售活动,属于以带有偶然性的方式决定消费者是否中奖的抽奖式有奖销售;有线电视台为招揽广告客户和消费者,在提供电视节目服务中进行的有奖竞猜活动,也构成有奖销售。举办此类有奖销售活动,凡最高奖的金额超过5万元的,均构成不正当竞争行为。

此外,一些经营者在促销活动中,以轿车的使用权、聘为消费顾问并给予高薪等方式作为奖励推销商品,或者利用社会福利彩票、体育彩票设置的高额奖励来销售商品,这些行为都极易诱发消费者产生投机心理,影响并干扰消费者正常选择商品,妨碍经营者在质量、价格和服务等方面的公平竞争,不利于市场竞争机制的建立。尽管这些行为的名目和表现形式复杂多样,但都属于典型的规避法律的做法,其本质上仍属于我国《反不正当竞争法》第10条第3项规制的不正当竞争行为。

(二) 附赠式不正当有奖销售

目前在我国《反不正当竞争法》中没有规定附赠式不正当有奖销售的内容。但诸多国家(地区)的竞争法重点规制的恰是不正当附赠式有奖销售,这和我国法律形成了鲜明的对比。

日本《不正当赠品及不当表示防止法》第1条明确规定其宗旨是:防止在商品和劳务的交易中利用不当的赠品及表示引诱顾客,依据关于禁止垄断及确保公平交易法制定的特例,为确保公平竞争和保护一般消费者利益而制定本法。该法允许通过附赠式有奖销售和抽奖有奖销售方式销售商品和服务,但法律对有奖销售行为也有严格的限制。《不正当赠品及不当表示防止法》规定,“公平交易委员会”有权根据有关情况,对赠品的价额最高额、总额、赠品种类、提供方法等作出限制,或禁止提供赠品,以防止不当的引诱顾客。法国允许经营者在销售商品时赠送价值不大的广告用品,但对赠送奖品的方式和数额进行了限制。经营者用于有奖销售的奖品需要有明确广告标识,且不易擦洗;奖品必须与销售的商品属于同一种类。法国禁止经营者在销售商品时采取免费、即付或定期付款的方式向消费者送赠品。

一般来说,此种不正当竞争行为的认定标准是赠品超过一定的价值或一定的比例。按照日本的相关法律规定,事业者提供附赠的奖品或奖金的最高额是:交易额在1000日元以下的,奖品和奖金的价值不得超过100日元;交易额在1000日元到50万日元之间的,奖品和奖金的价值不超过交易额的10%;交易额在50万日元以上的,奖品和奖金的价值不得超过5万日元。我国台湾地区“公平交易委员会”于1995年通过的“处理赠品赠奖促销案件原则”规定销售商品附送赠品,其赠品价值上限分别是:商品价值在新台币100元以上者,为商品价值之1/2;商品价值在新台币100元以下者,为新台币50元。

应该说,附赠式有奖销售同样会危害竞争秩序。2009年版《反不正当竞争法修订(草案)》曾增加规制该类行为的规定,但在期后的文本中又将其删除了。一个原因是中国的经济转型,财富增加很快,固定一个数额限可能会限制经营者的促销能力。另一个原因是多年来的实践使得附赠中潜藏的危险通过消费理性得到部分化解。三是因为有关法律可以补充性规制附赠中存在的问题,如民法或消费者权益保护法中的消费欺诈,反不正当竞争法中的虚假宣传。如果确实存在市场危害,其他法又无法替代性地调整,还可以用《反不正当竞争法》第2条来兜底,如经营者从事的是真实的大额附赠,具有排挤竞争对手的目的,但客观上又不具有市场支配地位。

第十七章

商 业 诋 毁

在民法中，公民、法人享有名誉权，公民的人格尊严受法律保护，禁止用侮辱、诽谤等方式损害公民、法人的名誉。反不正当竞争法规定了公民、法人在商业中的信誉问题，禁止他人诋毁竞争者的商誉。

第一节 商业诋毁侵害的客体及相关关系

商业诋毁行为，又被称为商业诽谤行为，是指从事生产、经营活动的市场主体为了占领市场，针对同类竞争对手，故意捏造和散布有损其商业信誉和商品声誉的虚假信息，以削弱其市场竞争能力，使其无法正常参与市场交易活动，从而使自己在市场竞争中取得优势地位的行为。

一、商业诋毁侵害的客体

商业诋毁侵害的是经营者的商誉。商誉反映经营者作为市场竞争参与者的总体商业形象，是经营者的一种特殊的无形财产。商誉的内容以财产性利益为主，兼具人格属性。经营者在市场竞争中通过长期的诚实经营和创造性劳动逐步获得消费者信任、投资者认可和社会认同，从而形成了商誉这种无形资产。良好的商誉使企业能够长期稳定健康发展，为企业开拓市场和巩固市场优势地位奠定基础，使经营者在竞争中处于有利地位；不良的商誉往往会使企业经营活动受阻、产品销售不畅、失去交易伙伴、丧失交易机会，甚至使企业陷入瘫痪、倒闭破产。

商誉的载体种类丰富。商誉本身没有实体形态，它依附于特定经营者并通过其生产经营的产品和服务的商标、商品名称、包装、装潢、企业名称、商业道德、商品质量、服务质量、资信、价格以及其他商业性标记，显示出经营者的整体素质，并为社会公众的客观评价提供指引。这些商誉的表现形态相互配合，密切联系，处于一个完整的动态的统一体中，共同反映和构筑经济主体的商誉，同时它们也各自单独发挥作用。

法律上对商业诋毁侵害客体的表述并不完全相同。我国法律将商业诋毁的客体表述为商业信誉和商品声誉；《巴黎公约》表述为工业活动的信誉；德国《反不正当竞争法》(2005 年)第 4 条第 1 款第 7 项规定的商誉，除了企业的信誉外，还包括企业主或领导人的个人名誉。[①] 商誉

---

① 该条款的内容是“贬低或诋毁其他竞争者的标志、商品、服务、活动或个人关系或商业关系”。

和名誉是有区别的:商誉权的主体必须是经营者;而名誉权的主体是自然人。商誉是对主体的商业道德水平和有关商业活动方面的行为方式的社会评价;名誉是对主体人格一般道德水平和职业活动的行为方式的社会评价。商誉虽然与主体人格性不可分离,但完全可以通过评估方式相对量化为具有财产性的价值;名誉是一种具体人格权,当受到侵害时,体现为精神损害,无法量化损害的价值,精神损害的物质赔偿具有抚慰性质,不具有与损害相当的对价性。商誉的实现方式有两种——通过价值内化的方式获得超值利润,以及通过评估转让实现其价值转换;名誉只能在自己行为和交往中实现名誉感。德国将个人的名誉纳入商誉之中的基本理由,是此种个人的名誉已经内化到企业信誉(商誉)之中,形成和企业信誉紧密的关联关系。

各国立法之所以突破传统的侵权行为法,而将商业诋毁纳入反不正当竞争法,是由其对市场竞争机制的破坏作用决定的。竞争是一种相同或相似产品(服务)的提供者在利益上的对峙行为。这种利益对峙以市场为场所,以客户为媒介而展开。客户是商业活动的根本要素,竞争者的一切经济活动都是以发展和保持对客户的注意力和吸引力为取向的。客户具有检验竞争优劣的恒定价值,竞争者赢得了客户就是赢得了竞争优胜。

经营者何以能对客户形成注意力和吸引力?最原始的方式就是身体力行,把个人的感知建立在直接体会的经验上,通过实践来感知企业及其产品,得出好与坏的结论,进而指导未来的行为取向。而一旦客户形成某种良好的认知,便会使这种评价具有相应的稳定性和持久性,即形成所谓思维上的"路径依赖"。但是,个人最大限度的体验始终是非常有限的。随着科学技术的发展,在缺乏必要的知识传授和信息支撑的前提下,这种体验甚至十分盲目。为此,商业吸引力的形成必须建立在相应的信息沟通和交流基础上,竞争者必须将其产品及其活动传递给客户,尤其是要将产品的质量、性能、成分、技术状况等不为一般公众所知的方面,通过外显性载体传达给客户,为其所感受。竞争者提供的信息越全面和真实,客户得出的评价就越客观,以此进行的竞争也就越具有检验优劣的公平性。竞争者的良好信誉由此产生。

商业诋毁在本质上是一种欺骗性的信息行为。由于信息的不对称,不法经营者可以通过信息的干扰影响顾客的注意力。在商业诋毁的情形中,诋毁者的欺骗性信息干扰了客户获得信息的全面性和真实性,这些经过诋毁者主观筛选,赋予特定"意义"的信息,客户尤其是消费者是不可能进行全面甄别的,在此基础上的评价,必然会产生偏向性及其他消极的结果。

从消费行为看,这种消极评价会产生"首因效应",顾客对企业及其产品的认知往往是从某个具体的,局部的最初信息入手的,并由此产生心理定势,影响未来的行为取向。顾客对企业形象的评价也是感性的,新近发生的事件或最新的认知往往又影响顾客新的评价,产生"近因效应"。[①] 同时,一些倾向性态度或看法也会影响顾客对事物的整体态度,出现"光环效应"[②]。错误感知的顾客还会将信息作为"经验"再扩散到其亲朋好友,进而又出现"连动效

① 首因效应和近因效应都是美国心理学家洛钦斯提出的,前者一般是指人际交往中给人留下的第一印象至关重要,第一印象是整体印象形成的最主要因素。后者指个体在最近获得的信息对整体印象形成的重要影响。参见莫雷主编:《心理学》,广东高等教育出版社 2000 年版,第 341—343 页。

② 也叫晕轮效应,是"以点概面"形成的效应,是主观推断的泛化、定势而产生的结果。最早是由美国心理学家爱德华·桑戴克于 20 世纪 20 年代提出的。参见孙科炎、李国旗:《销售心理学》,中国电力出版社 2012 年版,第 145 页。

应”,使其他的顾客形成偏见。商业关系和产品吸引力是企业在长期的经营活动中形成的。商业诋毁破坏了经营者正常的人际交往和社会关系,通过丑化、淡化经营者的形象,转移顾客的注意力,进而将其排除在公共关系的视野之外。良好商业关系的形成相对困难,毁损却十分容易,要修复和挽回的代价往往是高昂的。“符号经济”的兴起拉近了交易的时间,距离和空间,诋毁信息的破坏力更强,威力更大。

商业诋毁的危害不止及于竞争者、消费者,还破坏整个竞争机制。商业诋毁引发的各种效应,会侵蚀人们的信任心理,降低消费者与经营者的亲密关系和信任感。在信息时代,消费者主要凭借企业提供的信号挑选产品或服务。如果一个社会的信息严重失真,任凭误导和诋毁信息充斥市场,消费者的风险和不确定性增加,搜寻成本提高,此时消费者唯一理性的做法就是减少消费,当大量消费者这样做时,就会引起宏观经济问题。

二、商业诋毁和有关不正当竞争行为的关系

商业诋毁在行为上需存在信息传播的情节,使之和其他不正当宣传行为之间关联密切;商业诋毁的构成也要求存在虚假信息,这又和虚假标示行为关联起来。

(一)商业诋毁和不正当宣传行为

两者都是通过宣传从事不正当竞争行为的,但在手段和目标上存在很大的差别。现举一案例加以说明。甲木材加工厂与乙木材加工厂(以下分别简称甲厂和乙厂)均是某地区的木材加工企业,营业执照上核准登记的经营范围皆是松、杉拼板加工、销售,双方之间存在直接的同业竞争关系。某年乙厂在当地举办了一场产品推介会,邀请本地和周边地区的林产品经销商及部分消费者参加。在推介会上,乙厂专门设置了一个展示台,上面摆放着甲厂和乙厂生产的产品,分别标注为“伪劣产品”和“优质产品”。乙厂的投资人曾某向与会者进行讲解,介绍所谓的如何识别优劣林产品的方法,声称甲厂生产的“××牌”细工木板经省林产工业产品质量监督检验站鉴定,横向静曲强度不符合 GB/T5849-1999 标准,为质量不合格产品,提醒用户和消费者慎用。甲厂得知这一情况后,向当地执法机构投诉。案发后,甲厂向办案机构提供了检测报告证明其产品质量合格。

如果为了宣传或突出自己的商品或服务编造、传播虚假的信息,其行为首先构成不正当宣传。如果用对比的方法编造、传播他人虚假的信息,也构成商业诋毁。损害不特定竞争对手的商业信誉和商品声誉的行为,既构成不正当宣传行为,又构成商业诋毁行为,产生法律竞合。

上案中,没有说明乙厂宣传自己的产品有无虚假或引人误解之处,故只构成商业诋毁。

但是,由于法律上没有直接规定商业诋毁的法律责任,往往导致实践中对商业诋毁的处罚无据,进而有意往不正当宣传行为上靠,以此获得处罚依据。

法律把商业诋毁和不正当宣传分开规定,有意强调两者的差别。归纳而言,差别大致如下:

一是不正当宣传是针对公众的宣传,直接侵害的是社会公众;商业诋毁直接侵害了特定竞争者的商品声誉或者商业信誉。

二是只虚假宣传自己的商品而不涉及他人的商品声誉和商业信誉的,只构成不正当宣传行为,而与商业诋毁行为无关。

三是损害特定竞争对手的商业信誉和商品声誉的行为,构成商业诋毁行为,不构成虚假

宣传行为。

（二）商业诋毁行为与虚假标示行为

虚假标示行为是经营者在商品或其包装的标识上，对商品的质量标志、产地或其他反映商品质量状况的各种因素作不真实的标注，欺骗购买者的不正当竞争行为。此种行为与商业诋毁行为的不同之处在于：前者是夸大自己的商品信誉，后者是贬低竞争对手的商誉。一般情况下，不会产生竞合。特殊情况下，如在转基因花生食用油上突出标注为"非转基因"，因为花生原料没有转基因，没有必要标注，突出标注具有提示转基因油存在危险的意味。故属于行为竞合。

第二节 商业诋毁行为的构成要件

德国1896年《反不正当竞争法》并没有规定商业诋毁，1909年修改时增加了此内容。现代各国反不正当竞争法都将商业诋毁作为一种主要行为类型予以规定。实践中，商业诋毁行为发生的频率也颇高。需要把握商业诋毁的法律规定并在此基础上作出准确判断，以适应实践的需要。

《巴黎公约》第10条第2款第3项将"在交易中损害竞争者的营业所，商品或工商业活动的信誉的虚假陈述"视为商业诋毁行为。1996年世界知识产权组织在《反不正当竞争示范条款》第5条关于损害他人的企业或其活动的信誉之第1款规定一般原则，即"在工商业活动过程中，任何虚假的或没有根据的陈述，损害或者可能损害他人的企业或其经营活动，尤其是该企业提供的产品或服务的信誉的，构成不正当竞争行为"。我国《反不正当竞争法》对商业诋毁的规定比较简明，没有像《巴黎公约》那样指明损害的对象，也没有像《反不正当竞争示范条款》那样既指明针对的对象，也明确了侵害的客体。《反不正当竞争法》第11条规定："经营者不得编造传播虚假信息或者误导信息，损害竞争对手的商业信誉、商品声誉。"

按照我国的法律，商业诋毁行为的构成要件包括主体、主观状态、客观行为三个方面。

一、主体

商业诋毁行为的主体包括实施主体和被侵害主体，两者需具有竞争关系。一般情况下，商业诋毁行为针对特定的主体，但特殊情况下，也可能针对不特定的竞争主体。例如，一家生产新型无内胆饮水机的企业通过媒体公开宣称：传统饮水机内的水是反复加热的，饮水机内胆会产生重金属、砷化物等有害物质。国家质检总局经过权威机构检测证实：传统热胆饮水机不会产生有害的"千滚水"。中国家用电器协会同时指出，部分厂家将桶装水自身污染、长时间不清洗饮水机可能产生的问题扩大化为全部饮水机问题，是偷换概念、误导消费者的行为，消费者不应轻信。这里的竞争对手包括所有生产有内胆的饮水机生产厂家。在侵害不特定主体利益的情况下，商业诋毁行为不同于民事侵权行为。

在日本法上，主体不仅仅指企业，还包括企业主或企业的管理者。但我国法上，仅从字面理解"竞争对手"一般仅指法人、非法人组织或个体经营者，而不包括管理人员。虚构管理人员的信息并传播的，通常会按照民法上的侮辱诽谤来认定。事实上，应当将企业内部的高管人员作为被诋毁的主体，采取广义的解释。

二、主观状态

从“编造”“传播”角度分析,商业诋毁的行为人主观上应该是故意,即对自己所传播信息的虚假性或误导性是明知的。行为人通过编造并传播竞争对手的负面信息减少竞争者的销售量,扩大自己市场份额。如果传播者主观上无法判断真假而转发他人发布的具有虚假信息或者误导性信息,则不属于本种行为。此种行为不存在帮助性违法。

在互联网技术广泛运用的背景下,基于技术的中立性在一定程度上会弱化经营者的主观故意,滑落到重大过失程度上。在“北京阿里巴巴信息技术有限公司诉北京三际无限网络科技有限公司不正当竞争纠纷案”中,被告的“奇虎安全卫士”客户端软件自行将“雅虎助手”软件标注为“恶意软件”、将“雅虎 Widget”软件标注为“危险”,并默认选中清除。该案经由一、二审法院审理,被告行为均被认定构成不正当竞争,判令被告承担停止侵权、消除影响、赔偿损失的民事责任。一审法院的认定依据为《反不正当竞争法》第 2 条的诚实信用原则条款,二审法院在此基础上,增加了《反不正当竞争法》(1993 年版)第 14 条一并作为被告违法行为的认定依据。[①]

不论主观上是故意针对直接竞争者还是过失针对间接竞争者,对互联网信息服务提供者的服务或者产品进行评测,应当客观公正。评测方公开评测或者向用户提供评测结果的,应当同时提供评测实施者、评测方法、数据来源、用户原始评价、评测手段和评测环境等与评测活动相关的信息。评测结果应当真实准确,与评测活动相关的信息应当完整全面。被评测的服务或者产品与评测方的服务或者产品相同或者功能类似的,评测结果中不得含有评测方的主观评价。评测方不得利用评测结果,欺骗、误导、强迫用户对被评测方的服务或者产品作出处置。

三、客观行为

客观上,经营者实施了编造、传播虚假信息或引人误解的信息的行为。“编造”强调无中生有,“传播”强调公开。至于捏造的事实是否广为人知、知悉者的识别状态等并不重要。《巴黎公约》的表述是“利用谎言”,德国 2005 年之前的《反不正当竞争法》第 14 条规定的条件是“声张或传播无法证实的事实”。

不管使用什么样的表述,其实都强调两个要件:一是信息的公开性。非公开的信息即使是捏造的,也不构成商业诋毁。我国台湾地区曾这样判决该类案件:水龙王公司召开有关业者“软式透水管制造方法及市场状况”座谈会,会中水龙王公司公开表示另一竞争对手广水公司仿冒并学习山坡公司该类产品的制造方法,并诋毁广水公司产品为不良产品。广水公司诉请法院,要求致其营业信誉受损的损害赔偿。[②] “公平交易委员会”认为,水龙王公司的行为以征询为形式,且限制在座谈会的范围内,不良影响未扩展到社会,不构成“信誉减损”。二是信息所言事实虚假或引人误解。真实的事实描述或性能对比得出“×不如×”或者“信

---

① 参见北京市第二中级人民法院(2006)二中民初字第 16174 号民事判决书,北京市高级人民法院(2007)高民终字第 469 号民事判决书。

② 台湾“公平交易委员会”:(1993 年)公诉决字第 026 号诉愿决定书,载台湾地区《“公平交易委员会”公报》第 2 卷第 8 期。

誉降低”的结论也不属于商业诋毁。假如某企业因违法行为被处罚,其竞争者向企业的客户发布该负面信息,并由此使得部分原客户转移到竞争者项下,这种行为只是违反一般商业道德,而不构成商业诋毁。当然,如果发布的信息是将正在诉讼过程中的待定事实说成是已定的违法事实,则可以构成商业诋毁。

值得注意的是,法律上的“编造、传播”之间的关系,即顿号的理解是选择的关系还是并用关系。常见的形态是编造并传播。但也可能有特殊形态,如甲饭店派其员工以顾客身份到乙饭店消费,饭菜上桌后,该员工从兜里掏出两只苍蝇埋到饭菜里,并打电话给食药监部门。食药监部门带着记者来到现场,作出相应的处罚决定。后记者将该事件在媒体报道。甲是否构成商业诋毁?应当认为,传播包括主动传播和被动传播。或者说,商业诋毁包括间接方式。

经营者常用的商业诋毁方式有:自我宣传中的贬低他人、虚假投诉、比较广告和利用新闻诋毁对手。

自我宣传中的贬低他人,主要是夸大自己商品的质量,同时贬低同类产品的质量。

虚假投诉指组织或收买他人以顾客或消费者的名义向市场监管管理机关,消费者协会等部门进行关于竞争对手侵害消费者权益的虚假投诉,进行商业诋毁。

利用对比性广告形式编造并传播虚假事实,进行商业诋毁行为比较常见。直接或间接与竞争对手进行质量、服务、性能等比较,突出显示产品或服务优于对手。比较广告的内容,应当是相同的产品或可类比的产品,比较之处应当具有可比性。比较需要实事求是,不得贬低、诋毁对手,更不能虚假地作比较。我国原国家工商行政管理总局《广告审查标准》规定,广告中的比较性内容,不得涉及具体的产品或服务,或采用其他直接的比较方式;对一般性同类产品或服务进行间接比较的广告,必须有科学的依据和证明;比较广告中使用的数据或调查结果,必须有依据,并应提供国家专门检测机构的证明;比较广告使用的语言、文字的描述,应当准确,并且能为消费者理解。不得以直接或影射方式中伤、诽谤其他产品。贬低性对比广告既是一种广告违法行为,又是一种不正当宣传行为,也是一种商业诋毁行为。

例如,甲公司和乙公司都是生产音箱的厂家,甲公司的商标为“狂人”,而乙公司的商标为“轻骑兵”。甲公司在其产品的外包装上使用了“轻骑兵换代产品”的用语。乙公司起诉甲公司称其行为构成了不正当竞争,经法院调解双方达成协议:甲公司在以后的经营活动中停止使用“轻骑兵换代产品”的用语,并向乙公司赔偿损失、赔礼道歉。此后,乙公司在其网站的主页上发布消息,称“轻骑兵打假取得重大突破,狂人的做法属于欺骗消费者”“甲公司生产的轻骑兵音箱为不合格产品”等。同时,乙公司还将有关起诉书、调解书制成网页,使用超链接技术与上述主页相连接。

乙公司在网络上对案件结果的评价,不是对双方争讼事件和结果的客观、公平描述,而是采用编造传播虚假事实的方法,且将这种明显贬低原告的虚假事实在其网站上与法院的调解书一并发布,这可能在访问被告网站的公众中产生一种误解,认为甲公司的产品确实是假冒的质量不合格产品。被告在因特网上所进行的广告宣传,虽然与传统方式的广告宣传有所区别,但所达到的目的是相同的。

四、传播的载体

传统上,传播方式包括平面媒体,也包括立体传播。在网络时代,依赖互联网进行传播的成本更小、速度更快,这种不正当竞争行为出现的频率更高。互联网经济本质上是一种眼球注意力经济,吸引更多的注意力就意味着带来更多的流量和客户,从这个角度而言,为达到吸引网民的眼球和注意力的目的,一些企业在互联网上故意挑起事端,吸引媒体关注报道,甚至大打"口水仗"。特别是传播方式多元化和便利化后,如微博流行,使这种口水仗营销更加盛行。包括部分互联网企业负责人在内也成了互相诋毁的主体。虽然企业的形象和企业法定代表人形象之间关系越来越紧密,但我国法律并没有将贬低对手负责人的信誉纳入反不正当竞争法,而是按照民法来处理。

利用互联网对竞争对手进行贬低,包括经营者利用自身提供客户端产品、服务之便利,对竞争对手的产品性能进行恶意评价或不当描述。也包括经营者组织他人,甚至不明真相的用户发布虚假信息。

利用互联网进行商业诋毁有如下特点:(1) 编造和传播的主体可能分开。即经营者编造有关虚假事实,但传播者是不明真相的用户;(2) 竞争对手的概念扩大。例如,一些网络测评企业不提供产品或服务,被测评对象是提供产品或服务的经营者。这导致在互联网上经营主体的对象之间竞争关系的弱化。

第十八章

互联网市场中的不正当竞争行为

与实体经济相比，互联网产业本身是在充分竞争的基础上形成和发展的。因为这个市场的地域开放性、透明性要求只有不断地更新技术、产品才能维持在行业中的生命力。但同时，为了获取竞争优势也频繁出现反竞争行为。对反竞争行为的放任将破坏这个新兴产业的发展秩序，并扭曲以创新为导向的价值观。在中国互联网产业快速迅猛的发展势头和法律制度付之阙如的前提下，规范互联网企业的竞争行为已成为一项紧迫的任务。

第一节 互联网行业反竞争行为的产生

从近年来发生的案件来看，互联网行业纠纷的重点已经从早期的版权纠纷转为反竞争纠纷。这一方面说明互联网行业靠简单的抄袭已经难以为继；另一方面也说明互联网企业更加注重技术的运用和技术性规避，导致案件的性质发生了改变。

一、反竞争行为产生的原因

互联网行业反竞争行为的频繁发生，与该行业的特点及其对现有法律形成的挑战有紧密关系，既存在技术上的原因，也有法律制度上的障碍。

（一）技术原因

互联网行业自身的特点是反竞争行为得以产生和频繁发生的主要原因。互联网行业的特点可以概括如下：

1. 产业经营模式趋同

传统的网络营销方式相对简单，只是将实体经营转移到互联网上而已，主要关注的是信息发布的功能：通过互联网这个开放性窗口，可以浏览到大量商业信息。其中，最重要的是将有价值的信息及时发布在自己的网站上，以充分发挥网站的广告功能。

但现代互联网营销的目标已经不仅仅是发布自己的消息，而是以提供相关服务以取得客户的认同。这使不同的互联网服务企业的经营模式不断趋同，并使得提供相同服务的互联网企业之间的竞争加剧。以“腾讯公司诉奇虎 360 不正当竞争案”为例，腾讯公司主营的免费网络服务市场是以 QQ 软件为代表的即时通讯软件和服务市场；而奇虎 360 公司主营的免费网络服务市场是以 360 安全卫士软件为代表的安全类软件和服务市场，从用户的角度，双方免费网络服务的主营市场具有一定的区别。但是，原被告均系网络服务运营商，其运营模式具有一定的近似性，即“基础网络服务免费＋增值服务收费＋广告服务收费”的运营模式。第一个层面是网络运营商通过免费的基础网络服务锁定用户,基础网络服务用户的数量和粘度越大,公司资产的价值就越大。第二层面是通过向部分用户提供增值服务的方式在用户市场赚取利润。同时,可以在资本市场获得更多的融资,通过资本市场的盈利而非产品市场的盈利实现公司的运营价值。第三个层面是网络运营商将免费网络服务锁定的用户作为推介信息的对象,通过发布广告赚取市场利润。

申言之,免费的基础网络服务在服务的内容上,"QQ"与"360"不相交叉,不具有替代性。在对用户的锁定程度和广度上也不具有排他性。但是,在广告市场和资本市场上,两者具有明显的竞争性,而这个市场就是双方获利的主渠道——广告业务和风险投资市场。且获利能力和免费网络服务市场锁定用户的程度和范围紧密相关。由此形成了互联网的双边市场关系。

一般认为,两组参与者需要通过平台企业进行交易,而且一组参与者加入平台的收益取决于加入同一平台另一组参与者的数量,这样的市场称作双边市场。基础平台的构建是双边市场形成的关键,通常,组建基础平台的方式有两种:投资策略和定价策略。投资策略是以市场一边的投资来降低另一边消费者参与市场的成本。微软是典型的例子,它对应用软件开发者进行投资,以使他们更容易利用微软操作系统来开发软件达到扩大用户群的效果。定价策略是通过收费、免费服务对他们接受服务给予回报,来得到市场另一边——消费者的临界数量。腾讯公司与奇虎 360 公司基础平台服务便是运用免费提供服务的方式。双边市场涉及两种类型截然不同的用户,每一类用户通过平台企业与另一类用户相互作用而获得价值。腾讯公司与奇虎 360 公司都存在基础网络服务免费用户群体和利用平台的收费群体,后者受前者的制约。总而言之,透过现象看本质,公司是以营利为目的的主体。若将腾讯公司与奇虎 360 公司都看作基础网络服务提供商、增值服务供应商、广告发布者,那么,两者的竞争关系就明显地体现出来了。

2. 排挤竞争对手的技术成本低

互联网竞争格局逐渐呈现出平台化的趋势,互联网企业在确保核心业务龙头地位的同时,开始向其他领域进行扩张,形成平台优势。如传统的互联网巨头"BAT"已形成自己的平台资源:百度依靠搜索业务优势,并购垂直搜索业务"去哪儿",进军视频行业,并购 PPS、爱奇艺,依托云计算,搭建百度云开发者平台,形成百度系;腾讯依靠即时通讯工具绝对优势地位聚集的人气打造腾讯帝国,业务扩张到互联网的方方面面;阿里巴巴已经打造了中国最大的电商平台,从电商到物流、支付、网络联盟、电子商务搜索,形成了"阿里系"。其他的互联网企业也纷纷利用自己的某个特定领域的优势地位,逐步实现平台化并由此不断扩张业务。平台化的趋势对于整合资源,加速传统行业的信息化进程都有着不可逆转的促进作用。

经营者有了自身的平台优势,可以很容易地利用特定优势资源,排挤竞争对手。此外,基于平台优势的经营者还利用技术力量来制约竞争对手的同类技术运用。如安全软件厂商突然对竞争对手产品采取查杀方式禁止其更新。对于平台商来说这种技术的运用(滥用)非常容易实现,但对于受害者来说,可能在短时间内最简单的还手方法即"同态复仇"。

3. 用户"锁定效应"

"锁定效应"是指由于对技术的依赖导致从一个系统转换到另一个系统转移信息成本过高,以至于进入某个系统便逐渐强化对这个系统的适应,从而形成一种"路径依赖"。

锁定效应的产生可以归结为一个方面,就是信息转换成本。"转换成本"(conversion

cost)是由迈克·波特在1980年提出的,指当消费者从一个产品或服务的提供者转向另一个提供者时所产生的一次性成本。这种成本可能有经济上的,但更重要的则不是经济上的,而是时间、精力和情感上的,它是构成企业竞争壁垒的重要因素。换言之,如果顾客从一个企业转向另一个企业,因为会损失大量的时间、精力、关系等,即使他们对当前企业的服务不是完全满意,也不会轻易转换。

消费者信息成本福利是立法关注的消费者福利的一项新内容①,于1992年美国"柯达案"中被首次适用。它包括搜寻信息的成本和向其他替代品转换的成本。

在信息转换成本中,发挥"锁定效应"的首先是来自于转换者的心理成本,通常也被认为是感知风险。转移成本包括转换过程中所导致的时间、金钱和心理成本,转移成本又可细分为损失成本(loss cost)、适应成本(adaptation cost)和进入成本(move. in cost)。损失成本是指取消与现有供应商的合约时所感知的社会地位和丧失现有服务的成本;适应成本是指新的搜寻成本和学习成本;进入成本是指转换过程中发生的经济成本,如购买新设备的成本或新的注册费用。另一个发挥重要锁定作用的是来自于人际关系平移的成本,表现为关心、信任、亲密和互相沟通的社会关系和心理关系。互联网中人际关系网群越大,转移的障碍越大。当然,除了上述成本外,还包括学习成本、人工成本等。

随着竞争的增强,锁定效应减弱。也由此,垄断的危险减少,不正当竞争法的可能性增大。

4. 垄断基础的技术性和垄断结构的脆弱性

传统社会中,权力意志转化为权力的客观基础主要是政治力量、军事力量、经济力量。现代社会,权力意志的基础结构发生了重大的变化。其中,最为突出的就是知识转化为权力的可能性大大提高。

随着信息时代的到来,以技术和技术创新为基础的互联网产业本身就具有无可比拟的优势,技术创新所突显的不兼容特性本身就构成技术型垄断。摩尔定律揭示的行业规律是技术创新所取得的技术优势可能很快消失,由此技术垄断者依靠技术所获得的垄断地位也会稍纵即逝。因此,基于技术创新形成的垄断具有不稳定性、暂时性。这一特点应该成为规制互联网垄断行为的态度和方法——是用政府权力的方法还是依市场自我调整的方法——的主要分析基础。

(二) 法律上的原因

法律上的原因不仅涉及违法成本,也涉及救济路径上的问题。

1. 互联网反竞争行为的违法成本较低

互联网产业反竞争现象层出不穷,一个重要的原因是违法成本低。一方面涉嫌垄断的行为因互联网的创新性及垄断状态的不稳定性,使得互联网卡特尔现象不典型、滥用支配地位行为的认定基础难以成就。另一方面互联网中的不正当竞争案件虽频繁出现,但违法行为的责任和收益相比往往微不足道。

造成"输了官司,赢了市场"的现象的原因又包括三个方面。一是司法手段应急性不够。一个案件从发生到取得司法结论往往会经历漫长的时间,这期间行为人的目的(主要是争夺用户,后文详述)已经部分达到。诉前禁令是我国2012年修订的《民事诉讼法》规定的一种

---

① *Eastman Kodak Co. v. Image Technical Services* 504 U.S. 451 (1992).

救济手段,但按照现行《民事诉讼法》的相关规定,提起诉前禁令主要适用于财产案件,互联网反竞争案件很难认定为财产案件。即使比照知识产权案件,知识产权侵权客体(载体)的财产性也明显优于互联网反竞争行为。因此,在可行性上互联网反竞争行为的诉前禁令不同于知识产权的诉前禁令。[①] 二是行政程序上,按照工业和信息化部 2011 年 12 月颁布《规范互联网信息服务市场秩序若干规定》第 15 条的规定,信息管理机构在紧急情况下可以"叫停",但要求的条件是"造成或者可能造成重大影响",故只在"3Q 大战"中实行了一次。[②] 三是不正当竞争行为的处罚主要是"法定赔偿"。由于反不正当竞争法没有明确规定互联网中的不正当竞争行为,实践中认定的互联网中的不正当竞争行为只能根据《反不正当竞争法》第 2 条,而第 2 条的保障条款——第 17 条规定的损害赔偿是一个模糊的标准:经营者违反本法规定,给被侵害的经营者造成损害的,应当承担损害赔偿责任,被侵害的经营者的损失难以计算的,赔偿额为侵权人在侵权期间因侵权所获得的利润。实践中,法院处理互联网中的不正当竞争行为的损害赔偿,主要比照 2013 年修订以前的《商标法》规定的权利人因被侵权所受到的实际损失、侵权人因侵权所获得的利益、注册商标许可使用费难以确定的,处以 50 万元的罚款。2013 年修订的《商标法》第 63 条将上述情况的赔偿数额扩展到 300 万。而在实践中,超出这一"法定赔偿"的案件只有一件——"奇虎公司诉腾讯滥用市场支配地位案"。[③]

2. 反竞争行为侵害用户—受害者的救济存在惰性

上述免费平台的商业模式导致争夺用户是互联网企业在竞争中站稳和获胜的核心目标。目前,中国互联网产业的有效运营模式单一,最主要的盈利模式有两种,一种为向最终用户直接收费,以游戏费用、会员费等为主要的收入来源;另一种是面向用户免费,向广告主或营销主体收取费用。非游戏企业绝大多数的盈利模式都是第二种,即对用户免费,对第三方企业收费。对于互联网企业而言,接受服务的用户越多,网站的价值就越大,因此对用户的争夺一直是这个行业竞争的一个直接目标。争夺的方式既有约束性的"二选一"或代替用户操作电脑、强迫用户作出选择,也有隐蔽性的假冒别人的产品或服务,欺骗用户使用自己的产品或服务,甚至全面覆盖竞争产品,替代竞争者直接向其用户提供产品或服务等多种做法。

对于用户来说,即使发生了被欺骗、被侵害的情况,他们往往也不清楚如何维护权益,或自己受损的数额和维权的成本不匹配等,便放弃了权利。自己的受害仅仅是给生活、工作带

---

① 最高人民法院曾发布《关于对诉前停止侵犯注册商标专用权行为和保全证据适用法律问题的解释》,全文共 17 条,涉及提出申请人、提出申请的法院、书面申请状须载明的内容、应提交的证据、担保问题等诸多方面。此外,还有《关于对诉前停止侵犯专利权行为适用法律问题的若干规定》等相关解释。

② 当然,"3Q"大战发生之时,《规范互联网信息服务市场秩序若干规定》尚未颁布。所以,可以说是"3Q"大战促发了"叫停"机制的诞生。该机制体现在第 15 条的规定上:"互联网信息服务提供者认为其他互联网信息服务提供者实施违反本规定的行为,侵犯其合法权益并对用户权益造成或者可能造成重大影响的,应当立即向准予该其他互联网信息服务提供者互联网信息服务许可或者备案的电信管理机构报告。电信管理机构应当对报告或者发现的可能违反本规定的行为的影响进行评估;影响特别重大的,相关省、自治区、直辖市通信管理局应当向工业和信息化部报告。电信管理机构在依据本规定作出处理决定前,可以要求互联网信息服务提供者暂停有关行为,互联网信息服务提供者应当执行。"

③ 该案一审判决赔偿数额为 500 万,是全面考虑了以下因素:(1) 上诉人实施的侵权行为给被上诉人造成的损失包括业务收入、广告收入、社区增值业务收入和游戏收入,QQ.com 网站的流量减少,QQ 新产品推广渠道受阻,被上诉人品牌和企业声誉因商业诋毁而受损;(2) 互联网环境下侵权行为迅速扩大及蔓延;(3) 被上诉人商标和公司声誉的市场价值;(4) 上诉人具有明显的侵权主观恶意;(5) 被上诉人为维权支出的合理费用等。最高人民法院的判决认为,一审法院在综合考虑上述因素并根据本案证据确定被上诉人遭受的经济损失数额已经远远超过法定赔偿限额的情形下,将本案赔偿数额确定为 500 万元并无不当。参见最高人民法院(2013)民三终字第 4 号。

来了不便,不存在损失,如果提起诉讼,只能要求停止侵害。这些都导致受害者被侵害后寻求救济的动力不足。

事实证明,靠司法解决互联网企业间的反竞争行为是远远不够的,还需要更为快捷的行政处理方式以防止事态扩大及损害蔓延。

二、问题解决的路径

互联网中的反竞争行为既包括垄断行为,也包括不正当竞争行为。互联网服务业具有网络技术创新、支配力不稳定等技术特征,对反垄断法的适用提出了新的挑战。与垄断行为认定时所要求的前提、后果、合理性等综合评价相比,不正当竞争行为的认定相对简单。相比较而言,互联网中的不正当竞争行为发生的频率更高,普遍性更明显。这决定了对互联网反竞争行为进行规制的视角和方法的差异。

(一) 反垄断法适用的谦抑

我国当前互联网市场更需要的是对不正当竞争行为的规制而非对垄断行为的规制。除了上述互联网市场的技术特点外,以下法律特点也决定了反垄断法的适用应适度谦抑。

1. 市场特性带来的挑战

很多时候,互联网企业充当一个网络平台的角色,平台两边活跃着两类群体,互联网企业同时向两类群体提供服务,且一边用户的交易会影响另一边交易(也被描述为网络外部性)。这种市场被称为双边市场。搜索引擎市场就是一个典型的双边市场:一边是使用互联网搜索服务的普通用户,另一边是在搜索引擎上投放广告的经营者。

双边市场中实际存在两个市场:作为平台的企业与左右两类群体分别构成一个市场。网络平台的双边市场又具有交叉网络外部性、需求互补性及价格非对称性等特性。这些特性决定了双边市场的管理需要有高超的判断力、决策力、倾向性等技术。例如,就搜索引擎的双边市场而言,搜索引擎有多种盈利模式,其中广告模式是诸多模式的核心。就定价策略而言,一般对交叉网络外部性强度较大的一方采取高定价,对交叉网络外部性强度较小的一方采取低定价或免费。当然,搜索引擎平台的双边定价还与用户需求价格弹性和支付意愿有关。

但是,双边市场对界定相关产品市场时的影响是否像企业价格策略那样明显,换言之,界定相关市场时,是否因为双边市场就需要进行倾向性选择?如果是,倾向性选择以哪一边为主,哪一边为辅?这些问题都需要进一步研究。

从目前审结的案件中似乎还看不到双边市场在认定相关产品市场时的特殊影响。以"唐山人人信息服务有限公司诉北京百度网讯科技有限公司垄断纠纷上诉案"[①]为例,参与竞价排名的"人人公司"起诉百度滥用市场支配地位,法院持有的双边市场的观念主要用在驳斥被告提出的"提供的搜索引擎服务对于广大网民来说是免费的,故与搜索引擎有关的服务不能构成《反垄断法》所称的相关市场"的抗辩上——百度提供的搜索引擎服务虽然对普通用户免费,但向参与竞价排名的经营者收费,而百度之所以能向经营者收费,是因为普通用户在搜索相关信息时点击了经营者因参与竞价排名而产生的推广链接。尽管法官在观念上接受了本案具有双边市场的特性,但这一观念没有应用在认定相关市场或市场支配地位上。法院最终认定本案的相关市场还是一个单边关系——"中国搜索引擎服务市场",理由是尽

---

① 参见北京市高级人民法院民事判决书(2010)高民终字第489号。

管和搜索引擎服务相关的网络新闻服务、即时通讯服务、电子邮件服务、网络金融服务等互联网应用技术在广大网络用户中也具有较高的使用率,但搜索引擎服务所具有的快速查找、定位并在短时间内使网络用户获取海量信息的服务特点,是其他类型的互联网应用服务所无法取代的,即作为互联网信息查询服务的搜索引擎服务与网络新闻服务、即时通讯服务等其他互联网服务并不存在构成一个相关市场所必需的紧密的需求替代关系。

法院的这种界定,有人认同,也有人反对。有学者就批评法院的认定存在一个内在矛盾:认定相关市场是搜索服务引擎市场时,从网络用户的角度出发;而在否定百度的抗辩时,又从借助搜索引擎进行广告营销的经营者出发。尽管法院意识到百度提供的搜索服务面对两个群体,且这两个群体之间存在密切关联,但法院未关注从不同角度来界定相关市场时会得出不一样的结论:如果着眼于普通用户利用百度的搜索引擎进行信息搜索,那么将相关市场界定为搜索引擎服务市场是可行的;若着眼于经营者利用百度竞价排名业务进行广告营销,那么相关市场就应当是广告市场。当界定相关产品市场不同时,百度所具有的市场地位差距会非常明显。无论如何,百度也不可能在广告市场上具有支配地位,哪怕广告市场再细分为互联网广告市场、在线互联网广告市场等。[①]

同样,“奇虎 360 公司诉腾讯科技公司滥用市场支配地位纠纷案”一审中,也看到了互联网供应商提供产品及服务的一个显著特点。正如一审判决所言:“几乎所有的供应商都将其基础服务的价格确定为零收费,无论是本案当事人所提供的即时通讯、杀毒安全软件还是其他诸如搜索引擎、微博、电子邮箱、社交服务以及提供新闻、影视和音乐内容等。”同时依据“用户对即时通讯产品及服务(所)具有很高的价格敏感度”,确定了一个单边市场,并将相关市场界定为:综合性地将即时通讯与社交网站、微博服务,以及与具有在线状态通告、小群体用户沟通、即时和跨平台交流的文字、音频以及视频等单一的即时通讯之间具有紧密的可替代性,划归同一相关市场,排除了传统的短信、手机通话、固定电话通话、电子邮件。

如果将“奇虎公司诉腾讯科技公司滥用市场支配地位纠纷案”一审作为一个判例看待,案件强化了互联网行业“各服务商之间真正竞争的是客户数量、点击量和客户有效使用时间,因为客户越多,点击量越大,客户的有效使用时间越长,广告和增值业务的盈利将越高”这种商业模式,由此导出确定相关产品市场的规则是双边市场中敏感性强的一边为相关市场的分析核心,敏感性弱的一方只是一个参照因素。

在“谷歌收购摩托罗拉案”[②]中,商务部将移动智能终端和移动智能终端操作系统确定为本案的相关商品市场。相比较而言,移动智能终端市场敏感性较弱:集中度相对分散、竞争激烈,市场不断推陈出新,更新换代频繁,各制造商均面临较大的竞争压力。与上述市场显著不同,移动智能终端操作系统市场敏感性较强:是一个高度集中的市场——相关数据表明,2011 年第四季度,仅谷歌开发的安卓系统就占据中国市场份额 73.99%,此外,诺基亚的塞班系统占 12.53%,苹果的 iOS 占 10.67%,三者合计占据中国市场份额 97.19%。最终,商务部以敏感性较强的一方为基础,考虑到安卓系统超高的市场份额、移动智能终端制造商

① 焦海涛:《论互联网行业反垄断执法的谦抑性——以市场支配地位滥用行为规制为中心》,载《交大法学》2013 年第 4 期。

② 参见商务部公告 2012 年第 25 号《关于附加限制性条件批准谷歌收购摩托罗拉移动经营者集中反垄断审查决定的公告》。

对安卓系统的高度依赖性、谷歌公司雄厚的财力和技术开发能力以及很高的市场进入门槛，商务部认定安卓系统在移动智能终端操作系统市场占据市场支配地位。

由此，似乎可以得出一个应用双边市场理论的基本实践指向，即双边市场中敏感性强的一方作为界定相关产品市场决定性因素，敏感性弱的一方只是一个参照性因素。

2. 分析标准适用中条件难以成就

我国《反垄断法》第18条确立了诸多认定经营者具有市场支配地位的因素。市场份额是最主要的一个因素，但在互联网服务中市场份额的确定基本上被相关市场的界定“挡在门外”而无法进入“内堂”了。不仅如此，其他认定条件在适用中也存在一定的障碍。

(1) 控制商品价格、数量或其他交易条件的能力。

首先，基于平台模式，免费向用户提供的产品，用户不愿意为平台服务支付任何费用，即使平台的用户数额巨大，也难以使其拥有超越其他竞争者的产品定价权。其次，互联网上的同类软件种类众多，即使创新产品进入市场之初替代品较少，但技术的跟进会很快打破创新产品短暂的垄断，因此，互联网市场同类产品的用户选择余地较大。

(2) 经营者的财力和技术条件。

任何一个经营者的财力和技术条件都不具有实质性地排除新的竞争者进入市场或者扩大产能的能力。例如中国移动、中国联通、中国电信、阿里巴巴、百度等都后于腾讯进入即时通讯领域，这些竞争者财力和技术能力都很雄厚，而且这些大型企业都有足够实力对腾讯公司在该领域的领先地位造成冲击。此外，在互联网领域存在大量的风险投资基金，只要有好的产品和用户，风险投资机构会积极进入市场为经营者提供强有力的资金支持，大多数互联网公司均依靠风险投资基金迅速扩大经营规模。

(3) 其他主体对经营者在交易上的依赖程度。

由于用户具有较为充分的选择，意味着交易相对方可以轻易地选择与其他竞争者进行交易，对特定经营者的依赖程度较弱。互联网服务具有明显的网络效应，某种产品对用户的价值取决于使用该产品的其他用户的数量，即使用某种产品的用户越多，使用时间越长，越能吸引其他用户使用，换用其他同类产品的信息转换成本越高。“奇虎公司诉腾讯科技公司滥用市场支配地位纠纷案”一审认可了CNNIC报告指出的“未来同时使用多款即时通信工具的用户会进一步提升”，网络效应和用户锁定效应并非不可逾越的壁垒。

(4) 阻碍、影响其他经营者进入相关市场的能力。

互联网市场不但进入门槛低，经营者进入市场的途径也具有多样化的特点，每年都有大量经营者进入该领域。以即时通讯产品为例，2011年中国大陆共计有盛大Youni、苹果iMessage、中国联通“沃友”、奇虎360推出的口信、中国移动“飞聊”、中国电信、尚易imo、图度Talk2.0Beta和“网易即时通”等即时通讯产品推出市场。此外，在位企业(包括刚进入市场的主体)的市场扩张阻力不大。如2006年中国移动推出的飞信、2007年阿里巴巴公司推出阿里旺旺、2008年百度公司推出的百度Hi和2008年多玩游戏网推出的YY语音等即时通讯软件。这应该是互联网领域垄断行为难以持久的一个主要原因。

3. 相关市场分析中的难题

(1) 相关产品市场的分析难度增大。

互联网服务企业有一个公知的营销策略：“同类产品差异化、异类产品一体化”。这样的营销策略将带来两个结果：一是相关产品的替代性不断降低，加大了互联网服务企业界定相关产品市场的难度；二是市场的双边性或多边性被强化，互联网的兼容性使许多原本不同类的产品之间在功能作用上出现了交叉和重叠，很难仅仅从需求者替代、产品的性能、价格等来确定相关产品市场。具体而言“假定垄断者测试”(SSNIP)方法适用基础的改变，将使这种最常用的解决相关产品市场基本方法的可适用性受到质疑。

假定垄断者测试方法是在产品替代性非常紧密的情况下，通过测试需求者的认识、分析目标产品的关系并由此得出相关市场的调查统计方法。假定垄断者测试方法诞生于界定传统市场时，相关产品及其替代性是具有制约关系的，且这种制约关系在测试中通过价格的变化显现出来。但是，在互联网服务业中，由于经销模式的趋同——构建免费平台，使得价格在测试中的作用基础发生了变化。即使进行的是有偿情况下的消费者反应，因基础价格太低，提升后的价格对于消费者而言，也难以真实地反映其消费观念和取向。当然，这里还存在网络效应、用户锁定效应等特殊因素的影响。比如，即使 QQ 输入法的价格提升 5%—10%，而搜狗输入法是完全免费的，也未必有很多用户放弃 QQ 输入法而选择搜狗。在互联网服务中，该方法“基本假设”发生的可能性很低，因为边际成本相对于固定成本趋于零。低边际成本会导致相关市场的界定过宽。另外，不考虑商业基本运营模式的测试方式得出的测试结果也是不切实际的，此时使用 SSNIP 方法，这已不是“小幅非暂时”的提价测试，而是本质性的改变。

(2) 相关地域市场遇到的挑战。

互联网的扩展性使得相关地域市场的重要性大大降低，而且边界更加模糊。一般而言，界定相关地域市场需要考虑到运输成本和商品特性、实际销售分布、地域贸易壁垒、需求者偏好等因素。在互联网市场中，市场具有开放性和互通性的特点，互联网产品在互联网中的传播不需要考虑运输成本和运输特征，开放性的网络传播使市场准入非常便捷，互联网产品的虚拟性以及互联网的无限扩展性，一些产品如电子书籍等进行在线交易十分便捷。国际间互联网产品的提供与获得无需额外运输成本、价格成本或者其他成本，经营者和用户均无国界。因此，运用需求替代和供给替代分析相关地域市场时，一些原本可以参照的标准不再适用。在“Bertelsmann/Havas/BOL 案”①中，当事人主张，应该将互联网服务企业销售的相关地域市场定为全球性的地域市场。

当然，如果说一些产品既可以进行传统的交易又可以进行互联网交易，如 B2B 电子商务交易平台的出现就给传统的地域市场划分标准带来了更大的挑战。在线交易市场的交易受制于传统交易的地域范围(如事先划定送货范围)，相关地域市场的界定尚有一定的可参照标准。纯粹的互联网服务市场的地域边界则变得十分模糊，市场上的企业数量以及市场范围也在不断地变化之中。但似乎也不能由此得出所有互联网服务业的相关地域市场都是全球范围。实际上，一方面各国政府都会基于产业政策而对本国互联网服务企业活动作出各种限制性规定，经过划分后的区域就形成了一个相对独立的市场；另一方面互联网服务企业的地域市场还与店铺的营业时间长短、语言文化、使用习惯有关。②

---

① Christopher Vajada Q.C. and Anders Gahnstrom, “E. C. competition law and the Internet”, *E. C. L. R.*, No. 2, 2000, p. 97.

② 事实上，中国法院在相关互联网案件中的地域认定也不完全一致：奇虎 360 诉腾讯案中的相关地域市场被认定是“全球市场”，而在唐山人人诉百度案认定的相关地域市场是中国。

(3) 相关时间市场遇到的挑战。

依据著名的摩尔定律,计算机硅芯片的性能每隔 24 个月(现在的说法是 18 个月)就会翻一倍,性能也将提升一倍,它的价格却跌落得很快。这个定律揭示了技术进步的快速。“奇虎公司诉腾讯科技公司滥用市场支配地位纠纷案”一审中,原告的专家辅助人认为,本案仅需界定在“3Q 大战”发生的 2010 年年末包括即时通讯产品在内的合适的相关市场,而当时的中国即时通讯产品和社交网络、微博之间有很大区别,不属于一个相同的反垄断意义上的相关市场。法院则认为,竞争是一个动态的过程,在一个滥用市场支配地位的反垄断诉讼中对相关市场进行界定时,必须考虑本案商品或者服务所在产业的发展现状及未来一段时间的趋势。互联网行业具有网络技术创新能力强、经营模式变化日新月异的显著特点,总体上应当对那些有可能延续一段时间的滥用市场支配地位的行为予以制止,以有效维护市场竞争机制。因此法院的结论,是在认定本案相关市场时,仅仅考虑 2010 年双方纠纷发生时一个较小周期内的情况来分析相关市场状况,并不能起到科学合理的、有效制止滥用市场支配地位的效果。换言之,相关时间市场不是一个主要的考虑因素。案例中的这一观点是否具有普遍适用价值,值得观察。

(二) 反不正当竞争法适用的显扬

在规制互联网垄断行为适度谦抑的情况下,互联网服务中很多行为所具有的不正当性则难以找到放之任之的合理理由。

基于互联网行业竞争激烈,商业模式趋同的特点,互联网企业往往会采用各种不正当手段争取流量或争夺客户。这些手段和行为通常具有以下特点:第一,行为实施者主要凭借的工具是技术,即以技术手段制约同类技术的运用;第二,制约行为具有临时性、不稳定性,即经营者实施的制约行为可能是一次性的,也可能是不特定时间出现的;第三,消费者处于“无知之幕”笼罩下,即对于非专业人士的消费者而言,他们无法判断互联网企业实施技术性制约给其带来的不利影响来自于哪里,如何解决。

对于这类恶意利用技术的行为,需要从行为性质的角度来评价,而不是从垄断的程度来规制。相比较反垄断法,反不正当竞争法在互联网领域的作用应当得到显扬。

在立法技术上,可以确立一个广义的不正当竞争行为概念,借鉴德国和瑞士联邦反不正当竞争法,保护所有参与者的利益(德国《反不正当竞争法》第 1 条,瑞士联邦《反不正当竞争法》第 2 条),包括经营者危害竞争者、消费者和其他市场参与者的行为和没有特定的受害主体但侵害公众利益的行为。[①] 修订的《反不正当竞争法》在总论中明确保护的利益为“其他经营者和消费者合法权益”。同时,第 12 条规定了设定了两个概括性条文:(1) 经营者利用网络从事生产经营活动,应当遵守本法的各项规定。(2) 经营者不得利用技术手段,通过影响用户选择或者其他方式,实施下列妨碍、破坏其他经营者合法提供的网络产品或者服务正常运行的行为。前者指在互联网上发生的符合现行反不正当竞争法中规定基本条件的某种(些)行为;后者指互联网上发生的在现行反不正当竞争法的列举条款中无法找到,以往基于《反不正当竞争法》第 2 条的规定认定的不正当竞争行为的行为。为此,可以将互联网不正当竞争行为分为传统不正当竞争行为和新型不正当竞争行为。

---

① 德国《反不正当竞争法》第 1 条规定,本法旨在保护竞争者、消费者以及其他市场参与人免遭不正当竞争之害。本法同时保护公众对不受扭曲的竞争[所享有]的利益。

此外,还可以从不同的角度进行他种分类。

依侵害对象的不同,可以分为侵害竞争者利益的行为、侵害消费者利益的行为、侵害市场参与者利益的行为。侵害竞争者利益的行为,如编造、传播虚假事实损害其他同类互联网信息服务者的合法权益,或者诋毁其他同类互联网信息服务提供者的服务或者产品的行为;侵害消费者利益的行为,如以欺骗、误导或者强迫等方式向用户提供互联网信息服务或者产品;侵害市场参与者利益的行为,如恶意对其他互联网信息服务提供者的服务或者产品实施不兼容、不对接。

依实施主体的不同可分为经营者直接实施的行为和间接实施的行为。前者如经营者以欺骗、误导或者强迫的方式使用户下载、安装、运行、升级自己的软件或卸载竞争者的同类软件;间接的方式如经营者雇用网民充当"网络水军",实施虚假宣传、商业诋毁等行为。

限于篇幅,下文主要以传统和新型分类为主展开相关内容。

第二节 互联网市场中的传统不正当竞争行为

在我国现行反不正当竞争法中,规定的不正当竞争行为有六种,即商业标识的混淆、商业贿赂、不正当宣传、侵犯商业秘密、不正当有奖销售和商业诋毁。我们将这六种行为称为传统不正当竞争行为,将不属于这六种行为的其他行为类型,称为新型不正当竞争行为。

理论上,六种传统不正当竞争行为都可能发生在互联网市场上,但在实践中,最常出现的行为主要是商业标识的混淆、引人误解或虚假的宣传和商业诋毁。

一、互联网中的商业标识的混淆行为

我国《反不正当竞争法》第 6 条规定了三种商业标识混淆行为,在互联网市场上,均可能发生。

(一) 同种商业标识混淆行为

1. 商标混淆行为

互联网的虚拟性成为使用他人知名商标的一种天然的掩盖,致使互联网中的商标混淆行为大量存在。另由于互联网交易信息的不可体察性(只能通过观察获得而无法直观的感知),互联网交易中的混淆行为会同时存在多种法律关系,例如,侵害消费者权益保护法中规定的反悔权、涉及产品质量法中规定的掺杂、掺假,不得以假充真、以次充好的义务、构成商标法中的商标侵权行为等。

例如,公民王某在淘宝网注册了一家名为"非洲车行"的网上店铺,专门销售和组装山地车、自行车及配件、相关装备。其销售的山地车有永久、富士达、美利达等品牌。当事人已销售品牌山地车 15 辆。上述产品均没有厂家授权、产品合格证和外国品牌要求的海关报关单,并且其说明书全部是英文,无中文说明。

这种复合性关系要求处理此类案件时需要同时依据不同的法律制度,从不同的角度分别认定。

2. 企业商号的混淆

一般企业名称的混淆源自于名称的简化使用,即以商号为中心的突出使用。由于商号管理的地域性和互联网的跨地域性,认定互联网中的商号混淆,除了需要确定当事人属于竞

争者关系之外，还需要结合当事人的经营特点，确定申请人和被申请人之间存在紧密关联关系，从而推定造成或可能造成混淆的结论。

互联网中的企业名称使用因缺少具体场所或营业地的固定，在浩如烟海的虚拟世界中使竞争者得以联系起来，除了在使用者自己的虚拟空间展示外，更重要的往往以某个(些)关键词将信息引入到仿冒者的空间。因此，互联网中的企业名称的假冒大都出现在关键词搜索结果引出的混淆。

在“华盖创意(北京)图像技术有限公司诉上海映脉文化传播有限公司、北京百度网讯科技有限公司、百度在线网络技术(北京)有限公司案”中，百度网讯公司提交的证据显示企业名称中含有“华盖”一词者不只华盖公司一家，但缺乏证据证明这些企业与华盖公司从事有相同的业务。在本案中，“华盖”事实上已成为代表“华盖公司”的一个简称。从已查明的事实看，在本案所涉的经营领域，与“华盖”相关的涉案词语所指代的正是华盖公司。“映脉公司”在百度网上对其经营的东方 IC 网进行推广的过程中，使用了“华盖创意”“华盖创意图片”“华盖”“华盖网”“华盖图片价格”“华盖图片库”等关键词进行竞价排名，并将网页标题设定为“华盖・东方 IC 才实惠，高端创意中国制造”。这导致在百度网上搜索“华盖”“华盖创意”“北京华盖创意”“华盖创意图像”“华盖创意图片”“华盖创意图片库”“华盖创意图片社”时，所列搜索结果第一页的第一项和最后一项均为东方 IC 网的链接。映脉公司作为同业竞争者，既无法说明“华盖”“华盖创意”等词语与该公司有何关联，更未能对其使用上述词语进行竞价排名的目的作出合理解释。故映脉公司的竞价排名行为，足以造成相关公众在看到搜索结果后，误以为映脉公司所经营东方 IC 网与华盖公司存在特定联系，产生对两个企业及其产品、服务的混淆和误解。①

3. 商品名称的混淆行为

商品名称、包装、装潢可以对外表彰企业的形象和产品的信誉。在我国现行法律上，商品名称是个广义概念(前文已述)。

以“中广金桥(北京)国际文化传播有限公司诉易庭东方文化(北京)有限公司案”为例，原告是 2010 年“世界旅游小姐年度冠军总决赛”的承办方。该名称在业界具有一定的知名度。2011 年 3 月，原告发现易庭东方公司在没有经过同意和授权的情况下，在其经营的网站上使用“世界旅游小姐年度冠军总决赛”名称和相关图片进行宣传，还使用了中广金桥公司参与组织的赛事活动信息，并对外宣称其获得了中广金桥公司和世界旅游小姐中国年度冠军总决赛组委会的授权，还通过不同途径组织招商和比赛。本案中，易庭东方公司在使用“世界旅游小姐大赛”作为赛事名称、图片等上述行为容易使相关公众对该赛事的组织者身份产生误解，故构成不正当竞争。②

(二) 异种商业标识混淆行为

1. 将商号或商标注册为域名引发的冲突及混淆

目前域名与商号、商标冲突现象非常普遍。源于商号、商标制度与域名制度存在立法上的错位和时间上的错位。如果企业在设立时同时将一个语词进行商标、商号和域名的注册，则不会发生此类冲突，但法律上不可能强制性要求同时注册，限于经营者的类型和规模不

① 参见北京市第一中级人民法院(2011)一中民终字第 11137 号。

② 参见北京市朝阳区人民法院(2011)朝民初字第 14774 号。

同,申请什么、何时申请是企业自己的自治事项。

这里的域名是广义的概念,既包括由拼音或英文组成的网址,也包括该网址的中文名称(或称为网站名称)。相比较而言,网站名称是人们对网站最常用的称呼。在某种意义上,它是域名的中文版,同企业形象的联系更密切。但网站名称不等于企业的商号、名称和域名。目前很多网上用户对域名、商标等商业标识的重要性已有了较明确的认识,而对网站名称认识不够。网站名称既然与企业形象相关联,自然会成为他人实施不正当竞争行为的工具。因此现在已有人呼吁"应建立网站名称的保护体系",将网站名称纳入网站备案登记管理体系。[①]

他人的域名与自己商标、商号相同或相似,无疑会给各方今后的商务实践带来诸多麻烦。一方面加大对商标、商号的广告宣传投入,会担心为别人做嫁衣裳:自己加强销售、质量上的管理,别人会由此分享商业信誉;另一方面如果一方行为导致其信誉减损,往往也会连带其他主体的信誉。

当企业的商标或商号与他人的域名冲突时,依据"先使用原则"来确定和解决相关权利的冲突。商标法上依在先权利行使抗辩权基础是未注册商标具有"一定影响",源于商标权的垄断性。反不正当竞争法中的商业标识没有此种权利的垄断性,故其在先权利建立在使用的基础上,应当尊重这种在先权利。即在发生冲突时,不能撤销相关在先权利的载体,可以强令采取合理避让措施并达到使之不混淆的方法来解决。当然,商号、商标与域名发生冲突时,当事人通过自主协商,索回和自己的商业符号相同的域名,也是一种明智的补救之举。

现行法律对上述冲突中的在后商业标识的处理提供了两种公力解决路径。一是通过域名注册机构解决。当发现本企业的商标或商号被他人注册为域名时,商标权人或商号使用人应及时向域名注册机构提出异议。按照相关法规规定,异议提出后,在确认商标权人有商标专用权之日起 30 日后,域名服务就会自动停止。二是通过司法机关解决。如果企业有一定知名度的商标与他人域名发生冲突,商标权人认为他人的域名注册足以在实践中与自己的商标发生混淆而令自己受损,可以依据我国《商标法》或《反不正当竞争法》提起诉讼。当然,以这种方式解决冲突只限于知名商标与域名的冲突。

2. 将他人注册商标用作商品名称

按照我国现行法律,将他人注册商标用作商品名称是一种商标侵权行为。但这种行为由于造成或可能造成相关公众误认,也应该是一种不正当竞争行为。

例如在"美丽漂漂案"中,郭云绫是"美丽漂漂. com""向尚看齐"商标的注册商标专用权人,她将美丽漂漂商标与向尚看齐商标独家许可美丽漂漂公司经营使用。"美丽漂漂公司"为此专门设立了美丽漂漂时尚女性购物网,使美丽漂漂商标和向尚看齐商标成为知名商标。"薄荷公司"开办与"美丽漂漂时尚女性购物网"相竞争的"薄荷时尚网",且将"美丽漂漂""向尚看齐"选定为百度公司竞价排名关键词。本案中,无证据证明百度公司在提供竞价排名服务之外,另行实施了为薄荷公司选择、添加、推荐关键词,或对薄荷公司进行教唆、帮助的行为。从其应负的注意义务来看,竞价排名服务商对用于选择使用的关键词并不负有全面、主动、事前审查的义务,且没有证据显示百度公司在明知薄荷公司存在侵权行为的情况下,仍

① 王纪平:《应建立网站名称的保护体系》,载《法制日报》2000 年 7 月 24 日。

然继续为其提供竞价排名服务。由此薄荷公司应承担单独的法律责任。[①]

3. 将商标作为关键词

互联网信息浩如烟海，搜寻想要的信息必须借助相关工具。提高搜索效率的主要工具是搜索引擎和关键词。换言之，利用搜索引擎进行网络品牌推广的主要方式除了在主要搜索引擎中登录网站之外，在网站中设置关键词也是从浩渺的世界中捕获特定信息的最主要方法。由此，关键词成了搜寻者通往目的地的桥梁，也是经营者将用户吸引到特定网站的招牌。

在商业中，通过设定知名的语汇（包括商标、商号等），可以提高网站的用户访问量，提升广告效应，但如果设定的语汇是他人的一种权利符号，且这种语汇所包含的固有信息不属于自己的营业特点，会构成混淆。技术上这种方法被称为“设置元标记”，俗称“埋字串”。

“合肥声动文化传媒有限公司诉声音网（北京）文化传播有限公司不正当竞争案”就属于此种类型。原告公司打造的“声动”品牌在业内具有较高知名度，并申请注册了“声动”商标。被告经营的声音网以“声动配音”为招牌在网络推广、宣传与原告公司相同的配音业务，同时在百度搜索引擎中以“声动”“声动配音”和“配音”为关键词，用竞价排名的方式将网站置于百度推广链接和搜索结果首位，网站页面有“声动配音”字样，使用户将其网站误认为原告公司网站，其行为构成不正当竞争。[②]

之所以将其称为新型不正当竞争行为，是因为它涉及“商标（商号）—关键词”之间的矛盾，这种矛盾在现行法律法规中未涉及。

二、引人误解或虚假的宣传

互联网本身就是一个无限广大的信息平台，利用这个信息平台对外宣传也是互联网的最基本功能。同时这个平台比其他宣传方式具有更大的灵活性，也由此很容易被用作发布引人误解或虚假的信息。

在高露洁诉宝洁案中，被告宝洁（中国）有限公司在其网站（www. pg. tom. cn）上发布如下广告信息：(1)《给牙齿做“美白面膜”7 天亮白一整年——佳洁士深层洁白牙贴登陆中国为你揭开亮白笑容背后的秘密》一文，文中写道，“临床试验结果表明，佳洁士深层洁白牙贴的美白功效是传统涂抹式洁白产品的 3 倍。”(2) Crest 佳洁士深层洁白牙贴广告，该广告中有“只需 7 天，牙齿就明显亮白，效果是涂抹式美白产品的 3 倍”的表述。被告在网站广告中虚构“‘佳洁士深层洁白牙贴’产品效果是涂抹式美白牙齿液产品的三倍”的事实，利用广告对“佳洁士深层洁白牙贴”的商品质量作引人误解的虚假宣传，符合《反不正当竞争法》第 9 条的规定，构成对经营同类产品的原告广州高露洁棕榄有限公司的不正当竞争。[③]

互联网中的不正当竞争行为具有伴生性，即不正当宣传的同时伴有其他的不正当竞争行为，如商业诋毁，恶意干扰其他软件正常使用等。“北京搜狗信息服务有限公司、北京搜狗科技发展有限公司诉深圳市腾讯计算机系统有限公司、北京奥蓝德信息科技有限公司、腾讯

---

① 参见美丽漂漂（北京）电子商务有限公司诉百度时代网络技术（北京）有限公司等侵犯商标权及不正当竞争纠纷案，北京市海淀区人民法院(2011)海民初字第 10473 号。

② 参见北京市海淀区人民法院(2011)海民初字第 24071 号。

③ 参见广州高露洁棕榄有限公司诉宝洁（中国）有限公司、广州宝洁有限公司等其他不正当竞争纠纷案，[2005]沪高民三（知）终字第 32 号。

科技(深圳)有限公司案”中,被告公司和原告公司提供的服务相同或相似。被告公司提供的计算机软件“QQ拼音输入法”服务,不仅做引人误解的虚假宣传,还采取诱导、欺骗的方法,直接删除用户计算机中的“搜狗拼音输入法”的快捷方式。同时,在用户同时选择“搜狗拼音输入法”和“QQ拼音输入法”的情况下,对用户计算机中的各种输入法快捷方式的自然排序进行人为干预,使“搜狗拼音输入法”的快捷方式始终处于“QQ拼音输入法”之后。[①]

三、利用互联网侵犯商业秘密行为

在互联网时代,数据信息在网络上的传输,使得不法分子利用特殊技术(如员工利用电子邮件、BBS电子公告板、新闻组和远程登录的方式),以黑客方式窃取他人商业秘密的行为变得更加容易。另外由于互联网的虚拟性,窃得的商业秘密也容易在互联网上扩散。

在“周慧民等与浙江省衢州万联网络技术有限公司侵犯商业秘密纠纷上诉案”中,万联公司注册了经营网络游戏的网站,周慧民等五被告作为公司员工参与涉案网站的技术开发、维护及商业运营等事务。涉案网站数据库中的用户信息是涉案网站在长期的经营活动中形成的经营信息,且并非为相关领域的人员普遍知悉和获得;该用户信息能够反映涉案网站具有较大的用户群和访问量,与网站的广告收入等经济利益密切相关;原告同时对上述用户信息采取了保密措施,故涉案网站数据库中的用户信息属于商业秘密,受法律保护。五被告未经原告许可,利用自己掌握的数据库密码从万联公司的涉案网站复制下载包含用户信息的数据库,并将该数据库用于被控侵权网站的经营活动,该行为侵犯了原告的商业秘密。[②]

四、利用互联网进行不正当有奖销售

实体经济中,有奖销售存在于销售商品或者提供服务的经营者和购买商品或者接受服务的消费者之间。通常享受有奖销售的资格需付一定的对价。但在互联网营业中网民可能不需支付任何费用即可参与有奖销售。从目的上看,实体经济中的有奖销售主要目的是为了促销;而互联网服务市场中的有奖销售的直接后果是扩大访问量,进而提高网站的市场价值。所以,非对价性是互联网有奖销售的一个显著的特点。

在“上海卓尚信息有限公司诉艺龙网信息技术有限公司不正当竞争纠纷案”中,原告设立的“影院热线”网站,为互联网上专业从事影片推广、网上订票等活动的知名网站。曾成功举办“99奥斯卡”系列活动,原告在2000年初又开始策划“奥斯卡2000”系列活动。2000年2月11日,被告总裁、副总裁等到原告处与原告协商合作事宜。协商过程中,被告了解了原告举办上述活动的基本设想,并应被告要求,原告将此次活动的具体方案传真给被告。被告在了解了原告此次活动的内容、计划等信息后,虽多次口头应允合作,但迟迟不签订双方拟定的合作协议。原告遂于2月23日通知被告,终止合作谈判。同年3月,原告发现被告在其“e龙”网站上举办了与原告完全相同的活动,并实施了以下行为:(1) 被告抄袭原告网页上的竞猜活动介绍和竞猜规则,冒用原告的网站名称和竞猜活动名称,误导网民浏览其网页并参加其活动;(2) 被告模仿原告的奖项设置,并以高出原告十多倍的特等奖(“美国双人浪

---

① 北京市第二中级人民法院(2009)二中民初字第12482号。

② 参见上海市高级人民法院(2011)沪高民三知终字第100号。

漫游”,价值人民币 30000 元)吸引网民。[①] 此案中,被告举办的有奖竞猜活动实质是一种有奖销售活动。

五、互联网中的商业诋毁

网络环境下的商誉侵权虽然形式各异,但仍需符合反不正当竞争法规定的基本要件,即捏造、散布虚假或引人误解的事实。以网络资源为基础实施诋毁行为,与报刊、广播、电视等传统传媒的主要区别之一是传播的范围更加广泛,速度更加迅捷。所以,网上侵害商誉的诋毁行为比一般意义上的商业诋毁后果可能更严重,造成的损失可能更巨大。

当然,互联网传播的范围广泛,速度迅捷的特点也为经营者所利用,从行为的反面而言,利用互联网从事商业诋毁往往可以收到“立竿见影”的效果。因此,这类行为频繁出现。

在“360 诋毁腾讯案”中,奇虎 360 公司旗下的“奇虎 360”“360 安全软件”系列产品及瑞星公司旗下的“瑞星”杀毒软件系列均具有一定规模和影响力,形成了自身杀毒软件品牌,在业界及社会上享有一定的知名度和商业信誉。2010 年 2 月,瑞星公司在其经营的网站上发表了题目为《瑞星揭露黑幕:奇虎 360 给用户装“后门”》的文章,在其客户端软件上,不时出现弹窗:“瑞星揭露免费安全软件黑幕”“360 安全卫士为用户装‘后门’,可能被黑客利用,面临极大风险”等内容,违背舆论监督所应具备的客观性、公正性以及进行民事活动应当遵循的诚实信用原则,对奇虎 360 公司的正常经营活动造成影响,瑞星公司从事了侵犯奇虎 360 公司商业信誉、商品声誉的不正当竞争行为。[②]

六、互联网中的商业贿赂

互联网的虚拟性和商业贿赂的隐蔽性在行为的促发影响上有某种暗合,若由此而言,互联网上的商业贿赂应更容易出现,但事实恰恰相反。其主要理由如下:

首先,互联网是充分竞争的市场,交易双方(平台经营者和购买商品的人)均具有充分的选择权且价格较低,为获取交易而向对方给付财物的行为客观条件不充分。

其次,互联网交易虽然也存在买方优势地位,但接受者主要是消费者。经营者直接给予消费者的财物或优惠不但不违反法律,甚至有利于实现消费者福利。

再次,一些涉嫌商业贿赂的行为因保护法益的优位被其他行为吸收。典型的如为获得竞争优势,经营者向用户或专门机构支付财务以换取更高的用户评价,此类行为可以构成第三人受贿,但由于商业贿赂是保护竞争者利益,该种行为还危害消费者利益,相比较,后者更优位。故此种行为应按照不正当宣传来认定。

当然,这并不意味着互联网上不存在商业贿赂的不正当竞争行为,尤其是影响力较大的平台主体,其本身具有优势地位,互联网产业在经营上具有“马太效应”。若平台主体的工作人员在业务中(如审核资质)收取平台经营者(或潜在经营者)的财物,即构成商业贿赂。

---

① 参见上海市第二中级人民法院(2000)沪二中知初字第 31 号。

② 参见北京市第一中级人民法院(2011)一中民终字第 12521 号。

第三节 互联网新型不正当竞争行为

互联网自身的功能、特点及现代经济条件下互联网所发挥的特殊作用,使得互联网成为竞争的新战场。经营者以商业目的为中心,以侵害竞争者利益、消费者利益为标准,运用的手段不同于传统实体经济关系的情形,产生了新型不正当竞争行为。

一、插入链接、强行跳转

未经其他经营者同意,在其合法提供的网络产品或者服务中,插入链接、强制进行目标跳转。

插入链接是常见的便捷浏览方式,以方便浏览内容相近的网站。这种插入是以显化的方式提示插入链接之处,正常情况下,在"选项"默认的程序是"点击链接打开新标签时,总是切换到新标签页"。意味着,不点击链接,不会切换到新标签。

从关系上看,插入链接和强制目标跳转的关系是递进关系,而不是如下文"误导、欺骗、强迫用户修改……"中每个行为单独构成违法行为。换言之,插入链接是强行跳转的前提,强行跳转是结果。

插入链接并强制进行目标跳转则不是用户的主动行为和预期结果。页面跳转就是利用技术对打开的页面进行跳转,例如,用户欲打开的是 A 页面,通过设置的脚本会自动跳转到 B 页面。因此,在理解这一行为时,核心要素是"强制"。因为强制给用户端浏览器呈现的结果不是其目标指向。如果跳转到的页面提供的内容能够满足用户的需求,则跳转页面搭借了他人的便车。如果不能提供用户需要的相关内容,致客户离开,则劫持了流量。流量劫持行为至少有三种:客户端劫持、DNS 劫持和运营商劫持。

1. 客户端劫持

客户端 (Client) 也称为用户端,是指和服务器 (Server) 相对应,为客户提供本地服务的程序,例如浏览器、安全软件等。客户端劫持主要表现为通过恶意插件、木马、病毒或正常软件的恶意功能来实施,又包括两种行为:一是劫持用户对网站的正常访问;二是在用户正常访问网站时弹出各种广告或信息。

第一种行为是劫持用户正常访问网站。这种劫持是将本应由被访问网站获得的流量劫持至他处。他处包括自己的或他人的特定服务器中,通常是劫持至实施主体自身提供的产品或服务处。在"北京百度网讯科技有限公司、百度在线网络技术(北京)有限公司诉北京奇虎科技有限公司、奇智软件(北京)有限公司案"中,被告通过其浏览器捆绑网址导航站,擅自在原告的搜索框中插入被告设置的搜索提示词,导致用户通过搜索提示词不但无法正常访问原告的网站,而且被引导至非用户目的搜索的被告的影视、游戏等网站频道中,从而本应由原告网站获得的访问流量,均被劫持至被告的产品、服务中。北京市第一中级人民法院在判决中认定:"被告行为属明显的搭便车行为,不仅不正当地获取了相关利益,亦有可能因为引导用户更多的访问与其搜索目的完全不同的页面,从而挫伤用户继续使用原告服务的积极性,或使用户对原告服务产生负面评价。"从而认定"被告劫持流量的行为违反了我国《反不正当竞争法》第 2 条规定的诚实信用原则,构成不正当竞争"。

第二种行为是在用户正常访问网站时弹出劫持者设置的相关广告或信息。一般情况下，广告弹出并不违法。但需要和互联网信息服务提供者约定并设定相关回避措施。按照《规范互联网信息服务市场秩序若干规定》第 10 条的规定，互联网信息服务提供者在用户终端弹出广告或者其他与终端软件功能无关的信息窗口的，应当以显著的方式向用户提供关闭或者退出窗口的功能标识。

在“北京百度网讯科技有限公司诉上海很棒信息技术有限公司不正当竞争案”中，被告在未经原告许可的情况下，通过其客户端软件的恶意功能，在原告搜索结果页面强行添加广告窗口，遮挡了原告搜索结果页面的部分广告位置。据此，北京市第一中级人民法院在判决中认定：“被告行为使原告不能按照自己的意志向互联网用户提供服务，破坏了原告的商业运作模式，损害了原告的经济利益，并在一定程度上损害了原告的商誉”[①]，并据此认定被告行为违反了《反不正当竞争法》第 2 条的规定，构成不正当竞争。

2. DNS 劫持

DNS 即域名系统（Domain Name System）的缩写，其由解析器和域名服务器两部分组成，功能在于实现域名与 IP 地址间的转换。所谓 DNS 劫持，即域名解析劫持，是指通过技术手段修改域名解析，使对特定域名的访问由原 IP 地址转入到被篡改后的指定 IP 地址，导致用户无法访问原 IP 地址对应的网站或访问的是虚假网站，从而实现窃取资料或者破坏网站原有正常服务的目的。

此类流量劫持一般可通过三种途径之一实现：入侵运营商的 DNS 服务器；攻击网站 DNS；攻击上游域名注册商。例如，2010 年 1 月 12 日的百度遭 DNS 劫持事件，即属于国际黑客通过攻击上游域名注册商 Register. com, Inc. ，恶意篡改百度的域名解析，导致全球多处用户不能访问百度网站，给百度造成了不可挽回的流量损失。

此外，由于 DNS 服务器往往掌握在运营商手中，提供宽带服务的运营商可自行通过掌控 DNS 来推送广告，这类现象也屡见不鲜。这种行为类似运营商劫持流量，若给第三方网站造成损失，同样涉嫌违反反不正当竞争法的规定，具体情况将在下面运营商劫持部分一并探讨。

3. 运营商劫持

运营商劫持，主要指电信、网通等基础电信服务商及互联网服务提供商利用其负责基础网络设施运营、网络数据传输、网络数据接入等便利，将用户访问第三方网站的流量劫持到己方或己方指定的网站，或在第三方网站页面弹出己方或己方指定的广告或其他信息的行为。此类劫持行为不但无偿利用了第三方网站的流量，亦会导致用户产生混淆，误认为推送广告、信息或有意误导用户的行为是第三方网站所为，从而严重影响第三方网站的运营和用户评价。

将原有页面进行全覆盖的页面跳转形式亦违法。在“施硕等非法控制计算机信息系统案”[②]中，被告人高某甲邀约被告人李某甲做传奇私服游戏的域名劫持，以从开设该私服游戏的人中获取经济利益。李某甲找到在某重庆分公司工作的被告人施硕。施硕利用其负责公司网络域名解析的便利，按照指定需要劫持的网站和网络 ip 地址，修改某重庆分公司的互

① 参见《北京百度网讯科技有限公司诉上海很棒信息技术有限公司等不正当竞争和侵犯著作权纠纷案一审民事判决书》，(2006)一中民初字第 11337 号。

② 重庆市渝北区人民法院(2015)渝北法刑初字第 00666 号。

联网域名解析系统的配置文件,致使在用户访问被劫持的网站时,强行跳转到另外的页面,用户实际访问的页面与用户输入的网址不同。被告人由此非法获利。

在理解上,强制进行跳转危害的结果首先是针对其他经营者而言的,即目标网页不能顺利到达,进而影响其正常运营和企业形象。其次是用户的利益,致其不能顺利获取信息。由于修订后的法律条文将征求意见稿中的"干扰行为"去掉了,后文的"误读、欺骗等"主要针对的是用户,故这里在行为的类型上宜作广义的解释,即包括跳转后对原有页面的全覆盖,也包括部分遮盖。

这样,未经经营者许可的弹出页面构成违法。在最高人民法院 2015 年发布的指导案例 45 号——"北京百度网讯科技有限公司诉青岛奥商网络技术有限公司等不正当竞争纠纷案"中,明确了弹出广告行为的不正当竞争性质和构成要件。在用户登录百度搜索引擎网站进行关键词搜索时,正常出现的应该是搜索引擎网站搜索结果页面,不应弹出与搜索引擎网站无关的其他页面,但是,在联通青岛公司所提供的网络接入服务网络区域内,却出现了与搜索结果无关的广告页面强行弹出的现象。在联通青岛公司提供互联网接入服务的区域内,对于网络服务对象针对百度网站所发出的搜索请求进行了人为干预,使干预者想要发布的广告页面在正常搜索结果页面出现前强行弹出。该行为既没有征得百度公司同意,也违背了使用其互联网接入服务用户的意志,容易导致上网用户误以为弹出的广告页面系百度公司所为,会使上网用户对百度公司提供服务的评价降低,对百度公司的商业信誉产生不利影响,损害了百度公司的合法权益,同时也违背了诚实信用和公认的商业道德。

二、恶意干扰客户端软件行为

恶意干扰客户端指客户端软件利用其控制用户端的优势地位,通过误导、欺骗、强迫等手段由用户修改、拦截、屏蔽、卸载竞争对手的产品或服务,达到打击竞争对手目的的行为。这类行为主要依赖于客户端软件的底层优势和控制力,因此也最多见于处于最底层的安全软件服务领域。

在"北京三际无限网络科技有限公司诉北京阿里巴巴信息技术有限公司案"中,原告推出"360 安全卫士"软件,被告阿里巴巴公司经营的雅虎中国网站向公众提供署名为国风因特公司的"雅虎助手"软件,被告是此软件的著作权人。该软件长期利用技术手段,干扰 360 软件的安装和运行。具体表现为:在用户安装 360 软件时,雅虎软件弹出诋毁 360 软件声誉的对话框,诱导用户删除 360 软件;即使在用户选择不删除 360 软件时,雅虎软件亦违背用户意志删除用户电脑中的 360 软件;当用户点击桌面快捷方式启动 360 软件时,雅虎软件在不进行任何提示的情况下屏蔽 360 软件的正常运行,使用户误以为 360 软件存在瑕疵。[①] 客户端干扰的最知名的案件莫过于"3Q 案件"。2013 年 4 月,广东省高级人民法院对"腾讯诉 360 不正当竞争纠纷案"作出了一审宣判。在该案中,原告指称被告实施了两类客户端干扰行为:被告的扣扣保镖直接针对原告的 QQ 软件,打着保护用户利益的旗号,污蔑、破坏和篡改 QQ 软件的功能,破坏原告合法的经营模式,导致原告产品和服务的完整性和安全性遭到严重破坏。[②]

---

① 参见北京市海淀区人民法院(2007)海民初字第 1873 号。

② 参见广东省高级人民法院(2011)粤高法民三初字第 1 号民事判决书。

这类行为的特点如下：

（1）利用软件技术优势或综合性业务扩张能力制约其他软件的运行。一般而言，平台上业务的综合性越强，外部制约能力越大；技术越强，制约性越强。此外，软件关系上，评价性软件往往更具有优势地位，其控制能力相对更强。“3Q案件”判决中曾指出，安全软件的经营者必须具有与其权力和技术能力相匹配的谨慎责任。被告在兼备裁判者和经营者双重角色的前提下，更加应该谨慎、理性行事，依照《规范互联网信息服务市场秩序若干规定》和《互联网终端软件服务行业自律公约》的相关行为规范，以公开、透明的方式公平、公正的判断其他软件的性质。

（2）被干扰的产品或服务应具有合法性。如果被干扰的产品或服务属于病毒、木马程序、流氓软件等，相关下游软件提供者有权（义务）采取进行查杀、删除等控制手段。而被干扰的信息是公认的商业模式辅助信息，如平台上发布的广告、游戏及增值服务等则不属于侵入其他网络服务提供者违法信息。

（3）利用用户的非专业特性，以欺骗、误导或者强迫等手段使用户作为了违反其本意的行为。使用或者不使用其他互联网信息服务提供者的服务或者产品、修改（删除）其他互联网信息服务提供者的服务或者产品参数等。

三、恶意不兼容

软件不兼容行为本身具有双面性，一方面在某些情况下不兼容的软件设计是处于互联网市场竞争环境中开发者的一种自我保护的方式，苹果开发的软件是闭源码，其他软件需要经过苹果的安全性审查，这有利于防止下载软件时被无意间捆绑其他软件，保障用户安全；另一方面不兼容行为也会成为一些竞争者为牟取不法利益的违法手段，排斥相关软件的适用。如果经营者单独实施，相当于是一种单独抵制，抵制的对象是特定的。如果将用户策动起来，本质上构成了一种联合抵制。但不是反垄断法的垄断协议之联合抵制，因为不是竞争者之间的联合行为。

软件的恶意不兼容行为，是经营者利用自身的技术性优势排斥其他辅助性软件加载和适用的行为。若干年前微软案就是微软公司将视窗和浏览器捆绑并排斥其他浏览器在微软视窗上使用。

互联网恶意不兼容行为内容具有违法性的关键在于“恶意”的认定，微软案属于初期的恶意不兼容，且属于直接实施的不兼容。互联网发展到今天，恶意不兼容更多的是间接方式，即利用软件明示告知互联网用户拒绝其排斥软件的安装。利用用户普遍存在的互联网安全意识较强，但自身能力无法预测风险的心理，通过警示、弹窗或其他带有安全风险提示的方式引诱用户抵触其所针对的目标软件。故恶意应当从两个方面理解：第一是无技术性证据证明使用软件将产生危险性后果，但提示存在危险；第二，预知用户从事某种行为的结果直接或间接损害其他经营者软件适用及其权益。

如果不兼容软件不被认定为一个单一市场，相关主体就很难达到相应的市场力量，恶意不兼容行为也难以按照反垄断法中滥用支配地位之拒绝交易来规制。互联网技术的高度创新性和开阔性，不兼容本身具有爆发的迅速性，回复过程也没有那么大的障碍，故恶意不兼容只是一种特殊情况下的非技术力量的矫正。

实施恶意不兼容行为的本质在于扩大自身的利益，遏制恶意不兼容这种互联网不正当竞争行为的目的也旨在回复由不兼容的软件所造成的软件之间的恶意冲突，从而恢复互联网的秩序。软件的不兼容性的合法与否主要区分在软件冲突方面。软件冲突是常见的现象，通常指两个或多个软件在同时运行时，程序可能存在不能兼容的现象，导致两个或多个软件无法同时存续或运行。合理的不兼容并不违背竞争法的宗旨，也就不具有违法性。反之则构成了互联网恶意不兼容行为，构成不正当竞争。

判断一个不兼容行为是否是合理的，可以有如下三个标准：软件互斥的不可避免性；排斥代码嵌入的非针对性；因干扰而产生的对技术的破坏性。由于非针对性，即很难将其列为恶意。

四、其他行为

我国《反不正当竞争法》第12条第4项设定了一个兜底条款："其他妨碍、破坏其他经营者合法提供的网络产品或者服务正常运行的行为。"认定其他互联网不正当竞争行为有哪些判断标准，需要结合本法和本条的基本条款得出。

(一) 其他行为的判断标准

上述兜底条款还应受到本条中的概括性条款的约束，同时，还应当受到本法第2条的约束。于是，形成了判断标准的系统性条件。

在总则中，除了原则的指导性作用外，立法方面还规定了遵守商业道德的要求。但实体经济下的商业道德与互联网领域的商业道德存在较为明显的内涵差异性且内涵的变动性较快。实体经济下的商业道德相对稳定，其大都来自于(商)人文精神的认同，是商业习惯的沉淀。互联网产业是以技术为中心，以创新为特征，这使得互联网商业道德的基础不是人文精神，而是技术的更替。商业道德更多的以商业模式形式体现出来。但商业模式会随着技术的发展而不断被打破。

例如，"免费视频＋广告"模式是很久以来的业界普遍做法。"北京爱奇艺科技有限公司诉深圳聚网视科技有限公司其他不正当竞争纠纷案"[①]中，原告爱奇艺公司通过让用户观看视频前广告为对价向用户提供免费视频，通过广告播放获取利益或者通过让会员免看广告，收取会员费的商业模式获取利益。爱奇艺公司的上述商业模式既未违反现有法律又未违反商业道德，应受法律保护。爱奇艺公司对于其视频内容采取了设置密钥(Key值)的加密措施，明确表明其拒绝他人任意分享其视频内容。被告聚网视公司通过破解爱奇艺公司验证算法，取得密钥(Key值)，达到绕开爱奇艺公司片前广告，直接获取正片播放的目的。其虽然没有直接去除片前广告的行为，但客观上实现了无需观看片前广告即可直接观看正片的目的，能使部分不愿意观看片前广告又不愿意支付原告会员费的网络用户转而使用"VST全聚合"软件，进而造成爱奇艺公司用户的减少和广告收入下降，损害了爱奇艺公司的合法权益。因此，聚网视公司开发经营的"VST全聚合"软件实现的绕开爱奇艺公司广告直接播放视频的行为，违反了诚实信用原则和公认的商业道德，损害了爱奇艺公司的合法利益，构成不正当竞争。随着视频提供者获利模式的多元化，甚至经营者市场结构的变化，这一模式正在被打破。在"深圳市XX计算机系统有限公司与被告北京世界星辉科技有限责任公司

---

① 上海知识产权法院/(2015)沪知民终字第728号。

不正当竞争纠纷案”[①]中，不是将商业模式作为一种权利，而是在竞争秩序的前提下，看是否有利于消费者利益，“如果经营者经营依托的产品或者服务确实有利于消费者、广大的网络用户，保护该利益同时也不至于损害公共利益，则该行为不应受到法律的禁止。”

事实上，我们会看到，包括确定列举之外的互联网不正当竞争行为在内的其他行为，存在二元评价结构。形而上的标准是原则＋商业道德＋竞争秩序。在我国《反不正当竞争法》第2条规定“自愿、平等、公平、诚信”原则中，四个原则是同序位的。但在一定情况下原则之间是有冲突的，如“自愿”和“公平”。同样，互联网中的商业道德具有易变性，竞争秩序是一种立法价值，其实现需要落实到具体的关系中。于是，有了形而下的判断工具。在第2条中，强调“其他经营者或者消费者的合法权益”，在第12条第2款中，规定的是“影响用户选择或者其他方式”“妨碍、破坏其他经营者合法提供的网络产品或者服务正常运行”。可见，真正用来判断的实体化的标准是以其他经营者和消费者为中心构建起来的。但这两者应该有一个相对稳定的关系结构。针对“其他经营者”可能是一个特定对象，也可能是不特定的对象。如果是前者则侵害了经营者的权利，如果是后者则侵害了经营者的权益。相比较，本法语境下，某种涉嫌违法的行为所针对的用户（消费者），不会是特定消费者，只能是消费者群体，即行为危害的是消费者利益。所以，相对稳定的结构应当是消费者利益具有优位地位，发挥核心功能。

另外，在第12条的概括性条款中，还规定了“利用技术手段”。但事实上，互联网上的不正当竞争行为不仅仅是利用技术手段，其他的一些手段也是有的，比如现在的一些大平台会通过服务协议的办法附加不合理的交易条件。所以，手段问题只是一个辅助的判断标准，不是核心标准。

（二）典型行为

从已有的案件看，其他互联网不正当竞争行为类型很多，也将会出现更多的新类型。现列举两类典型的形式加以说明。

（1）数据的利用获取行为。在大数据时代，合法使用用户信息、注重用户信息保护是衡量经营者行为正当性的重要依据，也是反不正当竞争法保护消费者合法权益这一立法宗旨和目的的重要内容。

“上海汉涛信息咨询有限公司诉爱帮聚信（北京）科技有限公司、爱帮聚信（北京）信息技术有限公司案”[②]中，原告指称被告通过“爱帮网”长期大量复制并使用原告大众点评网站的内容（包括商户简介、用户点评等），并针对被告的商业抄袭行为分别提起著作权侵权和不正当竞争之诉。其中，不正当竞争之诉经由北京市海淀区人民法院和北京市第一中级人民法院两审，最终认定“被告对原告网站的点评内容进行使用，已达到了网络用户无需进入原告网站即可获得足够信息的程度，超过了适当引用的合理限度，事实上造成被告向网络用户提供的涉案点评内容对原告网站的相应内容的市场替代，对原告的合法利益产生实质性损害”。

---

① 北京市朝阳区人民法院(2017)京0105民初70786号。

② 参见北京市海淀区人民法院民事判决书(2008)海民初字第16204号；北京市第一中级人民法院民事判决书(2011)一中民终字第7512号。

"脉脉非法抓取使用微博用户信息不正当竞争纠纷案"[①]中,微梦公司经营新浪微博,既是社交媒体网络平台,也是向第三方应用软件提供接口的开放平台。被告经营的脉脉软件是一款移动端的人脉社交应用软件,上线之初因为和新浪微博合作,用户可以通过新浪微博账号和个人手机号注册登录脉脉软件,用户注册时还要向脉脉上传个人手机通讯录联系人,脉脉根据与微梦公司的合作可以获得新浪微博用户的 ID 头像、昵称、好友关系、标签、性别等信息。被告通过经营脉脉软件,要求用户注册脉脉账号时上传自己的手机通讯录联系人,从而非法获取部分联系人与新浪微博中相关用户的对应关系,在这些人未注册脉脉用户的情况下,将其个人信息作为脉脉用户的"一度人脉"予以展示,同时显示有这些人的新浪微博职业、教育等信息。在双方合作终止后,被告没有及时删除从微梦公司获取的新浪微博用户头像、名称(昵称)、职业、教育、个人标签等信息,而是继续使用。被告的上述行为危害到新浪微博平台用户信息安全,损害了微梦公司的合法竞争利益,对微梦公司构成不正当竞争。

本案提供的启示在于,第一,互联网业界的合作者,之于数据的获取而言,也是竞争者。第二,一般情况下,数据对数据占有者而言是一个私产;特殊情况下,数据的联合应用涉及第三人利益的情况下,数据具有公益属性。其交易或不交易将受限,如菜鸟和蜂巢之间的数据纠纷。第三,强制或诱导用户提供信息是消费者权益保护法律关系,是单个消费者知悉真情权,即有权在充分表达自由意志的情况下向他人提供自己的信息或不提供信息,也有权充分了解他人使用自己信息的方式、范围,并对不合理的用户信息使用行为予以拒绝。第四,未经数据权人使用的他人的数据是不正当竞争行为。

(2) 软件捆绑行为。捆绑,亦即搭售。在互联网产业中软件捆绑是常见的现象。但在现行制度中没有明确的列举。对于互联网产业中的这部分行为,我们可以将其纳入到传统的不正当竞争行为中进行规制。比如微软在操作系统上锁定 IE 浏览器,导致网景公司衰败,是互联网行业中非常知名的案例。另外,判断是否构成搭售,关键看是否违背消费者意愿、搭售或者附加的条件是否合理。有的捆绑搭售带来了便捷,但有的捆绑搭售带来的是竞争机会的不平等。2012 年 4 月"奇虎诉腾讯滥用市场支配地位案"中,针对腾讯将 QQ 软件管家与 QQ 即时通讯软件相捆绑的行为,360 指出,QQ 即时通讯软件以及 QQ 软件管家属于独立的产品,被告捆绑安装,违背了交易惯例,属于捆绑销售行为。从产品性质而言,即时通讯产品与互联网安全软件产品满足用户的不同需求。两者的捆绑,仅为简单叠加,并无任何集成效益。被告捆绑销售行为违反了消费者意愿,在软件安装及升级过程中,用户如不接受被告的强制捆绑,软件直接退出,即时通讯以及互联网安全软件皆无法使用。

---

① 参见"买卖非法抓取使用微博用户信息不正当竞争纠纷案",一审:北京市海淀区人民法院(2015)海民(知)初字第 12602 号民事判决书。二审:北京知识产权法院(2016)京 73 民终 588 号民事判决书。

第十九章

反不正当竞争法的实施

我国《反不正当竞争法》的实施是将立法宗旨和目标付诸实践的过程，也是将纸面上宣言的法转化为行动中规则的过程。在执法、司法、守法和法律监督这四种法律实施的表现形式中，作为对权利进行限制的法，反不正当竞争法的实施更强调“有为而治”，不是“无为而治”，由此执法行为与司法活动是实施的主要形态。

第一节 行政路径

反不正当竞争的行政执法，是指行政执法机关在反不正当竞争法律法规授权的执法范围内，综合运用行政手段，查处不正当竞争行为的活动。反不正当竞争行政执法具有单向性、强制性、裁量性等特点，行政执法的效果如何直接关系到市场主体的合法利益能否得到切实保障，也关系到执法机构的专业、权威和形象。

一、反不正当竞争行政执法的要素

反不正当竞争行政执法的构成要素主要包括三个：启动主体、执法机构、执法的手段和方式。

(一) 启动主体

反不正当竞争行政执法的启动主体有多个层次，具体包括：

第一，市场经营主体以及消费者的投诉、举报。反垄断法中有“对涉嫌垄断行为，任何单位和个人有权向反垄断执法机构举报”的规定，但在反不正当竞争法中则没有类似的内容。实践中也有无直接利害关系人举报的情形，但由于反不正当竞争执法没有像反垄断执法那样为社会公众提供方便快捷的举报路径(专门电话或电子邮件)，形成了事实上的举报主体主要是直接利害关系人的局面。当然，在理解上仍不妨碍我们从社会监督的角度认为任何单位和个人都有权向反不正当竞争执法机构举报。

第二，新闻媒体的社会监督。诸多不正当竞争行为具有隐蔽性和复杂性，媒体与舆论监督具有较敏锐、迅速的特点，往往经媒体或者网络曝光的不正当竞争案件，会成为引发市场监管部门进行执法行动的重点对象。

第三，执法部门主动地对不正当竞争行为进行监督检查。这也是反不正当竞争执法最主要的启动方式。一般而言，可行使的职权主要包括：(1) 进入被调查的经营者的营业场所或者其他有关场所进行检查；(2) 询问被调查的经营者、利害关系人及其他有关单位、个人，要求其说明有关情况或者提供与被调查行为有关的其他资料；(3) 查询、复制与涉嫌不正当竞争行为有关的协议、账簿、单据、文件、记录、业务函电和其他资料；(4) 查封、扣押与涉嫌不正当竞争行为有关的财物；(5) 查询涉嫌不正当竞争行为的经营者的银行账户。在程序上，采取上述规定的措施，应当向监督检查部门主要负责人书面报告，并经批准。采取前款第四项、第五项规定的措施，应当向设区的市级以上人民政府监督检查部门主要负责人书面报告，并经批准。

(二) 执法机构

我国《反不正当竞争法》第 4 条规定了两类监管机构。其中一类机构是一般监管机构——县级以上人民政府履行工商行政管理职责的部门，按 2018 年机构改革方案，这一机构将被市场监督管理局取代；另一类监管机构是特殊监管机构，如银行法、保险法、证券法等规定的监督管理部门等。由于法律文本设定的是“由其他部门查处的，依照其规定”，意味着，这是一个完全的转致关系。由此，两类监管是分类监督而不是联合监管的关系。自 1993 年《反不正当竞争法》颁布时起，一般监管机构没有查处过银行、保险等特殊行业的不正当竞争行为，这和反垄断法执法机构形成了鲜明的对比。

另一个值得关注的问题是，上述特殊行业及其特殊监管范围有多大？既然这个口子是由“法律、行政法规规定”打开的，其开放的程度自然也由其内涵的要素决定。例如，烟草制品由《烟草专卖法》确定有关管理部门、电力行业由《电力法》确定监管部门等，在行政法规的层面，民爆物品由《民用爆炸物品安全管理条例》。这些行业似乎可以列入“特殊”(但事实上，这里有些行业的垄断经营模式已经打破，价格已经交由市场决定，越来越显现为一般性)。对于互联网行业而言，它属于一般还是特殊行业？从法律渊源上看，2014 年修订后国务院《电信条例》第 42 条规定：国务院信息产业主管部门或者省、自治区、直辖市电信管理机构应当依据职权对电信业务经营者的电信服务质量和经营活动进行监督检查。《条例》第 40 与 41 条规定了涉及互联网的某些行为。按照《电信条例》第 71 条的规定，违反本条例第 41 条的规定，在电信业务经营活动中进行不正当竞争的，由国务院信息产业主管部门或者省、自治区、直辖市电信管理机构依据职权责令改正，处 10 万元以上 100 万元以下罚款；情节严重的，责令停业整顿。按照《反不正当竞争法》第 24 条的规定，经营者违反本法第 12 条规定妨碍、破坏其他经营者合法提供的网络产品或者服务正常运行的，由监督检查部门责令停止违法行为，处 10 万元以上 50 万元以下的罚款；情节严重的，处 50 万元以上 300 万元以下的罚款。因为罚款数额的差距明显，将使行政监管的路径问题变得非常敏感。以往工商行政管理局对互联网中的不正当竞争行为没有管理权，工信部在代位行使管理的职能。今后，这个敏感的管辖权问题是交由反不正当竞争法的一般监管机构，还是继续由特殊监管机构管辖，抑或是协商共管？从理论上讲，这个问题的解决路径是清晰的——市场监督管理机构的监管业务范围是市场上的所有行业，不存在例外，特殊行业在行为认定上可以有特殊性，在管辖权上应该没有特殊性。但实践中，这个问题的答案暂时是模糊的。因此需要进一步明确互联网行业的部门监管的边界。

(三) 执法的手段和方式

反不正当竞争行政执法的手段与方式主要包括以下四种：依法行使竞争监督管理职责；出台反不正当竞争部门规章及配套文件；开展专项反不正当竞争执法行动；发布典型执法案例。

(1) 依法行使监督管理职责。市场监督管理部门是我国政府的职能部门,代表政府具有管理市场竞争行为的法定职能。在法律法规授权的范围内,市场监督管理部门可以综合运用行政许可、行政强制、行政裁决等我国行政法规及《反不正当竞争法》第四章授权的法定行政权力,对市场中出现的不正当竞争行为进行打击和惩罚。具体而言,对市场的不正当竞争的主体,视情况可以采取罚款、责令停止违法行为、消除影响、没收违法所得、吊销营业执照等行政处罚手段,并对由此遭受利益损害的主体和消费者进行救济。

(2) 出台部门规章及配套文件。法律具有稳定性和保守性,但市场经济和社会生活是不断变化发展的,法律不能朝令夕改,如何适应已经变化的市场状况,则是现代行政执法共同面对的难题。除了强化法律对未来发展的可预见度之外,成文法国家经常采取的方法是,通过出台部门规章或者颁布指导性的规范性执法文件的方式,满足行政执法的需要。以往,我国工商行政管理部门在严格执行《反不正当竞争法》的基础上,陆续出台了一系列配套性的规定,包括《关于禁止有奖销售活动中不正当竞争行为的若干规定》《关于禁止仿冒知名商品特有的名称、包装、装潢的不正当竞争行为的若干规定》《关于禁止侵犯商业秘密行为的若干规定》《网络商品交易及有关服务行为管理暂行办法》《工商行政管理机关制止滥用行政权力排除、限制竞争行为程序规定》等;针对有的地方在反不正当竞争执法中行政裁量权过大的问题,还制定了《关于不正当竞争类违法行为行政处罚裁量基准》,进一步对行政裁量的范围和尺度进行了科学的规范。今后,市场监督管理部门仍然会承继这一职能。

(3) 开展专项执法行动。这是一项颇具中国特色的执法活动。开展反不正当竞争专项执法行动,对于规范市场竞争秩序,加大对市场中存在的不正当竞争行为的打击力度与治理深度,具有重要的推动作用。如 2014 年下半年,原国家工商行政管理总局部署全国工商系统,集中开展了“红盾网剑”专项行动,将打击网络不正当竞争行为作为重点整治目标,督促各地结合不同实践情况,加强市场监测、抽查检查和打击查处。行动中,全系统共检查网站、网店 133 万个(次),实地检查网站经营者 19 万个(次),删除违法商品信息 3.6 万条,责令整改网站 1.4 万个,关闭问题网站 2201 个,查处违法案件 7746 件,罚没款 1.13 亿元等。

和一般执法相比较,专项执法主要是以某个时期的类型违法案件为中心,进行集中整治。它对于快速解决类型违法问题具有立竿见影的作用。但在效果上往往是“雨过地皮湿”,也容易令经营者产生“风雨过后更自由”的投机心理。

(4) 发布执法典型案例。为了有效地规范反不正当竞争行政执法裁量尺度,更好地落实《反不正当竞争法》的规定,市场监督管理部门在出台具体、细化的不正当竞争案件执法裁量基准的同时,还通过公布典型执法案例的方式,为执法人员提供具有一定约束力的参照,统一行政裁量的标准,限制行政权可能导致的权力滥用。我国国家市场监督部门对公布行政执法案例已经进行了较长时间的摸索和实践,积累了一定的经验。例如,2014 红盾网剑专项行动中,通报典型案例十起。此外,原国家工商行政管理总局在其官方网站上公布并点评五起不正当竞争典型案例,包括佛山市南海某饮料有限公司仿冒包装装潢案、长春华港机动车市场开发有限公司汽车检测中心滥收费用案等,对典型案例进行详细的评析来指导执法工作。今后,发布典型案例的执法还会继续,这将是总结执法经验,完善立法的有效途径。

二、反不正当竞争行政执法的功能

在我国《反不正当竞争法》的实施过程中,市场监督管理机关严格执法是反不正当竞争法律得以实施的关键。一方面我国《反不正当竞争法》第四章规定的法律责任大部分是以行政机关执法为中心制定的,另一方面行政执法具有专业性和效率性,可以节约时间成本。行政执法是法律实施的重要方式。同时,也是检验法律适当与否的重要手段。在执行法律的过程中,基于信息的反馈,可以评价哪些法律条文与现实脱节、哪些法律条文缺乏可操作性、哪些法律条文存在漏洞和不足之处等。这些实践经验和反馈信息,对于反不正当竞争法的进一步自我修正、完善,具有重要启示和借鉴意义。

在立法条件尚未成熟或者法律修订准备不足的背景下,出台行政规范性管理文件和政策。对反不正当竞争法中规定模糊的问题进行解释,适应市场监管的需要,而且为下一步反不正当竞争法律的修订和完善,积累了前期的立法素材。

一直以来,理论界和实务界均非常关注的问题是,我国反不正当竞争法应否有行政扩张调整的功能。由于 1993 年的《反不正当竞争法》中没有一般条款,行政执法机构对于法律列举之外的新型不正当竞争行为无法介入。修订过程中,曾有授权国家工商行政管理局认定其他不正当竞争行为的建议,也曾有更大范围的授权之建议:授权省级以上工商行政执法部门认定其他不正当竞争行为,并自作出认定后一定时日内报国家工商行政执法部门备案,国家工商行政执法部门认为有误的,应当予以纠正。这些建议最终均被删除了。这是否意味着市场监管机构不可以扩张调整了呢?现行法规定了三条扩张调整的路径:原则条款、列举中的"等"(第 6 条)、列举中的兜底条款(第 6 条、第 12 条)。行政机关不能适用原则进行自由裁量。但后两个条款可以适用。按照第 18 条的规定,经营者违反本法第 6 条规定实施混淆行为的,由监督检查部门责令停止违法行为,没收违法商品。可以并处罚款。情节严重的,吊销营业执照。这样,就形成了两个扩张调整的通道。

第二节 司法路径

反不正当竞争法实施中的司法路径,是指司法机关根据我国反不正当竞争法的有关规定,在案件裁判中,使抽象的法律条文与具体的市场经济关系相连接,并综合运用司法解释、司法建议、司法案例等手段处理案件的活动过程。

一、不正当竞争司法适用的构成要素

同行政执法一样,反不正当竞争的司法路径也包括启动主体,管辖法院,适用的手段和方式三个方面。

(一) 启动主体

反不正当竞争司法路径的启动主体,主要是各类诉于法院的不正当竞争案件的原告。与行政执法机关的主动性执法明显不同的是,司法适用往往是被动的、消极的。只有市场主体采取将经营者的不正当竞争行为诉诸司法救济时,司法机关才能介入案件,完成司法审判过程。当然,我国反不正当竞争法中,有的不正当竞争行为的损害救济没有规定司法路径,例如商业贿赂。另外,随着《民事诉讼法》的修改,公益诉讼有了法律依据,一些不正当竞争案件涉及公共利益时,如虚假宣传,可以此提起公益诉讼,此时涉及的主体是有关国家机关或社会团体。

（二）管辖法院

反不正当竞争司法适用的管辖法院并不是我国各级人民法院，因为属于不正当竞争的市场行为往往与知识产权的保护重叠、交叉，根据案件类型以及我国法院组织法有关级别管辖的规定，大部分反不正当竞争类的案件属于我国中级人民法院管辖。在案件审理中，根据我国诉讼法的程序性规定，中级人民法院只能适用普通程序，并且是合议庭参与案件审理，不存在适用简易程序、独任审判等情形。当然，具备条件的个别基层法院也拥有管辖此类案件的权利。因此无论在法院级别、法官审判能力水平还是司法资源的需求上，相对于其他类型纠纷，反不正当竞争案件的司法适用要求是比较高的。

（三）适用的手段和方式

实现反不正当竞争司法适用的手段和方式主要有以下四种：

(1) 案件的裁判。案件裁判是法院实现法律实施的主要方式和具体手段。不正当竞争案件裁判量有逐年上升的势头，也有案件类型越来越集中的趋向。主要体现在商业标志仿冒、侵犯商业秘密、虚假宣传、商业诋毁行为上。同时，近年来互联网不正当竞争案件越来越多，涉及的互联网技术和法律规范的结合给案件审理带来了新的挑战。

(2) 反不正当竞争法律法规的司法解释。司法解释是我国法律解释的重要方式之一，虽然在司法扩张解释的时候备受争议，但实践中司法解释在法院系统内具有普遍的法律效力。我国司法解释的权力由最高人民法院行使。司法解释赋予了法律条文可操作性的含义，更可以弥补法律出现的疏漏与不周，明确法律出现的歧义与模糊，使法律适应复杂多变的社会生活。我国《反不正当竞争法》在立法之初为适应迅速变化的市场经济形势，保留了大量的原则性和灵活性条款，给司法机关留下了很大的自由裁量与司法解释的空间。通过对反不正当竞争法律法规进行司法解释，阐释其具体的含义，增加其可实际操作性，有利于反不正当竞争法的实施。目前，最高人民法院关于本法发布的实体性的司法解释就是《关于审理不正当竞争民事案件应用法律若干问题的解释》，里面包括了《反不正当竞争法》未涉及的内容，例如反向工程。

(3) 针对不正当竞争纠纷的司法政策、建议。司法政策是上级人民法院或者法院内部发布的有关规范司法审判行为的文件规定，仅对司法系统内部具有约束力；司法建议是人民法院向其系统以外的机关事业单位、社会团体等组织发出的，将在审判中发现的相关部门的问题向有关部门反映意见的一种重要方式，对其他组织仅具有参考作用，并不具有强制性。在反不正当竞争的具体司法实践中，司法机关通过案件审理发现司法适用的问题，通过内部约束有效地落实相关规定；通过向行政执法部门出具司法建议书，提出其执法中的不足与建议，可以促使其依法行政、严格执法。

(4) 发布不正当竞争的指导案例。我国不是判例法国家，指导案例在司法审判中虽然没有强制的约束力，但在统一司法裁量的尺度、规范法律的适用、减少“同案不同判”现象层面，起到了越来越重要的作用。例如最高人民法院审判委员会讨论通过于 2014 年 6 月 26 日发布指导案例 29 号：天津中国青年旅行社诉天津国青国际旅行社擅自使用他人企业名称纠纷案，对其中涉及的《反不正当竞争法》第 6 条如何适用的问题，其所作的说明对于规范后续同类案件的司法审判、确保法律的统一实施，具有重要的指导作用。

二、反不正当竞争司法适用的功能

除了保证客观公正处理不正当竞争纠纷外，我国反不正当竞争法的司法适用在促进立法完善这个主题上发挥了独特的作用。

由于我国法律上没有一般条款，发挥造法功能的任务只能由法院来完成。主要表现就是在《反不正当竞争法》第 2 条的基础上，处理了大量新型的不正当竞争案件。相关案件可以在归纳总结的基础上提升为法律条文。

我国《反不正当竞争法》第 2 条是一种原则性的规定，其对具体案件的指导需要结合具体案情进行有针对性的分析。当然，为使法院的裁量具有更强的专业性，最高人民法院在《关于充分发挥知识产权审判职能作用推动社会主义文化大发展大繁荣和促进经济自主协调发展若干问题的意见》(以下简称“意见”)第 24 条明确了原则的具体功能和适用条件：“妥善处理好反不正当竞争法的原则规定与特别规定之间的关系，既要充分利用原则规定的灵活性和适应性，有效制止各种花样翻新、层出不穷的不正当竞争行为，又要防止原则规定适用的随意性，避免妨碍市场自由公平竞争。严格把握反不正当竞争法原则规定的适用条件，凡属反不正当竞争法特别规定已作明文禁止的行为领域，只能依照特别规定规制同类不正当竞争行为，原则上不宜再适用原则规定扩张适用范围。反不正当竞争法未作特别规定予以禁止的行为，如果给其他经营者的合法权益造成损害，确属违反诚实信用原则和公认的商业道德而具有不正当性，不制止不足以维护公平竞争秩序的，可以适用原则规定予以规制。”这里，明确了只有同时具备以下三个条件，才能适用第 2 条认定构成不正当竞争：(1) 法律对于该具体不正当竞争行为没有作出特别的规定；(2) 其他经营者的合法利益因为该竞争行为受到了实际损害；(3) 该竞争行为确实违反了诚实信用原则和公认的商业道德具有不正当性。

当然，司法过程中以哪个原则作为核心进行司法扩张，似乎并不确定。上述“意见”建立了以“公认的商业道德”判断行为正当性的核心地位。并要求，公认的商业道德应根据竞争行为所在的行业领域以及个案的具体情形进行判断。但最高人民法院在“山东食品公司与马达庆等不正当竞争纠纷案”[①]中首次提出“经济人伦理标准”，即以特定的商业领域中被普遍认识、接受的道德标准，来判断某类竞争行为是否违反“公认的商业道德”。在“北京百度网讯科技有限公司、百度在线网络技术(北京)有限公司诉北京奇虎科技有限公司、奇智软件(北京)有限公司不正当竞争纠纷案”中，提出了“非公益必要不干扰原则”。另外，最高人民法院在上述“意见”第 24 条中又将商业道德、诚实信用、经济人伦理同时提出来，并放置于同等的地位上：“正确把握诚实信用原则和公认的商业道德的评判标准，以特定商业领域普遍认同和接受的经济人伦理标准为尺度，避免把诚实信用原则和公认的商业道德简单等同于个人道德或者社会公德。”在实践中，法官大都围绕商业道德来指导案件的审理。例如“北京百度网讯科技有限责任公司等诉北京奇虎科技有限公司等侵犯商标权以及不正当竞争纠纷案”“腾讯(深圳)科技有限公司等诉北京奇虎科技有限公司等不正当竞争纠纷案”中，司法机关在审判中都以公认的商业道德来分析当事人的行为。事实上，无论商业道德还是市场竞

① 2010 年 10 月 18 日最高人民法院民事裁定书(2009)民申字第 1065 号，参见《最高人民法院公报》2011 年第 10 期。

争秩序，均是形而上的标准。在案件判断上发挥作用的应该是形而下的工具。《反不正当竞争法》第 1 条强化了“保护经营者和消费者的合法权益”，这应该是形而下的标准。但具体适用中，仍存在着哪个利益优位的问题。

第三节 反不正当竞争法适用中的竞合

竞争行为贯穿于商业经营过程的始终，从生产到消费所有环节都存在竞争，竞争行为发生的境况和假借的手段多种多样，如利用广告进行非法宣传、假冒注册商标、恶意降价、串通招标等，这些竞争行为假借的手段已为《广告法》《商标法》等专门立法所调整，当反不正当竞争法和其他部门法律共同调整同一行为时，便出现了反不正当竞争法与其他部门法适用上的竞合。

一、竞合的类型及关系处理

我国 2017 年修订的《反不正当竞争法》的一个主导性的观念，是解决与其他有关部门法的竞合问题。于是，冒他人注册商标、认证标志名优标志，虚假宣传中的广告等均被删除。但事实上，竞争法和有关部门法的关系。很难做到“上帝的归上帝，凯撒的归凯撒”。因为商标、广告等均是经营者重要的竞争手段，其不可能在本法中没有位置。另外，本法所保护的法益是社会公共利益，而商标法所保护的是私益。所以，不是简单的将交叉关系硬性剥离。故竞合仍是一个重要问题。

竞合的类型不同决定了竞合关系的处理也不同。相比较，后一个问题更为重要。

（一）竞合的类型

我国《反不正当竞争法》中有概率发生竞合的条款有两类：列举条款和一般条款。列举条款的竞合称为直接竞合，一般条款的竞合称为间接竞合。

直接竞合，是指反不正当竞争法和其他法中均有同类明确的法律规定而产生的竞合。例如，关于假冒他人注册商标，我国《商标法》第 57 条对其定性是商标侵权；1993 年《反不正当竞争法》第 5 条的定性则为商标不正当竞争行为。这是一种显性竞合。形式上，本次修法解决了直接竞合的问题。但更重的任务落到了兜底条款上，即间接竞合中。

间接竞合，是指在其他部门法中有明确的规定，在反不正当竞争法中没有明确规定，但依据一般条款应认定为不正当竞争行为而产生的竞合。例如，“虚构原价，虚构降价原因，虚假优惠折扣，谎称降价或者将要提价，诱骗他人购买的”，这种行为构成价格法上规定的价格欺诈行为，同时也构成价格不正当竞争行为。这种竞合源于一般条款或兜底条款，故也可以称为隐性竞合。

直接竞合与间接竞合有以下不同：直接竞合的法律渊源是成文法的明确规定；而间接竞合的渊源主要是成文法的概括规定或判例。直接竞合适用法律过程是演绎推理过程；而间接竞合因其他部门法中规定的内容明确，反不正当竞争法中无明确具体的援引条款，需要进行识别，才能最终确定，其判断过程是归纳推理过程。直接竞合形式是封闭的，以反不正当竞争法中所列举的条款为最大竞合范围；间接竞合的形式是开放的、不确定的。

（二）竞合关系的本质

反不正当竞争法发生竞合的情形很多，例如，有关食品、药品、化妆品之标示、广告等与卫生管理法、药品管理法及化妆品卫生管理条例竞合;公司合并、商品标示、仿冒等行为,与公司法、商标法竞合。

反不正当竞争法如同一张可以无限张大的法网,能够覆盖所有的以不正当手段从事的反竞争行为,而其他法律部门的具体规范是这张法网的结。反不正当竞争法以维护良好竞争秩序为己任,其他有关部门法仅在某一方面调整或保护某方面的权利。

有些人将《反不正当竞争法》与其他部门法的关系确定为一般法与特别法的关系。[①] 理论上,特别法与一般法的关系是矛盾统一关系,矛盾之处体现在特别法的有关规定没有遵照一般法的有关原则,而是有自己的特殊性规定;"统一"体现为两者在法适用环节的协调,即在法律适用原则上遵循"特别法优于一般法原则"。

事实上,反不正当竞争法所发生的法律规范竞合很难适用"特别法优于一般法"的原则。市场经济中企业经营活动的很多方面都触及竞争,只有少数情况例外。如企业员工盗取了本企业的商业秘密,这涉及企业内部管理关系,不破坏竞争环境和秩序。特别法的主要目标是保护受侵害的权益,通常体现为私法上的救济。维护竞争秩序只是特别法执行救济时的剩余目标。如果单纯依靠特别法调整,当某种权益受到侵害但受害人没发生损失,依特别法不对权利人进行法律救济,则上述剩余目标可能会落空。因此,有关特别法保护受侵害的个体权益仅是市场经济关系、法律关系中的一个方面,保护公共利益(竞争秩序)是更重要的一个方面。反不正当竞争法与其他部门法对某种行为的调整不是孤立的,当某种私权受到侵害,同时破坏公共秩序时,不排除适用反不正当竞争法;反之,某种不正当竞争行为破坏竞争秩序,同时以侵害私权为代价,也不排除适用具体部门法维护私权。这一点不同于其他部门法之间的在调整对象上的形而上学关系,如商标法调整注册商标关系,价格法调整价格关系,它们彼此独立。反不正当竞争法与其他部门法组成密切的有机联系的竞争调节系统,在法律适用上不相互排斥,而是并行不悖。确定反不正当竞争法中的竞合,不仅在公益的维护上得到彰显,在扩大意义上,它确立了维护社会公共利益的公益诉讼的制度基础。不适用"特别法优于一般法"原则的另一个理由,是"特别法和一般法"关系建立的条件是法律调整关系的同一性,如我国的外商投资企业法和公司法,两者都是调整企业组织关系和行为关系的法律,只有在这个基础上,"外资"才成为"内资"的特别部分,对外商投资企业适用特别法。竞争法和价格法等没有这样的共同基础。所以,也不能套用"特别法和一般法"的关系。

反不正当竞争法适用上的竞合关系不是"特别法和一般法"的关系,而是上文所言的"复合调整关系",即复合性关系。复合性关系符合当代经济关系法律调整的事实,符合国民经济运行中经济关系对法的要求。不理解这种特殊性,可能造成权利得不到保护或保护不周的局面。

二、竞合适用时法律责任的选择

竞争法的责任形式有民事责任、行政责任和刑事责任。竞合适用法律的情况下,法律责任如何选择是问题的核心。

---

① 有的国家从法的历史渊源上一直将竞争法作为民法的特别法,如德国。但从经济法的角度即从维护竞争秩序的角度讲,竞争法又是经济基本法,有关从某个侧面维护竞争秩序的部门法则属于特别法,如广告法、价格法等。

（一）民事责任竞合

一般，民事责任竞合时的处理原则有两种，选择请求权原则和有限制的诉讼原则。前者以德国为代表，其意为两种请求权同时存在，但是当事人不能同时行使两项请求权。受害人的双重请求权因其中一项实现而另一项消灭。我国《合同法》第 122 条的规定就属此类。[①]后者以英国为代表，其意为，如果受害人属于双重违法行为的受害人，则他可以同时获得提起侵权之诉的权利和提起合同之诉的权利，但其只能选择一种程序。法国学者托尼·威尔曾将这种责任竞合、权利人救济的路径比喻为"发放通行证"。他认为，上述两种解决办法的区别在于："德国法的回答是，原告有一个可以自由选择的通行证；而英美法的回答是，原告可以有两个通行证，但在入口处必须交出一个。"[②]上述国家立法均认为受害人只能实现一项请求权，加害人不负担双重民事责任。民事责任竞合时的处理程序尽管路径不同但目的和结果相同——填补损害。

上述两种原则对当事人的影响似乎不大，但在私法性质的部门法间发生的竞合和私法与公法性质的部门法间发生的竞合对行为的社会评价是不同的。前种原则是在认定两种行为性质后选择一个请求权；后种原则相当于法律最终认定的行为性质只是单一的一种。竞争法所发生的竞合，需要首先强调行为的性质，然后确定法律责任。即在复合调整的情况下，强调行为构成两种不同性质的违法，例如假冒他人注册商标销售商品的行为，构成商标侵权行为也构成商标不正当竞争行为。但在民事责任上，基于填补性只能选择一个最优的路径。所以，反不正当竞争法竞合时的民事责任的承担应该适用选择请求权原则。

由于历史传统和市场经济状况不同，对反不正当竞争法的认识也存在差异，并且这些差异直接影响法律责任的性质和形式，表现为各国反不正当竞争法中的赔偿制度不完全一致。德国曾将反不正当竞争法视为民法的特别法，尊崇传统的民法理念按照民法的填补责任确定竞争责任竞合的赔偿原则。日本反不正当竞争法延续了这种责任制度；美国采用实用主义的态度将竞争法律的控制力集中在市场秩序上，确立了惩罚性赔偿原则。我国台湾"公平交易法"也遵从了这种责任原则，规定法院可以酌定在损害额以上确定赔偿额，但不得超过已证明损害额的 3 倍。我国《反不正当竞争法》第 17 条没有要求主观必须故意，赔偿额的规定同一般的民事权益损害赔偿的规定并无二致。

如果将反不正当竞争法竞合的本质确认为复合性关系的话，基于其危害社会公共利益这个特性，民事赔偿责任采取惩罚性赔偿更为公平合理。具体理由可表述为：第一，竞争秩序具有广延性，一旦被打破，覆水难收，很难用赔偿填补市场损失。预防比填补更适合市场秩序的维护，惩罚性赔偿具有预防性功能。第二，竞合适用法律涉及不同的法律客体。竞争法保护的对象首先是竞争秩序，其他部门法保护的对象是私权。惩罚性赔偿不仅能够填补私利的损失，还能产生威慑作用。如果说德国等反不正当竞争法采行的填补赔偿责任反映了"独善其身"的争讼规则的话，则我国台湾地区规定的惩罚性赔偿责任反映了"兼济天下"的社会关系理念，它充分体现了社会本位的法思想。

（二）行政责任竞合

侵害客体的公益性决定了竞争违法行为的主要责任形式为行政责任和刑事责任。

---

① 我国《合同法》第 122 条规定："因当事人一方的违约行为侵害对方人身、财产权益的，受损害方有权选择依照本法要求其承担违约责任或者依照其他法律要求其承担侵权责任。"

② 王利明、崔建远：《合同法总论》，中国政法大学出版社 1999 年版，第 729 页。

行政责任竞合涉及一个重要原则——“一事不再罚”原则的适用问题。理论界对“一事不再罚”原则的理解存在不同的观点。概括起来,主要有以下几种:第一种观点认为:“一事不再罚”系指对于相对人的某一违法行为,只能依法给予一次处罚,不能处罚两次或多次。第二种观点认为:“一事不再罚”系指同一行政机关(包括共同行为机关)对于同一法定行为只能实施一次处罚,不得重复处罚。即“一事不再罚”原则只禁止同一行政机关对同一违法行为进行两次以上的处罚,如果同一行政机关遇到行为人有两个以上违法行为的,可以处罚两次或两次以上;两个以上行政机关对同一违法行为触犯多种行政法律规范的,可以给予不同的处罚。第三种观点认为“一事不再罚”系指行政机关对于相对人某一违法行为,只能依法给予一次处罚,不能重复处罚;对于违反两个以上行政法律规范的同一违法行为,行政机关应选择其中较重的罚则予以处罚。第四种观点认为,“一事不再罚”系指行政相对人的一个行为违反一种行政法律规范时,只能由一个行政机关作出一次处罚。其基本要求是:已受处罚的某一违法行为不能以同样的事实、理由,依同样的法律规范再受处罚;同一个应受处罚的行为不能由几个行政机关分别依同一条法律规范进行处罚。[①]

以上各种观点对“一事不再罚”原则的讨论主要集中于如何将“同一违法行为”与“同一行政机关”及“同一行政法律规范”合理地连结起来,进而准确表述“一事不再罚”原则的内涵,正确体现行政处罚的目的。

就“一事不再罚”原则而言,其中之“一事”系指“同一违法行为”,而对“同一违法行为”的判定,是从行为事实的单一性着眼,还是从其所侵害的受法律保护的行政管理关系方面着眼,是问题的关键。如果“同一违法事实”侵犯了不同行政管理关系,那么,属于行为结果多重性。因此,“一事”应指行为的单一性。

反不正当竞争法与有关部门法竞合时涉及“一事不再罚”中的“一事”应该理解为行为单一性、结果多重性。

我国反不正当竞争法与有关部门法在责任处理上采取了两种不同的方式——转致适用和单独规定[②],在后种情况下也存在如何选择适用的问题。例如,根据我国《广告法》第 55 条第 1 款规定,违反本法规定,发布虚假广告的,由行政管理部门责令停止发布广告,责令广告主在相应范围内消除影响,处广告费用 3 倍以上 5 倍以下的罚款,广告费用无法计算或者明显偏低的,处 20 万元以上 100 万元以下的罚款;两年内有 3 次以上违法行为或者有其他严重情节的,处广告费用 5 倍以上 10 倍以下的罚款,广告费用无法计算或者明显偏低的,处 100 万元以上 200 万元以下的罚款,可以吊销营业执照,并由广告审查机关撤销广告审查批准文件,一年内不受理其广告审查申请。《反不正当竞争法》第 20 条第 1 款规定,经营者违反本法第 8 条规定对其商品作虚假或者引人误解的商业宣传,或者通过组织虚假交易等方式帮助其他经营者进行虚假或者引人误解的商业宣传的,由监督检查部门责令停止违法行为,处 20 万元以上 100 万元以下的罚款;情节严重的,处 100 万元以上 200 万元以下的罚款,可以吊销营业执照。在日本也有类似的规定,《药品法》《食品卫生法》中都规定,在医药、食品销售过程中作了虚假广告的,可分别处 3 年以下劳役或 50 万日元的罚款。而根据 1975

---

① 杨解君:《秩序·权利与法律控制——行政处罚法研究》,四川大学出版社 1995 年版,第 209—211 页。

② 转致适用,如我国《反不正当竞争法》第 20 条第 2 款规定:“经营者违反本法第八条规定,属于发布虚假广告的,依照《中华人民共和国广告法》的规定处罚。”

年修订的《不正当竞争防止法》,广告给他人造成混同的,可处 20 万日元以下罚款。尽管我国现有法律中未明确两者法律适用的协调与统一问题,但碍于"一事不再罚"原则,实践中多采用选择适用方式。这种适用方式带有一定的局限——没有将秩序价值的特殊性考虑进来。竞合适用法律侵害客体的多元性要求对当事人的行为施以一定的惩罚和威慑,应将选择适用方式更改为选择加重适用方式。

(三)刑事责任和行政责任竞合

理论界对刑事责任和行政责任并罚的问题存在争议。有人认为,某一违法行为触犯刑法而受刑罚处罚并不排除违法者还应承担行政处罚的法律责任;也有人持相反观点,认为对于违反行政法律规范已构成犯罪的,行政机关不再予以处罚。我国台湾地区的做法值得借鉴。

在我国台湾地区,对竞争违法行为的处罚在刑罚与行政处罚的关系上有"质的区别说""量的区别说""质量区别说"三种见解。"质的区别说"主张刑罚和行政罚性质目的不相同,故无所谓一事二罚,两者可分别处罚;"量的区别说"者,则采取否定见解,认为刑罚与行政罚同为公法上维护法律秩序之制裁手段,刑事不法与行政不法本质皆为不法,仅为重大事犯与轻微事犯之量的区别。行政处罚对于刑罚具补充性,同一行为既以较重之刑罚制裁,自无再处较轻行政罚之必要,故应优先适用刑罚规定,不再科以秩序罚;而主张"质量区别说"者,则属于折中见解,认为行政犯与刑事犯之核心领域具有质的区别,交界领域则为量的区别,因此核心领域中两者处罚目的不相同,自然分别处罚,至于交界领域之量的区别,刑罚已足达制裁之全部目的,自不应再裁处行政处罚。易言之,如罚金与罚款皆属金钱罚,两者采吸收关系,至于营业罚或其他不利处罚,其处罚目的非刑罚所得达成,则宜允予并科。[①] 例如,按照"公平交易法"第 35 条的规定,(对于独占、联合和仿冒行为)经"中央主管机关"依第 41 条规定限期命其停止、改正其行为或采取必要更正措施[②],而逾期未停止、改正其行为或未采取必要更正措施,或停止后再为相同或类似违反行为者,处行为人 3 年以下有期徒刑、拘役或科或并科新台币 1 亿元以下罚金。

台湾地区的这种做法是在 1999 年修改"公平交易法"后形成的,另外,这个"行刑并科"也只发生在与第 41 条规定竞合的时候。这种特殊制度在我国反不正当竞争法律制度中不会存在,一则现行《反不正当竞争法》没有刑事责任,二则在《反不正当竞争法》中没有规定类似我国台湾地区"公平交易法"第 41 条那样的不履行法律责任的递进性罚则条款。

---

① 赖源河:《公平交易法论》,中国政法大学出版社 2002 年版,第 488—489 页。

② 第 41 条规定:"公平交易委员会对于违反本法规定之事业,得限期命其停止、改正其行为或采取必要更正措施,并得处新台币 5 万元以上 2500 万元以下罚锾;逾期仍不停止、改正其行为或未采取必要更正措施者,得继续限期命其停止、改正其行为或采取必要更正措施,并按次连续处新台币 10 万元以上 5000 万元以下罚锾,至停止、改正其行为或采取必要更正措施为止"。

后　　记

2007年以一种莫名的勇气带病撰写《竞争法学》书稿。付梓后，由对外经济贸易大学出版社顺利出版。拿到样书的那一刻，欣喜之余有些惴惴不安。幸运的是，2008年该书被评为北京市精品教材。这种肯定使我内心的忐忑减轻了许多。上一个版本的“后记”记录了当时的这种复杂心情，在此仍想保留下来，以见证两个版本完成后心境的差异。

大约五年前给研究生上课时，就萌生了写作一本以问题为中心的论作的想法。这一想法随着时间的逝去而日渐沉重，甚至成了快乐、自由生活的一种负担。

世人常说，决心有多大，事业就有多大。此话的正确理解或许是下决心之难和遇到困难时坚守信念之可贵。在当代“难”不是内在信心不足，而是外部诱惑太大。

当我真正静下心来着手这项工作时，发现，完成它有当初想象不到的一些难度。

表面上，竞争法单薄得像一片羽翼，但驾驭它却不是一件容易的事情。几年来对竞争法的执着，犹如在重山复水中游走，虽然迄今仍没有达到理想中的柳暗花明的境界，但不断的理论探索时时令我有渐入佳境并眼前一亮的感觉。自撰写《竞争法学》以来，这种感觉常神奇地将孤独、疲惫一一赶走，并激励我继续寻找理论上的别有洞天的境界。“不入园林，安得春色如许”，这是我写作中最大的收获。

因此，本书是本人探寻之路上的一次歇脚，也是许久以来“快乐、自由生活的负担”的释怀。

本书自第一版问世以来，得到了来自实践部门、理论界和学生的好评。2016年初，在本书售罄后，萌生了再次修订的念头。但是，这个念头迟迟无法落实。一个主要理由是我国《反不正当竞争法》的修改一直未尘埃落定，需要等。随着时间的流逝，某一天心里突然产生了一种莫名的空洞：觉得每天都在忙忙碌碌但又不知道自己做了什么。正所谓“脚跟无线，如蓬转”。于是，豁然自省了：借口就是借口，写不写、能不能写、什么时候写应该都是自己的事，何必“无语怨东风”。如果真的这样等下去，恐怕“花儿也谢了”。

一直以为，自己的决策力和执行力是同步的，但在修订本书这个问题上，高估了自己。很长一段时间里，纠结于一个问题：修订成什么样？

这既涉及风格，也涉及技艺。理智上，希望延续上一个版本的风格：形式上，采用“总—分”结构；表述方式上，以论证方式为主，尽量回避对已知知识做简单的描述；内容上，突出理论的地位并使理论服务于制度；在效果上，力争摆脱注释法学、概念法学的僵化，克服一般教材板块式结构的松散。当然，情感上又担心在繁杂的事务中能否静下心来进行一次孤独而漫长的行走，并最终完成“一个人的朝圣”。

担心并不多余,事实上修订要解决的问题远比初写更费脑力。如何细致地描述原理并避免生硬、如何用案例来说明制度而不至于拖沓、用外国制度比较分析但又不能离开本土,等等,这些问题时时萦绕心头并不断提示自己:要恰当把握好上述关系的尺度并在技术上控制好“火候”。当然,尽管标准了然于胸,但手不应心之无奈仍时有发生。

如果说电影是一门遗憾的艺术,那么著述就是一种遗憾的学术!“放下书,便生遗憾”常常是写书人共同的感受。遗憾既来自客观的不足,又起始于本心的不甘。

如果这是一盘菜,它是我尽了自己的心力和技艺呈现出来的,至于是否符合读者的口味,尝了才知道。

于我而言,更愿意将它看作一本大日记,它记录了人到中年后剥开繁杂心绪的勇气。因为这样想,心理能放松些。

自本书第一版面世以来,总印数已经超过了一万册。感谢读者的肯认。同时也感谢北京大学出版社对本书的特别关注。

2017 年末北京大学出版社就提示我作第三版的修订,一直到 2018 年 4 月,王晶老师先后催促六次,以至于对我最后一次回复——“清明节后交稿”,她睿智地补上一句“一定哈!”现在回想起来,有愧于王老师的期待。

修订过程中,家人、同事一直给予支持。一些同学在微博上以留言或点赞的形式给我以鼓励。

对关注、支持本书,和为本书付出劳动的所有的人,表示诚挚的谢意!

刘继峰

2018 年 5 月 5 日